清代職官年表

第二册

錢實甫 編

中華書局

內 閣 學 士 年 表

附：翰林院掌院學士
詹事府詹事

順治元年至宣統三年
1644—1911

内閣學士年表

年代	順治元年　甲申(1644)	順治二年　乙酉(1645)
内翰林國史院	(滿)額色黑 (?)來袞 　二、己巳、十，3.18；授。 (漢)羅繡錦 　七、壬子、廿七，8.28；改豫撫。	(滿)額色黑 (?)來袞 (漢)蔣赫德 　四、丙辰、四，4.29；授。 胡世安 　四、乙亥、廿三，5.18；翰掌遷。
内翰林秘書院	(?)詹霸 (覺羅)伊圖 　二、己巳；授。 高爾儼 (漢)楊方興 　七、甲辰、十九，8.20；改總河。	(?)詹霸 (覺羅)伊圖 高爾儼 　七、壬戌、十三，9.2；遷禮右。
内翰林弘文院	(漢)寧完我 (漢)王文奎 　七、壬子、廿七，8.28；改保定巡撫。 (滿)查布海 　二、己巳；授。 (滿)吳達禮	(漢)寧完我 　△五、丁未、廿六，6.19；遷弘文大學士。 (滿)查布海 (滿)吳達禮 (漢)劉清泰 　四、丙辰；内院辦事授。 李若琳 　四、乙亥；祭酒遷。七、壬戌；遷禮左。
翰林院	胡世安 　十一、庚寅、六，12.4；少詹兼翰讀學管，改翰讀學掌院事。	胡世安 　四、乙亥；改國史學士。 [四、乙亥；缺裁，併入内三院。]
詹事府	[十一、乙酉、一，11.29；缺裁，併入内三院。]	[裁併内三院]

順 治 三 年　丙戌(1646)	順 治 四 年　丁亥(1647)
(滿)**額色黑**	(滿)**額色黑**
(？)**來袞**	(？)**來袞** 　　三、丙辰、十五、4.19；殿試讀卷。
(漢)**蔣赫德** 　　四、乙酉、九、5.23；教庶。	(漢)**蔣赫德** 　　三、丙辰；殿試讀卷。四、甲申、十三、5.17；教庶。
胡世安	**胡世安** 　　三、丙辰；殿試讀卷。
(？)**詹霸**	(？)**詹霸**
(覺羅)**伊圖**	(覺羅)**伊圖**
錢謙益 　　正、乙亥、廿七、3.14；明禮右授。 　　六、甲辰、廿九、8.10；病免。	**陳具慶** 　　正、戊辰、廿六、3.2；弘文侍讀授。 　　三、丙辰；殿試讀卷。
(滿)**查布海** 　　四、乙酉；教庶。	(滿)**查布海** 　　三、丙辰；殿試讀卷。四、甲申；教庶。
(滿)**吳達禮**	(滿)**吳達禮**
(漢)**劉清泰**	(漢)**劉清泰**
(滿)**蘇納海** 　△正月，護衛授。	(滿)**蘇納海**
王　鐸 　　正、乙亥、廿七、3.14；明禮尚管。	**王　鐸** 　　三、丙辰；殿試讀卷。
［裁併內三院］	［裁併內三院］
［裁併內三院］	［裁併內三院］

內閣學士年表

年代	順治五年　戊子(1648)	順治六年　己丑(1649)
內翰林國史院	(滿)**頞色黑**　　　　(？)**馬邇都** 四、丙戌、廿一，5.13；　八、辛亥、十九， 改刑部啓心郎。　　10.5；三等侍衛授。 (？)**來袞** (漢)**蔣赫德** **胡世安**　　　　　**劉肇國** 八、乙巳、十三，9.29；　十二、己酉、十九， 遷禮左。　　　　1.31；司業遷。	(？)**馬邇都** (？)**來袞** (漢)**蔣赫德** 五、辛酉、三，6.12；教庶。 **劉肇國** 五、辛酉；教庶。 **張　端** △九月，侍讀學士遷。
內翰林秘書院	(？)**詹霸** (覺羅)**伊圖** **陳具慶** 七、己卯、十六，9.3；死。 **胡統虞** 十二、己酉；祭酒遷。	(？)**詹霸** (覺羅)**伊圖** **胡統虞** 五、辛酉；教庶。 (漢)**郎廷佐** △國史院侍讀遷。
內翰林弘文院	(滿)**查布海** (滿)**吳達禮**　　(漢)**王文奎** 八、辛亥；　　十二、丁酉、七， 改工部啓心郎。　1.19；仍授。 (漢)**劉清泰** (滿)**蘇納海** **王　鐸**	(滿)**查布海** 五、辛酉；教庶。 (漢)**王文奎** 二、甲午、五，3.17；會試主考。 (漢)**劉清泰** (滿)**蘇納海** **王　鐸** 正、戊寅、十九，3.1；改以禮尚管禮左。
翰林院	［裁併內三院］	［裁併內三院］
詹事府	［裁併內三院］	［裁併內三院］

順 治 七 年　庚寅(1650)	順 治 八 年　辛卯(1651)
(？)馬邇都	(？)馬邇都
(？)來袞	(滿)葉成額 二、庚子、廿二,3.13;侍讀遷。
(漢)蔣赫德	(漢)蔣赫德
劉肇國	劉肇國
張　端	張　端
(？)詹霸	(滿)圖海 二、庚子;侍讀遷。
(覺羅)伊圖	(覺羅)伊圖
胡統虞	胡統虞
(漢)郎廷佐	(漢)郎廷佐
(滿)查布海	(滿)查布海　　　　　　(滿)能圖 閏二、乙亥、廿八,　　　三、己丑、十二,5.1; 　4.17;革。　　　　　　侍讀遷。
(漢)王文奎	(漢)王文奎 四、辛酉、十五,6.2;改總漕。
(漢)劉清泰	(漢)劉清泰
(滿)蘇納海	(滿)蘇納海
	成克鞏
〔裁併內三院〕	〔裁併內三院〕
〔裁併內三院〕	〔裁併內三院〕

内閣學士年表

年代	順 治 九 年　壬辰(1652)
内翰林國史院	**(?)馬邁都** **(滿)葉成額** 　三、乙未、廿四,5.1；殿試讀卷。 **(漢)蔣赫德** 　三、乙未；殿試讀卷。 **劉肇國** **張　端**　　　　　　　　　　　　**魏天賞** 　三、乙未；殿試讀卷。五、壬辰、廿二,6.27；遷禮左。　　六、丙寅、廿六,7.31；講學遷。
内翰林秘書院	**(滿)圖海** **(覺羅)伊圖** 　三、乙未；殿試讀卷。△改宗人府啓心郎。 **胡統虞**　　　　　　　　　　　　**劉正宗** 　二、戊申、六,3.15；會試主考。四、辛酉、廿,5.27；　　六、丙寅、廿六,7.31；讀學授。 　降三留,旋降讀學。△死。　　　　　　九、丁丑、八,10.10；教庶。 **(漢)郎廷佐** **祝萬年** 　十、己酉、十一,11.11；兵部啓心郎遷。
内翰林弘文院	**(滿)能圖** 　三、乙未；殿試讀卷。九、丁丑；教庶。 **(滿)蘇納海** **成克鞏** 　二、戊申；會試主考。五、壬辰；遷吏右,旋解。八、壬子、十三,9.15；遷吏右。 **(漢)劉清泰** 　二、戊申；會試主考。三、乙未；殿試讀卷。九、丁丑、教庶。九、甲申、十五,10.17；改閩督。 **(漢)白色純** 　二、丁未、五,3.14；任。三、乙未；殿試讀卷。
翰林院	［裁併内三院］
詹事府	［裁併内三院］

年代	順 治 十 年　癸巳(1653)	
内翰林國史院	(?)**馬邇都**	
	(滿)**葉成額**	
	(漢)**蔣赫德**	
	劉肇國	
	魏天賞 四、壬子、十七，5.13；乞養。(十一年死)	
	傅以漸 閏六、戊子、廿五，8.17；少詹遷。七、丁卯、廿二，9.13；教庶。	
	高　珩 四、己未、廿四，5.20；詹事遷。閏六、乙亥、十二，8.4；遷禮右。	
内翰林秘書院	(滿)**圖海** 四、丁未、十二，5.8；遷弘文。	**呂　宮** 五、乙亥、十，6.5；右中允遷。閏六、乙亥；遷吏右。
	劉正宗 五、己巳、四，5.30；遷吏右。	(?)**樺代** 十二、戊寅、十六，2.3；禮部啓心郎授。
	(漢)**郎廷佐**	
	梁清標 閏六、戊子；讀學遷。十二、癸未、廿一，2.8；遷禮右。	
	(滿)**鄂穆圖** △弘文讀學遷。	
内翰林弘文院	(滿)**能圖**	
	(滿)**蘇納海** 十一、乙卯、廿三，1.11；遷吏左。	
	(漢)**白色純**	
	(?)**石圖** 十二、戊寅；工部啓心郎授。	
	薛所蘊 正、庚辰、十三，2.10；詹事遷。	
翰林院		[裁併内三院]
詹事府		[裁併内三院]

年代	順治十一年　甲午(1654)	
内翰林國史院	(?)**馬邇都** 　　十、乙丑、九，11.17；革。	
	(滿)**葉成額**	
	(漢)**蔣赫德** 　　三、戊申、十八，5.4；遷國史大學士。	(漢)**張長庚** 　　四、丙寅、七，5.23；講學遷。
	劉肇國	
	傅以漸 　　八、庚辰、廿三，10.3；遷秘書大學士。	**李奭棠** 　　九、壬辰、六，10,15；詹事遷。
	(滿)**祁徹白** 　　十一、壬辰、六，12.14；户部啓心郎授。	
内翰林秘書院	(?)**鏗特**	
	(?)**禪代**	
	(漢)**郎廷佐**	
	(滿)**鄂穆圖**	
	胡兆龍 　　正、甲辰、十三，3.1；詹事遷。十二、丁巳、一，1.8；遷禮右。	
内翰林弘文院	(滿)**能圖**	
	(漢)**白色純** 　　八月，順鄉主考。九、庚寅、四，10.13；遷吏右。	(滿)**麻勒吉** 　　九、甲寅、廿八，11.6；讀學授。
	(?)**石圖**	
	薛所蘊 　　△十月，遷禮右。	
翰林院	[裁併内三院]	
詹事府	[裁併内三院]	

順治十二年　乙未(1655)

(滿)葉成額
三、戊戌、十三, 4.19; 殿試讀卷。十、甲寅、四, 11.1; 武殿讀卷。

(滿)祁徹白
三、戊戌; 殿試讀卷。六、乙卯、二, 7.5; 遷禮左。

(滿)折庫納
六、辛酉、八, 7.11; 講學遷。

劉肇國

(漢)張長庚
三、戊戌; 殿試讀卷。十、甲寅; 武殿讀卷。

李奭棠	**梁清寬**
正、丁未、廿二, 2.27; 遷禮右。	正、乙卯、卅, 3.7; 詹事遷。三、戊戌; 殿試讀卷。

白允謙
八、甲寅、三, 9.2; 讀學遷。九、辛卯、十, 10.9; 武會主考。十、甲寅; 武殿讀卷。

(?)襌代
三、戊戌; 殿試讀卷。四、壬戌、八, 5.13; 教庶。十、甲寅; 武殿讀卷。

胡兆龍
正、甲辰、十九, 2.24; 由禮右帶銜回任。二、丙辰、一, 3.8; 會試副考。三、戊戌; 殿試讀卷。四、壬戌; 教庶。
十、甲寅; 武殿讀卷。

李　蔚
正、乙未、十, 2.15; 講學遷。三、戊戌; 殿試讀卷。四、壬戌; 教庶。十、甲寅; 武殿讀卷。

(漢)郎廷佐	**(?)鏗特**
△改江西巡撫。	三、戊戌; 殿試讀卷。十、甲寅; 武殿讀卷。

(滿)鄂穆圖

(滿)能圖
三、戊戌; 殿試讀卷。十、甲寅; 武殿讀卷。

(滿)麻勒吉
三、戊戌; 殿試讀卷。四、壬戌; 教庶。十、甲寅; 武殿讀卷。

(?)石圖
三、戊戌; 殿試讀卷。十、甲寅; 武殿讀卷。

張懸錫
三、戊戌; 殿試讀卷。九、辛卯; 武會主考。十、甲寅; 武殿讀卷。

	[裁併內三院]

（陳　熿）	
三、戊戌; 殿試讀卷。	[裁併內三院]

內閣學士年表

年代	順治十三年　丙申(1656)	
內翰林國史院	(滿)**葉成額** 　　五、己卯、一,5.24;遷戶左。	(滿)**查布海** 　　六、壬午、五,7.26;已革弘文起用。
	(滿)**折庫納** 　　六、戊戌、廿一,8.11;教庶。	
	劉肇國 　　九、己巳、廿四,11.10;病免。	
	(漢)**張長庚** 　　十一、丙寅、廿二,1.6;改湖廣巡撫。	
	梁清寬 　　(憂免)	**王崇簡** 　　七、戊申、二,8.21;少詹遷。
	白允謙 　　六、己丑、十二,8.2;遷吏右。	
內翰林秘書院	(?)**禪代** 　　五、己卯;遷吏左。	(滿)**科爾坤** 　　閏五、癸亥、十六,7.7;都察院啓心郎授。
	胡兆龍 　　七、癸亥、十七,9.5;加禮尚。	
	李　霨	
	(滿)**鄂穆圖**	
	(?)**鏗特** 　　閏五、癸亥;遷戶右。	(漢)**白色純** 　　六、壬午;已革吏右起用。
內翰林弘文院	(滿)**能圖** 　　正、庚寅、十一,2.5;遷左副。	(滿)**布顏** 　　二、戊午、九,3.4;禮部啓心郎遷。
	(?)**石圖** 　　五、乙未、十七,6.9;遷兵右。	(滿)**尼滿** 　　閏五、戊午、十一,7.2;讀學遷。
	(滿)**麻勒吉**	
	張懸錫 　　五、己亥、廿一,6.13;改宣大總督。	
	朱之錫 　　閏五、丙寅、十九,7.10;詹事遷。	
翰林院	［裁併內三院］	
詹事府	**（朱之錫）** 　　閏五、丙寅;遷閣學。	［裁併內三院］

順治十四年　丁酉(1657)	
(滿)**查布海**	
(滿)**折庫納**	
(滿)**蘇納海** 正、丁未、四,2.16;梅勒章京授。	
王崇簡 八、壬申、二,9.9;遷吏右。	
楊運昌 八、壬午、十二,9.19;詹事遷。十二、己卯、十一,1.14;遷禮右。	
(滿)**科爾坤** 正、壬戌、十九,3.3;遷左副。	(滿)**常鼐** 正、庚午、廿七,3.11;副理授。
胡兆龍 十二、丙申、廿八,1.31;冊封孫可望爲義王副使。	
李　爵	
(滿)**鄂穆圖**	
(漢)**白色純**	
(滿)**布顏**	
(滿)**尼滿**	
(滿)**麻勒吉** 十二、丙申;冊封孫可望爲義王正使。	
王　熙 七、癸丑、十二,8.21;講學遷。	
朱之錫 六、丙子、五,7.15;遷吏右。	
[裁併內三院]	
[裁併內三院]	

內閣學士年表

年代	順治十五年　戊戌(1658)		

年代			
內翰林國史院	㈠(滿)**查布海**	中和殿	㈠(滿)**蘇納海** （左） （國史學士改）
	㈠(滿)**折庫納** 三、壬戌、廿五,4.27；殿試讀卷。 四、辛巳、十七,5.16；教庶。		㈠(滿)**鄂穆圖** （左） （秘書學士改）
	㈠(滿)**蘇納海**	保和殿	㈠(滿)**布顏** （左） （弘文學士改）
			㈠(滿)**尼滿** （左） （弘文學士改）
內翰林秘書院	㈠(滿)**常鼐** 四、辛巳；教庶。	文華殿	㈠(滿)**查布海** （左） （國史學士改）
	㈠(漢)**白色純**		㈠(漢)**白色純** （左） （秘書學士改）
	胡兆龍 十、戊寅；武會讀卷。	武英殿	㈠(滿)**常鼐** （左） （秘書學士改）
	㈠(滿)**鄂穆圖**		㈠(滿)**麻勒吉** （右） （弘文學士改）
	李霨 二、癸未、十六,3.19；會試主考。 三、壬戌；殿試讀卷。四、辛巳；教庶。 五、癸亥、廿七,6.27；遷弘文。	文淵閣	**胡兆龍** （右） （秘書學士改）
	艾元徵 六、癸酉、七,7.7；講學遷。九、乙巳、十一,10.7； 武會主考。九、壬子、十八,10.14；教庶。 十、戊寅、十五,11.9；武會讀卷。	東閣	**艾元徵** （右） （秘書學士改）
內翰林弘文院	㈠(滿)**布顏**		十一、壬寅、九,12.3；改以禮部侍郎銜兼殿閣學士銜。 十二、癸未、廿一,1.13；禮部侍郎分授左右。
	㈠(滿)**尼滿**		
	㈠(滿)**麻勒吉**		
	王熙 三、壬戌；殿試讀卷。四、辛巳；教庶。九,乙巳； 武會主考。		
	梁清寬 正、丙寅、廿九,3.2；原國史授。 七、甲寅、十九,8.17；遷吏右。		
翰林院	[七、戊午、廿三,8.21；復設。]		㈠(滿)**折庫納** （左） （國史學士改）
	[十一、壬寅；任命。]		**王熙** （右） （弘文學士改）
詹事府	[暫裁]		
	(沙澄) 三、壬戌；殿試讀卷。		

順治十六年　己亥(1659)
(滿)**蘇納海**
(滿)**鄂穆圖**
(滿)**布顏** 　　九、辛未、十三,10.28;殿試讀卷。
(滿)**尼滿**
(滿)**查布海**
(漢)**白色純** 　　九、辛未;殿試讀卷。
(滿)**常鼐**
(滿)**麻勒吉**
胡兆龍 　　九、辛未;殿試讀卷。九、癸未、廿五,11.9;教庶。
艾元徵 　　四、丙申、六,5.26;武殿讀卷。九、辛未;殿試讀卷。九、癸未;教庶。
(滿)**折庫納** 　　四、丙申;武殿讀卷。九、辛未;殿試讀卷。九、癸未;教庶。
王　熙 　　四、丙申;武殿讀卷。九、辛未;殿試讀卷。九、癸未;教庶。
［暫裁］

內閣學士年表

年代	順治十七年　庚子(1660)
中和殿	(滿)**蘇納海** 五、甲子、十, 6.17; 遷工尚。 (滿)**鄂穆圖**
保和殿	(滿)**布顏** (滿)**尼滿** 六、辛丑、十八, 7.24; 遷刑右。
文華殿	(滿)**查布海** (漢)**白色純** 六、癸巳、十, 7.16; 暫署總河。八、丙戌、三, 9.7; 遷倉侍。
武英殿	(滿)**常鼐** 六、辛丑; 遷吏左。 (滿)**麻勒吉** 七、癸未、卅, 9.4; 革。
文淵閣	**胡兆龍**
東閣	**艾元徵**
翰林院	(滿)**折庫納** **王　熙**
詹事府	[暫裁]

順治十八年　辛丑（1661）	七、己酉、二，7.27；復設內三院，全部重任。	

	內國史院	
	(滿)**查布海** 文華學士改。	
(滿)**鄂穆圖** 改秘書學士	(滿)**折庫納** 翰掌改；旋遷吏右。	(滿)**祁通格** 九、己卯、三，10.25；太僕遷。
(滿)**布顏** 改弘文學士	**艾元徵** 東閣學士改。	
	(漢)**董衛國** 七、戊辰；御史遷。九、甲午、十八，11.9；改贛撫。	
(滿)**查布海** 改國史學士	**劉斗** 十、庚戌、四，11.25；宗人啓心郎授。十、乙丑；改甘撫。	
	(漢)**范承謨** 十、己巳、廿三，12.14；讀學遷。	

	內秘書院	
	(滿)**鄂穆圖** 十一、丁酉、廿二，1.11；死。	(滿)**塞色黑** 十、庚午、廿四，12.15；任。
	(滿)**麻勒吉** 七、戊辰、廿一，8.15；已革武英學士起用。	
胡兆龍 改秘書學士	**胡兆龍** 十、丁巳、十一，12.2；遷吏左。	**章雲鷺** 十、甲戌；祭酒遷。
	(漢)**劉清泰** 七、戊辰；前閩督授。九、丁亥、十一，11.2；改河南總督。	
艾元徵 改國史學士	(漢)**蔣國柱** 十、庚戌；右通遷。十、甲戌、廿八，12.19；改魯撫。	
	(漢)**蔡毓榮** 十二、甲寅、九，1.28；御史遷。	

	內弘文院	
	(滿)**布顏** 閏七、辛丑、廿四，9.17；遷禮右。	(?)**羅敏** 九、己卯；工郎遷。
	王熙 十二、丁巳；以禮尚管左。	(漢)**周有德** 十、己巳；讀學遷。
	(?)**常額** 七、戊辰；郎中遷。	
	(漢)**屈盡美** 七、戊辰；理少遷。十、乙丑、十九，12.10；改桂撫。	

(滿)**折庫納** 改國史學士	（閏七、辛丑、廿四，9.17；遷吏右。）	［缺裁］
王熙 改弘文學士	（十二、丁巳、十二，1.31；改以禮尚管左。）	

	［暫裁］	

內閣學士年表

年代	康熙元年 壬寅(1662)	康熙二年 癸卯(1663)
內國史院	(滿)**查布海** 二、乙卯、十一,3.30;遷禮右。	
	(滿)**祁通格**	(滿)**祁通格**
	艾元徵	**艾元徵**　　　　　　**張士甄** 九、乙亥、十一,10.11;　十、己亥、五,11.4; 遷戶右。　　　　　　弘文讀學遷。
	(漢)**范承謨**	(漢)**范承謨**
	(滿)**帥顏保** 二、辛酉、十七,4.5;廢生授。	(滿)**帥顏保**
內秘書院	(滿)**塞色黑**	(滿)**塞色黑**
	(滿)**麻勒吉**	(滿)**麻勒吉**
	韋雲鷟	**韋雲鷟**
	(漢)**蔡毓榮**	(漢)**蔡毓榮**
內弘文院	(?)**羅敏**	(?)**羅敏**
	(?)**常額**	(?)**常額**
	(漢)**周有德** 五、戊寅、十一,6.16; 改魯撫。	(漢)**周有德**　　　　　**王之科** 五、戊寅、十一,6.16;　五、庚寅、廿三,6.28; 改魯撫。　　　　　　宗人啓心郎遷。
	王　清 正、甲午、廿,3.9;讀學遷。	**王　清**
翰林院	〔裁併內三院〕	〔裁併內三院〕
詹事府	〔裁併內三院〕	〔裁併內三院〕

康 熙 三 年　甲辰(1664)	康 熙 四 年　乙巳(1665)
(滿)**祁通格**　　　　　(？)**岳思泰** 　正、甲戌、十一、2.7；　　二、庚戌、十七、3.14； 　遷盛刑。　　　　　弘文讀學遷。	(？)**岳思泰**
(漢)**范承謨**　　　　　(漢)**劉秉檉** 　九、己丑、一、10.19；　十二、甲申、廿七、 　病免。　　　　　2.11；原大理遷。	(漢)**劉秉檉**
(滿)**帥顏保**	(滿)**帥顏保**
張士甄	**張士甄**
(滿)**塞色黑**	(滿)**塞色黑**
(滿)**麻勒吉** 　五、乙酉、廿四、6.17；教庶。	(滿)**麻勒吉**
章雲鷺 　五、乙酉；教庶。九、丁未、十九、11.6；武會副考。	**章雲鷺**
(漢)**蔡毓榮**	(漢)**蔡毓榮**
(？)**羅敏**　　　　　(滿)**多諾** 　七、庚戌、廿一、9.10；　十、己未、一、11.18； 　遷吏右。　　　　督捕左理授。	(滿)**多諾**
(？)**常額**	(？)**常額**
王之科	**王之科**
王　清 　二、己亥、六、3.3；會試副考。	**王　清**
〔裁併內三院〕	〔裁併內三院〕
〔裁併內三院〕	〔裁併內三院〕

内閣學士年表

年代	康熙五年　丙午(1666)	康熙六年　丁未(1667)
内國史院	(?)岳思泰	(?)岳思泰
	(漢)劉秉權	(漢)劉秉權　十二、丁亥、十七,1.30；改粤撫。
	(滿)帥顏保	(滿)帥顏保　閏四、癸巳、十九,6.10；教庶。
	張士甄	張士甄
	田逢吉　六、壬戌、十三,7.14；秘書讀學遷。	田逢吉　九、丁未、六,10.22；武會副考。
		(?)布達禮　九、丁卯、廿六,11.11；內務府郎中遷。
内秘書院	(滿)塞色黑	(滿)塞色黑
	(滿)麻勒吉　八、丁巳、九,9.7；遷刑右。　(滿)禪布　八、壬戌、十四,9.12；刑郎遷。	(滿)禪布
	章雲鷺　五、壬寅、廿二,6.24；遷督捕。　劉芳躅　六、甲寅、五,7.6；弘文讀學遷。	劉芳躅　二、辛亥、六,2.28；會試副考。
	(漢)蔡毓榮　九、己卯、二,9.29；遷刑右。　(漢)范承謨　九、丁亥、十,10.7；原國史學士授。	(漢)范承謨　閏四、癸巳；教庶。
		(?)吳格塞　九、丁卯；內務府郎中遷。
		(?)穆舒　九、丁卯；內務府郎中遷。
内弘文院	(滿)多諾	(滿)多諾
	(?)常額　四、戊辰、十八,5.21；遷吏右。　(滿)明珠　四、丙子、廿六,5.29；讀學遷。	(滿)明珠
	王之科	王之科　三、辛巳、七,3.30；降三調。　周天成　三、乙未、廿一,4.13；太常遷。
	王　清	王　清　三、丁亥、十三,4.5；遷刑右。　蓁汝楫　三、壬寅、廿八,4.20；秘書讀學遷。
翰林院	［裁併內三院］	［裁併內三院］
詹事府	［裁併內三院］	［裁併內三院］

康 熙 七 年　戊申(1668)

(？)**岳思泰** 　　正、壬子、十三，2.24；遷督捕。	(滿)**席哈納** 　　正、辛酉、廿二，3.4；郎中遷。
(滿)**帥顏保**	
田逢吉	
(？)**布達禮**	
(漢)**馬雄鎮** 　　正、己酉、十，2.21；左僉遷。	
(滿)**塞色黑** 　　九、甲辰、八，10.13；遷兵右。	(滿)**鄂善** 　　九、乙丑、廿九，11.3；二等侍衛授。
(滿)**褌布**	
劉芳躅 　　正、乙卯、十六，2.27；改魯撫。	**陳敱永** 　　正、壬戌、廿三，3.5；秘書讀學遷。
(漢)**范承謨** 　　十二、庚辰、十六，1.17；改浙撫。	
(？)**吳格塞**	
(？)**卓靈阿** 　　九、庚子、四，10.9；內務府郎中遷。九、乙丑、廿九，11.3；改弘文。	
(滿)**多諾**	
(滿)**明珠** 　　九、戊申、十二，10.17；遷刑尚。	(？)**卓靈阿** 　　九、乙丑；秘書學士改。
周天成	
蔣汝楫	**田種玉** 　　正、戊申、九，2.20；秘書讀學遷。
[裁併內三院]	
[裁併內三院]	

内閣學士年表

年代	康熙八年 己酉(1669)
内國史院	(滿)席哈納 (滿)帥顔保 六、戊辰、七,7.14；遷吏右。　　(滿)折爾肯 七、戊戌、七,8.3；讀學遷。 田遶吉 (漢)馬雄鎮 十、乙丑、五,10.29；改晉撫。（旋命候用。九年二月改桂撫。） (漢)靳　輔 十一、甲午、五,11.27；右通遷。 (?)布達禮　　　　　　　　　(滿)折庫納 七、丁未、十六,8.12；原大理遷。
内秘書院	(滿)鄂善　　　　　　　　　　(滿)哈占 九、甲寅、廿四,10.18；遷左副。　十、丁卯、七,10.31；督捕右理遷。 (滿)禪布 十二、庚辰、廿一,1.12；遷工右。 陳敱永 (?)吳格塞　　　　　　　　　(滿)達都 九、庚子、十,10.4；革。　　　十一、辛亥、廿二,12.14；光祿遷。 (漢)盧　震 正、己酉、十五,2.15；弘文讀學遷。八、甲子、四,8.29；改偏沅巡撫。 董國興 八、乙亥、十五,9.9；左僉遷。
内弘文院	(滿)多諾　　　　　　　　　　(滿)塞赫 九、甲寅、廿四,10.18；改山陝總督。十、丁卯、七,10.31；刑郎遷。 (?)卓靈阿　　　　　　　　　(滿)花善 七、戊戌、七,8.3；太僕遷。 周天成　　　　　　　　　　張鳳儀 九、乙未、五,9.29；革。　　　九、甲寅；讀學遷。 田種玉
翰林院	［裁併内三院］
詹事府	［裁併内三院］

康 熙 九 年　庚戌(1670)[十、甲午、十,11.22;仍改內閣學士,俱兼禮部侍郎銜。]

(滿)**折爾肯**(中和)

(滿)**折庫納**
　　五、己卯、廿四,7.10;教庶。十、甲午;改翰掌。

(漢)**靳　輔**(武英)

　田逢吉
　　二、甲子、六,2.25;會試副考。三、丙戌、廿九,
　　5.18;遷戶右。

　熊賜履
　　四、乙未、九,5.27;秘書讀學遷。十、甲午;改翰掌。

(滿)**哈占**(中和)

(滿)**達都**(保和)

　陳鼓永(東閣)
　　九、戊辰、十四,10.27;武會主考。

　蘆國興
　　五、己卯;教庶。八、乙未、十一,9.24;改湖廣巡撫。

(滿)**花善**
　　五、癸亥、八,6.24;改甘撫。

(?)**馬朗古**(文華)
　　六、壬辰、七,7.23;左通遷。

(滿)**塞赫**(保和)

　田種玉(文淵)
　　十二、己丑、六,1.16;遷禮右。

　張鳳儀(文華)
　　九、壬午、廿八,11.10;教庶。

(滿)**折庫納**
　　十、甲午;國史學士改。

　　　　　　　　　　[十、甲午、十,11.22;復設。]

　熊賜履
　　十、甲午;國史學士改。

[裁併內三院]

内閣學士年表

年代	康熙十年　辛亥(1671)		康熙十一年　壬子(1672)	
内 閣 學 士	(滿)折爾肯 六、癸未、四, 7.9；遷刑右。			
	(滿)哈占		(滿)哈占 九、丙子、四, 10.24；遷工左。	(滿)郭四海 十、乙卯、十四, 12.2；讀學遷。
	(滿)達都		(滿)達都 十一、己卯、八, 12.26；遷戶右。	(?)穆鋮額 十一、丙戌、十五, 1.2；讀學遷。
	(?)馬朗古		(?)馬朗古	
	(滿)塞赫		(滿)塞赫	
	(漢)靳　輔 六、丁亥、八, 7.13；改皖撫。	蔣廷柱 十一、甲寅、七, 12.7；宗人啓心郎遷。	蔣廷柱	
	陳鷖永 二、甲辰、廿二, 4.1；遷吏右。	郭廷祚 十一、甲寅；順尹遷。	郭廷祚	
	張鳳儀 八、己丑、十一, 9.13；改魯撫, 旋候用。 十一、壬子、五, 12.5；仍改魯撫。		張士甄 十、辛酉、廿, 12.8；遷禮右。	史大成 十一、甲戌、三, 12.21；翰讀學遷。
	張士甄 十一、甲寅；原國史學士授。		宋德宜	
	宋德宜 十一、甲寅；翰讀學遷。			
翰 林 院	(滿)折庫納 十二、甲申、七, 1.6；遷督捕。	(滿)傅達禮 十二、癸巳、十六, 1.15；翰讀學遷。	(滿)傅達禮 正、辛酉、十四, 2.12；教庶。	
	熊賜履 七、甲寅、五, 8.9；省假, 令卽回。		熊賜履 正、辛酉；教庶。	
詹 事 府	［裁併内三院］		［裁併内三院］	

康熙十二年　癸丑(1673)		康熙十三年　甲寅(1674)	
		(滿)郭四海	
(滿)郭四海		(滿)額庫禮	
(?)穆賊額 十二、庚戌、十五,1.21;病免。(十六年死)		(滿)伊桑阿	
(?)馬朗古 三、甲申、十四,4.30; 降二調。	(滿)額庫禮 七、戊寅、十一,8.22; 讀學遷。	(覺羅)沙賴	
(滿)塞赫(色赫) 七、庚午、三,8.14; 遷盛戶。	(滿)伊桑阿 十、辛丑、五,11.13; 讀學遷。	(滿)藺海 正、丁丑、十二,2.17;閣讀學遷。	
	(覺羅)沙賴 十、辛丑;讀學遷。		
蔣廷柱 三、甲申、十四,4.30; 降二調。	紀振疆 四、癸丑、十四,5.29; 順尹遷。	紀振疆	
郭廷祚 五、庚午、一,6.15; 遷工右。	王守才 五、戊子、十九,7.3; 順尹遷。	王守才	
史大成 十、乙巳、九,11.17; 遷禮右。	李仙根 七、甲戌、七,8.18; 翰讀學遷。	李仙根 三、丁卯、三,4.8; 派往荊州督糧。	徐文元 六、乙巳、十二,7.15; 祭酒遷。
宋德宜 七、戊辰、一,8.12; 遷戶右。	楊正中 十一、丁亥、廿二, 12.29;翰讀學遷。	楊正中 五、壬辰、廿九,7.2; 遷禮右。	王啓元 十一、辛酉、二,11.28; 讀學遷。
			杜　臻 十二、辛卯、二,12.28; 翰讀學遷。
(滿)傅達禮 五、壬辰、廿三,7.7;教庶。		(滿)傅達禮	
熊賜履 二、丙午、六,3.23;會試副考。五、壬辰;教庶。		熊賜履	
[裁併內三院]		[裁併內三院]	

内閣學士年表

年代	康熙十四年　乙卯(1675)	
内閣學士	(滿)**郭四海** 四、甲午、六,4.30;遷兵右。	(滿)**樺塔海** 四、壬寅、十四,5.8;讀學遷。
	(滿)**額庫禮**	
	(滿)**伊桑阿** 十一、癸巳、九,12.25;遷禮右。	(?)**察庫** 十二、丙子、廿三,2.6;翰讀學遷。
	(覺羅)**沙賴**	
	(滿)**薩海**	
	(滿)**吳努春** 十一、壬寅、十八,1.3;太常遷。十二、戊辰、十五,1.29;遷兵右。	
	徐文元 四、丁酉、九,5.3;改翰掌。	**富鴻基** 四、乙巳、十七,5.11;翰讀學遷。
	王啓元	
	杜臻	
	王守才	
翰林院	(滿)**傅達禮** △解(旋死)。	(?)**喇沙里** 十一、甲午、廿二,1.7;讀學遷。
	熊賜履 三、戊子、卅,4.24;遷武英大學士。	**徐文元** 四、丁酉;閣學授。五、丙寅、八,6.1;教庶。
詹事府	(?)**孔郭岱** 十二、丁卯、十四,1.28;讀學遷。	[十一、丁酉、十三,12.29;復設。]
	陳廷敬 十二、丁卯;翰讀學遷。	

康熙十五年　丙辰(1676)		
(滿)禪塔海 　正、丁酉、十四, 2.27；遷刑右。	(滿)党務禮 　正、庚戌、廿七, 3.11；太僕遷。	
(滿)額庫禮		
(?)察庫		
(覺羅)沙賴		
(滿)薩海		
富鴻基		
王啓元		
杜　臻 　八、己巳、十九, 9.26；遷禮右。	陳廷敬 　九、甲申、五, 10.11；詹事遷。	
王守才		
(?)喇沙里 　五、壬辰、十一, 6.21；教庶。		
徐文元 　五、壬辰；教庶。九、癸巳、十四, 10.20；武會正考。△十一月，憂免。		
(?)孔郭岱 　正、庚戌；改通政。	(滿)邵甘 　二、丁巳、五, 3.18；督捕左理遷。	
陳廷敬 　九、甲申；遷閣學。	王鴻昌 　九月，少詹遷。十月，省假。	項景襄 　十二、丙辰、八, 1.11；少詹遷。

內閣學士年表

年代	康熙十六年　丁巳(1677)	
內閣學士	(滿)**党務禮** 十一、壬午、九,12.3;遷兵右。	(?)**屯泰** 十一、丙戌、十三,12.7;太常遷。
	(滿)**額庫禮**	
	(?)**豪庫** 四、癸丑、七,5.8;遷戶右。	(?)**孔郭岱** 四、丙寅、廿,5.21;通政遷。
	(覺羅)**沙賴** 正、壬寅、廿五,2.26;遷盛工。	(滿)**噶爾圖** 十一、丁丑、四,11.28;詹事遷。
	(滿)**薩海**	
	(滿)**薩穆哈** 二、辛亥、四,3.7;太僕遷。六、庚申、十五,7.14;遷戶右。	
	(滿)**溫代** 六、辛未、廿六,7.25;太僕遷。十、辛未、廿八,11.22;遷工右。	
	富鴻基 七、辛丑、廿六,8.24;遷禮右。	**李天馥** 九、戊子、十四,10.10;少詹遷。
	王啓元	
	陳廷敬 正、癸巳、十六,2.17;改翰掌。	**項景襄** 正、丁未、卅,3.3;詹事遷。
	王守才	
翰林院	(?)**喇沙里**	
	陳廷敬 正、癸巳;閣學改。正、丙午、廿九,3.2;教庶。	
詹事府	(滿)**邵甘** 四、乙亥、廿九,5.30;改通政。	(滿)**噶爾圖** (滿)**喀爾圖** 少詹遷。十一、丁丑;遷閣學。
	項景襄 正、丁未;遷閣學。	**沈荃** 二、庚午、廿三,3.26;少詹遷。

· 908 ·

康熙十七年　戊午(1678)		康熙十八年　己未(1679)	
(?)屯泰		(?)屯泰 四、戊子、廿四,6.2; 改吏右。	(滿)佛倫 五、丁酉、四,6.11; 大理遷。
(滿)額庫禮		(滿)額庫禮	
(滿)噶爾圖		(滿)噶爾圖	
(?)孔郭岱		(?)孔郭岱	
(滿)薩海		(滿)薩海	
		(滿)禧佛 五、辛丑、八,6.15;讀學遷。	
		(?)雷虎 十、壬申、十一,11.13;原戶左授。	
李天馥		李天馥 九、丙午、十四,10.18;武會主考。	
項景襄		項景襄 十、癸未、廿二,11.24; 遷兵右。	徐文元 十一、壬辰、一,12.3; 原翰掌授。
王啓元		王啓元	
王守才		王守才	
(?)喇沙里		(?)喇沙里 五、丁巳;教庶。十一、癸卯、十二,12.14;死(文敏)。	
陳廷敬 十二、甲戌、八,1.19; 憂免。	葉方藹 十二、乙酉、十九, 1.30;翰講學遷。	葉方藹 二、辛未、六,3.17;會試副考。五、丁巳、廿四,7.1; 教庶。	
(滿)喀爾圖 二、戊午、十七,3.9; 遷左副。	(滿)宜昌阿 二、丙寅、廿五,3.11; 祭酒遷。	(滿)宜昌阿 四、庚辰、十六,5.25; 遷刑右。	(滿)庫勒納 五、甲午、一,6.8; 講學遷。
沈　荃		沈　荃	

內閣學士年表

年代	康熙十九年　庚申(1680)		康熙二十年　辛酉(1681)	
內閣學士	(滿)**佛倫**		(滿)**佛倫**	
	(滿)**額庫禮**		(滿)**額庫禮** 五、乙亥、廿三,7.8; 遷戶右。	(滿)**阿蘭泰** 五、乙亥;光禄遷。
	(滿)**噶爾圖**		(滿)**噶爾圖**	
			(滿)**格爾古德** 二、甲午、十,3.29;詹事遷。	
	(滿)**薩海**		(滿)**薩海**	
	(滿)**禧佛**		(滿)**禧佛** 六、壬辰、十一,7.25; 遷兵右。	(滿)**席柱** 六、乙巳、廿四,8.7; 讀學遷。
	(?)**雷虎**			
	李天馥		**李天馥** 二、己亥、十五,4.3; 遷戶左。	**張玉書** 三、庚午、十七,5.4; 翰講學遷。
	徐文元 十二、壬辰、七,1.26;遷左都。		**王守才** 七、庚午、十九,9.1;原任授。	
	李光地 八、癸酉、十七,9.9;翰讀學遷。		**李光地**	
	王啓元		**王啓元**	
翰林院	(滿)**庫勒納** 正、辛亥、廿一,2.20;詹事改。 二、壬申、十二,3.12;教庶。		(滿)**庫勒納**	
	葉方藹		**葉方藹** 十一、庚戌、一,12.10; 遷刑右。	**陳廷敬** 十一、丁巳、八, 12.17;原任授。
詹事府	(滿)**庫勒納** 正、辛亥;改翰掌。	(滿)**格爾古德** 二、乙亥、五,3.5; 翰講學遷。	(滿)**格爾古德** 二、甲午;遷閣學。	(?)**達岱** 二、庚子、十六,4.4; 閣讀學遷。
	沈荃		**沈荃**	

康熙二一年　壬戌(1682)

（滿）**佛倫**

（滿）**阿蘭泰**
　　五、丁巳、十, 6.15；册封朝鮮王妃使臣。十、庚子、廿七, 11.25；教庶。

（滿）**噶爾圖**	（?）**喇巴克**
七、辛酉、十六, 8.18；遷盛刑。	七、丙寅、廿一, 8.23；講學遷。

（滿）**格爾古德**	（?）**達岱**
正、乙亥、廿七, 3.5；改直隸巡撫。	二、壬午、四, 3.12；詹事遷。

（滿）**薩海**

（滿）**席柱**

張玉書
　　十、庚子；教庶。

王守才

李光地	**胡簡敬**
五、庚午、廿三, 6.28；省假。	六、己酉、九, 7.13；翰讀學遷。

（漢）**王國安**
　　六、己卯、三, 7.7；讀學遷。六、甲辰、廿八, 8.1；改浙撫。

金世鑑	**金汝祥**
七月，讀學遷。十二月，遷工右。	十二、癸未、十, 1.7；讀學遷。

（滿）**庫勒納**	（滿）**牛鈕**
五、丁巳、十, 6.15；遷刑右。	五、丁卯、廿, 6.25；詹事遷。

陳廷敬
　　二、甲申、六, 3.14；會試副考。

（?）**達岱**	（滿）**牛鈕**	（滿）**圖納**
二、壬午；遷閣學。	二月，講學遷。五、丁卯；遷翰掌。	五、丙子、廿九, 7.4；閣讀學遷。

沈　荃

内閣學士年表

年代	康熙二二年　癸亥(1683)	
內閣學士	(滿)佛倫 　　九、丙子、八,10.27;遷刑右。	(?)席特納 　　九、庚辰、十二,10.31;左通遷。
	(滿)阿蘭泰 　　十、甲寅、十七,12.4;遷兵右。	(滿)阿哈達 　　十、辛酉、廿四,12.11;詹事遷。
	(?)喇巴克	
	(?)達岱 　　閏六、庚戌、十,8.2;死。	(滿)麻爾圖 　　七、戊戌、廿九,9.19;陝布遷。
	(滿)薩海 　　七、乙未、廿六,9.16;遷禮右。	(滿)圖納 　　八、辛丑、二,9.22;詹事遷。
	(滿)席柱	
	張玉書 　　五、丙午、五,5.30;改翰掌。	王鴻緒 　　十二、乙卯、十八,2.3;左庶子遷。
	王守才	
	胡簡敬	
	孫在豐 　　五、癸丑、十二,6.6;翰讀學遷。十二、庚戌、十三,1.29;改翰掌。	
	金汝祥	
翰林院	(滿)牛鈕 　　十、壬戌、廿五,12.12;教庶。	
	陳廷敬　　　　　張玉書　　　　　　　　　　　　孫在豐 　　四月,遷禮右。　　(教庶)五、丙午;閣學改。十二月,遷禮右。　十二、庚戌;閣學改。	
詹事府	(滿)圖納　　　　(滿)阿哈達　　　　　　　　　(滿)傅臘塔 　　八、辛丑;遷閣學。　八月,閣讀學遷。十、辛酉;遷閣學。　十、丁卯、卅,12.17;翰讀學遷。	
	沈荃	

康熙二三年　甲子(1684)

(?)席特納 　△改左副。	**(滿)席爾達** 　△左副授。
(滿)阿哈達 　八、庚子、七,9.15；改直撫。	**(滿)牛鈕** 　八、癸丑、廿,9.28；翰掌改。
(?)喇巴克 　九、庚午、七,10.15；遷理右。	**(?)丹岱** 　九、己卯、十六,10.24；讀學遷。
(滿)麻爾圖	
(滿)圖納	
(滿)席柱	
王鴻緒 　九、甲申、廿一,10.29；遷戶右。	**蔣宏道** 　九、庚寅、廿七,11.4；少詹遷。
王守才 　四、乙丑、卅,6.12；改通政。	**吳興祖** 　四、乙丑；讀學遷。
胡簡敬 　二、乙巳、九,3.24；遷禮右。	**(漢)范承勳** 　八、辛亥、十八,9.26；吏郎遷。
金汝祥 　八、己未、廿六,10.4；遷工左。	**王起元** 　九、乙丑、二,10.10；原任授。
湯　斌 　二、壬子、十六,3.31；左庶子遷。六、乙卯、廿一,8.1；改蘇撫。	
(滿)牛鈕 　八、癸丑；改閣學。	**(滿)常書** 　八、庚申、廿七,10.5；讀學遷。
孫在豐 　正、癸巳、廿七,3.12；教庶。	
(滿)傅臘塔 　十二、戊戌、七,1.11；改通政。	**(?)朱馬泰** 　十二、乙巳、十四,1.18；翰讀學遷。
沈　荃 　十二、庚戌、十九,1.23；死(文恪)。	**徐乾學** 　十二、壬辰、一,1.5；講學遷。

内閣學士年表

年代	康熙二四年　乙丑(1685)	
内 閣 學 士	(滿)**席爾達** 　△革。	(滿)**顧八代** 　九、丁丑、廿,10.17;翰讀學遷。
	(滿)**牛鈕**	
	(?)**丹岱**	
	(滿)**麻爾圖**	
	(滿)**圖納** 　九、丁亥、卅,10.27;改晉撫。	(?)**穆稱額** 　十、己亥、十二,11.8;太常遷。
	(滿)**席柱** 　二、甲辰、十四,3.18;遷刑右。	(滿)**襌布** 　二、庚戌、廿,3.24;翰講學遷。
	蔣宏道 　三、壬戌、二,4.5;遷禮右。	**韓菼** 　三、乙亥、十五,4.18;翰講學遷。
	吳興祖	
	(漢)**范承勳** 　二、己未、廿九,4.2;改桂撫。	**徐乾學** 　三、戊辰、八,4.11;詹事遷。五、乙酉;教庶。
	王起元	
翰 林 院	(滿)**常書** 　五、乙酉、廿六,6.27;教庶。	
	孫在豐 　二、丙申、六,3.10;會試副考。	
詹 事 府	(?)**朱馬泰**	
	徐乾學 　三、戊辰;遷閣學。	**郭棻** 　三、甲申、廿四,4.27;翰講學遷。 　九、壬申、十五,10.12;武會副考。

康熙二五年　丙寅(1686)

(滿)**牛鈕** 七、辛丑、十九, 9.6; 死。	(滿)**吳拉岱** 七、甲辰、廿二, 9.9; 讀學遷。
(?)**丹岱** 二、丁亥、三, 2.24; 遷刑右。	(?)**額爾黑圖** 十一、戊戌、十八, 1.1; 讀學遷。
(滿)**麻爾圖** 七、己丑、七, 8.25; 改戶右。	(滿)**席爾達** △十一月, 原任授, 兼太常。
(?)**穆稱額** 二、庚子、十六, 3.9; 改理右。	(滿)**蔦思泰** 閏四、戊辰、十五, 6.5; 通政遷。
(滿)**禪布**	
(滿)**顧八代**	
(滿)**賽弼漢** 二、乙未、十一, 3.4; 讀學遷。十一、壬辰、十二, 12.26; 遷戶右。	(滿)**敦多禮** 二月, 太常遷。閏四月, 遷刑右。
韓　菼	
吳興祖	
徐乾學 五、己酉、廿六, 7.16; 遷禮右。	**郭　棻** 六、丁巳、五, 7.24; 詹事遷。
王起元 閏四、丙子、廿三, 6.13; 改桂撫。	**徐廷璽** 五、乙酉、二, 6.22; 讀學遷。
李光地(額外) 七、辛丑、十九, 9.6; 原任授(額外)。十二、癸亥、十三, 1.26; 改翰掌, 仍兼。	
(滿)**常書** 四、甲辰、廿, 5.12; 革。(改三等侍衞)	(滿)**庫勒納** (教庶)四、辛亥、廿七, 5.19; 督捕改禮左管。

孫在豐 三月, 遷工右。	**張　英** (教庶)三月, 學士遷。十二月, 遷兵右。	**李光地** (教庶)十二、癸亥, 閣學改。

(?)**朱馬泰** 三、甲戌、廿, 4.12; 對品調用。	(滿)**尹泰** 三、庚辰、廿六, 4.18; 閣讀學遷。
郭　棻 六、丁巳; 遷閣學。	**王熙昌**

內閣學士年表

年代	康熙二六年　丁卯(1687)	
	(滿)吳拉岱 五、庚辰、三，6.12；遷理右。	(？)拜禮 十二、甲寅、十，1.12；讀學遷。
	(？)額爾黑圖 十二、乙丑、廿一，1.23；遷理左。	(？)齊穡
	(滿)席爾達 十二、壬子、八，1.10；遷禮左。	
	(滿)葛思泰 二、辛酉、十三，3.25；遷刑左。	(滿)凱音布 九、乙巳、卅，11.4；通政遷。
內	(滿)襌布 十、壬申、廿七，12.1；遷兵右。	(？)趙山 十一、己卯、四，12.8；翰講學遷。
閣	(滿)顧八代 三、乙酉、七，4.18；改禮右。	(覺羅)舜拜 三、庚寅、十二，4.23；左副改。
學	(？)多奇 五、壬辰、十五，6.24；翰讀學遷。 十二、壬子、八，1.10；遷禮右。	(？)塞楞額 二、辛未、廿三，4.4；甘布遷。 九、戊子、十三，10.18；遷刑右。
	韓菼 二、己巳、廿一，4.2；乞養。	李振裕 三、庚辰、二，4.13；翰侍講遷。
士	吳興祖	翁叔元 九、丁亥、十二，10.17；少詹遷。
	郭棻 二、壬子、四，3.16；革。	盧琦 二、丁巳、九，3.21；少詹遷。
	徐廷璽 十一、戊寅、三，12.7；改工右。	(漢)石文柱 十一、癸未、八，12.12；讀學遷。
	李光地 (翰掌兼) 三、庚寅；省假。	
翰林院	(滿)庫勒納	
	李光地 (兼閣學) 正、壬寅、廿三，3.6；教庶。三、庚寅；省假。	
詹事府	(滿)尹泰	
	王鴻昌 九、甲辰、廿九，11.3；遷禮右。	張英 九、甲辰；禮右改左，兼。

康熙二七年　戊辰(1688)	
(?)**拜禮**	
(?)**齊穡** 二、癸酉、卅，3.31；遷工右。	(滿)**朱都納** 三、戊寅、五，4.5；講學遷。
(滿)**凱音布**	
(?)**趙山** 八、丙午、六，8.31；遷盛戶。	(?)**邁塗** 八、己卯、十五，9.9；光祿遷。
(覺羅)**舜拜** 三、庚辰、七，4.7；遷兵右。	(滿)**索諾和** 十、庚申、廿一，11.13；大理遷。
(滿)**薩穆哈** 三月，工郎遷。十一月，遷兵右。	(?)**星安** 十二、庚子、一，12.23；讀學遷。
(滿)**阿喇彌** 正月，讀學遷。四月，遷刑右。	(?)**胡什巴**(吳什巴) 四月，讀學遷。十月，遷盛刑。
李振裕	
翁叔元 二、丁巳、十四，3.15；遷吏右。	(漢)**郭世隆** 十、己未、廿，11.12；御史遷。
盧琦 三、乙酉、十二，4.12；革。	**彭孫遹** 三、甲午、廿一，4.21；講學遷。 六、癸卯；教庶。
(漢)**石文柱** 七、癸酉、三，7.29；改倉侍。	**郭琇** 十一、癸酉、四，11.26；太常遷。
王封濚 二月，少詹遷。七月，遷吏右。　　**汪有良** 七月，讀學遷。十月，改皖撫。　　**董訥** 七月，翰讀學遷。十月，遷兵右。	
(滿)**庫勒納** 六、癸卯、二，6.29；教庶。	
李光地 三、壬寅、廿九，4.29；仍兼閣學。九、癸未、十四，10.7；武會試主考。	
(滿)**尹泰**	
張英 (禮左兼)	

內閣學士年表

年代	康熙二八年　己巳(1689)	
內 閣 學 士	(？)**拜禮** 　十、乙丑、二，11.13；病假。(卅一年死)	(？)**西拉** 　十、辛未、八，11.19；讀學遷。
	(滿)**朱都納**	
	(滿)**凱音布** 　十二、戊寅、十六，1.25；遷倉侍。	
	(？)**邁塗**	
	(滿)**索諾和** 　六、甲午、廿九，8.14；遷吏右。	(？)**博際** 　七、丁巳、十一，8.25；翰講學遷。
	(？)**星安**	
	李振裕 　五、壬子、十七，7.3；遷吏右。	(漢)**王國昌** 　七、庚子、六，8.20；讀學遷。
	(漢)**郭世隆**	
	彭孫遹	
	郭琇 　閏三、乙巳、八，4.27；遷吏右。	**顧汧** 　閏三月，翰讀學遷。十二月，遷禮右。
	孫在豐 　五、戊午、廿三，7.9；翰讀學遷。八、甲申、廿一，10.3；予祭。	
翰 林 院	(滿)**庫勒納**	
	李光地 　五、甲辰、九，6.25；改通政。	**徐元文** 　五、戊申、十三，6.29；大學士兼管。
詹 事 府	(滿)**尹泰**	
	張英 　十二、戊辰、六，1.15；禮左遷工尚。	

康熙二九年　庚午(1690)	
(?)**西拉**	
(滿)**朱都納** 十一、庚寅、三,12.3;改左副。	(?)**南達海** 十一、庚子、十三,12.13;讀學遷。
(?)**布彦圖** 正、庚戌、十八,2.26;理郎中遷。	
(?)**邁塗**	
(?)**博際**	
(?)**星安**	
(漢)**王國昌**	
(漢)**郭世隆** 七、癸卯、十四,8.18;改直撫。	(漢)**年遐齡** 十、乙酉、廿八,11.28;府丞遷。
彭孫遹	
田喜鬐 三、壬子、廿一,4.29;少詹遷。	
王澤宏 正、己酉、十七,2.25;少詹遷。三、庚子、九,4.17;遷禮右。	
(滿)**庫勒納**	
徐元文 六、壬申、十三,7.18;休。	**張　英** 六、辛巳、廿二,7.27;工尚兼,並管詹。
(滿)**尹泰** 四、壬申、十一,5.19;改通政。四、癸未、廿二,5.30;仍兼。	
張　英 六、辛巳;工尚兼翰掌並管。七、庚寅、一,8.5;改禮尚。十、辛巳、廿四,11.24;革禮尚,仍兼翰、詹。	

內閣學士年表

年代	康熙三十年　辛未(1691)	
內 閣 學 士	(？)**西拉**	
	(？)**南達海** 　　六、甲子、十,7.5;休。	(滿)**滿丕** 　　六、辛未、十七,7.12;讀學遷。
	(？)**布彥圖** 　　正、乙卯、廿九,2.26;遷刑右。	(？)**德珠** 　　十一、乙亥、廿五,1.12;御史遷。
	(？)**邁塗** 　　六、戊寅、廿四,7.19;遷刑右。	(？)**圖納哈** 　　七、戊子、五,7.29;祭酒遷。
	(？)**博際** 　　閏七、庚申、七,8.30;遷戶右。	(？)**思格色** 　　閏七、乙丑、十二,9.4;翰讀學遷。
	(？)**星安** 　　十一、壬戌、十二,12.30;遷盛工。	(？)**達虎** 　　十一、戊辰、十八,1.5;讀學遷。
	(滿)**傅繼祖** 　　二月,讀學遷。九、戊辰;改翰掌。	(滿)**布喀** 　　九月,大理遷。十一月,改甘撫。
	(漢)**王國昌**	
	(漢)**年遐齡** 　　十一、丁巳、七,12.25;遷工右。	**李柟** 　　十一、壬申、廿二,1.9;翰講學遷。
	彭孫遹 　　十一、壬戌、十二,12.30;遷吏右。	**王掞** 　　十一、壬戌;翰講學遷。
	田喜霂 　　正、庚戌、廿四,2.21;憂免。	**王尹方** 　　二、戊午、二,3.1;翰讀學遷。
翰 林 院	(滿)**庫勒納** 　　六、辛未;教庶。閏七、庚申、七,8.30;遷戶尚。	(滿)**傅繼祖** 　　九、戊辰、十七,11.6;閣學改。十、己丑、八, 　　11.27;教庶。
	張英 　　(已革禮尚管,並詹事) 六、辛未、十七,7.12;教庶。	
詹 事 府	(滿)**尹泰** 　　閏七、己巳、十六,9.8;遷左副,仍兼。	
	張英 　　(已革禮尚管翰掌並兼)	

康熙三一年　壬申(1692)		康熙三二年　癸酉(1693)	
(?)西拉		(?)西拉 四、丁酉、廿四,5.28; 遷理右。	(?)常緩 八、己卯、八,9.7; 工郎遷。
(滿)滿丕 二、庚子、廿,4.6; 遷理右。	(滿)溫保 二、乙巳、廿五,4.11; 讀學遷。	(滿)溫保	
(?)德珠		(?)德珠	
(?)圖納哈 九、辛未、廿五, 11.3;解。	(滿)安布祿 十、辛丑、廿六,12.3; 讀學遷。	(滿)安布祿 十一、己巳、卅, 12.26;遷兵右。	(?)沈圖 十一、己巳;左副遷。
(?)思格色 四、乙巳、廿六, 6.10;遷戶右。	(?)戴通 五、辛亥、二,6.16; 大理遷。	(?)戴通	
(?)達虎		(?)達虎	
		(滿)常書 七、丙寅、廿四,8.25;遷倉侍。	
(漢)王國昌 八、壬辰、十五,9.25; 遷督捕。	李應薦 八、辛丑、廿四,10.4; 常少遷。	李應薦	
李　枏		李　枏	
王　掞		王　掞	
王尹方		王尹方 八、辛巳、十,9.9; 乞養。(卅三年死)	顧　藻 八、丁酉、廿六,9.25; 順學遷。
(滿)傅繼祖		(滿)傅繼祖	
張　英 十、戊戌、廿三,11.30;授禮尚。 十、癸卯、廿八,12.5;仍兼、詹。		張　英 (禮尚兼、並詹事)	
(滿)尹泰 三、丙辰、七,4.22;改刑右,仍兼(卸兼通政)。		(滿)尹泰 (刑右兼)	
張　英 十、戊戌、授禮尚。十、癸卯;仍兼翰掌並兼。		張　英 (禮尚兼、並翰掌)	

內閣學士年表

年代	康熙三三年　甲戌(1694)	
內閣學士	(?)常綬 五、丁巳、廿,6.12;遷工右。	(滿)嵩祝 五、丁巳;護統授。
	(滿)溫保	
	(?)德珠 閏五、己丑、廿三,7.14;遷倉侍。	(滿)陶岱 六、丁酉、一,7.22;讀學遷。
	(?)沈圖	
	(?)戴通	
	(?)達虎 十、丁巳、廿三,12.9;病免。	(?)勒德 十一、丙子、十二,12.28;戶郎遷。
	李應薦 三、戊午、廿,4.14;革。(四三年死)	陸葇 六、丙午、十,7.31;左贊善遷。
	李栖	
	王掞 七、丁卯、一,8.21;遷戶右。	徐嘉炎 七、甲戌、八,8.28;翰讀學遷。
	顧藻	
	田喜霽 三、丙寅、廿八,4.22;原任授。閏五、庚辰、十四,7.5;病免。	
翰林院	(滿)傅繼祖 三、甲寅、十六,4.10;降三調。	(滿)常書 (吏右、吏左) 三、丙寅、廿八,4.22;倉侍兼。四、壬辰;教庶。
	張英 (禮尚兼,並詹事) 四、壬辰、廿五,5.18;教庶。	
詹事府	(滿)尹泰 (刑右兼)	
	張英 (禮尚兼,並翰掌)	

康熙三四年　乙亥(1695)

(滿)嵩祝	
(滿)温保 　　六、乙未、五,7.15;改晉撫。	(?)齊穡 　　六、壬寅、十二,7.22;督捕左理遷。
(滿)陶岱	
(?)沈圖 　　八、己未、卅,10.7;死。	(?)惪濟 　　七、癸亥、三,8.12;祭酒遷。
(?)戴通 　　十、壬子、廿三,11.29;遷督捕。	(?)綏色 　　十、壬子;工郎遷。

(?)勒德	(?)阿爾拜 　　七、丙戌、廿六,9.4;遷戶右。	(覺羅)三寶 　　十二、己酉、廿一,1.25;翰讀學遷。
(?)額赫禮 　　六月,讀學遷;旋遷盛刑。	(?)喇錫 　　八月,讀學遷;旋回任。	(?)傅繼祖 　　八月,祭酒遷。十二月,遷盛兵。

陸　菜 　　六、丙辰、廿六,8.5;病免。	韓　菼 　　七、乙丑、五,8.14;原任授。
李　柟 　　五、庚寅、廿九,7.10;遷工右。	張榕端 　　六、甲辰、十四,7.24;祭酒遷。
徐嘉炎	
顧　藻	

(滿)常書 　　(吏左兼)
張　英 　　(禮尚兼,並詹事)
(滿)尹泰 　　(刑右兼)
張　英 　　(禮尚兼,並翰掌)

內閣學士年表

年代	康熙三五年　丙子(1696)	
內閣學士	(滿)**嵩祝** 　　六、癸卯、十九,7.17;遷兵右。	(滿)**朱都納** 　　六、癸卯;原兵左授。
	(?)**齋穑** 　　四、壬寅、十七,5.17;遷盛工。	(?)**楊舒** 　　五、壬戌、七,6.6;太僕遷,仍兼。
	(滿)**陶岱** 　　六、己亥、十五,7.13;遷戶右。	(滿)**哈山** 　　七、丁巳、三,7.31;讀學遷。
	(?)**喜濟** 　　十、丁酉、十四,11.8;死。	(?)**席爾登** 　　十二、壬寅、廿,1.12;翰讀學遷。
	(?)**綏色** 　　七、乙卯、一,7.29;遷刑右。	(?)**羅察** 　　九、乙亥、廿二,10.17;讀學遷。
	(覺羅)**三寶**	
	(滿)**哈雅爾圖** 　　七月,理少遷。九月,遷兵右。	(滿)**倭倫** 　　七月,讀學遷。十二月,改晉撫。
	韓　菼	
	張榕端	
	徐嘉炎	
	顧　藻	
翰林院	(滿)**常書** 　　六、癸卯;吏左授。	
	張　英 　(禮尚兼,並詹事)	
詹事府	(滿)**尹泰** 　　六、癸卯;授(仍帶原品)。	
	張　英 　(禮尚兼,並翰掌)	

康熙三六年　丁丑(1697)

(滿)**朱都納**
　五、癸巳、十四,7.2;遷督捕。

(滿)**布泰**
　五、辛丑、廿二,7.10;讀學遷。

(?)**楊舒**
　(兼太僕)五、丙午、廿七,7.15;遷禮右。

(滿)**噶禮**
　八、乙丑、十八,10.2;左副改。

(滿)**哈山**
　二、癸未、二,2.22;改左副。

(?)**辛寶**
　十二、丙辰、十,1.21;光禄遷,仍管。

(?)**席爾登**
　十二、己酉、三,1.14;解。

(滿)**溫達**
　十二、丙辰;督捕右理遷。

(?)**羅察**

(滿)**喀拜**(?)
　七、丁未、廿九,9.14;遷甘撫。

(覺羅)**三寶**
　八、丙辰、九,9.23;遷刑右。

(?)**錢齊保**
　十二、丙辰;讀學遷。

(?)**黃茂**
　二月,通政遷。十二月,解。

(?)**壽蕭**
　八月,讀學遷。十一月,改左副。

(?)**札賴**
　八月,讀學遷;旋改左副。

韓菼
　九、癸未、六,10.20;遷禮右。

李録予
　九、己亥、廿二,11.5;少詹遷。

張榕端

徐嘉炎

顧藻

(滿)**常書**

(滿)**阿山**
　六、庚戌、二,7.19;盛禮改以禮侍管。
　九、丁未、卅,11.13;教庶。

張英
　十、己未、十二,11.25;卸兼。

韓菼
　十、乙丑、十八,12.1;禮右兼。

(滿)**尹泰**

張英
　十、己未;卸。

顧祖榮
　十、乙丑;少詹遷。

内閣學士年表

年代	康熙三七年　戊寅(1698)	康熙三八年　己卯(1699)
内閣學士	(滿)布泰	(滿)布泰
	(滿)噶禮	(滿)噶禮　　　　　(?)特默德 七、己丑、廿二，8.17；　閏七、丁酉、一， 改督撫。　　　　　　8.25；詹事遷，仍管。
	(?)辛寶 十一、甲午、廿四，12.25；遷刑右。	
	(滿)溫達	(滿)溫達　　　　　(滿)滿篤 閏七、戊午、廿二，　　閏七、乙丑、廿九， 9.15；遷戶右。　　　　9.22；讀學遷。
	(?)羅察　　　　(?)恩丕 四、戊午、十四，5.23；　四、甲子、廿、 遷工右。　　　　　5.29；讀學遷。	(滿)恩丕　　　　　(?)白碩色 閏七、壬寅、六，8.30；　閏七、己酉、十三， 革。　　　　　　　9.6；御史遷。
	(?)錢齊保	(?)錢齊保
	李錄予	李錄予　　　　　(漢)范承烈 十二、庚午、六，1.25；　十二、乙亥、十一， 遷禮右。　　　　　1.30；讀學遷。
	張榕端	張榕端
	徐嘉炎	徐嘉炎　　　　　顧祖榮 二、庚戌、十，3.11；老休。　二、戊午、十八， (四三年死)　　　　3.19；詹事遷。
	顧　藻　　　　胡會恩 十二、丁未、七，1.7；　十二、癸丑、十三， 遷工右。　　　　　1.13；理少遷。	胡會恩
翰林院	(滿)阿山	(滿)阿山
	韓菼	韓菼
詹事府	(滿)尹泰	(滿)尹泰　　　　　(?)特默德 二、壬寅、二，3.3；解。　二月，祭酒遷。閏七、 　　　　　　　　丁酉，改閣學，仍兼。
	顧祖榮	顧祖榮　　　　　徐秉義 二、戊午；遷閣學。　二、己巳、廿九， 　　　　　　3.30；少詹遷。

康熙三九年　庚辰(1700)	
(滿)**布泰** 　　七、壬辰、一,8.15；遷盛刑。	(滿)**舒輅** 　　七、庚子、九,8.23；讀學遷。
(?)**特默德** 　　三、丁未、十四,5.2；遷工右。	(滿)**巢可託** 　　五、己未、廿七,7.13；詹事遷,仍管。
(滿)**滿篤** 　　十、己巳、十,11.20；遷理右。	(滿)**席哈納** 　　十、丁丑、十八,11.28；太常遷,仍管。
(?)**白碩色** 　　五、壬子、廿,7.6；遷工右。	(滿)**邵穆布** 　　五、甲寅、廿二,7.8；祭酒遷。
(?)**錢齊保** 　　五、甲辰、十二,6.28；革。	(?)**法良** 　　五、丙午、十四,6.30；讀學遷,兼翰掌。
(覺羅)**華顯** 　　三、癸丑、廿,5.8；翰讀學遷。五、庚子、八,6.24；改甘撫。	
(漢)**范承烈**	
張榕端	
顧祖榮 　　八、辛未、十一,9.23；憂免。(四二年死)	**曹鑑倫** 　　九、壬寅、十三,10.24；少詹遷。
胡會恩 　　七、己亥、八,8.22；遷兵右。	**王九齡** 　　七、乙卯、廿四,9.7；左僉授。
(滿)**阿山** 　　五、丁未、十五,7.1；改江督。	(?)**法良** 　　五、壬子、廿,7.6；閣學兼。五、戊午、廿六,7.12；教庶。
韓菼 　　五、戊午；教庶。十一、丙午、十八,12.27；遷禮尚,仍兼。	
(?)**特默德** 　　三、丁未、十四,5.2；遷工右。	(滿)**巢可託** 　　三月,少詹遷。五、己未；遷閣學,仍管。
徐秉義 　　七、乙卯；遷禮侍仍管。九、癸卯、十四,10.25；武會正考。十一、癸丑、廿五,1.3；改吏右,仍管。	

內閣學士年表

年代	康熙四十年　辛巳(1701)	
內 閣 學 士	(滿)**舒輅** 　　正、甲寅、廿六, 3.5; 遷工右。	(？)**傅紳** 　　正、乙卯、廿七, 3.6; 翰讀學遷。
	(滿)**巢可託** 　　正、己酉、廿一, 2.28; 遷盛刑。	(滿)**希福納** 　　正、乙卯; 大理遷。
		(滿)**賴都** 　　十、庚辰、廿七, 11.26; 御史遷(額外)。
	(滿)**席哈納** 　　正、甲寅; 遷禮右。	(？)**蘇赫納** 　　(閣讀學遷？)十二、辛未、十九, 1.16; 遷刑右。
	(滿)**邵穆布** 　　十、壬申、十九, 11.18; 遷禮左。	(？)**常授** 　　十、庚辰、廿七, 11.26; 少詹遷。
	(？)**法良** 　　九、丁未、廿三, 10.24; 遷兵左。	(？)**來道** 　　十、乙卯、二, 11.1; 詹事遷, 仍管。
	(？)**辛保** 　　正、乙卯、廿七, 3.6; 左副改。十一、辛亥、廿八, 12.27; 遷倉侍。	
	(漢)**范承烈**	
	張榕端	
	曹鑑倫	
	王九齡	
翰 林 院	(？)**法良** 　　九、丁未; 遷兵左, 仍管。	
	韓　菼 　　(禮尚兼)	
詹 事 府	(滿)**巢可託** 　　正、己酉; 遷盛刑。	(？)**來道** 　　正月, 少詹遷。十、乙卯; 遷閣學, 仍管。
	徐秉義 　　(吏右兼)	

康熙四一年　壬午(1702)		康熙四二年　癸未(1703)	
(?)傅紳 十、乙酉、八， 11.26；遷盛兵。	(?)滿闕 十、乙巳、廿八， 12.16；讀學遷。	(?)滿闕	
(滿)希福納 五、辛卯、十，6.5； 遷盛戶。	(?)色德里 五、戊戌、十七，6.12； 讀學遷。	(?)色德里	
(滿)賴都 三、癸未、二，3.29； 還戶右。	(?)阿藍太 十二、甲辰、廿八， 2.13；讀學遷。	(?)阿藍太	
(?)鐵圖 三、戊子、七，4.3；盛禮理事遷。		(?)鐵圖	
(?)常授		(?)常授	
(?)來道 十二、甲辰，遷工右。	(滿)穆和倫 十二、甲辰，讀學遷。	(滿)穆和倫 五、戊辰、廿四，7.7；兼管光禄。	
(?)紀爾他渾 三、壬辰、十一，4.7；戶郎遷。十二、甲辰，遷兵左。			
(漢)范承烈 正、庚戌、廿八，2.24； 遷戶右。	(漢)劉光美 三、戊子；讀學遷。	(漢)劉光美 五、癸亥、十九，7.2； 改皖撫。	趙世芳 五、戊辰；讀學遷。
張榕端		張榕端 九、辛未、廿八，11.7； 病免。	徐秉義 十、己卯、七，11.15； 詹事遷。
曹鑑倫		曹鑑倫	
王九齡		王九齡	
(?)法良 十二、辛丑、廿五， 2.10；革。	(滿)揆叙 十二、甲辰；讀學遷。	(滿)揆叙 二、丙申、廿一，4.6；册封朝鮮王妃正使。 四、己亥、廿四，6.8；教庶。	
韓炎 (禮尚兼)		韓炎 (禮尚卸兼)	吳涵 (吏右兼)四、己亥；教庶。
(?)來道 十二、甲辰，遷工右。		(?)來道 正、丁卯、廿一，3.8；工右兼管。	
徐秉義 六、辛亥、十三，7.7；革吏右，仍留。 八、乙酉、六，9.27；順鄉正考。		徐秉義 十、己卯；遷閣學。	陳元龍 十、庚子、廿八，12.6； 少詹遷。

內閣學士年表

年代	康熙四三年　甲申(1704)	
內 閣 學 士	(？)滿闕	
	(？)色德里 　三、丙寅、廿七,4.30;遷工左。	(滿)赫壽 　十、丁亥、廿,11.17;讀學遷。
	(？)阿藍太 　正、庚午、卅,3.5;休。	(滿)殷特布 　二、癸酉、三,3.8;讀學遷。
	(？)鐵圖 　六、癸未、十五,7.16;遷禮右。	(？)拉都渾 　六、己丑、廿一,7.22;讀學遷。
	(？)常授 　四、己卯、十,5.13;遷刑右。	(？)阿世坦 　四、己丑、廿,5.23;翰讀學遷。
	(滿)穆和倫 　三、丙寅;遷工右。	(滿)穆丹 　四、壬申、三,5.6;少詹遷,兼詹。
	(？)舒虎肅 　四、壬申;讀學遷。	
	趙世芳	
	徐秉義 　八、戊寅、十一,9.9;休。（五十年死)	汪灝 　（督學）九、丙寅、廿九,10.27;翰讀學遷。
	曹鑑倫 　十一、己酉、十三,12.9;遷兵右。	汪霦 　十一、戊午、廿二,12.18;詹事遷。
	王九齡 　二、癸酉;遷禮右。	蔡升元 　十一、壬寅、六,12.2;詹事遷。
	李鎧 　二、乙未、廿五,3.30;通政遷。十、壬辰、廿五,11.22;病休。	
翰 林 院	(滿)揆叙	
	吳涵 　十、己卯、十二,11.9;遷左都,仍兼。	
詹 事 府	(？)來道 　三、己酉、十,4.13;革。	(滿)穆丹 　四、壬申、三,5.6;閣學兼管。
	陳元龍　　　　　　蔡升元　　　　　　　　汪霦 　四月,省假。　　　五月,少詹遷。十一月,遷閣學。　十一月,少詹遷;旋遷閣學,仍管。		

康熙四四年　乙酉(1705)

(?)**滿關** 　五、乙酉、廿三,7.13;遷兵右。	(滿)**舒圖** 　十、壬子、廿二,12.7;讀學遷。
(滿)**赫壽**	
(滿)**殷特布** 　十、甲辰、十四,11.29;遷兵右。	(?)**二鬲** 　十一、辛酉、一,12.16;詹事遷,仍管。
(?)**拉都渾**	
(?)**阿世坦**	
(滿)**穆丹** 　閏四、庚戌、十七,6.8;遷戶右。	(滿)**舒蘭** 　閏四、丙辰、廿三,6.14;讀學遷。
(?)**魯瑚** 　六、戊戌、六,7.26;盛禮理事遷。十、甲辰;還刑左。	
趙世芳 　六、戊戌、六,7.26;遷工右。	
汪　灝 　(晉學)十一、庚辰、廿,1.4;改豫撫。	**王之樞** 　十二、甲午、四,1.18;少詹遷。
汪　霖 　(兼詹事)五、丙子、十四,7.4;遷戶右。	**張廷樞** 　(江南學政)五、辛巳、十九,7.9;讀學遷。
蔡升元	
彭會淇 　六、庚戌、十八,8.7;少詹遷。十二、辛亥、廿一,2.4;遷工右。	
(滿)**揆叙**	
吳　涵 　(左都兼)	
(滿)**穆丹** 　閏四、庚戌;遷戶右。	(?)**二鬲** 　閏四、丙辰;少詹遷。十一、辛酉;遷閣學,仍管。
汪　霖 　(閣學兼)	

内閣學士年表

年代		康熙四五年　丙戌(1706)		康熙四六年　丁亥(1707)	
内閣學士	(滿)**舒圖**			(滿)**舒圖**	
	(滿)**赫壽** 十二、丁亥、三、1.6；遷禮右，仍兼。			(滿)**赫壽** (禮右兼)	
	(？)**二鬲** (兼詹事)　五、庚午、十三，6.23；教庶。			(？)**二鬲** (兼詹事)	
	(？)**拉都渾**			(？)**拉都渾**	
	(？)**阿世坦**			(？)**阿世坦**	
	(滿)**舒蘭**			(滿)**舒蘭**	
	(？)**恩丕** 八、己亥、十四，9.20；遷兵右。				
	楊瑄 二、庚寅、一，3.15；少詹遷。 六、癸巳、七，7.16；兼詹事。			**楊瑄** (兼詹事)	
	王之樞 九、戊辰、十三，10.19；武會正考。			**王之樞**	
	張廷樞 四、辛亥、廿四， 6.4；遷吏右。	**宋大業** 五、庚午；詹事遷。		**宋大業**	
	蔡升元			**蔡升元**	
翰林院	(滿)**揆叙**			(滿)**揆叙**	
	吴涵 三、丙戌、廿八， 5.10；病免。	**徐潮** 四、甲辰、十七，5.28； 户尚兼。五月，教庶。		**徐潮** (户尚兼)	
詹事府	(？)**二鬲** (閣學兼)			(？)**二鬲** (閣學兼)	
	宋大業 二月，讀學遷。 五、庚午；遷閣學。	**楊瑄** 六、癸巳；閣學兼。		**楊瑄** (閣學兼)	

康熙四七年　戊子(1708)

(滿)**舒圖** 　　五、甲申、九,6.26;改甘撫。	(滿)**金寶** 　　五、辛卯、十六,7.3;讀學遷。
(滿)**赫壽** 　　五、甲辰、廿九,7.16;改户左,仍兼。	(？)**達壽** 　　六、丙辰、十一,7.28;讀學遷。
(？)**二鬲** 　　(兼詹事)十、己酉、七,11.18;遷禮右。	(滿)**遜柱** 　　十、癸丑、十一,11.22;翰講學遷。
(？)**拉都渾**	
(？)**阿世坦** 　　十、壬子、十,11.21;革。	(滿)**色爾圖** 　　十、癸丑;翰讀學遷。
(滿)**舒蘭** 　　閏三、甲辰、廿七,5.17;病免。	(？)**馬禮** 　　六、癸丑、八,7.25;讀學遷。
(？)**音達禮** 　　四、己酉、三,5.22;讀學遷。五、甲辰;病免。	
楊　瑄 　　(兼詹事)	
王之樞 　　三、丁丑、卅,4.20;憂免。	**徐元正** 　　閏三、甲申、七,4.27;翰讀學遷。 　　七、甲午、廿,9.4;魯鄉正考。
宋大業 　　十二、癸亥、廿一,1.31;革。	**仇兆鰲** 　　十二、壬戌、廿,1.30;翰讀學遷。
蔡升元	
(漢)**黄秉中** 　　十、癸丑;讀學遷。十二、丁巳、十五,1.25;改浙撫。	
(滿)**揆叙** 　　四、壬子、六,5.25;遷工右,仍兼。	
徐　潮 　　四、己酉;户尚改吏尚,仍兼。	
(？)**二鬲** 　　(閣學兼)十、己酉;遷禮右,仍兼。	
楊　瑄 　　(閣學兼)	

內閣學士年表

年代	康熙四八年　己丑(1709)	
內閣學士	(?)金寶 　　十一、庚午、四,12.4;革。	(覺羅)滿保 　　十一、丁丑、十一,12.11;祭酒遷。
	(?)達壽 　　十一、庚午;革。	(滿)滿丕 　　十一、丁丑;讀學遷。
	(滿)遜柱	
	(?)拉都渾 　　七、庚寅、廿一,8.26;遷工左。	達色 　　八、己亥、一,9.4;讀學遷。
	(滿)色爾圖	
	(?)馬禮 　　正、癸巳、廿一,3.2;解。	(?)噶敏圖 　　二、癸卯、二,3.12;少詹遷。 　　五、丙子、六,6.13;教庶。
	楊瑄 　　(兼詹事) 正、乙未、廿三,3.4;解。	潘宗洛 　　九、丁酉、卅,11.1;少詹遷。
	徐元正 　　三、戊寅、七,4.16;遷吏右。	顧悅履 　　三、乙酉、十四,4.23;講學遷。五、丙子;教庶。
	仇兆鰲	
	蔡升元 　　正、乙未;解。	王思軾 　　二、己酉、八,3.18;通政遷。
	(漢)年羹堯 　　二、己酉、八,3.18;講學遷。九、甲申、十七,10.19;改川撫。	
翰林院	(滿)揆叙 　　(工右兼)	
	徐潮 　　(吏尚兼)	
詹事府	(?)二鬲 　　(禮右兼)	
	楊瑄 　　(閣學兼) 正、乙未;解。	王原祁 　　二、己酉;少詹遷。

康熙四九年　庚寅(1710)	
(覺羅)滿保	
(滿)滿丕 　　八、庚寅、廿八,10.20;改粵撫。	
(滿)遜柱 　　四、辛酉、廿六,5.24;遷盛工。	(?)覺和托 　　十一、丁未、十七,1.5;讀學遷。
(滿)達色	
(滿)色爾圖	
(?)噶敏圖	
(?)瓦爾答 　　四、甲子、廿九,5.27;讀學遷。十一、癸卯、十三,1.1;改左副。	
潘宗洛	
顧悦履	
仇兆鰲 　　四、乙巳、十,5.8;遷吏右。	彭始摶 　　四、丙辰、廿一,5.19;少詹遷。
王思軾	
李仲極 　　十、甲戌、十三,12.3;讀學遷。	
(滿)揆叙 　　七、庚辰、十七,8.11;工右改工左,仍兼。	
徐　潮 　　(吏尚兼)二、丁酉、二,3.1;休。	陳元龍 　　四、乙巳;原詹事授。十月,教庶。
(?)二鬲 　　(禮右兼)	
王原祁	

內閣學士年表

年代	康熙五十年　辛卯(1711)	
內 閣 學 士	(覺羅)**滿保** 　十一、戊子、三，12.12；改閩撫。	(？)**二郎保** 　十一、壬辰、七，12.16；讀學遷。
	(？)**巴顏柱** 　三月，讀學遷。十一、乙未、十，12.19；遷兵右。	(？)**傅爾笏納** 　十一、庚子、十五，12.24；讀學遷。
	(？)**覺和托** 　五、辛丑、十三，6.28；遷兵右。	(？)**芭格** 　五、辛亥、廿三，7.8；讀學遷。
	(？)**博音岱** 　正月，讀學遷。九、甲寅、廿八，11.8；遷理右。	(？)**馬良** 　十、癸亥、八，11.17；光禄遷，仍兼。
	(滿)**色爾圖** 　正、癸丑、廿四，3，12；遷盛兵。	(？)**薩爾臺** 　三、乙卯、廿六，5.13；讀學遷。
	(？)**噶敏圖** 　四、庚申、二，5.18；遷戶右。	(？)**宗紳保** 　四、庚午、十二，5.28；讀學遷。
	潘宗洛 　正、辛亥、廿二，3.10；改偏沅巡撫。	**凌紹衣** 　九、甲寅、廿八，11.8；少詹遷。
	李仲極 　四、乙丑、七，5.23；遷戶右。	**鄒士聰** 　四、己卯、廿一，6.6；左僉授。
	彭始摶 　九、戊申、廿二，11.2；教庶。	
	王思軾	
	胡作梅 　正、戊午、廿九，3.17；少詹遷。六、癸酉、十五，7.30；浙鄉正考。八、壬午、廿五，10.7；遷禮右。	
翰 林 院	(滿)**揆叙** 　(工左兼)	
	陳元龍 　二月，遷吏右；四月，改吏左，仍兼。八月，改桂撫。	**王原祁** 　八、癸酉；詹事遷。
詹 事 府	(？)**二鬲** 　正、己酉、廿，3.8；改禮左，仍兼。	
	王原祁 　八、癸酉、十六，9.28；遷翰掌。	**史夔** 　八、壬午；少詹遷。

康熙五一年　壬辰(1712)		康熙五二年　癸巳(1713)	
(?)二郎保 四、戊午、六，5.10； 遷理右。	(滿)綽奇 十、甲戌、廿四，11.22； 左副改。	(滿)綽奇	
(?)傅爾笏納		(?)傅爾笏納	
(?)芭格		(?)芭格	
(?)馬良		(?)馬良 十一、甲寅、十，12.27； 革。	(滿)徐元夢 十一、壬戌、十八，1.4； 讀學遷。
(?)薩爾臺 二、庚申、七，3.13； 遷刑右。	(?)阿爾筏 二、丙寅、十三，3.19； 太僕遷。	(?)阿爾筏 五、乙巳、廿九，6.21； 改左副。	(?)巴濟納 十二、己卯、六，1.21； 理少遷，旋遷盛禮。
(?)宗紳保		(?)宗紳保 三、戊寅、一，3.26；解。	(?)鄂齊珥 十二、丁亥、十四，1.29； 讀學遷。
(?)馬進泰 四、癸亥、十一，5.15；太僕遷。 十、庚午、廿，11.18；遷工右。		(?)常泰 五、乙巳；讀學遷。 十一月，改左副。	(滿)舒蘭 正月，原任授。 十二、己卯；遷工右。
凌紹衣 九、癸巳、十三，10.12； 武會正考。(五二年死)	蔡升元 十二、癸丑、四，12.31； 原任授。	蔡升元	
鄒士聰		鄒士聰	
彭始摶		彭始摶	
王思軾 五、己丑、七，6.10； 遷禮左。	王之樞 五、丁酉、十五，6.18； 原任授。	王之樞	
沈　涵 九、丙午、廿六，10.25；少詹遷。		沈　涵 八、辛巳、六，9.25；會試副考。	
(滿)揆叙 四月，教庶。十、丙寅、十六，11.14； 工左遷左都，仍兼。		(滿)揆叙 (左都兼)十一月，教庶。	
王原祁 四、丙子、廿四，5.28； 遷戶右。	湯右曾 四、己卯、廿七，5.31； 通政遷。(教庶)	湯右曾 五、辛卯、十五，6.7；遷吏右，仍兼。 十一、丁巳、十三，12.30；教庶。	
(?)二鬲 (禮左兼)		(?)二鬲 (禮左兼)	
史　夔		史　夔 六、辛卯、十六，8.6；死。	周起渭 四、己未、十二，5.6； 翰讀學遷。

內閣學士年表

年代	康熙五三年　甲午(1714)	康熙五四年　乙未(1715)
內閣學士	(滿)綽奇　　　　　(滿)敦拜 四、辛巳、十,5.23;　五、己酉、九,6.20; 還戶右。　　　　　讀學遷。	(滿)敦拜
	(?)傅爾笏納　　　(?)渣克旦 十二、甲戌、六,　十二、甲戌;讀學遷。 1.11;還戶右。	(?)渣克旦
	(?)芭格　　　　　(?)達禮虎 六、己亥、廿九,　十二、辛巳、十三, 8.9;革。　　　　　1.18;光禄遷。	(?)達禮虎　　　　(滿)長壽 四、戊辰、三,5.5;休。　四、戊寅、十三,5.15; 　　　　　　　　翰講學遷。
	(滿)徐元夢　　　(?)勒什布 十二、癸未、十五,　十二、戊子、廿,1.25; 1.20;改浙撫。　　讀學遷。	(?)勒什布
	(滿)查弼納 正、戊辰、廿六,3.11;讀學遷。	(滿)查弼納
	(?)鄂齊珥	(?)鄂齊珥　　　　　(?)星峨泰 四、甲戌、九,5.11;　四、戊寅;讀學遷。 病免。
	蔡升元	蔡升元 二、癸酉、六,3.11;會試副考。
	鄒士聰	鄒士聰　　　　　顧悦履 十二、庚辰、十八,　十二、甲申、廿二, 1.12;休。　　　　1.16;原任授。
	彭始摶	彭始摶
	沈涵 六、丙戌、十六,7.27;湖鄉正考。 十二、庚寅、廿二,1.27;革。	王之樞 二、辛未、四,3.9;原任授。二、癸酉;會試副主 考。九、乙巳、十三,10.9;武會正考。
	管寶 四、丙戌、十五,5.28;讀學遷。 十、癸酉、五,11.11;老休。	
翰林院	(滿)揆叙 (左都兼)	(滿)揆叙 (左都兼)五月,教庶。
	湯右曾 (吏右兼)	湯右曾 (吏右兼)五月,教庶。
詹事府	(?)二禺 (禮左兼)	(?)二禺 (禮左兼)
	周起渭　　　王奕清 　　　　　十二、甲戌;少詹遷。	王奕清

康熙五五年　丙申(1716)	
(滿)**敦拜** 　　五、癸亥、四,6.23;遷户右。	(滿)**長鼐** 　　八、壬寅、十五,9.30;讀學遷。
(?)**渣克旦**	
(滿)**長壽**	
(?)**勒什布**	
(滿)**查弼納** 　　四、辛丑、十二,6.1;遷兵右。	(?)**穆爾台** 　　十、戊戌、十二,11.25;翰讀學遷。
(?)**星峨泰**	(?)**尼雅達** 　　五、己巳、十,6.29;讀學遷。
(?)**薩哈布** 　　四、戊申、十九,6.8;光禄遷,仍管。十、壬辰、六,11.19;遷禮右。	
蔡升元	
顧悦履	
彭始搏 　　十二、戊子、二,1.14;葬假。	**張廷玉** 　　十二、乙巳、十九,1.31;講學遷。
王之樞	
(滿)**揆敘**	
湯右曾 　　(吏右兼)	
(?)**二鬲** 　　(禮左兼)	(覺羅)**蘇庫** 　　十二、乙巳;翰講學遷。
王奕清	

內閣學士年表

年代	康熙五六年　丁酉(1717)		
內 閣 學 士	(滿)長泰 　　四、甲辰、廿,5.30;改江督。		
	(?)渣克旦		
	(滿)長壽		
	(?)勒什布		
	(?)穆爾台		
	(?)尼雅達 　　十、丁未、廿七,11.29;原任授。		
	蔡升元 　　十、丁未、廿七,11.29;遷左都。	蔣廷錫 　　十、丁未;少詹遷。	
	顧悅履 　　六、乙酉、二,7.10;死。	勵廷儀 　　十一、己卯、廿九,12.31;翰講學遷。	
	張廷玉		
	王之樞 　　十一、癸丑、三,12.5;改偏沅巡撫。	(漢)高其倬 　　十一、己卯;翰讀學遷。	
翰 林 院	(滿)揆叙 　　二、辛卯、六,3.18;予祭。(文端)	(滿)徐元夢 　　正、壬午、廿七,3.9;左都兼管。 　　四、甲午、十,5.20;教庶。	
	湯右曾 　　(吏右兼)		
詹 事 府	(覺羅)蘇庫 　　二月,改通政。	(?)赫成額 　　二月,讀學遷。十月,改通政。	(滿)阿克敦 　　十、丁未;讀學遷。
	王奕清		

康熙五七年　戊戌(1718)		康熙五八年　己亥(1719)	
	(滿)阿克敦 十、庚戌、六，11.27； 詹事遷。	(滿)阿克敦	
(?)渣克旦 九、丙戌、十一， 11.3；遷兵左。	(滿)德音 十、庚戌；讀學遷。	(滿)德音	
(滿)長壽		(滿)長壽	
(?)勒什布		(?)勒什布 四、癸丑、十一，5.29； 遷吏左。	(?)登德 十二、己未、廿一，1.30； 祭酒遷。
(?)穆爾台		(?)穆爾台 六、丁巳、十六，8.1； 遷工右。	(?)格爾布 七、甲戌、三，8.18； 左通遷。
(?)尼雅達	(?)額黑納 十、庚戌；講學遷。	(?)額黑納	
		(滿)花鄯 五、丙戌、十四，7.1；祭酒遷。 十、丙辰、十七，11.28；署甘撫。	
蔣廷錫		蔣廷錫	
勵廷儀		勵廷儀	
張廷玉		張廷玉	
(漢)高其倬		(漢)高其倬	
(滿)徐元夢 五、癸丑、五，6.3；遷工尚，仍兼。 十、庚午、廿六，12.17；教庶。		(滿)徐元夢 (工尚兼)五月，教庶。	
湯右曾 (吏右兼)		湯右曾 (吏右兼)五月，教庶。	
(滿)阿克敦 十、庚戌；遷閣學。	(?)傅繹 十、辛酉、十七，12.8； 閣讀學遷。	(?)傅繹 五、丙戌；署甘按。	(?)吳爾泰 十二、己未；閣讀學遷。
王奕清		王奕清 十、戊辰、廿九，12.10； 病免。	李周望 十一、癸未、十五，12.25； 祭酒遷，仍管。

内閣學士年表

年代	康熙五九年　庚子(1720)		
内閣學士	(滿)阿克敦		
	(滿)德音		
	(滿)晨壽		
	(？)登德		
	(？)格爾布		
	(？)額黑納		
	蔣廷錫		
	勵廷儀		
	張廷玉 　　五、戊子、廿二,6.27;遷刑左。		李周望 　　九、丙寅、二,10.3;詹事遷。
	(漢)高其倬 　　八、癸丑、十九,9.20;改桂撫。		魏廷珍 　　十二、甲辰、十二,1.9;詹事遷。
	李　紱 　　九、丙寅;翰講學遷。十二、癸巳、一,12.29;改左副。		
翰林院	(滿)徐元夢 　　（工尚兼）		
	湯右曾 　　（吏右兼）		
詹事府	(？)吳爾泰		
	李周望 　　六、乙卯、廿,7.24;贛鄉正考。 　　九、丙寅;遷閣學。	魏廷珍 　　九月,翰侍讀遷。十二月,遷閣學。	王奕清 　　十二月,原任授。

康熙六十年　辛丑（1721）

(滿)阿克敦

(滿)德音
　　十二、丙子、廿，2.5；署晉撫。

(滿)晨壽	(?)吳爾泰
閏六、乙亥、十六，8.8；遷工右。	九、乙巳、十七，11.6；詹事遷。

(?)登德

(?)格爾布

(?)額黑納

蔣廷錫

勵廷儀

李周望

魏廷珍

(滿)徐元夢
　　（工尚兼）

湯右曾
　　五、壬申、十二，6.6；教庶。六、乙未、五，6.29；解吏右，專任。

(?)吳爾泰	(?)顏爾泰
九、乙巳；遷閣學。	十、丙戌、廿九，12.17；理少遷。

王奕清

內閣學士年表

年代	康熙六一年　壬寅(1722)	
內 閣 學 士	(滿)**阿克敦** 　四月，冊封朝鮮世弟正使。 　十、丁丑、廿五，12.3；遷兵右。	(滿)**福敏** 　十一、戊申、廿七，1.3；庶吉士擢。
	(滿)**德音** 　十二、壬戌、廿一，1.17；授晉撫。	(宗室)**佛格** 　十二、庚午、十九，1.25；任。
	(?)**吳爾泰** 　十二、丙寅、十五，1.21；遷戶左。	(?)**常保** 　十二、庚午；御史遷。
	(?)**登德**	
	(?)**格爾布** 　十一、辛亥、卅，1.6；遷盛戶。	(滿)**三泰** 　十二、庚午；太常遷，仍兼。
	(?)**額黑納**	
	蔣廷錫	
	勵廷儀 　十一、丙申、十五，12.22；兼翰掌。十一、庚戌、廿九，1.5；遷兵左。	
	李周望 　十二、甲寅、三，1.9；遷戶左。	**黃叔琳** 　十二、甲寅；太常遷。旋遷刑右。
	魏廷珍	
翰 林 院	(滿)**徐元夢** 　(工尚兼) 十一、乙未、十四，12.21；卸。	(滿)**阿克敦** 　十一、丙申；兵右兼。
	湯右曾 　△死。	(漢)**蔡珽**　　　　　　**勵廷儀** 二月，少詹遷。七月，改川撫。　十一、丙申；閣學兼，旋遷兵左兼。
詹 事 府	(?)**顧爾泰** 　十、庚辰、廿八，12.6；革。	
	王奕清	

雍 正 元 年　癸卯(1723)

(滿)福敏

(宗室)佛格
二、辛亥、一，3.7；遷刑尚。

(?)巴襲
十二、壬子、七，1.2；原甘按授。

(?)常保

(?)鄂穎
三、己亥、廿，4.24；理郎中遷。

(?)登德
正、壬寅、廿二，2.26；遷工左。

(?)綽爾岱
十一、壬寅、廿六，12.23；翰讀學遷。

(滿)三泰
六、壬戌、十五，7.16；遷禮右。

(滿)塞楞額
十、癸酉、廿七，11.24；少詹遷。

(滿)尹泰
正、壬寅；原祭酒遷。三月，遷工右。

(滿)諾敏
三月，郎中遷。四月，改晉撫。

(?)馬爾齊哈
五月，任。十月，遷刑左。

(?)拉錫希布
二月，少詹遷。十二月，休。

(?)眾佛保
十、乙丑、十九，11.16；理郎遷。

蔣廷錫
三、癸巳、十四，4.18；遷禮右(仍行走)。

李鳳翥
九、丁酉、廿一，10.19；鴻臚遷。署工。
十二、丙辰、十一，1.6；湘鄉正考(甲辰科)。

胡　煦
正、乙巳、廿五，3.1；鴻臚遷。

吳士玉
二、辛亥、一，3.7；翰讀學遷。十二、丙辰；贛鄉正考(甲辰科)。

魏廷珍
正、辛丑、廿一，2.25；改湘撫。

查嗣庭
正、辛丑；翰講學遷。三、己丑、十，4.14；教庶。
三、甲午、十五，4.19；晉鄉正考。

史貽直
三月，翰讀學(署吏右)遷。七月，遷吏右。

涂天相
七、甲辰；詹事遷。九月，遷刑左。

(滿)阿克敦
七、甲午、十七，8.17；解兵右，專管。

勵廷儀
(刑尚)八、丙辰、九，9.8；卸兼。

張廷玉
八、丙辰；禮尚兼。九月，改戶尚，兼。

(滿)伊都立
正月，郎中遷。七月，遷兵左。

(滿)鄂爾奇
七、丙午、廿九，8.29；翰侍讀遷。

王奕清
△革、戌。

涂天相
六月，讀學遷。七月，遷閣學。

魏方泰
八月，太常改。十一月，假。

王圖炳
十一月，祭酒遷。

内閣學士年表

年代	雍 正 二 年　甲辰(1724)	
内閣學士	(滿)福敏 　二、庚戌、六,2.29;順郷正考。八、丙子、六,9.22;會試副考。十二、乙酉、十六,1.29;教庶。	
	(?)巴襲 　九、癸卯、三,10.19;老休。	(?)傳德 　十、辛卯、廿一,12.6;甘布遷。
	(?)鄂賴 　十一、壬寅、二,12.17;遷理額侍。	
	(?)綽爾岱 　二、辛酉、十七,3.11;遷工右。	(蒙)班第 　閏四、乙未、廿二,6.13;讀學遷。
	(滿)塞楞額 　十一、丁卯、廿七,1.11;遷刑右。	(?)登德 　十二、丁丑、八,1.21;禮左行走。
	(?)衆佛保	
	(?)常保	
	李鳳翥 　三、己卯、五,3.29;遷工右。	(漢)黄　炳 　閏四月,魯撫改。六月,遷刑左,仍行走。
	胡　煦	
	吳士玉 　十、甲午、廿四,12.9;武會正考。十二、乙酉;教庶。	
	查嗣庭	
	陳世倌 　三、戊戌、廿四,4.17;原讀學遷。閏四、丁亥、十四,6.5;改魯撫。	
翰林院	(滿)阿克敦 　十二、戊子、十九,2.1;諭祭並册封朝鮮國王副使。	
	張廷玉 　(戶尚兼)	
詹事府	(滿)鄂爾奇	
	王圖炳	

雍 正 三 年　乙巳(1725)

(滿)**福敏** 　　四、壬午、十五,5.26;遷吏右。	(滿)**德新** 　　五、壬子、十五,6.25;翰講學遷。 　　九、丁未、十三,10.18;教庶。
(?)**明圖** 　　十二、甲申、廿一,1.23;額外讀學遷。	
(?)**常保**	
(蒙)**班第**	
(?)**登德**	
(?)**衆佛保**	
(漢)**黃炳** 　　(刑左行走)	**何國宗** 　　四、庚午、三,5.14;少詹遷。
胡　煦	
吳士玉 　　三、壬寅、四,4.16;遷戶右,仍行走。	
查嗣庭 　　四、壬午;遷禮左。	(漢)**王朝恩** 　　十、庚寅、廿六,11.30;湘撫改。
汪　漋 　　四、癸巳、廿六,6.6;太常遷。十、庚寅;改桂撫。	
(滿)**阿克敦** 　　七月,兼理左副。十二月,兼理兵侍。十二、丙戌、廿三,1.25;遷禮左。	
張廷玉 * 　　(戶尚兼)七、壬子、十七,8.24;署大學士事。	
(滿)**鄂爾奇**	
王圖炳	**魏方泰** 　　九月,原任授。十二月,遷禮右。

内閣學士年表

年代	雍 正 四 年　丙午(1726)	
内 閣 學 士	(滿)德新	
	(?)明圖 七、戊戌、八，8.5；遷工右。九、辛丑、十二，10.7；工左降。	
	(?)常保 二、戊寅、十五，3.18；遷工左。	(?)圖蘭 二、戊寅；通政遷。
	(蒙)班第	
	(?)登德	
	(?)衆佛保 五、庚申、廿九，6.28；兼理左。	(漢)僧格(額外) 四、丁亥、廿五，5.26；閣讀學遷。
	(?)哲先 七、戊戌，工郎遷。七、甲寅、廿四，8.21；遷工右。	(?)桑格 七、甲寅，工郎遷。
	何國宗	
	胡　煦	
	吳士玉 (戶右兼)	
	(漢)王朝恩 八、乙酉、廿六，9.21；遷盛戶。	吳　襄 九、丙午、十七，10.12；翰讀學遷。
翰 林 院	(滿)阿克敦 正月，禮左仍兼。四月，改兵左。	(滿)福敏 四、丁亥；左都兼。
	張廷玉** 二、辛卯、廿八，3.31；戶尚遷文淵，仍兼。	
詹 事 府	(滿)鄂爾奇 九、壬寅、十三，10.8；遷工左。	(滿)留保 九、癸丑、廿四，10.19；翰講學遷。
	陳萬策 正、丁巳、廿四，2.25；翰講學遷。六、戊寅、十七，7.16；浙鄉正考。	

雍 正 五 年　丁未(1727)	
(滿)德新	(？)顧魯 四、丁亥；閣讀學遷。十、庚寅；遷理左。
(？)明圖	(漢)僧格(額外) 五、丁巳、二,6.20；赴藏辦事。
(？)圖蘭	(滿)三泰 (禮左仍兼)
(蒙)班第 四、丁亥、一,5.21；授理額侍。四、癸巳、七,5.27；授理右。十、庚寅、八,11.20；回任。	
(？)登德	
(？)衆佛保 四、癸巳；遷理左,仍兼。十、庚寅；改理右,仍兼。	
(？)桑格	
何國宗 六、丙申、十一,7.29；降。	
胡煦 三、庚戌、廿三,4.14；遷兵右。	任蘭枝 三月,宣諭安南副使。四、庚子、十四,6.3；少詹署。 六月,授。
吳士玉 (戶右兼)	蔡世遠 四、庚子；少詹遷。
吳襄	
(滿)福敏 四、己丑、三,5.23；左都改吏尚,仍兼。	
張廷玉＊＊ 十、戊戌、十六,11.28；文淵改文華,仍兼。	
(滿)留保	

陳萬策 五、己巳、十四,7.2；降。	劉於義 五、己巳；順尹授,仍兼。△六月,遷倉侍。	張廷璐 七、己巳、十五,8.31；少詹遷。

內閣學士年表

年代	雍 正 六 年　戊申(1728)	
內閣學士	(?)**桑格**	
	(滿)**德新**	
	(滿)**三泰** 　(禮左兼) 二、庚戌、廿九,4.8;改兵右。	
	(蒙)**班第**	
	(?)**登德**	
	(?)**衆佛保** 　(理右兼)	
	(漢)**僧格** 　(駐藏)	
	何國宗 　十一、丁巳、十一,12.11;理少遷。	**吳士玉** 　七、戊寅、廿九,9.3;革工左行走。
	任蘭枝	
	蔡世遠 　七、甲寅、五,8.10;遷禮右。	**張坦麟** 　七、丙子、廿七,9.1;署蘇撫授,留任。 　八月,改贛撫。
	吳　襄	
	繆　沅 　四月,通政遷。八月,遷工左。	**汪　漋** 　九月,光祿遷。十月,遷工左。
翰林院	(滿)**福敏** 　(吏尚兼) 四、癸卯、廿三,5.31;革。	(滿)**留保** 　五、甲子、十四,6.21;通政兼詹,署。
	張廷玉* 　三、癸亥、十三,4.21;文華改保和,仍兼。	
詹事府	(滿)**留保** 　正、乙亥、廿四,3.4;改通政,仍兼。	
	張廷璐	

雍 正 七 年　己酉(1729)	
(?)**桑格** 　十二、丁巳、十七,2.4;老休。	
(滿)**德新**	
	(滿)**阿山** 　十一、丙申、廿六,1.14;僕少遷,仍署戶左。
(蒙)**班第**	
(?)**登德** 　四、甲申、十,5.7;休。	(?)**對琳** 　五、丙寅、廿二,6.18;戶郎遷。
(漢)**僧格** 　(駐藏)	
何國宗 　十二、己未、十九,2.6;遷工右。	**吳士玉**(行走)
任蘭枝 　七、丁巳、十四,8.8;浙鄉正考。	
張坦麟 　(贛撫留任)　閏七、戊戌、廿六,9.18;召京。	
吳　襄	
劉師恕 　二、甲申、九,3.8;原吏右。協理直督授。(留福建觀風整俗使任)	
(滿)**留保** 　(通政兼)	
張廷玉＊＊ 　(保和兼)	
(滿)**留保** 　(通政兼)	
張廷璐 　九、己亥、廿八,11.18;蘇學。	

內閣學士年表

年代	雍 正 八 年　庚戌(1730)		雍 正 九 年　辛亥(1731)	
內 **閣** **學** **士**	(滿)**德齡** 　四、庚子、二,5.18;翰講學遷。		(滿)**德齡**	
	(滿)**德新**		(滿)**德新**	
	(滿)**阿山** 　(署戶右)六、癸亥、廿六,8.9;教庶。		(滿)**阿山**	
	(蒙)**班第**		(蒙)**班第**	
	(?)**對琳**		(?)**對琳** 　六、丁酉、六,7.9; 　遷盛工。	(宗室)**塞爾赫** 六、壬子、廿一,7.24; 行走授。
	(宗室)**塞爾赫** 　四、癸丑、十五,5.31;工右解,行走。		(?)**雙喜** 　十二、丙申;讀學遷。	
	(漢)**僧格** 　(駐藏)		(漢)**僧格** 　(駐藏)十二、丙申、七,1.4;改理額侍。	
	俞兆晟 正月,翰讀學遷。六月, 遷戶右。	**趙殿最** 七、庚辰、十三, 8.26;少詹遷。	**趙殿最** 四、乙巳、十三,5.18; 遷工右。	**張照** 五、丙寅、四,6.8; 少詹署。七月授。
	任蘭枝 二、乙巳、六,3.24;會試 副考。六、癸亥、廿六, 8.9;教庶。	**吳士玉**(行走) 七、丁丑、十,8.23; 遷禮右,仍兼。	**任蘭枝** 正、辛卯、廿七,3.5; 遷兵右。 二月,仍行走。	**王蘭生** 二、癸丑、廿,3.27; 翰讀學(皖學)遷。
	張坦麟 六、癸卯、六,7.20;革。	**鄧鍾岳** 六、癸卯;少詹遷。	**鄧鍾岳**	
	吳襄		**吳襄** 六、己未、廿八,7.31;遷禮右。	
		劉師恕 (福建觀風整俗使 留任)		
翰 **林** **院**	(滿)**留保** 　(通政兼)		(滿)**留保** 　(通政兼)	
	張廷玉 * * 　(保和兼)		**張廷玉** * * 　(保和兼)	
詹 **事** **府**	(滿)**留保** 　(通政兼)		(滿)**留保** 　(通政兼)	
	張廷璐 　(蘇學)		**張廷璐** 　(蘇學)	

雍正十年　壬子(1732)	雍正十一年　癸丑(1733)
(滿)**德齡** 十一、庚子、十七,1.2;改鄂撫。	(？)**雙喜**　　　　(？)**傅德**(額外) 　　　　　　十、癸亥、十五,11.21;任。
(滿)**德新**	(滿)**德新** 十、癸亥、十五,11.21;武會正考。
(滿)**阿山**　　　(？)**索柱** 六、己未、四,7.25;　(署左副、大理)六、乙 遷吏右。　　　　　亥、廿,8.10;額外授。	(？)**索柱** (署左副)
(蒙)**班第**　　　(？)**吳金** 十二、庚午、十七,2.1;　十二、庚申、七,1.22; 遷理右。　　　　　額外授。	(？)**吳金**
(宗室)**塞爾赫**	(宗室)**塞爾赫**
(？)**雙喜**	(？)**巴顏泰** 三、丁未、廿六,5.9;閣讀學遷。
	(？)**佛凝峨** 三、丁未;正白滿副行走。
張　照　　　　**王以巽** 十二、丁卯、十四,1.29;　十二、癸酉、廿,2.4; 遷刑左。　　　　　閣讀學遷。	**王以巽**
王蘭生 七、丙戌、二,8.21;江鄉正考。 十一、庚寅、七,12.23;皖學改陝學。	**王蘭生**
鄧鍾岳	**鄧鍾岳**　　　　**凌如煥** 四、乙卯、四,5.17;　十二、丁卯、廿,1.24; 遷禮右。　　　　　翰讀學遷。
	方　苞 四、甲戌、廿三,6.5;翰講學遷。 六、己未、十,7.20;教庶。
(滿)**留保** (通政兼)	(滿)**留保** 七、庚子、廿一,8.30;通政遷禮右,仍兼。
張廷玉＊＊ (保和兼)	**張廷玉**＊＊ (保和兼)
(滿)**留保** (通政兼)	(滿)**留保** 七、庚子;通政遷禮右,仍兼。
張廷璐 六、辛未、十六,8.6;浙鄉正考。 (蘇學:十一、庚寅、七,12.23;留任。)	**張廷璐**　　　　**顧祖鎮** 六、丁巳、八,7.18;　六、丙子、廿七,8.6;右通遷 遷禮右(蘇學)　　十、辛亥;武會副考。

內閣學士年表

年代	雍正十二年　甲寅(1734)	雍正十三年　乙卯(1735)
內閣學士	(?)傅德 二、己巳、廿三,3.27；授。 四、丁卯、廿二,5.24；遷工右。	(滿)舂山 七、丙寅、廿九,9.15；翰講學遷。
	(?)雙喜	(?)雙喜
	(?)索柱 （署左副）	(?)索柱 （署左副）
	(?)吳金	(?)吳金
	(宗室)塞爾赫　二、甲戌、廿八,4.1；遷倉侍。　　(漢)岱奇　三、己亥、廿三,4.26；閣讀學遷。	(漢)岱奇
	(滿)羅柏修 八、丙寅、廿三,9.20；御史遷。 十、丁未、五,10.31；署工右。	(滿)徐元夢　八月，任。十月，遷刑右。　　(滿)圖理琛　十月，原侍郎任。十一月，署工右；十二月，遷。
	(?)佛凝峨　三、癸卯、廿七,4.30；免行走。　　(?)希德慎　十二、辛亥、十,1.3；工給擢。	(?)希德慎 八、辛未、五,9.20；遷兵右。
	顧祖鎮　八、壬申、廿九,9.26；詹事遷。十月，遷工左。　　勵宗萬　十、甲子、十二,11.17；鴻臚遷。	勵宗萬　九、己酉、十三,10.28；遷禮右。　　吳家騏　五、癸丑、十四,7.4；翰講學遷。
	王蘭生	王蘭生 五、癸丑；降調。十、丁卯、二,11.15；少詹遷。
	淩如煥	淩如煥　　姚三辰　七、己酉、十二,8.29；少詹遷。
	方苞	方苞
		俞兆晟（行走） 十、戊寅、十三,11.26；原侍郎。
翰林院	(滿)留保 （禮右兼）	(滿)留保　（禮右兼）△病免。　　(滿)福敏*　十、辛巳、十六,11.29；左都，協兼管。
	張廷玉** （保和兼）	張廷玉**　十、辛未、六,11.19；卸兼。　　邵基　十、辛未；吏左兼。
詹事府	(滿)留保 （禮右兼）	(滿)留保　（禮右兼）△病免。　　(覺羅)吳拜　十、辛巳；祭酒授。
	顧祖鎮　八、壬申；遷閣學。　　張廷瑑　九、辛卯、十九,10.15；翰讀學遷。	張廷瑑　十、己巳、四,11.17；遷工右。　　劉統勳　十、庚辰、十五,11.28；左庶子升。

乾 隆 元 年　丙辰(1736)

(滿)**春山**

(?)**雙喜**

(?)**索柱**
　　三、壬寅、八,4.18；改左副,仍兼。

(?)**吳金**
　　九、甲寅、廿三,10.27；武會主考。

(漢)**岱奇**

(滿)**圖理琛**
　　三、癸亥、廿九,5.9；工右降。

(滿)**杭奕祿**
　　二、辛卯、廿七,4.7；革禮左授。三、癸亥；遷工右。

吳家騏
　　四、乙丑、一,5.11；殿試讀卷。

王蘭生	**汪由敦**
四、乙丑；殿試讀卷。十一、癸巳、四,12.5；遷刑右。	十一、乙巳、十六,12.17；鴻少遷。

姚三辰	**劉統勳**
二、癸未、十九,3.30；廻避子弟閱卷。 四、乙丑；殿試讀卷。六、甲子、一,7.9；遷兵左。	六、癸酉、十,7.18；詹事遷。 八、丁亥、廿六,9.30；順鄉廻避閱卷。九、甲寅；武會副考。

方　苞

張坦麟

(滿)**福敏** *
　　(左都兼)

邵　基	**張廷玉** * *
(吏左兼) 十、壬戌、二,11.4；改蘇撫。	十、壬戌；保和兼。

(覺羅)**吳拜**

劉統勳	**崔　紀**	**李　紱**
六、癸酉；遷閣學。	(順學) 六月,祭酒遷。十一月,遷倉侍。	十一月,降調戶左授。

内閣學士年表

年代	乾 隆 二 年　丁巳(1737)	
内 閣 學 士	(滿)**春山**	
	(?)**雙喜** 　十、丁酉、十三,12.4;改盛户。	(覺羅)**吳拜** 　十一、丁卯;詹事遷。
	(?)**索柱** 　(左副兼)三、甲午、六,4.5;會試副考。四、丁亥、廿九,5.28;殿試讀卷。	
	(?)**吳金**	
	(漢)**岱奇**	
	(滿)**圖理琛** 　六、乙亥、十八,7.15;老休。	(?)**伊爾敦**
	吳家騏 　十二、壬寅、十九,2.7;遷禮右。	
	汪由敦 　四、丁亥;殿試讀卷。△革(授翰讀學)。	**陳時夏** 　七、壬辰、六,8.1;營田使授。
	劉統勳 　三、乙卯、廿七,4.26;遷刑左。	**張　照** 　四、庚午、十二,5.11;原刑尚授。
	方　苞 　六、辛巳、廿四,7.21;遷禮右。	**凌如煥** 　六、癸未、廿六,7.23;原任授。
	張坦麟 　六、乙酉、廿八,7.25;署贛按。	
翰 林 院	(滿)**福敏** * 　(左都兼)	
	張廷玉 * *(軍) 　(保和兼)十一月,直軍。	
詹 事 府	(覺羅)**吳拜** 　四、丁亥;殿試讀卷。十一、丁卯、十四,1.3;遷閣學。	(滿)**德爾敏** 　十二、丁酉、十四,2.2;江南副總河授。
	李　紱 　四、丁亥;殿試讀卷。△憂免。	**陳惠華** 十月,少詹遷。	**王承堯** 十二月,少詹遷。

乾 隆 三 年　戊午(1738)	
(滿)**眷山**	
(覺羅)**吳拜** 六、戊子、七,7.23;遷盛刑。	(?)**福什賓** 六、乙巳、廿四,8.9;少詹遷。
(?)**索柱** （左副兼）	
(?)**吳金** 五、壬戌、十一,6.27;革。	(?)**納爾泰** 八、丁酉、十七,9.30;光禄遷。
(漢)**岱奇** 正月,册封朝鮮世子副使。 二、癸巳、十一,3.30;遷刑右。	(?)**雅爾呼達** 三、戊午、六,4.24;太常遷。
(?)**伊爾敦**	
(滿)**喀爾吉善** 五、戊寅、廿七,7.13;原兵侍授。七、辛未、廿一,9.4;遷户左。	
王承堯 正、丁丑、廿四,3.14;詹事遷。	
陳時夏 △死。	**陳大受** △二月,少詹遷。六、戊戌、十七,8.2;浙鄉正考。
張　照	
凌如焕 四、戊申、廿六,6.13;遷兵右。	**梁詩正** 十二、丙申、十八,1.27;翰讀學遷。
(滿)**福敏** ＊＊ 正、乙卯、二,2.20;左都、協遷武英,仍兼。	
張廷玉 ＊＊(軍) （保和兼）	
(滿)**德爾敏** 九、丁巳、八,10.20;改通政。	(滿)**嵩壽** 九、丁丑、廿八,11.9;翰侍讀遷。
王承堯 正、丁丑;遷閣學。	**陳　浩** 六月,翰講學遷。

內閣學士年表

年代	乾 隆 四 年　己未(1739)	
內 閣 學 士	(滿)**春山**	
	(?)**福什寶**	
	(?)**索柱** 　七、丙午、二,8.5;遷工右。七、乙卯、十一,8.14;仍兼。	
	(?)**納爾泰**	
	(?)**雅爾呼達**	
	(?)**伊爾敦**	
	王承堯 　三、丙子、卅,5.7;殿試讀卷。	
	陳大受 　三、壬申、廿六,5.3;遷吏右。	**李鳳翥** 　八、壬午、八,9.10;祭酒遷。
	張　照	
	梁詩正 正、壬申、廿五,3.4;遷刑右。	**蔣　溥** 　二、己丑、十二,3.21;翰讀學遷。
	許希孔 　四、乙未、十九,5.26;少詹遷。七、乙卯、十一,8.14;遷工右。	
翰 林 院	(滿)**福敏**＊＊ 　(武英兼)	
	張廷玉＊＊(軍) 　(保和兼)	
詹 事 府	(滿)**嵩燾**	
	陳　浩	

乾 隆 五 年　庚申(1740)	
(滿)春山	
(?)福什寶	
(?)索柱 （工右兼）	
(?)納爾泰	
(?)雅爾呼達	
(?)伊爾敦	(覺羅)石麟 十、丙午、九,11.27；原魯撫任。
王承堯 四、甲午、廿四,5.19；遷兵右。	周學健 十二、壬寅、六,1.22；少詹遷。
李鳳翥	
張　照 五、甲子、廿五,6.18；遷刑右。	謝道承 六、癸未、十四,7.7；祭酒遷。
蔣　溥 四、甲戌、四,4.29；遷吏左。	汪由敦 五、己酉、十,6.3；翰讀學遷。
許王猷 四、甲午；少詹遷。十一、己卯、十二,12.30；革。	
(滿)福敏＊＊ （武英兼）	
張廷玉＊＊(軍) （保和兼）	
(滿)嵩壽 五、丁巳、十八,6.11；改大理。	鄂容安 六、丁亥、十八,7.11；任。
陳　浩	

內閣學士年表

年代	乾 隆 六 年　辛酉(1741)		
內 閣 學 士	(滿)**春山**		
	(？)**福什寶**		
	(？)**索柱** 　　（工右兼）		
	(？)**納爾泰** 　　十一、己巳、八，12.15；遷盛禮。	(滿)**德新** 　　十二、乙未、四，1.10；閣讀學遷。	
	(？)**雅爾呼達**		
	(覺羅)**石麟** 　　九、丁亥、廿五，11.3；改鑲藍漢副。	(滿)**兆惠** 　　九、壬午、廿，10.29；閣讀學遷。	
	周學健 　　二月，署刑右。三月，遷户右。	**劉　漢** 　　四、己未、廿五，6.8；通政遷。 　　八、戊戌、六，9.15；順鄉正考。十二月，蘇學。	
	李鳳翥		
	謝道承	**李　紱** 　　八、癸卯、十一，9.20；光禄遷。	
	汪由敦 　　五、戊子、廿五，7.7；遷禮右。	**黃孫懋** 　　六、庚戌、十七，7.29；詹事遷。	
翰 林 院	(滿)**福敏** * * 　　（武英兼）		
	張廷玉 * *(軍) 　　（保和兼）		
詹 事 府	(滿)**鄂容安**		
	陳　浩 　　五月，革。	**黃孫懋** 　　五月，少詹遷。六、庚戌，遷閣學。	**錢陳群** 　　七月，太僕遷。

乾 隆 七 年　壬戌(1742)

(滿)**春山**

(?)**福什寶**

(?)**索柱**
（工右兼）

(滿)**德新**

(?)**雅爾呼遠**

(滿)**兆惠**	(覺羅)**吳拜**
正、丙子、十六,2.20;遷盛刑。	正、丙子;盛刑改(乞養)。 三、己丑、卅,5.4;殿試讀卷。

劉 藻	
（蘇學）	

李鳳翥	**呂 熾**
四、壬辰、三,5.7;老休。	七、丙寅、九,8.9;少詹遷。

李 紱

黃孫懋

錢陳群	
四、壬辰;詹事遷。六、乙未、八,7.9;遷刑右。	

(滿)**福敏**＊＊
（武英兼）

張廷玉＊＊(軍)
（保和兼）

(滿)**鄂容安**	(滿)**敷文**
十二、丙申、十一,1.6;革、拿。	十二、丙午、廿一,1.16;祭酒遷。

錢陳群	**黃叔琳**
三、己丑;殿試讀卷。四、壬辰;遷閣學。	五月,原魯布授。十二月,革。

內閣學士年表

年代	乾隆八年　癸亥(1743)	
內 閣 學 士	(滿)**春山** 　三、辛巳、廿七，4.21；改盛兵。	(蒙)**伍齡安** 　三、辛巳；通政遷。
	(?)**福什寶**	
	(?)**索柱** 　(工右兼)	
	(滿)**德新** 　正、壬午、廿七，2.21；改盛工。	(滿)**留保** 　六、壬戌、十一，7.31；吏右降。
	(覺羅)**吳拜** 　正、乙亥、廿，2.14；倉侍互改。	(宗室)**塞爾赫** 　正、乙亥；倉侍改。
	(?)**雅爾呼邁**	
	(滿)**開泰** 　三月，祭酒(蘇學)遷。六、壬戌；遷兵右。	
	劉　藻 　(蘇學) 二、甲辰、廿，3.15；降三調(宗人府丞)。	**秦蕙田** 　十一、己亥、廿，1.4；右通遷。
	呂　熾	
	李　紱 　二、壬辰、八，3.3；病免。	**李清植** 　九、乙酉、六，10.22；少詹遷。
	彭啟豐 　二月，左副改。十月，遷刑右。	(漢)**張　楷** 　二月，前蘇撫授。八月，遷倉侍。
翰 林 院	(滿)**福敏＊＊** 　十二、癸亥、十四，1.28；卸。	(滿)**鄂爾泰＊＊**(軍) 　十二、癸亥；保和兼。
	張廷玉＊＊(軍) 　(保和兼)	
詹 事 府	(滿)**敷文** 　四、庚戌、廿七，5.20；改通政。	(滿)**德通** 　閏四、己卯、廿六，6.18；閣讀學遷。
	葉一棟 　正、甲申、廿九，2.23；少詹遷。	

乾 隆 九 年　甲子(1744)

（蒙）**伍齡安**

（?）**福什寶**

（?）**索柱**
　　（工右兼）

（滿）**留保**	（滿）**德新**
正、辛丑、廿三,3.6;遷盛工。	正、辛丑;盛工授(乞養)

（宗室）**塞爾赫**

（?）**雅爾呼達**

　秦蕙田

呂　熾	**王會汾**
四、甲戌、廿七,6.7;遷工右。	四、乙亥、廿八,6.8;少詹遷。 　六、甲子、十八,7.27;浙鄉正考。
李清植	**朱定元**
△三、甲申、十二,4.24;遷禮左(未任死)。	十一、庚辰、七,12.10;光祿遷。
	張廷璐
	五、癸卯、廿六,7.6;工左降。六、甲子;贛鄉正考。
	葉一棟
	五、乙未;詹事遷。七、丁丑、二,8.9; 　江鄉副考。九月,順學。

（滿）**鄂爾泰**＊＊(軍)
　　（保和兼）

　張廷玉＊＊(軍)
　　（保和兼）

（滿）**德通**

葉一棟	**張鵬翀**
五、乙未、十八,6.28;遷閣學。	六、丁卯、廿一,7.30;少詹遷。

內閣學士年表

年代	乾 隆 十 年　乙丑(1745)	
內閣學士	(蒙)**伍齡安**	
	(?)**福什寳** 　十、己酉、十一,11.4;休。	(滿)**留保** 　十、丙寅、廿八,11.21;盛工授(乞養)。
	(?)**索柱** 　（工右兼）	
	(滿)**德新**	
	(宗室)**塞爾赫**	
	(?)**雅爾哈達**	
	蔡薫田 　五、壬午、十一,6.10;改禮右。	**張若霭** 　十二、乙卯、十八,1.9;通政遷。
	王會汾 　四、丁卯、廿五,5.26;殿試讀卷。	
	朱定元	
	張廷球	
	涂逢震 　五月,翰讀學遷。九、壬午、十三,10.8;武會正考。十二月,遷工左。	
翰林院	(滿)**鄂爾泰** * *(軍) 　四、乙卯、十三,5.14;予祭。	(滿)**阿克敦** 　五、丁酉、廿六,6.25;吏左兼。
	張廷玉 * *(軍) 　（保和兼）	
詹事府	(滿)**德通** 　十二、辛丑、四,12.26;改通政。	(?)**阿琳** 　十二、乙卯、十八,1.9;少詹遷。
	張鵬翀 　△省假(死)。	**沈德潛** 　四、乙卯;少詹遷。九、壬午、十三,10.8; 　武會副考。

乾隆十一年　丙寅(1746)	
(蒙)**伍齡安** 　　五、丙申、一,6.19;遷禮右。	
(滿)**留保**	
(?)**索柱** 　　（工右兼）	
(滿)**介福** 　　四月,太僕遷。九月,遷盛刑。	(滿)**會山** 　　十一、壬子、廿一,1.1;太僕遷。
(宗室)**塞爾赫** 　　六、庚辰、十六,8.2;署倉侍。	
(?)**雅爾呼達**	
	(?)**長柱** 　　十月,禮給遷;旋遷盛工。
張若靄 　　十一、己酉、十八,12.29;死。	**劉　綸** 　　十二、庚辰、十九,1.29;大理遷。
王會汾 　　三、乙酉、十九,4.9;遷兵右。	**沈德潛** 　　三、戊子、廿二,4.12;詹事遷。
朱定元	
張廷璩 　　△病免。	**莊有恭** 　　閏三、甲辰、八,4.28;服滿起用。
(滿)**阿克敦** 　　閏三、癸丑、十七,5.7;吏左遷左都,仍兼。五、丙申;改刑尚,兼。	
張廷玉 * *(軍) 　　（保和兼）	
(?)**阿琳**	
沈德潛 　　三、戊子;遷閣學。	**徐以烜** 　　閏三、甲辰;少詹遷。

內閣學士年表

年代	乾隆十二年　丁卯(1747)	
內閣學士	(滿)**留保**	
	(?)**索柱** 　（工右兼）	
	(滿)**書山**	
	(宗室)**塞爾赫** 　十、壬申、十五、11.17；遷兵右。	(?)**德爾格** 　十一、壬辰、六、12.7；光祿遷。
	(?)**雅爾呼達**	
	劉　綸	
	沈德潛 　△六、甲戌、十五、7.22；遷禮右。	**張泰開** 　十一、壬辰、六、12.7；左僉授。
	朱定元	
	莊有恭 　九月，署兵左。十、壬申、十五、11.17；遷兵右。	**陳邦彥** 　十、乙亥、十八、11.20；翰讀學遷。
	董邦達 　七、辛丑、十三、8.18；翰讀學遷，旋憂免。	
翰林院	(滿)**阿克敦** 　（刑尚兼）	
	張廷玉＊＊(軍) 　（保和兼）	
詹事府	(?)**阿琳**	
	徐以炬 　△十一月，憂免。	

乾隆十三年　戊辰(1748)	
(滿)**鐘音** 　　四月，祭酒遷。四、戊寅、廿五，5.21，殿試讀卷。 　　閏七、戊午、六，8.29，遷盛刑。	(滿)**嵩壽** 　　閏七、戊午，左副改。
(?)**宗柱**(工右兼) 　　五、壬寅、十九，6.14，降調。	(?)**世臣** 　　十、壬寅、廿一，12.11，通政遷。
(滿)**書山** 　　閏七、戊午，遷倉侍。	(覺羅)**吳拜** 　　閏七、戊午，原倉侍授。
(?)**德爾格** 　　三、庚寅、六，4.3，遷盛戶。	(滿)**觀保** 　　閏七、癸丑、一，8.24，任。八月，署刑右。
(?)**雅爾呼達**	
劉　綸 　　三、庚寅，知貢舉。九、甲子、十三，11.3，武會正考。	
張泰開 　　四、戊寅，殿試讀卷。	
朱定元 　　六、庚申、七，7.2，改左副。	**葉一棟** 　　閏七、庚申、八，8.31，原任授。
陳邦彥	
齊召南 　　六、庚申，翰讀學遷。閏七、庚申，遷禮右。	
(滿)**阿克敦** * 　　(刑尚、協兼) 四月，革。十月，署刑尚，仍兼。	(滿)**鄂容安** 　　四月，兵左兼。十月，署豫撫。
張廷玉 * *(軍) 　　(保和兼)	
(?)**阿琳**	
裘曰修 　　二、丙辰、二，2.29，少詹遷。	

內閣學士年表

年代	乾隆十四年　己巳(1749)	
內閣學士	(滿)**嵩壽** 　十二、辛巳、七,1.14;遷禮右。	(滿)**德齡** 　十二、辛巳;吏左降。
	(?)**世臣**	
	(覺羅)**吳拜**	
	(滿)**觀保** 　十二、辛巳;遷兵左。	
	(?)**雅爾呼達**	
	劉綸 　九、庚戌、五,10.15;署兵右。十一、辛亥、六,12.15;遷禮右。	
	張泰開 　十二、辛巳;遷禮右。	
	葉一棟 　正、戊午、九,2.25;改左副。	**李因培** 　二、丙申、十八,4.4;翰讀學遷。
	陳邦彥	
翰林院	(滿)**阿克敦**＊ 　(署刑尚兼)	
	張廷玉＊＊(軍) 　十一、戊辰、廿三,1.1;休。	**梁詩正** 　十一、甲戌、廿九,1.7;兵尚兼。
詹事府	(?)**阿琳**	
	裘曰修	

乾隆十五年　庚午(1750)

（滿）德保
十一、乙卯、十六,12.14;翰講學遷。

（滿）德齡
△遷盛禮。

（？）世臣	（滿）赫赫
五、癸丑、十二,6.15;遷盛兵。	五、丁卯、廿六,6.29;光禄遷。

（覺羅）吳拜	（滿）吳達善
十二、癸酉、四,1.1;遷盛工。	十二、乙酉、十六,1.13;光禄遷。

（滿）鶴年
正、戊辰、廿四,3.2;翰講學遷。十一、己酉、十,12.8;遷倉侍。

（？）雅爾呼達

（？）世貴
十一、丁卯、廿八,12.26;大理遷。

董邦達
正、戊申、四,2.10;服滿原任授。

歸宣光
五、辛亥、十,6.13;吏左降。十、甲申、十五,11.13;遷吏右。

李因培

陳邦彥	鄒一桂
十一、丁未、八,12.6;遷禮右。	十一、丁卯;大理遷。

陳世烈
十一、壬戌、廿三,12.21;理少遷。

（滿）阿克敦 *
（刑尚兼）

梁詩正 *	劉統勳
（正月,改吏、協）七、辛酉、廿一,8.22;卸兼。	七、辛酉;刑尚兼。

（？）阿琳	（？）馬靈阿	（滿）文保
二月,老休。	禮左改。四月,改左副。	五月,翰讀學遷。

裘曰修
六、丁亥、十六,7.19;浙鄉正考。

內閣學士年表

年代	乾隆十六年　辛未(1751)	
內閣學士	(滿)**德保**	
	(蒙)**夢麟** 三、己未、廿二,4.17;祭酒(豫學)遷。	
	(滿)**赫赫**	
	(滿)**吳達善**	
	(?)**世貴**	
	(?)**雅爾呼達** 十二、戊申、十六,1.31;改鑲紅蒙副。	
	陳世烈	**蔡新** 九、丁卯、四,10.22;翰讀學遷。 十二、辛丑;贛鄉正考。
	鄒一桂	
	李因培 五、乙巳、九,6.2;殿試讀卷。九、乙亥、十二,10.30;武會正考。十二、辛丑、九,1.24;浙鄉正考。	
	董邦達 三、癸卯、六,4.1;會試副考。 十二、丙午、十四,1.29;遷禮右。	**錢維城** 十二、辛亥、十九,2.3;翰讀學遷。
翰林院	(滿)**阿克敦** * (刑尚兼)	
	劉統勳 (刑尚兼)	
詹事府	(滿)**文保**	
	裘曰修 八、癸亥、卅,10.18;遷兵右。	**徐以烜** △八月,服闋原任授。

乾隆十七年　壬申(1752)

(滿)德保 　　二、乙未、三,3.18；遷工右。	(?)蘇章阿 　　二月,讀學遷。十二月,遷盛刑。
(蒙)夢麟	
(滿)赫赫	
(滿)吳達善 　　二、丙申、四,3.19；遷盛禮。	(?)卞塔海 　　二月,大理遷。十一月,遷盛兵。
(?)世貴	
(?)世臣 　　十一、戊午、一,12.6；盛兵改。	
(?)富森 　　十二、戊申、廿二,1.25；盛刑改。	
蔡　新 　　六、癸丑、廿四,8.3；遷工右。	竇光鼐 　　六、癸丑；任。八、乙未、七,9.14；豫學。
鄒一桂 　　八、甲午、六,9.13；會試副考。九、壬午、廿五,10.31；殿試讀卷。十二、壬子、廿六,1.29；遷禮右。	
李因培 　　十、乙未、八,11.13；武會正考。	
錢維城 　　九、壬午；殿試讀卷。	
(滿)阿克敦 * 　　(刑尚兼)	
劉統勳 　　(刑尚兼)	
(滿)文保	
徐以烜	

內閣學士年表

年代	乾隆十八年　癸酉(1753)			
內 閣 學 士	(？)富森			
	(蒙)夢麟 　二、丁未、廿一，3.25；署戶左。六月，江南鄉試主考。九、戊辰、十六，10.12；蘇學。			
	(滿)雙慶 　三、壬午、廿六，4.29；祭酒遷。十一、己未、八，12.2；遷倉侍。			
	(？)世臣 　十、辛丑、廿，11.14；遷盛禮。	(？)塔永阿 　十一、庚申、九，12.3；鴻少遷。		
	(？)世貴			
	(滿)赫赫 　(△十九年遷盛工。)	(覺羅)奉寬 　十一、壬申、廿一，12.15；詹事遷。		
	寶光鼐			
	徐以烜 　二、己丑、三，3.7；詹事遷。			
	李因培 　三，壬午；署刑左。	于敏中 　七、甲子、十一，8.9；詹事遷。		
	錢維城			
		李清芳 　十、戊子、七，11.1；詹事遷。		
翰 林 院	(滿)阿克敦 * 　(刑尚兼)			
	劉統勳 　(刑尚兼)			
詹 事 府	(滿)文保	(覺羅)奉寬 　四月，讀學遷。十一、壬申；遷閣學。	(滿)溫敏 　十二月，講學遷。	
	徐以烜 　二、己丑；遷閣學。	于敏中 　三月，少詹遷。七、甲子；遷閣學。	李清芳 　右通。十、戊子；遷閣學。	程景伊 　十月，讀學遷。

乾隆十九年　甲戌(1754)	
(？)富森	
(蒙)夢麟	
(滿)富德	
(？)塔永阿 二、乙酉、五,2.26；改正白滿副,仍兼。	
(？)世貴	
(覺羅)奉寬	
竇光鼐	
徐以烜 三、壬子、二,3.25；遷禮右。	程景伊 三、癸丑、三,3.26；詹事遷。
于敏中 二、癸未、三,2.24；遷兵右。	金德瑛 三、丙寅、十六,4.8；太常遷。
錢維城 三、丙辰、六,3.29；會試副考。四、甲辰、廿五,5.16；殿試讀卷。五、丙申、十八,7.7；教庶。	
李清芳 四、甲辰；殿試讀卷。	
(滿)阿克敦 * 　(刑尚兼)	
劉統勳 　(刑尚兼) 五、戊戌、廿,7.9；協理陝甘總督。 十、己未、十四,11.27；戶尚、協蔣溥暫管。	
(滿)溫敏	
程景伊 三、癸丑；遷閣學。	王際華 四、辛卯、十二,5.3；讀學遷。

内閣學士年表

年代	乾隆二十年　乙亥(1755)	
內 閣 學 士	(？)**富森**	(滿)**阿桂** 四、庚申、十七、5.27；讀學遷。
	(蒙)**夢麟** 五、己亥、廿六、7.5；遷工右。	(？)**富貴** 六、庚午、廿八、8.5；翰讀學遷。
	(滿)**富德**	
	(？)**塔永阿** 　　(正白滿副兼)	
	(？)**世貴**	
	(覺羅)**奉寬** 四、己酉、六、5.16；遷盛工。	(滿)**阿思哈** 四、庚申；吏員遷。
	竇光鼐	
	程景伊	
	金德瑛	
	錢維城	
	李清芳 二月，遷兵右。	**王際華**　　　　　　　　**莊存與** 二月，詹事遷。六月，遷工左。　六月，少詹遷。
翰 林 院	(滿)**阿克敦** * 六、癸丑、十一、7.19；病免。	(滿)**介福** 七、甲申、十二、8.19；禮左兼。
	劉統勳 　(刑尚兼)　九、丙申、廿五、10.30；革。	**蔣　溥** * 十、壬子、十二、11.15；戶尚兼。
詹 事 府	(滿)**溫敏**	
	王際華 二、乙丑、廿一、4.2；遷閣學。	**陳　浩** 三、丙申、廿三、5.3；少詹遷。

乾隆二一年　丙子(1756)

(滿)阿桂

(？)富貴

(滿)富德

(？)塔永阿
　　（正白滿副兼）

(？)世貴

(滿)阿思哈

竇光鼐 　五、丁亥、廿,6.17;改左副。	
程景伊 　七、庚辰、十四,8.9;遷兵右。	張映辰 　八、戊戌、二,8.27;太僕遷。
金德瑛 　二、甲子、廿六,3.26;遷禮左。	鄒一桂 　二、甲子;禮左改。
錢維城	
莊存與 　六、辛亥、十五,7.11;浙鄉正考。	

(滿)介福
　　（禮左兼）

蔣　溥*
　　（戶尚兼）

(滿)溫敏

陳　浩

内阁学士年表

年代	乾隆二二年　丁丑(1757)	乾隆二三年　戊寅(1758)
内阁学士	(满)阿桂　　　　(?)果勒敏 九、壬寅、十三，10.25；迁工右。　九、乙卯、廿六，11.7；吏给迁。	(?)果勒敏 十、甲戌、廿一，11.21；迁盛兵。
	(?)富贵	(?)富贵
	(满)富德	(?)海明
	(?)塔永阿 （正白满副兼）	(满)富德
	(?)世贵	(?)世贵
	(满)阿思哈　　　(?)伊禄顺 六、辛酉、一，7.16；　十一、甲寅、廿六， 署籲抚。　　　　1.5；刑给迁。	(?)伊禄顺　　　(?)五吉 四、壬申、十七，　五、戊申、廿三，6.28； 5.23；迁盛刑。　僕少迁。
	(?)石柱 十一、戊戌、十，12.20；粤布迁。 十一、壬子、廿四，1.3；迁盛刑。	
	庄存与	庄存与　　　　钱汝诚 四、壬午、廿七，6.2；　三、戊申、廿二，4.29； 迁礼右。　　　讲学迁。
	张映辰	张映辰
	邹一桂	邹一桂 十二、乙亥、廿三，1.21；老休。
	钱维城　　　　谢溶生 正、甲辰、十二，3.1；　二、乙丑、三，3.22； 迁工左。　　　翰讲学(鲁学)迁。	谢溶生
翰林院	(满)介福 （礼左兼）	(满)介福 （礼左兼）
	蒋溥* （户尚兼）	蒋溥* （户尚兼）
詹事府	(满)温敏	(满)温敏 十二、戊辰、十六，1.14；迁盛刑。
	陈浩　　　　　金甡 　　　　十二、甲戌、十六， 　　　　1.25；讲学迁。	金甡

乾隆二四年　　己卯(1759)

(?)**富貴**	

| (滿)**溫福** | |
| 二、己巳、十八,3.16;讀學遷。 | |

| (?)**海明** | (滿)**赫赫** |
| 九、辛未、廿四,11.13;遷吏右。 | 九、辛未;正紅漢副(盛戶)授。 |

(滿)**富德**	

| (?)**世貴** | |

| (?)**五吉** | (?)**清馥** |
| 三、己酉、廿九,4.25;遷禮右。 | 三、己酉;任。 |

錢汝誠	**熊學鵬**
三、己酉;遷兵左。	四、己卯、廿九,5.25;順尹遷。六、丙寅、十七,7.11;署禮右。閏六、丙午、廿八,8.20;遷兵右。

張映辰	

| **何國宗** | |
| 二、甲子、十三,3.11;編修遷。 | |

| **謝溶生** | **李因培** |
| 閏六、丁未、廿九,8.21;遷刑右。 | 閏六、丁未;大理遷。 |

| **王鳴盛** | |
| 七、甲子、十六,9.7;翰讀學遷。十二、甲午、十八,2.4;降二調。 | |

| (滿)**介福** | |
| (禮左兼) | |

| **蔣　溥**** | |
| 正、庚戌、廿八,2.25;遷武英,仍兼。 | |

| (宗室)**良誠** | |
| 二、甲子;祭酒遷。 | |

| **金　蛙** | |

內閣學士年表

年代		乾隆二五年　庚辰(1760)	乾隆二六年　辛巳(1761)
內閣學士		(？)富寶	(？)富寶
		(滿)溫福 九、丙寅、廿五，11.2；改正黃蒙副。	(滿)溫福　　　　　　　(滿)雙慶 四、壬辰、廿三，5.27；遷倉侍。　四、丙申、廿七，5.31； 　　　　　　　　　　　　　　　原倉侍授。
		(滿)赫赫 五、丁未、四，6.16；殿試讀卷。	(滿)赫赫
		(滿)富德 五、丁未；殿試讀卷。	(滿)富德
		(？)世貴 三、乙卯、十，4.25； 冊封朝鮮王妃副使。	(？)世貴
		(？)清馥	(？)清馥
		程嚴 三、丁未、二，4.17；太常遷。 五月，殿試讀卷。	程嚴
		張映辰	張映辰　　　　　　　　周煌 五、辛酉、廿三，6.25；遷兵右。　六、庚辰、十三，7.14； 　　　　　　　　　　　　　　　翰講學遷。九月，贛學。
		何國宗	何國宗　　　　　　　　張若澄 十、丙子、十一，11.7；遷禮右。　十、辛卯、廿六，11.22； 　　　　　　　　　　　　　　　翰讀學遷。
		李因培	李因培 (浙學)
翰林院		(滿)介福 (禮左兼)	(滿)介福 (禮左兼)
		蔣溥** (武英兼)	蔣溥**　　　　　　　梁詩正* 正、丙寅、廿六，3.2；病。　正、丙寅；兵尚署。 四、己卯、十，5.14；死。　五、丁未、九，6.11；協、吏尚兼。
詹事府		(宗室)良鋮	(宗室)良鋮　　　(滿)溫敏　　　(滿)景福 五、乙丑、廿七，6.29；　六、辛巳、十四，　八、丁卯、一， 改通政。　　　　　7.15；閣讀學授。　8.30；翰讀學 　　　　　　　　　七、戊申、十二，　授。 　　　　　　　　　8.11；改通政。
		金姓	金姓

乾隆二七年　壬午(1762)

(?)**富貴**

(滿)**雙慶**

(滿)**赫赫**

(滿)**富德**

(?)**世貴**	(滿)**全魁**
三、庚申、廿七,4.20;老休。	四、甲申、廿一,5.14;祭酒遷。

(?)**清馥**

程　巖	莊存輿
正、戊申、十四,2.7;遷吏右。	正、戊申;原禮右授。

周　煌
　(贛學)九、壬戌、三,10.19;仍任贛學。

張若澄

李因培
　九、壬戌、三,10.19;浙學改蘇學。

　十、壬子、廿三,12.8:原禮左徐以烜署。
　　　　原兵右張映辰署:十二、丁未、十九,2.1;改左副。　　原左副寶光鼐署。

(滿)**介福**	(滿)**覯保**
(禮左兼)四、丁丑、十四,5.7;死。	五、乙巳、十二,6.4;兵右兼,旋改吏右。

梁詩正*
　(吏尚兼)

(滿)**景福**
　九、壬戌;晉學。

金　姓

内閣學士年表

年代	乾隆二八年　癸未(1763)	
內 閣 學 士	(？)**富貴**	
	(滿)**雙慶** 　　五、辛未、十五,6.25;遷禮右。	(？)**諾穆渾** 　　六、己丑、三,7.13;太常遷,仍兼。
	(滿)**赫赫**	
	(滿)**富德**	
	(滿)**全魁**	
	(？)**清馥**	
	莊存與	
	周　煌 　　(贛學)	
	張若澄 　　正、壬申、十四,2.26;署禮右。七、壬申、十七,8.25;卸。	
	李因培(蘇學) 　　六、壬寅、十六,7.26;遷禮右。	**李宗文** 　　六、壬戌、七,8.15;少詹遷。
	徐以烜署:七、壬申;署禮右。 　　竇光鼐署(四、丁未、廿,6.1;殿試讀卷。)	
翰 林 院	(滿)**觀保** 　　(吏右兼)	
	梁詩正＊＊ 　　七、丙辰、一,8.9;吏尚遷東閣。 　　十一、丁卯、十四,12.18;死。	**劉統勳**＊＊(軍) 　　十二、甲申、二,1.4;東閣兼。
詹 事 府	(滿)**景福** 　　(晉學)	
	金　姓	

乾隆二九年　甲申(1764)	乾隆三十年　乙酉(1765)
(?)**伍勒穆集** 十二、己卯、二,12.24;光禄遷。	(?)**伍勒穆集** 七、癸未、十,8.25;署理左。
(?)**諾穆渾** （兼太常）	(?)**諾穆渾** （兼太常）三、己亥、廿四,5.13;署禮左。
(滿)**赫赫**	(滿)**赫赫**
(滿)**富德**	(滿)**富德**　　　　　(滿)**慶桂** 六、壬申、廿八,8.14;　十、甲辰、二,11.14; 遷盛兵。　　　　　　户員遷。
(滿)**全魁**	(滿)**全魁** 正、丙子、卅,2.19;皖學。
(覺羅)**奉寬** 八、辛丑、廿二,9.17;盛工授。	(覺羅)**奉寬**
莊存與	**莊存與**
周　煌 （翰學）	**周　煌** （贛學）
張若澄	**張若澄**
李宗文 十二、丁酉、廿,1.11;遷禮右。	**劉星煒**　　　　　　**鍾蘭枝** 正、丙子、卅,2.19;翰讀學遷。　九、甲午、廿一,11.4; 九、庚辰、七,10.21;遷禮左。　翰讀學遷。
徐以烜	**徐以烜**:正、甲戌、廿八,2.17;病免。
(滿)**觀保** 二、己丑、七,3.9;吏右改兵左,仍兼。	(滿)**觀保** 七、戊子、十五,8.30;兵左遷左都,仍兼。
劉統勳＊＊(軍) （東閣兼）	**劉統勳**＊＊(軍) （東閣兼）
(滿)**景福** （晉學）	(滿)**景福** （晉學）
金　姓	**金　姓** 九、庚辰；贛學。

内閣學士年表

年代	乾隆三一年　丙戌(1766)		
内 閣 學 士	(?)諾穆渾 　（兼太常）五、壬申、四，6.10；遷禮右。	(滿)邁拉遜 　五、丙申、廿八，7.4；吏郎中遷。六、甲寅、十六， 　7.22；署吏右。十一、甲戌、八，12.9；兼署刑右。	
	(滿)赫赫		
	(滿)慶桂		
	(滿)全魁 　（皖學）		
	(覺羅)奉寬		
	(?)伍勒穆集 　（署理左）		
	莊存與		
	周　煌 　二、辛亥、十一，3.21；遷刑右。	金　姓 　（贛學）三、辛未、二，4.10；詹事遷。	
	張若澄		
	鍾蘭枝 　十二、乙巳、九，1.9；乞養。	倪承寬 　十二，乙巳；僕少遷。	
翰 林 院	(滿)觀保 　（左都兼）		
	劉統勳＊＊(軍) 　（東閣兼）		
詹 事 府	(滿)景福 　四、辛亥、十二，5.20；改大理。	(滿)德風 　五、壬申；翰讀學遷。	
	金　姓 　三、辛未；遷閣學。	盧明楷 　三、壬辰、廿三，5.1；講學遷。	汪廷璵 　九、己巳、二，10.5；少詹遷。

乾隆三二年　丁亥(1767)

(滿)**邁拉遜**

(滿)**赫赫**
　　△革。

(↑)**塔永阿**

(滿)**慶桂**
　　(理右)九、壬辰、一,10.23;派往庫倫。

(↑)**伊克坦布**
　　十、壬戌、二,11.22;閱讀學遷。

(滿)**全魁**
　　(皖學)

(覺羅)**奉寬**
　　八、乙酉、廿四,10.16;遷兵右。

(↑)**永寧**
　　十、辛酉、一,11.21;盛禮授。

(↑)**伍勒穆集**
　　二、己酉、十五,3.14;遷理左。

(滿)**德風**
　　三、甲申、廿,4.18;詹事遷。

莊存與

金　姓
　　(贛學)正、戊辰、三,2.1;遷禮左。

謝　墉
　　十、壬戌;翰讀學遷。

張若澄

曹秀先
　　△祭酒遷。

倪承寬
　　七、乙酉、廿三,8.17;遷禮右。

汪廷璵
　　十二、壬戌、二,1.21;詹事遷。

(滿)**觀保**
　　(左都兼)

劉統勳 ＊＊(軍)
　　(東閣兼)

(滿)**德風**
　　三、甲申;遷閣學。

(滿)**阿肅**
　　四、癸丑、廿,5.17;翰侍讀遷。

汪廷璵
　　十二、壬戌;遷閣學。

錢　戴
　　十二、丙子、十六,2.4;少詹遷。

内閣學士年表

年代	乾隆三三年　戊子(1768)	
内閣學士	(滿)邁拉遜	
	(？)塔永阿 　　三、己丑、一,4.17;改正白蒙副。	
	(？)伊克坦布 　　十、丙辰、二,11.10;遷戶右。	(滿)德成 　　十二、庚申、六,1.13;給事中遷。
	(滿)全魁 　　(皖學)	
	(？)永寧	
	(滿)德風	
	(滿)素爾訥 　　十、壬午、廿八,12.6;給事中遷。十二、庚申;遷左都。	
	莊存與	
	謝　墉	
	曹秀先 　　七、戊子、三,8.14;遷工右。	蔣元益 　　十、丙辰;左副改,管順尹。
	汪廷璵	
翰林院	(滿)觀保 　　十二、庚申;左都改禮尚,仍兼。	
	劉統勳 ＊＊(軍) 　　(東閣兼)	
詹事府	(滿)阿肅 　　九、癸巳、八,10.18;差闈學。	
	錢　載	

乾隆三四年　己丑(1769)		
(滿)邁拉遜		
	(滿)富察善 六、乙亥、廿五,7.27;閣讀學遷。	
(滿)德成 二、丙寅、十三,3.20;遷工右。	(覺羅)明善 三、己丑、六,4.12;戶給遷。	
(滿)全魁 六、辛酉、十一,7.13;教庶。		
(?)永寧	(滿)瑭古泰 六、乙亥;刑給遷。	
(滿)德風		
莊存與		
謝　墉 (憂免)		
蔣元益 六、辛酉;教庶。十一、辛卯、十二,12.10;遷兵右。	陸宗楷 十二、庚戌、二,12.29;前禮尚授。	
汪廷璵		
(滿)觀保 十、辛未、廿三,11.20;革禮尚。	(滿)德保 十、壬申、廿四,11.21;吏左兼,差。 十二、辛亥、三,12.30;改粵撫。	(滿)尹繼善＊＊ 十、壬申;文華暫管。 十二、辛亥;兼。
劉統勳＊＊(軍) (東閣兼)		
(滿)阿肅 (閣學)		
錢　載		

內閣學士年表

年代	乾隆三五年　庚寅(1770)	
內閣學士	(滿)**遣拉遜** 閏五、戊申、三，6.25；遷刑左。△六月，回任。	(?)**柏琨** 閏五、己酉、四，6.26；授。
	(滿)**富察善**	
	(覺羅)**明善**	
	(滿)**全魁** 六、己丑、十五，8.5；浙鄉正考。	
	(滿)**瑚古泰** 七、壬申、廿八，9.17；遷盛戶。	(?)**福德** 八、庚寅、十七，10.5；閣讀學遷。
	(滿)**德風**	
		(滿)**博清額** 七、丙午、二，8.22；署刑左。
	莊存與	
	謝墉 閏五、辛酉、十六，7.8；(服)仍尚書房行走。己巳、廿四，7.16；仍授。	
	陸宗楷	
	汪廷璵	
	閻循琦 閏五、甲子、十九，7.11；署刑右。	
翰林院	(滿)**尹繼善** ＊＊(軍) (文華兼)	
	劉統勳 ＊＊(軍) (東閣兼)	
詹事府	(滿)**阿肅** △十一月，降一調，閣學召京。	(滿)**達椿** 十一、壬戌、廿，1.5；祭酒遷。
	錢戴	

乾隆三六年　辛卯(1771)	
(？)柏琨	
(滿)富察善	
(滿)邁拉遜 二、癸酉、二,3.17;署吏左。七、丁未,九,8.18;授。	(滿)索琳 三、癸卯、二,4.16;戶右降署,赴藏。
(滿)全魁 四、庚寅,廿,6.2;殿試讀卷。八、甲戌,六,9.14;順鄉副考。	
(？)福德 三、戊午、十七,5.1;遷盛兵。四、己卯,九,5.22;盛兵仍留。 五、甲寅、十四,6.26;署理左。八、戊子、廿,9.28;授理左。	
(滿)德風	
	(滿)博清額 三、戊午;署刑左降授。
莊存與 三、丁未、六,4.20;會試副考官。六、乙酉、十六,7.27;浙鄉正考。	
謝　墉 十、癸未、十六,11.22;教庶。	
陸宗楷 三、乙卯、十四,4.28;休。	王　杰 四、庚寅;少詹遷。六月,教庶。 六、乙酉;贛鄉正考。九月,浙學。
汪廷璵	
閣循琦 二、壬辰、廿一,4.5;遷工左。	
尹繼善＊＊(軍) 四、壬辰、廿二,6.4;死。	(覺羅)奉寬 五、壬戌、廿二,7.4;兵右兼。
劉統勳＊＊(軍) (東閣兼)	
(滿)達椿 四、庚寅;改大理。	(覺羅)巴彥學 五、甲寅、十四,6.26;翰讀學遷。
錢　載	

内閣學士年表

年代	乾隆三七年　壬辰(1772)	
内閣學士	(丁)柏琨	
	(滿)富察普	
	(滿)索琳	
	(滿)全魁 四、丁卯、二,5.4;革。	(丁)喀爾崇義 四、癸巳、廿八,5.30;給還。
	(滿)博清額	
	(滿)德風 四、甲申、十九,5.21;殿試讀卷。	
	莊存與 六、辛未、七,7.7;教庶。	
	謝　墉 四、甲申;殿試讀卷。	
	王　杰 (浙學)	
	汪廷璵 三、辛丑、六,4.8;會試副考官。六、辛未;教庶。	
翰林院	(覺羅)奉寬 (兵右兼)	
	劉統勳＊＊(軍) (東閣兼)	
詹事府	(覺羅)巴彥學 四、癸巳、廿八,5.30;改通政。	(滿)嵩貴 五、庚戌、十六,6.16;少詹遷。
	錢　載	

乾隆三八年　癸巳(1773)	

(?)**柏琨**

(滿)**富察善**

(滿)**索琳**(軍、學)
　　閏三、庚申、一,4.22;署禮右。四、庚戌、廿二,6.11;學習入直軍。十一、戊辰、十三,12.26;署理左,赴歸化城。

(?)**喀爾崇義** 　　二、壬戌、三,2.23;遷盛刑。	(滿)**嵩貴** 　　二、壬申、十三,3.5;詹事遷。

(滿)**博清額**
　　四、庚寅、二,5.22;派川軍營。六、辛亥、廿三,8.11;授領隊大臣。

(滿)**德風** 　　八、癸巳、七,9.22;改盛戶。	(滿)**瑭古泰** 　　二、丙戌、廿七,3.19;原盛戶行走。

莊存與 　　九、壬申、十六,10.31;遷禮右。	**錢　載** 　　十、丁亥、二,11.15;詹事遷。
謝　墉 　　二、丁卯、八,2.28;署禮右。五、乙亥、十七,7.6;遷工右。	**彭元瑞** 　十、丁亥;少詹遷。
王　杰 　　(浙學)	
汪廷璵	
李友棠 　　五、丁亥、廿九,7.18;府丞遷。八、乙巳、十九,10.4;遷工右。	

(覺羅)**奉寬**

劉統勳＊＊(軍) 　　十一、辛未、十六,12.29;死。	**于敏中**＊＊(軍) 　　十一、壬申、十七,12.30;文華兼。	
(滿)**嵩貴** 　　二、壬申;遷閣學。	(滿)**全魁** 　　二、癸酉、十四,3.6;原閣學授。 　　五、戊寅、廿,7.9;遷通政。	(?)**哈福納** 　　六、癸巳、五,7.24;少詹遷。
錢　載 　　十、丁亥;遷閣學。	**汪永錫** 　　十、壬子、廿七,12.10;翰讀學遷。	

內閣學士年表

年代	乾隆三九年　甲午(1774)	
內 閣 學 士	(？)柏琨	
	(滿)富察普	
	(滿)索琳	
	(滿)嵩貴 　　四、己酉、廿七,6.5;教庶。八、丙戌、五,9.10;順鄉副考。	
	(滿)博清額	
	(滿)瑭古泰 　　十、壬午、二,11.5;授。	
	鏡　載 　　六、丁未、十三,7.21;贛鄉正考。	
	彭元瑞 　　十二、戊戌、十九,1.20;署工右。	
	王　杰 　　十二、戊戌;遷刑右。	蕫　誥 　　十二、戊戌;翰讀學遷。
	汪廷璵 　　十、壬午;教庶。	
翰 林 院	(覺羅)奉寬 　　三、辛巳、廿八,5.8;死。	(滿)舒赫德＊＊(軍) 　　三、辛巳;武英兼。
	于敏中＊＊(軍) 　　(文華兼)	
詹 事 府	(？)哈福納	
	汪永錫	

乾隆四十年　乙未(1775)	
(?)**柏琨**	
(滿)**富察善** △遷倉侍。	(?)**達敏** 十一、己卯、六,12.27；常少遷。
(滿)**索琳**	
(滿)**嵩貴** 四、丁酉、廿,5.19；殿試讀卷。	
(滿)**博清額**	
(滿)**瑭古泰**	
錢　載 九、戊午、十三,10.7；武會正考。	
彭元瑞 署工右。四、丁酉；殿試讀卷。	
董　誥 四、丁酉；殿試讀卷。九、戊申、三,9.27；署工右。 十一、甲申、十一,1.1；授工右。	**胡望高** 十一、辛卯、十八,1.8；詹事遷。
汪廷璵	
汪永錫 十、丁丑、三,10.26；詹事遷。	
(滿)**舒赫德** ＊＊(軍) (武英兼)	
于敏中 ＊＊(軍) (文華兼)	
(?)**哈福納**	
汪永錫 十、丁丑；遷閣學。	**胡望高** 翰讀學遷。十一、辛卯；遷閣學。　**曹文埴** 十二、庚戌、七,1.27；翰讀學遷。 △夏免。

内閣學士年表

年代	乾隆四一年　丙申(1776)	
内 閣 學 士	(?)柏琨	(?)塔彰 　五、庚辰、十,6.25;光禄遷。
	(?)達敏 　二、丙辰、十四,4.2;遷禮右。	(?)永信 　二、甲子、廿二,4.10;光禄遷。
	(滿)索琳 　(庫倫辦事)四、甲子、廿三,6.9;遷理尚	
	(滿)嵩貴 　七、癸未、十四,8.27;諭祭安南國王副使。	
	(滿)博清額 　五、壬申、二,6.17;遷理左。	(宗室)玉鼎柱 　五、庚辰;户給遷。
	(滿)瑭古泰	
	錢　戴 　五、壬辰、廿二,7.7;魯學。	
	彭元瑞 　十二、甲子、廿七,2.4;署工左。	
	胡望高	
	汪廷璵	
	汪永錫	劉　墉(署)
翰 林 院	(滿)舒赫德＊＊(軍) 　(武英兼)	
	于敏中＊＊(軍) 　(文華兼)	
詹 事 府	(?)哈福納	
	沈　初 　正月,少詹遷。六、丁未、八,7.22;遷禮右。	金士松 　六、丙辰、十七,7.31;少詹遷。

乾隆四二年　丁酉(1777)	
(？)塔彰	
(？)永信	
(滿)嵩貴	
(宗室)玉鼎柱	
(滿)璹古泰	
錢　載 　　(魯學)	
汪永錫 　　七、壬申、九、8.11；魯鄉正考。	彭元瑞 　　署工左　八、壬子、十九，9.20；浙學。
胡望高	
汪廷璵 　　六、丙午、十二，7.16；贛鄉正考。八、壬子；順學。	
劉　墉(署) 　　六、庚申、廿六，7.30；江鄉正考。 　　十一、甲戌、十二，12.11；遷戶右。	
(滿)舒赫德＊＊(軍) 　　四、丁巳、廿二，5.28；死。	(漢)英廉＊ 　　五、丙寅、二，6.6；刑尚、協兼。十月，改戶尚。
于敏中＊＊(軍) 　　(文華兼)	
(？)哈福納	
金士松	

內閣學士年表

年代	乾隆四三年　戊戌(1778)	
內閣學士	(?)塔彰	
	(?)永信 　　正、丁亥、廿六，2.22；改正紅護統。	
	(滿)嵩貴 　　三、丙寅、六，4.2；會試副考。	
	(宗室)玉鼎柱	
	(滿)瑭古泰 　　六、辛卯、三，6.26；病免。	(滿)達椿 　　六、辛卯；大理遷。
	錢　載 　　六、甲午、六，6.29；教庶。	
	汪永錫 　　四、己酉、十九，5.15；殿試讀卷。九、辛卯、五，10.24；武會主考。	
	胡望高 　　四、己酉；殿試讀卷。九、辛卯；武會正考。	
	汪廷璵 　　(順學)	
	彭元瑞 　　(浙學)	
翰林院	(漢)英廉 * 　　(戶尚、協辦)	
	于敏中 * *(軍) 　　(文華兼)	
詹事府	(?)哈福納 　　六、甲辰、十六，7.9；改通政。	(滿)夢吉 　　閏六、辛酉、三，7.26；洗馬遷。
	金士松 　　九、辛卯；武會副考。	

乾隆四四年　己亥(1779)	
(?)塔彰	
(?)永信	(滿)瑪興阿 十、壬子；太僕遷。
	(?)達敏 十二、癸亥、十三，1.19；太常遷。
(滿)嵩貴	
(宗室)玉鼎柱 △遷盛禮。	(滿)海成 十、壬子、二，11.9；哈喇沙爾辦事大臣授。 十二、己未、九，1.15；遷工右。
(滿)達椿 三、戊子、四，4.19；遷禮右。	(?)明德 三、乙巳、廿一，5.6；太常遷。
錢　戴 六、壬戌、十，7.22；贛鄉正考。	
汪永錫	
胡望高 七、壬辰、十，8.21；魯鄉正考。十二、甲戌、廿四，1.30；署工右。	
汪廷璵 （順學）三、戊戌、十四，4.29；遷工右。	紀　昀 四、丙寅、十二，5.27；詹事遷。
彭元瑞 （浙學）二、丙子、廿一，4.7；遷户右。	
(漢)英廉 * 三、丙申、十二，4.27；署直督，禮尚德保暫署。	
于敏中 * *（軍） 十二、戊午、八，1.14；死。	嵆　璜 * 十二、己未；工尚兼。旋改吏尚，授協。
(滿)夢吉	
金士松 △憂免。	紀　昀 三月，講學授。四、丙寅；遷閣學。
		錢士雲 五、壬辰、九，6.22；光禄遷。

内閣學士年表

年代	乾隆四五年　庚子(1780)	
内 閣 學 士	(?)塔彰	
	(滿)瑪興阿 　三、乙酉、六,4.10;遷兵左。	(?)成策 　五、甲辰、廿六,6.28;講學遷。
	(?)達敏	
	(滿)嵩貴 　八、壬申、廿六,9.24;順鄉副考。九、戊子、十三,10.10;武會試正考官。	
	(滿)勒保 　十二、癸丑、九,1.3;僕少遷。	
	(?)明德	
	錢　戴 　三、癸巳、十四,4.18;遷禮左。	錢士雲 　五、甲申、六,6.8;詹事遷。
	汪永錫	
	胡望高 　三、乙酉、六,4.10;會試副考。(署工右,五月授)	尹壯圖 　五、甲辰;僕少遷。
	紀　昀 　五、丁亥、九,6.11;殿試讀卷。	
翰 林 院	(漢)英廉＊＊ 　三、辛丑、廿二,4.26;遷漢缺東閣。	(滿)阿桂＊＊(軍) 　四、丁巳、九,5.12;武英兼。
	嵇　璜＊＊ 　九、戊寅、三,9.30;吏尚、協遷文淵。	
詹 事 府	(滿)夢吉 　五、甲辰;改通政。	(?)興桂
	錢士雲 　五、甲申;遷閣學。	金士松 　△原任授(順學)。

乾隆四六年　辛丑(1781)	乾隆四七年　壬寅(1782)
(？)塔彰	(？)塔彰 △九月，遷盛戶。
(？)成策	(？)成策
(？)達敏　　　　(滿)毓奇 十二、甲申、十六，1.29；吏給遷。	(滿)毓奇
(滿)嵩貴	(滿)嵩貴
(滿)勒保 八、辛卯、廿一，10.8；授正藍漢副。	(滿)勒保
(？)明德　　　　(？)札爾漢 十、辛未、二，11.17；太常遷。	(？)札爾漢
錢士雲　　　　金士松 四月，殿試讀卷。　(順學) 十、辛未、 七、癸丑、十三，8.31；遷兵右。 二，11.17；詹事遷。	金士松 (順學)
汪永錫 九、丙寅、廿七，11.12；武會正考。	汪永錫　　　　陸費墀 七、戊午、廿三，8.31；死。 七、癸亥、廿八，9.5；少詹遷。
尹壯圖	尹壯圖
紀昀	紀昀　　　　李綬 四、甲午、廿八，6.8；遷兵右。 四、甲午；大理遷。
(滿)阿桂＊＊(軍) (武英兼)	(滿)阿桂＊＊(軍) (武英兼)
嵇璜＊＊ (文淵兼)	嵇璜＊＊ (文淵兼)
(？)興桂	(？)興桂
金士松　　　　劉躍雲 十、辛未；遷閣學(順學)。 十、辛未；講學遷。	劉躍雲

内閣學士年表

年代	乾隆四八年　癸卯(1783)	
内閣學士	(覺羅)**琅玕** 九、辛卯、三,9.28;刑郎遷。 十、癸亥;改蘇按。	(？)**伯興** 十、癸亥、五,10.30;盛兵授。
	(？)**成策** △改錦州副都(盛工)。	(？)**喜常** 九、庚寅、二,9.27;光少遷。
	(滿)**轍奇** 二、乙丑、四,3.6;改漕督。	(？)**巴忠** 三、己未、廿八,4.29;正藍蒙副授。
	(滿)**嵩貴** 三、己未、廿八,4.29;革。	(蒙)**松筠** 三、己未;户員外郎遷。
	(滿)**勒保** 八、戊寅、十九,9.15;遷兵右。	(？)**札勒翰** 三、丙辰、廿五,4.26;光禄遷。
	(？)**塔永阿**	
	(漢)**趙　鎮** 二、甲申、廿三,3.25;通政遷。三、甲寅、廿三,4.24;改漢缺。	
	金士松 (順學)三、丁未、十六,4.17;遷禮左。	(漢)**趙　鎮** 三、甲寅;滿缺改。
	陸費墀 六、丙寅、六,7.5;省假半年。	
	尹壯圖 八、乙丑、六,9.2;順鄉副考。	
	李　綬 八、己卯、廿,9.16;敬學。	
翰林院	(滿)**阿桂** ＊＊(軍) (武英兼)	
	稽　璜＊＊ (文淵兼)	
詹事府	(？)**興桂** 三、戊申、十七,4.18;老休。	(滿)**德昌** 三、甲寅;翰讀學遷。
	劉躍雲	

乾隆四九年　甲辰(1784)	
(?)喜常	
(?)塔永阿 　　五、丁巳；免兼護統。	(?)塔彰 　　五、丁巳、三,6.20；工右授。
(蒙)松筠	
(?)札勒翰	
(?)巴忠	
(?)伯興	
(漢)趙　鍭	
陸費墀 　　正、甲寅、廿八,2.18；遷禮右。	朱　珪 　　二、甲申、廿八,3.19；少詹遷。 　　四月,殿試讀卷。九月,武會正考。
尹壯圖	
李　綬 　　(贛學)四、壬寅、十八,6.5；改贛撫。	劉躍雲 　　五、丁卯、十三,6.30；詹事遷。 　　(贛學)工左胡高望署。
(滿)阿桂＊＊(軍) 　　(武英兼)	
嵇　璜＊＊ 　　(文淵兼)	
(滿)德昌	
劉躍雲 　　四月,贛學。五、丁卯；遷閣學。	翁方綱 　　六、丙戌、三,7.19；少詹遷。

內閣學士年表

年代	乾隆五十年　乙巳(1785)	乾隆五一年　丙午(1786)
內閣學士	(?)塔彰	(?)塔彰　　　　　　(滿)札郎阿 正、丁卯、廿二，　二、己卯、五、3.4； 2.20；休。　　太常遷。
	(?)伯興	(?)伯興　　　　　　(宗室)僧保住 正、丁卯；休。　二、己卯；禮給遷。
	(?)塔永阿　　　　(滿)阿肅 二、壬午、二，3.12； 翰讀學遷。	(滿)阿肅 八、丙午、六，9.27；順鄉副考。
	(蒙)松筠	(蒙)松筠　　　　　　(宗室)祿康 閏七、乙未、廿四，　十、壬寅、二，11.22； 9.16；遷戶右。　給事中遷。
	(?)札勒翰	(?)札勒翰
	(?)巴忠　　　　(滿)瑞保 六、丙午、廿九，8.3；　七、庚申、十三，8.17； 遷理右。　　翰讀學遷。	(滿)瑞保 七、丁卯、廿六，8.19；諭祭朝鮮國王世子副使。
	(漢)趙　鏡	(漢)趙　鏡　　　　張若淳 四、丙申、廿三，5.20；　四、丙申；左副授。 遷工右。
	朱　珪	朱　珪　　　　　胡高望 三、癸酉、廿九，4.27；　三、癸酉；授。 遷禮右。　八月，順鄉副考。
	尹壯圖	尹壯圖
	劉躍雲 (歚學)	劉躍雲 (歚學)
翰林院	(滿)阿桂＊＊(軍) (武英兼)	(滿)阿桂＊＊(軍) (武英兼)
	嵇　璜＊＊ (文淵兼)	嵇　璜＊＊ (文淵兼)
詹事府	(滿)德昌	(滿)德昌　　　　　(滿)嵩貴 十、壬寅；洗馬遷。
	翁方綱	翁方綱

乾隆五二年　丁未(1787)

(滿)札郎阿

(宗室)僧保住

(滿)阿肅
　　四、戊午、廿一,6.6;殿試讀卷。

(宗室)禄康　　　　　　　　　　　(滿)伊蘭泰
　　五、戊寅、十二,6.26;遷盛禮。　　　六、戊戌、二,7.16;光禄遷。

(?)札勒翰

(滿)瑞保　　　　　　　　　　　　(滿)保成
　　三、甲戌、六,4.23;會試副考。　　　△喀什噶爾辦事授。

張若淳

胡高望
　　四、戊午、廿一,6.6;殿試讀卷。

尹壯圖　　　　　　　　　　　　　管幹珍
　　△憂免。　　　　　　　　　　　　十、丙申、二,11.11;光禄遷。

劉躍雲　　　　　　　　　　　　　鄒奕孝
　　二、庚申、廿二,4.9;遷工右。　　　三、乙酉、十七,5.4;祭酒遷。
　　　　　　　　　　　　　　　　　　九月,武會正考。

(滿)阿桂＊＊(軍)
　　(武英兼)

嵇　璜＊＊
　　(文淵兼)

(滿)嵩貴

翁方綱

內閣學士年表

年代	乾隆五三年　戊申(1788)
內閣學士	(滿)札郎阿
	(宗室)僧保住
	(滿)阿肅
	(滿)伊蘭泰
	(?)札勒翰
	(滿)保成 　二、乙未、二,3.9；署正藍蒙副授。 　七、辛巳、廿一,8.22；遷吏右。 （　　　(滿)鑲保 　十二、己丑、二,12.28；翰讀學遷。）
	(覺羅)吉慶 　八、辛丑、十二,9.11；鑲黃滿副授。 　十一、癸亥、五,12.2；遷兵右。
	張若淳
	胡高望 　六、丙辰、廿五,7.28；江鄉正考。
	管幹珍 　七、己巳、九,8.10；改工右。 （　　　謝墉 　七、己巳；吏左降。）
	鄒奕孝 　七、己巳；遷禮左。 （　　　吳玉綸 　七、己巳；兵右降。）
翰林院	(滿)阿桂＊＊(軍) 　(武英兼)
	嵇璜＊＊ 　(文淵兼)
詹事府	(滿)嵩貴
	翁方綱

乾隆五四年　己酉(1789)

(滿)**札郎阿**

(宗室)**僧保住**
二、甲辰、十七,3.13;遷盛刑。

(滿)**多永武**
二、丁巳、卅,3.26;太常遷。

(滿)**阿肅**
三、甲子、七,4.2;革(授光少)。

(滿)**永來**
四、戊子、二,4.26;光少遷。
五、甲戌、十八,6.11;革。

(滿)**伊蘭泰**

(?)**札勒翰**

(滿)**圖敏**
二、丁巳;詹事遷。四月,殿試讀卷。
八月,順鄉副考。

(滿)**鐵保**
正、癸酉、十六,2.10;遷禮右。

(滿)**玉保**
四、戊子;翰讀學遷。

(滿)**達椿**
正、癸酉;禮右授。三、甲子;革。

張若淳
十、丙子、廿四,12.10;遷工右。

翁方綱
十一、己亥、十七,1.2;詹事遷。

胡高望
(蘇學)六、戊寅、廿四,8.14;江鄉正考。
八、己巳、十六,10.4,蘇學。

謝墉
二、甲午、七,3.3;降編修。

李潢
十、乙卯、三,11.19;講學遷。

吳玉綸
二、甲辰;降檢討。

鄭際唐
三、庚申、三,3.29;翰讀學遷

劉墉
四、戊子、二,4.26;吏尚降。
九、己亥、十六,11.3;遷禮右。

(滿)**阿桂** * *(軍)
(武英兼)

嵇璜 * *
(文淵兼)

(滿)**嵩貴**
二、癸卯、十六,3.12;
老休。

(滿)**圖敏**
二月,少詹遷。
二、丁巳;遷閣學。

(?)**慶齡**
三月,少詹遷。

(滿)**伯麟**
七、丙申、十二,9.1;
少詹遷。

翁方綱
十一、己亥;遷閣學。

鄒炳泰
(魯學)十二、丙寅、十五,1.29;少詹遷。

內閣學士年表

年代	乾隆五五年　庚戌(1790)	
內閣學士	(滿)**札郎阿**	
	(滿)**多永武** 　　十、辛未、廿四,11.30;授鑲黄漢副。	
	(?)**薩哈爾濟** 　　九、己卯、二,10.9;户給還。	
	(滿)**伊蘭泰**	
	(滿)**圖敏**	
	(滿)**玉保** 　　四、庚午、廿,6.2;殿試讀卷。	
	翁方綱 　　九、辛卯、十四,10.21;武會正考。	
	胡高望 　　(蘇學)七、己亥、廿一,8.30;遷兵右。	**鄒炳泰** 　　(魯學)十、戊辰、廿一,11.27;詹事遷。
	李潢	
	鄭際唐	**尹壯圖** 　　九、己卯;原任服滿授。
翰林院	(滿)**阿桂**＊＊(軍) 　　(武英兼)	
	嵇璜＊＊ 　　(文淵兼)	
詹事府	(滿)**伯麟**	
	鄒炳泰 　　(魯學)十、戊辰;遷閣學。	**馬啟泰** 　　十一、乙未、十九,12.24;講學遷。

乾隆五六年　辛亥(1791)

(滿)**札郎阿**

(滿)**和琳**
　　二、癸丑、八，3.12；吏給遷。
　　九、乙亥、三，9.30；遷兵右。

(?)**薩哈爾濟**

(滿)**伊蘭泰**
　　六、庚申、十七，7.17；授正白蒙副。

(滿)**圖敏**	(滿)**德瑛**
	△太常遷。

(滿)**玉保**	(滿)**伯麟**
九、己丑、十七，10.14；遷盛兵。	十、乙丑、廿四，11.19；詹事遷。

翁方綱

鄒炳泰	**吳省蘭**
(魯學)△八月，憂免。	(順學)十、戊申、七，11.2；詹事遷。

李　潢

尹壯圖	**周興岱**
正、乙酉、十，2.12；革(授禮主事)。	二、壬申、廿七，3.31；講學遷。

(滿)**阿桂**＊＊(軍)
　　(武英兼)

嵇　璜＊＊
　　(文淵兼)

(滿)**伯麟**	(?)**慶善**
十、乙丑；遷閣學。	十、乙丑；少詹遷。

馬啓泰	**吳省蘭**	**阮　元**
二、戊午、十三，3.17；降一調。	(順學)二、戊午；侍講遷。 四、癸丑、九，5.11；差順學。十、戊申；遷閣學。	十、乙丑；少詹遷。

內閣學士年表

年代	乾隆五七年　壬子(1792)	乾隆五八年　癸丑(1793)
內　閣　學　士	(滿)札郎阿	(滿)札郎阿
	(滿)圖敏	(滿)圖敏　　　　　　(?)泰寧 十一、戊午、廿九， 12.31；光少遷。
	(?)薩哈爾濟	(?)永良　　　　　　(蒙)台布 三、辛酉、廿八，5.8；太常遷。　△閣侍讀遷。 十一、辛卯、二，12.4；革。
	(滿)伊蘭泰	(滿)伊蘭泰
	(滿)德瑛　　　　(滿)岳起 九、丙午、十，10.25；　十、丁卯、二，11.15； 遷盛禮。　　　　　奉尹遷。	(滿)岳起　　　　(蒙)伍彌烏遜 正、壬午、十八，2.28；　二、丁卯、四，3.15； 改贛布。　　　　　鑲黃滿副授。
	(滿)伯麟　　　　(滿)瑚圖禮 八、丙申、卅，10.15；　十、丁卯；祭酒遷。 遷盛兵。	(滿)瑚圖禮 三、己亥、六，4.16；知貢舉。 四、壬午、廿，5.29；殿試讀卷。
	吳省蘭 (順學)八、丁卯、十一，9.26；仍差順學。	吳省蘭 (順學)
	翁方綱	翁方綱
	李潢 六、壬辰、廿五，8.12；江鄉副考。	李潢
	周興岱	周興岱 三、己亥；知貢舉。 九、己亥、九，10.13；武會正考。
翰　林　院	(滿)阿桂＊＊(軍)　　(滿)和珅＊＊(軍) 十、己卯、十四，　　十、己卯；文華兼翰掌。 11.27；卸兼翰掌。	(滿)和珅＊＊(軍) (文華兼)
	嵇璜＊＊　　　　彭元瑞 十、己卯；卸兼翰掌。　十、己卯；工尚兼翰掌。	彭元瑞 (工尚兼)
詹　事　府	(?)廖鑾 二、甲子、廿五，　三、丙子、七，3.29； 3.17；改大理。　　閣讀學遷。(?)薩敏	(?)薩敏
	阮元	阮元 (魯學)六、甲申、廿三，7.30；差魯學。

乾隆五九年　甲寅(1794)	
(滿)札郞阿	
(?)泰寧 　十一、丙午、廿二, 12.14; 改盛工。	(滿)那彥成 　十二、乙丑、十二, 1.2; 詹事遷。
(蒙)台布 　六、乙亥、廿, 7.16; 兼鑲紅漢副。	
(滿)伊蘭泰	
(蒙)伍彌烏遜	
(滿)瑚圖禮 　六、辛巳、廿六, 7.22; 江鄉正考。	
吳省蘭 　(順學)	
翁方綱	
李　潢	
周興岱 　六、癸酉、十八, 7.14; 鄂鄉正考。	
(滿)和珅＊＊(軍) 　(文華兼)	
彭元瑞 　(工尚兼)	
(?)薩敏 　三、己丑、二, 4.1; 改大理。	(滿)那彥成 　四、戊寅、廿二, 5.20; 祭酒授。 　十二、乙丑; 遷閣學。
阮　元 　(魯學)	

內閣學士年表

年代	乾隆六十年　乙卯(1795)	
	(滿)**札郎阿**	
	(滿)**那彥成**	
內 閣 學 士	(蒙)**台布**(軍、學) 　　九月，入直。 　　九、壬戌、十四，10.26；遷工左。	(？)**恒傑** 　　十、癸巳、十六，11.26； 　　太常遷，仍兼。
	(滿)**伊蘭泰**	(蒙)**富俊** 　　五、辛亥、一，6.17；閣讀學授。 　　九、丙寅、十八，10.30；署理右。
	(蒙)**伍彌烏遜** 　　二、庚申、八，2.26；遷兵右。	(滿)**恭泰** 　　(粵學)四、癸卯、廿三，6.9；詹事遷。
	(滿)**瑚圖禮** 　　三、丁巳、六，4.24；會試副考。	
	吳省蘭 　　(順學)	
	鄒炳泰 　　二、庚辰、廿八，3.18；原任授。 　　八、甲申、六，9.18；順鄉副考。八、丙申、十八，9.30；敬學。	
	周興岱 　　四、丁未、廿七，6.13；遷禮右。	**關　槐** 　　十、己卯、二，11.12；講學遷。
	李　潢 　　九、辛亥、三，10.15；遷兵右。	**阮　元** 　　(浙學)九、庚申、十二，10.24；詹事遷。
翰 林 院	(滿)**和珅** ＊＊(軍) 　　(文華兼)	
	彭元瑞 　　(工尚兼)	
詹 事 府	(滿)**恭泰** 　　二、壬戌、十，2.28；翰讀學授(粵學)。 　　四、癸卯；遷閣學。	(？)**寶源** 　　九、辛亥；翰讀學授。 　　十二、辛卯、十四，1.23；改通政。
	阮　元 　　(魯學)八月，改差浙學。 　　九、庚申；遷閣學。	**曹　城** 　　十、甲辰、廿七，12.7；少詹遷。

嘉 慶 元 年　丙辰(1796)	
(滿)**札郎阿** 　　十二、甲戌、三，12.31；降贊禮郎。	(滿)**薩彬圖** 　　十二、丁亥、十六，1.13；少詹遷。
(滿)**那彦成**	
(?)**恒傑** 　　(兼太常)	
(蒙)**富俊** 　　十二、庚辰、九，1.6；遷兵右。	(宗室)**書敬** 　　十二、丁亥；光少遷。
(滿)**恭泰** 　　(粵學)	
(滿)**瑚圖禮** 　　△改鑲藍漢副。	
吳省蘭 　　四、乙未、廿，5.26；殿試讀卷。 　　九、壬子、十，10.10；武會副考。	
鄒炳泰 　　(敎學)	
關　槐	
阮　元 　　(浙學)	
(滿)**和珅**＊＊(軍)	
彭元瑞 　　(工尚兼)	
(蒙)**達慶** 　　三、辛未、廿五，5.2；翰讀學授。 　　五、丙辰、十二，6.16；改通政。	(滿)**瑚圖靈阿** 　　九、庚戌、八，10.8；翰講學授。 　　十一、丙午、五，12.3；改通政。
曹　城	

内閣學士年表

年代	嘉 慶 二 年　丁巳(1797)	
內 閣 學 士	(滿)薩彬圖	
	(滿)那彥成	
	(?)恒傑 　　(兼太常)	
	(宗室)書敬	
	(滿)恭泰 　　(粵學)	
	(?)薩敏 　△大理遷。 　九、壬申、六,10.25;遷盛工。	
	吳省蘭	
	鄒炳泰 　(贛學) △正月,憂免。	曹　城 　二、癸酉、二,2.28;詹事遷。
	關　槐 　△乞養。	羅國俊 　四、丁亥、十七,5.13;詹事遷。
	阮　元 　(浙學)	
翰 林 院	(滿)和珅＊＊(軍) 　(文華兼)	
	彭元瑞 　(工尚兼)	
詹 事 府	(?)舒聘 　二、癸酉;翰讀學授。 　五、庚戌、十一,6.5;改通政。	(滿)成書 　九、己卯、十三,11.1;少詹遷。
	曹　城 　二、癸酉;遷閣學。	羅國俊　　　　　平　恕 　三、甲子、廿四,4.20;少詹遷。　　五、己未、廿,6.14;少詹遷。 　四、丁亥;遷閣學。

嘉 慶 三 年　戊午(1798)

(滿)**薩彬圖**	
(滿)**那彥成**(軍、學) 　二月，入直。 　五、庚寅、廿七，7.10；遷工右。	(滿)**文寧** 　九、甲申、廿四，11.1；詹事遷。
(?)**恒傑** 　(兼太常)	
(宗室)**豐敬** 　正、乙酉、廿，3.7；遷盛兵。	(滿)**成書** 　二、癸亥、廿九，4.14；詹事遷。
(滿)**恭泰** 　(粵學)八、甲寅、廿三，10.2；遷盛兵。	(蒙)**佛爾卿額** 　九、甲申；太僕遷。

吳省蘭 　正、庚寅、廿五，3.12；遷工右。	**平　恕** 　四、庚戌、十六，5.31；詹事遷。六、丙辰、廿四，8.5；江鄉正考。 　(蘇學)八月，差。	
曹　城		
羅國俊		
阮　元 　(浙學)七、丁丑、十五，8.26；遷兵右。		
戴衢亨(軍、學) 　正、甲午、廿九，3.16；少詹遷。 　二、丙辰、廿二，4.7；遷禮右。		
(滿)**和珅** ＊＊(軍) 　(文華兼)		
彭元瑞 　(工尚兼)		
(滿)**成慶** 　二、癸亥；遷閣學。	(滿)**文寧** 　三、戊辰、四，4.19；讀學遷。 　九、甲申；遷閣學。	(?)**納清保** 　十、己酉、十九，11.26；少詹遷。
平　恕 　四、庚戌；遷閣學。	**曹振鏞** 　九、甲申；少詹(粵學)遷。 　△十二月，憂免。	

內閣學士年表

年代	嘉慶四年　己未(1799)

內閣學士

(滿)**薩彬圖**
　　三、癸亥、五,4.9;改鑲藍蒙副。

(滿)**德文**
　　十二、乙未、十二,1.6;詹事遷。

(滿)**文寧**
　　二月,教庶。
　　五、庚辰、廿三,6.25;遷兵右。

(滿)**英和**
　　五、庚辰;詹事遷。
　　十一月,派往朝鮮頒詔副使。

(?)**恒傑**
　　正、丙寅、七,2.11;派往朝鮮頒詔副使。
　　正、庚辰、廿一,2.25;遷禮右。

(?)**阿隆阿**
　　六、丙辰、廿九,7.31;太常遷。
　　五、壬戌、五,6.7;禮右降。

(滿)**成書**
　　四、丁未、十九,5.23;殿試讀卷。
　　九、壬戌、七,10.5;遷盛兵。

(滿)**廣興**
　　十、甲午、九,11.6;左副授。

(蒙)**佛爾卿額**
　　(正、辛巳、廿二,2.26;庫倫辦事大臣。)

(滿)**鐵保**
　　二、癸巳、五,3.10;吏左降,教庶。
　　二、乙卯、廿七,4.1;遷盛兵。

(?)**納清保**
　　四、癸卯、十五,5.19;詹事遷。

(滿)**達椿**
　　正、甲申、廿五,3.1;前任授。三、甲子、六,4.10;知貢舉。
　　四、丁未、殿試讀卷。五、壬戌、五,6.7;遷禮右。

平　恕
　　(蘇學)九、己巳、十四,10.12;降翰講學,卸蘇學。

潘世恩
　　(滇學)八月,差。
　　九、乙酉、卅,10.28;詹事遷。

曹　城
　　正、丁丑、十八,2.22;遷禮右。

陳萬全
　　四、庚子、十二,5.16;詹事遷。

羅國俊
　　三、庚申、二,4.6;遷禮右。

鄒炳泰
　　五、庚午、十三,6.15;候補授。
　　五、戊寅、廿一,6.23;遷禮右。

李鈞簡
　　九、乙酉;少候遷。

莫瞻菉
　　四、庚子;順尹遷,仍管順。

童鳳三
　　正、癸未、廿四,2.28;太常遷。
　　二、甲午、六,3.11;遷工右。

錢　樾
　　二、壬子、廿四,3.29;詹事遷。
　　三、乙亥、十七,4.21;遷禮右。

錢　棨
　　三、己巳、十一,4.15;翰讀學遷。
　　△死。

翰林院

(滿)**和珅**＊＊(軍)
　　正、丁卯、八,2.12;革。

(滿)**那彥成**
　　正月,戶左、工尚兼,旋赴陝。

(滿)**達椿**
　　六月,吏右兼。九月,改左都。

彭元瑞
　　(工尚兼)

詹事府

(?)**納清保**
　　四、癸卯;遷閣學。

(滿)**英和**
　　五、辛未、十四,6.16;少詹遷。
　　五、庚辰;遷閣學。

(滿)**德文**
　　六、丁未、廿,7.22;翰讀學遷。
　　十二、乙未;遷閣學。

錢　樾
　　二月,少詹遷。
　　二、壬子;遷閣學。

陳萬全
　　四月,少詹遷。
　　四、庚子;遷閣學。

陳　琪
　　五月,翰講學遷。

潘世恩
　　六月;少詹遷。
　　九、乙酉;遷閣學。

劉鐶之
　　十、乙巳、廿,11.17;
　　翰讀學遷。

嘉 慶 五 年　庚申(1800)

(滿)**德文**

(滿)**英和**
　　七、丁酉、十七,9.5;遷禮右。

(?)**普恭**
　　七、甲辰、廿四,9.12;詹事遷。

(?)**阿隆阿**

(滿)**吉倫**
　　十一、乙酉、七,12.22;太常遷。

(滿)**廣興**
　　二、己酉、廿六,3.21;革。

(滿)**札郎阿**
　　二、辛亥、廿八,3.23;鑲藍滿副授。
　　八、己卯、廿九,10.17;遷禮右。

(?)**阿隆阿**
　　九、甲辰、廿五,11.11;
　　正黃漢副授。

(蒙)**佛爾卿額**

(?)**納清保**
　　九、辛丑、廿二,11.8;册封朝鮮國王副使。

(?)**和寧**
　　七、癸巳、十三,9.1;遷理右。

(?)**廣音**
　　七、甲辰、光禄遷。
　　十、戊辰、十九,12.5;遷盛刑。

(滿)**那彥寶**
　　十、丙子、廿七,12.13;
　　鑲藍滿副授。十一、乙酉;遷兵右。

潘世恩
　　(滇學)

陳萬全
　　正、癸未、卅,2.23;遷兵右。

劉鐶之
　　四、庚戌、廿八,5.21;詹事遷。

李鈞簡
　　六、乙丑、十四,8.4;贛鄉正考。

莫瞻菉
　　正、甲子、十一,2.4;遷工右。

戴均元
　　六、丙子、廿五,8.15;詹事遷。

平　恕
　　三、丙辰、四,3.28;少詹遷。
　　六、丁卯、十六,8.6;遷兵右。

(滿)**達椿**
　　(左都兼:七、丙申、十六,9.4;改禮尚,仍兼。)

彭元瑞
　　(工尚兼)

(蒙)**恩普**
　　三、丙辰;翰講學遷。
　　閏四、癸亥、十一,6.3;改大理。

(?)**普恭**
　　五、癸巳、十二,7.3;翰讀學遷。
　　七、甲辰;遷閣學。

(滿)**玉麟**
　　△八月;祭酒遷。

劉鐶之
　　四、庚戌;遷閣學。

戴均元
　　五、癸未、二,6.23;理少遷。
　　六、丙子;遷閣學。

戴聯奎
　　七、乙巳、廿五,9.13;少詹遷。

內閣學士年表

年代	嘉 慶 六 年　辛酉(1801)	
內 閣 學 士	(滿)**德文** 　正、壬午、五，2.17；遷盛戶。	(滿)**廣泰** 　十二、丙午、四，1.7；太常遷。
	(？)**普恭**	
	(滿)**吉綸** 　四、癸酉、廿七，6.8；冊立朝鮮王后副使。	
	(？)**阿隆阿** 　六、壬申、廿七，8.6；降頭等侍衞。	(？)**多慶** 　八、丙辰、十二，9.19；太僕遷。
	(蒙)**佛爾卿額** 　正、乙巳、廿八，3.12；遷理右。	(滿)**玉麟** 　二、壬戌、十六，3.29；詹事遷。
	(？)**納清保**	
	(滿)**台費蔭** 　正、壬午；西寧辦事大臣授，署理右。	
	潘世恩 　(滇學) 正、庚子、廿三，3.7；遷禮右。	**戴聯奎** 　二、壬戌；詹事遷。 　四、丙寅、廿，6.1；殿試讀卷。
	劉鐶之	
	李鈞簡 　(贛學) 四、丙寅；殿試讀卷。 　八、壬子、八，9.15；差贛學。	
	戴均元	
翰 林 院	(滿)**達椿** 　(禮尚兼)	
	彭元瑞 　(工尚兼)	
詹 事 府	(滿)**玉麟** 　二、壬戌；遷閣學。	(滿)**亮保** 　三、丁酉、廿一，5.3；翰讀學遷。	(滿)**那彥成** 　九、辛巳、七，10.14；少詹遷。
	戴聯奎 　二、壬戌；遷閣學。	**王綬** 　三、丁酉、廿一，5.3；少詹遷。	

嘉 慶 七 年　壬戌(1802)	
(滿)**廣泰** 　　六、乙卯、十六，**7.15**；兼京右。 　　七、己巳、一，**7.29**；革。	(?)**明志** 　　七、庚辰、十二，**8.9**；奉尹遷。
(?)**普恭**	
(滿)**吉綸** 　　六、乙卯；遷工右。	(滿)**薩彬圖** 　　六、乙卯；僕少遷。
(?)**多慶** 　　正、丁酉、廿五，**2.27**；遷盛禮。	(滿)**那彥成** 　　四月，殿試讀卷。五月，教庶。 　　二、戊申、七，**3.10**；詹事遷。
(滿)**玉麟** 　　三、丙子、六，**4.7**；會試副考。	
(?)**納清保**	
戴聯奎	
劉鐶之 　　正、辛卯、十九，**2.21**；遷兵右。	**劉鳳誥** 　　(魯學)正、庚子、廿八，**3.2**；太常遷。
李鈞簡 　　(贛學)正、壬午、十，**2.12**；遷兵右。	**王懿修** 　　八、壬子、十四，**9.10**；光禄遷。
戴均元 　　三、丙子；會試副考。 　　九、辛巳、十三，**10.9**；武會正考。	
關　槐 　　正、甲申、十二，**2.14**；候補授。 　　七、戊戌、卅，**8.27**；遷禮右。	
(滿)**達椿**　　　(覺羅)**長麟**　　　(滿)**英和** 　六、乙卯；死。　　六、乙卯；禮尚兼。　　十一、庚寅；户左兼。 　　　　　　　　十一、庚寅、廿三，12.17；改廣督。	
彭元瑞 　　(工尚兼)	
(滿)**那彥成** 　　二、戊申；遷閣學。	(滿)**榮麟** 　　四、庚戌、十，**5.11**；翰讀學遷。
王　綬	

内阁学士年表

年代	嘉慶八年　癸亥(1803)	
內閣學士	(?)明志	
	(?)普恭	
	(滿)薩彬圖 十一、丁未、十六, 12.29; 遷盛工。	(滿)多永武 十二、己巳、八, 1.20; 鴻臚遷。
	(滿)那彥成 七、乙巳、十三, 8.29; 遷禮尚。	(滿)札郎阿 七、乙巳; 革禮左降授。
	(滿)玉麟 七、乙巳; 遷禮右。	(滿)窩星額 七、甲寅、廿二, 9.7; 大理遷。
	(?)納清保	(滿)榮麟 十一、丁酉、六, 12.19; 大理遷。
	戴聯奎	
	劉鳳誥 (魯學)	
	王懿修 七、乙巳; 遷禮右。	曹振鏞 十二、甲子、三, 1.15; 通政遷。
	戴均元 閏二、丁卯、二, 3.24; 遷工右。	王綬 十二、甲戌、十三, 1.25; 詹事遷。
	關槐 七、乙巳; 禮右降。 十二、甲子; 仍授禮右。	王汝璧 閏二、丁卯; 皖撫授。 十二、乙丑、四, 1.16; 仍授皖撫。
翰林院	(滿)英和 (戶左)	
	彭元瑞 六、戊子、廿五, 8.12; 休。	朱珪* 六、戊子; 協、戶尚兼。
詹事府	(滿)榮麟 八、己巳、七, 9.22; 改大理。	(?)觀鋮 九、癸丑、廿一, 11.5; 少詹遷。
	王綬 十二、甲戌; 遷閣學。	

嘉 慶 九 年　甲子(1804)	
(?)**明志** 　　十二、戊午、三，1.3；遷兵左。	(滿)**德文** 　　十二、戊午；兵右降。
(?)**普恭**	
(滿)**多永武** 　　十一、壬辰、七，12.8；遷禮右。	(滿)**玉寧** 　　十一、甲寅、廿九，12.30；理少遷。
(滿)**札郎阿** 　　六、戊辰、十一，7.17；遷禮右。	(?)**阿隆阿** 　　七、戊子、二，8.6；頭等侍衞授。
(滿)**廣興** 　　七、甲寅；通副遷。 　　十二、戊午；遷兵右。	(?)**廣敏** 　　十二、庚午、十五，1.15；左副改。
(滿)**榮麟** 　　七、癸卯、十七，8.21；改盛兵。	(?)**觀鍼** 　　七、甲寅、廿八，9.1；詹事遷。
戴聯奎 　　十二、戊午；遷兵右。	**劉鳳誥** 　　十二、戊午；兵左降。
劉鳳誥 　　(魯學)六、戊辰、十一，7.17；遷兵右。	**茅元銘** 　　七、甲午、八，8.12；詹事遷。
曹振鏞 　　七、甲午；遷工右。	**劉躍雲** 　　七、甲午；工左降。
王　綬	
錢　樾 　　六、戊辰；吏右降。 　　六、甲戌、十七，7.23；革(賞編修)。	
(滿)**英和** 　　（戶左兼）	
朱　珪 * 　　（戶尚兼）	

(?)**觀鍼** 　　七、甲寅；遷閣學。	(滿)**成格** 　　九月，翰讀學授。 　　十一、甲寅、廿九，12.30；改大理。	(滿)**秀寧** 　　十二、辛酉、六，1.6；翰講學授。
茅元銘 　　二、庚辰、廿，3.31；少詹遷。 　　五、辛丑、十三，6.20；閩鄉正考。七、甲午；遷閣學。	**萬承風** 　　七、庚戌、廿四，8.28；少詹遷。 　　(魯學)八月，差。	

內閣學士年表

年代	嘉慶十年　乙丑(1805)			
內閣學士	**(滿)德文** 三、庚寅、六,4.5;知貢舉。五、乙酉、二,5.30;冊封朝鮮王妃副使。 十二、庚子、廿一,2.9;遷盛禮。			
	(?)普恭			
	(滿)玉寧 正、辛亥、廿六,2.25;遷理右。	**(滿)秀寧** 七、壬申、廿二,9.14;詹事遷。		
	(?)阿隆阿	**(蒙)蘇沖阿** 四、癸酉、廿,5.18;奉宸授。		
	(?)廣敏 八、丙申、十六,10.8;遷盛兵。	**(滿)英和** 九、乙亥、廿六,11.16;太僕遷。		
	(?)觀鋮 七、壬子.二,8.25;革(以五品休)。	**(蒙)策丹** 七、壬子;太常遷。		
	(滿)瑚素通阿　(瑚圖靈阿) 二、乙亥、廿一,3.21;翰侍講遷。 閏六、壬午、一,7.26;遷刑右。	**(?)善寶** 閏六、壬午;通政遷。 閏六、甲申、三,7.28;改以三京候。		
	劉鳳誥			
	茅元銘	**陳希曾** 十二、辛巳、二,1.21;詹事遷。		
	劉躍雲 二、辛未、十七,3.17;遷兵右。	**顧德慶** 六、戊辰、十六,7.12;少詹遷。 九、壬戌、十三,11.3;武會正考。憂免。		
	王　綬 三、庚寅;知貢舉。 六、丙寅、十四,7.10;遷禮右。	**周兆基** 閏六、辛卯、十,8.4;詹事遷。		
	萬承風 (魯學)三、壬子、廿八,4.27;詹事遷。 六、戊辰;遷禮右。			
翰林院	**(滿)英和** 閏六、壬午;降太僕,卸兼。	**(覺羅)長麟** 閏六、壬午;刑尚兼。		
	朱　珪＊＊ (戶尚兼:正、辛亥、廿六,2.25;遷體仁,仍兼。)			
詹事府	**(滿)秀寧** 七、壬申;遷閣學。	**(覺羅)桂芳** 七、己丑、廿九,9.21;翰講學遷。		
	萬承風 (魯學)三、壬子;遷閣學。	**周兆基** 四、癸酉;少詹遷。 閏六、辛卯;遷閣學。	**陳希曾** 七、壬子;翰讀學遷。 十二、辛巳;遷閣學。	**汪滋畹** 十二、庚寅、十一,1.30; 翰讀學遷。

嘉慶十一年　丙寅(1806)	
(滿)札郎阿 　二、甲申；太常遷。 　九、己酉、五，10.16；遷兵右。	(滿)成書 　九、己巳、廿五，11.5；革兵左授。 　十一、庚申、十七，12.26；遷工右。
(?)普恭 　十、癸巳、廿，11.29；遷禮右。	(?)哈寧阿 　十、庚子、廿七，12.6；太常遷。
(滿)秀寧	
(蒙)蘇沖阿 　十、己丑、十六，11.25；革(賞副都)。	(滿)凱音布 　十二、乙酉、十二，1.20；詹事遷。
(滿)英和 　正、丁巳、九，2.26；遷理左。	(蒙)慶惠 　五、丙寅、十九，7.5；武備授。
(蒙)策丹 　八、癸卯、廿九，10.10；遷盛工。	(?)明志 　八、癸卯；兵左降。
(覺羅)桂芳 　二、甲申、六，3.25；詹事遷。 　五、己酉、二，6.18；遷禮右。	(?)恒伯 　十、己丑；科布多參贊授。 　十二、壬午、九，1.17；改西寧。
劉鳳誥 　五、己酉；遷兵右。	王滋畹 　九、己巳；詹事遷。
初彭齡 　二、丙午、廿八，4.16；光祿遷。 　九、癸丑、九，10.20；改皖撫。	周興岱 　九、己巳；翰侍講遷。
陳希曾	
周兆基 　六、庚寅、十四，7.29；遷工右。	陳霠蔚 　六、庚寅；太常遷。
劉權之 　六、甲申、八，7.23；光祿遷。 　九、庚申、十六，10.27；遷左都。	
(覺羅)長麟 * 　(刑尚兼)十一、庚申、十七，12.26；授協。	
朱　珪 * * 　十一、壬申、廿九，1.7；卸兼。	戴衢亨 　十一、壬申；戶尚兼。
(覺羅)桂芳 　二、甲申；遷閣學。	(滿)凱音布 　三、壬子、四，4.22；翰讀學遷。 　十二、乙西；遷閣學。
汪滋畹 　九、己巳；遷閣學。	王宗誠 　十、庚子；少詹遷。

內閣學士年表

年代	嘉慶十二年　丁卯(1807)	
內 閣 學 士	(？)珠隆阿 　　五、丙寅、廿五，6.30；太僕遷。	
	(？)哈寧阿	
	(滿)秀寧	
	(滿)凱音布	
	(蒙)慶惠 　　△革。	(滿)貴慶 　　十、甲午、廿六，11.25；詹事遷。
	(？)明志	
	汪滋畹	
	周興岱 　　十二、癸未、十六，1.13；遷兵右。	(漢)馬慧裕 　　十二、癸未；豫撫降。
	陳希曾	
	陳霞蔚 　　△憂免。(十五年死)	
翰 林 院	(覺羅)長麟 * 　　(刑尚兼)	
	戴衢亨 * 　　正、丙午、四，2.10；授協。	
詹 事 府	(滿)書明阿 　　二、庚辰、八，3.16；少詹遷。 　　四、壬午、十，5.17；改通政。	(滿)貴慶　　　　　　　　　　　(蒙)常英 　　五、癸卯、二，6.7；翰讀學遷。　　十一、丙辰、十九，12.17； 　　十、甲午；遷閣學。　　　　　　　翰讀學遷。
	王宗誠 　　八、庚寅、廿一，9.22；差魯學。	

嘉慶十三年　戊辰(1808)	
(?)珠隆阿	(?)王福 六、癸丑、十九,8.10;乾清門侍衛授。
(?)哈寧阿	
(滿)秀寧 三、壬寅、六,4.1;會試副考。 六、庚申、廿六,8.17;遷禮右。	(滿)齊布森 七、丙子、十二,9.2;鴻臚遷。 十月,領隊大臣。
(滿)凱音布 八、己亥、六,9.25;順鄉監臨。	
(滿)貴慶	
(?)明志	
(?)博慶額 六、癸丑、十九,8.10;通副遷。 十一、甲申、廿三,1.8;遷盛工。	
汪廷珍 四、癸酉、七,5.2;太僕遷。	
(漢)馬慧裕 正、丁巳、廿,2.16;遷盛刑。	顧德慶 二月,服閡閣學授。三、壬寅;會試副考。 九、己丑、廿六,11.14;遷工右。
陳希曾 二、甲申、十八,3.14;遷工右。	錢樾 二、丁亥、廿一,3.17;理少遷。
王綬 四、丙戌、廿,5.15;病痊禮左署。 十、戊午、廿六,12.13;授。	
(覺羅)長麟 * (刑尚兼)	
戴衢亨 * (戶尚兼)	
(蒙)常英	
王宗誠 (魯學) 二月,假卸。 △十月,憂免。	吳芳培 四、癸酉;翰讀學遷。

內閣學士年表

年代	嘉慶十四年　己巳(1809)		嘉慶十五年　庚午(1810)	
內閣學士	(？)王福	(？)多福 四、戊戌、九、5.22；太僕遷。	(？)多福 △改鑲白漢副。	(宗室)禧恩 十、戊申、廿七，11.23；奉宸授。
	(？)哈寧哈		(？)哈寧阿 八、庚子、十八，9.16；遷禮右。	(滿)文寧 九、甲子、十二，10.10；理少遷。
	(蒙)蘇沖阿 △武備授。 六、甲寅、廿五、8.6；遷理右。	(蒙)常英 七、戊辰、十，8.20；詹事遷。	(蒙)常英	
	(滿)凱音布 六、丁未、十八，7.30；遷盛禮。	(滿)和世泰 七、戊辰、十、8.20；正紅滿副授。	(滿)和世泰	
	(滿)貴慶 三、丙寅、六、4.20；會試副考。 五、丙寅、七，6.19；教庶。		(滿)貴慶 二、壬辰、八、3.12；遷盛戶。	(？)多福 二、丁未、廿三，3.27；鑲白漢副授。
	(？)明志		(？)明志 九、壬戌、十，10.8；遷兵右。	(滿)藥麟 九、庚午、十八，10.16；吏右降。
	汪廷珍		汪廷珍	
	蔡瀛 六、壬辰、三、7.15；左副授，卽遷兵右。	吳芳培 (順學)十一、癸未、廿七，1.2；詹事遷。	吳芳培 (順學)	
	錢樾		錢樾	
	王綬		王綬	
	萬承風 六、壬辰、兵右降。改皖學。 十一、丙寅、十，12.16；仍授兵右。			
翰林院	(覺羅)長麟* (刑尚兼)十二、辛丑、十六、1.20；革協。		(覺羅)長麟 二、壬辰、病免。	(覺羅)桂芳 二、壬辰；户右兼。
	戴衢亨* (七、丁卯、九、8.19；改工尚。)		戴衢亨** (工尚兼：五、癸亥、十，6.11；遷體仁，仍兼。)	
詹事府	(蒙)常英 七、戊辰；遷閣學。	(滿)佛柱 九、甲子、七、10.15；祭酒授。	(滿)佛柱 十、戊申、廿七，11.23；降太僕。	(滿)廉齊 十、戊申；祭酒授。
	吳芳培 五月，順學。 十一、癸未；遷閣學。	吳烜 十二、丙申、十一，1.15；少詹遷。	吳烜 (順學)八月，差。 十、己酉、廿八，11.24；改通政。	王宗誠 十、己酉； 十、己酉，原任服閡授。

嘉慶十六年　辛未(1811)

(宗室)**禧恩**

(滿)**文寧**
三、甲寅、六,3.29;會試副考。四、丙子、廿九,6.19;教庶。
(蘇學)五、辛巳、四,6.24;差蘇學。

(蒙)**常英**
十一、丁丑、二,12.17;降二調(太僕)。

(滿)**和世泰**
十一、丙申、廿一,1.5;革。

(滿)**恭普**
十二、庚申、十六,1.29;理少遷。

(?)**多福**

(滿)**榮麟**
三、甲寅;知貢舉。
六、戊辰、廿二,8.10;遷倉侍。

(滿)**玉麟**
十一、辛巳、六,12.21;正白滿副授。

(滿)**景安**
七、甲申、八,8.26;前湘撫授。十一、辛巳;遷理右。

汪廷珍
四、丁卯、廿,6.11;殿試讀卷。四、丙子;教庶。
十一、辛卯、十六,12.31;遷禮右。

阮　元
十二、甲寅、十,1.23;少詹遷。

吳芳培
三、甲寅、六,3.29;知貢舉。
九、壬午、七,10.23;武會正考。

錢　樾
△憂免。

王　綬
五、癸卯、廿六,7.16;病免。

茹　棻
七、己卯、三,8.21;少詹遷。

(覺羅)**桂芳**
（戶右兼）

戴衢亨＊＊
四、戊申、一,5.22;死。

曹振鏞
四、己酉、二,5.23;戶尚兼。

(滿)**廉菩**

(?)**廣泰**
十二、壬戌、十八,1.31;祭酒遷。

王宗誠
九、壬午、七,10.23;武會副考。

內閣學士年表

年代	嘉慶十七年　壬申(1812)	
內閣學士	(宗室)**禧恩**	
	(滿)**文寧** （蘇學）	
	(蒙)**蘇沖阿** 　二、癸丑、十，3.22；鑲黃蒙副授。 　十月，庫倫辦事大臣。	
	(滿)**恭普** 　五、戊寅、七，6.15；遷理右。	(滿)**英和** 　十一、己丑、廿，12.23；內務大臣授。
	(？)**多福**	
	(滿)**玉麟** 　十二、壬子、十三，1.15；遷戶左。	
	(滿)**文孚** 　五、己卯、八，6.16；鑲白滿副授。 　十一、辛未、二，12.5；遷刑右。	
	阮　元 　五、戊寅、七，6.15；遷工右。	**王宗誠** 　五、戊戌、廿七，7.5；詹事遷。
	吳芳培	
	陳希曾 　十、丙辰、十七，11.20；降戶右授。	
	茹　棻 　十二、壬子、十三，1.15；遷工右。	**盧蔭溥**(軍) 　十二、壬子；通政遷。
翰林院	(覺羅)**桂芳** 　（戶右兼）	
	曹振鏞 　（戶尚兼）	
詹事府	(？)**廣泰** 　十二、乙卯、十六，1.18；改通政。	
	王宗誠 　五、戊戌；遷閣學。	**王　鼎** 　七、壬午、十二，8.18；少詹遷。 　（敦學）十二月，差。

嘉慶十八年　癸酉(1813)

(宗室)**禧恩** 九、己卯、十六,10.9;遷理右。	(滿)**齊布森** 十一、戊寅、十五,12.7;光禄遷。
(滿)**文寧** (蘇學) 三、辛未、四,4.4;遷吏右。	(覺羅)**寶興** 九、戊子、廿五,10.18;少詹遷。
(蒙)**蘇沖阿**	
(滿)**英和** 三、辛未;遷禮右。	(?)**阿隆阿** 四、己亥、二,5.2;二等侍衞授。
(滿)**廉善** 四、癸亥、廿六,5.26;遷盛工。	(滿)**英綬** 五、丙戌、廿,6.18;鑾儀使授。
(宗室)**果齊斯歡** 二、甲辰、翰讀學遷。八、庚子、六,8.31;順鄉副考。 九、丁亥、廿四,10.17;遷兵右。	(滿)**文孚** 十一、戊寅;二等侍衞授。
(滿)**色克精額** 四、己亥;太常遷。七、丙子、十二,8.7;革。	
王宗誠 九、甲申、廿,10.14;遷禮右。	**周系英** 九、甲申;大理遷。
吳芳培 八、癸卯、九,9.3;魯學。八、甲辰、十,9.4;改順學。 八、辛酉、廿七,9.21;遷兵右。	**黄鉞** (魯學)九、戊子、廿五,10.18;翰讀學遷。
陳希曾 三、甲戌、七,4.7;遷工右。	**王鼎** (贛學) 四、己亥、二,5.2;詹事遷。
盧蔭溥(軍) 三、甲戌;遷兵右。	**鮑桂星** 九、甲申;詹事遷。
吳璥 四、己亥;光禄遷。九、甲申;遷吏右。	
(覺羅)**桂芳**(軍、學) (户右兼) 十、甲寅、廿一,11.13;學習入直。	
曹振鏞 * * 九、庚辰、十七,10.10;改吏尚、授協。九、甲申;遷體仁。	
(滿)**穆彰阿** 二、甲辰、六,3.8;少詹遷。十二、己酉、十六,1.7;改通政。	

王鼎 (贛學) 四、己亥;遷閣學。	**鮑桂星** 四、壬戌、廿五,5.25;少詹遷。 九、甲申;遷閣學。	**姚文田** 十一、戊寅;祭酒授。

內閣學士年表

年代	嘉慶十九年　甲戌(1814)		
內閣學士	(滿)**齊布森** 三、庚戌、十九,5.8;降二調。	(?)**常亮** 三、辛亥、廿,5.9;鴻臚遷。 七、丁巳、十九,9.12;降六品。	(?)**慶明** 九、辛卯、四,10.16;太常遷。
	(覺羅)**寶興** 三、丁酉、六,4.25;會試副考。 四、己卯、十八,6.6;遷禮右。	(?)**阿隆阿** 五、丙午、十六,7.3;太常遷。	
	(蒙)**蘇沖阿** 七、壬子、廿四,9.7;遷理右。	(?)**慶泰** 九、辛卯、四,10.16;左副授。	
	(?)**阿隆阿** 閏二、戊辰、六,3.27; 降太常。	(?)**恩寧** 閏二、戊子、廿六,4.16;詹事遷。 殿試讀卷。九、壬子、廿五,11.6;遷兵右。	(滿)**那丹珠** 四、辛巳、卅,6.8;　十、庚午、十三,11.24; 詹事遷。
	(滿)**英綬** 閏二、甲子、二,3.23; 遷理右。	(宗室)**玉福** 閏二、戊子、武備授。 三、癸卯、十二,5.1;遷理右。	(?)**福勒洪阿**　(宗室)**敬微** 四、辛未、十,5.29;　十、庚午; 奉宸授。　正白漢副授。
	(滿)**文孚** 正、甲戌、十二,2.1;改山海關副都。 (二三年,刑右)	(蒙)**常英** 十、庚申、三,11.14;大理遷。	
	(?)**哈寧阿** 二、壬寅、十,3.1;太常遷。	(蒙)**熙昌** 閏二、戊子;刑郎遷。 五、乙未、五,6.22;遷理右。	(滿)**穆彰阿** 五、辛亥、廿一,7.8;通政遷。 十、乙丑、八,11.19;遷禮右。
	周系英 二、辛亥、十九,3.10;遷兵右。	**姚文田** 閏二、乙丑、三,3.24;詹事遷。 五、辛卯、一,6.18;教庶。	
	黃　鉞 (魯學)三、甲寅、廿二,5.12;召京。 四、壬午、廿一,6.9;遷戶右。	**蔣予蒲** 五、辛亥、左副授。 六、辛巳、十二,8.7;遷倉侍。	**彭希濂** 七、己丑、一,8.15;光祿遷。
	王　鼎 (贛學)十二、乙丑、九,1.18;遷工右。	**湯金釗** 十二、壬申、十六,1.25;詹事遷。	
	鮑桂星 三、癸卯;遷工右。	**曹師曾** 八、丁亥、廿九,10.12;左副授。	
	朱　理 三、癸卯;蘇撫降授。 四、壬午;遷刑右。	**王以銜** (蘇學)四、己丑、廿八,6.16;詹事遷。 八、乙亥、十七,9.30;遷工左。	
翰林院	(覺羅)**桂芳**(軍、學) 三、癸卯;改漕督。	(滿)**秀寧** 三、癸卯;吏左兼。	
	曹振鏞 * *		
詹事府	(?)**恩寧** 二、壬寅;少詹遷。 閏二、戊子;遷閣學。	(滿)**那丹珠** 三、庚子、九,4.28;翰讀學遷。 十、庚午;遷閣學。	(?)**珠爾松阿** 十、癸未、廿六,12.7;少詹遷。
	姚文田 閏二、乙丑;遷閣學。	**王以銜** 閏二、戊寅、十六,4.6;少詹遷。 三、癸卯;蘇學。四、己丑;遷閣學。	**湯金釗** 五、辛亥;祭酒授。 十二、壬申;遷閣學。

嘉慶二十年　乙亥(1815)		
(?)慶明		
(?)阿隆阿		
(?)廣泰 　三、壬子、廿六,5.5;降主事。	(?)伊湯安 　四、丁卯、十二,5.20;太常遷。 　尋命休。	(滿)博啓圖 　五、壬寅、十八,6.24; 　正白漢副授。
(滿)那丹珠		
(宗室)敬徵 　十、丁卯、十六,11.16;改鑾儀使。		
(蒙)常英		
姚文田 　四、戊寅、廿三,5.31;遷兵右。		毛　謨 　五、戊戌、十四,6.20;詹事遷。
彭希濂 　五、庚寅、六,6.12;遷刑右。		陳嵩慶 　(晉學)五、壬寅;翰講學遷。
湯金釗		
曹師曾		
(滿)秀寧 　(史左兼)		
曹振鏞**		
(?)珠爾松阿		
毛　謨 　二、乙丑、九,.3.19;少詹(川學)遷。 　五、戊戌;遷閣學。		吳其彥 　六、庚申、六,7.12;少詹遷。

內閣學士年表

年代	嘉慶二一年　丙子(1816)	
內閣學士	(滿)**同麟** 　　三、癸未、三,3.31;理少遷。	
	(?)**阿隆阿**	
	(滿)**博啓圖**	
	(滿)**那丹珠** 　　四、壬戌、十三,5.9;降三調。	(滿)**穆彰阿** 　　五、丙戌、七,6.2;光禄遷。
	(宗室)**敬徵**	
	(蒙)**常英**	
	毛　謨	
	陳嵩慶	
	湯金釗 　　閏六、戊戌、廿,8.13;江鄉正考。 　　八、丁亥、十一,10.1;差蘇學。	
	曹師曾 　　四、乙丑、十六,5.12;遷兵右。	**汪守和** 　　七、辛未、廿四,9.15;少詹遷。
	陳　觀 　　五、庚辰、一,5.27;太僕改。 　　六、丁丑、廿九,7.23;遷倉侍。	**茹　棻** 　　閏六、甲午、十六,8.9;左都降授。 　　七、丙辰、九,8.31;遷吏右。
翰林院	(滿)**秀寧** 　　十一、庚午、廿五,1.12;吏左改刑左,仍兼。	
	曹振鏞ᵃ*	
詹事府	(?)**珠爾松阿** 　　七、丙辰;改通政。	(滿)**和桂** 　　七、癸酉、廿六,9.17;少詹遷。
	吳其彦 　　閏六、丙戌、八,8.1;贛鄉正考。	

嘉慶二二年　丁丑(1817)

(滿)**同麟**

(?)**阿隆阿**　　　　　　　　　　　(宗室)**載銓**
　　　　　　　　　　　　　　　　　　九、丁卯、廿六，11.5；正黃蒙副授。

(滿)**博啓圖**　　　　　　(?)**舒寧**　　　　　　　(?)**哈寧阿**
　五、辛酉、十八，7.2；遷理右。　　六、戊寅、六，7.19；太常遷。　　九、丁卯、廿六，11.5；太常遷。
　　　　　　　　　　　　　　七、甲寅、十二，8.24；降六品。

(滿)**穆彰阿**　　　　　(宗室)**果齊斯歡**　　　　(宗室)**裕恩**
　三、庚午、廿七，5.12；遷兵右。　三、庚午；戶左降。　　　　　　七、己巳、廿七，9.8；頭等侍衛授。
　　　　　　　　　　　　七、丙辰、十四，8.26；遷工左。

(宗室)**敬徵**
　△革。

(蒙)**常英**　　　　　　　　　　　(滿)**英綬**
　二、甲申、十，3.27；遷理左。　　二、丙申、廿二，4.8；鑲藍漢副授。
　　　　　　　　　　　　六、乙酉、十三，7.26；兼京右。

毛　謨
　四、癸巳、廿，6.4；殿試讀卷。

陳嵩慶

湯金釗　　　　　　　　　　　**吳其彥**
　(蘇學)三、戊辰、廿五，5.10；遷禮右。　四、甲午、廿一，6.5；詹事遷。
　　　　　　　　　　　　　　九、庚戌、九，10.19；武會正考。

汪守和
　五、丙午、三，6.17；教庶。

(滿)**秀寧**
　(刑左兼)

曹振鏞＊＊

(滿)**和桂**　　　　　　　　　　　(滿)**那清安**
　十一、辛丑、二，12.9；改通政。　十一、己未、廿，12.27；少詹遷。

吳其彥　　　　　　　　　　　　**杜　堮**
　四、甲午；遷閣學。　　　　　　(順學)六、戊寅、六，7.19；翰讀學遷。

内閣學士年表

年代	嘉慶二三年　戊寅(1818)		
内閣學士	(滿)**同麟** 五、癸卯、六,6.9;遷盛工。	(蒙)**明叙** 十一、乙巳、十一,12.8;光禄遷。	
	(宗室)**載銓**		
	(?)**哈寧阿** 二、乙酉、十七,3.23;遷禮右。	(滿)**那清安** 三、辛酉、廿四,4.28;詹事遷。	
	(宗室)**裕恩**		
	(?)**松福** 十一、乙巳;喀什噶爾參贊授。		
	(滿)**英綬** 二、庚辰、十二,3.18;革(留京右)。	(宗室)**奕經** 二、丙戌、十八,3.24;奉宸授。	
	(滿)**英惠** 六、戊辰、二,7.4;正黃漢副授。十一、辛丑、七,12.4;遷兵右。		
	毛　謨		
	陳嵩慶		
	吳其彦		
	汪守和		
翰林院	(滿)**秀寧** 五、癸卯、六,6.9;降、解。	(滿)**德文** 五、癸卯;工左兼。 十月,改兵右。十一月,改吏右。	
	曹振鏞**＊＊**		
詹事府	(滿)**那清安** 三、辛酉;遷閣學。	(滿)**善慶** 四、丙申、廿九,6.2;祭酒授。 十、戊寅、十三,11.11;改通政。	(滿)**奎耀** 十一、庚戌、十六,12.13; 少詹遷。
	杜　堮		

嘉慶二四年　己卯(1819)

(蒙)**明叙**	(滿)**色克精額**
正、戊戌、五,1.30;改盛工。	二、庚辰、十八,3.13;太常遷。

(宗室)**戴銓**	

(滿)**那清安**	(覺羅)**海齡**
九、戊子、廿九,11.16;遷禮右。	十一、庚申、二,12.18;光禄遷。

(宗室)**裕恩**	(?)**恒齡**
七、庚辰、廿,9.9;遷理右。	九、壬申、十三,10.31;奉宸授。

(?)**松福**	

(宗室)**奕經**	

毛　謨	

陳嵩慶	

吳其彦	**杜　堮**
四、庚寅、廿九,5.22;教庶。九、甲子、五,10.23;順學。	十一、庚申;詹事遷。
九、戊子;遷兵右。	

汪守和	
三、戊戌、六,3.31;知貢舉。	
九、甲子;浙學。	

(滿)**德文**	(滿)**廉善**
（吏右兼）	正、戊戌、五,1.30;刑左兼。
	十二、戊戌、十,1.25;赴魯,工左移彰阿署。

曹振鏞 **	

(滿)**奎　耀**	(滿)**那彦成**	(滿)**福申**
二、庚辰;改通政。	三、戊戌;會試副考。三、乙未、三,3.28;翰講學遷。	六、己亥、九,7.30;少詹遷。
	五、壬申、十二,7.3;遷倉侍。	

杜　堮	**李宗昉**
十一、庚申;遷閣學。	十二、庚寅、二,1.17;少詹遷。

內閣學士年表

年代	嘉慶二五年　庚辰(1820)	
內閣學士	(滿)**色克精額**	
	(宀)**哈寧阿** 　　二、丁未、廿一，4.3；常少遷。 　　三、戊辰、十二，4.24；遷兵右。	(宀)**舒寧** 　　四、丙申、十一，5.22；太常遷。
	(覺羅)**海齡** 　　三、丁丑、廿一，5.3；遷刑右。	(宗室)**奮英** 　　五、戊辰、十三，6.23；僕少遷。
	(宀)**恒齡**	
	(宀)**松福** 　　八、戊申、廿五，10.1；派往朝鮮頒詔副使。	
	(宗室)**奕經**	
	(滿)**那彥寶** 　　三、甲申、廿八，5.10；鑲藍漢都授。四、辛亥、廿六，6.6；遷理右。	
	毛　謨	
	陳嵩慶	**李宗昉** 　　七、丁卯、十三，8.21；詹事遷。
	杜　堮 　　三、壬戌、六，4.18；知貢舉。	
	汪守和 　　(浙學)	**朱士彥** 　　七、丁卯；少詹遷。
翰林院	(滿)**廉善** 　　九、壬戌、九，10.15；刑左改戶右，仍兼。	
	曹振鏞 * * (軍) 　　九、庚申、七，10.13；入直。	
詹事府	(滿)**福申** 　　七、丁卯；改大理。	(滿)**奎照** 　　七、戊寅、廿四，9.1；少詹遷。
	李宗昉 　　七、丁卯；遷閣學。	**顧　皋** 　　七、己卯、廿五，9.2；翰讀學遷。

道 光 元 年　辛巳(1821)	
(滿)**色克精額**	
(?)**舒寧**	
(宗室)**耆英**	
(?)**恒齡**	
(?)**松福** 　八、庚辰、三, 8.29; 革。	(滿)**奎照** 　十、己卯、二, 10.27; 詹事遷。
(宗室)**奕經**	
毛　謨 　七、己巳、廿一, 8.18; 順學。	
李宗昉	
杜　堮 　七、辛未、廿三, 8.20; 遷兵右。	**陳嵩慶** 　十、己卯、二, 10.27; 候補閣學授。
朱士彥 　五、乙卯、六, 6.5; 病免。	**周系英** 　十二、癸巳; 翰講學遷。
顧　皋 　五、癸酉、廿四, 6.23; 詹事遷。九、癸丑、六, 10.1; 順鄉副考。 　十二、癸巳、十七, 1.9; 遷工右。	
(滿)**廉善** 　五、庚午、廿一, 6.20; 改吏左, 卸兼。	(滿)**那彥成** 　五、庚午; 吏尚兼。 　七、庚戌、二, 7.30; 改刑尚, 仍兼。
曹振鏞 * *	
(滿)**奎照** 　十、己卯; 遷閣學。	(?)**奎昌** 　十一、乙卯、八, 12.2; 通副授。
顧　皋 　五、癸酉; 遷閣學。	**徐　頲** 　六、甲午、十六, 7.14; 少詹遷。 　七、丙辰、八, 8.5; 魯鄉正考。

內閣學士年表

年代	道 光 二 年　壬午(1822)

<table>
<tr>
<td rowspan="13">內

閣

學

士</td>
<td colspan="2">

(滿)**色克精額**　　　　　　　　　　　　　(宗室)**敬徵**
　　正、辛未、廿五,2.16;遷理右。　　　　　二、己亥、廿三,3.16;三等侍衛授。
　　十一、辛巳;理右降。　　　　　　　　　八、戊申、七,9.21;署刑左。十、壬戌,遷工右。

</td>
</tr>
<tr>
<td colspan="2">

(?)**舒寧**

</td>
</tr>
<tr>
<td colspan="2">

(宗室)**耆英**
　　十二、乙卯、十五,1.26;遷理右。

</td>
</tr>
<tr>
<td colspan="2">

(?)**恒齡**

</td>
</tr>
<tr>
<td colspan="2">

(滿)**奎照**　　　　　　　　　　　　　　(?)**明志**
　　閏三、乙未、廿,5.11;殿試讀卷。十、丁未、六,　　十一、辛巳、十一,12.23;禮左降。
　11.19;署工右。十、壬戌、廿一,12.4;遷刑右。

</td>
</tr>
<tr>
<td colspan="2">

(宗室)**奕經**

</td>
</tr>
<tr>
<td colspan="2">

徐　頤
　　二、己亥、廿三,3.16;詹事遷。八、甲寅、十三,9.27;皖學。

</td>
</tr>
<tr>
<td colspan="2">

李宗昉　　　　　　　　　　　　　　**史致儼**
　　二、壬辰、十六,3.9;遷禮左。　　　　　九、乙亥、四,10.18;詹事遷。

</td>
</tr>
<tr>
<td colspan="2">

陳嵩慶

</td>
</tr>
<tr>
<td colspan="2">

周系英　　　　　　　　　　　　　　**辛從益**
　　正、辛未;遷工左。　　　　　　　　　三、壬申、廿七,4.18;太常遷。

</td>
</tr>
<tr>
<td colspan="2">

朱士彥
　　二、己亥;候補閣學授。八、己酉、八,9.22;遷兵右。

</td>
</tr>
</table>

翰林院	(滿)**那彥成**　　　　　　　　　　　(滿)**英和** *
	(刑尚兼)六、己未、十七,8.3;署陝撫。　　六、庚申、十八,8.4;戶尚署。
	十、己酉、八,11.21;改陝督。　　　　　十、己酉;戶尚兼。

翰 林 院	**曹振鏞** **

詹 事 府	(?)**奎昌**
	徐　頤　　　　　　**史致儼**　　　　　　　　**白　鎔**
	二、己亥;遷閣學。　　三、壬申;少詹遷。九、乙亥;遷閣學。　十、壬子、十一,11.24;少詹遷。

道 光 三 年　癸未(1823)

(滿)色克精額
　　十二、丁巳、廿三,1.23;改理右。

(滿)武隆阿
　　十、己酉、十四,11.16;前西寧授。
　　十二、壬寅、八,1.8;改直提。

(滿)吉倫泰
　　二、甲辰、四,3.16;頭等侍衛授。

(?)恒齡	**(滿)特登額**
正、癸酉、三,2.13;解、議(革)。	二、甲辰;通副遷。

(?)明志	**(滿)松廷**
四、丙午、七,5.17;還理右。	四、丙午;服闋西寧授。五、壬午、十四,6.22;仍授西寧。七、壬午、十六,8.21;改駐藏。

(宗室)奕經
　　正、丁丑、七,2.17;革護統,仍留閣學。

徐　頲	**白　鎔**
(皖學)十、癸丑、十八,11.20;病免(旋死)。	十二、乙巳、十一,1.11;詹事遷。

史致儼	**汪守和**
正、丁亥、十七,2.27;遷州右。	二、甲辰、四,3.16;候補閣學授。

陳嵩慶
　　四、己未、廿,5.30;殿試讀卷。

辛從益
　　十二、庚戌、十六,1.16;遷禮右。

(滿)英和 *
　　(戶尚兼)

曹振鏞 **

(?)奎昌	**(滿)武忠額**
	二、甲辰;祭酒授。

白　鎔
　　十二、乙巳;遷閣學。

年代	道 光 四 年　甲申(1824)	
內 閣 學 士	(?)**福勒洪阿** 　二、甲辰、十,3.10；正藍護統授。	
	(滿)**武忠額** 　二、甲辰；詹事遷。	
	(滿)**吉倫泰**	
	(滿)**特登額**	
	(滿)**松廷** 　(駐藏)	
	(宗室)**奕經**	
	白　鎔	
	汪守和 　十一、丙辰、廿八,1.16；遷禮右。	**朱方增** 　十一、丙辰；翰讀學遷。
	陳嵩慶	
	張　鱗 　二、甲辰；太常遷。	
翰 林 院	(滿)**英和** * 　(戶尚兼)	
	曹振鏞 * *	
詹 事 府	(滿)**武忠額** 　二、甲辰；遷閣學。	(?)**惠端** 　三、甲申、廿一,4.19；少詹遷。
	鮑桂星 　二、甲辰；通副授。	

道 光 五 年 　乙酉(1825)		
(？)福勒洪阿		
(滿)武忠額 　　三、壬辰、五，4.22；遷盛刑。	(滿)鐘昌 　　十一、丙戌、三，12.12；詹事遷。	
(滿)吉倫泰		
(滿)特登額		
(滿)松廷 　　(駐藏)		
(宗室)奕經 　　四、丙寅、九，5.26；遷兵右。	(滿)容照 　　四、癸酉、十六，6.2；奉宸授。	
(滿)貴慶 　　五、壬子、廿六，7.11；通參授。九、己丑、五，10.16；遷兵右。		
白　鎔		
朱方增 　　七、辛卯，六，8 19；魯鄉正考。		
陳嵩慶		
張　鱗		
(滿)英和 * 　　(戶尚兼)		
曹振鏞 * *		
(？)惠端 　　二、甲戌、十六，4.4；改左副。	(滿)鐘昌 　　四、癸酉；少詹遷。 　　十一、丙戌；遷閣學。	(滿)穆彰阿 　　十二、庚午、十八，1.25；少詹遷。
鮑桂星 　　△病免(死)。	龔守正	

內閣學士年表

年代	道 光 六 年　丙戌(1826)	
內 閣 學 士	(?)福勒洪阿	
	(滿)鐘昌	
	(滿)吉倫泰	
	(滿)特登額 　十一、癸巳、十六, 12.14; 遷刑右。	(蒙)桂輪 　十二、庚申、十三, 1.10; 奉宸授。
	(滿)松廷 　（駐藏）	
	(滿)容照	
	白　鎔 　九、己丑、十一, 10.11; 武會副考。 　九、丙申、十八, 10.18; 署禮左。	
	朱方墧	
	陳嵩慶	
	張　鱗 　正、乙巳、廿三, 3.1; 知貢舉。	
翰 林 院	(滿)英和 * 　十二、戊午、十一, 1.8; 戶尚改理尚,仍兼。	
	曹振鏞 * *	
詹 事 府	(滿)穆輦阿	
	冀守正 　八、辛未、廿二, 9.23; 魯學。	

道 光 七 年　丁亥(1827)

(?)**福勒洪阿**
　　七、乙卯、十二,9.2;署兵右。

(滿)**鐘昌**
　　二、丁未、一,2.26;署兵右。七、乙卯;遷盛禮。

(滿)**裕誠**
　　十、戊子、十六,12.4;正紅漢副授。

(滿)**吉倫泰**

(蒙)**桂輪**

(滿)**松廷**
　　正、癸卯、廿七,2.22;遷兵右。

(滿)**福申**
　　(贛學)二、乙丑、十九,3.16;左副授。

(滿)**容照**

(滿)**琦善**
　　七、癸酉、卅,9.20;降調江督授。
　　八、丙子、三,9.23;署倉侍。八、丙申、廿三,10.13;改魯撫。

白鎔
　　七、丙辰、十三,9.3;遷工右。

龔守正
　　(魯學)八、甲午、廿一,10.11;詹事遷。

朱方增
　　十二、己亥、廿八,2.13;蘇學。

陳嵩慶

張麟
　　三、庚寅、十五,4.10;署禮右。
　　七、丙辰;憂免。

申啟賢
　　五、己丑、十四,6.8;降調倉侍授。
　　十二、己亥、十八,2.3;遷工右。

(滿)**英和** *
　　七、癸亥、廿,9.10;革。

(滿)**玉麟**(軍)
　　七、癸亥;兵尚兼。

曹振鏞 * *

(滿)**穆彰阿**

龔守正
　　(魯學)八、甲午;遷閣學。

陳用光
　　十、戊子;翰講學授。

內閣學士年表

年代	道光 八 年　戊子(1828)	
內 閣 學 士	(?)福勒洪阿	
	(滿)裕誠	
	(滿)吉倫泰	
	(蒙)桂輪	
	(滿)福申 　正、戊申、八、2.22；贛學召京。 　正、壬子、十二、2.26；革。	(?)慶敏 　二、癸未、十三、3.28；散秩授。
	(滿)容照	
	龔守正 　魯學：八、庚午、三、9.11；卸。	
	朱方增 　蘇學：八、庚午；卸。	
	陳嵩慶	
	陳用光 　二、癸未；詹事遷。八、庚午；閩學。	
翰 林 院	(滿)玉麟(軍) 　（兵尚兼）	
	曹振鏞＊＊	
詹 事 府	(滿)穆彰阿 　十一、戊戌、二、12.8；改通政。	(滿)隆文 　十二、乙丑、十、1.14；翰讀學遷。
	陳用光 　二、癸未；遷閣學。	胡開益 　三、乙丑、廿六、5.9；翰讀學遷。 　六、辛巳、十三、7.24；贛鄉正考。八、庚午；皖學。

道 光 九 年　己丑(1829)

(?)福勒洪阿 　二、壬申、八，3.12；遷理左。	(滿)隆文 　三、庚申、廿六，4.29；詹事遷。

(滿)裕誠

(滿)吉倫泰

(蒙)桂輪 　十一、丁巳、廿七，12.22；遷兵右。	(滿)聯順 　十二、戊寅、十八，1.12；乾清門侍衞授。

(?)慶敏

(滿)容照
　八、辛未、十，9.7；署理左。

龔守正

朱方增
　四、癸未、廿，5.22；殿試讀卷。

陳嵩慶

陳用光
　(閩學)

(滿)玉麟(軍) 　六、甲戌、十二，7.12；改伊將。	(滿)穆彰阿(軍) 　六、甲戌；工尚兼。

曹振鏞**

(滿)隆文 　三、庚申；遷閣學。	(?)德厚 　五、丁酉、四，6.5；翰讀學遷。 　七、丙午、十四，8.13；改大理。	(滿)文慶 　七、辛酉、廿九，8.28；祭酒授。

胡開益
　(皖學)

內閣學士年表

年代	道光 十 年　庚寅(1830)	
内閣學士	(滿)隆文 十、癸卯、十九,12.3;駐藏幫辦。	
	(滿)裕誠 七、壬午、廿七,9.13;差往朝鮮副使。	
	(滿)吉倫泰	
	(滿)聯順	
	(?)慶敏	
	(滿)容照 三、壬辰、四,3.27;改武備。	(宗室)奕紀 八、辛亥、廿六,10.12;乾清門侍衞授。
	龔守正 七、丙子、廿一,9.7;遷禮右。	沈　岐 十二、甲午、十,1.23;詹事遷。
	朱方埕 △死。	
	陳嵩慶	
	陳用光 (閩學)	
	張　鑛 八、辛亥;候補閣學授。十、壬子、廿八,12.12;遷兵右。	
翰林院	(滿)穆彰阿(軍) (工尚兼)	
	曾振鏞**	
詹事府	(滿)文慶	
	胡開益 (皖學) 二、丁丑、十八,3.12;降。	沈　岐 四、庚申、二,4.24;少詹遷。 十二、甲午;遷閣學。

道光十一年　辛卯(1831)

(滿)**隆文** （駐藏幫辦）	
(滿)**裕誠** 　十、辛巳、三，11.6；改兵左。	(蒙)**賽尚阿** 　十一、壬子、四，12.7；哈密辦事授。
(滿)**吉倫泰**	
(滿)**聯順**	
(？)**慶敏**	
(宗室)**奕紀** 　十二、乙酉、七，1.9；署禮右。	
沈　岐	
廖鴻荃 　二、己亥、十六，3.29；少詹遷。	
陳嵩慶 　六、乙未、十五，7.23；署禮左。	
陳用光 　八、辛巳、二，9.7；卸閩學。 　十二、戊子、十，1.12；遷禮右。	
(滿)**穆彰阿**(軍) 　（工尚兼）　八、乙未、十六，9.21；改兵尚。 　十二、乙酉；仍工尚。	
曹振鏞 * *	
(滿)**文慶** 　三、甲寅、二，4.13；改通政。	(滿)**文蔚** 　五、癸丑、二，6.11；翰讀學遷。 　十二、庚寅、十二，1.14；改大理。
姚元之	

年代	道光十二年　壬辰(1832)	
内閣學士	(滿)**隆文** （駐藏幫辦）	
	(蒙)**賽尚阿**	
	(滿)**吉倫泰**	
	(滿)**聯順** 　九、戊申、五，9.28；改奉宸。	(滿)**文慶** 　九、乙卯、十二，10.5；左副授。十、乙巳、三， 　11.24；署禮右。十二、壬戌、廿，2.9；授禮右。
	(?)**慶敏**	
	(宗室)**奕紀** 　△改奉宸(理右)。	(?)**道慶** 　九、己巳、廿六，10.19；御前侍衛授。
	沈　岐	
	廖鴻荃 　正、癸酉、廿五，2.26；蘇學。	
	陳嵩慶	
	姚元之 　二、己亥、廿二，3.23；詹事遷。 　九、甲寅、十一，10.4；知武舉。	
翰林院	(滿)**穆彰阿**(軍) 　（工尚兼）	
	曹振鏞 ＊＊	
詹事府	(宗室)**奕澤** 　二、己亥；少詹遷。 　九、庚申、十七，10.10；改通政。	(宗室)**恩桂** 　十、戊辰、廿六，12.17；少詹遷。
	姚元之 　二、己亥；遷閣學。	**何彤然** 　四、甲午、十八，5.17；翰讀學遷。

道光十三年　癸巳(1833)

(滿)**隆文**
正、己卯、七,2.26;改駐藏。

(蒙)**賽尚阿**
四、戊申、八,5.26;遷理右。

(？)**倭什訥**
五、丁亥、十七,7.4;奉宸授。

(滿)**吉倫泰**

(宗室)**恩桂**
二、甲子、廿三,4.12;詹事遷。
四、庚申、廿,6.7;殿試讀卷。

(？)**慶敏**

(？)**道慶**

沈　岐

廖鴻荃
(蘇學)三、己亥、廿八,5.17;遷工右。

祁寯藻
四、壬戌、廿二,6.9;光祿遷。

陳嵩慶
七、丙子、八,8.22;遷禮右。

何彤然
八、丁未、九,9.22;詹事遷。

姚元之
正、丁丑、五,2.24;遷工右。

程恩澤
二、乙巳、四,3.24;祭酒遷。

(滿)**穆彰阿**(軍)
五、丁酉、廿七,7.14;工尚改戶尚,仍兼。

曹振鏞＊＊

(宗室)**恩桂**
二、甲子;遷閣學。

(宗室)**受慶**
四、己酉、八,3.28;少詹遷。

何彤然
八、丁未;遷閣學。

張岳崧
九、己巳、二,10.14;理少遷。
九、丙戌、十九,10.31;改鄂布。

史　譜
十二、乙巳、九,1.18;光祿遷。

內閣學士年表

年代	道光十四年　甲午(1834)	
內閣學士	(滿)**隆文**　　(駐藏) 八、癸丑；廿一，9.23；遷理右。	(宗)**明訓**　　九、丁丑、十五，10.17；詹事遷。 十、辛酉、卅，11.30；改吐魯番領隊。
	(宗)**倭什訥**	
	(滿)**吉倫泰**	
	(宗室)**恩桂**	
	(宗)**慶敏**　　八、癸丑；署理右。	
	(宗)**道慶**	
	沈　岐　　十一、丁亥、廿六，12.26；遷兵右。	**吳　傑**　　十二、庚子、十，1.8；順尹遷。
	祁寯藻　　△憂免。	**陳官俊**　　十一、己卯、十八，12.18；詹事遷。
	何彤然	**卓秉恬**　　十二、壬寅、十二，1.10；府丞遷。
	程恩澤　　二、辛酉、廿六，4.4；遷工右。	**史　評**　　四、己酉、十四，5.22；少詹遷。 八、甲午、二，9.4；浙學。
	龔　鏜　　二、乙卯、廿，3.29；太僕遷。 十一、癸亥、二，12.2；降。	**史　譜**　　二、己亥、四，3.13；詹事遷。 十一、壬申、十一，12.11；遷兵右。
翰林院	(滿)**穆彰阿** * (軍)　　十一、丙戌、廿五，12.15；戶尚改吏尚並授協，仍兼。	
	曹振鏞 **	
詹事府	(宗室)**受慶**　　二、辛亥、十六，3.25；改通政。　　(宗)**惟勤**　　四、壬寅、七，5.15；少詹遷。 八、辛亥、十九，9.21；改左副。　　(宗)**明訓**　　九、丁丑；遷閣學。　　(宗)**桂森**　　九、戊寅、十六，10.18；祭酒授。	
	史　譜　　二、己亥；遷閣學。　　**陳官俊**　　二、丙辰、廿一，3.30；翰讀學遷。 十一、己卯；遷閣學。　　**朱　樽**　　十二、壬寅；理少遷。	

道光十五年　乙未(1835)

（?）**桂森**
　　四、己酉、廿，5.17；詹事遷。

（?）**倭什訥**

（滿）**吉倫泰**　　　　　　　　　　　　　（?）**文德和**
　　九、庚戌、廿四，11.14；遷理右。　　　　十一、壬辰、七，12.16；閣讀學遷。

（宗室）**恩桂**　　　　　　　　　　　　　（?）**連貴**
　　正、丙戌、廿六，2.23；遷盛工。　　　　二、癸丑、廿四，3.22；常少遷。

（?）**慶敏**　　　　　　　　　　　　　　（**定住**）
　　二、己未、卅，3.28；遷理右。

（?）**道慶**

吳　傑　　　　　　　　　　　　　　**王　檀**
　　四、壬寅、十三，5.10；遷工右。　　　（粵學）五、癸亥、五，5.31；理少遷。

陳官俊
　　四、己酉；殿試讀卷。

卓秉恬　　　　　　　　　　　　　　**朱　樽**
　　四、己酉；殿試讀卷。閏六、戊寅、廿，8.14；江鄉正考。　　十二、癸亥、九，1.26；詹事遷。
　　九、乙卯、廿九，11.19；遷禮右。

史　評
　　（浙學）

（滿）**穆彰阿**＊（軍）
　　（吏尚兼）

曹振鏞＊＊（軍）　　　　　　　　　　**潘世恩**＊＊（軍）
　　正、甲子、四，2.1；死（文正）。　　　正、丙寅、六，2.3；體仁兼。

（?）**桂森**　　　　　（宗室）**功普**　　　　　　（滿）**麟魁**
　　四、己酉；遷閣學。　　六、乙未、七，7.2；翰讀學遷。　　八、丁丑、廿一，10.12；翰講學遷。
　　　　　　　　　　　　七、丙午、十九，9.11；改通政。　　十二、癸亥；改通政。

朱　樽
　　十二、癸亥；遷閣學。

內閣學士年表

年代	道光十六年　丙申(1836)	
內 閣 學 士	(?)桂森	
	(?)倭什訥	
	(?)文德和	
	(?)遠貴	
	（定住）	
	(?)道慶	
	王　楨 　三、己丑、六,4.21;會試副考。四、壬申、廿,6.3; 殿試讀卷。七、壬寅、廿一,9.1;遷禮右。	吳其濬 　八、壬戌、十一,9.21;通副遷。
	陳官俊 　正、丁未、廿三,3.10;知貢舉。 　三、壬辰、九,4.24;遷禮右。	蔣立鏞 　三、戊申、廿五,5.10;少詹遷。
	朱　樽	
	史　評 　（浙學）五、戊戌、十六,6.29;遷禮右。	吳文鎔 　六、丁丑、廿五,8.7;詹事遷。 　九、辛卯、十二,10.21;武會副考。
翰 林 院	(滿)穆彰阿＊＊(軍) 　七、庚子、十九,8.30;吏尚遷武英,仍兼。	
	潘世恩＊＊(軍)	
詹 事 府	(滿)琦琛 　二、丁巳、四,3.20;理少遷。 　四、丁卯、十五,5.29;改大理。	(宗室)德誠 　五、戊子、六,6.19;翰講學遷。 　十二、甲寅、五,1.11;改大理。
	吳文鎔 　（順學）三、庚寅、七,4.22;翰讀學遷。 　六、丁丑;遷閣學,卸順學。	毛樹棠 　九、丁亥、七,10.16;理少遷。

道光十七年　丁酉(1837)

(?)桂森 　　正、庚子、廿二,2.26;降(以二等侍衛補用)。	(滿)松峻 　　九、丁丑、二,10.1;詹事遷。●
(?)倭什訥 　　三、甲午、十七,4.21;遷兵右。●	(蒙)柏葰 　　四、戊午、十一,5.15;詹事遷。 　　六、丙寅、廿,7.22;江鄉副考。
(?)文德和 　　正、庚子;遷理右。	(?)明訓 　　三、甲午;候補閣學授。七、丙子、一,8.1; 　　差往朝鮮副使。十二、戊申、五,12.31;革(以三京候)。
(?)連貴 　　八、甲寅、九,9.8;遷禮右。	(?)道慶 　　八、甲寅;禮右降。
（定住）	(滿)培成 　　十、戊午、十四,11.11;乾清門頭等侍衛授。
(?)道慶 　　五、壬寅、廿六,6.28;遷禮右。	(?)那斯洪阿 　　五、甲辰、廿八,6.30;通副遷。六、丙辰、十,7.12; 　　贛鄉正考。九、庚寅、十五,10.14;死。
(宗室)恩桂 　　△四月,吏右降。 　　七、壬午、七,8.7;遷工右。	
吳其濬 　　五、丙辰、十,7.12;浙鄉正考。 　　八、丁未、二,9.1;遷兵左。	毛樹棠 　　八、丙寅、廿一,9.20;詹事遷。
蔣立鏞	
朱　樽 　　十二、己巳、廿六,1.21;遷兵左。	
吳文鎔 　　十、乙卯、十一,11.8;遷禮右。	李振祜 　　十二、戊申、五,12.31;左副授。
(滿)穆彰阿＊＊(軍)	
潘世恩＊＊(軍)	

(蒙)柏葰 　　二、辛未、廿三,3.29;翰講學遷。 　　四、戊午;遷閣學。	(滿)松峻 　　五、甲辰;少詹遷。 　　九、丁丑;遷閣學。	(宗室)鄂爾端 　　十二、戊申;通副遷。
毛樹棠 　　八、丙寅;遷閣學。	許乃普 　　十二、戊申;少詹遷。	

內閣學士年表

年代	道光十八年　戊戌(1838)	
內閣學士	(滿)**松峻** 　　閏四、庚寅、十九,6.11;遷盛刑。	(宗室)**禧恩** 　　閏四、丁酉、廿六,6.18;已革兵尚授。
	(蒙)**柏葰** 　　十一、壬子、十四,12.30;遷盛工。	(滿)**關聖保** 　　(駐藏) 十二、丁亥、廿,2.3;正紅蒙都授。
	(滿)**琦琛** 　　二、丙辰,左副授。 　　十一、甲子、廿六,1.11;改泰寧鎮。	(?)**關福** 　　十二、丁亥,伊犁參贊授。
	(?)**道慶**	
	(滿)**培成**	
	(?)**春佑** 　　二、丙辰、十四,3.9;乾清門侍衛授。	
	毛樹棠	
	蔣立鏞	
	許乃普 　　二、丙辰;詹事遷。閏四、戊戌、廿七,6.19;署兵右。 　　五、癸丑、十三,7.4;遷刑右。	**杜受田** 　　七、辛丑、二,8.21;翰讀學遷。 　　十二、乙未、廿八,2.11;遷工左。
	李振祜 　　六、丙戌、十七,8.6;遷工右。	**徐士芬** 　　七、辛丑、二,8.21;翰讀學遷。
翰林院	(滿)**穆彰阿** ＊ ＊ (軍)	
	潘世恩 ＊ ＊ (軍)	
詹事府	(宗室)**鄂爾端** 　　十二、戊寅、十一,1.25;改大理。	
	許乃普 　　二、丙辰;遷閣學。	**周祖培** 　　四、辛亥、十,5.3;翰讀學遷。 　　△憂免。 　**馮芝** 　　七、乙巳、六,8.25;少詹遷。

道光十九年　己亥(1839)	
(宗室)**禧恩**	
(滿)**關聖保** 　（駐藏）五、丙午、十二，6.22；遷禮右。	(?)**奕繕** 　七、辛酉、廿八，9.5；光少遷。
(?)**關福**	(宗室)**端華** 　四、戊子、廿三，6.4；頭等侍衛授。
(?)**道慶**	
(滿)**培成**	
(?)**春佑**	
毛樹棠	
蔣立鏞	
李品芳 　（滇學）二、丁卯、一，3.15；少詹遷。	
徐士芬 　三、辛丑、五，4.18；遷工右。	**馮芝** 　五、己未、廿五，7.5；詹事遷。 　十二、己丑、廿七，1.31；遷禮右。
(滿)**穆彰阿**＊＊(軍)	
潘世恩＊＊(軍)	
(滿)**全慶** 　二、乙亥、九，3.23；少詹遷。 　四、甲戌、九，5.21；改大理。	(?)**德厚** 　五、己未；鴻臚授。
馮芝 　五、己未；遷閣學。	**季芝昌** 　六、癸未、十九，7.29；少詹遷。

內閣學士年表

年代	道光二十年　庚子(1840)
內 閣 學 士	(宗室)**禧恩** (?)**奕鑅**　　正、戊午、廿七,2.29;暫解。　　　　(?)**玉明**　　八、己卯、廿二,9.17;御前侍衛授。 (宗室)**端華**　　二、癸未、廿二,3.25;遷兵右。　　(宗室)**恩華**　　三、庚子、十,4.11;頭等侍衛授。 (?)**道慶**　　十二、庚午、十四,1.6;遷盛兵。 (滿)**培成** (?)**睿佑** **毛樹棠**　　八、辛酉、四,8.30;署禮右。 **季芝昌**　　(浙學)八、己未、二,8.28;仍差浙學。　　**王炳瀛**　　九、乙巳、十八,10.13;詹事遷。 　　　　八、戊辰、十一,9.6;憂免。 **李品芳**　　八、己未;卸滇學。 **賈　楨**　　三、己酉、十九,4.20;少詹遷。 　　　　八、癸亥、六,9.1;順鄉副考。
翰 林 院	(滿)**穆彰阿** ＊＊(軍) **潘世恩** ＊＊(軍)
詹 事 府	(?)**德厚**　　　　　　　　(滿)**懿成**　　　　　　　　　(蒙)**博啟蘇** 　　二、甲申、廿三,3.26;改左副。　　三、庚子;翰講學遷。五、己亥、十,6.9;　十、己卯、廿三,11.16; 　　　　　　　　　　　　　　　闈鄉正考。八、己未;改通政。　翰讀學遷。 **季芝昌**　　　　　　　　**王炳瀛**　　　　　　　　　　**楊殿邦** 　　正、己酉、十八,2.20;浙學。　八、癸亥、六,9.1;少詹遷。　　十、壬午、廿六,11.19; 　　六、戊辰;遷閣學。　　　　九、乙巳;遷閣學。　　　　　通副遷。

道光二一年　辛丑(1841)	
(宗室)禧恩	
(？)玉明	
(宗室)恩華 八、甲申、三,9.17;遷理右。	(？)連貴 十、丁酉、十七,11.29;太常遷。
(？)奕轍	
(滿)培成	
(？)春佑	
毛樹棠 閏三、戊辰、十四,5.4;遷禮右。	姚元之 △閏三,降調左都授。
王炳瀛 二月,署倉侍。七、壬戌、十,8.26;遷禮右。 九、壬戌、十一,10.25;武會副考。	楊殿邦 九、癸丑、二,10.16;詹事遷。
李品芳 正、己酉、廿三,2.14;知貢舉。 四、甲辰、廿,6.9;殿試讀卷。	侯桐 十、丁酉、十七,11.29;通副遷。
賈楨 閏三、丙寅、十二,5.2;遷工右。	李煌 四、甲辰;殿試讀卷。 四、甲午、十,5.30;少詹遷。
(滿)穆彰阿＊＊(軍)	
潘世恩＊＊(軍)	
(蒙)博廸蘇 四、甲午,改大理。	(宗室)訥勒亨額 七、戊午、六,8.22;閱讀學遷。
楊殿邦 九、癸丑;遷閣學。	周祖培 十、丁酉;原任服闋授。

年代	道光二二年　壬寅(1842)
內閣學士	(宗室)**禧恩** 正、甲子、十五,2.24;署盛將。 五、己未、十一,6.19;遷禮左。 (宗室)**春佑** 六、己卯、二,7.9;正白漢副授。
	(?)**玉明** 十、丙申、廿一,11.23;遷理右。 (?)**載增** 十一、庚戌、六,12.7;頭等侍衛授。
	(?)**連貴** 九、庚戌、五,10.8;遷理右。 (滿)**舒興阿** 九、丁卯、廿二,10.25;詹事遷。 十二、癸巳、十九,1.19;遷盛兵。
	(?)**奕毓**
	(滿)**培成**
	(?)**春佑** (滿)**廣福** 十二、乙酉、十一,1.11;奉尹遷。
	侯　桐
	楊殿邦
	姚元之
	李　煌 八、戊戌、廿二,9.26;署吏右。
翰林院	(滿)**穆彰阿** * *(軍)
	潘世恩 * *(軍)
詹事府	(宗室)**訥勒亨額** 二、乙未、十六,3.27;改通政。 (滿)**舒興阿** 五、丙辰、八,6.16;翰講學遷。 九、丁卯;遷閣學。 (蒙)**倭仁** 十一、甲子、廿,12.21; 翰讀學遷。
	周祖培

道光二三年　癸卯(1843)

(宗室)**春佑**
四、戊寅、五,5.4;遷盛禮。

(?)**慶錫**
七、戊午、十七,8.12;閣讀學遷。

(?)**載增**

(?)**巴雅爾綽克托**
二、丁亥、十四,3.14;散秩授。
十二、壬子、十四,2.2;革。

(?)**奕毓**

(滿)**培成**

(滿)**賡福**
四、乙亥、二,5.1;遷盛刑。

(滿)**齡鑑**
七、戊午;太僕遷。

侯　桐
七、辛亥、十,8.5;浙鄉正考。
十二、己酉、十一,1.3);遷兵右。

王廣蔭
(順學)十二、己未、廿一,2.9;詹事改。

楊殿邦
三、辛未、廿八,4.27;遷禮右。

孫瑞珍
四、丁酉、廿四,5.23;太僕(贛學)遷。
八、壬寅、二,9.25;仍差贛學。

姚元之
正、乙卯、十二,2.10;休。

趙　光
十二、己未;左副授。

李　煌
二、丙申、廿三,3.23;遷禮右。

吴鍾駿
六、戊戌、廿六,7.23;詹事遷。
八、壬寅、二,9.25;浙學。

周祖培
四、丁酉;詹事遷。
十二、戊午、廿,1.8;遷禮右。

季芝昌
三、戊申、五,4.4;服闋授。
六、己卯、七,7.4;遷禮右。

(滿)**穆彰阿**＊＊(軍)

潘世恩＊＊(軍)

(蒙)**倭仁**

周祖培
四、丁酉;遷閣學。

吴鍾駿
五、辛酉、十九,6.16;祭酒授。
六、戊戌;遷閣學。

王廣蔭
七、甲寅、十三,8.8;翰讀學遷。
八、壬寅;順學。十二、己未;遷閣學。

内閣學士年表

年代	道光二四年　甲辰(1844)	
内 閣 學 士	(?)**慶錫**	
	(?)**戴墉** 　　四、乙巳、九，5.25；改奉宸。	(?)**景慶** 　　五、壬辰、廿六，7.11；散秩授。
	(?)**景亮** 　　二、丁巳、廿，4.7；光禄遷。	
	(?)**奕鏐**	
	(滿)**培成** 　　四、癸卯、七，5.23；遷盛工。	(蒙)**瑞常** 　　五、丙戌、廿，7.5；光禄遷。
	(滿)**齡鑑**	
	王廣蔭 　　(順學)	
	孫瑞珍 　(贛學) 二、壬子、十五， 4.2；遷兵右。	**羅文俊** 　四、庚戌、十四，5.30；詹事遷。四、丙辰、廿，6.5；殿試讀卷。七、壬申、七， 8.20；署工左。八、戊戌、四，9.15；順鄉副考。九、乙亥、十一，10.22；武會副考。
	趙　光 　　六、辛亥、十六，7.30；署兵左。九、乙亥；知武舉。	
	吳鍾駿 　(浙學) 三、癸巳、廿六，5.13；遷禮右。	**張　芾** 　　(蘇學) 五、丙戌、廿，7.5；少詹遷。八、壬寅、二， 9.25；皖學。十一、辛巳、十三，1.2；鬬蘇學。
翰 林 院	(滿)**穆彰阿** * * (軍)	
	潘世恩 * * (軍)	
詹 事 府	(蒙)**倭　仁** 　　八、己未、廿五，10.6；改大理。	(滿)**吉明** 　　十二、己亥、七，1.14；祭酒授。
	羅文俊 　二、丁巳、廿，4.7；通副遷。 　四、庚戌；遷閣學。	**陳憲曾** 　　五、戊辰、二，6.17；翰讀學遷。

道光二五年　乙巳(1845)	
(？)**慶錫**	
(？)**景慶**	
(？)**景亮** 二、丙午、十五,3.22;改巴里坤領隊。	(？)**戴增** △四月,原任授。
(？)**奕銘**	
(蒙)**瑞常** 正、庚辰、十八,2.24;知貢舉。 二、甲寅、廿三,3.30;遷兵右。	(蒙)**德齡** 十二、甲辰、十七,1.14;詹事遷。
(滿)**齡鑑** 四、丁巳、廿七,6.1;遷盛兵。	(滿)**全慶** 七、戊辰、九,8.11;喀喇沙爾辦事授。
(宗室)**敬徵** 三、己卯、十八,4.24;已革戶尚授。 四、丙辰、廿六,5.31;遷工尚。	(滿)**吉明** 七、戊辰;詹事遷。 十二、甲午、七,1.4;改葉爾羌幫辦。
王廣蔭 (順學)十二、丁酉、十,1.7;遷工左。	
羅文俊 四、庚戌、廿,5.25;殿試讀卷。 四、丁巳、廿七,6.1;遷工左。	**李嘉端** 六、丙申、六,7.10;少詹遷。
趙光 四、丁巳;遷兵右。	**朱鳳標** 四、己未、廿九,6.3;翰讀學遷。
張芾 (蘇學)十、壬寅、十四,11.13;遷工右。	**黃琮** 十一、乙丑、八,12.6;詹事遷。
(滿)**穆彰阿**＊＊(軍)	
潘世恩＊＊(軍)	
(滿)**吉明** 七、戊辰;遷閣學。	(蒙)**德齡** 七、丁亥、廿,8.30;翰讀學遷。 十二、甲辰;遷閣學。

陳嵩曾	**黃琮** 六、丙辰、廿六,7.30;太僕遷。 十一、乙丑;遷閣學。	**孫葆元** 十一、乙酉、廿八,12.26;少詹遷。

內閣學士年表

年代		道光二六年　丙午(1846)	
內閣學士	(?)**慶錫**		
	(?)**景慶**		
	(?)**戴增** 二、壬子、廿六,3.23;署理左。		
	(?)**奕毓**		
	(蒙)**德齡** 七、辛亥、廿八,9.18;改英吉沙爾領隊。	(?)**賽什雅勒泰** 八、甲戌、廿二,10.11;葉爾羌參贊授。	
	(滿)**全慶** 閏五、甲午、十,7.3;粵鄉正考。八、丙辰、四,9.23;粵學。 十二、庚午、十九,2.4;遷刑右。		
	戴　熙 二、甲辰、十八,3.15;光祿遷。 八、丙辰;卸粵學。		
	李嘉端		
	朱鳳標 八、丙辰;署戶右。		
	黃　琮 八、丙辰;署兵右。		
翰林院	(滿)**穆彰阿** ＊＊(軍) 十二、庚午;卸兼。	(覺羅)**寶興** ＊＊ 十二、庚午;文淵兼。	
	潘世恩 ＊＊(軍)		
詹事府	(滿)**和色本** 二、甲辰;翰讀學遷。		
	孫葆元 閏五、甲午、十,7.3;閩鄉正考。 八、丙辰;讀學。		

道光二七年　丁未(1847)	
(?)慶錫 　　二、乙亥、廿五，4.10；改馬蘭鎮。	(?)戴墫 　　四、庚申、十二，5.25；三等侍衛授。
(?)景慶	
(?)戴增	
(?)奕鑅 　　十一、辛巳、五，12.12；遷理右。	(?)毓書 　　十二、甲寅、九，1.14；古城領隊授。
(?)賽什雅勒泰	(?)道慶 　　五、丙申、十八，6.30；閣讀學遷。
(蒙)熙成 　　二、癸亥、十三，3.29；太常遷。	(滿)聯順
戴　　熙	
李嘉端 　　四、戊辰、廿，6.2；殿試讀卷。 　　五、丁亥、九，6.21；遷倉侍。	曾國藩 　　五、丁未、廿九，7.11；翰講學遷。 　　九、丁亥、十一，10.19；武會正考。
朱鳳標 　　三、乙酉、六，4.20；會試副考。 　　三、丙午、廿七，5.11；遷兵右。	孫葆元 　　四、己巳、廿一，6.3；詹事(贛學)遷。
黃　琮 　　三、丙午、署兵左。四、戊辰、殿試讀卷。 　　五、丁亥、遷兵右。	何桂清 　　五、丁未；太常(魯學)遷。
(覺羅)寶興＊＊	
潘世恩＊＊(軍)	
(滿)和色本	
孫葆元 　　(贛學)四、己巳；遷閣學。	何裕承 　　五、癸未、五，6.17；翰讀學遷。

内閣學士年表

年代	道光二八年　戊申(1848)	
内閣學士	(？)載堪	
	(？)景慶	
	(？)載增	
	(？)毓薈 十、丁卯、廿七，11.22；遷盛刑。	(滿)吉明 十二、辛亥、十一，1.5；葉爾羌參贊授。
	(？)道慶 二、癸丑、九，3.13；改盛工。	(宗室)奕山 二、戊辰；葉爾羌參贊授。 △三月，改伊犁參贊。
	(滿)聯順 正、庚寅、十五，2.19；遷禮左。	(？)綿森 二、戊辰、廿四，3.28；僕少遷。
	戴熙 九、辛巳、十一，10.7；遷兵右。	朱嶟 (順學)十二、辛亥、十一，1.5；通副遷。
	曾國藩	
	孫葆元 (贛學)八、丙寅、廿五，9.22；遷兵右。	李嘉端 八、丙寅；倉侍改。
	何桂清 (魯學)二、己酉、五，3.9；遷兵右。	葉觀儀 二、庚申、十六，3.20；少詹遷。
	祝慶蕃 十、辛酉、廿一，11.16；降調禮尚授。 十、壬戌、廿二，11.17；休。	
翰林院	(覺羅)寶興＊＊ 十、甲寅、十四，11.9；死。　　(滿)麟魁 十、甲寅；禮尚兼。 十二、乙丑、廿五，1.19；革。　　(滿)文慶 十二、乙丑；吏尚兼。	
	潘世恩＊＊(軍)	
詹事府	(滿)和色本	
	何裕承	

道光二九年　己酉(1849)

(？)**戴堪** 　二、丙辰、十七,3.11; 革。	(滿)**瑞麟** 　三、庚寅、廿二,4.14; 常少遷。
(？)**景慶** 　七、庚子、五,8.22; 革。	(蒙)**德齡** 　八、庚午、五,9.21; 葉爾羌參贊授。
(？)**戴增** 　二、丙辰、十七,3.11; 革。	(滿)**青廒** 　五、癸丑、十七,7.6; 太常(蘇學)遷。 　八、丙寅、一,9.17; 卸蘇學。
(滿)**吉明** 　△閏四月,死。	
(滿)**和色本** 　三、乙酉、十七,4.9; 詹事遷。 　十、庚午、六,11.20; 差往朝鮮副使。	
(？)**綿森** 　六、己丑、廿三,8.11; 遷盛刑。	(宗室)**錫齡** 　七、辛亥、十六,9.2; 詹事遷。
朱　嶟 　(順學)五、己未、廿三,7.12; 遷倉侍。	**車克愼** 　六、甲申、十八,8.6; 祭酒遷。
曾國藩 　正、辛卯,廿二,2.14; 遷禮右。	**何裕承** 　二、丙辰、十七,3.11; 詹事遷。
李嘉端 　七、己未、廿四,9.10; 署兵右。 　八、丙寅、一,9.17; 皖學。	
葉覲儀	
翁心存 　十二、乙丑、二,1.14; 祭酒遷。 　十三、乙酉、廿二,2.3; 遷工左。	
(滿)**文慶** 　(吏尚兼)	
潘世恩 ＊＊(軍)	

(滿)**和色本** 　三、乙酉、遷閣學。	(宗室)**錫齡** 　四月,翰讀學遷。 　七、辛亥、遷閣學。	(蒙)**赫特賀** 　八、辛未、六,9.22; 少詹遷。 　十、丁亥、廿三,12.7; 改通政。	(宗室)**戴齡** 　十一、乙巳、十二, 　12.25; 翰讀學遷。
何裕承 　二、丙辰、遷閣學。		**杜翮** 　三、己卯、十一,4.3; 少詹遷。 　七、乙卯、廿,9.6; 江鄉副考。	

内閣學士年表

年代	道光三十年　庚戌(1850)	
内閣學士	(滿)瑞麟 　三、甲午、二, 4.13; 遷禮右。	(宗室)載齡 　四、丁丑、十五, 5.26; 詹事遷。
	(蒙)德齡	
	(滿)和色本 　四、丙戌、廿四, 6.4; 遷理右。	(宗室)肅順 　七、丙申、六, 8.13; 乾清門侍衞授。
	(滿)青麔 　(蘇學)	
	(？)法福禮 　五、癸丑、廿二, 7.1; 太僕遷。 　六、丁卯、七, 7.15; 改和闐辦事。	(？)托倫布 　十二、庚申、三, 1.4; 太僕遷。
	(宗室)錫齡	
	車克愼 　四、壬午、廿, 5.31; 殿試讀卷。 　八、癸未、廿四, 9.29; 遷工右。	邵　燦 　八、癸未; 大理遷。
	何裕承	
	李嘉端 　(皖學)	
	杜　翻 　二、丁亥、廿四, 4.6; 詹事遷。	
翰林院	(滿)文慶 　七、丙辰、廿六, 9.2; 革。	(蒙)柏葰 　七、丁巳、廿七, 9.3; 吏尚兼。
	潘世恩 * *(軍) 　六、癸亥、三, 7.11; 休。	孫瑞珍 　六、癸亥; 户尚兼。
詹事府	(宗室)載齡 　四、丁丑; 遷閣學。	(蒙)琦昌 　五、壬子、廿一, 6.30; 閣讀學遷。
	杜　翻 　二、丁亥; 遷閣學。	王慶雲 　三、癸丑、廿一, 5.2; 通副遷。

咸 豐 元 年　辛亥(1851)		
(宗室)**載齡**		
(蒙)**德齡**		
(宗室)**肅順**		
(滿)**青麐** 　　（蘇學）		
(？)**托倫布**		
(宗室)**錫齡**		
邵　燦 　　十二、乙未、十四, 2.3; 署吏右。		
何裕承	**沈兆霖** 　　十二、甲申、三, 12.3; 詹事遷。	
李嘉端 　　（皖學）		
杜　翮 　　十二、乙未; 遷兵右。		
(蒙)**柏葰** 　　（吏尚兼）		
孫瑞珍 　　（戶尚兼）		
(蒙)**琦昌**		
王慶雲 　　三、癸丑、廿六, 4.27; 署順尹。 　　五、乙巳、十九, 6.18; 遷戶右。	**沈兆霖** 　　六、戊辰、十三, 7.11; 翰講學遷。 　　十二、甲申; 遷閣學。	**俞長贊** 　　（豫學）十二、乙未; 翰讀學遷。

內閣學士年表

年代	咸豐二年　壬子(1852)	
內 閣 學 士	(宗室)**載齡** 　三、丙辰、六，4.24；會試副考。 　七、甲戌、廿六，9.9；降二調。	(？)**載堪** 　八、戊戌、廿，10.3；正黃蒙副授。
	(蒙)**德齡**	
	(宗室)**肅順**	
	(滿)**青廢** 　七、甲戌；遷户右。	(滿)**穆蔭**(軍、學) 　△八月，光禄遷。
	(？)**托倫布**	(？)**常志** 　三、甲戌、廿四，5.12；太常遷。
	(宗室)**錫齡** 　正、甲戌、廿三，3.13；遷工左。	(？)**文清** 　十二、壬辰、十七，1.25；大理遷。
	(滿)**勝保** 　二、丙申、十五，4.4；光禄遷。 　四、癸未、三，5.21；降三調。	(滿)**文慶** 　五、壬申、廿二，7.9；革吏尚授。 　十一、甲子、十八，12.28；遷户尚。
	邵　燦 　正、甲戌；遷吏右。	**朱　蘭** 　二、丙申；少詹遷。 　八、甲申、六，9.19；署工左。
	沈兆霖 　三、戊寅、廿八，5.16；遷吏右。	**許乃釗** 　十二、己丑、十四，1.22；祭酒遷。
	李嘉端 　(皖學)七、丁卯、十九，9.2；遷兵右。	**陶　樑** 　八、己卯、一，9.14；太常遷。 　八、甲申；署禮右。
	萬青藜 　三、甲戌；翰讀學遷。 　七、庚申、十二，8.26；遷禮右。	**潘曾瑩** 　十一、辛未、廿五，1.4；光禄遷。
	許乃普 　五、壬申、廿二，7.9；光禄遷。七、甲寅、六，8.20；魯鄉正考。 　十一、戊午、十二，12.22；署工右。十二、庚子、廿五，2.2；遷兵右。	**俞長贊** 　七、丁卯；詹事(豫學)遷。 　八、甲申；卸豫學。
翰 林 院	(蒙)**柏葰** 　(吏尚兼)	
	孫瑞珍 　(户尚兼)	
詹 事 府	(蒙)**琦昌**	(滿)**毓檢** 　三、甲戌、廿四，5.12；翰講學遷。 　五、壬戌、十二，6.29；閩鄉正考。
	俞長贊 　(豫學)七、丁卯；遷閣學。	**孫銘恩** 　八、壬辰、十四，9.27；翰讀學遷。

咸豐三年　癸丑(1853)	
(？)載堪	
(蒙)德齡	(宗室)靈桂 十、甲戌、三,11.3；正紅蒙副授。
(宗室)肅順	
(滿)穆蔭(軍、學) 九、丁未、五,10.7；遷禮左。	(？)盛桂 十、癸酉、二,11.2；察副都授。
(？)常志 三、癸丑、九,4.16；遷兵左。	(？)文惠 四、丁丑、三,5.10；閱讀學遷。
(？)文清	
朱　蘭	杜　翰 十二、乙亥、五,1.3；右庶遷。 十二、乙未、廿五,1.23；遷工左。
許乃釗 正、甲戌、廿九,3.8；幫辦江南軍務。 三、壬子、八,4.15；署蘇撫。	
陶　樑	
潘曾瑩 三、庚戌、六,4.13；會試副考。 十二、壬午、十二,1.10；遷吏右。	
孫銘恩 二、丁亥、十二,3.21；詹事遷。 三、甲寅、十,4.17；遷兵右。	李　鈞 四、壬辰、十八,5.25；大理遷。 十一、丁未、六,12.6；遷刑右。
(蒙)柏葰 (吏尚兼)	
孫瑞珍 (戶尚兼)	
(滿)毓檢 十二、乙酉、十五,1.13；改大理。	
孫銘恩 二、丁亥；遷閣學。	楊式穀 三、己巳、廿五,5.2；翰讀學遷。

內閣學士年表

年代	咸豐四年　甲寅(1854)		
內閣學士	(？)載堪		
	(宗室)靈桂 七、庚申、廿三,8.16;署戶左。		
	(宗室)蕭順 四、丁酉、廿九,5.25;遷工左。	(？)麟興 七、戊申、十一,8.4;鑲藍漢副授。 十二月,遷刑右。	(漢)崇綸 十二、癸丑、十九,2.5; 兩淮運使遷。
	(？)盛桂 四、甲午、廿六,5.22;病免。	(滿)寶鋆 十二、己酉、十五,2.1;翰讀學遷。	
	(？)文惪		
	(？)文清 二、甲午、廿五,3.23;遷禮右。	(滿)崇實 二、甲午;通政遷。五、庚子、二,5.28;署戶左。 七、庚申,赴陝。	
	(滿)熙麟 四、甲午;郎中擢。 閏七、乙亥、八,8.31;遷戶右。	(？)國瑞 八、甲辰、八,9.29;鑲黃蒙副授。 十、丙辰、廿一,12.10;遷工左。	
	許乃普 二、己卯、十,3.8;刑尚降。 四、己丑、廿一,5.17;遷禮右。	廉兆綸 (浙學)十二、癸丑;翰讀學遷。	
	許乃釗 三、辛亥、十二,4.9;授蘇撫。	劉崐 (湘學)七、戊申;翰讀學遷。	
	陶樑 五、辛丑、三,5.29;遷禮右。	匡源 七、戊申;翰講學遷。 十一、庚寅、廿五,1.13;遷兵右。	吳式芬 十二、己酉;鴻臚遷。
	何彤雲 二、癸未、十四,3.12;翰讀學遷。 九、丁亥、廿一,11.11;遷兵左。	楊式毅 十二、己酉;詹事遷。	
	卓樗 七、戊申;理少遷。 十、己未、廿四,12.13;改兵右。	張祥河 三、辛亥;前陝撫授。 四、丙戌、十八,5.14;遷吏右。	
翰林院	(蒙)柏葰 十、丙辰;降左副,卸。	(滿)文慶 十、丙辰;戶尚兼。	
	孫瑞珍 五、辛丑;病免。	賈楨＊＊ 五、辛丑;協、戶尚兼。 十一月,遷體仁。	
詹事府	(蒙)奎章 三、丁巳、十八,4.15;祭酒授。 四、丙戌;蘇學。		
	楊式毅 十二、己酉;遷閣學。		

咸 豐 五 年　乙卯(1855)

（?）**載墂**
　　十、甲寅、廿四,12.3；遷兵右。

（宗室）**載齡**
　　十二、辛卯、二,1.9；二等侍衛授。

（宗室）**靈桂**

（漢）**崇綸**
　　六、辛亥、廿,8.2；署戶左。

（滿）**寳鋆**
　　十一、庚辰、廿一,12.29；遷禮右。

（滿）**烏爾棍泰**
　　十二、壬寅、十三,1.20；正紅漢副授。

（?）**文惠**

（滿）**崇實**
　　四、己未、廿七,6.11；遷工右。

（滿）**景廉**
　　.四、己未；翰講學遷。
　　五、癸酉、十二,6.25；閩鄉正考。

廉兆綸
　　（浙學）正、甲申、廿,3.8；遷工右。

徐樹銘
　　（魯學）三、丙子、十四,4.29；翰讀學遷。

劉　崑
　　八、壬辰、二,9.12；卸湘學。

吳式芬

楊式毅

（滿）**文慶** ＊＊（軍）
　　（戶尚兼）七、壬午、廿一,9.2；入直。
　　九、庚午、十,10.20；授協。十二、乙巳、十六,1.23；遷文淵。

賈　楨 ＊＊

（蒙）**奎章**
　　（蘇學）五、乙亥、十四,6.27；改通政。

（?）**德瑛**
　　七、丁亥、廿六,9.7；翰讀學遷。

龔寶蓮
　　三、丙子、十四,4.29；翰讀學遷。
　　八、壬辰、二,9.12；粵學。

內閣學士年表

年代	咸豐六年　丙辰(1856)	
內閣學士	(宗室)**戴齡**	
	(宗室)**靈桂**	
	(漢)**崇綸** 十二、丙戌、三，12.29；遷工左。	(？)**德瑛** 十二、辛丑、十八，1.13；詹事遷。
	(滿)**烏爾棍泰**	
	(？)**文惠**	
	(滿)**景廉** 四、乙巳、十九，5.22；殿試讀卷。	
	徐樹銘 十二、丁亥、四，12.30；署兵右。	
	劉崑 三、癸亥、六，4.10；會試副考。十、戊戌、十四，11.11；署兵右。 十一、乙卯、一，11.28；遷工右。	**宋晉** 十一、丙寅、十二，12.9；府丞遷。
	吳式芬	**周玉麒** (浙學)二、丁未、十九，3.25；太常遷。
	楊式毅 十一、乙卯、一，11.28；署兵右。 十二、丁亥；遷禮右。	
翰林院	(滿)**文慶** * *(軍) 十一、辛未、十七，12.14；死。	(蒙)**柏葰** *(軍) 十二、戊子、五，12.31；戶尚兼。
	賈楨 * * 六、己卯、卅，7.31；憂免。	**翁心存** * 十、壬寅、十八，11.15；吏尚兼。十一、乙卯；授協。 十一、癸酉、十九，12.16；改戶尚。
詹事府	(？)**德瑛** 十二、辛丑；遷閣學。	
	龔寶蓮 (粵學)	**翁同書** 七、己卯、廿四，8.24；少詹遷。

咸 豐 七 年 丁巳(1857)

(宗室)載篇

(宗室)靈桂
　　十、壬申、廿五，12.10；遷理右。

(蒙)富呢雅杭阿
　　十一、乙酉、八，12.23；盛戶授。

(?)德瑛
　　十二、丙辰、九，1.23；署禮左。

(滿)烏爾棍泰

(?)文惠

(滿)景廉
　　正、戊辰、十五，2.9；遷工右。

(?)雙福
　　二、丁未、廿五，3.20；左副授。

徐樹銘
　　六、己巳、廿，8.9；遷兵右。

沈桂芬
　　八、庚午、廿二，10.9；少詹遷。

宋　晉

周玉麒
　　(浙學)

黃宗漢
　　六、己巳；署刑右授。
　　十二、庚申、十三，1.27；授廣督。

(蒙)柏葰 *(軍)
　　(戶尚兼)

翁心存 *
　　(戶尚兼)

(滿)宜崇
　　二、丁未、廿五，3.20；翰講學遷。
　　八、庚午；改大理。

(滿)文祥
　　十二、乙丑、十八，2.1；僕少遷。

翁同書
　　△十一月，以侍郎候補。

內閣學士年表

年代	咸 豐 八 年　戊午(1858)	
內閣學士	(宗室)**載齡**	
	(蒙)**富呢雅杭阿**	(滿)**寨杭阿** 八、壬申,卅,10.6;太常遷。
	(?)**德瑛**	(?)**戴崇** 三、丙申、廿,5.3;正白漢副授。
	(滿)**烏爾棍泰** 六、壬申、廿八,8.7;死。	(滿)**福濟** 九、甲午、廿二,10.28;前皖撫授。 十、辛酉、十九,11.24;任西寧。
	(?)**文惠** 十二、庚午、廿九,2.1;遷禮右。	
	(?)**雙福** 正、庚子、廿三,3.8;署禮左。	
	(滿)**文祥**(軍、學) 三、丙申;詹事遷,署刑左。五、戊戌、廿四,7.4;學習入直。 六、辛酉、十七,7.27;遷禮右。	
	沈桂芬 △憂免。	**單懋謙** △九月,翰講學遷。
	宋　晉 三、癸巳、十七,4.30;署戶右。 八、庚戌、八,9.14;遷工右。	**畢道遠** 八、丙辰、十四,9.20;翰讀學遷。十、己巳、廿七,12.2;署禮左。 十一、庚辰、九,12.13;署兵左。
	周玉麒 (浙學)六、庚申、十六,7.26;省假。	**寰希祖** △九月,翰講學遷。 十一、庚辰;署禮左。
	龐鍾璐 三、丙申、廿,5.3;光禄遷。 △憂免。	(漢)**宣　振** 九、甲午;翰讀學遷。
翰林院	(蒙)**柏葰** * *(軍) 九、壬午、十,10.16;戶尚遷文淵。 十、戊辰、廿六,12.1;棄市。	(滿)**麟魁** 十二、丁巳、十六,1.19;刑尚兼。 十二、庚午、廿九,2.1;改禮尚。
	翁心存 * * 九、壬午;戶尚遷體仁。	
詹事府	(滿)**文祥** 三、己卯、三,4.16;署刑左。 三、丙申;遷閣學。	(滿)**成琦** 六、己巳、廿五,8.4;通副遷。 九、甲午;改左副。
	翁同書 六、丁巳、十三,7.23;授皖撫。	**殷兆鏞** 九、甲午;理少遷。

咸 豐 九 年　己未(1859)

(宗室)**載篙**

(滿)**寨杭阿**
　　六、壬子、十四,7.13;遷理右。

(宗室)**載齋**
　　四、戊午、十八,5.20;光禄遷。
　　四、庚申、廿,5.22;殿試讀卷。

(?)**載崋**

(滿)**崇實**
　　十、丙午、十,11.4;詹事遷。
　　十、壬戌、廿六,11.26;駐藏。

(?)**慶英**
　　十二、戊申、十三,1.5;葉爾羌參贊授。

(?)**伊精阿**
　　三、壬申、二,4.4;通副遷。十、壬戌,遷禮右。

(?)**伊奇哩**
　　十二、戊申;翰講學遷。

(?)**雙福**
　　十、壬戌;遷盛禮。

(滿)**崇恩**
　　十二、戊申;前魯撫授。
　　十二、庚戌、十五,1.7;降。

單懋謙

畢道遠
　　六、庚戌、十二,7.11;署戶右。

袁希祖
　　三、辛卯、廿一,4.23;署刑右。

(漢)**宣　振**
　　五、己丑、廿,6.20;署禮左。

(滿)**麟魁**
　　(禮尚兼)

翁心存＊＊
　　五、辛卯、廿二,6.22;休。

賈　楨＊＊
　　五、乙未、廿六,6.26;體仁兼。

(滿)**崇實**
　　三、壬申;僕少遷。
　　十、丙午;遷閣學。

(?)**廣鳳**
　　十二、戊申;少詹遷。

殷兆鏞
　　六、庚戌;署兵左。

内閣學士年表

年代	咸 豐 十 年　庚申(1860)	
内 閣 學 士	(宗室)**戴籲**	
	(宗室)**戴肅**	
	(?)**戴崇** 　　三、庚午、六，3.27；署刑左。 　　五、丁酉、四，6.22；遷兵右。九、乙卯、廿五，11.7；兵右仍授。	
	(?)**慶英** 　　九、乙卯；遷兵右。	(?)**廣鳳** 　　十二、庚午、十一，1.21；詹事遷。
	(?)**伊奇哩**	
	(蒙)**清安** 　　五、辛酉、廿八，7.16；署工左。	
	單懋謙	
	畢道遠 　　十、壬戌、二，11.14；遷兵右。	**桑春榮** 　　十一、戊午、廿九，1.9；候補閣學授。
	袁希祖 　　五、庚申、廿七，7.15；署户右。 　　△十二月，死。	
	(漢)**宜　振** 　　(署禮左) 四、甲申、廿，6.9；殿試讀卷。	
翰 林 院	(滿)**麟魁** 　　五、丁酉；降三調。	(滿)**全慶** 　　五、丁酉；吏尚兼。
	賈　楨**	
詹 事 府	(?)**廣鳳** 　　十二、庚午；遷閣學。	(宗室)**綿宜** 　　△翰讀學遷。
	殷兆鏞	

· 1072 ·

咸豐十一年　辛酉(1861)	
(宗室)**載齡**	
(宗室)**載齡** 十、丙辰、一，11.3；遷盛工。	(滿)**恒祺**(總) 十、丙辰；武備授。
(？)**載崇** 十一、丁亥、三，12.4；遷刑右。	(宗室)**綿宜** 十二、癸酉、廿，1.19；詹事遷。
(？)**廣鳳** 正、戊戌、九，2.18；署工左。	
(？)**伊奇哩**	(滿)**麒慶** 十二、癸酉；翰講學遷。
(蒙)**清安** 正、丁酉、八，2.17；改盛工。	(滿)**卓保** 十二、癸酉；祭酒遷。
單懋謙 十、癸亥、八，11.10；遷工左。	**張之萬** 十一、壬子、廿八，12.29；詹事遷。
桑春榮	
沈桂芬 △三月，原任服闋授。 十、辛未、十六，11.18；遷禮左。	**龐鍾璐** 十一、壬子；前任授。
(漢)**宜　振** 十、甲子、九，11.11；遷禮左。	**毛昶熙** 十一、壬子；太僕遷。
(滿)**全慶** (吏尚兼)	
賈　楨 ＊＊	
(宗室)**綿宜** 十二、癸酉；遷閣學。	

殷兆鏞 △憂免。	**張之萬** 四、癸亥、五，5.14；翰講學遷。 十、壬戌、七，11.9；署兵左。十一、壬子；遷閣學。	**殷壽彭** 十二、癸酉；左庶遷。

內閣學士年表

年代	同治元年　壬戌(1862)	
內閣學士	(宗室)**載齡**	
	(滿)**恒祺**(總) 六、壬申、廿一, 7.17; 遷理右。	(蒙)**恩齡** 七、壬辰、十一, 8.6; 鑲藍蒙副授。 十一、乙卯、七, 12.27; 署刑右。
	(宗室)**綿宜** 正、乙巳、廿二, 2.20; 知貢舉。五、庚子、十九, 6.15; 湘鄉正考。 十一、壬戌、十四, 1.3; 署兵左。	
	(滿)**崇厚** 二、己未、六, 3.6; 左副授。 十一、丙寅、十八, 1.7; 遷兵左。	(滿)**額勒和布** 十二、庚寅、十三, 1.31; 翰讀學遷。
	(滿)**麒慶** 七、辛丑、廿, 8.15; 遷工左。	(滿)**全慶** 閏八、己亥、十九, 10.12; 大理遷。
	(滿)**卓保** 正、乙未、十二, 2.10; 遷兵右。	(滿)**寶珣** 十、癸巳、十四, 12.5; 翰講學遷。
	(?)**慶明** 閏八、丁酉、十七, 10.10; 遷理右。	
	張之萬 三、庚子、十八, 4.16; 遷禮右。	**孫如僅** 十二、丙申、十九, 2.6; 翰讀學遷。
	桑春榮 正、丁未、廿四, 2.22; 署兵右。 二、戊午、五, 3.5; 知貢舉。	
	龐鍾璐 七、丁酉、十六, 8.11; 署工右。 閏八、甲午、十四, 10.7; 遷禮右。	**許彭壽** 九、己卯、卅, 11.21; 太常遷。
	毛昶熙 七、庚子、十九, 8.14; 遷禮右。	**殷兆鏞** 閏八、戊子、八, 10.1; 詹事遷。
	黃倬 五、丁亥、六, 6.2; 詹事遷。 十一、甲寅、六, 12.26; 遷兵左。	
翰林院	(滿)**全慶** 二、庚申、七, 3.7; 降四調。	(蒙)**倭仁**＊＊ 二、辛酉、八, 3.8; 工尚兼, 八月, 遷文淵。
	賈楨＊＊	
詹事府	(?)**桂豐** 二、己未; 少詹遷。 十二、庚寅; 改通政。	
	黃倬 五、丁亥; 遷閣學。　　**殷兆鏞** 六、己未、八, 7.4; 前任授。 閏八、戊子; 遷閣學。　　**吳保泰** 九、己卯、卅, 11.21; 祭酒授。	

同 治 二 年　癸亥(1863)	
(宗室)載齡	
(蒙)恩齡 二、甲午、十八, 4.5; 遷刑右。	**(滿)毓祿** 六、己亥、廿四, 8.8; 署倉侍。 十二、戊子、十六, 1.12; 署兵左。
(宗室)綿宜 正、辛未、廿四, 3.13; 遷理右。	**(?)中常** 八、辛巳、七, 9.19; 理少遷。
(滿)額勒和布 六、丁酉、廿二, 8.6; 遷理右。	**(蒙)全順** 十二、癸酉、一, 1.9; 翰讀學遷。
(滿)全慶 正、辛未; 知貢舉。四、丙申、廿, 6.6; 殿試讀卷。 十、庚辰、七, 11.17; 遷工右。	**(滿)恩承** △四月, 太常遷。
(滿)寶珣 正、辛未; 署兵左。 十二、戊子、十六, 1.24; 遷盛戶。	
孫如僅	
桑春榮 (署兵右) 二、己丑、十三, 3.31; 知貢舉。 四、丙申; 殿試讀卷。九、丁巳、十三, 10.25; 知武舉。	
許彭壽	
殷兆鏞 四、丙申; 殿試讀卷。 十二、戊戌、廿六, 2.3; 署禮右。	
(蒙)倭仁＊＊	
賈　楨＊＊	
(?)桂清 三、丁未、一, 4.18; 少詹遷。 五、甲子、十九, 7.4; 署左副。	
吳保泰	

內閣學士年表

年代	同 治 三 年　甲子(1864)
內 閣 學 士	(?)**中常** 　　正、乙丑、廿三,3.1;休。　　　　　　　　(宗室)**英元** 　　　　　　　　　　　　　　　　　　　　　十二、癸未、十六,1.13;理少遷。<hr>(宗室)**戴篇** 　　八、癸酉、五,9.5;署兵左。<hr>(滿)**恩承**<hr>(滿)**毓禄** 　　八、癸酉;遷工右。　　　　　　　　　　(宗室)**延煦** 　　　　　　　　　　　　　　　　　　　　　九、壬子、十四,10.14;詹事遷。<hr>(蒙)**全順**<hr>(?)**桂清** 　　二、庚寅、十九,3.26;詹事遷。　　　　　(漢)**衍秀** 　　十一、己亥、二,11.30;遷盛工。　　　　十二、辛未、十六,1.13;詹事遷。<hr>(滿)**明緒** 　　二、庚子、廿九,4.5;伊犂參贊授,留任。 　　十、辛未、四,11.2;改伊將。<hr>**孫如瑾**　　　　　　　　　　　　　　　　**李鴻藻** 　　　　　　　　　　　　　　　　　　　　　十、辛巳、十四,11.12;署户左。<hr>**桑春榮** 　　(署兵右)<hr>**許彭壽** 　　五、乙卯、十六,6.19;署禮左。<hr>**殷兆鏞** 　　正、丁卯、廿五,3.3;署吏右。 　　七、癸卯、五,8.6;闈鄉正考。十、己卯、十二,11.10;召回(延期)。
翰 林 院	(蒙)**倭仁** * *<hr>**賈　楨** * *
詹 事 府	(?)**桂清**　　　　　　　(宗室)**延煦**　　　　　　(漢)**衍秀** 　二、庚寅;遷閣學。　　　四、丙戌、十六,5.21;翰讀學遷。　十二、戊戌、一,11.29;祭酒授。 　　　　　　　　　　　九、壬子;遷閣學。　　　　十二、辛未;遷閣學。<hr>**吳保泰**　　　　　　　　**朱　蘭** 　　　　　　　　　　　　二、戊子、十七,3.24;太僕(皖學)授。 　　　　　　　　　　　　八、己巳、一,9.1;仍皖學。

同 治 四 年　乙丑(1865)

(宗室)**英元** 　　九、己卯、十七，11.5；遷理右。	(？)**奕廌** 　　九、庚寅、廿八，11.16；太常遷。
(宗室)**戴篙**	
(滿)**恩承** 　　四、癸巳、廿九，5.23；革。	(蒙)**伍忠阿** 　　閏五、壬申、九，7.1；少詹遷。 　　九、戊寅、十六，11.4；署刑左。
(宗室)**延煦** 　　四、甲申、廿，5.14；殿試讀卷。 　　十、甲寅、廿三，12.10；遷盛工。	(？)**祥泰** 　　十二、乙未、四，1.20；光禄遷。
(蒙)**全順** 　　五、丁酉、三，5.27；戰死(忠壯)。	(滿)**魁齡** 　　閏五、壬申；詹事遷。
(漢)**衍秀**	

李鴻藻(軍、學) 　　十一、壬申、十一，12.28；學習入直。 　　十一、癸酉、十二，12.29；署户右。	
桑春榮 　　(署兵右)三、辛丑、六，4.1；會試副考。 　　四、甲申；殿試讀卷。	
許彭壽	
殷兆鏞 　　九、乙亥、十三，11.1；知武舉。	

(蒙)**倭仁** ＊＊	
賈　楨 ＊＊	
(滿)**魁齡** 　　二、癸酉、七，3.4；理少遷。 　　閏五、壬申；遷閣學。	(滿)**繼格** 　　六、癸丑、廿，8.11；翰讀學遷。
朱　蘭 　　(皖學)	

內閣學士年表

年代	同 治 五 年　丙寅(1866)

年代		
內閣學士	(↑)**奕慶** 　　八、庚寅、四,9.12；署理右。 　　十二、癸丑、廿八,2.2；遷理右。	
	(宗室)**戴篤**	
	(蒙)**伍忠阿**	(↑)**瑞聯** 　　十一、己卯；廿四,12.30；詹事遷。
	(↑)**祥泰**	
	(滿)**魁齡** 　　五、丙子、十八,6.30；遷理右。	(滿)**銘安** 　　七、甲戌、十八,8.27；詹事遷。
	(漢)**衍秀** 　　五、戊寅、廿,7.2；改泰寧鎮。	(滿)**恩承** 　　七、甲戌；候補閣學授。 　　十二、癸丑；遷理左。
	李鴻藻(軍、學) 　　二、甲寅、廿四,4.9；遷禮右。	**朱蘭** 　　(皖學)三、戊子、廿九,5.13；詹事遷。
	桑春榮 　　三、丙戌、廿七,5.11；遷刑右。	**劉崐** 　　四、己酉、廿一,6.3；太僕遷。 　　八、乙巳、十三,10.2；署順尹。
	許彭壽 　　△死。	**杜聯** 　　(粤學)十、丁亥、二,11.8；少詹遷。
	殷兆鏞	

年代				
翰林院	(蒙)**倭仁** * *			
	賈楨 * *			
詹事府	(滿)**繼格** 　二、壬寅；改大理。	(滿)**銘安** 三月、少詹遷。 七、甲戌、遷閣學。	(↑)**瑞聯** 　八月、祭酒授。 十一、乙卯；遷閣學。	(蒙)**訥仁** 十二、壬寅、十七,1.22； 少詹遷。
	朱蘭 　(皖學)三、戊子；遷閣學。		**王祖培** 四、己酉；少詹遷。	

同 治 六 年　丁卯(1867)

(蒙)**訥仁**
二、己亥、十五,3.20;詹事遷。

(宗室)**載齡**　　　　　　　　　　(滿)**寶珣**
四、丁酉、十四,5.17;遷理左。　　　五、戊寅、廿六,6.27;翰講學遷。
　　　　　　　　　　　　　　　　十月,署馬蘭鎮。

(?)**瑞聯**　　　　　　　　　　　(滿)**廣壽**
四、丁亥、四,5.7;遷盛兵。　　　　五、戊寅;詹事遷。

(?)**祥泰**
五、丁丑、廿五,6.26;署禮右。

(滿)**銘安**
五、甲子、十二,6.13;粵鄉正考。

(宗室)**麟書**
二、己亥;太常遷。

朱　蘭
八、辛巳、一,8.29;卸皖學。

劉　崑　　　　　　　　　　　**王祖培**
正、丙寅、十一,2.15;改湘撫。　　二、癸卯、十九,3.24;詹事遷。

杜　聯
八、辛巳;卸粵學。

殷兆鏞
八、辛巳;皖學。

(蒙)**倭仁** **　　　　　　　　(蒙)**瑞常** *
六、乙未、十三,7.16;卸兼。　　　六、乙未;工尚兼。

賈　楨 **

(蒙)**訥仁**　　　　(滿)**廣壽**　　　　　(?)**文奎**
二、己亥;遷閣學。　四、丁亥;溁講學遷。　　七、壬申、廿一,8.20;少詹遷。
　　　　　　　　　五、戊寅;遷閣學。

王祖培　　　　　**夏同善**　　　　　　　**邵亨豫**
二、癸卯;遷閣學。　三、庚午、十六,4.20;翰講學(蘇學)遷。　九、戊寅、廿八,10.25;祭酒授。
　　　　　　　　　△夏免。

内閣學士年表

年代	同 治 七 年　戊辰(1868)
内 閣 學 士	(蒙)訥仁
	(滿)寶珣
	(滿)廣壽
	(↑)祥泰
	(滿)銘安
	(宗室)麟書
	朱 蘭　　　　　　　　　　　　宋 晉 　　　　　　　　　　　　　　　閏四、癸酉、廿六,6.16；倉侍授。
	王祖培 　四、戊戌、廿,5.12；殿試讀卷。
	杜 聯　　　　　　　　　　　　景其濬 　七、丙戌、十一,8.28；遷禮右。　　八、丁卯、廿三,10.8；詹事遷。
	殷兆鏞　　　　　　　　　　　　邵亨豫 　(皖學)三、丙子、廿八,4.20；遷禮右。　閏四、己酉、二,5.23；詹事遷。
翰 林 院	(蒙)瑞常 * 　六、庚戌、四,7.23；工尚改刑尚,仍兼。
	賈 楨 * *　　　　　　　　　　朱鳳標 * * 　正、癸酉、廿四,2.17；休。　　　△三月,體仁兼。
詹 事 府	(↑)文奎
	邵亨豫　　　　　　　景其濬　　　　　　　梁肇煌 　閏四、己酉；遷閣學。　　五、乙未、十九,7.8；少詹遷。　十一、己丑、十六,12.29； 　　　　　　　　　　　八、丁卯；遷閣學。　　翰讀學遷。

同 治 八 年　己巳(1869)		同 治 九 年　庚午(1870)	
(蒙)訥仁		(蒙)訥仁	
(滿)寶珣 十二、壬寅、五、1.6； 遷兵右。	(？)文奎 十二、丁巳、廿、1.21； 詹事遷。	(？)文奎	
(滿)廣壽 八、乙卯、十六、9.21； 遷理右。	(滿)常恩 九、癸巳、廿五、10.29； 翰講學遷。	(滿)常恩	
(？)祥泰		(？)祥泰	
(滿)銘安 三、庚辰、八、4.19；署泰寧鎮。		(滿)銘安 六、丙辰、廿一、7.19；江鄉正考。 十一、丙辰、廿五、1.15；署倉侍。	
(宗室)麟書 三、庚辰；遷盛禮。	(？)慶陞 四、壬戌、廿、5.31； 太常遷。	(？)慶陞	
宋　晉		宋　晉	
王祖培		王祖培 五、丙子、十一、6.9； 粵鄉正考。	錢寶廉 九、甲申、廿一、10.15；少詹遷。 十一、丙辰；署兵左。
景其濬		景其濬 八、乙未、一、8.27；皖學。	
邵亨豫		邵亨豫	
(蒙)瑞常＊ (刑尚兼)		(蒙)瑞常＊ (刑尚兼)	
朱鳳標＊＊		朱鳳標＊＊	
(？)文奎 十二、丁巳；遷閣學。		(滿)紹祺	
梁肇煌		梁肇煌 七、癸未、十九、8.15； 改順尹。	夏同善 九、乙丑、二、10.26； 服闋授。

內閣學士年表

年代	同 治 十 年　辛未(1871)		
內閣學士	(蒙)**訥仁**		
	(?)**文奎**		
	(滿)**常恩** 三、丙申、六，4.25；會試副考。 六、壬午、廿三，8.9；遷刑右。	(?)**德檮** 七、甲寅、廿六，9.10；奉尹遷。	
	(?)**祥泰** 二、庚寅、卅，4.19；署禮右。		
	(滿)**銘安** 五、乙卯、廿六，7.13；遷盛刑。	(滿)**紹祺** 七、己亥、十一，8.26；詹事遷。	
	(?)**慶陞**		
	宋　晉		
	錢寶廉 五、癸丑、廿四，7.11；遷工右。	**翁同龢** 七、壬辰、四，8.19；太僕遷。 △憂免。	
	景其濬 (皖學)		
	邵亨豫 五、乙巳、十六，7.3；遷禮右。	**何廷謙** 十、乙丑、八，11.28；詹事遷。	
	(漢)**徐　桐** 七　壬辰，太常遷。 九、乙未、八，10.21；遷禮右。		
翰林院	(蒙)**瑞常** * * 二、戊子、廿八，4.17；遷文淵。		
	朱鳳標 * *		
詹事府	(滿)**紹祺** 七、己亥；遷閣學。	(滿)**蘇勒布** 八、甲戌、十六，9.30；少詹遷。	
	夏同善 七、乙卯、廿七，9.11；遷兵右。	**何廷謙** 九、乙未；少詹遷。 十、乙丑；遷閣學。	**馬恩溥** 十一、庚戌、廿四，1.4；少詹遷。

同治十一年　壬申(1872)

(蒙)訥仁

(?)文奎

(?)德椿

(?)祥泰

(滿)紹祺

(?)慶陞

宋　晉

馬恩溥
二、癸未、廿九,4.6;詹事遷。

景其濬
(皖學)五、丙午、廿三,6.28;解皖學任。

何廷謙	黄　鈺
八、壬戌、十,9.12;遷工左。	九、癸巳、十二,10.13;詹事遷。

(蒙)瑞常 ＊＊	(滿)全慶 ＊
三、辛丑、十七,4.24;死。	四、癸亥、十,5.16;刑尚兼。

朱鳳標 ＊＊	單懋謙 ＊＊
六、甲子、十一,7.16;休。	六月,吏尚兼。八月,遷文淵。

(滿)蘇勒布

馬恩溥	黄　鈺	袁保恒
二、癸未;遷閣學。	四、癸亥;少詹遷。	十、辛未、廿,11.20;少詹遷。
	九、癸巳;遷閣學。	

內閣學士年表

年代	同治十二年　癸酉(1873)	
內 閣 學 士	(蒙)訥仁 　四、壬申、廿四,5.20;遷工右。	(?)松溎 　十二、庚寅、十六,2.2;詹事遷。
	(?)文奎 　五、甲申、七,6.1;署烏里雅蘇台參贊。	(?)阿昌阿 　六、庚午、廿三,7.17;太常遷。
	(?)德椿	
	(?)祥泰	
	(滿)紹祺 　十、壬辰、十七,12.6;署刑右。	
	(?)慶陞	
	(蒙)崇綺 　五、庚寅、十三,6.7;候補閣學授。 　十一、己未、十四,1.2;遷戶右。	
	宋　晉 　十二、己丑、十五,2.1;遷戶右。	
	馬恩溥 　六、己未、十二,7.6;閩鄉正考。 　八、丁丑、一,9.22;蘇學。	
	景其濬	
	黃　鈺	
翰 林 院	(滿)全慶* 　十二、戊子、十四,1.31;降二調。	(滿)寶鋆(軍) 　十二、己丑、十五,2.1;吏尚兼。
	單懋謙**	
詹 事 府	(滿)蘇勒布 　二、壬戌、十三,3.11;改大理。	(?)松溎 　三、癸巳、十五,4.11;少詹遷。 　十二、庚寅;遷閣學。
	袁保恒	

同治十三年　甲戌(1874)

(?)松溎 　九、壬寅、三,10.12;改駐藏。	(?)歧元 　十、丁亥、十八,11.26;太常遷。
(?)阿昌阿	
(?)德椿 　十二、辛卯、廿二,1.29;遷理左。	
(?)祥泰	
(滿)紹祺 　十一、己酉、十,12.18;遷刑左。	
(?)慶陞 　八、甲戌、四,9.14;遷戶右。	(蒙)鐵祺 　九、戊申、九,10.18;詹事遷。

袁保恒 　二、壬午、九,3.26;詹事遷。 　九、癸亥、廿四,11.2;遷戶左。	翁同龢 　十一、丙寅、廿七,1.4;候補閣學授。
馬恩溥 　(蘇學)	祁世長 　五、壬子、十一,6.24;翰讀學遷。
景其濬	
黄　鈺 　正、庚午、廿六,3.14;遷刑左。	龔自閎 　三、己酉、七,4.22;太常遷。 　四、壬辰、廿,6.4;殿試讀卷。

(滿)寶鋆 * *(軍) 　三、丙午、四,4.19;授協。八、癸酉、三,9.13;改兵尚。 　十一、己酉、十,12.18;遷體仁。	
單懋謙 * * 　四、丁丑、五,5.20;休。	毛昶熙 　四、庚辰、八,5.23;吏尚兼。
(蒙)鐵祺 　二、庚寅、十七,4.3;翰讀學遷。 　九、戊申;遷閣學。	(宗室)奎潤 　十、丁亥、十八,11.26;翰讀學遷。
袁保恒 　二、壬午;遷閣學。	周壽昌 　三、己酉、七,4.22;翰讀學遷。 　九、癸亥;署戶左。

年代	光緒元年　乙亥(1875)	
內閣學士	(?)**岐元** 四、庚辰、十四,5.18;署奉尹。 七、戊午、廿四,8.24;改盛户。	(滿)**烏拉喜崇阿** 九、癸卯、十,10.8;詹事遷。 十、丁亥、廿四,11.21;差往朝鮮副使。
	(?)**阿昌阿**	
	(滿)**全慶** 二、戊子、廿,3.27;降調刑尚授。	
	(?)**祥泰** 十、丁卯、四,11.1;病免。	(?)**載慶** 十一、庚申、廿七,12.24;太常遷。
	(?)**長叙** 三、乙巳、八,4.13;太常遷。	
	(蒙)**鐵祺**	
	翁同龢 八、乙亥、十一,9.10;署刑右。	
	祁世長	
	景其濬	
	龔自閎	
翰林院	(滿)**寶鋆****(軍)	
	毛昶熙 (吏尚兼)	
詹事府	(宗室)**奎潤** 二、戊子;改大理。	(滿)**烏拉喜崇阿** 四、戊辰、二,5.6;翰讀學遷。 九、癸卯;遷閣學。
		(?)**寶森** 十一、壬戌、廿九,12.26;祭酒授。
	周壽昌	

光 緒 二 年　丙子(1876)

(滿)烏拉喜崇阿 　三、己亥、七,4.1;遷兵右。	(?)慶福 　十一、庚辰、廿三,1.7;太常遷。
(?)阿昌阿 　十一、乙丑、八,12.23;署理右。	
(滿)全慶 　十、甲寅、廿七,12.12;遷禮右。	(宗室)崑岡 　十一、庚辰;詹事遷。
(?)戴慶	
(?)長叙 　十、甲寅;署兵左。	
(蒙)鐵祺	
(?)桂全 　四、癸未、廿二,5.15;光禄遷。 　十、甲寅;遷理右。	
翁同龢 　正、乙卯、廿三,2.17;遷户右。	周壽昌 　三、甲辰、十二,4.6;詹事遷。 　四、辛巳、廿,5.13;殿試讀卷。
祁世長	
景其濬	馮譽驥 　五、丙午、十六,6.7;少詹遷。
龔自閎 　六、辛亥、廿二,8.11;江鄉正考。 　十、辛亥、廿四,12.9;皖學。	
(滿)寶鋆＊＊(軍)	
毛昶熙 　(吏尚兼)	

(?)寶森	(滿)文溎	(宗室)崑岡	(蒙)錫珍
二、甲申、廿,3.16; 改大理。	三、戊午、廿六,4.20;少詹遷。 五、丙申、六,5.28;改通政。	閏五月,少詹遷。 十一、庚寅;遷閣學。	十二、壬寅、十六,1.29; 翰讀學遷。
周壽昌 　三、甲辰;改閣學。	孫詒經 　三、丁巳、廿五,4.19;翰講學遷。 閏五、壬申、十二,7.3;閩鄉正考。 八、己丑、一,9.18;閩學。		

內閣學士年表

年代	光 緒 三 年　丁丑(1877)
內 閣 學 士	(?)**慶福** 　　正、癸亥、七,2.19;署兵左。 (?)**阿昌阿** (宗室)**崑岡** 　　三、壬戌、六,4.19;會試副考。 　　四、乙巳、廿,6.1;殿試讀卷。 (?)**戴慶** (?)**長叙**　　　　　　　　　　　　　(宗室)**松森** 　　正、癸亥、七,2.19;遷禮右。　　　十二、丙申、十六,1.18;詹事遷。 (蒙)**鐵祺** (滿)**志和** 　　二、甲辰、十八,4.1;通政遷。 　　十一、乙卯、四,12.8;遷禮右。 **周壽昌** 　　三、壬戌;署戶左。 **祁世長** **馮譽驥** 　　三、壬戌;署刑右。 　　九、丁卯、十五,10.21;署禮左。 **龔自閎** 　　(皖學)
翰 林 院	(滿)**寶鋆**＊＊(軍) **毛昶熙** 　　(吏尚兼)
詹 事 府	(蒙)**錫珍**　　　　　　　　　　　　(宗室)**松森** 　　三、庚辰、廿四,5.7;改通政。　　　十二、丙申;遷閣學。 **孫詒經** 　　(閩學)

光 緒 四 年　戊寅(1878)	
(?)慶福	
(?)阿昌阿	
(宗室)崑岡 二、己亥、十九，3.22；遷禮右。	(滿)銓林 四、丙午、廿七，5.28；詹事遷。
(?)載慶	
(宗室)松森 三、癸亥、十三，4.15；遷禮右。	(滿)啓秀 十、壬寅、廿六，11.20；詹事遷。
(蒙)鐵祺	
周壽昌	孫詒經 二、辛卯、十一，3.14；詹事(閩學)遷。 十二、己丑、十四，1.6；遷工左。
祁世長 四、甲辰、廿五，5.26；署兵左。 八、甲辰、廿七，9.23；署吏右。十二、戊子、十三，1.5；順學。	
馮譽驥 四、癸巳、十四，5.15；署刑左。 五、戊辰、十九，6.19；遷禮右。	王之翰 七、壬子、四，8.2；通政遷。
龔自閎 (皖學)八、甲辰；遷禮右。	許應騤 十、庚子、廿四，11.18；少詹遷。
(滿)寶鋆 * *(軍)	
毛昶熙 五、戊辰；憂免。	沈桂芬 *(軍) 五、己巳、廿，6.20；兵尚兼。

(滿)銓林 二、辛卯；少詹遷。 四、丙午；遷閣學。	(?)崇勳 六月，少詹遷。 七、丙寅、十八，8.16；改通政。	(滿)啓秀 九月，少詹遷。 十、壬寅；遷閣學。	(滿)興廉 十一、庚午、廿五， 12.18；少詹遷。
孫詒經 (閩學)二、辛卯；遷閣學。		徐致祥 四、丙申、十七，5.18；翰講學遷。	

內閣學士年表

年代	光 緒 五 年　己卯(1879)		
內 閣 學 士	(?)慶福		
	(?)阿昌阿 二、壬午、八,2.28;遷理右。	(滿)興廉 △詹事遷。 十一、壬申、三、12.15;遷工右。	(蒙)耀年 十二、庚子、一,1.12;太僕遷。
	(滿)銓林		
	(?)戴慶 正、丁卯、廿三,2.13;休。	(?)岳林 九、庚辰、十、10.24;鑲藍滿副授。	
	(滿)啓秀 正、丁卯;遷工右。	(?)桂昂 六、丙寅、廿四,8.11;詹事遷。	
	(蒙)鐵祺 五、甲午、廿,7.10;遷理右。	(漢)崇禮(總) 七、丙子、四,8.21;正白滿副授。九、壬辰、廿二, 11.5;直總。十一、壬辰、廿三,1.4;署刑左。	
	(?)師曾 二、甲辰、卅,3.22;鑲紅蒙副授。 六、癸卯、一,7.19;遷工左。	(?)恩麟 三、丁巳、十三,4.4;正黃滿副授。 八、乙卯、十四,9.29;遷兵右。	
	徐致祥 二、壬午;詹事遷。三、乙卯、十一,4.2;署吏左。 四、癸酉、卅,6.19;順學。八、壬寅、一,9.16;仍順學。		
	祁世長 (順學)正、辛未、廿七,2.17;遷禮左。	孫家鼐 三、壬子、八,3.30;少詹遷。	
	王之翰 正、辛未;署禮左。		
	許應騤 七、壬午、十,8.27;遷兵左。	孫毓汶 八、壬寅;仍皖學。 八、甲寅、十三,9.28;詹事遷。	
翰 林 院	(滿)寶鋆 **(軍)		
	沈桂芬 *(軍) (兵尚兼)		
詹 事 府	(滿)興廉 △遷閣學。	(?)桂昂 三、甲子、廿,4.11;少詹遷。 六、丙寅;遷閣學。	(滿)慶麟 七、甲午、廿二,9.8;少詹遷。
	徐致祥　　　孫毓汶 正、丁卯;署吏左。三、己卯、十一,4.2;翰讀學遷。 二、壬午;遷閣學。四、庚申、十七,6.6;皖學。八、甲寅;遷閣學。		徐　郙 九、壬辰、十二,11.5;少詹遷。

光 緒 六 年　庚辰(1880)	
(?)**慶福**	
(蒙)**耀年** 　十、辛酉、廿六,11.28;遷兵左。	(滿)**慶麟** 　十一、戊子、廿四,12.25;詹事遷。
(滿)**銓林**	
(?)**岳林**	
(?)**桂昂** 　四、丁巳、廿,5.28;殿試讀卷。	
(漢)**崇禮**(總) 　八、丙午、十,9.14;遷禮右。	(宗室)**敬信** 　九、庚午、五,10.8;太常遷。 　十二、戊戌、五,1.4;遷刑右。
徐致祥 　(順學)	
孫家鼐 　八、癸卯、七,9.11;遷工左。	**梅啓照** 　九、丙戌、廿一,10.24;前浙撫授。
王之翰	
孫毓汶 　(皖學)	
(滿)**寶鋆**＊＊(軍)	
沈桂芬＊(軍) 　(兵尚兼)	
(滿)**慶麟** 　十一、戊子;遷閣學。	(宗室)**寶廷** 　十二、庚戌、十七,1.16;少詹遷。
徐　郙	

內閣學士年表

年代	光緒七年　辛巳(1881)		
內 閣 學 士	(?)**慶福**		
	(滿)**慶麟**		
	(滿)**銓林**		
	(?)**岳林**		
	(?)**桂昻**	(滿)**貴恒** 　△詹事遷。	
	(宗室)**寶廷** 　正、辛卯、廿八，2.26；詹事遷。 　十、癸酉、十四，12.5；遷禮右。		
	徐致祥 　(順學) △憂免。	**黃體芳** 　(蘇學) 十二、丙子、十八，2.6；詹事遷。	
	梅啓照 　四、丁未、十六，5.13；遷兵右。	**廖壽恒** 　十、乙丑、六，11.27；詹事遷。	
	王之翰		
	孫毓汶 　(皖學) 十二、甲申、廿六，2.14；遷工右。		
	徐　郙 　五、丁丑、十六，6.12；詹事遷。 　六、甲辰、十四，7.9；署工左。八、丁亥、廿八，10.20；遷兵右。	**張之洞** 　六、癸卯、十三，7.8；翰講學遷。 　十一、壬寅、十四，1.3；改晉撫。	
翰 林 院	(滿)**寶鋆** * * (軍)		
	沈桂芬 * (軍) 　正、丙寅、三，2.1；死。	**萬靑藜** 　正、丙寅吏尚兼。 　六、癸卯、十三，7.8；卸。	**毛昶熙** 　六、癸卯；前吏尚授。
詹 事 府	(宗室)**寶廷** 　正、辛卯；遷閣學。	(滿)**貴恒** 　二、丁巳、廿五，3.24；翰讀學遷。 　△遷閣學。	(滿)**英煦** 　十二、丁亥、廿九，1.17；光少遷。
	徐　郙 　五、丁丑；遷閣學。	**廖壽恒** 　六、癸卯；翰讀學遷。 　十、乙丑；遷閣學。	**黃體芳** 　△少詹(蘇學)遷。 　十二、丙子；遷閣學。

光 緒 八 年　壬午(1882)

(?)**慶福**

(滿)**慶麟**

(滿)**銓林**　　　　　　　　　　　　　　　　(宗室)**阿克丹**
　　　　　　　　　　　　　　　　　　　　　△光祿遷。

(?)**岳林**　　　　　　　　　　　　　　　　(滿)**嵩申**
　正、辛亥、廿四,3.13;遷理右。　　　　　二、甲申、廿八,4.15;光祿遷。

(滿)**貴恒**
　五、戊申、廿三,7.8;署刑右。
　七、壬辰、八,8.21;魯鄉正考。

(蒙)**升泰**
　二、甲申;伊犁參贊授,旋署烏魯木齊都統。

黄體芳
　八、甲寅、一,9.12;仍差順學。
　十一、戊子、六,12.15;遷兵左。

廖壽恒

王之翰
　十一、戊子;署左副。
　十一、癸巳、十一,12.20;休。

張家驤
　四、丁巳、二,5.18;詹事遷。
　十一、戊子;署戶左。

(滿)**寶鋆** * *(軍)

毛昶熙　　　　　　　　　　　　　　　　(漢)**徐　桐**
　正月,授兵尚。　　　　　　　　　　　　二、戊辰、十二,3.30;禮尚兼。
　二、丁卯、十一,3.29;死。

(滿)**永順**　　　　　　　　　　　　　　　(滿)**寶昌**
　三、辛丑、十五,5.2;少詹遷。　　　　　九、己丑、六,10.17;少詹遷。
　八、丁卯、十四,9.25;改通政。

張家驤　　　　　　　　　　　　　　　　**朱迪然**
　三、甲午、八,4.25;翰講學遷。　　　　　六、丁巳、三,7.17;翰讀學遷。
　四、丁巳;遷閣學。

內閣學士年表

年代	光 緒 九 年　癸未(1883)		
內 閣 學 士	(？)慶福		
	(滿)慶麟		
	(宗室)阿克丹 四、辛亥、一,5.7;改盛工。	(滿)景廉(軍)(總) 七、丙申、十八,8.20;降户尚授。 九、丁未、卅,10.30;遷吏左。	(？)尚賢 十二、甲寅、八,1.5; 光祿遷。
	(滿)嵩申 二、甲寅、三,3.11;遷禮右。	(滿)熙敬 五、丙申、十七,6.21;太常遷。 十一、壬寅、廿五,12.24;遷禮右。	(？)鳳秀 十二、甲寅;太常遷。
	(滿)貴恒 正、丁酉、十五,2.22;遷禮右。	(？)祥麟 三、辛卯、十一,4.17;少詹遷。 十一、丙申、十九,12.18;改哈密幫辦。	(滿)烏拉布 十二、辛酉、十五, 1.12;翰讀學遷。
	(蒙)升泰 (署烏魯木齊都統)		
	(滿)景善 六、庚午、廿二,7.25;遷工右。	(宗室)奎潤 十、丁丑、卅,11.29;降左都授。 十一、丙申;遷吏右。	
	周德潤 正、庚戌、廿八,3.7;少詹遷。 九、庚寅、十三,10.13;武會副考。		
	廖壽恒		
	陳寶琛 二、庚午、十九,3.27;翰讀學遷。		
	張家驤 四、庚午、廿,5.26;殿試讀卷。 六、丙辰、八,7.11;遷工右。	徐致祥 十二、甲寅;少詹遷。	
	洪　鈞 七、甲辰、廿六,8.28;詹事遷。 十、甲戌、廿七,11.26;病免。		
翰 林 院	(滿)寶鋆＊＊(軍)		
	(漢)徐　桐 (禮尚兼)		
詹 事 府	(滿)寶昌		
	朱逌然	洪　鈞 三、丙戌、六,4.12;翰讀學遷。 七、甲辰;遷閣學。	錢桂森 九、戊寅、一,10.1;少詹遷。

光緒 十 年　甲申(1884)	光緒十一年　乙酉(1885)
(?)慶福 閏五、乙巳、二、6.24；署禮右。	(?)慶福
(滿)慶麟　　　(?)恩棠 五、己丑、十五、6.8；　閏五、甲子、廿一、7.13； 遷禮左。　　祭酒遷。	(?)恩棠
(?)尚賢	(?)尚賢
(?)鳳秀	(?)鳳秀　　(滿)景廉 三、癸亥、廿四，　四、甲申、十六、5.29；降調兵尚授。 5.8；遷盛兵。　△八月，死。
(滿)烏拉布　　(?)文碩 五、己丑；遷工右。　閏五、甲子；光禄遷。	(?)文碩　　　(蒙)續昌(總) 十一、丙辰、廿二，12.27；　十二、壬午、十八、1.22； 改駐藏。　太常(總)遷。
(蒙)升泰 (署烏魯木齊都統)	(蒙)升泰 △憂免。
周德潤(總) 三、壬辰、十七、4.12；直總。十、乙酉、十四、12.1； 罷總。十二、甲戌、四、1.19；署禮左。	周德潤 七、丙辰、廿，8.29；赴滇勘界。
廖壽恒(總) 閏五、乙巳、二、6.24；直總。 八、乙亥、四、9.22；署工左。	廖壽恒(總) 六、丁丑、十，7.21；籤鄉正考。 十二、庚寅、廿六、1.30；遷兵右。
陳寶琛 四、戊午、十四、5.8；會辦南洋事宜 十二、壬午、十二、1.27；降五調。	李鴻藻　　　汪鳴鑾 二、壬申、二、3.18；降調吏尚授。　十二、乙亥、十一、 十一、癸丑、十九、12.24；遷吏右。　1.15；詹事遷。
徐致祥　　　錢桂森 八、辛丑、卅、10.18；署禮左。十、癸酉、二、 △降調。　11.19；詹事遷。	錢桂森 五、庚戌、十二、6.24；粵鄉正考。
(滿)寶鋆＊＊(軍)　(宗室)靈桂＊＊ 三、戊子、十三、4.8；死。　三、庚辰、五、3.31； 體仁兼。	(宗室)靈桂　＊＊　(宗室)麟書 九、辛丑、六、10.13；死。　十一、癸亥、廿九、 1.3；工尚兼。
(漢)徐　桐 (吏尚兼) 三、庚寅、十五、4.10；禮尚改吏尚。	(漢)徐　桐 (吏尚兼)
(滿)寶昌	(滿)寶昌
錢桂森　　　汪鳴鑾 十、癸酉；遷閣學。十一、丙午、六、12.22； 翰講學遷。	汪鳴鑾 十二、乙亥；遷閣學。

內閣學士年表

年代	光緒十二年　丙戌(1886)	
內 閣 學 士	(？)**慶福**	
	(？)**恩棠**	
	(？)**尚賢** 　五、庚子、八，6.9；改駐藏幫辦。	(滿)**寶昌** 　十二、丁丑、十九，1.12；詹事遷。
	(？)**文興**	
	(蒙)**續昌**(總) 　五、丁未、十五，6.16；署刑右。	
	(宗室)**綿宜** 　五、辛酉、廿九，6.30；前盛兵授。 　十二、辛酉、三，12.27；遷理右。	(？)**豐烈** 　十二、丁丑；太常遷。
	周德潤	
	沈秉成(總) 　二、丁丑、十三，3.18；順尹(總)遷。 　四、癸未、廿，5.23；殿試讀卷。	
	汪鳴鑾 　五、癸丑、廿一，6.22；粵學。	
	錢桂森	
翰 林 院	(宗室)**麟書** 　二、乙亥、十一，3.16；工尚改刑尚，仍兼。	
	(漢)**徐　桐** 　　(吏尚兼)	
詹 事 府	(滿)**寶昌** 　十二、丁丑；遷閣學。	
	李端棻 　二、丁卯、三，3.8；少詹遷。	

光緒十三年　丁亥(1887)	
(?)**慶福** 　　十二、丁未、廿五,2.6;遷理右。	
(?)**恩棠**	
(滿)**寶昌**	
(?)**文興**	
(蒙)**續昌**(總) 　　二、戊子、卅,3.24;遷禮右。	(滿)**文治** 　　四、甲戌、十七,5.9;詹事遷。
(?)**豐烈**	
周德潤 　　四、庚申、三,4.25;署工左。 　　九、戊午、四,10.20;遷刑右。	**李端棻** 　　九、戊寅、廿四,11.9;詹事遷。
沈秉成(總) 　　閏四、己丑、二,5.24;署刑左。 　　七、癸未、廿八,9.15;改桂撫。	**洪　鈞**(使俄、德) 　　五、己未、三,6.23;前任閣學出使俄、德。 　　八、丙午、廿二,10.8;前任授。
汪鳴鑾 　　(粵學)	
錢桂森	
(宗室)**麟書** 　　(刑尚兼)	
(漢)**徐　桐** 　　(吏尚兼)	
(滿)**文治** 　　四、甲戌;遷閣學。	(蒙)**福楙** 　　閏四、丙午、十九,6.10;少詹遷。
李端棻 　　九、戊寅;遷閣學。	**陳學棻** 　　(閩學) 十、甲辰、廿一,12.5;少詹遷。

內閣學士年表

年代	光緒十四年　戊子(1888)		
內 閣 學 士	(蒙)**福梯** 　　二、己亥、十七,3.29;詹事遷。	(?)**愛廉** 　　十二、丙戌、九,1.10;太常遷。	
	(?)**恩棠** 　　三、癸亥、十二,4.22;遷理右。	(蒙)**裕德** 　　四、戊子、七,5.17;詹事遷。 　　八、庚辰、一,9.6;魯學。	
	(滿)**寶昌**		
	(?)**文興** 　　十一、壬戌、十五,12.17;遷禮右。	(宗室)**靈穆歡** 　　十二、丙戌;詹事遷。	
	(滿)**文治**		
	(?)**豐烈**		
	李端棻		
	洪　鈞 　　(使俄、德)		
	汪鳴鑾 　　七、壬子、二,8.9;遷工右。 　　八、庚辰;卸粵學。	**陳學棻** 　　七、丙子、廿六,9.2;詹事遷。 　　八、庚辰;卸閩學。	
	錢桂森 　　六、壬辰、十二,7.20;浙鄉正考。 　　八、庚辰;皖學。		
翰 林 院	(宗室)**麟書** 　　(刑尚兼)		
	(漢)**徐　桐** 　　(吏尚兼)		
詹 事 府	(蒙)**福梯** 　　二、己亥;還閣學。	(蒙)**裕德** 　　三、丙辰、五,5.14;少詹遷。 　　四、戊子;遷閣學。	(宗室)**靈穆歡** 　　四、甲辰、廿三,6.2;少詹遷。 　　十二、丙戌;遷閣學。
	陳學棻 　　(閩學)七、丙子;遷閣學。	**梁耀樞** 　　八、戊戌、十九,9.24;少詹遷。	**龍湛霖** 　　十二、戊子、十一,1.12;少詹遷。

光緒十五年　己丑(1889)		
(？)愛廉		
(蒙)裕德 　（魯學）		
(滿)寶昌 　三、戊辰、廿三,4.22；遷禮右。	(滿)鳳鳴 　四、癸巳、十八,5.17；詹事遷。	
(宗室)靈穆歡		
(滿)文治		
(？)豐烈		
李端棻 　五、丁巳、十二,6.10；粵鄉正考。		
洪　鈞 　（使俄、德）		
陳學棻		
錢桂森 　（皖學）		
(宗室)麟書 　九、丙辰、十三,10.7；刑尚改吏尚,仍兼。		
(漢)徐　桐 * 　（吏尚兼）正、辛酉、十五,2.14；授。		
(宗室)岳琪 　二、戊戌、廿二,3.23；改通政。	(滿)鳳鳴 　三、甲子、十九,4.18；翰講學遷。 　四、癸巳；遷閣學。	(滿)志銳 　六、丙子、二,6.29；少詹遷。
龍湛霖		

內閣學士年表

年代	光緒十六年　庚寅(1890)
内閣學士	(宗)**愛廉**
	(蒙)**裕德** 　(魯學) 十二、庚申、廿五, 2.3; 遷工左。
	(滿)**鳳鳴**　　　　　　　　　　　　　(宗)**榮惠** 　十、乙卯、十九, 11.30; 改理左。　　　十一、乙亥、九, 12.20; 太常遷。
	(宗室)**靈穆歡**
	(滿)**文治**
	(宗)**豐烈**　　　　　　　　　　　　　(滿)**祥麟** 　二、甲申、十四, 3.4; 遷工右。　　　　二、丁酉、廿七, 3.17; 烏里雅蘇台參贊授。
	李端棻
	洪　鈞　　　　　　　　　　　　　**李文田** 　(使俄、德)　　　　　　　　　　　　　正、甲辰、三, 1.23; 少詹遷 　閏二、丙寅、廿六, 4.15; 遷兵左。　十一、戊寅、十二, 12.23; 遷禮右。
	陳學棻
	錢桂森 　(皖學)
翰林院	(宗室)**麟書** 　(吏尚兼)
	(漢)**徐　桐** * 　(吏尚兼)
詹事府	(滿)**志銳**
	龍湛霖

光緒十七年　辛卯(1891)	
(？)**愛廉**	
(宗室)**溥良** 　　三、癸酉、九，4.17；少詹遷。 　　八、壬辰、一，9.3；蘇學。	
(？)**榮惠**	
(宗室)**霍穆歡** 　　八、丁酉、六，9.6；順鄉副考。	
(滿)**文治**	
(滿)**祥麟** 　　四、丁未、十四，5.21；改倉侍。	(？)**志顏** 　　五、乙丑、二，6.8；太常遷。
李端棻 　　五、乙酉、廿二，6.28；川鄉正考。	
龍湛霖 　　正、癸巳、廿八，3.8；詹事遷。	
陳學棻 　　六、甲辰、十二，7.17；贛鄉正考。	
錢桂森 　　八、壬辰；卸皖學。	
(宗室)**麟書** 　　(吏尚兼)	
(漢)**徐　桐** * 　　(吏尚兼)	
(滿)**志　銳**	
龍湛霖 　　正、癸巳；遷閣學。	**徐會灃** 　　二、己未、廿五，4.3；少詹遷。

內閣學士年表

年代	光緒十八年　壬辰(1892)	
內 閣 學 士	(？)**愛廉**	
	(宗室)**溥良** 　(蘇學)	
	(？)**榮惠**	
	(宗室)**瞿穆歡** 　三、甲子、六，4.2；會試副考。	(？)**壽薩** 　九、丙申、十一，10.31；太常遷。
	(滿)**文治**	
	(？)**志顏** 　八、甲申、廿九，10.19；遷工右。	(？)**克們泰** 　九、戊申、廿三，11.12；太僕遷。
	(滿)**長麟** 　閏六、戊辰、十二，8.4；少詹遷。 　八、壬申、十七，10.7；遷禮右。	
	李端棻 　三、甲子；會試副考。 　十、丙子、廿二，12.10；遷刑右。	**惲彥彬** 　十一、己酉、廿五，1.12；詹事遷。
	龍湛霖	
	陳學棻 　四、癸丑、廿五，5.21；殿試讀卷。 　八、壬申；遷戶右。	**王文錦** 　九、甲辰、十九，11.8；祭酒遷。
	錢桂森 　六、癸卯、十七，7.10；病免。	**徐會灃** 　閏六、甲戌、十八，8.10；詹事遷。
翰 林 院	(宗室)**麟書**＊ 　(吏尚兼)八、甲申、廿九，10.19；授協。	
	(漢)**徐　桐**＊ 　(吏尚兼)	
詹 事 府	(滿)**志銳**	
	徐會灃 　閏六、甲戌；遷閣學。	**惲彥彬** 　七、壬寅、十七，9.7；少詹遷。 　十一、己酉；遷閣學。　**朱琛** 　　十二、辛未、十七，2.3；少詹遷。

光緒十九年　癸巳(1893)

(?)愛廉　　　　　　　　　　　　(?)祥霖
　　　　　　　　　　　　　　　　十二、戊午、十,1.16;常少遷。

(宗室)溥良
　(蘇學)

(?)榮惠

(?)壽蔭　　　　　　　　　　　　(宗室)會章
　五、甲申、三,6.16;遷兵右。　　　五、辛丑、廿,7.3;詹事遷。

(滿)文治

(?)克們泰　　　　　　　　　　　(滿)志銳
　正、乙未、十一,2.27;遷工左。　　二、丙辰、三,3.20;詹事遷。

惲彥彬
　六、壬戌、十二,7.24;贛鄉正考。

龍湛霖
　五,癸巳、十二,6.25;閩鄉正考。
　十二、壬戌、十四,1.20;遷州右。

王文錦　　　　　　　　　　　　唐景崇
　六、壬申、廿二,8.3;署工右。　　十、乙卯、七,11.4;翰講學遷。
　八、戊寅、廿九,10.8;遷兵右。

徐會灃　　　　　　　　　　　　許景澄
　二、甲子、十一,3.28;遷工右。　(使俄)三、戊戌、十六,5.1;光禄遷。

(宗室)麟書 *
　(吏尚兼)

(漢)徐　桐 *
　(吏尚兼)

(滿)志銳　　　　　(宗室)會章　　　　　　(滿)良弼
　二、丙辰;遷閣學。　二、癸酉、廿,4.6;少詹遷。　六、戊午、八,7.20;少詹遷。
　　　　　　　　　五、辛丑;遷閣學。

朱　琛
　五、癸卯、廿二,7.5;川鄉正考。

內閣學士年表

年代	光緒二十年　甲午(1894)		
內閣學士	(?)祥霖		
	(宗室)溥良 正、癸卯、廿五、3.2；遷理右。 八、乙巳、一、8.31；卸蘇學。	(?)溥頲 二、己未、十二、3.18；理少遷。	
	(?)榮惠 正、癸卯；遷兵右。	(滿)良弼 二、己未；詹事遷。	
	(宗室)會章 正、癸卯；遷理右。	(宗室)壽耆 九、庚寅、十七、10.15；詹事遷。	
	(滿)文治 五、戊子、十二、6.15；閩鄉正考。		
	(滿)志銳 正、癸卯；遷禮右。	(滿)堃岫 十二、己未、十七、1.12；光禄遷。	
	(?)溥善 二、己未；太常遷。 十二、乙巳、三、12.29；遷禮右。	(?)長萃 二、己未；太僕遷。八、庚戌、六、9.5；順鄉考副。 八、丁卯、廿三、9.22；遷吏右。	
	惲彥彬 八、乙巳、一、8.31；粵學。		
	梁仲衡 二、甲寅、七、3.13；少詹遷。 六、丁巳、十二、7.14；浙鄉正考。		
	唐景崇 四、丙寅、廿、5.24；殿試讀卷。 五、戊子、十二、6.15；粵鄉正考。		
	許景澄 (使俄)		
翰林院	(宗室)麟書 * (吏尚兼)		
	(漢)徐　桐 * (吏尚兼)		
詹事府	(滿)良弼 二、己未；遷閣學。	(宗室)壽耆 二、辛未、廿四、3.30；少詹遷。 九、庚寅；遷閣學。	(滿)鍾靈
	朱　琛 正、丙午、廿八、3.5；休。	丁立幹 二、庚午、廿三、3.29；翰讀學遷。 △死。	黃卓元 五、壬寅、廿六、6.29；少詹遷。 八、乙巳；贛學。

光緒二一年 乙未(1895)

(？)祥霖 四、乙丑、廿四,5.18;改泰寧鎮。	(宗室)溥頤 五、戊寅、八,5.31;鴻臚遷。
(？)溥顥 九、庚子、三,10.20;遷盛兵。	(滿)寶昌 九、戊午、廿一,11.7;少詹遷。
(滿)良弼 三、壬午、十一,4.5;遷盛户。	(滿)鍾靈 四、癸丑、十二,5.6;詹事遷。
(宗室)壽耆 四、辛酉、廿,5.14;殿試讀卷。	
(滿)文治	
(滿)堃岫 十、丙戌、十九,12.5;遷禮右。	(蒙)清銳 十一、丁未、十一,12.26;詹事遷。
惲彥彬 (粤學)十、癸巳、廿六,12.12;遷工右。	陳彝 十一、丁巳、廿一,1.5;順尹遷。
梁仲衡	
唐景崇 三、丁丑、六,3.31;會試副考。	
許景澄 (使俄)六、己卯、十,7.31;遷工左。	黄卓元 (贛學)八、辛巳、十三,10.1;詹事遷。
(宗室)麟書** 六、乙酉、十六,8.6;遷文淵,仍兼。	
(漢)徐桐 (吏尚兼)	

(滿)鍾靈 四、癸丑;遷閣學。	(蒙)清銳 四、丙寅、廿五,5.19;少詹遷。 十一、丁未;遷閣學。	(滿)薩廉 十一、癸亥、廿七,1.11;祭酒授。
黄卓元 (贛學)八、辛巳;遷閣學。	張英麟 九、丙辰、十九,11.5;少詹遷。	

內閣學士年表

年代	光緒二二年　丙申(1896)	
内 閣 學 士	(宗室)**溥頤** 十二、辛酉、一、1.3；遷禮右。	(滿)**準良** 十二、乙亥、十五、1.17；詹事遷。
	(滿)**寶昌** 九、癸卯、十一、10.17；改科布多參贊。	(?)**綿文** 十、壬申、十一、11.15；詹事遷。
	(滿)**鍾靈** 七、癸丑、廿、8.28；遷盛工。	(滿)**闊普通武** 八、己卯、十七、9.23；詹事遷。
	(宗室)**壽耆**	
	(滿)**文治** 五、戊申、十四、6.24；遷兵右。	(?)**松安** 六、丁卯、三、7.13；通副遷。
	(蒙)**清銳**	
	陳　彝 四、甲午、廿九、6.10；病免。	**陸寶忠** 十二、庚辰、廿、1.22；詹事遷。
	梁仲衡	
	唐景崇	
	黃卓元 (嶺學)	
	張英麟 △詹事遷。 十、辛卯、卅、12.4；遷禮右。	**馮文蔚** △詹事遷。 十一、丁未、十六、12.20；署左副。十二月、**死**。
翰 林 院	(宗室)**麟書** ＊＊	
	(漢)**徐　桐** ＊＊ 十、己丑、廿八、12.2；遷體仁、仍兼。	
詹 事 府	(滿)**薩廉** 二、甲申、十九、4.1； 改通政。　　(滿)**闊普通武** 二、壬辰、十七、4.9；少詹遷。 八、己卯；遷閣學。　　(?)**綿文** 九月、少詹遷。 十、壬申；遷閣學。　　(滿)**準良** 十二、乙亥；遷閣學。	
	張英麟 △遷閣學。　　**馮文蔚** 六、庚寅、廿六、8.5；少詹遷。 △遷閣學。　　**陸寶忠** 十一、乙卯、廿四、12.28；少詹遷。 十二、壬戌、二、1.11；署工副。十二、庚辰；遷閣學。	

光緒二三年　丁酉(1897)

(滿)準良

(?)綿文

(滿)闊普通武

(宗室)壽耆

(?)松安	(?)崇寬
三、丁酉、八，4.9；改馬蘭鎮。	四、戊辰、九，5.10；詹事遷。

(蒙)清銳

陸寶忠	張百熙
七、乙未、八，8.5；魯鄉正考。九、辛卯；浙學。九、癸卯、十七，10.12；乞養。	(粵學) 十、戊寅、廿二，11.16；祭酒遷。

梁仲衡	
七、丙申、九，8.6；署工左。	

唐景崇	瞿鴻禨
六、庚午、十二，7.11；署兵左。九、辛卯、五，9.30；遷禮右。	(蘇學) 十、戊午、二，10.27；詹事遷。

黃卓元	
八、戊午、一，8.28；卸贛學。	

(宗室)麟書 **

(漢)徐　桐 **

(?)崇寬	(?)戴尊
正、己未、廿九，3.2；祭酒授。四、戊辰；遷閣學。	四、丙戌、廿七，5.28；通副遷。五、癸卯、十五，6.14；兼署通政。

瞿鴻禨	李綬藻
二、丙寅、七，3.9；翰讀學遷。七、丙申、九，8.6；署刑左。八、戊午；蘇學。十、戊午；遷閣學。	十一、庚子、十五，12.8；少詹遷。

內閣學士年表

年代	光緒二四年　戊戌(1898)
內閣學士	**(滿)準良** 八、丙午、廿五,10.10;署禮右。
	(?)綿文 四、壬寅、廿,6.8;殿試讀卷。
	(滿)闊普通武　七、癸酉、廿二,9.7;遷禮左。　　**(?)景灃**　十一、庚申、十一,12.23;大理遷。
	(宗室)壽耆 七、辛未、廿,9.5;署禮左。
	(?)崇寬
	(蒙)清銳　正、甲寅、卅,2.20;遷理左。　　**(?)崇勳**
	(宗室)溥頤 八、壬寅、廿一,10.6;前禮右授。 十、戊申、廿八,12.11;遷禮左。
	張百熙 (粵學)
	梁仲衡　閏三、己卯、廿六,5.16;署工右。四、壬寅;殿試讀卷。　**李綬藻**　九、癸亥、十三,10.27;詹事遷。 六、丁酉、十五,8.2;遷刑右。
	瞿鴻禨 (蘇學)
	黃卓元　七、辛酉、十,8.26;病免。　　**李殿林**　十、甲申、四,11.17;詹事遷。
	吳樹梅 八、戊子、七,9.22;祭酒遷。 八、甲午、十三,9.28;遷户左。
翰林院	**(宗室)麟書** ＊＊　閏三、丙辰、三,4.23;死(文慎)。　　**(宗室)崑岡** ＊＊　閏三、丁巳、四,4.24;東閣兼。
	(漢)徐　桐 ＊＊
詹事府	**(?)載耆**　八、庚戌、廿九,10.14;改通政。　　[七、乙丑、十四,8.30;裁缺。] [八、壬辰、十一,9.26;復設。]
	李綬藻　九、癸亥;遷閣學。　[七、乙丑;裁缺。]　　**李殿林**　十、甲申;遷閣學。　　**華金壽**　十、乙巳、廿五,12.8;少詹遷。 [八、壬辰;復設。]

光緒二五年　己亥(1899)	
(滿)**準良** 十、癸巳、十九，11.21；改泰寧鎮。	(滿)**那桐** 十一、乙巳、一，12.3；鴻臚遷。
(？)**綿文** 四、丙戌、九，5.18；皖學。	
(？)**景灃** 正、壬申、廿四，3.5；署兵右。 九、辛酉、十六，10.20；遷理左。	(滿)**世續** 十、丙子、二，11.4；鑲藍蒙副授。
(宗室)**壽耆**	
(？)**崇寬** 十一、戊申、四，12.6；改盛禮。	
(？)**崇勳** 十、庚寅、十六，11.18；遷刑左。	(宗室)**溥興** 十一、乙巳；理少遷。
張百熙 (粤學)	
李綬藻	
瞿鴻禨 (蘇學)正、癸酉、廿五，3.6；遷禮右。	**華金壽** 三、庚戌、三，4.12；詹事遷。 五、丙辰、十，6.17；署工左。
李殿林 正、癸酉；署禮右。 四、丁亥、十，5.19；遷兵右。	**陸潤庠** 五、庚戌、四，6.11；祭酒遷。 五、丙辰；署工右。
(宗室)**崑岡** * *	
(漢)**徐　桐** * *	
華金壽 三、庚戌；遷閣學。	**李昭煒** 四、戊寅、一，5.10；少詹遷。

內閣學士年表

年代	光緒二六年　庚子(1900)	
内 閣 學 士	(滿)那桐(總) 　五、甲寅、十四, 6.10; 直總。 　五、乙卯、十五, 6.11; 遷理左。	(蒙)特圖慎 　六、庚寅、廿, 7.16; 太常遷。
	(?)綿文 　九、壬寅、十, 11.1; 仍差皖學。 　九、癸巳、廿五, 11.16; 遷禮右。	(?)賣昌 　十、己未、廿一, 12.12; 常少遷。
	(滿)世續 　正、甲子、廿一, 2.20; 遷工右。	(滿)孚琦 　二、辛卯、十九, 3.19; 理少遷。
	(宗室)壽耆 　八、乙酉、十六, 9.9; 遷理左。	(?)溥鋼 　十、己未; 理少遷。
	(滿)桂春(總) 　二、癸未、十一, 3.11; 太常遷。三、丁巳、十五, 4.14; 使俄。 　七、辛丑、二, 7.27; 遷禮右。七、癸卯、四, 7.29; 留值總署。	(?)貽穀 　七、辛丑; 少詹遷。 　十二、甲子、廿七, 2.15; 遷兵左。
	(宗室)溥興 　三、辛酉、十九, 4.18; 遷工右。	(滿)崇壽 　十、己未; 光祿遷。
	(滿)聯元(總) 　四、癸未、十二, 5.10; 太常遷。 　七、丙辰、十七, 8.11; 棄市。	
	張百熙 　(粵學) 七、癸卯、四, 7.29; 遷禮左。	陳秉和 　九、甲申、十六, 11.7; 翰讀學遷。
	李紱藻 　九、戊子、廿, 11.11; 遷禮左。	徐琪 　十、己未; 左庶遷。
	華金壽 　二、丙戌、十四, 3.14; 遷工右。	李昭煒 　九、甲申; 詹事遷。
	陸潤庠 　五、甲寅; 署工左。 　九、戊寅、十, 11.1; 遷禮右。	戴鴻慈 　九、甲申; 少詹遷。 　十二、甲子; 遷刑左。
	陸寶忠 　二、己亥、廿七, 3.27; 前任授。 　閏八、庚申、廿一, 10.14; 遷兵右。	
翰 林 院	(宗室)崑岡＊＊	
	(漢)徐桐＊＊ 　△十一月, 死。	孫家鼐 　十、甲寅、十六, 12.7; 禮尚兼。
詹 事 府	(滿)文海 　二、丁酉、廿五, 3.25; 少詹遷。	
	李昭煒 　六、壬午、十二, 7.8; 浙鄉正考。 　八、戊子、十九, 9.12; 署戶右。九、甲申; 遷閣學。	秦綏章 　十、己未; 翰講學遷。

光緒二七年　辛丑（1901）	
（蒙）**特圖慎** 　　八、庚申、廿七，10.9；遷盛禮。	（滿）**鐵良** 　　九、戊辰、六，10.17；理少遷。
（？）**賣昌**	
（滿）**孚琦**	
（？）**溥鐧**	
（滿）**文海** 　　二、辛亥、十五，4.3；詹事遷。	
（滿）**崇壽**	
陳秉和	
徐　琪 　　二、己酉、十三，4.1；署兵右。 　　十二、己酉、十七，1.26；革。	
李昭煒 　　六、甲辰、十，7.25；遷兵左。	**朱祖謀** 　　十二、乙卯、廿三，2.1；遷禮右。
秦綬章 　　三、己巳、三，4.21；詹事遷。十二、丁酉、五，1.14；閩學。 　　十二、甲寅、廿二，1.31；遷工右。	
（宗室）**崑岡** ＊＊	
孫家鼐 ＊＊ 　　三、癸巳、廿七，5.15；改吏尚。十二、甲寅；遷體仁，仍兼。	
（滿）**文海** 　　二、辛亥；遷閣學。	（滿）**恩順** 　　△任。
秦綬章 　　三、己巳；遷閣學。	**楊佩璋** 　　五、辛巳、十七，7.2；翰讀學遷。

內閣學士年表

年代	光緒二八年　壬寅(1902)
內閣學士	(滿)**鐵良** 　　十二、乙巳、十九,1.17,署兵左。
	(宗室)**貴昌**
	(滿)**孚琦** 　　四、癸巳、三,5.10,署兵右。 　　十二、乙巳,遷刑右。
	(宗室)**溥鋼**
	(滿)**文海**
	(滿)**崇壽**
	陳秉和
	李聯芳 　　正、壬午、廿一,2.28,少詹遷。 　　六、戊午、卅,8.3,順鄉副考。
	楊佩璋 　　△詹事遷。 　　六、辛丑、十三,7.17,署兵左。
	劉永亨 　　六、辛亥、廿三,7.27,署戶右。
翰林院	(宗室)**崑岡** ＊＊
	孫家鼐 ＊＊
詹事府	(滿)**恩順** 　　四、癸卯、廿三,5.20,改大理。
	楊佩璋 　　△遷閣學。

[正、戊子、廿七,3.6,
　缺裁。]

光緒二九年　癸卯(1903)

(滿)**鐵良** 　　正、辛巳、廿五,2.22;差。 　　五、乙卯、一,5.27;遷戶右。	(？)**希廉** 　　五、己巳、十五,6.10;祭酒遷。
(？)**貴昌**	
(宗室)**景厚** 　　正、辛巳;遷盛禮。 　　正、戊辰、十二,2.9;裁缺少詹遷。	(？)**印啓** 　　二、乙未、十,3.8;太常遷。
(？)**溥錒** 　　正、壬午、廿六,2.23;署工左。八、癸丑、二,9.22;署理左。 　　八、甲戌、廿三,10.13;遷工右。	(宗室)**戴昌** 　　（魯學）九、壬辰、十二,10.31;祭酒遷。
(滿)**文海**	
(滿)**崇壽** 　　正、辛巳;署兵左。 　　三、乙丑、十,4.7;遷工左。	(滿)**熙瑛** 　　三、甲申、廿九,4.26;翰講學遷。 　　七、己酉、廿七,9.18;順鄉副考。
陳秉和	
李聯芳 　　閏五、乙未、十二,7.6;閩鄉正考。	
楊佩璋 　　二、丁亥、二,2.28;署吏右。 　　六、甲戌、廿二,8.14;江鄉正考。	
劉永亨 　　五、丁丑、廿三,6.18;殿試讀卷。七、辛卯、九,8.31;署禮右。 　　十、丁丑、廿七,11.15;署工右。	
(宗室)**崑岡** * * 　　七、辛卯;休。	(滿)**裕德** 　　七、壬辰、十,9.1;兵尚兼。 　　八月,授協。
孫家鼐 * *	
	(？)**敬隆** 　　十二、庚午、廿一,2.6;祭酒授。
[翰林院學士 　改設]	**王垿** 　　十二、庚午;祭酒授。

內閣學士年表

年代	光緒三十年　甲辰(1904)	光緒三一年　乙巳(1905)
內閣學士	(?)希廉	(?)希廉　　　　　(滿)紹昌 三、丙子、三, 4.7;　　九、辛卯、廿一, 改泰寧鎮。　　　　10.19; 外左丞遷。
	(?)賣昌	(?)賣昌
	(?)印啓	(?)印啓
	(宗室)載昌 (魯學)	(宗室)載昌 (魯學)
	(滿)文海	(滿)文海
	(滿)熙瑛 正、癸卯、廿四, 3.10; 知貢舉。	(滿)熙瑛　　　　(宗室)寶熙 十一、己卯、十, 12.6;　十一、丁酉、廿八, 遷學左。　　　　12.24; 裁缺祭酒授。
		(貝勒)毓朗 三、乙酉、十二, 4.16; 光祿遷。 九、庚辰、十, 10.8; 遷巡左。
	吳郁生	吳郁生
	李聯芳	李聯芳
	楊佩璋	楊佩璋 十二、丙寅、廿八, 1.22; 署左副。
	劉永亨	劉永亨
翰林院	(滿)裕德 ** 四、癸亥、十五, 5.29; 改署禮尚。 十、己酉、五, 11.11; 遷體仁, 仍兼。	(滿)裕德 **　　　(蒙)榮慶 *(軍) 十一、辛未、二,　　十月, 改學尚。十一、辛未; 11.28; 死(文慎)。　戶尚兼。十二月, 授協。
	孫家鼐 **	孫家鼐 **
翰林院學士	(?)毓隆	(?)毓隆
	王垿	王垿

光緒三二年　丙午(1906)	
(滿)**紹昌** 　正、甲午、廿六,2.19;遷刑左。	(？)**墨麒** 　二、庚子、三,2.25;太僕遷。
(？)**貴昌** 　正、壬辰、廿四,2.17;休。	(滿)**瑞豐** 　十二、丙寅、四,1.17;造幣廠正監督授。
(？)**印啓** 　正、壬辰;休。	(？)**麒德** 　二、甲辰、七,3.1;常少遷。
(宗室)**載昌** 　(魯學)四、己亥、二,4.25;回京。	
(滿)**文海**	
(宗室)**寶熙** 　閏四、辛巳、十五,6.6;兼考察政治館提調。 　十一、丙辰、廿三,1.7;署度右。	
(滿)**達壽** 　二、庚子;翰講學遷。 　六、庚辰、十五,8.4;遷學右。	(？)**承祐** 　六、丁亥、廿二,8.11;光祿遷。 　十一、己未、廿六,1.10;改馬蘭鎮。
吳郁生	
李聯芳	
楊佩璋	
劉永亨 　正、癸巳、廿五,2.18;遷工右。	**王　墭** 　二、甲辰;翰學士遷。
(蒙)**榮慶** * (軍) 　(學尚兼)九、甲寅、廿,11.6;罷直。	
孫家鼐 * *	
(？)**毓隆**	
王　墭 　二、甲辰;遷閣學。	**許澤新** 　二、庚戌、十三,3.7;翰讀學遷。

內閣學士年表

年代	光緒三三年　丁未(1907)	光緒三四年　戊申(1908)
內閣學士	(?)壘麒	(?)壘麒
	(滿)瑞豐	(滿)瑞豐
	(?)麒德	(?)麒德
	(宗室)戴昌	(宗室)戴昌　　　　(滿)那晉 七、丙戌、三，7.30；　七、庚戌、廿七，8.23； 革。　　　　郵左丞遷。
	(滿)文海	(滿)文海　　　　(滿)奢齡 七、丙戌；革。　　　七、庚戌；農左丞遷。
	(宗室)寶熙 四、己卯、十九，5.30；署度右。 八、壬戌、三，9.10；署學右。	(宗室)寶熙　　　　(?)毓隆 四、己卯、廿五，　五、丁酉、十三，6.11； 5.24；遷學右。　　翰學士遷。
	吳郁生	吳郁生 二、乙丑、九，3.11；署吏右。五、丙午、廿二， 6.20；署倉侍。八、丙辰、三，8.29；署郵左。
	李聯芳	李聯芳　　　　(漢)李家駒 二、壬午、廿六，3.28； 候補閣學授。
	楊佩璋	楊佩璋
	王垿 九、甲午、六，10.12；署法右。	王垿 （署法右）
翰林院	(蒙)榮慶 * （學尚兼）	(蒙)榮慶 * （學尚兼）
	孫家鼐 * *	孫家鼐 * *
翰林院學士	(?)毓隆	(?)毓隆　　　　(蒙)錫鈞 五、丁酉；遷閣學。　五、丁未、廿三，6.21； 翰讀學遷。
	許澤新	許澤新

宣 統 元 年　己酉(1909)	宣 統 二 年　庚戌(1910)
(?)墨麒　　　　　　(滿)榮勳 　閏二、戊子、八、3.29；　閏二、壬寅、廿二、4.12； 　憂免。　　　　　　　內城巡警廳廳丞授。	(滿)榮勳
(滿)瑞豐	(滿)瑞豐
(?)占鳳	(?)占鳳
(滿)那晉	(滿)那晉 　正、癸丑、八、2.17；署陸左。 　二、辛巳、七、3.17；仍署陸左。
(滿)耆齡　　　　　(?)溥善 　十、丁亥、十一、11.23；　十、壬寅、廿六、12.8； 　改馬蘭鎮。　　　　候補閣學授。	(?)溥善 　三、壬申、廿八、5.7；署農右。
(?)毓隆	(?)毓隆
吳郁生 　八、己亥、廿三、10.6；署法左。	吳郁生(軍、學) 　正、癸亥、十八、2.27；學習入直。二、丙申、廿二、 　4.1；署吏左。七、甲寅，罷直，以侍郎候補。
(漢)李家駒 　十二、乙未、廿、1.30；署學左。	李家駒　　　　　　陳寶琛 　三、己酉、五、4.14；　三、丙午、二、4.11； 　遷學右。　　　　　前任授。
楊佩璋	楊佩璋
王　垿 　（署法右）	王　垿 　十二、戊戌、廿八、1.28；遷法右。
(蒙)榮慶* 　（學尚兼）	(蒙)榮慶* 　二、丙申、廿二、4.1；學尚改禮尚，仍兼。
孫家鼐**　　　　陸潤庠** 　十、甲午、十八、11.30；　十、甲午；吏尚兼。 　死（文正）。　　　　十一月，遷體仁。	陸潤庠**
(蒙)錫鈞	(蒙)錫鈞
許澤新	許澤新

內閣學士年表

年代	宣 統 三 年　辛亥(1911)
內閣學士	**(滿)榮勳** 三、庚戌、十二，4.10；署吏右。 五、庚申、廿三，6.19；遷吏右。
	(滿)瑞豐 正、丙寅、廿七，2.25；署倉侍。 閏六、丁巳、廿一，8.15；署倉侍。
	(?)占鳳
	(滿)那晉　　　　　　〔五、丁巳、廿，6.16；授正白蒙副。〕
	(?)溥善　　　　　　〔六、辛卯、廿五，7.20；授典禮院學士。〕
	(?)毓隆　　　　　　〔六、辛卯；授典禮院學士。〕
	〔四、戊寅、十，5.8；缺裁。〕
	陳寶琛　　　　　　〔五、己未、廿二，6.18；授晉撫。〕
	楊佩璋　　　　　　〔六、辛卯；授典禮院學士。〕
	許澤新 正、庚申、廿一，2.19；翰學士遷。　　〔六、辛卯；授典禮院學士。〕
翰林院	**(蒙)榮慶 *** （禮尚兼）
	**陸潤庠 ** *
翰林院學士	**(蒙)錫鈞**
	許澤新　　　　　　　　　　　　　　　　**周克寬** 正、庚申；遷閣學。　　　　　　二、庚午、一，3.1；翰讀學遷。

京 卿 年 表

附：順天府府尹
　　奉天府府尹
　　宗人府府丞

順治元年至光緒三二年

1644—1906

京卿年表

年代	順治元年　甲申（1644）	順治二年　乙酉（1645）
通政使司	**王公弼** 七、乙未、十，8.11；明原官授。 十、壬申、十八，11.16；遷戶右。	
大理寺	**張三謨** 十、戊午、四，11.2；明原官授。	**房可壯**　　　　**王永吉** 二、丙辰、三，2.28；明　　十一、戊寅；明總督授。 左副授。十一、戊寅、 卅，1.16；遷刑左。
太常寺		**李元鼎**　　　　**孫承澤** 四、癸亥、十一，5.6；　　八、癸卯、廿四，10.13； 僕少遷。七、己卯、　　左通遷。 卅，9.19；遷兵右。
光禄寺	**李天經**　　　　**張紹先** 十、甲戌、廿，11.18；　　十二、戊辰、十四， 改左通。　　　　　1.11；明原官授。	**張紹先**
太僕寺	［十二、甲子、十，1.7；裁缺。］ **趙京仕** 十、甲戌；左通改。	［二、丁巳、四，3.1；復設。］ **趙京仕**　　　　**劉　昌** 四、癸亥、十一，5.6；　　四、癸亥；常少遷。 遷工右。
順天府尹	**陳培基** 八、庚辰、廿五，9.25；山東寧海州知州擢。	**陳培基**　　　　**李魯生** 閏六、庚子、廿，8.11；　　七、壬戌、十三，9.2； 降知州。　　　　府丞遷。
奉天府尹		
宗人府丞		

順治三年　丙戌(1646)		順治四年　丁亥(1647)	
(?)喀愷 　二、己卯、二,3.18;户理事遷。		(?)喀愷	
	張紹先 （光禄改）	張紹先	
王永吉		王永吉 　六、癸酉、四,7.5; 　遷工右。	孫承澤 　六、丙戌、十七,7.18; 　太常改。
孫承澤		孫承澤 　六、丙戌;改大理。	戴明說 　六、戊戌、廿九,7.30; 　理少遷。
張紹先 （改通政）	楊國興 　二、戊子、十一,3.27; 　光副理遷。	楊國興	
劉　昌		劉　昌 　六、丙戌;遷工右。	孫昌齡 　六、戊戌;右通遷。
李魯生 　五、丙寅、廿一,7.3; 　休。（尋死）	王萬象 　六、戊寅、三,7.15; 　府丞遷。	王萬象	

京卿年表

年代	順治五年　戊子(1648)		
通政使司	(?) 喀憛 張紹先		
大理寺	 孫承澤 七、己丑、廿六,9.13; 遷兵右。	梁雲構 八、癸丑、廿一,10.7;左通遷。 九、丁丑、十六,10.31;還戶右。	馮　杰 十二、丁未、十七,1.29;太常改。
太常寺	 戴明說 七、己丑;遷戶右。	馮　杰 八、癸丑;常少遷。十二、丁未;改大理。	
光禄寺	 楊國興 四、丁卯、二,4.24;遷順天巡撫。	馬成堯 四、庚午、五,4.27;禮副理遷。	
太僕寺	 孫昌齡 七、己丑;遷左副。	趙繼鼎 八、癸丑;順丞遷。	
順天府尹	王一品 三、戊戌、三,3.26;遷吏左。	蔡永年 三、乙卯、廿,4.12;通副理遷。	
奉天府尹			
宗人府丞			

順 治 六 年　己丑(1649)	順 治 七 年　庚寅(1650)
(?) 喀愷	(?) 喀愷
張紹先 十、丙申、十一，11.14；加工右衛。	**張紹先**　　　　　**孟明輔** 四、甲午、十一，5.11；　四、壬子、廿九，5.29； 休。（十二年死）　　　太僕改。
馮　杰 八、乙巳、十八，9.24；遷户右。	**張鼎延** 四、丙申、十三，5.13；理少遷。
趙繼鼎 二、癸巳、四，3.16；太僕改。八、乙巳；遷左副。	**段國璋** 四、丙申；右通遷。
馬成堯	**馬成堯**
趙繼鼎　　　　　**孟明輔** 二、癸巳、四，3.16；　六、壬子、廿四，8.2； 改太常。　　　　　　左通遷。	**孟明輔**　　　　　**黃徽允** 四、壬子；改通政。　　五、戊辰、十六，6.14； 　　　　　　　　　　僕少遷。
蔡永年　　　　　**閻　印** 　　　　　　　　　五、甲子、六，6.15； 　　　　　　　　　通副理遷。	**閻　印**

京卿年表

年代	順治八年　辛卯(1651)		順治九年　壬辰(1652)	
通政使司	(?) 喀愷		(?) 喀愷	
	孟明輔 八、乙丑、廿,10.4; 遷刑右。	傅景星 十、丙午、二,11.14; 左通遷。	傅景星 三、癸巳、廿二,4.29; 遷左副。	張若麒 四、戊辰、廿,6.3; 太僕改。
大理寺	噶　賴 八、乙卯、十,9.24;任。		(?) 卜爾山 五、壬午、十二, 6.17;任。	(?)尼勘 十二、壬子、十四, 1.13;任。
	張鼎延 十、壬戌、十八,11.30;遷刑右。		王邦柱 三、乙亥、四,4.11;右通遷。	
太常寺				
	段國璋		段國璋	
光禄寺				
	馬成龍		馬成龍	
太僕寺				
	黃徽允 △憂免。	張若麒 十、丙午;理少遷。	張若麒 四、戊辰;改通政。	黃熙允 六、庚戌、十,7.15; 原任授。
順天府尹	闕　印		闕　印	
奉天府尹				
宗人府丞				

順 治 十 年 　癸巳(1653)

(?) 喀愷

張若麒
　△乞養。(十三年休)

(漢)耿　焞
　五、壬辰、廿七,6.22;魯左布授。

(?) 尼勘

王邦柱
　二、癸丑、十六,3.15;休。
　(十三年死)

徐起元
　二、丙辰、十九,3.18;前左都授。
　四、乙卯、廿,5.16;休。(十六年死,
　敬僖)

魏　琯
　五、己巳、四,5.30;順丞遷。

段國璋
　二、癸丑;休。

張基遠
　二、丙寅;任。

馬成堯

黃熙允
　正、庚辰、十三,2.10;遷刑右。

李士焜
　五、己巳;遷工右。

王爾祿
　五、己卯、十四,6.9;浙江寧紹
　道遷。

閻　印

京卿年表

年代	顺治十一年　甲午(1654)			
通政使司	(?) 喀憻			
	(汉) 耿焞 二、壬午、廿一,4.8;遷魯撫。	李呈祥 二、庚寅、廿九,4.16;右通遷。 六、己卯、廿一,8.3;遷督捕。	袁懋功 七、癸巳、六,8.17;左通遷。	
大理寺	(?) 尼勘 十二、庚申、四,1.11;遷珅右。			
	魏琯 正、甲辰、十三,3.1; 遷督捕。	郝傑 正月,理少遷。 五月,遷戶右。	梁清遠 六、丙寅、八,7.21;理少遷。 八、庚辰、廿三,10.3;遷督捕。	王爾祿 九、壬辰、六,10.15; 太常改。
太常寺				
	張基遠 四、戊寅、十九,6.3;遷兵右。	王爾祿 七、戊子、一,8.12;太僕改。 九、壬辰;改大理。	朱鼎延 九、庚子、十四,10.23;左通遷。	
光禄寺				
	馬成堯			
太僕寺				
	王爾祿 七、戊子;改太常。	黃徽允 七、甲寅、廿七,9.7;服闋授。 八、丙子、十九,9.29;遷兵右。	趙開心 八、庚辰;降補左都授。	
順天府尹	閻印			
奉天府尹				
宗人府丞	原毓宗 六、丙寅;順丞遷。			

順治十二年　乙未(1655)

(丁) 喀愷
三、戊戌、十三,4.19;殿試讀卷。

袁懋功	朱鼎延	劉令譽	李日芳
二、庚午、十五,3.22;遷刑右。	二月,太常改。三、戊戌;殿試讀卷。五月,遷工右。	六月,太常改。十二月,休。	十、甲寅、四,11.1;浙右布遷。

(滿)吳庫禮　　　　　　　　　　　　**(滿)羅碩**
正、庚寅、五,2.10;兵理事遷。　　　　　　十二、辛未、廿一,1.17;前工左授。
三、戊戌;殿試讀卷。十一、甲申、四,12.1;遷。

王爾祿	霍達	孫建宗	潘朝選	楊義	郝惟訥
三、乙未、十,4.16;遷刑右。	三月,理少遷。四月,遷督捕。	四月,太常改。七月,遷左副。	七月,太常改。十二月,改晉右布。	十月,理少遷。十一月,遷刑右。	十二月,左通遷。

朱鼎延	孫建宗	劉令譽	潘朝選	于之士
二月,改通政。	四月,常少遷。四月,改大理。	四月,太僕改。六月,改通政。	六月,右通遷。七月,改大理。	十、壬戌、十二,11.9;魯右布遷。

馬成鵉

趙開心	劉令譽	程正揆	董國祥
二、庚午、十五,3.22;遷戶右。	三月,授。四月,改太常。	六月,理少遷。十月,遷工右。	十一月,左通遷。十二、乙丑;改府丞。

閣　印

原毓宗	高景	杜篤祜	朱之弼	董國祥
三月,遷兵右。	三月,右通遷。六月,遷兵右。	六月,右通遷。十月,遷戶右。	十月,右通遷。十一月,遷戶右。	十二、乙酉、十五,1.11;太僕改。

京卿年表

年代	順治十三年　丙申(1656)		
通政使司	(？) 喀憛		
	李日芳 五、庚辰、二,5.25;休。	張爾素 閏五、己未、十二,7.3;湖廣右布遷。 十二、己亥、廿六,2.8;遷刑右。	
大理寺	(滿)羅碩		
	郝惟訥 六、己亥、廿二,8.12;遷戶右。	林起龍 七、戊申、二,8.21;左通遷。 十二、己亥;遷工右。	
太常寺	于之士 十二、己亥;改府丞。		
光祿寺	馬成鵉		
太僕寺	趙允翰 二、丙子、廿七,3.22;桂按改。	傅維鱗 六、壬寅、廿五,8.15;理少遷。	
順天府尹	閻　印 四、戊午、十,5.3;休。	(漢)羅繪錦 五、己卯、一,5.24;通右理遷。	
奉天府尹			
宗人府丞	董國祥 正、己丑、十,2.4;遷刑右。	孫肇興 二、癸酉、廿四,3.19;任。 十二、甲午、廿一,2.3;遷工右。	王之士 十二、己亥;太常改。

順治十四年　丁酉(1657)

(?) 喀愷

傅維鱗
正、癸丑、十, 2.22; 太僕改。
正、乙丑、廿二, 3.6; 遷左副。

曹國柄
三、辛未、廿八, 5.11; 晉右布遷。

(滿)**羅碩**

張天植
正、癸丑; 左通遷。
二月, 遷兵右。

杜立德
二、庚子、廿七, 4.10; 太僕改。
六、辛丑、卅, 8.9; 遷刑右。

周召南
七、乙巳、四, 8.13; 太常改。

周召南
六月, 僕少遷。
七、乙巳; 改大理。

宋徵輿
七、丙寅、廿五, 9.3; 太僕改。
九、丙午、七, 10.13; 改府丞。

徐永禎
十一、癸卯、五, 12.9; 川左布遷。

馬成堯

傅維鱗
正、癸丑; 改通政。

杜立德
二月, 降吏左授。
二、庚子; 改大理。

宋徵輿
六月, 理少遷。
七、丙寅; 改太常。

孫建宗
八、癸未、十三, 9.20;
陝左布改。

(漢)**羅繪錦**

張尚賢
△任。

于之士

李藻
二、丙子、三, 3.17; 右通遷。
八、己丑、十九, 9.26; 遷刑右。

宋徵輿
九、丙午; 太常改。

京卿年表

年代	順治十五年　戊戌(1658)		
通政使司	(？)喀愷		
	曹國柄	高辛允 七、甲寅、十九，8.17；太僕改。	
大理寺	(滿)羅碩		
	周召南 正、丙寅、廿九，3.2；改延綏巡撫。	劉達 二、庚寅、廿三，3.26；副使遷。 六、丁卯、一，7.1；遷兵左。	徐永禎 七、己酉、十四，8.12；太常改。
太常寺	徐永禎 七、己酉；改大理。	盛復選 八、癸酉、八，9.5；左通遷。	
光祿寺	馬成龍		
太僕寺	孫建宗 六、辛巳、十五，7.15；死。	戴明說 二、壬辰、廿五，3.28；右通遷。 △憂免。	高辛允 四月，理少遷。 七、甲寅；改通政。
順天府尹	(漢)羅繪錦		
奉天府尹	張尚賢		
宗人府丞	宋徽輿 六、甲戌、八，7.8；病免。	高珩 六、辛巳；理少遷。(康五仍授)	董國祥 十、戊辰、五，10.30；理少遷。

順治十六年　己亥(1659)

(?)喀愷	(覺羅)雅布蘭 六、乙巳、十六,8.3;宗人啓心遷。
高辛允	晉淑賦 三、己亥、八,3.30;左通遷。
(滿)羅碩 (康四死)	(滿)吳瑪護 六、庚寅、一,7.19;裁缺禮啓授。

徐永禎 正、丁酉、五,1.27;改閩撫。	張自德 正、壬子、廿,2.11;左通遷。 閏三、丁亥、廿七,5.17;改陝撫。	(漢)朱國治 四、丙午、十六,6.5;理少遷。

(滿)祁通格 十一、庚申、三,12.16;改太僕。	
盛復選	
馬成蕘	
	(滿)祁通格 十一、庚申;內閣撰文兼太常改。
高辛允	［裁漢缺?］
(漢)羅繪錦	
張尚賢	
董國祥 閏三、癸酉、十三,5.3;革。	陳協 閏三、丁亥;左通遷。 十二、辛亥、廿五,2.5;遷左副。

京卿年表

年代	順治十七年　庚子(1660)				
通政使司	(覺羅)**雅布蘭** 六、辛丑、十八，7.24；遷吏右。		(滿)**科爾科代** 六、壬子、廿九，8.4；任。		
	晉淑軾 二、庚子、十五，3.25；病免。（康四死）		**白允謙** 四、甲午、十，5.18；常少遷。		
大理寺	(滿)**吳瑪護**				
	(漢)**朱國治** 正、丙寅；改江寧巡撫。	**張　珲** 正、己卯、廿三，3.2；理少遷。三月，遷工右。	**劉祚遠** 四月，常少改。四月，改直撫。	**王登聯** 四月，理少遷。九月，遷直撫。	**曹申吉** 十月，左通遷。
太常寺					
	盛復選 三、壬寅、十七，3.27；降三調。	**殷正矩** 三、庚午、十五，4.24；粵右布遷。四、癸卯、十九，5.27；遷戶右。	**冀如錫** 五、戊辰、十四，6.21；浙按授。		
光祿寺	(滿)**喀代**				
	馬成堯	（？）**佟宏器**			
太僕寺	(滿)**祁通格**				
順天府尹	(漢)**羅繪錦**				
奉天府尹	**張尚賢**				
宗人府丞	**李　敬** 正、丙寅、十，2.20；左通遷。 三、庚辰、廿五，5.4；遷刑右。		**楊時薦** 四、癸卯；鴻臚改。		

順治十八年　辛丑(1661)

(滿)科爾科代
二、壬午、二,3.2;遷工左。

(滿)吳達禮
二、戊戌、十八,3.18;原督捕授。
八、壬申、廿六,10.18;遷吏右。

(滿)額黑里
八、壬申;光禄改。

白允謙
△休。

高辛印
四、丙午、廿七,5.25;原任授。
六、戊子、十一,7.6;遷督捕。

冀如錫
六、己亥、廿二,7.17;太常遷。
九、丙戌、十,11.1;遷工右。

曹國柄
九、甲午、十八,11.9;
原任授。

(滿)吳瑪護
十二、己酉、四,1.23;遷盛户。

(滿)常鼐
十二、乙卯、十,1.29;原吏左授。

曹申吉
△病免。

王　度
七、甲寅、一,8.1;右通遷。

(滿)喀代
六、庚寅、十三,7.8;光禄改。

冀如錫
六、己亥;改通政。

董篤行
七、癸丑、六,7.31;右通遷。
九、乙酉、九,10.31;改府丞。

劉鴻儒
九、辛丑、廿五,11.16;左通遷。

(滿)喀代
六、庚寅;改太常。

(滿)額黑里
閏七、丙申、十九,9.12;降調兵左授。
八、壬申;改通政。

(?)阿世熙
九、己卯、三,10.25;督捕理
事遷。

(?)佟宏器

(滿)祁通格
九、己卯;遷國史學士。

(滿)杭艾
九、丙戌;督捕理事遷。

(漢)羅繪錦
九、乙未、十九,11.10;改黔撫。

(漢)王來任
十、辛亥、五,11.26;理少遷。

張尚賢
十、乙丑、十九,12.10;改鳳陽巡撫。

徐繼煒
十一、壬午、七,12.27;右通改。

楊時薦
四、丙午、廿七,5.25;遷左副。

王天眷
五、庚申、十二,6.8;左通遷。
閏七、丙午、廿九,9.22;乞養。

董篤行
九、乙酉;太常改。

京卿年表

年代	康熙元年　壬寅(1662)	康熙二年　癸卯(1663)
通政使司	(滿)**額黑里**	(滿)**額黑里** 六、甲子、廿八，8.1；遷左副。　(滿)**杭艾** 七、庚午、五，8.9；太僕改。
	曹國柄 六、乙巳、四，7.18；遷左副。　**左敬祖** 六、丙辰、十五，7.29；秘書讀學授。	**左敬祖**
大理寺	(滿)**常鼐**	(滿)**常鼐**
	王度	**王度** 十、己亥、五，11.4；遷倉侍。　**李昌祚** 十一、庚辰、十六，12.15；理少遷。
太常寺	(滿)**喀代**	(滿)**喀代**
	劉鴻儒	**劉鴻儒**
光禄寺	(?)**何世熙**　(?)**吳爾嘉齊** 十二、戊辰、廿九，2.6；理少遷。	(?)**吳爾嘉齊**
	(?)**佟宏器**	(?)**佟宏器**
太僕寺	(滿)**杭艾**	(滿)**杭艾** 七、庚午；改通政。　(?)**希佛** 八、甲寅、十九，9.20；郎中遷。
順天府尹	(漢)**王來任** 二、己巳、廿五，4.13；改鄖陽撫治。　(漢)**劉格** 三、辛巳、八，4.25；督捕理事遷。	(漢)**劉格** 十二、甲辰、十一，1.8；改川撫。　**甘文焜** 十二、庚申、廿七，1.24；理少遷。
奉天府尹	**徐繼燁**	**徐繼燁**
宗人府丞	**董篤行**	**董篤行** 十一、丁卯、三，12.2；遷左副。　**宋徵輿** 十一、癸巳、廿九，12.28；原任授。

康 熙 三 年　甲辰(1664)		
(满)**杭艾** 　十二、乙亥、十八，2.2；遷工右。		
左敬祖	**劉鴻儒** 　五、乙酉、廿四，6.17；太常改。	
(满)**常鼐**		
李昌祚 　△病休。(六年死)	**曹申吉** 　十二、甲申、廿七，2.11；原任授。	
(满)**喀代**		
劉鴻儒 　五、乙酉；改通政。	**周天成** 　閏六、丙子、十六，8.7；光禄改。	
(?)**吳爾嘉齊**		
(?)**佟宏器** 　正、庚辰、十七，2.13；改奉尹。	**周天成** 　正、庚寅、廿七，2.23；原工右授。 　閏六、丙子；改太常。	**疊淑瑾** 　閏六、乙酉、廿五，8.16； 　工郎遷。
(?)**希佛**		
甘文焜		
(?)**佟宏器** 　正、庚辰；光禄改。		
宋徵輿		

京卿年表

年代	康熙四年 乙巳(1665)		康熙五年 丙午(1666)	
通政使司	(滿)喀代 正、乙未、八,2.22;太常改。		(滿)喀代	
	劉鴻儒		劉鴻儒	
大理寺	(滿)常鼐		(滿)常鼐	
	曹申吉		曹申吉	
太常寺	(滿)喀代 正、乙未;改通政。	(覺羅)班敦 二、戊午、一,3.17; 理少遷。	(覺羅)班敦	
	周天成		周天成	
光禄寺	(?)吳爾嘉齊		(?)吳爾嘉齊	
	霍叔瑾		霍叔瑾	
太僕寺	(?)希佛	(?)覺和託 四、庚申、四,5.18; 左通遷。	(?)覺和託	
順天府尹	甘文焜		甘文焜	
奉天府尹	(?)佟宏器		(?)佟宏器	
宗人府丞	宋徵輿		宋徵輿 十一、己亥、廿三, 12.18;遷左副。	高珩 十二、庚戌、四,12.29; 原任授。

康 熙 六 年　丁未(1667)

(滿)**喀代**

劉鴻儒	**左敬祖**	**李天浴**
閏四、己卯、五,5.27;遷兵右。	閏四、庚辰、六,5.28;原任授。 七、甲子、廿二,9.9;遷左副。	七、庚午、廿八,9.15;順尹改。

(滿)**常蕭**	(滿)**折庫納**	(覺羅)**阿塔**
正、辛卯、十六,2.8;遷禮右。	正、辛卯;原吏左授。 三、辛巳、七,3.30;降四調。	三、己丑、十五,4.7;工郎遷。

曹申吉	(?)**佟宏器**
三、丙申、廿二,4.14;遷禮右。	四、庚申、十六,5.8;奉尹改。

(覺羅)**班敦**	(?)**阿思祜**
△三、辛巳;解。	三、己丑、十五,4.7;禮郎遷。

周天成	**霍叔瑾**
三、乙未、廿一,4.13;遷弘文學士。	四、庚申;光祿改。

(?)**吳爾嘉齊**	(滿)**白濟額**
	三、己丑;司業授。

霍叔瑾	**郭廷祚**	**楊永寧**
四、庚申;改太常。	四、壬午、八,5.30;督捕右理遷。 八、壬午、十,9.27;改順尹。	八、辛卯、十九,10.6;國史讀 學遷。

(?)**覺和託**	(滿)**哲庫納**
△三、辛巳;解。	三、己丑;吏郎(吏左降)遷。

甘文焜	**李天浴**	**郭廷祚**
正、丙戌、十一,2.3;改直撫。	正、辛丑、廿六,2.18;右遙遷。 七、庚午;改通政。	八、壬午;光祿改。

(?)**佟宏器**	**王印祚**
四、庚申;改大理。	閏四、己卯;左僉遷。

高　珩

京卿年表

年代	康 熙 七 年　戊申(1668)	
通政使司	(滿)喀代 十二、丁丑、十三，1.14；遷倉侍。	(?)賁代 十二、癸巳、廿九，1.30；太常改。
	李天浴 正、戊申、九，2.20；改滇撫。	霍叔瑾 正、己未、廿，3.2；太常改。
大理寺	(覺羅)阿塔 正、癸亥、廿四，3.6；改晉撫。	(?)阿思祜 二、壬申、三，3.15；太常改。 十二、己丑、廿五，1.26；遷左副。
	(?)佟宏器	
太常寺	(?)阿思祜 二、壬申；改大理。	(?)賁代 二、乙酉、十六，3.28；理少遷。 十二、癸巳；改通政。
	霍叔瑾 正、己未；改通政。	程芳朝 正、戊辰、廿九，3.11；讀學遷。
光禄寺	(滿)白清額 正、癸亥；改陝撫。	(滿)岳諾憲 二、乙酉；左通遷。
	楊永寧	
太僕寺	(滿)哲庫納 正、丙辰、十七，2.28；遷左副。	(滿)花善 二、乙酉；督捕左理遷。
順天府尹	郭廷祚	
奉天府尹	王印祚	
宗人府丞	高珩	

康 熙 八 年　己酉(1669)

(?)賁岱　　　　　　　　　　　　(?)莫洛渾
　　　　　　　　　　　　　　　　　十、乙丑、五, 10.29; 御史授。

　霍叔瑾

(滿)岳諾惠
　　正, 癸丑、十九, 2.19; 光祿改。

(?)佟宏器

(?)噶什圖
　　正、丁未、十三, 2.13; 督捕理遷。

　程芳朝

(滿)岳諾惠　　　　　(滿)達都　　　　　　　　(滿)廖旦
　　正、癸丑; 改大理。　　二、戊辰、五, 3.6; 刑郎遷。　　　十二、乙丑、六, 12.28; 理少遷。
　　　　　　　　　　　十一、辛亥、廿二, 12.14; 遷秘書學士。

　楊永寧

(滿)花善　　　　　　　　　　　(覺羅)班敦
　　七、戊戌、七, 8.3; 遷弘文學士。　　七、丙辰、廿五, 8.21; 原太常授。

　郭廷祚

　王印祚

　高　珩

京卿年表

年代	康 熙 九 年　庚戌(1670)		
通政使司	(丁)莫洛渾		
	霍叔瑾		
大理寺	(滿)岳諾惠 五、丙寅、十一，6.27；遷左副。	(滿)額星格 六、戊戌、十三，7.29；鴻臚改。	
	(丁)佟宏器		
太常寺	(丁)噶什圖		
	程芳朝	楊永寧 二、丁卯、九，2.28；光祿改。 五、甲申、廿九，7.15；改府丞。	上官鉝 六、丁酉、十二，7.28；理少遷。
光祿寺	(滿)廖旦		
	楊永寧 二、丁卯；改太常。	紀振疆 二、己卯、廿一，3.12；兵郎遷。	
太僕寺	(覺羅)班敦		
	梁　鋐 八、戊子、四，9.17；右通遷。	［七、壬戌、八，8.22,；復設漢缺。］	
順天府尹	郭廷祚		
奉天府尹	王印祚		
宗人府丞	高　珩 五、己巳、十四，6.30；遷左副。	楊永寧 五、甲申；太常改。	

康熙十年　辛亥(1671)		
(？)莫洛渾		
霍叔瑾 四、壬寅、廿一，5.29；庸、休。	**梁　鋐** 四、己酉、廿八，6.5；太常改。	
(滿)額星格		
(？)佟宏器 二、壬寅、廿，3.30；遷左副。	**王印祚** 三、壬子、一，4.9；奉尹改。	
(？)噶什圖		
上官鉉 三、癸丑、二，4.10；府丞改。	**梁　鋐** 三、乙亥；太僕改。 四、己酉、廿四，5.2；改通政。	**王天成** 五、壬戌、十二，6.18；左通遷。
(滿)廖旦		
紀振疆 十一、辛酉、十四，12.14；改順尹。	**(漢)王秉仁** △佐領授。	
(覺羅)班敦		
梁　鋐 三、乙亥；改太常。	**(漢)周卜世** 四、乙酉、四，5.12；左通遷。	
郭廷祚 十一、甲寅、七，12.7；遷閣學。	**紀振疆** 十一、辛酉；光禄改。	
王印祚 三、壬子；改大理。	**陳一炳** 三、癸丑；左僉授。	
楊永寧 三、癸丑；遷左副。	**上官鉉** 三、癸丑；太常改。 十一、甲子、十七，12.17；遷左副。	**王天譽** 十一、壬申、廿五，12.25；原任授。

年代	康熙十一年　壬子(1672)			
通政使司	(?)莫洛渾			
	梁　鉉 二、辛巳、五,3.3；遷工右。	任克溥 四、庚辰、五,5.1；左通遷。 七、庚申、十七,8.9；遷左副。		周之桂 七、戊辰、廿五,8.17；太常改。
大理寺	(滿)額星格			
	王印祚	(漢)周卜世 四、乙巳、卅,5.26；太常改。		
太常寺	(?)噶什圖		(?)胡密塞	
	王天成	(漢)周卜世 四、戊子、十三,5.9； 太僕改。 四、乙巳；改大理。	周之桂 五、甲寅、九,6.4；太 僕改。 七、戊辰；改通政。	錢　綎 閏七、戊寅、五,8.27； 太僕改。
光禄寺	(滿)廖旦			
	(漢)王秉仁 四、己卯、四,4.30；遷左副。		王守才 四、乙酉、十,5.6；閱讀學遷。	
太僕寺	(覺羅)班敦			
	(漢)周卜世 四、戊子；改太常。	周之桂 四、丁酉、廿二,5.18； 督理遷。 五、甲寅；改太常。	錢　綎 五月，理少遷。 閏七、戊寅；改太常。	白尚登 閏七月，左通遷。
順天府尹	紀振疆			
奉天府尹	陳一炳 十、丙寅、廿五,12.13；遷左副。		(漢)陳洪明 十一、己卯、八,12.26；左僉授。	
宗人府丞	王天眷 二、辛巳、五,3.3；遷工左。			

康熙十二年　癸丑(1673)

(?)莫洛渾 三、甲申、十四,4.30;降二調。		(滿)郭丕 五、壬申、三,6.17;督捕右理遷。	

周之桂	孫光祀 六、庚子、二,7.15;太常遷。 六、丁巳、十九,8.1;遷兵右。	楊蕭 七、甲戌、七,8.18;左通遷。

(滿)額星格 二、丁卯、廿七,4.13;遷左副。	(滿)廖旦 四、丁未、八,5.23;光禄改。 九、甲午、廿八,11.6;遷工右。	(滿)介山 十、辛丑、五,11.13;太僕改。

(漢)周卜世 四、癸亥、廿四,6.8; 遷倉侍。	李贊元 六月,右通遷。 七月,遷左副。	(漢)趙祥星 八月,左通遷。 十一月,改魯撫。	(漢)陳洪明 十一、戊子、廿三,12.30; 奉尹改。

(?)胡密塞

錢綖 二、癸亥、廿三,4.9;改府丞。	孫光祀 五、庚午、一,6.15;右通遷。 六、庚子;改通政。

(滿)廖旦 四、丁未;改大理。	(?)郭里 五、庚午;閣讀學授。

王守才 五、壬申;改順尹。	馬汝驥 五、辛卯、廿二,7.6;閣讀學授。 六、壬寅、四,7.17;改順尹。	梁拱宸 六、己酉、十一,7.24;閣讀學授。

(覺羅)班敦	(滿)介山 四、乙卯、十六,5.31;降調兵右授。 十、辛丑;改大理。	(滿)達哈他 十、戊申、十二,11.20;翰讀學授。

白尚登	于可託 五、辛巳、十二,6.26;順丞遷。 八、癸丑、十六,9.26;改府丞。	袁懋德 八、丙寅、廿九,10.9;理少遷。

紀振疆 四、癸丑、十四,5.29;遷閣學。	王守才 五、壬申;光禄改。 五、戊子、十九,7.3;遷閣學。	馬汝驥 六、壬寅;光禄改。

(漢)陳洪明 十一、戊子;改大理。	耿效忠 十一、乙未、卅,1.6;左僉授。

錢綖 二、癸亥;太常改。 四月,遷左副。	于嗣登 六月,左通遷。 六月,遷刑右。	嚴沆 七月,左僉授。 八月,遷左副。	于可託 八、癸丑;太僕改。

京卿年表

年代	康熙十三年　甲寅(1674)			
通政使司	(滿)郭丕			
	楊焘	袁懋德 八、己未、廿八，9.27；太常改。		
大理寺	(滿)介山 十一、丙戌、廿七，12.23；遷戶右。		(?)胡密塞 十二、丙申、七，1.2；太常改。	
	(漢)陳洪明 四、辛丑、七，5.12； 遷戶右。	魏象樞 四、甲寅、廿，5.25； 順尹改。 七月，遷戶右。	金儁 七、甲戌、十二，8.13； 太常改。 十一月，遷左副。	(漢)朱綬 十一、戊子、廿九， 12.25；太常改。
太常寺	(?)胡密塞 十二、丙申；改大理。			
	金儁 二、甲辰、十，3.16；川布授。 七、甲戌；遷大理。	袁懋德 七、丙戌、廿四，8.25；太僕改。 八、己未；改通政。	(漢)朱綬 九、壬申、十一，10.10；光祿改。 十一、戊子；改大理。	
光祿寺	(?)郭里			
	梁拱宸 四、丁未、十三，5.18； 改奉尹。	(漢)朱綬 四、丁巳、廿三，5.28；督理遷。 九、壬申；改太常。	徐世茂 九、戊子、廿七，10.26；左通遷。	
太僕寺	(滿)達哈他			
	袁懋德 七、丙戌；改太常。	金鼐 八、乙未、四，9.3；理少遷。 九、丁亥、廿六，10.25；改奉尹。	焦毓瑞 十、庚子、十，11.7；左通遷。	
順天府尹	馬汝驥 正、丙戌、廿一，2.26；改府丞。	魏象樞 二、丙申、二，3.8；左僉授。 四、甲寅；改大理。	田六善 五、乙丑、二，6.5；左僉授。 十二、乙未、六，1.1；遷左副。	
奉天府尹	耿效忠	梁拱宸 四、丁未；光祿改。	金鼐 九、丁亥；太僕改。	
宗人府丞	于可託 正、己卯、十四，2.19；遷左副。	馬汝驥 正、丙戌；順尹改。		

康熙十四年　乙卯(1675)		
(滿)**郭丕** 　四、庚戌、廿二, 5.16; 遷左副。	(滿)**達哈他** 　四、戊午、卅, 5.24; 太常改。 　閏五、乙卯、廿八, 7.20; 遷左副。	(滿)**瑪喇** 　六、庚午、十三, 8.4; 理郎遷。
袁懋德		
(?)**胡密塞**		
(漢)**朱　綬**		
(滿)**達哈他** 　正、乙丑、六, 1.31; 太僕改。 　四、戊午; 改通政。	(滿)**吳努春** 　五、己巳、十一, 6.4; 西安布授。 　十一、壬寅、十八, 1.3; 遷閣學。	(?)**屯泰** 　十一、庚戌、廿六, 1.11; 常少遷。
劉　楗 　正、壬戌、三, 1.28; 原贛布授。		
(?)**郭里**		
徐世茂 　正、丙寅、七, 2.1; 改順尹。	(滿)**趙　璟** 　正、辛巳、廿二, 2.16; 右通遷。	
(滿)**達哈他** 　正、乙丑; 改太常。	(滿)**莽色** 　正、己卯、廿, 2.14; 翰讀學改。 　六、癸亥、六, 7.28; 遷左副。	(滿)**党務禮** 　六、壬申、十五, 8.6; 兵郎遷。
焦轂瑞		
徐世茂 　正、丙寅; 光祿改。		
金　淛		
馬汝驪		

京卿年表

年代	康熙十五年　丙辰(1676)	
通政使司	(滿)**瑪喇** 　　正、丁酉、十四，2.27；遷禮右。	(?)**孔郭岱** 　　正、庚戌、廿七，3.11；詹事授。
	袁懋德	
大理寺	(?)**胡密塞**	
	(漢)**朱　綋**	
太常寺	(?)**屯泰**	
	劉　樋	
光禄寺	(?)**郭里**	
	(漢)**趙　璟**	
太僕寺	(滿)**党務禮** 　　正、庚戌遷閣學。	(滿)**薩穆哈** 　　二、乙卯、三，3.16；刑郎遷。
	焦毓瑞	
順天府尹	**徐世茂**	
奉天府尹	**金　蘭**	
宗人府丞	**馬汝驥**	

康熙十六年　丁巳(1677)

(?)**孔郭份** 四、丙寅、廿,5.21;遷閣學。	(滿)**邵甘** 四、乙亥、廿九,5.30;詹事改。 五、戊子、十三,6.12;遷左副。	(?)**郭里** 五、癸卯、廿八,6.27;光禄改。
袁懋德		
(?)**胡密塞**		
(漢)**朱　綬**	**劉　楗** 二、丙辰、九,3.12;太常改。 四、甲戌、廿八,5.29;遷左副。	**李本晟** 五、庚寅、十五,6.14;太常改。
(?)**屯泰** 十一、丙戌、十三,12.7;遷閣學。	(滿)**席爾達** 十一、甲午、廿一,12.15;贊禮郎遷。	
劉　楗 二、丙辰;改大理。	**李本晟** 二、壬申、廿五,3.28;原浙右布授。 五、庚寅;改大理。	**金　鉉** 五、甲辰、廿九,6.28;原豫布授。
(?)**郭里** 五、癸卯;改通政。	(滿)**佛倫** 六、乙亥、卅,7.29;少詹遷。	
(漢)**趙　璟**		
(滿)**薩穆哈** 二、辛亥、四,3.7;遷閣學。	(滿)**溫代** 二、戊午、十一,3.14;户郎遷。 六、辛未、廿六,7.25;遷閣學。	(滿)**席蘭泰** 六、乙亥;户郎遷。
焦毓瑞		
徐世茂		
金　頫		
馬汝驥		

京卿年表

年代	康熙十七年　戊午(1678)		
通政使司	(？)郭里		
	袁懋德		
大理寺	(？)胡密塞		
	李本晟		
太常寺	(滿)席爾達		
	金鋐 正、己丑、十七、2.8；遷左副。	朱棐 二、辛未、卅、3.22；僕少遷。 八、己巳、一、9.16；遷左副。	焦毓瑞 八、戊戌、卅、10.15；太僕改。
光禄寺	(滿)佛倫		
	(漢)趙璟		
太僕寺	(滿)席蘭泰		
	焦毓瑞 八、戊戌；改太常。	楊雍建 八、戊戌；左通遷。	
順天府尹	徐世茂		
奉天府尹	金璽		
宗人府丞	馬汝驥		

康熙十八年　己未(1679)

(?)郭里	(滿)席蘭泰 四、癸未、十九，5.28；太僕改。

袁懋德	焦毓瑞 二月，太常改。 四月，遷左副。	(漢)趙　璟 四月，太常改。 六月，遷工右。	(漢)張問政 七月，太僕改。 八月，遷工右。	王盛唐 九、乙未、三，10.7； 太常改。

(?)胡密塞 △四月，革。	(滿)佛倫 四、癸未、十九，5.28； 光禄改。 五月，遷閣學。	(滿)科爾坤 五月，郎中遷。 七月，遷左副。	(?)明愛 七、丙午、十四，8.19； 郎中遷。

李本晟 九、戊戌、六，10.10；改浙撫。	于嗣登 九、丁巳、十三，10.17；太常改。	伊　關 十二、庚辰、十九，1.20；太常改。

(滿)席爾達

焦毓瑞 二月，改通政。	(漢)趙　璟 二、乙未、卅，4.10； 光禄改。 四月，改通政。	王盛唐 五月，左僉授。 九月，改通政。	于嗣登 九、乙巳、十三， 10.17；光禄改。 九、丁巳；改大理。	伊　關 十月，太僕改。 十二、庚辰；改大 理。

(滿)佛倫 四、癸未；改大理。	(?)舒恕 五、癸丑、廿，6.27；閣讀學授。

(漢)趙　璟 二、乙未；改太常。	于嗣登 四、庚辰、十六，5.25；原刑右授。 九、乙巳；改太常。	李廷松 十、甲子、三，11.5；左通遷。

(滿)席蘭泰 四、癸未；改通政。	(?)色楞 五、癸丑；翰讀學授。

楊雍建 正月，遷左副。	施維翰 二月，大理寺丞遷。 四月，府府丞。	(漢)張問政 五月，理少遷。 七月，改通政。	伊　關 八月，左通遷。 十月，改太常。	(漢)張雲翼 十一、壬辰、一， 12.3；理少遷。

徐世茂 二、乙未、卅，4.10；改府丞。	耿效忠 二、癸巳、廿八，4.8；原奉尹授。

金鼐 六、甲戌、十一，7.18；改府丞。	梁拱宸 六、戊子、廿五，8.1；原任授。

馬汝驥 二月，遷左副。	徐世茂 二、乙未；順尹改。	施維翰 四月，太僕改。 六月，遷左副。	金鼐 六、甲戌；奉尹改。

京卿年表

年代	康熙十九年　庚申（1680）		
通政使司	（滿）**席蘭泰** **王盛唐**		
大理寺	（？）**明愛** **伊　闢** 三、乙未、六，4.4；改滇撫。	**劉如漢** 三、丙午、十七，4.15；太常改。	
太常寺	（滿）**席爾達** **劉如漢** 正、丁未、十七，2.16；左僉授。 三、丙未；改大理。	**李廷松** 四、壬戌、三，5.1；光祿改。 九、丙寅、十一，11.1；改府丞。	（漢）**張雲翼** 九、甲申、廿九，11.19；太僕改。
光祿寺	（？）**舒恕** **李廷松** 四、壬戌；改太常。	**宋文運** 四、乙酉、廿六，5.24；鴻少遷。 五、癸卯、十五，6.11；改順尹。	（漢）**崔　澄** 六、戊寅、廿一，7.16；右通遷。
太僕寺	（？）**色楞** （漢）**張雲翼** 九、甲申；改太常。	**王繼貞** 十、丙申、十一，12.1；理少遷。	
順天府尹	**耿效忠**	**宋文運** 五、癸卯；光祿改。	
奉天府尹	**梁拱宸**	（漢）**高爾位** 十二、乙未、十，1.29；左僉授。	
宗人府丞	**金　鼐** 九、丙辰、一，10.22；遷工右。	**李廷松** 九、丙寅、十一，11.1；太常改。	

<table>
<tr><td colspan="2" align="center">康熙二十年　辛酉(1681)</td></tr>
<tr><td colspan="2">(滿)席蘭泰</td></tr>
<tr><td colspan="2">王盛唐</td></tr>
<tr>
<td>(?)明愛
　　二、己亥、十五,4.3;遷理右。</td>
<td>(?)舒恕
　　三、己巳、十六,5.3;光禄改。</td>
</tr>
<tr>
<td>劉如漢
　　正、癸未、廿九,3.18;遷左副。</td>
<td>(漢)張雲翼
　　二、甲午、十,3.29;太常改。</td>
</tr>
<tr><td colspan="2">(滿)席爾達</td></tr>
<tr>
<td>(漢)張雲翼
　　二、甲午;改大理。</td>
<td>(漢)崔　澄
　　三、癸酉、廿,5.7;光禄改。</td>
</tr>
<tr>
<td>(?)舒恕
　　三、己巳;改大理。</td>
<td>(滿)阿蘭泰　　　　　　(?)鄂哈
　　三、癸酉;兵郎遷。
　　五、乙亥、廿三,7.8;改閣學。</td>
</tr>
<tr>
<td>(漢)崔　澄
　　三、癸酉;改太常。</td>
<td>(漢)馬世濟
　　五、丙子、廿四,7.9;理少遷。</td>
</tr>
<tr><td colspan="2">(?)色楞</td></tr>
<tr>
<td>王繼貞
　　十一、辛亥、二,12.11;革。</td>
<td>張可前
　　十、丁未、廿八,12.7;左通遷。</td>
</tr>
<tr>
<td>宋文運
　　三、戊寅、廿五,5.12;遷左副。</td>
<td>熊一瀟
　　五、甲戌、廿,7.7;右通遷。</td>
</tr>
<tr><td colspan="2">(漢)高爾位</td></tr>
<tr><td colspan="2">李廷松</td></tr>
</table>

京卿年表

年代	康熙二一年　壬戌(1682)		
通政使司	(滿)席蘭泰 王盛唐		
大理寺	(?)舒恕 (漢)張雲翼		
太常寺	(滿)席爾達 (漢)崔　澄		
光禄寺	(?)鄂哈 　　十二、乙亥、二,12.30；遷刑右。 (漢)馬世濟 　　正、丙子、廿八,3.6；遷左副。	榮國祚 　　二、癸未、五,3.13；光少遷。	
太僕寺	(?)色楞 張可前 　　二、庚子、廿二,3.30；右通遷。 　　六、己卯、三,7.7；遷左副。	吳　瑮 　　二、庚子、廿二,3.30；右通遷。	崔　官 　　六、戊子、十二,7.16；左通遷。
順天府尹	熊一瀟 　　五、庚午、廿三,6.28；遷刑右。	張吉午 　　六、癸午、七,7.11；右僉授。	
奉天府尹	(漢)高爾位		
宗人府丞	李廷松		

康熙二二年　癸亥(1683)

(滿)席蘭泰 　正、癸亥、廿一,2.16；遷盛禮。	(?)拉篤枯 　正、己巳、廿七,2.22；督理遷。

王盛唐

(?)舒恕

(漢)張雲翼 　三、壬戌、廿,4.16；省假。	(漢)崔　澄 　四、己卯、七,5.3；太常改。

(滿)席爾達

(漢)崔　澄 　四、己卯；改大理。	龔佳育 　四、癸巳、廿一,5.17；皖布遷。 　十二、癸亥、廿六,2.11；光禄互改。	薛柱斗 　十二、癸亥；光禄改。

(?)鄂哈

榮國祚	薛柱斗 　十一、壬午、十五,1.1；湘布遷。 　十二、癸亥；太常互改。	龔佳育 　十二、癸亥；太常改。

(?)色楞

崔　官	張可前 　十二、癸亥；原任授。

張吉午

(漢)高爾位 　三、辛未、廿九,4.25；遷刑右。	董秉忠 　四、戊子、十六,5.12；督理遷。

李廷松

京卿年表

年代	康熙二三年　甲子(1684)		
通政使司	(?)拉篤祜 五、丁丑、十二,6.24; 遷左副。	(滿)蘇赫 五、甲申、十九,7.1;吏郎遷。 十二、壬辰、一,1.5;遷刑右。	(滿)傅臘塔 十二、戊戌、七,1.11;詹事改。
	王盛唐	王守才 四、乙丑、卅,6.12;閣學改。	
大理寺	(?)舒恕		
	(漢)崔　澄 九、己丑、廿六,11.3;遷左副。	邊聲廷 十、己亥、七,11.13;太常改。	
太常寺	(滿)席爾達 二、丁未、十一,3.26;遷左副。	(滿)萬思泰 二、乙卯、十九,4.3;翰講學授。	
	薛柱斗 二、己酉、十三,3.28; 改皖撫。	張可前 二、丙辰、廿,4.4;太僕改。 三、壬申、六,4.20;遷左副。	邊聲廷 三、壬午、十六,4.30; 太僕改。 十、己亥、改大理。	趙之鼎 十、己未、廿七, 12.3;左僉授。
光禄寺	(?)鄂哈		
	龔佳育		
太僕寺	(?)色楞		
	張可前 二、丙辰;改太常。	邊聲廷 三、庚午、四,4.18;右通遷。 三、壬午、改太常。	(漢)陳汝器 三、甲申、十八,5.2;左僉授。
順天府尹	張吉午		
奉天府尹	薑秉忠		
宗人府丞	李廷松		

康熙二四年　乙丑(1685)		
(滿)傅臘塔 四、戊戌、九，5.11；遷刑右。	(滿)葛思泰 四、甲辰、十五，5.17；太常改。	
王守才		
(?)舒恕		
邊聲廷		
(滿)葛思泰 四、甲辰；改通政。	(?)穆稱額 四、辛亥、廿二，5.24；鴻臚改。 十、己亥、十二，11.8；遷閣學。	(滿)敦多禮 十、辛亥、廿四，11.20；光祿改。
趙之鼎 二、丙午、十六，3.30；遷左副。	徐元珙 二、癸丑、廿三，3.27；左通遷。	
(?)鄂哈	(滿)敦多禮 三、戊辰、八，4.11；右庶子遷。 十、辛亥；改太常。	(滿)阿山 十一、丁卯、十一，12.6；翰讀學授。
龔佳育 △死。	(漢)閻興邦 八、辛丑、十三，9.11；鴻臚改。	
(?)色楞		
(漢)陳汝器		
張吉午		
董秉忠		
李廷松		

京卿年表

年代	康熙二五年　丙寅(1686)			
通政使司	(滿)**葛思泰** 閏四、戊辰、十五,6.5;遷閣學。		(滿)**阿山** 閏四、甲戌、廿一,6.11;太常改。	
	王守才 三、壬戌、八,3.31; 解。	**徐元珙** 三、戊辰、十四,4.6; 太常改。 五月,遷左副。	**鄭　重** 五月,右通遷。 十二月,遷左副。	**張吉午** 十二、己巳、十九, 2.1;順尹改。
大理寺	(?)**舒恕**(舒淑) 七、戊戌、十六,9.3;遷左副。		(覺羅)**舜拜** 七、癸卯、廿一,9.8;宗人理事遷。	
	邊聲廷			
太常寺	(滿)**敦多禮** 二、丁未、廿三,3.16; 遷閣學。	(滿)**阿山** 三、丙辰、二,3.25; 光祿改。 閏四、甲戌;改通政。	(?)**朱馬泰** 閏四、庚辰、廿七, 6.17;原詹事授。	(滿)**席爾達** △十一月,閣學兼。
	徐元珙 三、戊辰;改通政。		**成其範** 三、甲申、卅,4.22;通左參遷。	
光祿寺	(滿)**阿山** 三、丙辰;改太常。		(滿)**索諾和** 三、癸酉、十九,4.11;閣讀學授。	
	(漢)**閻興邦**			
太僕寺	(?)**色楞**			
	(漢)**陳汝器**			
順天府尹	**張吉午** 十二、己巳;改通政。			
奉天府尹	**董秉忠**			
宗人府丞	**李廷松**			

康熙二六年　丁卯(1687)			
(滿)**阿山** 　七、己亥、廿三, 8.30; 遷左副。	(滿)**凱音布** 　七、乙巳、廿九, 9.5; 光禄改。 　九、乙巳、卅, 11.4; 遷閣學。	(滿)**噶爾圖** 　九、乙巳; 工郎遷。	
張吉午			
(覺羅)**舜拜** 　二、辛未、廿三, 4.4; 遷左副。	(滿)**索諾和** 　二、乙亥、廿七, 4.8; 光禄改。		
邊聲廷			
(滿)**席爾達** 　(閣學兼) 十二、壬子、八, 1.10; 遷禮右, 仍兼。			
成其範 　七、癸未、七, 8.14; 遷兵右。	**王遵訓** 　七、戊子、十二, 8.19; 左僉授。 　十、戊申、三, 11.7; 遷左副。	**王　隲** 　十二、戊午、十四, 1.16; 改贛撫。	**傅感丁**
(滿)**索諾和** 　二、乙亥; 改大理。	(滿)**凱音布** 　三月, 工郎遷。 　七、乙巳, 改通政。	(滿)**開音布** 　九月, 少詹改。 　十月, 遷左副。	(滿)**伊圖** 　十一、甲申、九, 12.13; 左庶子遷。
(滿)**閻興邦**			
(?)**色楞**			
(漢)**陳汝器**			
錢　珏 　正、癸卯、廿四, 3.7; 左僉授。 　二、乙卯、七, 3.19; 改魯撫。	**楊素藴** 　二、辛酉、十三, 3.25; 奉丞改。 　六、辛亥、五, 7.13; 改皖撫。	**徐諟武** 　六月, 左僉授。 　十一月, 遷左副。	**衛執蒲** 　十一、乙酉、十, 12.14; 左僉授。
董秉忠			
李廷松			

京卿年表

年代	康熙二七年　戊辰(1688)

通政使司

(滿)噶爾圖　　　　(?)噶世圖　　　　　　　　(?)朱蓍　　　　　　　　(滿)單璧
二、丁卯、廿四，　　六月，遷左副。　　　　六月，吏郎遷。　　　　九月，光禄改。
3.25；遷左副。　　　　　　　　　　　　八月，遷盛禮。

張吉午　　　　　傅感丁　　　　　　衛執蒲　　　　　　　　李迴
二、己未、十六，　二、戊辰、廿五，3.26；　四、壬戌、廿，5.19；順尹改。　十二、乙卯、十六，
3.17；休。　　　　太常改。　　　　十二、己酉、十，1.1；遷左副。　1.7；順尹改。
　　　　　　　　四月，改。

大理寺

(滿)索諾和　　　　　　　　　　(?)喇弼
十、庚申、廿一，11.13；遷閣學。　　十、丙寅、廿七，11.19；庶子遷。

邊聲廷　　　　　　　(漢)陳汝器
五、癸酉、二，5.30；降二調。　　五、辛巳、十，6.7；太僕改。

太常寺

(滿)席爾達
(禮左兼)

傅感丁　　　　　王承祖　　　　　　郭琇　　　　　　　胡昇猷
二、戊辰；改通政。　三、乙亥、二，4.2；左通遷。　三、辛卯、十八，4.18；左僉授。　十一、己卯、十，
　　　　　　　　三、戊寅、五，4.5；遷左副。　十一、癸酉、四，11.26；遷閣學。　12.2；原尚書授。

光禄寺

(滿)伊圖　　　　(?)邁塗　　　　(滿)單璧　　　　(?)達蘇喀　　　(?)鄔赫
三、甲申、十一，　三月，吏郎遷。　　八月，督理遷。　　九月，讀學授。　　十二月，翰侍
4.11；改甘撫。　　八月，遷閣學。　　九月，改通政。　　　　　　　　讀遷。

(漢)閻興邦　　　　　　　　　金鼐
五、戊寅、七，6.4；改順尹。　　五、乙酉、十四，6.11；降調工左授。

太僕寺

(?)色楞

(漢)陳汝器　　　　　(漢)王維珍　　　　　魏雙鳳
五、辛巳；改大理。　　六、壬寅、一，6.28；理少遷。　十一、丙戌、十七，12.9；
　　　　　　　　十一、戊寅、九，12.1；遷左副。　理少遷。

順天府尹

衛執蒲　　　　(漢)閻興邦　　　　李迴　　　　　　許三禮
四、壬戌；改通政。　五、戊寅；光禄改。　　六月，左僉授。　　十二月，理少遷。
　　　　　　六、丁未、六，7.3；改豫撫。　十二、乙卯；改通政。

奉天府尹

董秉忠　　　　　　　　　　金世鑑
四、丁未、五，5.4；改府丞。　　四、庚午、廿八，5.27；僕少遷。

宗人府丞

李廷松　　　　　　　　董秉忠　　　　(漢)年遐齡
三、壬寅、廿九，4.29；遷左副。　四、丁未；奉尹改。　十一、丙戌、十七，12.9；
　　　　　　　　　　　　　　　　閣讀學授。

康熙二八年 己巳(1689)

(滿)**單璧** 　七、丁巳、廿三,9.6;遷左副。	(?)**噶爾泰** 　八、丁卯、四,9.16;督捕左理遷。

李　迥 　四、戊辰、二,5.20;遷左副。	**李光地** 　五、甲辰、九,6.25;翰掌授。 　十二、壬申、十,1.19;遷兵右。	**黃　斐** 　十二、戊寅、十六,1.25;順尹改。

(?)**喇弼** 　十二、戊寅、十六,1.25;死。	(?)**郎赫** 　十二、戊辰、六,1.15;光祿改。

(漢)**陳汝器**

(滿)**席爾達**
　（禮左兼）

胡昇猷

(?)**郎赫** 　十二、戊辰;改大理。	(?)**多弼** 　十二、甲戌、十二,1.21;郎中遷。

金　鼐

(?)**色楞**

魏雙鳳

許三禮 　四、壬辰、廿六,6.13;遷左副。	**黃　裴** 　五、乙巳、十,6.26;左通遷。 　十二、戊寅;改通政。

金世鑑 　△死。	(漢)**王國安** 　六、壬午、十七,8.2;刑左改管。

(漢)**年遐齡**

京卿年表

年代	康熙二九年　庚午(1690)		
通政使司	(?)噶爾泰 　　正、己未、廿七,3.7； 　　遷刑右。	(滿)傅臘塔 　　二、乙丑、三,3.13；督理遷。 　　四、乙丑、四,5.12；遷刑右。	(滿)尹泰 　　四、壬申、十一,5.19；詹事授, 　　仍兼。
	黃　斐		
大理寺	(?)郎赫 　　四、戊子、廿七,6.4；遷盛刑。	(?)明額禮 　　五、庚子、十,6.16；理少遷。	
	(漢)陳汝器		
太常寺	(滿)席爾達 　　(禮左兼)		
	胡昇猷 　　十一、庚寅、三,12.3；遷左副。	周之麟 　　十、戊戌、十一,12.11；左僉授。	
光祿寺	(?)多弼		
	金　鼐		
太僕寺	(?)色楞		
	魏雙鳳 　　十一、戊戌、十一,12.11；改府丞。	李元振 　　十一、庚子、十三,12.13；左通遷。	
順天府尹	(漢)王　樑 　　正、己未、廿七,3.7；贛布遷。		
奉天府尹	(漢)王國安		
宗人府丞	(漢)年遐齡 　　十、乙酉、廿八,11.28；遷闒學。	魏雙鳳 　　十一、戊戌；太僕改。	

康熙三十年　辛未(1691)

（滿）尹泰
　　閏七、己巳、十六,9.8；遷左副,仍兼。

黄　裳	周之麟	徐　潮
九、戊辰、十七,11.6；遷左副。	九、丁丑、廿六,11.15；太僕改。 十一、甲子、十四,1.1；死。	十、辛丑、廿,12.9；少詹遷。

（？）明額禮	（滿）布喀	（？）噶邇薩
閏七、乙丑、十二,9.4；遷盛刑。	閏七、乙亥、廿二,9.14；光禄改。 九、甲戌、廿三,11.12；改閣學。	十、癸未、二,11.21；光禄改。

（漢）陳汝器

（滿）席爾達
　　（禮左兼）

周之麟	唐朝彝
九、丁丑；改通政。	十、乙酉、四,11.23；太僕改。

（？）多弼	（滿）布喀	（？）噶邇薩
四、丙寅、十一,5.8；遷左副。	五、癸丑、廿八,6.24；晉布遷。 閏七、乙亥；改大理。	閏七、壬午、十九,9.21；甘布遷。 十、癸未；改大理。

金　瓶	劉　楷	羅秉倫
	六、戊午、四,6.29；右通遷。	閏七、辛巳、廿八,9.20；右通遷。

（？）色楞

李元振	唐朝彝	殷曾矩
正、乙卯、廿九,2.26；遷左副。	二、癸亥、七,3.6；理少遷。 十、乙酉；改太常。	十、丙申、十五,12.4；左通遷。

（漢）王　樑	衛既濟	陳肇昌	劉元慧
正、丙午、廿,2.17； 改偏沅巡撫。	二月,魯布遷。 七月,遷左副。	閏七,左僉授。	九、乙丑、十四,11.3； 左僉授。

（漢）王國安

魏雙鳳

京卿年表

年代	康熙三一年　壬申(1692)			
通政使司	(滿)**尹泰** 三、丙辰、七,4.22;遷刑右, 卸兼。	(?)**法爾哈** 三、戊寅、廿九,5.14;御史遷。 四、丙午、廿七,6.11;遷左副。	(?)**胡什塔** 五、丁巳、八,6.22;光祿改。	
通政使司	**徐　潮** 二月,改左副。	**羅秉倫** 二、癸卯、廿三,4.9; 光祿改。 三月,憂免。	**殷曾矩** 四月,太僕遷。 十一月,遷左副。	**宮夢仁** 十一、癸丑、八,12.15; 左僉授。
大理寺	(?)**噶邇薩** 三、戊寅、廿九,5.14; 遷左副。	(?)**戴通** 四、癸巳、十四,5.29;讀學授。 五、辛亥、二,6.16;遷閣學。	(?)**腐愛** 五、庚午、廿一,7.5;閣讀學授。	
大理寺	(漢)**陳汝器**			
太常寺	(滿)**席爾達** (禮左兼)			
太常寺	**唐朝彝** 十二、壬午、八,1.13;改府丞。	(漢)**李輝祖** 十二、壬辰、十八,1.23;原川布授。		
光祿寺	(?)**胡什塔** 四月,少詹遷。 五、丁巳;改通政。	(?)**沈圖** 五月,右庶子遷。 十月,遷左副。	(?)**艾廗** 十、庚子、廿五,12.2;左庶子遷。	
光祿寺	**羅秉倫** 二、癸卯;改通政。	**李　錦** 四、乙酉、六,5.21;理少遷。		
太僕寺	(?)**色楞**			
太僕寺	**殷曾矩** 四月,改通政。	**蔣　寅** 五、辛亥、二,6.16;黔布遷。	**楊爾淑** 七、己未、十二,8.23;左通遷。	
順天府尹	**劉元熜**			
奉天府尹	(漢)**王國安**			
宗人府丞	**魏雙鳳** △死。	**唐朝彝** 十二、壬午;太常改。		

康熙三二年　癸酉(1693)	康熙三三年　甲戌(1694)
(?)胡什塔	(?)胡什塔
宮夢仁	宮夢仁
(?)膚愛	(?)膚愛
(漢)陳汝器	(漢)陳汝器　　　　　(漢)李輝祖 十二、丁未、十四，　　十二、壬子、十九，2.2； 1.28；遷刑右。　　　太常改。
(滿)席爾達 (禮左兼)	(滿)席爾達 (禮左兼)
(漢)李輝祖	(漢)李輝祖　　　　　(漢)李　錋 十二、壬子；改大理。　十二、甲寅、廿一，2.4； 　　　　　　　　　原閩布授。
(?)艾肅	(?)艾肅　　(?)色特　　(?)席密圖 四、壬申、五，　　四、己卯、十二，　閏五、乙丑、 4.28；遷盛禮。　5.5；讀學授。　廿三，7.14； 　　　　　　　　　　翰讀學授。
李　錦	李　錦
(?)色楞	(?)色楞
楊爾淑	楊爾淑
劉元燮	劉元燮
(漢)王國安	(漢)王國安
唐朝彝	唐朝彝

京卿年表

年代	康熙三四年　乙亥(1695)		
通政使司	(?)**胡什塔**	(?)**莫里普** 十一、甲子、六，12.11；光禄改。	
	宮夢仁		
大理寺	(?)**庸愛** 十一、庚午、十二，12.17；遷盛禮。	(滿)**貝和諾** 十一、乙亥、十七，12.22；督捕右理遷。	
	(漢)**李輝祖** 四、己未、廿八，6.9；改豫撫。	(漢)**李鍆** 五、丁卯、六，6.17；太常改。 十一、癸未、廿五，12.30； 遷督捕。	(漢)**喻成龍** 十二、壬辰、四，1.8；太常改。
太常寺	(滿)**席爾達** (禮左兼)		
	(漢)**李鍆** 五、丁卯；改大理。	(漢)**喻成龍** 五、己丑、廿八，7.9；魯布授。 十二、壬辰；改大理。	**熊一瀟** 十二、丙辰、廿八，2.1； 降調工尚授。
光禄寺	(?)**席密圖** 三、丁卯、六，4.18；遷左副。	(?)**莫里普** 三、丙戌、廿五，5.7； 翰讀學授。 十一、甲子；改通政。	(?)**辛寶** 十一、庚午、十二，12.17； 翰侍講遷。
	李錦		
太僕寺	(?)**色楞**	(?)**楊舒**	
	楊爾淑		
順天府尹	**劉元煒** 六、壬子、廿二，8.1；改府丞。	(漢)**蕭永藻** 七、壬午、廿二，8.31；翰讀學授。	
奉天府尹	(漢)**王國安**	**徐廷璽** 十二、己酉、十一，1.25；奉丞遷。	
宗人府丞	**唐朝彝**	**劉元煒** 六、壬子；順尹改。	

康熙三五年　丙子(1696)

(？)**莫里普**
　　七、癸亥、九，8.6；革。

（？)**黄茂**
　　七、戊辰、十四，8.11；盛兵理事遷。

宮夢仁

(滿)**貝和諾**
　　七、戊午、四，8.1；遷左副。

(滿)**希福納**
　　七、戊辰；閣讀學授。

(漢)**喻成龍**
　　二、甲午、八，3.10；遷刑右。

熊一瀟
　　二、甲寅、廿八，3.30；太常改。
　　十一、辛巳、廿八，12.22；遷左副。

李　錦
　　十二、乙未、十三，1.5；太常改。

(滿)**席爾達**
　　(禮左兼)

熊一瀟
　　二、甲寅；改大理。

李　錦
　　三、甲申、廿八，4.29；光禄改。
　　十二、乙未；改大理。

楊爾淑
　　十二、壬寅、廿，1.12；太僕改。

(？)**辛寶**

李　錦
　　三、甲申；改太常。

鏡三錫
　　三、甲申；理少改。

(？)**楊舒**
　　五、壬戌、七，6.6；改閩學，仍兼。

楊爾淑
　　十二、壬寅；改太常。

(漢)**蕭永藻**
　　十二、戊戌、十六，1.8；改粵撫。

徐廷璽

劉元慧

京卿年表

年代	康熙三六年　丁丑(1697)			
通政使司	(?)**黃茂** 二月,改閣學。	(滿)**噶禮** 二月,户理遷。 六月,遷左副。	(滿)**額倫特** 六月,刑理遷。 十月,遷左副。	(?)**達爾漢** 十、丙寅、十九,12.2; 翰講學授。
	宮夢仁 四、己巳、廿,6.8;改閩撫。		**楊爾淑** 五、癸巳、十四,7.2;太常改。	
大理寺	(滿)**希福納**			
	李錦			
太常寺	(滿)**席爾達** 五、辛丑、廿二,7.10;禮左遷左都。		(滿)**席哈納** △鴻臚兼。	
	楊爾淑 五、癸巳;改通政。	**錢三錫** 六、丁巳、九,7.26;光禄改。 七、庚寅、十二,8.28;改府丞。	**梅鋗** 七、乙巳、廿七,9.12;太僕改。	
光禄寺	(?)**辛寶** 十二、丙辰、十,1.21;改閣學,仍管。			
	錢三錫 六、丁巳;改太常。	(漢)**金璽** 六、丙子、廿八,8.14;左通改。 十、乙卯、八,11.21;改府丞。	**高裔** 十、庚申、十三,11.26;理少遷。	
太僕寺	(?)**楊舒** 五、丙午、廿七,7.15;閣學遷禮右,仍兼。			
	梅鋗 二、壬午、一,2.21;理少遷。 七、乙巳;改太常。	**吳涵** 八、丙辰、九,9.23;左通改。		
順天府尹	**常翼聖** 二、甲申、三,2.23;左僉授。			
奉天府尹	**徐廷璽**			
宗人府丞	**劉元慧** 六、癸亥、十五,8.1;遷左副。	**錢三錫** 七、庚寅;太常改。 九、丙午、廿九,11.12;遷左副。	(漢)**金璽** 十、乙卯;光禄改。	

康熙三七年　戊寅(1698)

(?)**達爾漢**
　　十二、庚申、廿,1.20;革。

楊爾淑
　　四、戊辰、廿四,6.2;死。

羅秉倫
　　三、丙子、一,4.11;原任授。

(滿)**希福納**

李　錦

(滿)**席哈納**

梅　銷
　　七、庚辰、八,8.13;改府丞。

王　焯
　　七、丙戌、十四,8.19;左僉授。

高　裔
　　十二、戊午、十八,1.18;光禄改。

(?)**辛寶**
　　(閣學管)
　　十一、甲午、廿四,12.25;遷刑右。

(?)**努赫**
　　△十一、甲午;禮左降。

高　裔
　　十二、戊午;改太常。

江　蘩
　　十二、庚申、廿,1.20,右通改。

(?)**楊舒**
　　十一、甲午;禮右改禮左,仍兼。

吳　涵
　　七、丙申、廿四,8.29;遷左副。

勵杜訥
　　七、辛丑、廿九,9.3;右通遷。
　　九、戊戌、廿七,10.30;改府丞。

錢晉錫
　　十、戊午、十七,11.19;左通遷。

常翼聖

徐廷璽
　　十二、辛丑、一,1.1;協理河工。

(漢)**王國安**
　　十二、癸卯、三,1.3;原任授。

(漢)**金　璽**
　　六、壬申、廿九,8.5;遷左副。

梅　銷
　　七、庚辰;太常改。
　　九、癸未、十二,10.15;遷左副。

勵杜訥
　　九、戊戌;太僕改。

年代	康熙三八年　己卯(1699)		
通政使司	(?)李沙 　　正、甲午、廿四,2.23;盛兵理事遷。		
	羅秉倫		
大理寺	(滿)希福納		
	李　錦 　九、戊申、十三,11.4;左僉授。 　十、丙寅、二,11.22;遷左副。	王　紳	高　裔 十、壬申、八,11.28;太常改。
太常寺	(滿)席哈納		
	高　裔 　十、壬申;改大理。	李　鎧 　　　　　十、甲午、卅,12.20;任。	
光禄寺	(?)努赫 　十、壬申;遷禮右,仍兼。		
	江　蘩		
太僕寺	(?)楊舒 　　(禮左兼)		
	錢晉錫		
順天府尹	常翼聖		
奉天府尹	(漢)王國安		
宗人府丞	勵杜訥		

康熙三九年　庚辰(1700)

(?)李沙

羅秉倫

(滿)希福納

高　裔	常翼聖
正、癸亥、廿九，3.19；憂免。	二、癸未、十九，4.8；順尹改。

(滿)席哈納
　　六、己巳、八，7.23；鴻臚改。
　　十、丁丑、十八，11.28；改閱學，仍兼。

李　鎧

(?)努赫
　　(禮右兼)

江　縈

(?)楊舒	(?)喇錫
(禮左兼)	五、癸卯、十一，6.27；閱讀學授。

錢晉錫	勞之辨
七、甲寅、廿三，9.6；改順尹。	七、丙辰、廿五，9.8；左通遷。

常翼聖	甘國樞	錢晉錫
二、癸未；改大理。	三、庚子、七，4.25；右通遷。	七、甲寅；太僕改。
	六、庚寅、廿九，8.13；遷左副。	

(漢)王國安

勵杜訥	王頊齡
十一、辛丑、十三，12.22；遷左副。	十一、丙辰、廿八，1.6；少詹遷。

京卿年表

年代	康熙四十年　辛巳(1701)		
通政使司	(？)李沙 李　鎧 　正、庚戌、廿二,3.1；太常改。		
大理寺	(滿)希福納 　正、乙卯、廿七,3.6；遷閣學。	(？)杜喀襌 　二、己未、一,3.10；盛工理事遷。	
	常翼聖 　三、壬寅、十五,4.22；休。	張泰交 　三、乙卯、廿八,5.5；僕少遷。(江南學政)	
太常寺	(滿)席哈納 　正、甲寅、廿六,3.5；遷禮右,仍兼。	(？)明舒 　十一、壬子、廿九,12.28；任。	
	李　鎧 　正、庚戌；改通政。	江　縈 　正、戊午、卅,3.9；光禄改。	
光禄寺	(？)努赫 　(禮右兼)　正、甲寅；革。	(？)郎奇 　二、己未；翰講學授。	
	江　縈 　正、戊午；改太常。	裴充佩 　三、甲午、七,4.14；理少遷。	張　睿 　九、癸丑、廿九,10.30；僕少遷。
太僕寺	(？)喇錫 勞之辨		
順天府尹	錢晉錫		
奉天府尹	(漢)王國安		
宗人府丞	王頊齡		

康熙四一年　壬午(1702)

（?）李沙

| 李　鎧 |

（?）杜喀禪	（?）恩特	（?）哈灝	（?）法特哈
三、戊子、七，4.3； 遷左副。	三月，刑郎遷。 六月，遷工右。	六月，盛禮理遷。 九月，遷工右。	十、己卯、二，11.20； 兵給遷。

張泰交	張　睿	李斯義
六、己未、九，7.3；遷左副。 （江南學政）	六、丙寅、十六，7.10；光祿改。 六、己卯、廿九，7.23；遷左副。	閏六、戊子、八，8.1；理少遷。

（?）明舒

| 江　蘩 |

| （?）郎奇 |

張　睿	阮爾詢
六、丙寅；改大理。	閏六、戊子；右通遷。

（?）喇錫

| 勞之辨 |

| 錢晉錫 |

| （漢）王國安 |

| 王頊齡 |

京卿年表

年代	康熙四二年　癸未(1703)	康熙四三年　甲申(1704)
通政使司	(?)李沙　　李　鎧	(?)李沙　　李　鎧　二、乙未、廿五,3.30;遷閣學。　　王思軾　三、壬子、十三,4.16;翰講學授。
大理寺	(?)法特哈　　李斯羲	(?)法特哈　　李斯羲　十、乙酉、十八,11.15;遷左副。　　勞之辨　十、丙申、廿九,11.26;太常改。
太常寺	(?)明舒　　(?)伍什　十、辛丑、廿九,12.7;任。　　江蘩　六、癸巳、十九,8.1;改府丞。　　勞之辨　九、壬申、十九,11.8;太僕改。	(?)伍什　　勞之辨　十、丙申;改大理。　　周清泉　十一、己酉、十三,12.9;光禄改。
光禄寺	(?)郎奇　　(滿)穆和倫　五、戊辰、廿四,7.7;閣學兼管。　　阮爾詢　　汪晉徵　五、甲子、廿,7.3;理少遷。	(滿)穆和倫　三、丙寅、廿七,4.30;遷工右。　　(?)魏齊　五、己亥、一,6.2;閣讀學授。　　汪晉徵　十、辛未、四,11.1;改順尹。　周清泉　十、癸未、十六,11.13;左通改。十一、己酉;改太常。　李旭升　十一、甲寅、十八,12.14;左通遷。
太僕寺	(?)喇錫　　勞之辨　九、壬申;改太常。　　王道熙　十、己卯、七,11.15;原湘布授。	(?)喇錫　　王道熙　　祖允圖　正、丙寅、廿六,3.1;右通遷。
順天府尹	錢晉錫	錢晉錫　　汪晉徵　十、辛未;光禄改。
奉天府尹	(漢)王國安	(漢)王國安
宗人府丞	王頊齡　六、丁丑、三,7.16;遷禮右。　　江蘩　六、癸巳;太常改。	江蘩

康熙四四年　乙酉(1705)

(?)**李沙** 十、甲辰、十四，11.29；休。	(?)**席爾圖** 十、丁巳、廿七，12.12；盛兵理事遷。
王思軾	
(?)**法特哈** 二、丁卯、三，2.25；遷盛户。	(?)**塔進泰** 二、壬申、八，3.2；閣讀學授。
勞之辨 五、戊寅、十六，7.6；降三調。	**張志棟** 六、甲午、二，7.22；原贛撫授。
(?)**伍什**	
周清泉 十二、甲午、四，1.18；遷左副。	**李旭升** 十二、壬子、廿二，2.5；光禄改。
(?)**魏齊**	
李旭升 十二、壬子；改太常。	
(?)**喇錫**	(滿)**郭瑔** 十一、壬申、十二，12.27；僕少遷。
祖允圖 五、癸未、廿一，7.11；改順尹。	(漢)**施世綸** 六、己未、廿七，8.16；皖布授。
汪晉徵 五、丙子、十四，7.4；遷左副。	**祖允圖** 五、癸未；太僕改。
(漢)**王國安**	
江　蘩	

京卿年表

年代	康熙四五年　丙戌(1706)			
通政使司	(?)席爾圖 三、辛未、十三,4.25; 遷盛工。	(?)張格 三月、左通遷。 十一月、遷左副。	(?)莫音代 十一、癸未、廿九, 1.2,光禄改。 十二月、遷工右。	(?)牛祜納 十二、癸巳、九, 1.12;左通遷。
	王思賦			
大理寺	(?)塔進泰			
	張志棟		馬士芳 十一、癸未;太常改。	
太常寺	(?)伍什			
	李旭升 五、庚申、三,6.13; 遷左副。	阮爾詢 五月、左僉授。 六、己丑、三,7.12; 改府丞。	馬士芳 十、乙未、十一,11.15; 光禄改。 十一、癸未;改大理。	鹿祜 十二、乙巳、廿一, 1.24;太僕改。
光禄寺	(?)魏齊 十、丙午、廿二,11.26;遷刑右。		(?)莫音代 十、辛亥、十七,12.1;理少遷。 十一、癸未;改通政,仍兼。	
	馬士芳 三、己未、一,4.13;左通遷。 十、乙未;改太常。		艾芳曾 十、癸卯、十九,11.23;理少遷。	
太僕寺	(滿)郭璈 三、丁卯、九,4.21;遷左副。		(?)輂色 十二、乙巳;翰讀學授。	
	(漢)施世綸 二、壬辰、三,3.17;革。		鹿祜 三、戊辰、十,4.22;理少遷。 十二、乙巳;改太常。	
順天府尹	祖允圖 三、丁卯、九,4.21;改府丞。		(漢)施世綸 三、壬申、十四,4.26;原太僕授。	
奉天府尹	(漢)王國安			
宗人府丞	江縈 二、甲寅、廿五,4.8;遷左副。	祖允圖 三、丁卯;順尹改。	阮爾詢 六、己丑;太常改。	

康熙四六年　丁亥(1707)

(?)牛祜納	(?)温寨	(?)華色
二、己丑、六,3.9;遷左副。	三、辛酉、八,4.10;刑郎遷。 六、壬寅、廿一,7.20;遷左副。	七、辛亥、一,7.29;太僕改,仍兼。

王思軾		

(?)塔進泰		

馬士芳		

(?)伍什	(滿)荆山	
	△常少遷。	

鹿　祜		

(?)莫音代		
〔工右兼〕		

艾芳曾	廖騰煌	
六、丁亥、六,7.5;改奉尹。	十一、丁巳、九,12.2;左通遷。	

(?)華色(花塞)		
七、辛亥、一,7.29;改通政,仍兼。		

張世爵		
正、乙亥、廿一,2.23;理少遷。		

(漢)施世綸		

(漢)王國安	艾芳曾	
六、癸未、二,7.1;遷兵右。	六、丁亥;光禄改。	

阮爾詢	宋駿業	顧汧
六、癸未;遷左副。	六、丁亥;左僉授。 十、庚子、廿二,11.15;遷左副。	十二、丁未、廿九,1.21;理少遷。

京卿年表

年代	康熙四七年　戊子(1708)	
通政使司	(?)**華色** 　　（兼太僕）	
	王思軾	
大理寺	(?)**塔進泰**	
	馬士芳	
太常寺	(滿)**荆山**	
	鹿　祐 　正、乙亥、廿七、2.18；遷兵右。	**張世爵** 　二、辛巳、四、2.24；太僕改。 　十二、壬戌、廿、1.30；遷左副。
光禄寺	(?)**莫音代** 　　（工右兼）	
	廖騰煃	
太僕寺	(?)**華色** 　　（通政兼）	
	張世爵 　二、辛巳；改太常。	**李先復** 　二、癸未、六、2.26；理少遷。 　六、庚申、十五、8.1；浙鄉正考。
順天府尹	(漢)**施世綸**	
奉天府尹	**艾芳曾**	
宗人府丞	**顧　泩**	

康熙四八年　己丑(1709)

(？)華色
（兼太僕）

王思軾	艾芳曾	王度昭	劉　謙
二、己酉、八，3.18；遷閣學。	二、甲子、廿三、4.2；奉尹改。七月，遷左副。	八月，太常改。九月，遷左副。	十、丙午、九，11.10；太常改。

(？)塔進泰

馬士芳

(滿)荆山

李先復	王度昭	劉　謙	江　球
三、甲戌、三、4.12；太僕改。三月，遷左副。	四月，左僉授。八月，改通政。	九、丁酉、卅，11.1；光禄改。十、丙午；改通政。	十、辛酉、廿四、11.25；左僉授。

(？)莫音代	(？)那漢泰
十二、甲寅、十八、1.17；革。	十、辛丑、四、11.5；翰讀學授。

廖騰煃	劉　謙	左必蕃
三、丙申、廿五、5.4；改奉尹。	四、乙巳、四、5.13；左通遷。九、丁酉；改太常。	十、辛丑、四、11.5；右通遷。

(？)華色
（通政兼）

李先復	祖允圖	戴　瑤
三、甲戌；改太常。	三、丙申、廿五、5.4；左通遷。五、丙子、六、6.13；改府丞。	九、丁酉、卅、11.1；左通遷。

(漢)施世綸
十二、丙辰、廿、1.19；遷左副，仍兼。

艾芳曾	廖騰煃
二、甲子；改通政。	三、丙申；光禄改。

顧　汧	祖允圖
	五、丙子；太僕改。

京卿年表

年代	康熙四九年　庚寅(1710)		
通政使司	(？)華色 （兼太僕）	(？)那漢泰 四、丁未、十二，5.10；光禄改，仍兼。	
	劉　謙		
大理寺	(？)塔進泰 四、壬寅、七，5.5；遷户右。	(滿)綽奇 四、庚戌、十五，5.13；左通遷。 四、己丑、廿五，6.21；遷左副。	(？)多善 六、乙未、一，6.27；左通遷。
	馬士芳 四、己酉、十四，5.12；休。	張志棟 四、己未、廿四，5.22；原任授。	
太常寺	(滿)荊山		
	江　球 十、戊子、廿七，12.17；改府丞。	吳一蜚 十一、庚子、十，12.29；光禄改。	
光禄寺	(？)那漢泰 四、丁未；改通政，仍兼。		
	左必蕃 二、戊午、廿三，3.22；改府丞。	吳一蜚 四、丁未、十二，5.10；理少遷。 十一、庚子；改太常。	湯右曾 十二、辛巳、廿一，2.8；右通遷。
太僕寺	(？)華色 （通政兼）	(？)巴查爾 四、丁巳、廿二，5.20；盛刑理事遷。	
	戴　瑤		
順天府尹	(漢)施世綸 十、戊辰、七，11.27；遷户右。	屠　沂 十、壬午、廿一，12.11；左僉授。	
奉天府尹	廖騰煃		
宗人府丞	祖允圖 二、壬寅、七，3.6；遷左副。	左必蕃 二、戊午；光禄改。 十、戊寅、十七，12.7；遷左副。	江　球 十、戊子；太常改。

康熙五十年　辛卯(1711)	
(?)那漢泰 　　(兼光禄)	(?)劉相 　　正、癸丑、廿四,3.12;左通遷。
劉　謙 　　十、辛未、十六,11.25;遷工右。	湯右曾 　　十、乙亥、廿,11.29;太常改。
(?)多善	
張志棟	
(滿)荆山	

吳一蜚 　二、乙酉、廿六,4.13;遷户右。	湯右曾 　三、癸巳、四,4.21;光禄改。 　十、乙亥;改通政	王企埥 　十、壬午、廿七,12.6;光禄改。

(?)那漢泰 　　(通政兼)	(?)馬良 　　十、癸亥、八,11.17;遷閣學,仍管。

湯右曾 　三、癸巳;改太常。	王企埥 　三、丁巳、廿八,5.15;理少遷。 　十、壬午;改太常。	李　濤 　十一、乙未、十,12.19;左通改。

(?)巴查爾	(?)阿爾法 　　十、辛酉、六,11.15;讀學授。
戴夢麟 　　正、辛亥、廿二,3.10;右通遷。 　　十一、乙未;改奉尹。	孟世泰 　　十一、庚子、十五,12.24;右通遷。
屠　沂	

廖騰煃 　　十一、壬辰、十七,12.16;遷左副。	戴夢麟 　　十一、乙未;太僕改。
江　球 　　八、癸亥、六,9.18;順鄉副考。	

京卿年表

年代	康熙五一年　壬辰(1712)		
通政使司	（?）劉相		
通政使司	**湯右曾** 四、壬申、廿,5.24;教庶。 四、己卯、廿七,5.31;改翰掌。	**崔徵璧** 五、癸未、一,6.4;太常改。	
大理寺	（?）多璧	（滿）荆山 六、丁卯、十五,7.18;太常改,仍管。	
大理寺	**張志棟** 四、丙子、廿四,5.28;遷刑右。	**孟世泰** 五、癸未;太僕改。	
太常寺	（滿）荆山 六、丁卯;改大理,仍管。		
太常寺	**王企埥** 三、己丑、六,4.11;改府丞。	**崔徵璧** 三、戊戌、十五,4.20;左僉授。 五、癸未;改通政。	**李敏啓** 十、丙寅、十六,11.14;理少遷。
光禄寺	（?）馬良		
光禄寺	**李濤** 二、壬午、廿九,4.4;改奉尹。	**田從典** 三、癸巳、十,4.15;左通遷。 四、丙子、廿四,5.28;遷左副,仍管。	
太僕寺	（?）阿爾法 二、丙寅、十三,3.19; 遷閣學。	（?）馬進泰 三、癸巳;盛禮理遷。 四、癸亥、十一,5.15;遷閣學。	（?）阿錫鼐 四、甲戌、廿二,5.26;盛兵 理遷。
太僕寺	**孟世泰** 五、癸未;改大理。	**周道新** 十、壬申、廿二,11.20;左通遷。	
順天府尹	**屠沂**		
奉天府尹	**戴夢麟**	**李濤** 二、壬午;光禄改。 五、丁酉、十五,6.18;改府丞。	（漢）**董弘毅** 十、丁丑、廿七,11.25;左僉授。
宗人府丞	**江球**	**王企埥** 三、己丑;太常改。 五、己丑、七,6.10;遷左副。	**李濤** 五、丁酉;奉尹改。

康熙五二年　癸巳(1713)		
(？)劉相		
崔徽璧 二、乙卯、七，3.3；遷左副。	郝惟諤 二、癸亥、十五，3.11；左通遷。 五　癸卯、廿七，6.19；遷左副。	周道新 閏五、癸丑、七，6.29；太僕改。
(滿)荆山 十、癸未、九，11.26；遷禮右。	(？)阿錫鼐 十、丁亥、十三，11.30；太僕改，仍兼。	
孟世泰		
(滿)荆山 十、癸未；遷禮右，仍帶管。		
李敏啓		
(？)馬良 十一、甲寅、十，12.27；革。	(滿)舒蘭 十二、甲午、廿一，2.5；工左兼。	
田從典		
(？)阿錫鼐 十、丁亥；改大理，仍兼。		
周道新 閏五、癸丑；改通政。	李華之 八、庚子、廿五，10.14；原滇布授。 十、壬辰、廿八，12.5；改府丞。	郝　林 十、甲辰、卅，12.17；左通遷。
屠　沂	王　懿 十二、甲午；理少遷。	
(漢)薑弘毅		
李　濤 九、庚戌、六，10.24；遷左副。	呂履恒 九、庚戌；左僉授。 十、丁亥；遷左副。	李華之 十、壬辰；太僕改。

京卿年表

年代	康熙五三年　甲午(1714)	
通政使司	(?)劉相	
	周道新	
大理寺	(?)阿錫鼐 　正、戊辰、廿六,3.11;遷左副。	(覺羅)常泰 　二、丙子、四,3.19;盛户理遷。
	孟世泰	
太常寺	(滿)荆山 　（禮右兼管）	
	李敏啓	
光禄寺	(滿)舒蘭 　十、壬辰、廿四,11.30; 　降三調。	(?)達禮虎 　十　戊戌、卅,12.6;翰讀學授。 　十二、辛巳、十三,1.18;遷閣學。	(滿)党阿賴 　十二、辛卯、廿三,1.28; 　左庶子遷。
	田從典	
太僕寺	(?)阿錫鼐 　正、戊辰;遷左副,仍兼管。	
	郝林 　二、己亥、十七,4.11;遷奉尹。	王景曾 　三、丁未、六,4.19;左通遷。
順天府尹	王懿	
奉天府尹	(漢)蕫弘毅 　二、戊寅、六,3.21;改府丞。	郝林 　二、己亥;太僕改。
宗人府丞	李華之 　正、戊辰;遷左副。	(漢)蕫弘毅 　二、戊寅;奉尹改。 　十二、戊子、廿,1.25;遷左副。

康熙五四年　乙未(1715)

（？）劉相
　　十二、甲子、二，12.27；遷左副。

周道新

（覺羅）常泰

孟世泰
　　十二、戊辰、六，12.31；休。

（滿）荆山
　　（禮右兼管）

李敏啓

（滿）党阿賴	（？）蘆哈布
十一、甲辰、十二，12.7；遷兵右。	十一、壬子、廿，12.15；翰讀學授。

田從典

（？）阿錫鼎
　　（兼太僕）

王景曾

王懿

郝　林	邵　覲	朱　斌
二、辛未、四，3.9；改府丞。	三、壬寅、六，4.9；左僉授。	四、乙酉、廿，5.22；光少遷。
	三、戊午、廿二，4.25；革。	

郝　林	江　球
二、辛未；奉尹改。	六、庚午、六，7.6；原任授。
五、壬戌、廿七，6.28；遷左副。	

京卿年表

年代	康熙五五年　丙申(1716)	
通政使司	(?)**楊柱** 　　正、壬子、廿一,2.13;盛工理遷。 　　五、乙酉、廿六,7.15;遷左副。	(滿)**海壽** 　　十、壬辰、六,11.19;盛户理遷。
	周道新 　　十、戊戌、十二,11.25;遷左副。	**朱軾** 　　十、壬子、廿六,12.9;奉尹改。
大理寺	(覺羅)**常泰**	
	王懿 　　二、壬申、十一,3.4;順尹改。	
太常寺	(滿)**荆山** 　　六、丁酉、九,7.27;禮右遷禮尚兼管。	
	李敏啓	
光禄寺	(?)**薩哈布** 　　四、戊申、十九,6.8;遷閣學,仍管。十、壬辰;遷禮右,仍兼。十二、乙巳、十九,1.31;改禮左,仍兼。	
	田從典	
太僕寺	(?)**阿錫鼐** 　　五、癸亥、四,6.23;左副改刑左,仍兼。	
	王景曾	
順天府尹	**王懿** 　　二、壬申;改大理。	**余正健** 　　二、壬申;祭酒(江南學政)改。 　　十、壬辰;遷左副,仍兼管。
奉天府尹	**朱軾** 　　十、壬子;改通政。	**屠沂** 　　十一、庚申、四,12.17;原順尹授。
宗人府丞	**江球**	

| 康熙五六年　丁酉(1717) |||

(滿)海壽	(覺羅)蘇廊	(?)赫成額
正、己卯、廿四,3.6;遷左副。	二、壬寅、十七,3.29;詹事授。 十、壬辰、十二,11.14;遷左副。	十、丁酉、十七,11.19;詹事授。

朱　軾	張連登
二、辛卯、六,3.18;改浙撫。	二、壬寅;右通遷。

(覺羅)常泰

王　懿	李敏啓
十、丁未、廿七,11.29;遷工右。	十一、丁巳、七,12.9;太常改。

(滿)荊山	(滿)三泰
三、辛未、十六,4.27;死。	三、甲申、廿九,5.10;贊禮郎遷。

李敏啓
十一、丁巳;改大理。

(?)鹵哈布
(禮左兼)

田從典

(?)阿錫鼐
(刑左兼)

王景曾	王盛國	景日昣	陸經遠
三、丁卯、十二,4.23; 遷左副。	三、甲申;常少遷。	十月,鴻少遷。 十一、庚辰、卅,1.1; 改府丞	十一、庚辰;理少遷。

余正健	俞化鵬
二、辛亥、廿六,4.7;解。	三、丙寅、十一,4.22;左僉授。

屠　沂

江　球	景日昣
十一、戊午、八,12.10;遷左副。	十一、庚辰;太僕改。

京卿年表

年代	康熙五七年　戊戌(1718)		
通政使司	(丁)赫成額 十、辛酉、十七，12.8；遷左副。	(丁)伊特海 十一、乙酉、十一，1.1；閣讀學授。	
	張連登 二、丙午、廿七，3.28；改湖撫。	陸經遠 三、癸丑、四，4.4；太僕改。	
大理寺	(覺羅)常泰		
	李敏啓		
太常寺	(滿)三泰		
	李永紹 正、丙子、廿七，2.26；左僉授。 二、壬寅、廿三，3.24；改府丞。	吳　梁 四月，理少遷。 十、癸丑、九，11.30；改府丞。	張大有 十、甲戌、卅，12.21；左僉授。
光禄寺	(丁)薩哈布 (禮左兼)		
	田從典		
太僕寺	(丁)阿錫鼎 (刑左兼)		
	陸經遠 三、癸丑；改通政。	金應璧 十一、丁亥、十三，1.3；理少遷。	
順天府尹	俞化鵬		
奉天府尹	屠　沂 十一、丙戌、十二，1.2；遷倉侍。		
宗人府丞	景日眕 二、辛卯、十二，3.13；遷倉侍。	李永紹 二、壬寅，太常改。 十、丙午、二，11.23；遷户右。	吳　梁 十、癸丑；太常改。

康熙五八年　己亥(1719)		康熙五九年　庚子(1720)
(?)伊特海 十二、癸卯、五，1.14； 遷左副。	(?)傅繕 十二、己酉、十一， 1.20；詹事署甘按授。	(?)傅繕
陸經遠		陸經遠
(覺羅)常泰		(覺羅)常泰
李敏啓 七、庚辰、九，8.24； 憂免。	張大有 八、庚戌、十，9.23； 太常改。	張大有
(滿)三泰		(滿)三泰
張大有 八、庚戌；改大理。	黄叔琳 十一、甲申、十六， 12.26；左僉授。	黄叔琳
(?)薩哈布 (禮左兼)		(?)薩哈布 (禮左兼)
田從典 十二、己酉、十一， 1.20；遷左都。	(漢)盧詢 十二、己未、廿一， 1.30；理少遷。	(漢)盧詢
(?)阿錫鼐 (刑左兼)		(?)阿錫鼐 (刑左兼)
金應璧		金應璧
俞化鵬		俞化鵬
文志鯤 三、壬寅、廿九，5.18；奉丞遷。		文志鯤
吳梁		吳梁

京卿年表

年代	康熙六十年 辛丑(1721)	康熙六一年 壬寅(1722)
通政使司	(？)傅繕 陸經遠	(？)圖蘭 正、辛亥、廿五,3.12;盛刑理遷。 陸經遠
大理寺	(覺羅)常泰 張大有 十二、丁丑、廿一,2.6;升左副。	(覺羅)常泰 李敏啓 正、辛亥;原任授。
太常寺	(滿)三泰 黄叔琳	(滿)三泰 十二、庚午、十九,1.25;遷閣學,仍兼。 黄叔琳　　　　　　　魏方泰 十二、甲寅、三,1.9;　十二、甲戌、廿三, 遷閣學。　　　　　1.29;左僉授。
光禄寺	(？)薩哈布　　　(？)阿琳 (禮左兼,卸)　　十、甲子、七,11.25; 　　　　　　　原湖布授。 (漢)盧詢 十、辛未、十四,12.2;署甘撫。	(？)阿琳 (漢)盧詢 (署甘撫)
太僕寺	(？)阿錫鼐 (刑左兼) 金應璧 四、丙午、十六,5.11;改奉尹。	(？)阿錫鼐 (刑左兼) 李弘文 二、己卯、廿四,4.9;右通遷。
順天府尹	俞化鵬	俞化鵬　　　　　　　陳守創 十一、丁酉、十六,　十一、丁酉;工給遷。 12.23;解。
奉天府尹	文志鯤　　　　金應璧 　　　　　　四、丙午;太僕改。	金應璧　　　　　　　鄒汝魯 三、己亥、十四,4.29;　三、癸丑、廿八,5.13; 遷左副。　　　　　左僉授。
宗人府丞	吳梁	

雍 正 元 年　癸卯(1723)		
(?)圖蘭		
陸經遠 六、辛未、廿四,7.25;休。	楊汝毅 六、乙亥、廿八,7.29;右通遷。 九、癸卯、廿七,10.25;遷右副。	王沛憓 十、癸酉、廿七,11.24;太常改。
(覺羅)常泰		
李敏啓		
(滿)三泰 六、壬戌、十五,7.16;遷禮右。	(?)孫卓 七、甲午、十七,8.17;寺丞遷。	
魏方泰 八、辛酉、十四,9.13;改詹事。	王沛憓 九、己丑、十三,10.11;原桂布授。 十、癸酉,改通政。	
(?)阿琳	(?)党古禮 六、乙丑、十八,7.19;左通遷。	
(漢)盧 詢 三、庚寅、十一,4.15;遷刑右。	(漢)高其佩 三、辛卯、十二,4.16;川按授。 九、癸未、七,10.5;遷刑右。	林祖成 十、癸酉,一等侍衞授。
(?)阿錫肅 十、癸酉;刑左改工左,仍兼。		
李弘文	張文燦 九、己丑、十三,10.11;原鄂布授。 十一、庚寅、十四,12.11;革。	沈近思 十一、庚寅;吏郎遷。
陳守創 二、癸亥、十三,3.19;改倉侍,仍兼署。 二、丁丑、廿七,4.2;户郎中張坦麟署。		
鄒汝魯		
吳 梁		

京卿年表

年代	雍 正 二 年　甲辰(1724)	
通政使司	(？)圖蘭	
	王沛憽	
大理寺	(覺羅)常泰	
	李敏啓 三、乙未、廿一，4.14；休。	梁文科 三、乙未；右通遷。
太常寺	(？)孫卓	
	牟欽元 正、壬辰、十七，2.11；豫布授。	汪潍 五、庚申、十八，7.8；左僉授。
光禄寺	(？)党古禮	
	林祖成	
太僕寺	(？)阿錫蕭 二、辛酉、十七，3.11；革。	(滿)伊都立 二、丁卯、廿三，3.17；兵左兼管。 (十一月，改刑左)
	沈近思 正、庚寅、十五，2.9；魯鄉正考。 二、丁卯；遷吏右。	唐執玉 四、丁巳、十四，5.6；理少遷。
順天府尹	陳守創	張令璜 三、己卯、五，3.29；順丞遷。
奉天府尹	鄒汝魯	
宗人府丞	吳梁 十一、丁未、七，12.22；休。	滇洲 十一、己酉、九，12.24；理少遷。

雍 正 三 年　乙巳(1725)		
(?)圖蘭		
王沛恛		
(覺羅)常泰 五、乙丑、廿八,7.8;遷左副。	(滿)莽鵠立 六、丙子、十,7.19;御史遷。 十二、甲申、廿一,1.23;遷兵右。	
梁文科 三、戊申、十,4.22;遷左副。	張令璜 三、癸亥、廿五,5.7;順尹改,仍兼。 十二、甲申;遷吏左。	
(?)孫卓		
汪漋 四、癸巳、廿六,6.6;改閣學。	鄒汝魯 五、癸亥、廿六,7.6;奉尹改。	
(?)党古禮	(滿)杭奕祿 正、己未、廿,3.4;光少遷。 五、丙辰、十九,6.29;遷左副,仍管。	
林祖成		
(滿)伊都立 正、甲子、廿五,3.9;刑左署晉撫,卸。	(蒙)拉錫 四、己巳、二,5.13;正白滿都兼。	
唐執玉 八、癸酉、八,9.14;改府丞。	涂天相 九、丙申、二,10.7;降調刑左授。 十二、辛未、八,1.10;革。	單疇 十二、辛未;鴻少遷。
張令璜 三、癸亥;改大理,仍兼。 十二、甲申;遷吏左,仍管。		
鄒汝魯 五、癸亥;改太常。	(滿)尹泰 五、癸亥;左都署盛禮兼管。	
湏洲 八、癸酉;降調。	唐執玉 八、癸酉;太僕改。	

京卿年表

年代	雍正四年　丙午(1726)		
通政使司	(?)圖蘭 二、戊寅、十五,3.18; 遷閩學。	(?)博爾多 二、戊寅;皖布授。	(?)孫卓 十一、己亥、十一,12.4; 太常改,仍兼。
	王沛憻 正、丁巳、廿四,2.25;遷左副。	劉師恕 二、丙子、十三,3.16;黔布授。 七、戊戌、八,8.5;遷左副。	繆沅 七、乙卯、廿五,8.22;右通遷。
大理寺	(滿)通智 正、己未、廿六,2.27;閣讀學授。		
	單疇 正、丁巳;太僕改。		
太常寺	(?)孫卓 十一、己亥;改通政,仍兼。		
	鄒汝魯		
光祿寺	(滿)杭奕祿	(?)官達 十、丙戌、廿八,11.21;御史遷。 十二、壬午、廿五,1.16;改粵布。	(?)吳達禮 十二、壬午;御史遷。
	林祖成	(漢)王國棟 五月,右通遷。 十月,改浙觀風使。 禮左唐執玉署。	
太僕寺	(蒙)拉錫 八、乙亥、十六,9.11;革,以一等侍衛管。		
	單疇 正、丁巳;改大理。	陳安策 二、丙子;赣布授。	
順天府尹	張令璜 三、乙未、三,4.4;改吏右,仍兼。 六、丁卯、六,7.5;解。	劉於義 六、丁卯;翰講學(晉學)授。	
奉天府尹	(滿)尹泰 十、壬申、十四,11.7;協理奉將。	(漢)蔡珽 十、癸酉、十五,11.8;兵尚降。	
宗人府丞	唐執玉 十二、癸亥、六,12.28;遷禮左。	(漢)王國棟 十二、戊寅;浙觀風使改。	

雍 正 五 年　丁未(1727)

(?)孫卓
　（兼太常）　十一、辛巳、廿九,1.10；遷禮右。

繆　沅

(滿)通智	**(滿)性桂**
十一、甲戌、廿二,1.3；遷盛工。	十二、己丑、八,1.18；御史遷。

單　疇	**羅其昌**
七、丙子、廿二,9.7；遷刑右。	八、戊申、廿五,10.9；光祿改。

(?)孫卓	**(?)傅德**
（通政兼）　十一、辛巳；遷禮右。	十一、辛巳；工郎遷。

鄒汝魯	**王克莊**	**劉聲芳**
二、乙丑、八,2.28；革。	二、乙亥、十八,3.10；鄂布授。	九、辛酉；右通遷。
	九、辛酉、八,10.22；降調。	

(?)吳達禮

羅其昌	**呂謙恒**	**王　璣**
正、庚戌、廿三,2.13；右通遷。	九月,理少遷。十二月,休。	十二、丙午、廿五,2.4；御史遷。
八、戊申；改大理。		

(蒙)拉錫
　△五月,授鑲白滿都,仍兼。
　十月,署江寧將軍。

陳安策	**蔡　嵩**
	二、癸亥、六,2.26；鄂按授。

劉於義	**申大成**	**史貽直**
五、己巳、十四,7.2；改詹事。	七、庚辰、廿六,9.11；授。	十二、甲辰、廿三,2.2；戶左兼。
	八、己丑、六,9.20；遷工右,仍兼。	

(漢)蔡珽	**王朝恩**
三、乙未、八,3.30；召京。	三、乙未；盛戶兼理。

(漢)王國棟	**王廷揚**
五、癸酉、十八,7.6；改湘撫。	六、壬辰、七,7.25；左僉授。

京卿年表

年代	雍 正 六 年　戊申(1728)		
通政使司	(滿)留保 正、乙亥、廿四,3.4；詹事授,仍兼。 五、甲子、十四,6.21；署翰掌。		
	繆沅 四、甲午、十四,5.22；遷閣學。	王璣 七、癸丑、四,8.9；光祿改。 八、辛卯、十三,9.16；遷戶左。	王廷揚 九、丙寅、十九,10.21；府丞改。
大理寺	(滿)性桂 十一、戊午、十二,12.12；遷左副。	(Ŧ)傅德 十一、癸酉、廿七,12.27；太常改,仍兼。	
	羅其昌 九、丙寅；革。	黎致遠 九、丙寅；奉丞遷。	
太常寺	(Ŧ)傅德 十一、癸酉；改大理,仍兼。		
	劉聲芳		
光祿寺	(Ŧ)吳達禮 三、辛未、廿一,4.29；遷盛工。	(滿)阿爾賽 五、甲戌、廿四,7.1；翰讀學授。	
	王璣 七、癸丑；改通政。	汪漋 八、壬午、四,9.7；降調光少授。 九、丙寅；遷閣學。	冀棟 十、壬午、五,11.6；右通遷。
太僕寺	(蒙)拉錫 二、庚子、十九,3.29；召京。 △十二月,署天津都統。		
	蔡嵩 十、癸未、六,11.7；改府丞。	陳良弼 十、壬寅、廿五,11.26；左通遷。 十二、甲午、十八,1.17；遷左副。	
順天府尹	謝王寵 正、丁卯、十六,2.25；祭酒署。 九、甲戌、廿七,10.29；遷左副,仍兼。		
奉天府尹	王朝恩 (盛戶兼理)		
宗人府丞	王廷揚 九、丙寅；改通政。	蔡嵩 十、癸未；太僕改。	

雍正七年　己酉(1729)

(滿) 留保
　　(兼翰掌、詹事)

王廷揚
　　六、辛丑、廿八,7.23;遷戶右。

張懋誠
　　七、癸丑、十,8.4;右通遷。

(?)傅德
　　(兼太常)　五、癸丑、九,6.5;遷禮右。

(?)苗壽
　　五、壬戌、十八,6.14;御史遷。

黎致遠
　　七、庚午、廿七,8.21;江鄉正考。

(?)傅德
　　(大理兼)　五、癸丑;遷禮右。

(?)孫卓
　　五、癸丑;禮右降。

劉聲芳
　　七、丙寅、廿三,8.17;遷戶左。

謝旻
　　七、戊辰、廿五,8.19;豫布授,仍署。
　　閏七、戊戌、廿六,9.18;署巓撫。

(滿)阿爾賽

(?)和善
　　六、丙申、廿三,7.18;閣讀學授,仍署盛戶。

冀棟
　　八、丁未、五,9.27;改府丞。

史在甲
　　八、丙寅、十二,10.4;右通遷。

納延泰
　　正、己酉、四,2.1;額外侍郎兼。

(滿)特古忒
　　三、乙丑、廿一,4.18;理尚兼。

林源
　　正、甲戌、廿九,2.26;左通遷。

陳良弼
　　二、己卯、四,3.3;左副兼。
　　十二、庚戌、十,1.28;革。

孫嘉淦
　　九、丙申、廿五,11.15;原祭酒授。
　　十二、戊申、八,1.26;署工左,仍兼。

王朝恩
　　(盛戶兼理)　二、戊寅、三,3.2;改盛刑。
　　二、壬寅、廿七,3.26;仍兼。

蔡嵩

冀棟
　　八、丁未;光禄改。

京卿年表

年代	雍正八年　庚戌(1730)		
通政使司	(滿)留保 （兼翰掌、詹事）		
	張懋誠	趙之垣 三、癸酉、五、4.21；原光禄授。	
大理寺	(?)苗壽		
	黎致遠 六、辛丑、四、7.18；改奉尹 兼盛刑。	謝旻 六、甲寅、十七、7.31；太常改。 十、丁未、十二、11.21；授赣撫。	史在甲 十一、辛巳、十六、12.25； 太常改。
太常寺	(?)孫卓		
	謝旻 六、甲寅；改大理。	史在甲 七、己巳、二、8.15；光禄改。 十一、辛巳；改大理。	劉枬 十二、己亥、五、1.12； 署皖布授。
光禄寺	(?)和善		
	史在甲 七、己巳；改太常。	王潗 八、癸丑、十七、9.28；順丞遷。	
太僕寺	(滿)特古忒 （理尚兼）		
	林源	顧琮 六、癸亥、廿六、8.9；御史遷。 右通參議俞兆岳署。	
順天府尹	孫嘉淦 六、癸亥；授工左，仍兼（並兼祭酒）。		
奉天府尹	王朝恩 （盛刑兼理）　六、己亥、二、7.16；改刑左。	黎致遠 六、辛丑；大理改，兼理盛刑。	
宗人府丞	冀棟 六、癸亥；改左副。	謝王寵 六、癸亥；左副改。	

雍 正 九 年　辛亥(1731)

（滿）**留保**
　（兼翰掌、詹事）

趙之垣
　五、辛未、九,6.13；派西路運糧。
　十二、丙申、七,1.4；給欽差關防。

（?）**苗壽**　　　　　　　　　　三、庚辰、十七,4.23；左庶索柱兼。
　二、己酉、十六,3.23；派赴西藏。　六、癸巳、二,7.5；索柱,兼署左副。
　　　　　　　　　　　　　　　　八、甲辰、十四,9.14；改額外學士,仍署。

史在甲

（?）**孫卓**

劉　枏　　　　　　　　　　　**張國棟**
　六、癸巳；降調。　　　　　　　　六、癸巳；理少遷。

（?）**和善**

王　游

（滿）**特古忒**　　　　　　　　（蒙）**拉錫**
　（理尚兼,卸。)　　　　　　　　十、庚子、十,11.9；領侍衛內大臣署。

顧　琮

孫嘉淦

黎致遠　　　　　　　　　　　**楊超曾**
　△死。　　　　　　　　　　　　七、丙寅、五,8.7；翰講學(順學)授。

謝王寵

年代	雍 正 十 年　壬子(1732)		
通政使司	(滿)留保 （兼翰掌、詹事） 趙之垣		
大理寺	(†)苗壽 （赴藏）　額外學士索柱署：六、乙亥、廿，8.10；授閣學。 史在甲 六、丙寅、十一，8.1，遷左副。	汪 瀿 七、戊子、四，8.23；原户右授。	
太常寺	(†)孫卓 張國棟 五、壬申、十六，6.8；改府丞。	(†)雅爾呼達 閏五、丁酉、十二，7.3；御史遷。 王 漵 閏五、壬辰、七，6.28；光禄改，仍兼。	
光禄寺	(†)和善 王 漵 閏五、壬辰；改太常，仍兼。	焦祈年 閏五、壬辰；右通遷。 十二、丁卯、十四，1.29；改順尹。	王 鈞 十二、癸酉、廿，2.4；浙鹽 驛道遷。
太僕寺	(蒙)拉錫 顧 琮	(滿)盛安 四、丙辰、廿九，5.23；郎中遷。	
順天府尹	孫嘉淦 二、壬辰、四，2.29；工左改刑左，兼。 十二、乙卯、二，1.17；革。	焦祈年 十二、丁卯；光禄改，留粤觀風使任，刑左張照署。	
奉天府尹	楊超曾		
宗人府丞	謝王寵 四、乙巳、十八，5.12；病休。	張國棟 五、壬申；太常改。	

雍正十一年　癸丑(1733)

(滿)**留保**
七、庚子、廿一,8.30;遷禮右。

(?)**佛保**
八、癸酉、廿五,10.2;鴻臚改。

趙之垣

(?)**苗壽**
(赴藏)　閣學索柱署。

汪　漋

(?)**雅爾呼達**

(?)**滿色**

王　㳺

顧　琮
二、己卯、廿七,4.11;太僕改。
八、丁卯、十九,9.26;改北河。

(?)**和善**

王　鈞

(滿)**盛安**
五、壬午、二,6.13;遷刑左。

(?)**素著**
五、戊子、八,6.19;鴻少遷。
七、癸未、四,8.13;工郎官保署。

顧　琮
二、己卯;改太常。

俞兆岳

焦祈年
四、乙卯、四,5.17;改奉尹。

刑左張照署:
四、乙卯;遷左都,仍署。

陳世倕
十二、丙寅、十九,1.23;原豫按授。

楊超曾
四、乙卯;遷倉侍。

焦祈年
四、乙卯;順尹改(未任)。
七、庚寅、十一,8.20;病免。

吕耀曾
七、庚寅;左僉授。

張國棟

京卿年表

年代	雍正十二年　甲寅(1734)		
通政使司	(?)佛保		
	趙之垣		
大理寺	(?)苗壽 二、甲戌、廿八、正、甲辰、廿七,3.2; 4.1;革。閣學宗室塞爾赫署。二、甲戌,遷倉侍。		(?)德福 三、庚子、廿四,4.27;鴻臚改。 七、乙亥、二,7.31;署太僕。　滿色署。
	汪　漋		
太常寺	(?)滿色 十、癸丑、十一,11.6;署大理。		
光禄寺	(?)和善		(?)納爾泰 九、癸酉、一,9.27;御史遷。
	王　鈞		
太僕寺	官　保 三、壬午、六,4.9;遷盛户。		(?)豪著 七、乙亥;大理德福署。
	俞兆岳		
順天府尹	陳世倕 十一、戊子、十七,12.11;遷左副,仍兼。		
奉天府尹	吕耀曾 二、己未、十三,3.17;遷左副,仍兼。 五、丁亥、十二,6.13;改吏右。		宋　筠 四、庚午、廿五,5.27;敬布授。
宗人府丞	張國棟		

雍正十三年　乙卯(1735)		
(?)佛保	(?)逢泰 九、戊午、廿二，11.6；右通遷。	(?)素著 十二、丙子、十一，1.23；太僕改。 十二、壬午、十七，1.29；遷左副。
趙之垣		
(?)德福 （署太僕）　正、庚子、廿九，2.21；遷盛禮。	(?)偉瑑 二、甲子、廿三，3.17；署西安糧道遷。	
汪　溮		
(?)滿色 六、癸未、十五，8.3；署太僕。		
	蔣　漣 十一、己亥、四，12.17；順尹署。 十二、己巳、四，1.16；改太僕。	
(?)納爾泰		
王　鈞 二、庚戌、九，3.3；遷工右。	劉吳龍 二、甲子、廿三，3.17；皖按授。	
(?)素著 十二、丙子；改通政。　大理德福署：正、庚子；遷盛禮。 六、癸未、十五，8.3；太常滿色署。		
俞兆岳 十一、丁巳、廿二，1.4；改贛撫。	蔣　漣 十二、己巳；太常改。	
陳世倕 （左副兼理）　七月至十月，倉侍呂耀曾兼管。	蔣　漣 十月，右通遷。十一、己亥；署太常。 十二、己巳；改太僕。 十二、己巳；左副孫國璽署。	
宋　筠		
張國棟		

京卿年表

年代	乾隆元年　丙辰(1736)	乾隆二年　丁巳(1737)
通政使司	(?)滿色　　　　　　　　(?)福善 二、乙酉、廿一,4.1;太常改。　　九、壬辰、一, 八、乙亥、十四,9.18;遷禮右。　10.5;原任 　　　　　　　　　　　　　　授。 趙之垣	(?)福善 趙之垣　　　　　　劉吳龍 八、辛巳、廿五,9.19;　九、癸卯、十八,10.11; 遷左副。　　　　　光禄(順學)改。
大理寺	(?)偉瑺 汪漋	(?)偉瑺 汪漋
太常寺	(?)滿色　　　　　　　(?)雅爾呼達 二、乙酉;改通政。　　四、丁卯、三, 　　　　　　　　　5.13;常少 　　　　　　　　　遷。 王溁 △原任授。	(?)雅爾呼達 王溁
光禄寺	(?)納爾泰 劉吳龍 十一、乙巳、十六,12.17;順學。	(?)納爾泰 劉吳龍　　　　　　劉藩長 (順學)九、癸卯;　　閏九、丁巳、二,10.25; 改通政。　　　　　右通遷。
太僕寺	(滿)德爾敏　　　　　　(?)登柱 二、庚午、六,3.17;僕少遷。　　十二、甲戌、 十一、甲午、五,12.6;改南河　十五,1.15; 副總。　　　　　　　　　左通遷。 蔣溥	(?)登柱 蔣溥
順天府尹	陳守創 正、甲寅、十九,3.1;已革倉侍授。	陳守創
奉天府尹	宋筠	宋筠
宗人府丞	張國棟	張國棟

乾 隆 三 年　戊午(1738)			乾 隆 四 年　己未(1739)	
(?)福善	(覺羅)雅爾哈善 五、戊寅、廿七、 7.13; 閣讀學授。 八、己丑、九、 9.22; 解, 旋革。	(滿)德爾敏 九、丁巳、 八, 10.20; 詹事授。	(滿)德爾敏	
劉吳龍 九、癸丑、四, 10.16; 遷左副。	歸宣光 九、乙亥、廿六, 11.7; 右通遷。		歸宣光 三、丙子、卅, 5.7; 殿試讀卷。	
(?)偉瑎			(?)偉瑎	
汪　濶			汪　濶	
(?)雅爾呼達 三、戊午、六, 4.24; 遷閣學。	(?)穆和倫 四、壬辰、十, 5.28; 常少遷。		(?)穆和倫	
王　渃			王　渃 七、乙巳、一, 8.4; 革。	楊嗣璟 七、戊辰、廿四, 8.27; 左僉授。
(?)納爾泰 八、丁酉、十七, 9.30; 遷閣學。	(滿)國璉 九、丙寅、十七, 10.29; 祭酒授。		(滿)國璉	
劉藩長			劉藩長	
(?)登柱			(?)登柱	
蔣　漣			蔣　漣	
陳守創			陳守創	
宋　筠 △降調。	吳應枚 四、丁酉、十五, 6.2; 翰侍讀授。		吳應枚	
張國棟			張國棟	

京卿年表

年代	乾 隆 五 年　庚申(1740)		
通政使司	(滿)**德爾敏** 三、己未、十八，4.14；遷左副。	(蒙)**五靈阿** 四、壬午、十二，5.7；常少遷。	
	歸宣光 十一、癸酉、六，12.24；遷戶右。	**劉　藻** 十一、戊子、廿一，1.8；左僉授。	
大理寺	(?)**偉璂** 四、甲午、廿四，5.19；遷盛工。	(滿)**嵩壽** 五、丁巳、十八，6.11；詹事授。	
	汪　瀓		
太常寺	(?)**穆和倫**		
	楊嗣璟 三、己未；遷刑右。	**陶正靖** 四、壬午；左僉授。 六、丁丑、八，7.1；降五調。	**朱必堦** 六、丁丑；左僉授。
光禄寺	(滿)**國璉**		
	劉藩長		
太僕寺	(?)**登柱**	(蒙)**斋滿岱** 四、壬申、二，4.27；閣讀學授。	
	蔣　漣		
順天府尹	**陳守創** 七、己丑、廿一，9.11；遷左副。	**張鳴鈞** 七、丙申、廿八，9.18；右通遷。 十二、壬戌、廿六，2.11；革。	**蔣　炳** 十二、壬戌；右通遷。
奉天府尹	**吳應枚**		
宗人府丞	**張國棟**		

乾 隆 六 年 辛酉(1741)

（蒙）五靈阿

劉 藻	鄧鐘岳
四、己未、廿五,6.8;遷閣學。	五、丁亥、廿四,7.6;僕少遷。

（滿）嵩壽
十二、庚戌、十九,1.25;皖學。

汪 漋

（?）穆和倫

朱必堦

（滿）國璵

劉藩長	李 綬	靈 備	岳 濬
三、癸未、十八,5.3;休,旋革。	三、癸未;原詹事授。 六、庚申、廿七,8.8;江鄉正考。 八月,遷閣學。	九月,右通遷。 十二、乙未;改奉尹。	十二、庚子、九,1.15;已单轍撫授。

（蒙）繭滿岱

蔣 連	錢陳群	彭樹葵
三、癸未;休。	六、庚戌、十七,7.29;右通遷。 七、癸酉、十一,8.21;改詹事。	九、壬午、廿,10.29;右通遷。

蔣 炳

吳應枚	靈 備
十一、庚午、九,12.16;召京。	十二、乙未、四,1.10;光禄改。

張國棟	羅彩鳳
三、癸未;休。	五、丙寅、三,6.15;右通遷。

京卿年表

年代	乾 隆 七 年　壬戌(1742)			
通政使司	(蒙)五靈阿			
	鄧鍾岳 二、戊申、十八、3.24；遷禮右。		彭啓豐 三、庚午、十一、4.15；左僉(浙學)授。 十二、丙午、廿一、1.16；遷左副。	
大理寺	(滿)嵩壽 　　(皖學)			
	汪溰 △休(死)。	朱必堦 二、戊申；太常改。	熊暉吉 五、壬午、廿四、6.26； 太僕改。	趙大鯨 九、戊午、二、9.30； 太僕改。
太常寺	(？)穆和倫			
	朱必堦 二、戊申；改大理。		林令旭 三、庚午；右通(直學)遷。	
光禄寺	(滿)國璡			
	岳濬			
太僕寺	(蒙)蕭滿岱			
	彭樹葵 二、戊申；改府丞。	熊暉吉 三月、右通遷。 五、壬午；改大理。	趙大鯨 六月、少詹遷。 九、戊午；改大理。	李世倬 十、庚寅、五、11.1； 左通遷。
順天府尹	蔣炳			
奉天府尹	霍備			
宗人府丞	羅彩鳳		彭樹葵 二、戊申；太僕改。	

乾 隆 八 年　癸亥(1743)

(蒙)**五靈阿**(伍齡安)
　　三、辛巳、廿七,4.21;遷閣學。

(滿)**敷文**
　　四、庚戌、廿七,5.20;詹事授。

勵宗萬
　　正、甲申、廿九,2.23;右通邏。

(滿)**嵩壽**
　　(皖學)六、癸酉、廿二,8.11;改陝學。

趙大鯨
　　二、乙巳、廿一,3.16;改左副。

定 柱
　　三、癸酉、十九,4.13;右通邏。

(?)**穆和倫**

林令旭
　　二、丁未、廿三,3.18;病免。

李世倬
　　三、乙亥、廿一,4.15;太僕改。

(滿)**國璉**

岳　濬
　　六、壬戌、十一,7.31;改閩按。

張若霈
　　七、丙戌、六,8.24;右通邏。

(蒙)**肅滿岱**

李世倬
　　三、乙亥;改太常。

劉　綸
　　四、乙未、十二,5.5;左通邏。

蔣　炳

霍　備

彭樹葵
　　二、乙巳、廿一,3.16;遷左副。

劉　藻
　　四、己丑、六,4.29;原閣學降。
　　六、丁卯、十六,8.5;乞養。

任啓運
　　七、丙戌;左僉授。

京卿年表

年代	乾 隆 九 年　甲子(1744)			
通政使司	(滿)敷文			
	勵宗萬 二、甲子、十六,3.29;遷左副。		張若霭 三、辛巳、三,4.15;光禄改。	
大理寺	(滿)嵩壽			
	定　柱			
太常寺	(?)穆和倫		(?)石介 九、丁丑、三,10.8;翰講學授。	
	李世倬			
光禄寺	(滿)國璡			
	張若霭 三、辛巳,改通政。	莊有恭 四月,講學授。 △夏免。	朱定元 十月,前魯撫授。 十一月,遷閣學。	沈起元 十一、丙申、廿三, 12.26;直布授。
太僕寺	(蒙)蕭滿岱			
	劉　綸			
順天府尹	蔣　炳			
奉天府尹	霍　備			
宗人府丞	任啓運 △死。		孫嘉淦 十一、庚辰、七,12.10;原署閩撫授。	

乾隆十年　乙丑(1745)	乾隆十一年　丙寅(1746)
(滿)敷文　(滿)蘊著　(滿)德通 敷文：二、癸丑、十一，3.13；改盛兵。 蘊著：十、丙寅、廿八，11.21；改盛工。 德通：十二、辛丑、四，12.26；詹事授。	(滿)德通
張若靄　　雷鋐 張若靄：十二、乙卯、十八，1.9；遷閣學。 雷鋐：十二、壬戌、廿五，1.16；少詹遷。	雷鋐
(滿)嵩壽	(滿)嵩壽
鄧時敏　　劉綸 鄧時敏：二、己巳、廿七，3.29；右通遷。 劉綸：四、甲辰、二，5.3；太僕改。四、丁卯、廿五，5.26；殿試讀卷。	劉綸 十二、庚辰、十九，1.29；遷閣學。
(?)石介　(蒙)肅滿岱　(?)赫瞻 肅滿岱：七、丙申、廿六，8.23；太僕改。十一、丁丑、十，12.2；改盛工。 赫瞻：十二、乙卯；太僕改。	(?)赫瞻
李世倬	李世倬
(滿)國璭	(滿)國璭
沈起元	沈起元
(蒙)肅滿岱　(?)赫瞻 肅滿岱：七、丙申；改太常。 赫瞻：八、壬戌、廿三，9.18；翰讀學授。十二、乙卯；改太常。	(滿)介福　(滿)書山　(蒙)阿蘭泰 介福：二、甲寅、十八，3.9；侍讀授。四、己巳、四，5.23；遷閣學。 書山：十一月，改閣學。 阿蘭泰：十二、庚辰、十九，1.29；魯布授。
劉綸　　喬學尹 劉綸：四、甲辰、二，5.3；改大理。 喬學尹：五、甲戌、三，6.2；魯布授。	喬學尹　張映辰　熊學鵬 喬學尹：二、甲寅；休。 張映辰：三、戊子、廿二，4.12；左通遷。△解、議。 熊學鵬：五、乙卯、廿，7.8；右通遷。
蔣炳	蔣炳
霍備	霍備　(滿)蘇昌 霍備：正、己丑、廿二，2.12；解。 蘇昌：正、己丑；工給授。
孫嘉淦　　梅瑴成 孫嘉淦：六、丁巳、十六，7.15；遷左副。 梅瑴成：七、甲申、十四，8.11；右通遷。	梅瑴成

京卿年表

年代	乾隆十二年　丁卯（1747）		
通政使司	(滿)德通 五、庚寅、一,6.8；遷正副。	(?)赫瞻 五、丁未、十八,6.25；太常改。	(?)積德 十、乙亥、十八,11.20；太常改。
	雷　鋐		
大理寺	(滿)嵩壽		
	嵇　璜 正、丁酉、七,2.15；左僉授。		
太常寺	(?)赫瞻 五、丁未；改通政。	(?)積德 六、壬申、十三,7.20； 閣讀學授。 十、乙亥；改通政。	(滿)西成 十一、壬辰、六,12.7；少詹遷。
	李世倬		
光禄寺	(滿)國璉	(?)德爾格 六、壬申；御史遷。 十一、壬辰、六,12.7；遷閣學。	(?)增綬保 十一、丙辰、卅,12.31；禮給遷。
	沈起元		
太僕寺	(蒙)阿蘭泰		
	熊學鵬		
順天府尹	蔣　炳		
奉天府尹	(滿)蘇昌		
宗人府丞	梅轂成 四、己巳、十,5.18；遷左副。	楊嗣璟 四、己巳；原吏右授。 四、戊子、廿九,6.6；遷禮右。	張師載 五、丁未；左通遷。

乾隆十三年　戊辰(1748)

(?)積德	(?)世臣	(?)富森
閏七、戊辰、十六,9.8;遷左副。	八、己亥、十七,10.9;讀學授。 十、壬寅、廿一,12.11;遷閣學。	

雷　鋐

(滿)嵩壽	(?)廣成
六、戊寅、廿五,7.20;遷左副。	七、辛丑、十九,8.12;僕少遷。

嵇　璜	鄒一桂
四、庚午、十七,5.13;遷左副。	四、庚午;左僉授。

(滿)西成	(?)富德	(?)倉德	(?)卞塔海
	四月,原盛户授。 七月,遷左副。	七月,川布授。 十一月,革。	八、己亥;閣侍讀遷。

李世倬

(?)增綬保	(滿)赫赫
五、丙戌、三,5.29;降一調。	五、丙戌;僕少遷。

沈起元	孫　灝
五、丙戌;降一調。	五、丙戌;順丞遷。

(蒙)阿蘭泰

熊學鵬

蔣　炳	胡寶瑔
十二、壬寅、廿二,2.9;遷兵左。	十二、壬寅;順丞遷。

(滿)蘇昌

張師載	徐　杞
閏七、戊午、六,8.29;改倉侍。	閏七、己未、七,8.30;原陝撫授。

京卿年表

年代	乾隆十四年　己巳(1749)	
通政使司	（？）富森	
	雷　鋐	
大理寺	（？）廣成	
	鄒一桂	
太常寺	（？）卜塔海 四、乙未、十八,6.2,遷盛工。	（？）武柱 四、乙未;原陝布授。
	李世倬	
光禄寺	（滿）赫赫	
	孫　灝 十、壬寅、廿七,12.6;改湘布。	李敏第 十、壬寅;晉布授。
太僕寺	（蒙）阿蘭泰	（滿）德舒 十一、丁未、二,12.11;吏郎遷。
	熊學鵬	
順天府尹	胡寶瑔 十、己亥、廿四,12.3;兵左蔣炳兼。	
奉天府尹	（滿）蘇昌 十二、乙未、廿一,1.28;改粵撫。	（？）圖爾泰 十二、乙未;工給遷。
宗人府丞	徐　杞	

乾隆十五年　庚午(1750)		
(？)富森		
雷　鋐 八、丙戌、十六，9.16；浙學。		
(？)廣成 九、甲辰、五，10.4；遷左副。	(？)世貴 九、庚戌、十一，10.10；太僕改。 十一、丁卯、廿六，12.26；遷閣學。	(？)卜塔海 十二、戊寅、九，1.6；降調盛工授。
鄒一桂 十一、丁卯；遷閣學。	李世倬 十二、戊寅；太常改。	
(？)武柱 十二、己丑、廿，1.17；改光祿。	(滿)德通 十二、己丑；原左都授。	
李世倬 十二、戊寅；改大理。	金德瑛 十二、乙酉、十六，1.13；少詹遷。	
(滿)赫赫 五、丁卯、廿六，6.29；遷閣學。	(滿)吳達善 五、丁卯；祭酒授。 十二、乙酉；改閣學。	(？)武柱 十二、己丑；太常改。
李敏第		
(滿)德舒 正、癸丑、九，2.15；改皖布。	(？)世貴 正、戊辰、廿四，3.2；少詹遷。 九、庚戌；改大理。	(？)伊喇齊 九、庚戌；任。
熊學鵬 八、丙戌、十六，9.16；革。	楊嗣璟 九、庚子、一，9.30；原禮右授。	
胡寶瑔 四、壬午、十，5.15；改府丞。	顧汝修 五、癸丑、十二，6.15；翰讀學授。	
(？)圖爾泰		
徐　杞 四、壬午；休。	胡寶瑔 四、壬午；順尹改。 九、甲子、十五，10.24；遷左副。	王會汾 十、戊寅、九，11.7；理少遷。

京卿年表

年代	乾隆十六年　辛未(1751)	乾隆十七年　壬申(1752)
通政使司	（?）富森　十二、辛亥、十九，2.3；遷盛刑。　　雷　鋐　八、辛酉、廿八，10.16；浙學改蘇學。	（?）麒麟保　二、辛丑、九，3.24；太僕改。　　雷　鋐　（蘇學）
大理寺	（?）卞塔海　　　　李世倬	（?）卞塔海　二、辛丑，還閣學。　　　（?）齊達色　二、壬子、廿，4.4；理少遷。　　李世倬　三、甲申、廿三，5.6；遷左副。　　羅源漢　四、辛亥、廿，6.2；順尹改。
太常寺	（滿）德通　　　　金德瑛	（滿）德通　　　　金德瑛　四、甲午、三，5.16；魯學。
光禄寺	（?）武柱　　　　李敏第　　　熊學鵬　△六月，前太僕授。	（?）武柱　　　　熊學鵬
太僕寺	（?）伊喇齊　　　（?）麒麟保　九、丁亥、廿四，11.11；閣讀學授。　　楊嗣璟	（?）麒麟保　二、辛丑，改通政。　　（?）赫慶　二、壬子；兵給遷。　　楊嗣璟　七、乙亥、十七，8.25；改府丞。　　孫　灝　九、癸未、廿六，11.1；通副授。
順天府尹	顧汝修　九、丁卯、四，10.22；革。　　羅源漢　九、丁卯；翰讀學授。	羅源漢　四、辛亥，改大理。　　程　燾　五、丁丑、十七，6.28；右庶（粵學）授。順丞馬燧署。
奉天府尹	（?）圖爾泰　△改僕少。　　（滿）鄂寶　△戶員遷。	（滿）鄂寶
宗人府丞	王會汾	王會汾　七、壬戌、四，8.12；乞養。　　楊嗣璟　七、乙亥，太僕改。

乾隆十八年　癸酉(1753)		乾隆十九年　甲戌(1754)	
(？)麒麟保	(滿)德通	(滿)德通	
四、己亥、十四,5.16；遷左副。	五、丁卯、十二,6.13；太常改。		
雷鋐	孫灝	孫灝	
四、己亥；改左副。(蘇學)	五、丁卯；太僕改。六、戊戌、十四,7.14；豫學。		
(？)齊達色		(？)齊達色	
羅源漢		羅源漢	
(滿)德通	(？)圖爾泰	(？)圖爾泰	(？)赫慶
五、丁卯；改通政。	五、辛巳、廿六,6.27；僕少遷。	十二、丙午、二,1.13；太僕互改。	十二、丙午；太僕改。
金德瑛		金德瑛	熊學鵬
		三、丙寅、十六,4.8；遷閩學。	四、丙戌、七,4.28；光禄改。
(？)武柱		(？)武柱	
熊學鵬		熊學鵬	李因培
		四、丙戌；改太常。	四、辛卯、十二,5.3；已革兵右授。
(？)赫慶		(？)赫慶	(？)圖爾泰
		十二、丙午；太常互改。	十二、丙午；太常改。
孫灝	陳兆崙	陳兆崙	張映辰
五、丁卯；改通政。	五、辛巳；翰讀學授。	十一、壬午、七,10.20；改順尹。	十一、癸卯、廿八,1.10；理少遷。
程嚴		程嚴	陳兆崙
(粵學留任)順丞馬燦署。		△憂免。	十一、壬午；太僕改。
(滿)鄂寶		(滿)鄂寶	
楊嗣璟		楊嗣璟	

京卿年表

年代	乾隆二十年　乙亥(1755)	乾隆二一年　丙子(1756)
通政使司	(滿)德通	(滿)德通
	孫　灝	孫　灝
大理寺	(?)齊達色	(?)齊達色
	羅源漢	羅源漢
太常寺	(?)赫慶	(?)赫慶
	熊學鵬	熊學鵬 十二、甲子、一，1.20； 順尹互改。　　　　陳兆崙 十二、甲子；順尹改。
光禄寺	(?)武柱	(?)武柱
	李因培 五、己亥、廿六，7.5；蘇學。	李因培 (蘇學)
太僕寺	(?)圖爾泰	(?)圖爾泰
	張映辰	張映辰 八、戊戌、 二，8.27； 遷閣學。　宮焕文 八、壬子、 十六，9.10； 奉丞遷。　儲麟趾 十一、庚子、 七，12.27； 鴻臚改。
順天府尹	陳兆崙	陳兆崙 十二、甲子； 太常互改。　熊學鵬 十二、甲子；太常改。
奉天府尹	(滿)鄂寶 十、甲辰、四，11.7； 署桂撫。　(?)恩丕 十、丙午、六，11.9； 兵給遷。	(?)恩丕
宗人府丞	楊嗣璟	楊嗣璟

乾隆二二年　丁丑(1757)	乾隆二三年　戊寅(1758)
(滿)德通	(滿)德通
孫　灝 九、壬寅、十三， 10.25；遷左副。　張泰開 九、乙卯、廿六，11.7； 編修擢。	張泰開 十二、癸丑、一，12.30； 左副互改。　孫　灝 十二、癸丑；左副改。
(？)齊達色	(？)齊達色
羅源漢 六、壬申、十二，7.27； 改倉侍。　李因培 七、癸卯、十三，8.27； 光禄(蘇學)改。	李因培 (蘇學留任)　十一、乙未、十二，12.12； 原府丞王會汾署。
(？)赫慶	(？)赫慶 七、庚寅、六， 8.9；遷左副。　(？)圖爾泰 七、己亥、十五， 8.18；太僕改。　(？)武柱 十一、壬子、 廿九，12.29； 光禄改。
陳兆崙	陳兆崙 三、丁未、廿一，4.28； 降僕少。　徐以烜 △降調禮左授。
(？)武柱	(？)武柱 十一、壬子；改太常。
李因培 (蘇學留任)　七、 癸卯；改大理。　程盛修 八、辛酉、二，9.14； 鴻臚改。	程盛修
(？)圖爾泰	(？)圖爾泰 七、己亥；改太常。　(滿)國柱 八、丁巳、四，9.5； 翰讀學授。
儲麟趾	儲麟趾
熊學鵬	熊學鵬
(？)恩丕	(？)恩丕
楊嗣璟	楊嗣璟

京卿年表

年代	乾隆二四年　己卯(1759)		乾隆二五年　庚辰(1760)	
通政使司	(滿)德通		(滿)德通	
	孫　灝		孫　灝	
大理寺	(?)齊達色		(?)齊達色	
	李因培 閏六、丁未、廿九， 8.21；遷閣學。	王會汾 閏六、丁未；授。	王會汾	
太常寺	(?)武柱		(?)武柱	
	徐以烜 △憂免。	程　巖 十二、庚寅、十四， 1.31；光祿改。	程　巖 三、丁未、二，4.17； 遷閣學。	黃登賢 三、丁卯、廿二，5.7； 光祿改。
光祿寺	(?)督達理		(?)督達理	
	程盛修 五、丁酉、十八， 6.12；改順尹。	程　巖 九、乙亥、廿八， 11.17；原順尹授。 十二、庚寅；改太常。	黃登賢 正、甲戌、廿八，3.15； 常少遷。 三、丁卯；改太常。	王鳴盛 四、戊子、十四，5.28； 降調閣學授。
太僕寺	(滿)國柱 七、乙亥、廿七， 9.18；革。	(?)黑色 八、辛丑、廿四， 10.14；僕少遷。	(?)黑色	
	儲麒趾 十一、甲寅、八， 12.26；改府丞。	宮煥文 十一、丙寅、廿， 1.7；原任授。	宮煥文	
順天府尹	熊學鵬 四、己卯、廿九， 5.25；遷閣學。	程盛修 五、丁酉；光祿改。	程盛修 十、甲午、廿三， 11.30；乞養。	羅源漢 十、丙申、廿五，12.2， 原倉侍授。
奉天府尹	(?)恩丕 正、癸卯、廿一， 2.18；署工右。	(?)通福壽 正、癸卯；任。	(?)通福壽	
宗人府丞	楊嗣璟 △死。	儲麟趾 十一、甲寅；太僕改。	儲麟趾	

乾隆二六年　辛巳(1761)			
(滿)德通	(宗室)良誠 五、乙丑、廿七,6.29； 詹事授。	(滿)溫敏 七、戊申、十二,8.11；詹事授。 九、壬寅、七,10.4；改左副。	(宗室)寶麟 九、丁巳、廿二, 10.19；光禄授。
孫　灝			
(？)齊達色			
王會汾			
(？)武柱		(？)督達理 五、戊申、十,6.12；光禄授。	
黄登賢			
(？)督達理 五、戊申；改太常。	(宗室)寶麟 五、乙丑；兵給授。 九、丁巳；改通政。	(？)耀海 十、丙子、十一,11.7；給事中授。	
王鳴盛			
(？)黑色			
宫焕文			
羅源漢			
(？)通福壽			
儲麟趾			

京卿年表

年代	乾隆二七年　壬午(1762)	乾隆二八年　癸未(1763)
通政使司	(宗室)實麟	(宗室)實麟　　　(覺羅)志信 五、戊午、二,6.12;　　五、戊午;太常授。 改左副。
	孫　灝	孫　灝
大理寺	(？)齊達色	(？)齊達色
	王會汾	王會汾
太常寺	(？)督達理　　　(覺羅)志信 三、庚申、廿七,　　四、甲申、廿一,5.14; 4.20;休。　　　　僕少遷。	(覺羅)志信　　　　(？)諾穆渾 五、戊午;改通政。　　五、戊午;寺丞遷。 　　　　　　　　六、己丑、三、7.13; 　　　　　　　　遷閣學,仍兼。
	黄登賢	黄登賢
光禄寺	(？)耀海　　　　(？)伍勒穆集 十一、乙丑、七,　十一、丙戌、廿八, 12.21;改奉尹。　1.11;理郎中授。	(？)伍勒穆集
	王鳴盛	王鳴盛　　　　　申　甫 　　　　　△憂免。
太僕寺	(？)黑色　　　　(？)吉泰 　　　　　四、辛卯、廿八,5.21; 　　　　　司業授。	(？)吉泰
	宮煥文	宮煥文
順天府尹	羅源漢	羅源漢 十二、己亥、十七,1.19;改左副。
奉天府尹	(？)通福壽　　　(？)耀海 十一、乙丑;革。　十一、乙丑;光禄授。	(？)耀海
宗人府丞	儲麟趾	儲麟趾

乾隆二九年　甲申(1764)		乾隆三十年　乙酉(1765)	
(覺羅)志信		(覺羅)志信	
孫　灝		孫　灝	
(?)齊達色		(?)齊達色	(?)瓦爾達 九、甲午、廿一，11.4； 光禄授。
王會汾 △死。	申　甫 十、甲午、十六，11.9； 光禄授。	申　甫	
(?)諾穆渾 (閣學兼)		(?)諾穆渾 (閣學兼)　三、己亥、廿四，5.13；署禮左。	
黄登賢		黄登賢	
(?)伍勒穆集 十二、己卯、二， 12.24；遷閣學。	(?)瓦爾達 十二、癸巳、十六，1.7； 翰讀學授。	(?)瓦爾達 九、甲午；改大理。	(?)伊滿 十、壬戌、廿，12.2； 僕少遷。
申　甫 十、甲午；改大理。	謝溶生 十一、己酉、二，11.24； 降禮左授。	謝溶生	
(?)吉泰		(?)吉泰	
宫焕文		宫焕文	
寶光鼐 正、己未、七，2.8；候三京授。		寶光鼐	
(?)耀海		(?)耀海	
儲麟趾		儲麟趾	

京卿年表

年代	乾隆三一年　丙戌(1766)	乾隆三二年　丁亥(1767)
通政使司	(覺羅)志信	(覺羅)志信
	孫灝　　宮煥文 十二、己酉、十三,1.13；太僕授。	宮煥文 三、丙戌、十二,4.20；修墓假。　　張若淮 四、癸丑、廿,5.17；太僕授。
大理寺	(?)瓦爾達 三、壬辰、廿三,5.1；遷盛户。　(滿)景福 四、辛亥、十二,5.20；詹事授。	(滿)景福
	申甫 十、癸亥、廿七,11.28；遷左副。　鄧時敏 十一、戊寅、十二,12.13；原任授。	鄧時敏
太常寺	(?)諾穆渾 (閣學兼)　五、壬申、四,6.10；遷禮右,仍兼。	(?)諾穆渾 (禮右兼)
	黄登賢	黄登賢 十二、丙子、十六,2.4；改府丞。
光禄寺	(?)伊滿	(?)伊滿
	謝溶生	謝溶生
太僕寺	(?)吉泰	(?)吉泰　　(?)阜保 四、甲辰、十一,5.8；通副授。
	宮煥文 十二、己酉、改通政。　張若淮 十二、丙辰、廿,1.20；理少遷。	張若淮 四、癸丑；改通政。　陳兆崙 五、辛未、八,6.4；通副授。
順天府尹	竇光鼐	竇光鼐 △憂免。　莊元益 七、丙子、十四,8.8；通副授。
奉天府尹	(?)耀海	(?)耀海
宗人府丞	儲麟趾	儲麟趾 △病免。　傅爲詝 五、辛未；理少授。十二、壬戌、二,1.21；改左副。　黄登賢 十二、丙子；太常授。

乾隆三三年　戊子(1768)

（覺羅）**志信**

張若洊
　　四、甲子、七，5.22；改左副。

王　鋌
　　四、甲子；太常授。

（滿）**景福**
　　四、甲子；改左副。

（?）**長福**
　　五、乙巳、十八，7.2；任。

鄧時敏

（?）**諾穆渾**
　　（禮右兼）　二、甲子、六，3.23；改禮左，仍兼。

王　鋌
　　四、甲子；改通政。

謝溶生
　　五、乙巳；光禄授。

（?）**伊滿**

謝溶生
　　五、乙巳；改太常。

李友棠
　　六、戊辰、十二，7.25；通副授。
　　△改府丞。

申　甫
　　十一、甲寅、卅，1.7；儀少遷。

（?）**卓保**

陳兆崙
　　△假歸。（卅六年死）

歐陽瑾
　　十二、丁卯、十三，1.20；禮少遷。

蔣元益
　　九、己丑、四，10.14；改左副。

葛竣起
　　十、丙辰、二，11.10；通副授。

（?）**耀海**

黄登賢
　　十、庚午、十六，11.24；改左副。

李友棠
　　△光禄授。

京卿年表

年代	乾隆三四年　己丑(1769)
通政使司	(覺羅)**志信**　五、壬寅、廿一,6.24;改左副。　　(?)**伊滿**　六、丁巳、七,7.9;光禄授。
通政使司	**王　鋌**
大理寺	(?)**長福**
大理寺	**鄧時敏**
太常寺	(?)**諾穆渾**　(禮左兼)
太常寺	**謝溶生**
光禄寺	(?)**伊滿**　六、丁巳;改通政。　　(滿)**德爾泰**　七、癸未、三,8.4;通副授。
光禄寺	**申　甫**
太僕寺	(?)**卓保**
太僕寺	**歐陽瑾** 正、癸巳、九,2.15;改順尹。　**葛竣起** 正、癸巳;順尹授。七、丙戌、六,8.7;休。　**袁守侗** 七、丙戌;前桂按授。十二、丁巳、九,1.5;遷吏左。　**劉純煒** 十二、乙丑、十七,1.13;原浙布授。
順天府尹	**葛竣起** 正、癸巳;改太僕。　　**歐陽瑾** 正、癸巳;太僕授。
奉天府尹	(?)**耀海** 二、辛未、十八,3.25;遷盛禮。　　(滿)**博卿額** 二、乙亥、廿二,3.29;講學授。
宗人府丞	**李友棠**

乾隆三五年　庚寅(1770)			

(？)伊滿

王　鋌

(？)晨福

鄧時敏

(？)諾穆渾
　　(禮左兼)

謝溶生

(滿)德爾泰

申　甫

(？)阜保

劉純煒

歐陽瑾	竇光鼐	裘曰修	吉夢熊
三、癸未、六,4.1；改倉侍。	三、癸未；原任授。閏五、壬申、廿七,7.19；解。	閏五、壬申；刑尚降。十二、丙子、四,1.19；遷工左。	十二、丙子；任。

(滿)博卿額

李友棠

京卿年表

年代	乾隆三六年　辛卯(1771)	乾隆三七年　壬辰(1772)
通政使司	(丁)伊潚 　十二、乙酉、十九,1.23;改左副。	(滿)申保　　　　　　(覺羅)巴彥學 　二、壬申、七,3.10;通副授。　　四、癸巳、廿八, 　三、庚申、廿五,4.27;　　　　5.30;詹事授。 　遷倉侍。
通政使司	王　鋌	王　鋌
大理寺	(丁)長福　　　(滿)遠椿 　三、乙卯、十四,　四、庚寅、廿,6.2, 4.28;休。　　　詹事授。	(滿)遠椿
大理寺	鄧時敏	鄧時敏
太常寺	(丁)諾穆渾 　(禮左兼)	(丁)諾穆渾 　(禮左兼)
太常寺	齡溶生	齡溶生
光禄寺	(滿)德爾泰	(滿)德爾泰
光禄寺	申　甫	申　甫
太僕寺	(丁)卓保	(丁)卓保
太僕寺	劉純煒	劉純煒
順天府尹	吉夢熊	吉夢熊
奉天府尹	(滿)博卿額	(滿)博卿額
宗人府丞	李友棠	李友棠

乾隆三八年　癸巳(1773)		乾隆三九年　甲午(1774)		
(覺羅)巴彥學 五、甲子、六,6.25； 遷左副。	(滿)全魁 五、戊寅、廿,7.9； 詹事授。 △兼太常。	(滿)全魁 (兼太常)		
王鋌	申甫 閏三、丙寅、七,4.28； 光禄授。	申甫 九、辛亥、一,10.5；署左副。		
(滿)達椿		(滿)達椿		
鄧時敏		鄧時敏 三、辛酉、八,4.18； 休。	尹嘉銓 三、己巳、十六,4.26； 甘布授。	
(?)諾穆渾 (禮左兼。卿)	(滿)全魁 △通政兼。	(滿)全魁 (通政兼)		
謝溶生 八、庚戌、廿四, 10.9；革。	吳玉綸 十、丁亥、二,11.15； 光禄授。	吳玉綸		
(滿)德爾泰		(滿)德爾泰 四、己丑、 七,5.16； 改太僕。	(滿)阿肅 四、己丑、候補 侍講授。 十、壬午、二, 11.5；改左副。	(?)海耀 十、庚子、廿, 11.23；原盛 禮授。
申甫 閏三、丙寅； 改通政。	竇光鼐 閏三、戊子、廿九, 5.20；通副授。 六、己亥、十一, 7.30；改府丞。 / 吳玉綸 六、戊申、廿, 8.8；閱讀學授。 十、丁亥；改 太常。	吳綬詔		
(?)卓保		(?)卓保 三、辛酉；休。	(滿)德爾泰 四、己丑；光禄授。	
劉純煒 六、甲辰、十六, 8.4；改順尹。	吉夢熊 六、丁巳、廿九,8.17； 順尹降。	吉夢熊 七、壬戌、十一,8.17；魯鄉正考。 九、辛亥、一,10.5；閭學。		
吉夢熊 六、辛卯、三,7.22； 降一調(順尹)。	劉純煒 六、甲辰；太僕授。	劉純煒		
(滿)博卿額		(滿)博卿額		
李友棠 五、丁亥、廿九,7.18； 遷閣學。	竇光鼐 六、己亥；光禄授。	竇光鼐		

京卿年表

年代	乾隆四十年　乙未(1775)	乾隆四一年　丙申(1776)
通政使司	(滿)全魁　　　　(覺羅)志信 （兼太常）　　十二、丙辰、十三， 十二、丁巳、十四，　2.2；盛禮授。 2.3；改盛禮。 申　甫	(覺羅)志信 申　甫　　　　張若淳 六、丁未、八，　　六、丙辰、十七，7.31； 7.22；遷左副。　通副授。
大理寺	(滿)達椿 尹嘉銓	(滿)達椿 尹嘉銓
太常寺	(滿)全魁　　　　(￤)海耀 （通政兼）　　十二、庚申、十七， 　　　　　　　2.6；光禄授。 吳玉綸	(￤)海耀　　　　(滿)德爾泰 五、辛巳、十一，　五、壬辰、廿二，7.7； 6.26；改左副。　太僕授。 吳玉綸
光禄寺	(￤)海耀　　　　(￤)永信 十二、庚申；　　十二、癸亥、廿,2.9； 改太常。　　　鴻臚授。 吳綬詔	(￤)永信　　　(￤)塔彰　　　(￤)奇臣 二、甲子、廿二，　五、庚辰、　　五、壬辰； 4.10；遷閣學。　十，6.25；　　祭酒授。 　　　　　　　遷閣學。 吳綬詔
太僕寺	(滿)德爾泰 吉夢熊 （闈學）	(滿)德爾泰　　　(滿)富勒賀 五、壬辰；改太常。 吉夢熊 （闈學）
順天府尹	劉純煒　　　　蔣賜棨 十一、庚寅、十七，　十一、庚寅；革户 1.7；解、勘。　　右授。	蔣賜棨
奉天府尹	(滿)博卿額　　　(￤)明通 　　　　　　　七、丁巳、十二，8.7； 　　　　　　　僕少授。	(￤)明通
宗人府丞	賓光鼐	賓光鼐

乾隆四二年　丁酉(1777)	乾隆四三年　戊戌(1778)
(覺羅)志信	(覺羅)志信　　　　(?)哈福納 六、甲辰、十六,7.9;詹事授。
張若淳	張若淳
(滿)達椿	(滿)達椿　　　　　(滿)德爾泰 六、辛卯、三,6.26;　六、甲辰;太常授。 遷閣學。
尹嘉銓	尹嘉銓　　　　　　王　昶 三、辛未、十一,4.7;　三、戊子、廿八,4.24; 休。　　　　　　　通副授。
(滿)德爾泰	(滿)德爾泰　　　　(?)德明 六、甲辰;改大理。　閏六、辛酉、三,7.26; 　　　　　　　　　常少遷。
吳玉綸	吳玉綸
(?)奇臣	(?)奇臣
吳綬詔　　　劉純煒　　　陳孝泳 十、甲午、二,　十、甲寅、廿二,　十一、壬辰、 11.1;改順尹。　11.21;原順尹　卅,12.29; 　　　　　　　授。　　　　　通副授。	陳孝泳
(滿)富勒賀	(滿)富勒賀
吉夢熊 　(闈學)	吉夢熊
蔣賜棨　　　　　吳綬詔 八、乙未、二,9.3;　十、甲午;光祿授。 改倉侍。	吳綬詔
(?)明通	(?)明通
竇光鼐	竇光鼐

京卿年表

年代	乾隆四四年　己亥(1779)		
通政使司	(?)哈褔納		
	張若淳		
大理寺	(滿)德爾泰		
	王　昶 正、亥辛、廿六，3.13；葬假。（左副）	袁芳松 二、己未、四，3.21；通副授。	
太常寺	(?)德明 三、乙巳、廿一，5.6；遷閣學。	(?)達敏 四、乙丑、十一，5.26；常少遷。 十二、癸亥、十三，1.19； 遷閣學。	(?)札爾漢 十二、己巳、十九，1.25； 常少遷。
	吳玉綸		
光祿寺	(?)奇臣		
	陳孝泳 二、壬午、廿七，4.13；病免。	錢士雲 三、壬辰、八，4.23；通副授。 五、壬辰、九，6.22；改詹事。	虞鳴球
太僕寺	(滿)富勒賀 正、甲寅、廿九，3.16；降二調。	(滿)瑪興阿 二、己未、四，3.21；降禮左授。 十、壬子、二，11.9；遷閣學。	(?)保泰 △僕少遷。 十二、丙辰、六，1.12；遷理左。
	吉夢熊 正、甲寅；降二調。	江　蘭 二、己未；理少遷。 十二，壬申、廿二，1.28；改豫布。	倪承寬 △鴻臚改。
順天府尹	吳綏詔		
奉天府尹	(?)明通		
宗人府丞	寶光鼐		

乾隆四五年　庚子(1780)		乾隆四六年　辛丑(1781)	
(?)哈福納　　　　　(滿)夢吉		(滿)夢吉	
△五月，改左副。　　五、甲辰、廿六，6.28； 　　　　　　　　　　詹事授。			
張若淳　　　　　　吳綬詔		吳綬詔　　　　　(漢)趙　鍭	
△憂免。　　　　　五、甲辰；順尹授。		閏五、甲辰、二，6.23； 　　　　　　　　通副遷。	
(滿)德爾泰		(滿)德爾泰	
袁芳松　　　　　　李　綬		李　綬	
三、壬辰、十三，4.17；　五、甲辰；通副授。 休。			
(?)札爾漢		(?)札爾漢　　　　(?)肅普洞阿	
		十、辛未、二，11.17；　十、丙戌、十七，12.2； 遷閣學。　　　　　理少遷。	
吳玉綸　　　　　　倪承寬		倪承寬	
四、丁卯、十九，5.22；　五、甲辰；太僕授。 遷左副。			
(?)奇臣　　　　　(滿)保成		(滿)保成	
四、戊午、十，5.13；　五、甲辰；刑郎中遷。 改奉尹。			
虞鳴球　　　　　　陸錫熊		陸錫熊	
六、甲寅、七，7.8；　△六月，讀學遷。 改順尹。			
(?)諾穆渾		(?)諾穆渾	
五、甲辰；僕少遷。			
倪承寬　　　　　　趙　佑		趙　佑	
五、甲辰；改太常。　六、甲寅；理少遷。 　　　　　　　　七月，魯鄉正考。		十一、戊申、十，12.24；魯學。	
吳綬詔　　　　　　虞鳴球		虞鳴球	
五、甲辰；改通政。　六、甲寅；光祿授。			
(?)明通　　　　　(?)奇臣		(?)奇臣	
四、戊午；光祿授。			
竇光鼐		竇光鼐	
四、己巳、廿一，5.24；閩鄉正考。			

京卿年表

年代	乾隆四七年　壬寅(1782)	乾隆四八年　癸卯(1783)
通政使司	(滿)夢吉	(滿)夢吉
	(漢)趙鏌	(漢)趙鏌　　　　張若淳 二、甲寅、廿三,3.25, 遷閣學(滿缺)。　　△原任授。
大理寺	(滿)德爾泰	(滿)德爾泰　　　(滿)富炎泰 三、辛丑、十,4.11;　三、壬子、廿一,4.22; 休。　　　　　　翰讀學授。
	李綬　　　　陸錫熊 四、甲午、廿八,　五、癸丑、十七, 6.8;遷閣學。　6.27;光祿授。	陸錫熊 △十二月,憂免。
太常寺	(?)肅普洞阿	(?)肅普洞阿
	倪承寬	倪承寬　　吳垣　　趙佑 △二月,　四、庚辰、廿,　△六月,太僕改。 死。　5.20;通副授。　七、癸丑、廿四, 　　　五、甲辰、十四,　8.21;魯學留任。 　　　6.13;遷吏右。
光祿寺	(滿)保成	(滿)保成　　　　(?)札勒翰 △派往喀什噶爾辦　二、己巳、八,3.10; 事,予副都衛。　原閣學授。 　　　　　三、丙辰、廿五,4.26; 　　　　　遷閣學。
	陸錫熊　　　　梁英佐 五、癸丑、改大理。　五、乙丑、廿九,7.9; 　　　　通副授。	梁英佐
太僕寺	(?)佛祿	(?)佛祿　　　　(漢)范宜清 三、辛丑;休。　△僕少遷。 　　　十、丁丑、十九,11.13; 　　　遷盛兵。
	趙佑 (魯學)	趙佑　　　　蔣良騏 (魯學)　△改太常。　十一、乙巳、十八, 　　　　12.11;奉丞授。
順天府尹	虞鳴球	虞鳴球
奉天府尹	(?)奇臣	(?)奇臣
宗人府丞	寶光顥 五、丁酉、一,6.11;浙學。	寶光顥 七、癸丑;留任浙學。

乾隆四九年　甲辰(1784)	乾隆五十年　乙巳(1785)
(滿)夢吉	(滿)夢吉
張若淳	張若淳 十一、庚申、十四，12.15；改左副。
(滿)富炎泰	(滿)富炎泰
藍應元 正、甲寅、廿八，2.18；光祿授。	藍應元
(?)肅普洞阿	(?)肅普洞阿
趙　佑 (魯學)	趙　佑 (魯學)
(滿)德瑛	(滿)德瑛
藍應元　　　　吳省欽 正、甲寅；改大理。　二、甲申、川八，3.19； 　　　　　　翰讀學授。	吳省欽 十一、庚申；改順尹。
(?)世魁	(?)世魁
蔣良騏	蔣良騏
虞鳴球	虞鳴球　　　　吳省欽 　　　　　　十一、庚申；光祿授。
(?)奇臣	(?)奇臣
寶光鼐 (浙學)	寶光鼐 (浙學)

京卿年表

年代	乾隆五一年　丙午(1786)
通政使司	(滿)**夢吉** **蔣良騏**　二、己卯、五、3.4;太僕授。
大理寺	(滿)**富炎泰** **藍應元**　二、己卯;遷禮右。　　**劉檯之**　二、辛卯、十七、3.16;理少遷。　五、壬子、十、6.5;遷左副。　　**趙佑**　五、己巳、廿七、6.22;太常授。
太常寺	(↑)**肅普洞阿**　正、丙寅、廿一、2.19;休。　　(滿)**札郎阿**　二、己卯;遷閣學。　　(滿)**德瑛**　二、壬午、八、3.7;光禄授。 **趙佑**　(魯學)　五、己巳;改大理。　　**孟邵**　六、辛卯、十九、7.14;光禄授。
光禄寺	(滿)**德瑛**　二、壬午;改太常。　　(滿)**伊蘭泰**　二、辛丑、三、3.21;禮給遷。 **孟邵**　二、己卯;鴻臚授。　六、辛卯;改太常。　　**陸錫熊**　△服闋大理授。　九月,閣學。　九月,革吏右竇光鼐署。　十、辛亥、十一、12.1;改府丞。
太僕寺	(↑)**世魁** **蔣良騏**　二、己卯;改通政。　　**吉夢熊**　二、辛卯;閣讀學授。
順天府尹	**吳省欽**
奉天府尹	(↑)**奇臣**
宗人府丞	**竇光鼐**　(浙學)　正、辛酉、十六、2.14;遷吏右。　十、辛亥;署光禄授。　　**曹學閔**　正、辛酉;閣讀學授。

乾隆五二年　丁未(1787)			乾隆五三年　戊申(1788)	
(滿)夢吉			(滿)夢吉	
蔣良騏			蔣良騏	吉夢熊 三、辛巳、十九，4.24； 太僕授。
(滿)富炎泰			(滿)富炎泰	
趙　佑			趙　佑 六、甲辰、十三，7.16；贛鄉正考。	
(滿)德瑛 七、辛未、六，8.18； 改光禄。	(滿)多永武 七、辛未；常少遷。		(滿)多永武	
孟　邵			孟　邵	
(滿)伊蘭泰 六、戊戌、二，7.16； 遷閣學。	(滿)德瑛 七、辛未，太常授。		(滿)德瑛	
陸錫熊 (閣學)　二、 庚申、廿二， 4.9；改左副。	管幹珍 二、庚申 史授。 十、丙申、二， 11.11；遷閣學。	李廷欽 十、丁巳、廿 三，12.2；僕 少遷。	李廷欽	蔣日綸 十、庚寅、二，10.30； 理少遷。
(?)世魁			(?)世魁	
吉夢熊			吉夢熊 三、辛巳；改通政。	李　臺 四、乙未、三，5.8； 理少遷。
吳省欽			吳省欽	
(?)奇臣			(?)奇臣	
竇光鼐			竇光鼐	

京卿年表

年代	乾隆五四年　己酉(1789)			
通政使司	(滿)夢吉 吉夢熊 九、丁酉、十四, 11.1; 閩學。			
大理寺	(滿)富炎泰 趙佑 六、己巳、十五, 8.5; 贛鄉正考。 八、己巳、十六, 10.4; 贛學。			
太常寺	(滿)多永武 二、丁巳、卅, 3.26; 遷閣學。 孟邵 七、癸巳、九, 8.29; 改府丞。	(滿)德瑛 三、庚辰、廿三, 4.18; 光禄授。 李臺 七、己酉、廿五, 9.14; 太僕改。		
光禄寺	(滿)德瑛 三、庚辰; 改太常。 蔣日綸	(?)武隆額 四、丙午、廿, 5.14; 通副遷。 六、甲申、卅, 8.20; 改奉尹, 旋回。	(滿)穆和藺 七、戊子、四, 8.24; 哈密辦事大 臣授,旋改奉尹。	
太僕寺	(?)世魁 李臺 七、己酉; 改太常。	秦清 八、丙寅、十三, 10.1; 通副遷。		
順天府尹	吳省欽			
奉天府尹	(?)奇臣	(?)武隆額 六、甲申; 光禄授。 △回任光禄。	(滿)穆和藺 △光禄授。 十二、丁丑、廿六, 2.9; 改皖撫。	陳用敷 十二、丁丑; 皖撫降授。
宗人府丞	竇光鼐 四月, 殿試讀卷。 六、甲子、十, 7.31; 遷禮左。	孟邵 七、癸巳; 太常授。		

乾隆五五年　庚戌(1790)		乾隆五六年　辛亥(1791)	
(滿)**夢吉**		(滿)**夢吉**	
吉夢熊 （閩學） 九月，卸。	五、壬辰、十二，6.24； 革戶右汪承需(賞三品)署。	**吉夢熊** （閩學）　九、戊 子、十六，10. 13；病，卸閩學。	汪承需署： 二、癸丑， 授順尹。　**李　臺** 九、丙申、廿四， 10.21；太常授。
(滿)**富炎泰**		(滿)**富炎泰**	
趙　佑 （贛學）		**趙　佑** （贛學）	
(滿)**德瑛**		(滿)**德瑛** △遷閣學。	(?)**世魁** 十一、庚辰、九， 12.4；太僕改。
李　臺		**李　臺** 九、丙申；改通政。	**蔣日綸** 十一、庚辰； 光祿改。
(?)**武隆額**		(?)**武隆額**	(?)**豐盛阿** 十一、庚辰； 通副授。
蔣日綸		**蔣日綸** 十一、庚辰；改太常。	
(?)**世魁**		(?)**世魁** 十一、庚辰；改太常。	
秦　清		**秦　清**	
吳省欽		**吳省欽** 正、戊戌、 廿三，2.25； 遷禮右。　**汪承需** 二、癸丑、八，3.12； 署通政授。 十一、庚辰、九， 12.4；改左副。　**莫瞻菉** 十一、丙戌、 十五，12.10； 通副授。
陳用敷 六、乙卯、六，7.17； 改桂撫。　(滿)**榮柱** 六、丙寅、十七，7.28； 前盛刑授。		(滿)**榮柱**	(滿)**岳起** 十一、癸未、十二， 12.7；少詹授。
孟　邵		**孟　邵**	

京卿年表

年代	乾隆五七年　壬子(1792)	乾隆五八年　癸丑(1793)
通政使司	(滿)夢吉 李　蘉	(滿)夢吉 李　蘉
大理寺	(滿)富炎泰　　　(?)慶善 　　　　　二、甲子、廿五，3.17； 　　　　　詹授。 趙　佑　　　蔣日綸 (翰學)　四、辛酉、　閏四、癸酉、五，5.25； 廿三，5.13；改左副。　太常改。	(?)慶善 蔣日綸
太常寺	(?)世魁 蔣日綸　　　秦　清 閏四、癸酉，改大理。　閏四、丙申、廿八， 　　　　　6.17；太僕改。	(?)世魁　　(?)永良　　　(?)順海 二、壬申、　三、丙申、三、　五、己亥、 九，3.20；　4.13；太僕改。　八、6.15； 改左副。　三、辛酉、廿八，　光禄授。 　　　5.8；改閣學。 秦　清
光禄寺	(?)豐盛阿 伊朝棟 二、庚申、廿一，3.13；理少授。	(?)豐盛阿 方維甸 十一、辛卯、二，12.4；署左副。
太僕寺	(?)永良 二、庚申；僕少授。 秦　清　　　施朝幹 閏四、丙申；改太常。　九、癸卯、七，10.22； 　　　　　通副授。	(?)永良　　(?)順海　　　(滿)成德 三、丙申；　四、庚寅、廿八，　九、戊戌、 改太常；　6.6；僕少授。　八、10.12； 　五、己亥；改太常。　通副授。 施朝幹
顺天府尹	莫瞻菉	莫瞻菉
奉天府尹	(滿)岳起　　　　(滿)福保 十、丁卯、二，　十、戊辰、三，11.16； 11.15；改閣學。　奉丞遷。	(滿)福保
宗人府丞	孟　邵	孟　邵

乾隆五九年　甲寅(1794)

(滿)**成德** 　　四、戊寅、廿二,5.20;太僕授。 　　十、丙辰、二,10.25;遷左副。	(?)**順海** 　　△太常改。
李　臺	**秦　清** 　　△太常改。
(?)**慶普** 　　二、癸亥、五,3.6;改左副。	(?)**薩敏** 　　三、己丑、二,4.1;詹授。
蔣日綸	
(?)**順海** 　　△改通政。	(?)**恒傑** 　　十二、辛酉、八,12.29;太僕改。
秦　清 　　△改通政。	**方維甸** 　　(署左副)　四、己卯、廿三,5.21;光祿改。 　　八、庚申、六,8.30;順鄉副考。
(宗室)**斐靈額**	
方維甸 　　四、己卯;改太常。	**陳嗣龍** 　　五、己亥、十三,6.11;通副授。
(滿)**成德** 　　四、戊寅;改通政。	(?)**恒傑** 　　五、壬寅、十六,6.14;通副授。 　　十二、辛酉;改太常。 　(蒙)**佛爾卿額** 　　十二、乙丑、十二,1.2;鴻臚授。
施朝幹	
莫瞻菉	
(滿)**福保**	
孟　邵	

京卿年表

年代	乾隆六十年　乙卯(1795)	
通政使司	(7)顺海 　十、己卯、二,11.12;改左副。	(7)寶源 　十二、辛卯、十四,1.23;詹授。
	綦　清	
大理寺	(7)薩敏	
	蔣日綸	
太常寺	(7)恒傑 　十、癸巳、十六,11.26;改閣學,仍兼。	
	方維甸 　(署左副)　三、丁巳、六,4.24;知貢舉。 　△改長蘆鹽政(革)。	施朝幹 　四、丁未、廿七,6.13;太僕改。 　七、丙辰、七,8.21;魯鄉正考。 　(鄂學)　八月,差。
光禄寺	(宗室)斐靈額	
	陳嗣龍 　八、丙申、十八,9.30;閩學。	
太僕寺	(蒙)佛爾卿額	
	施朝幹 　四、丁未;改太常。	閻泰和 　九、癸亥、十五,10.27;通副改。
順天府尹	莫瞻菉	
奉天府尹	(滿)福保	
宗人府丞	孟　邵	

嘉慶元年　丙辰(1796)	嘉慶二年　丁巳(1797)
(冑)寶源　　(蒙)遠慶　　(滿)瑚圖靈阿 寶源：四、丁亥、十二、5.18；改左副。 遠慶：五、丙辰、十二、6.16；詹事授。十、甲戌、二、11.1；改左副。 瑚圖靈阿：十一、丙午、五、12.3；詹事授。	(滿)瑚圖靈阿　　(冑)舒聘 瑚圖靈阿：三、戊午、十八、4.14；改左副。 舒聘：五、庚戌、十一、6.5；詹事授。
秦清	秦清　　初彭齡 初彭齡：十二、辛亥、十六、2.1；光禄授。
(冑)薩敏	(冑)薩敏　　(冑)富崐 薩敏：△遷閣學。 富崐：十二、丁酉、二、1.18；光禄授。
蔣日綸	蔣日綸
(冑)恒傑 （閣學兼）	(冑)恒傑 （閣學兼）
施朝幹 （鄂學）	施朝幹　　陳嗣龍 施朝幹：（鄂學）三、甲子、廿四、4.20；改府丞。 陳嗣龍：五、己未、廿、6.14；光禄（閩學）改。
(宗室)斐靈額	(冑)富崐 二、癸酉、二、2.28；理少授。 十二、丁酉；改大理。
陳嗣龍 （閩學）	陳嗣龍　　初彭齡 陳嗣龍：（閩學）五、己未；改太常。 初彭齡：九、己卯、十三、11.1；通副授。十二、辛亥；改通政。
(蒙)佛爾卿額	(蒙)佛爾卿額
閻泰和　　李光雲 李光雲：十、甲戌；通副授。	李光雲
莫瞻菉	莫瞻菉
(滿)福保	(滿)福保　　(滿)西成 西成：二、癸酉；皖布授。
孟邵 十二、甲戌、三、12.31；遷左副。	施朝幹 （鄂學）三、甲子；太常授。△死。

京卿年表

年代	嘉 慶 三 年　戊午(1798)	
通政使司	(?)舒聘	
	初彭齡 (閩學)　八、壬寅、十一，9.20；差閩學。	
大理寺	(?)富崐	
	蔣日綸	
太常寺	(?)恒傑 (閣學兼)	
	陳嗣龍 (閩學)　二、己亥、五、3.21；改府丞。	童鳳三 三、辛巳、十七、5.2；光禄授。 六、甲辰、十二、7.24；贛鄉正考。 (贛學)　八、壬寅；差。
光禄寺	(滿)廣音布 二、己亥；通副授。	
	童鳳三 二、癸亥、廿九、4.14；理少授。 三、辛巳；改太常。	冀聱文 五、乙丑、二、6.15；通副授。
太僕寺	(蒙)佛爾卿額 九、甲申、廿四、11.1；改閣學。	(?)特克慎 十一、戊辰、九、12.15；僕少授。
	李光雲 (粤學)　十二、丙申、七、1.12；差粤學。	
順天府尹	莫瞻菉	
奉天府尹	(滿)西成	
宗人府丞	陳嗣龍 二、己亥；太常改。 十一、戊辰；改左副。	

嘉慶四年　己未(1799)

(?)舒聘	(滿)廣音布	(滿)穆克登額
四、壬寅、十四,5.18;改左副。	五、辛未、十四,6.16;太常授。 十、辛亥、廿六,11.23;改左副。	十一、甲戌、廿,12.16;光禄授。

初彭齡	陳霞蔚	
(閩學)　正、丁丑、十八,2.22;遷兵右。	(皖學)　二、辛丑、十三,3.18;通副授。 三月,召京,卸。	

(?)富崐		

蔣日綸	劉湄	
二、辛丑、改左副。	三、癸酉、十五,4.19;太常授。	

(滿)廣音布	(?)阿隆阿	(滿)西成	(滿)萬甯
二、戊申、廿,3.25;光禄授。 五、辛未、改通政。	六、壬寅、十五,7.17;光禄授。 六、丙辰、廿九,7.31;改閩學。	七、己巳、十三,8.13;奉尹授。 七、辛巳、廿五,8.25;遷工右。	八、戊申、廿二,9.21;贛布授。

童鳳三	劉湄	孟邵
(贛學)　正、癸未、廿四,2.28;改閩學。	三、癸酉、改大理。	四、丁未、十九,5.23;光禄授。

(滿)廣音布	(?)觀岱	(?)阿隆阿	(滿)穆克登額	(?)繼善
二、戊申;改太常。	二月,鴻少授。	三月,通副授。 六、壬寅、改太常。	七月,通副授。 十一、甲戌、改通政。	十二、辛丑、十八,1.12;通副授。

龔驂文	孟邵	蔣賜棨
△改府丞。	三、己未、一,4.5;候三京授。 四、丁未、改太常。	五、壬申、十五,6.17;降户左授。

(?)特克慎		

李光雲	闔泰和	戴璐
(粵學)　正、丁丑、休。	二、丙午、十八,3.23;前任授。 四、壬子、廿四,5.28;改順尹。	五、辛巳、廿四,6.26;通副授。

莫瞻菉	闔泰和	
四、庚子、十二,5.16;改閩學。	四、壬子、太僕改。	

(滿)西成	(漢)王秉韜	(?)恩明
七、己巳;改太常。	七、己巳;盧鳳道授。	十一、戊午、四,11.30;豫布互調。

龔驂文		

京卿年表

年代	嘉 慶 五 年　庚申(1800)			
通政使司	(滿)穆克登額 二、乙未、十二,3.7;還盛兵。	(滿)萬寧 四、丁酉、十五,5.8;太常授。		
	陳霞蔚			
大理寺	(?)富崐 正、戊寅、廿五,2.18;老休。	(?)繼善 三、丙辰、四,3.28;光祿授。 四、庚戌、廿八,5.21;改左副。	(蒙)恩普 閏四、癸亥、十一,6.3;詹事授。 七月,魯鄉正考。	
	劉湄 正、丙寅、十三,2.6;改左副。	孟邵 正、丙寅;太常授。		
太常寺	(滿)萬寧 四、丁酉; 改通政。	(?)阿隆阿 五、癸未、二,6.23;光祿授。 八、甲寅、四,9.22;改副都。	(滿)吉綸 八、甲寅;閣讀學授。 十一、乙酉、七,12.22; 改閣學。	(滿)多永武 十一、乙酉;革吏 右降補。
	孟邵 正、丙寅;改大理。	閔嘉言 正、丙寅;桂布授。		
光祿寺	(?)繼善 三、丙辰; 改大理。	(?)阿隆阿 四、庚戌;鴻臚授。 五、癸未;改太常。	(滿)廣音 六、丁卯、十六,8.6;理少授。 七、甲辰、廿四,9.12;改閣學。	(漢)徐績 八、癸亥、十三, 10.1;理少授。
	蔣賜棻			
太僕寺	(?)特克慎			
	戴璐			
順天府尹	闔泰和			
奉天府尹	(?)恩明 四、辛卯、九,5.2;降筆帖式。	(?)明志 四、辛卯;理少授。		
宗人府丞	龔聰文			

嘉 慶 六 年　辛酉(1801)

(滿)**萬寧** 九、庚子、廿六，11.2；改左副。	(?)**善寶** 十、戊辰、廿五，11.30；太常授。

陳霞蔚
（晉學）八、壬子、八，9.15；差晉學。

(蒙)**恩普** 二、己巳、廿三，4.5；改左副。	(滿)**多永武** 三、丁酉、廿一，5.3；太常改。 四、己酉、三，5.15；革。	(滿)**窩星額** 五、癸卯、廿八，7.8；太常改。

孟　邵

(滿)**多永武**	(滿)**窩星額**	(?)**善寶**	(滿)**廣泰**	(?)**廣敏**
三、丁酉； 改大理。	四、乙丑、十九，5.31； 太僕授。 五、癸卯；改大理。	七、癸巳、十九，8.27； 光禄授。 十、戊辰；改通政。	十一、甲申、十一， 12.16；太僕授。 十二、丙午、四，1.7；改闈學。	十二、甲寅；太僕 授。

闈嘉言	**劉鳳誥**
二、癸酉、廿七，4.9；降通參。	二、癸酉；翰讀學授。 七、庚辰、六，8.14；魯鄉正考。 （魯學）八月，差。

(?)**善寶**	(滿)**先福**
五、壬午、七，6.17；理少授。 七、癸巳；改太常。	八、辛亥、七，9.14；前豫布授。 十二、戊辰、廿六，1.29；署寧布。

蔣賜棨	**趙秉沖**
二、癸酉；降四品。	二、癸酉；理少授。

(?)**特克慎**	(滿)**窩星額**	(?)**多慶**	(滿)**廣泰**	(?)**廣敏**
二、癸酉； 休。	三、乙酉、九，4.21；理少授。 四、乙丑、十九，5.31； 改太常。	四、乙丑；祭酒授。 八、丙辰；改闈學。	九月，理少授。 十一、甲申；改太常。	十一月，閣讀學授。 十二、甲寅；改太常。

戴　璐	**裴行簡**	**蔣予蒲**
二、癸酉；降鴻少。	三、庚寅、十四，4.26；僕少授。 四、戊申、二，5.14；改豫布。	五、壬午、七，6.17；通副授。

閭泰和

(?)**明志**

龔聱文	(漢)**徐　績**
二、癸酉；老休。	△理少遷。

京卿年表

年代	嘉 慶 七 年　壬戌(1802)
通政使司	(?)**善寶** **陳霞蔚**　　　　　　　　　　　　**曹振鏞** （晉學）　五、辛未、二，6.1；改左副。　　　五、辛未；服閼詹事授。
大理寺	(滿)**窩星額** 　**孟　邵**
太常寺	(?)**廣敏** **劉鳳誥**　　　　　　　　　　　　**趙秉沖** （魯學）　正、庚子、廿八，3.2；改閣學。　　二、壬子、十一，3.14；光禄授。
光禄寺	(?)**鶴林** 　三、癸巳、廿三，4.24；少詹授。 **趙秉沖**　　　　　　　**王懿修**　　　　　　　**邵自昌** 　二、壬子；改太常。　　五、壬午、十三，6.12；通副授。　十、庚子、二，10.28；通副授。 　　　　　　　　　　　　八、壬子、十四，9.10；改閣學。
太僕寺	(?)**良賚**　　　　　　　　　　　(?)**長琇** 　二、庚申、十九，3.22；理少授。　　　八、壬子；理少授。 　七、丁酉、廿九，8.26；改奉尹。 **蔣予蒲**
順天府尹	**閻泰和**
奉天府尹	(?)**明志**　　　　　　　　　　　(?)**良賚** 　七、庚辰、十二，8.9；改閣學。　　　七、丁酉；太僕授。
宗人府丞	(漢)**徐　績**

嘉 慶 八 年　癸亥(1803)		
(？)善寶		
曹振鏞 十二、甲子、三,1.15;改閣學。	趙秉沖 十二、甲子;太常授。	
(滿)窩星額 七、甲寅、廿二,9.7;改閣學。	(滿)榮麟 八、己巳、七,9.22;詹事授。 十一、丁酉、六,12.19;改閣學。	(？)通恩 十一、丁酉;鴻臚授。
孟　邵		
(？)廣敏		
趙秉沖 十二、甲子;改通政。	邵自昌 十二、甲子;光禄授。	
(？)鶴林 六、乙酉、廿二,8.9;老休。	(滿)永來 六、乙酉;奉宸授。 △革。	(滿)鹹存 九、甲寅、廿二,11.6;鴻臚授。
邵自昌 十二、甲了;改太常。	姜開陽 十二、甲子;候京(閩布)授。 (旋死)	王文湧 十二、戊寅、十七,1.29;甘布授。
(？)長琇		
蔣予蒲 憂免。	周廷棟 三、丙申、二,4.22;通副授。	
闓泰和		
(？)良賁		
(漢)徐　績		

京卿年表

年代	嘉 慶 九 年　甲子(1804)			
通政使司	(？)善寶			
	趙秉沖			
大理寺	(？)通恩 二月，解。 (四月授光禄)	(？)廣敏 二、庚辰、廿，3.31；太常授。 十一、丁亥、二，12.3；改左副。	(滿)成格 十一、甲寅、廿九，12.30； 詹事授。	
	孟邵 二、甲戌、十四，3.25；老休。	周廷棟 二、甲戌；太僕授。 七、丁酉、十一，8.15；改左副。	邵自昌 (閩學)　八、辛酉、五，9.8； 太常授，差閩學。	
太常寺	(？)廣敏 二、庚辰；改大理。	(滿)鋮存 四、甲戌、十六，5.24；光禄授。		
	邵自昌 八、辛酉；改大理。	莫晉 九、己亥、十三，10.16；太僕授。 十二、庚辰、廿五，1.25；差蘇學。		
光禄寺	(滿)鋮存 四、甲戌；改太常。	(？)通恩 四、甲戌；前大理授。		
	王文湧			
太僕寺	(？)長琇			
	周廷棟 二、甲戌；改大理。	章煦 二、甲戌；光少授。 六、戊辰、十一，7.17； 改順尹。	莫晉 七、戊子、二，8.6；通副授。 八月，順鄉副考。 九、己亥；改太常。	曹師曾 十一、丁亥、二， 12.3；理少授。
順天府尹	閤泰和 六、甲子、七，7.13；解。	章煦 六、戊辰；太僕授。		
奉天府尹	(？)良貴			
宗人府丞	(漢)徐績			

嘉 慶 十 年　乙丑(1805)

(?)**善寶** 　閏六、壬午、一,7.26;改閣學。	(?)**長琇** 　閏六、壬午;太僕授。
趙秉沖 　五、己亥、十六,6.13;遷兵右。	**莫　晉** 　(蘇學)　五、庚戌、廿七,6.24;太常授。
(滿)**成格** 　二、乙亥、廿一,3.21;改左副。	(滿)**誠存** 　三、壬子、廿八,4.27;太常授。
邵自昌 　(閩學)　十二、辛巳、二,1.21;改左副。	**曹師曾** 　十二、己丑;太常授。

(滿)**誠存** 　三、壬子;改大理。	(蒙)**策丹** 　四、戊辰、十五,5.13;前魯布授。 　七、壬子、二,8.25;改閣學。	(滿)**札郎阿** 　七、乙丑、十五,9.7;古城領隊授。
莫　晉 　(蘇學)　五、庚戌;改通政。	**曹師曾** 　六、辛未、十九,7.15;太僕授。 　十二、己丑;改大理。	**秦　瀛** 　十二、庚寅、十一,1.30;光祿授。
(?)**通恩**	(?)**慶章** 　六、壬申、廿,7.16;前陝布授。 　閏六、甲午、十三,8.7;病免。	(?)**善寶** 　閏六、甲午;候三京授。
王文溥	**秦　瀛** 　十二、壬午、三,1.22;候三京授。 　十二、庚寅;改太常。	**初彭齡** 　十二、庚寅;右庶子授。
(?)**長琇** 　閏六、壬午;改通政。	(滿)**英和** 　閏六、壬午;戶右降。 　九、乙亥、廿六,11.16;改閣學。	(滿)**潤祥** 　十一、乙卯、六,12.26;祭酒授。
曹師曾 　六、辛未;改太常。	**蔣予蒲** 　六、辛未;原任服闋授。 　七、辛酉、十一,9.3;改府丞。	**陳震蔚** 　七、丙子、廿六,9.19;常少授。
章　煦 　七、壬子;改鄂布。	**嵇承志** 　七、癸丑、三,8.26;理少授。	
(?)**良賓** 　八、辛丑、廿一,10.13;降員外郎。	(?)**五誠額** 　九、壬申、廿三,11.13;理少授。	
(漢)**徐　績** 　△休。	**蔣予蒲** 　七、辛酉;太僕授。	

京卿年表

年代	嘉慶十一年　丙寅（1806）			
通政使司	（?）長琇			
	莫晉 （蘇學）十、甲申、十一，11.20；改左副。		温汝适 十一、壬戌、十九，12.28；太僕授。	
大理寺	（滿）馘存 三、甲戌、廿六，5.14；改左副。		（滿）潤祥 四、丁酉、廿，6.6；太僕授。 十二、乙酉、十二，1.20；改左副。	
	曹師曾			
太常寺	（滿）札郎阿 二、甲申、六，3.25；改閣學。	（?）哈寧阿 三、壬子、四，4.22；常少授。 十、庚子、廿七，12.6；改閣學。	（滿）英普 （左都降）十一、壬戌；前駐藏 大臣授。	
	秦瀛 四、癸未、六，5.23；改順尹。	陳霞蔚 四、己丑、十二，5.29；太僕授。 六、庚寅、十四，7.29；改閣學。	陳鑑琛 七、辛酉、十六，8.29；閣讀學授。	
光禄寺	（?）善寶			
	初彭齡 二、丙午、廿八，4.16；改閣學。	劉櫂之 三、甲戌；翰講學授。 六、甲申、八，7.23；改閣學。	陳崇本 六、辛丑、廿五，8.9；常少授。 九、己巳、廿五，11.5；改府丞。	胡長齡 十、庚子、廿七，12.6；順丞授。
太僕寺	（滿）潤祥 四、丁酉；改大理。		（滿）額勒布 五、丙寅、十九，7.5；鴻臚授。	
	陳霞蔚 四、己丑；改太常。	邵洪 四、己丑；前皖布授。 七、辛酉；改府丞。	温汝适 七、癸酉、廿八，9.10；祭酒授。 十一、壬戌；改通政。	汪廷珍 十二、乙酉； 翰讀學授。
順天府尹	嵇承志		秦瀛 四、癸未；太常授。	
奉天府尹	（?）五誠額			
宗人府丞	蔣予蒲 六、乙酉、九，7.24；改左副。	邵洪 七、辛酉；太僕授。 九、丁巳、十三，10.24；改左副。	陳崇本 九、己巳；光禄授。	

嘉慶十二年　丁卯（1807）

(？)晟琇 三、乙卯、十三，4.20；改左副。	**(滿)書明阿** 四、壬午、十，5.17；詹事授。
溫汝适	
(滿)額勒布 二、庚辰、八，3.16；太僕授。	
曹師曾	
(滿)英譽	
陳鐘琛	**胡長齡** 二、辛丑、廿九，4.6；光祿授。 六、己卯、九，7.13；贛鄉正考。 八、庚寅、廿一，9.22；差粵學。
(？)善寶	
胡長齡 二、辛丑；改太常。	**錢楷** 四、壬午；常少授。
(滿)額勒布 二、庚辰；改大理。	**(？)珠隆阿** 三、乙卯；通副授。 五、丙寅、廿五，6.30；遷閣學。　　**(滿)哈魯堪** 七、戊申、八，8.11；通副授。
汪廷珍	
秦瀛 正、丙午、四，2.10；遷刑右。	**宋鎔** 正、丙午；僕少授。
(？)五鹹額	**(？)繼善** 三、壬子、十，4.17；和闐辦事授。
陳崇本 四、乙未、廿三，5.30；署左副。	

京卿年表

年代	嘉慶十三年　戊辰(1808)	
通政使司	(滿)**薔明阿**	
	温汝适 七、丙寅、二,8.23;魯鄉正考。	
大理寺	(滿)**額勒布**	(滿)**哈魯堪** 五、己未、廿四,6.17;太僕授。
	曹師曾	
太常寺	(滿)**英善**	
	胡長齡 (粵學)	
光禄寺	(?)**善寶**	
	錢楷 閏五、壬午、十七,7.10;改豫布。	**汪鏞** 六、丙辰、廿二,8.13;理少授。
太僕寺	(滿)**哈魯堪** 五、己未;改大理。	(?)**多福** 閏五、辛卯、廿六,7.19;僕少授。
	汪廷珍 四、癸酉、七,5.2;遷閣學。	**帥承瀛** 五、辛丑、六,5.30;祭酒授。
順天府尹	**宋鎔**	
奉天府尹	(?)**繼善**	
宗人府丞	**陳崇本**	

嘉慶十四年　己巳(1809)

(滿)**晉明阿**		
溫汝适 正、丁亥、廿七, 3.12; 陝學。 六、壬辰、三, 7.15; 改左副。	**帥承瀛** (魯學)　七、戊辰、十, 8.20; 太僕授。	
(滿)**哈魯堪**		
曹師曾		
(滿)**英善** △死。	(?)**常安** 三、丁丑、十七, 5.1; 前鄂布授。	(滿)**德文** 七、戊辰; 降三京授。
胡長齡 (粵學)　七、戊辰; 改左副。	**周系英** 九、甲子、七, 10.15; 翰讀學授。	
(?)**善寶**		
秦瀛 正、丁亥、廿七, 3.12; 降刑右授。 三、辛酉、一, 4.15; 改左副。	**朱理** 四、戊戌、九, 5.22; 魯布授。 六、丁未、十八, 7.30; 署刑右。	**張鵬展** 七、戊辰; 僕少授。
(?)**多福** 四、戊戌; 遷閣學。	(?)**福興額** 五、辛酉、二, 6.14; 通副授。	
帥承瀛 七、戊辰; 改通政。	**李宗瀚** 七、戊辰; 翰讀學授。	
宋鎔		
(?)**繼善**		
陳崇本		

京卿年表

年代	嘉慶十五年　庚午(1810)		
通政使司	(滿)**會明阿**		
	帥承瀛 十、戊申、廿七,11.23;改左副。	**吳　烜** (順學)　十、己酉、廿八,11.24;詹事授。	
大理寺	(滿)**哈魯塯** 八、丁亥、五,9.3;遷盛兵。	(滿)**貴慶** 九、庚午、十八,10.16;降盛戶授。	
	曹師曾 十二、癸巳、十三,1.7;改左副。	**周系英** (晉學)　十二、戊戌、十八,1.12;光禄授。	
太常寺	(滿)**德文** 五、乙亥、廿二,6.23; 改左副。	(滿)**諴安** 七、乙丑、十三,8.12;通副授。 八、己亥、十七,9.15;改左副。	(滿)**色克精額** 九、庚午;常少授。
	周系英 七、戊午、六,8.5;降一調(光禄)。	**張鵬展** (魯學)　七、壬申、廿,8.19;光禄授。 八、甲辰、廿二,9.20;差魯學。	
光禄寺	(?)**善寶** 二、辛丑、十七,3.21; 降六品休。	(滿)**薩彬圖** 四、乙酉、二,5.4;候三京授。 八、丁亥;遷盛戶。	(?)**福興額** 九、庚午;太僕授。
	張鵬展 七、甲寅、二,8.1;魯鄉正考。 七、壬申;改太常。	**周系英** 八、壬寅、廿,9.18;太常降授。 (晉學)　八、甲辰;差。 十二、戊戌;改大理。	
太僕寺	(?)**福興額** 九、庚午;改光禄。	(滿)**佛柱** 十、戊申;詹事降。	
	李宗瀚 十、戊申;改府丞。	**溫汝适** 十、己酉;左副降。	
順天府尹	**宋鎔** 五、癸亥、十,6.11;遷兵右。	**李銑** 五、癸亥;候三京授。	**初彭齡** 十一、壬戌、十一,12.7;鴻臚授。
奉天府尹	(?)**繼善**		
宗人府丞	**陳崇本**	**李宗瀚** 十、戊申;太僕授。	

嘉慶十六年　辛未(1811)	
(滿)書明阿	
吳　烜 （順學）	
(滿)貴慶 　十二、癸丑、九，1.22；遷盛刑。	(滿)佛柱 　十二、壬戌、十八，1.31；太僕授。
周系英 （晉學）	
(滿)色克精額	
張鵬展 （魯學）	
(?)福興額	
李　鋐 　二、丁未、廿八，3.22；前順尹授。	
(滿)佛柱 　十二、壬戌；改大理。	
溫汝适 　七、辛巳、五，8.23；改左副。	闔泰和 　七、辛巳；通副授。
初彭齡 　七、癸未、七，8.25；遷工右。	李鈞簡 　七、庚寅、十四，9.1；翰讀學授。
(?)繼善 　十二、癸丑；解、勘。	(?)砥柱 　十二、癸丑；通副授。
李宗瀚	

京卿年表

年代	嘉慶十七年　壬申(1812)		
通政使司	(滿)**書明阿** 二、癸丑、十,3.22;改左副。	(↑)**福興額** 三、庚子、廿八,5.8;光禄授。	(↑)**廣泰** 十二、乙卯、十六,1.18;詹事授。
	吳烜 (順學)・十一、辛巳、十二,12.15;遷兵右。	**盧蔭溥**(軍) 十一、辛巳;光禄授。 十二、壬子、十三,1.15;遷閣學。	
大理寺	(滿)**佛柱**		
	周系英 (晉學)		
太常寺	(滿)**色克精額**		
	張鵬展 (魯學)		
光禄寺	(↑)**福興額** 三、庚子;改通政。	(↑)**華蓮布** 四、丁卯、廿五,6.4;通副授。 十一、辛卯、廿二,12.25;改奉尹。	(↑)**書興** 十二、辛丑、二,1.4;通副授。
	李鋐 四、乙丑、廿三,6.2;改府丞。	**盧蔭溥**(軍) 四、乙丑、通副授。 十一、辛巳;改通政。	**吳璥** 十二、辛丑;候三京授。
太僕寺	(滿)**札郎阿** 正、辛巳、七,2.19;二等侍衛授。	(蒙)**常英** 四、丁卯;閣學降。	
	闇泰和		
順天府尹	**李鈞簡**		
奉天府尹	(↑)**砥柱**	(↑)**華蓮布** 十一、辛卯;光禄授。	
宗人府丞	**李宗瀚**	**李鋐** 四、乙丑;光禄授。	

嘉慶十八年　癸酉(1813)

(?)**廣泰**
　五、丙戌、廿,6.18;改左副。

(?)**扎拉芬**
　六、戊申、十三,7.10;太僕改。
　十一、戊寅、十五,12.7;改左副。

(滿)**穆彰阿**
　十二、己酉、十六,1.7;詹事授。

張鵬展
　二、甲辰、六,3.8;太常(魯學)改。

(滿)**佛柱**
　二、乙丑、廿七,3.29;改左副。

(蒙)**常英**
　三、己巳、二,4.2;太僕改。

周系英
　(晉學)　九、甲申、廿一,10.14;遷闊學。

王引之
　十、壬寅、九,11.1;太僕改。

(滿)**色克精額**
　四、己亥、二,5.2;遷闊學。

(?)**書興**
　四、壬戌、廿五,5.25;光禄改。
　九、癸巳、卅,10.23;革。

(?)**哈寧阿**
　十、乙未、二,10.25;候補贊禮郎授。

張鵬展
　(魯學)　二、甲辰;改通政。

朱紹曾
　二、乙丑;湘布授。
　九、癸巳;革。

陸以莊
　十、戊申、十五,11.7;少詹授。

(?)**書興**
　四、壬戌;改太常。

(滿)**穆克登額**
　五、丙戌;前泰寧鎮授。
　六、辛亥、十六,7.13;改正藍蒙副。

(滿)**齊布森**
　七、丁卯、三,7.29;黔布授。
　十一、戊寅;遷闊學。

(?)**慶明**
　十二、己酉;通副授。

吳　璥
　四、己亥;遷闊學。

費錫章
　四、壬戌;常少授。
　八、戊戌、四,8.29;改順尹。

李鈞簡
　八、戊戌;順尹授。
　九、庚辰、十七,10.10;降。

彭希濂
　十、辛丑、八,10.31;通副授。

(蒙)**常英**
　三、己巳;改大理。

(?)**扎拉芬**
　三、壬申、五,4.5;通副改。
　六、戊申;改通政。

(?)**巴绷阿**
　七、丁卯;通副改。

閣泰和

梁敦懷
　二、乙丑;滇布授。

王引之
　八、丙申、八,8.27;通副改。
　十、壬寅;改大理。

梁上國
　十、丙辰、廿三,11.15;僕少(桂學)改。

李鈞簡
　八、戊戌;改光禄。

費錫章
　八、戊戌;光禄改。

(?)**華蓮布**

李　鋐

蔣予蒲
　八、乙未、一,8.26;候三京授。
　十一、戊寅;改左副。

李宗瀚
　十一、己丑、十六,12.8;服闋授。

京卿年表

年代	嘉慶十九年　甲戌(1814)				
通政使司	(滿)穆彰阿 五、辛亥、廿一,7.8;遷閣學。	(滿)景祿 六、己巳、十,7.26;太僕改。 九、癸卯、十六,10.28;改左副。	(滿)永祚 十一、壬辰、五,12.16;太常改。 十二、甲戌、十八,1.27;改左副。			
	張鵬展 三、丁酉、六,4.25;知貢舉。				
大理寺	(蒙)常英 十、庚申、三,11.14;遷閣學。	(?)慶明 十、癸未、廿六,12.7;光禄改。			
	王引之 三、甲寅、廿三,5.12;魯學。				
太常寺	(?)哈寧阿 二、壬寅、十,3.1;遷閣學。	(滿)景祿 閏二、乙丑、三,3.24;候三京授。 閏二、戊辰、六,3.27;改太僕。	(?)阿隆阿 閏二、戊辰閣學降。 五、丙午、十六,7.3;遷閣學。	(?)慶明 七、辛卯、三,8.17;光禄改。 九、辛卯、四,10.16;遷閣學。	(滿)永祚 九、甲辰、十七,10.29;理少授。 十一、壬辰;改通政。	(蒙)多山 十二、己巳、十三,1.22;光禄授。
	陸以莊 七、丁巳、廿九,9.12;改府丞。	梁上國 八、庚午、十二,9.25;太僕(桂學)改。			
光禄寺	(?)慶明 七、辛卯;改太常。	(?)常格 七、丁巳、蘇布授。 九、戊子、一,10.13;革。	(蒙)多山 九、癸丑、廿六,11.7;祭酒授。 十二、己巳;改太常。	(?)海福 十二、甲戌、十八,1.27;鴻臚授。	
	彭希濂 七、己丑、一,8.15;遷閣學。	蔣祥墀 七、丁巳;通副授。 十、辛未、十四,11.25;改府丞。	常發祥 十、癸未;黔布授。		
太僕寺	(?)巴綗阿 二、癸卯、十一,3.2; 改科布多參贊。	(?)珂什克 閏二、乙丑、閣讀學授。 閏二、戊辰、改駐藏幫辦。	(滿)景祿 閏二、戊辰、太常改。 六、己巳;改通政。	(滿)齊布森 六、丁亥、廿八, 8.13;候三京授。	
	梁上國 八、庚午;改太常。	何銑 八、乙酉、廿七,10.10;陝布授。			
順天府尹	費錫章				
奉天府尹	(?)華蓮布				
宗人府丞	李宗瀚 七、辛卯;改左副。	陸以莊 七、丁巳;太常授。 九、癸丑;改左副。	蔣祥墀 十、辛未;光禄授。		

嘉慶二十年　乙亥(1815)

(蒙)**多山** 　二、乙丑、九，3.19；太常改。 　九、癸卯、廿一，10.23；改左副。	(↑)**慶炆** 　十一、壬辰、十一，12.11；前陝布授。
張鵬展	
(?)**慶明** 　十二、丙寅、十六，1.14；降五品，休。	(?)**恩寧** 　十二、丁卯、十七，1.15；兵右降。
王引之 　(魯學)	

(蒙)**多山** 　二、乙丑；改通政。	(?)**伊湯安** 　二、辛巳、廿五，4.4；通副授。 　四、丁卯、十二，5.20；遷閣學。	(?)**舒寧** 　四、癸酉、十八，5.26；常少遷。
梁上國 　(桂學)△死。	**韓鼎晉** 　七、乙酉、二，8.6；理少(陝學)遷。	
(?)**海福**		
常發祥 　△死。	**甘家斌** 　七、辛卯、八，8.12；通副遷。	
(滿)**齊布森** 　十一、壬辰、十一，12.11；改左副。	(覺羅)**海齡** 　△十二月，通副遷。	
何　銑		
費錫章		
(?)**華蓮布**	(滿)**貴慶** 　十二、壬申、廿二，1.20；禮右降。	
蔣祥墀 　四、丙子、廿一，5.29；改左副。	**賈允升** 　五、壬寅、十八，6.24；通副遷。	

京卿年表

年代	嘉慶二一年　丙子(1816)			
通政使司	(?)慶炆 張鵬展	(?)珠爾松阿 七、丙辰、九，8.31；詹事授。		
大理寺	(?)恩寧 六、癸酉、廿四，5.20；遷盛工。 王引之 (魯學) 十二、庚寅、十六，2.1；遷左副。	(覺羅)寶興 六、癸酉；禮左降。		
太常寺	(?)舒寧 韓鼎晉			
光禄寺	(?)海福 二、己未、九，3.7；老休。 甘家斌	(滿)穆彰阿 二、己未；候三京授。 五、丙戌、七，6.2；遷閣學。	(?)西琅阿 六、甲寅、六，6.30；理少遷。 閏六、甲午、十六，8.9；革。	(?)良輔 閏六、甲午；光少遷。
太僕寺	(覺羅)海齡 三、癸未、三，3.31；改湘按。 何 銑	(滿)昇寅 三、丁亥、七，4.4；少詹遷。 四、乙丑、十六，5.12；改左副。 陳 觀 三、癸未；陝布授。 五、庚辰、一，5.27；遷閣學。	(?)明興阿 四、乙丑；通副遷。 閏六、甲午；改左副。 鮑勳茂 六、甲寅；通副遷。	(?)瑚松額 七、庚申、十三，9.4；閣讀學授。
順天府尹	費錫章			
奉天府尹	(滿)寶慶			
宗人府丞	賈允升 八、丁亥、十一，10.1；差皖學。			

嘉慶二二年　丁丑(1817)

(?)珠爾松阿	(滿)和桂
	十一、辛丑、二,12.9；詹事遷。

張鵬展

(覺羅)寶興

甘家斌			
二、丙申、廿二,4.8；光祿改。			

(?)舒寧	(滿)色克精額	(?)哈寧阿	(?)明志
六、戊寅、六,7.19；	七、癸丑、十一,8.23；常少遷。	七、丙辰、十四,8.26；侍衞授。	十一、辛丑；侍衞
遷閣學。	七、甲寅、十二,8.24；降。	九、丁卯、廿六,11.5；遷閣學。	授。

韓鼎晉
三、己酉、六,4.21；知貢舉。

(?)良輔

甘家斌	毛式郇	劉彬士
二、丙申；改大埋。	二、辛未、廿八,5.13；通副遷。	四、庚子、廿七,6.11；理少遷。
	四、乙未、廿二,6.6；改府丞。	

(?)瑚松額	(滿)常起
九、甲子、廿三,11.2；革。	十一、辛丑；通副遷。

鮑勳茂

費錫章	汪如淵
△死。	三、辛未；晉按授。

(滿)貴慶

賈允升	毛式郇
(皖學)　四、甲午、廿一,6.5；改左副。	四、乙未；光祿授。

年代	嘉慶二三年　戊寅(1818)		
通政使司	(滿)和桂 二、丁亥、十九,3.25;改左副。	(滿)常起 三、辛酉、廿四,4.28;太僕改。 九、丁酉、二,10.1;遷盛工。	(滿)善慶 十、戊寅、十三,11.11;詹事遷。
	張鵬展		
大理寺	(覺羅)寶興 九、己酉、十四,10.13; 降二調。	(滿)繼昌 十、戊寅、前寧布授。 十、乙酉、廿,11.18;署桂布。	(？)齡椿 十一、庚戌、十六,12.13; 太僕改。
	甘家斌 十二、庚午、七,1.2,革。	韓鼎晉 十二、乙亥、十二,1.7;太常改。	
太常寺	(？)明志 △降調(常少)。		
	韓鼎晉 十二、乙亥;改大理。		
光祿寺	(？)良輔	(蒙)明叙 七、己亥、三,8.4;閱讀學授。 十一、乙巳、十一,12.8;遷閣學。	(？)潤德 十二、辛巳、十八,1.13; 通副遷。
	劉彬士		
太僕寺	(滿)常起 三、辛酉;改通政。	(？)齡椿 四、丙申、廿九,6.2, 通副遷。 十一、庚戌;改大理。	(？)額特布 十一、庚戌;古城領隊授。 十一、己未、廿五,12.22; 改奉尹。	(滿)松廷 十二、辛巳;僕少 遷。
	鮑勳茂		
順天府尹	汪如淵		
奉天府尹	(滿)寶慶 七、庚子、四,8.5;革,戍。	(？)瑞麟 七、庚子;閱讀學授。 十一、己未;遷盛刑。	(？)額特布 十一、己未;太僕改。
宗人府丞	毛式郇		

嘉慶二四年　己卯(1819)

（滿）善慶
正、戊戌、五，1.30；改左副。

（滿）奎耀
二、庚辰、十八，3.13；詹事遷。

張鵬展

王引之
十一、癸未、廿五，1.10；候三京授。
十二、庚子、十二，1.27；改吏右。

吳邦慶
十二、庚子；刑右降。

（?）齡椿
六、丁巳、廿七，8.17；改左副。

（?）潤德
七、丙戌、廿六，9.15；光祿改。
九、壬申、十三，10.31；改左副。

（滿）和桂
九、戊子、廿九，11.16；降禮左授。

韓鼎晉
正、戊戌；遷左副。

劉彬士
二、庚辰；光祿改。

（滿）色克精額
二、辛未、九，3.4；贊禮郎遷。
二、庚辰、十八，3.13；遷閣學。

（?）舒寧
二、庚辰；庫爾喀喇烏蘇領隊授。

鮑勳茂
二、庚辰；太僕改。

（?）潤德
七、丙戌；改大理。

（覺羅）海齡
九、壬申；鄂布改候三京授。
十一、庚申、二，12.18；遷閣學。

（滿）齊布森
十二、庚寅、二，1.17；候三京授。

劉彬士
二、庚辰；改大理。

蔣祥墀
三、乙未、三，3.28；降調左副授。
三、戊午、廿六，4.20；憂免。

辛從益
三、戊午；通副遷。

（滿）松廷

鮑勳茂
二、庚辰；改太常。

何　銑
二、辛卯、廿九，3.24；前任授。

汪如淵

（?）額特布

毛式郇

京卿年表

年代	嘉慶二五年　庚辰(1820)	道光元年　辛巳(1821)
通政使司	(滿)奎耀 吳邦慶 三、戊辰、十二， 4.24；遷兵左。　　鮑勛茂 四、乙巳、廿，5.31； 太常改。	(滿)奎耀 鮑勛茂
大理寺	(滿)和桂 六、甲寅、卅，8.8； 遷禮右。　　(滿)福申 七、丁卯、十三，8.21； 詹事遷。 劉彬士	(滿)福申 劉彬士 六、辛卯、十三，7.11；贛鄉正考。
太常寺	(?)舒寧 四、丙申、十一， 5.22；遷閩學。　　(?)明志 五、戊辰、十三，6.23； 常少遷。 鮑勛茂 四、乙巳；改通政。　　戴聯奎 四、癸丑、廿八，6.8； 候三京授。 六、己亥、十五，7.24； 浙學。	(?)明志 十、丙戌、九，11.3； 遷禮右。　　(?)長旺 十一、乙卯、八，12.2； 閩讀學授。 戴聯奎 (浙學)　八、癸巳、 十六，9.11；遷禮右， 卸浙學。　　辛從益 十、己卯、二，10.27； 光祿改。
光祿寺	(滿)齊布森 辛從益	(滿)齊布森 六、戊戌、廿，7.18； 改左副。　　(滿)恒敬 七、乙卯、七，8.4； 候三京授。 辛從益 十、己卯；改太常。　　楊懌曾 十一、乙卯；理少 (鄂學)遷。
太僕寺	(滿)松廷 何　銑	(滿)松廷 十、乙酉、八，11.2； 改西寧辦事。　　(滿)那丹珠 十一、乙卯；鴻臚授。 何　銑　　祝慶承 四、乙巳、廿五，5.26； 候三京授。
順天府尹	汪如淵 十一、己巳、十六， 12.21；改粵布。　　申啓賢 十一、庚午、十七， 12.22；通副授。	申啓賢
奉天府尹	(?)額特布 六、丁未、廿三， 8.1；降員外郎。　　(?)盛泰 六、丁未；候補主事 賞四品授。	(?)盛泰
宗人府丞	毛式郇	毛式郇

道 光 二 年　壬午(1822)		道 光 三 年　癸未(1823)	
(滿)奎耀		(滿)奎耀 　　正、甲午、廿四、3.6；知貢舉。	
鮑勳茂		鮑勳茂	
(滿)福申		(滿)福申	
劉彬士		劉彬士	
(？)長旺		(？)長旺	(滿)常德 　　九、戊寅、十三、10.16； 　　浙布授。
辛從益 　　三、壬申、廿七、4.18； 　　遷閣學。	曹師曾 　　四、乙卯、十一、5.31； 　　通副遷。	曹師曾 　　七、己巳、三、8.8； 　　修墓假。（旋死）	張　鱗 　　九、戊寅；太僕改。
(滿)恒敬		(滿)恒敬 　　十、乙卯、廿、11.22； 　　改哈密辦事。	(？)噶勒彬 　　十二、乙巳、十一、1.11； 　　閣讀學遷。
楊懌曾 　　八、甲寅、十三、9.27；卸鄂學。		楊懌曾	
(滿)那丹珠		(滿)那丹珠 　　十、癸亥、廿八、11.30； 　　改左副。	(？)富信 　　十二、乙巳；候三京授。
祝慶承 　　二、丁丑、一、2.22；休。	張　鱗 　　二、己亥、廿三、3.16； 　　通副遷。	張　鱗 　　九、戊寅；改太常。	糜瑜奇 　　十、癸亥；黔布授。
申啓賢		申啓賢	
(？)盛泰		(？)盛泰	
毛式邰 　　正、甲寅、八、1.30；順學。 　　八、甲寅；仍任順學。		毛式邰 　　（順學）	

京卿年表

年代	道光四年　甲申(1824)	道光五年　乙酉(1825)
通政使司	(满)奎耀	(满)奎耀
	鲍勋茂	鲍勋茂
大理寺	(满)福申	(满)福申　六、己巳、十三,7.28;赣乡正考。　八、丁巳、三,9.14;赣学。
	刘彬士　正、辛卯、廿七,2.26;改左副。　　杨懌曾　三、甲申、廿一,4.19;光禄改。	杨懌曾
太常寺	(满)常德　十一、乙未、七,12.26;改叶尔羌办事。　　(满)廉敬　十二、己巳、十一,1.29;候三四京授。	(满)廉敬
	张鳞　二、甲辰、十,3.10;迁阁学。　　桂龄　三、甲申;理少迁。	桂　龄
光禄寺	(?)噶勒彬	(?)噶勒彬
	杨懌曾　三、甲申;改大理。　　蒋祥墀　四、辛酉、廿八,5.26;服阕授。	蒋祥墀
太僕寺	(?)富信	(?)富信
	糜瑜奇	糜瑜奇
顺天府尹	申启贤	申启贤　三、甲辰、十七,5.4;迁仓侍。　　朱嶲弼　三、甲辰;顺丞迁。
奉天府尹	(?)盛泰	(?)盛泰
宗人府丞	毛式郇　(顺学)	毛式郇　八、丁巳;卸顺学。

道 光 六 年　丙戌(1826)		
(滿)奎煇		
鮑勛茂		
(滿)福申 （贛學）　三、己酉、廿八,5.4; 改左副。	(滿)鍼端 四、丁丑、廿六,6.1;服闋湘布授。 十二、庚申、十三,11.10;改左副。	(滿)廉敬 十二、庚申;太常改。
楊懌曾		
(滿)廉敬 十二、庚申;改大理。	(?)噶勒彬 十二、庚申;光禄改。	
桂　齡		
(?)噶勒彬 十二、庚申;改太常。	(?)保昌 十二、庚申;理少遷。	
蔣祥墀		
(?)富信	(?)惠顯 九、庚辰、二,10.2;前閩布授。	
廉瑜奇 十一、丁未、卅,12.28;病免。	盧　淅 十一、丁未;通副遷。	
朱爲弼		
(?)盛泰		
毛式郇		

京卿年表

年代	道光七年　丁亥(1827)	道光八年　戊子(1828)
通政使司	(滿)奎燿 鮑勛茂	(滿)奎燿　　　　　　(滿)穆馨阿 九、己酉、十二，　　十一、戊戌、二，12.8； 10.20；革。　　　　詹事遷。 鮑勛茂
大理寺	(滿)廉敬 楊懌曾	(滿)廉敬 楊懌曾　　　　　　桂　齡 二、癸未、十三，3.28；　三、乙丑、廿六，5.9； 改左副。　　　　　太常改。
太常寺	(?)噶勒彬 桂　齡	(?)噶勒彬 桂　齡　　　　　　蔣祥墀 三、乙丑；改大理。　五、己未、廿一，7.2； 　　　　　　　　　光禄改。
光禄寺	(?)保昌　　　　(?)嵩惠 三、癸卯、廿八，　十、戊子、十六，12.4； 4.23；署左副。　前哈密辦事授。 九、癸丑、十一， 10.30；遷盛工。 蔣祥墀	(?)嵩惠　　　　　(宗室)鐵麟 十一、戊戌；　　　十二、乙亥、十，1.14； 改左副。　　　　　祭酒授。 蔣祥墀　　　　　　吳　椿 五、己未；改太常。　七、壬子、十四，8.24； 　　　　　　　　　通副遷。
太僕寺	(?)惠顯　　　　(滿)普保 三、壬寅、廿七，　五、己丑、十四，6.8； 4.22；改左副。　少詹遷。 　　　　　　　九、癸丑；署左副。 盧　浙	(滿)普保 盧　浙
順天府尹	朱爲弼　　　　　何凌漢 △二月，仍授順丞。　二、戊辰、廿二，3.19； 　　　　　　　通副遷。	何凌漢
奉天府尹	(?)盛泰	(?)盛泰　　　　　　(滿)興科 六、庚寅、廿二，8.2；　六、庚寅；贛按授。 召(三京候)。
宗人府丞	毛式郇	毛式郇

道　光　九　年　己丑(1829)	
(滿)穆彰阿 　八、己卯、十八,9.15;改喀喇沙爾辦事。	(滿)普保 　九、丙申、五,10.2;太常改。
鮑勛茂	
(滿)廉敬 　六、丁丑、十五,7.15;改察副都。	(?)德厚 　七、丙午、十四,8.13;詹事授。
桂　齡 　六、戊辰、六,7.6;改左副。	吳　椿 　七、丙午;光禄改。
(滿)普保 　二、丁丑、十三,3.17;太僕改。 　九、丙申;改通政。	(滿)德興 　十、乙亥、十四,11.10;太僕改。
蔣祥墀	
(宗室)鐵麟 　八、己卯;改左副。	(滿)德春 　九、乙巳、十四,10.11;翰讀學遷。
吳　椿 　二、庚子、六,4.9;會試副考。 　七、丙午;改大理。	趙盛奎 　七、庚申、廿八,8.27;閣讀學遷。
(滿)普保 　二、丁丑;改太常。	(滿)德興 　三、庚申、廿六,4.29;閣讀學授。 　十、乙亥;改太常。	(滿)寶善 　十二、戊寅、十八,1.12; 　理少遷。
盧　浙	
何凌漢	
(滿)興科	
毛式郇	

京卿年表

年代	道 光 十 年　庚寅(1830)	
通政使司	(滿)普保	
	鮑勳茂	
大理寺	(↑)德厚	
	吳　椿 七、丙子、廿一,9.7;改左副。	何凌漢 八、辛亥、廿六,10.12;順尹授。
太常寺	(滿)德興 十二、己丑、五,1.18;改左副。	(滿)德春 十二、癸卯、十九,2.1;光禄改。
	蔣祥墀	
光禄寺	(滿)德春 十二、癸卯;改太常。	
	趙盛奎 八、壬子、廿七,10.13;改魯按。	康紹鏞 九、壬戌、七,10.23;前湘撫授。
太僕寺	(滿)寶善	
	盧　浙 △死。	沈維鐈 八、辛亥;理少(順學)遷。
順天府尹	何凌漢 八、辛亥;改大理。	徐　鏞 八、辛亥;黔按授。
奉天府尹	(滿)興科 正、戊戌、八,2.1;召京(駐藏)。	(滿)烏爾恭額 正、戊戌;前粵按授。
宗人府丞	毛式郇 十二、甲午、十,1.23;改左副。	

道光十一年　辛卯(1831)

(滿)**普保** 二、己亥、十六,3.29;改左副。	(滿)**文慶** 三、甲寅、二,4.13;詹事授。 五、丙寅、十五,6.24;閩鄉正考。

鮑勳茂 正、庚辰、廿六,3.10;休。	**姚祖同** 三、癸酉、廿一,5.2;通副遷。 五、丙寅;改左副。	**龔守正** 五、丙寅;禮左降。

(?)**德厚** 八、甲辰、廿五,9.30;改左副。	(滿)**鄂木順額** (皖學)　九、乙亥、廿六,10.31; 光禄改。 十一、壬戌、十四,12.17;改左副。	(滿)**文蔚** 十二、庚寅、十二,1.14;詹事授。

何凌漢 正、戊寅、廿四,3.8;署兵右。 二、己亥、十六,3.29;改左副。	**王楚堂** 二、己亥;滇布授。

(滿)**德春**

蔣祥墀 七、丙辰、六,8.13;改左副。	**朱鳳弨** 七、丙子、廿六,9.2;通副遷。

(滿)**鄂木順額** 三、癸酉;少詹(皖學)授。 八、辛巳、二,9.7;仍差皖學。 九、乙亥;改大理。	(?)**寬明** 十、己亥、廿一,11.24;通副遷。

廖紹鏞 正、庚辰;降四品、休。	**劉彬士** 三、癸酉;太僕改。八、辛巳;順學。 十一、壬戌;改左副。	**郭尚先** 十二、庚寅;翰讀學遷。

(滿)**寶善**

沈維鐈 二、己亥;改府丞。 (順學)	**劉彬士** 二、己亥;候三四京授。 三、癸酉;改光禄。	**梁中靖** 四、辛卯、九,5.20;理少遷。

徐　鏞

(滿)**烏爾恭額**

沈維鐈 二、己亥;太僕授。八、辛巳;卸順學。 十一、戊寅、卅,1.2;署左副。

京卿年表

年代	道光十二年　壬辰（1832）		
通政使司	（滿）**文慶** 二、癸未、六，3.7；改左副。	（滿）**德春** 三、辛亥、四，4.4；太常改。 八、壬辰、十八，9.12；改左副。	（宗室）**奕湹** 九、庚申、十七，10.10；詹事授。
通政使司	**龔守正**		
大理寺	（滿）**文蔚** 五、辛酉、十五，6.13；闈鄉正考。 十、戊辰、廿六，12.17；改左副。	（滿）**容照** 十二、辛亥、九，1.29；三等侍衞授。	
大理寺	**王楚堂** 正、乙卯、七，2.8；署左副。 正、甲戌、廿六，2.27；改兵右。	**郭尚先** 二、己亥、廿二，3.23；光祿改。 七、庚戌、六，8.1；魯鄉正考。 △十二、辛丑、廿九，1.19；死。	
太常寺	（滿）**德春** 三、癸亥；改通政。	（丁）**隆勛** 四、丙申、廿，5.19；給事中授。	
太常寺	**朱爲弼** 二、己卯、二，3.3；改府丞。	**帥承瀚** （順學）　四、甲午、十八，5.17；少詹授。	
光祿寺	（丁）**寬明** 二、庚辰、三，3.4；太僕互調。	（滿）**寶善** 二、庚辰；太僕改。	
光祿寺	**郭尚先** 二、己亥； 改大理。	**潘錫恩** 二、己亥；前副總河授。 △改府丞。	**許邦光** 七、庚午、廿六，8.21； 理少授。 △憂免。	**程德楷** 閏九、甲申、十一，11.3； 通副遷。 十二、丙寅、廿四，2.13；病免。
太僕寺	（滿）**寶善** 二、庚辰；光祿互調。	（丁）**寬明** 二、庚辰；光祿改。	
太僕寺	**梁中靖**		
順天府尹	**徐　鏽**		
奉天府尹	（滿）**烏爾恭額**		
宗人府丞	**沈維鐈** 正、乙丑、十七，2.18；改左副。	**朱爲弼** 二、己卯；太常改。 四、甲午；改左副。	**潘錫恩** △光祿改。

<table>
<tr><td colspan="2" align="center">道光十三年　癸巳(1833)</td></tr>
<tr>
<td>(宗室)奕澤
　　五、癸巳、廿三，7.10；改左副。</td>
<td>(滿)寶善
　　六、辛酉、廿二，8.7；光祿改。</td>
</tr>
<tr>
<td>龔守正
　　二、癸亥、廿二，4.11；署左副。
　　四、己巳、廿九，6.16；改左副。</td>
<td>帥承瀚
　　(順學)　五、己亥、廿九，7.16；太常改。</td>
</tr>
<tr>
<td colspan="2">(滿)容照</td>
</tr>
<tr>
<td>徐　鑛
　　正、己亥、廿七，3.18；順尹授。
　　九、壬亥、廿五，11.6；改晉布。
　　十、戊午、廿一，12.2；太常李振祜兼署。</td>
<td>白　鎔
　　十、乙丑、廿八，12.9；工尚降。</td>
</tr>
<tr>
<td colspan="2">(?)隆勛</td>
</tr>
<tr>
<td>帥承瀚
　　(順學)　五、己亥；改通政。</td>
<td>卓秉恬
　　七、丙子、八，8.22；理少遷。
　　九、甲申、十七，10.29；改府丞。</td>
<td>李振祜
　　十、庚戌、十三，11.24；光祿改。
　　十、戊午；兼署大理。</td>
</tr>
<tr>
<td>(滿)寶善
　　六、辛酉；改通政。</td>
<td colspan="2">(?)元祿
　　九、甲申；通副遷。</td>
</tr>
<tr>
<td>祁寯藻
　　二、癸卯、二，3.22；光少遷。
　　四、壬戌、廿二，6.9；遷閣學。</td>
<td>李振祜
　　五、辛卯、廿一，7.8；
　通副遷。
　　十、庚戌；改太常。</td>
<td>史　醰
　　十一、丙戌、廿，12.30；
　黔撫授。
　　十二、乙巳、九，1.18；改詹事。</td>
<td>徐　炘
　　十二、乙卯、十九，
　1.28；常少遷。</td>
</tr>
<tr>
<td colspan="4">(?)寬明</td>
</tr>
<tr>
<td>梁中靖</td>
<td>卓秉恬
　　三、甲午、廿三，5.12；理少遷。
　　七、丙子；改太常。</td>
<td>龔鏜
　　九、甲申；奉丞授，卸順學。</td>
</tr>
<tr>
<td>徐　鑛
　　正、己亥；改大理。</td>
<td>吳　傑
　　二、壬寅、一，3.21；黔按授。</td>
</tr>
<tr>
<td>(滿)烏爾恭額
　　十一、丙戌；遷盛工。</td>
<td>(滿)圖明額
　　十一、丙戌；滇按授。</td>
</tr>
<tr>
<td>潘錫恩
　　六、己未、廿，8.5；改左副。</td>
<td>卓秉恬
　　九、甲申；太常授。</td>
</tr>
</table>

京卿年表

年代	道光十四年　甲午(1834)		
通政使司	(滿)寶善 二、辛亥、十六,3.25; 改左副。	(宗室)受慶 二、辛亥;詹事授。 九、甲戌、十二,10.14;改左副。	(?)溥治 十二、壬寅、十二,1.10;太僕改。
	帥承瀚 八、甲午、二,9.4;卸順學。		
大理寺	(滿)容照		
	白鎔		
太常寺	(?)隆勛		
	李振祜		
光禄寺	(?)元禄		
	徐炘 四、甲子、廿九,6.6;疾免。	王瑋慶 五、乙亥、十一,6.17;理少遷。	
太僕寺	(?)寬明 正、壬辰、廿六,3.6;老休。	(?)溥治 四、己酉、十四,5.22;理少遷。 十二、壬寅;改通政。	
	龔鏜 二、乙卯、廿,3.29;遷閣學。	吳孝銘 三、癸未、十八,4.26;順丞授。 五、丁未、十三,7.19;贛鄉正考。 八、甲午;閩學。	
順天府尹	吳傑 十二、庚子、十,1.8;遷閣學。	牛鑑 十二、庚子;魯按授。	
奉天府尹	(滿)圖明額		
宗人府丞	卓秉恬 十二、壬寅;遷閣學。		

道光十五年　乙未(1835)

(？)溥治	(宗室)功普	(滿)麟魁
閏六、甲申、廿六，8.20；改左副。	七、丙午、十九，9.11；詹事授。十、癸亥、八，11.27；改左副。	十二、癸亥、九，1.26；詹事授。

帥承瀚

(滿)容照
△七月，改左副。

白　鎔

(？)隆勛

李振祜	吳孝銘
二、庚子、十一，3.9；署順尹。二、癸丑、廿四，3.22；改府丞。	四、己酉、廿，5.17；太僕(閩學)遷。

(？)元禄

王璋慶

(滿)穆彰阿	(滿)關聖保
二、癸丑；通副遷。	十、辛巳、廿六，12.15；理少遷。

吳孝銘	(漢)桂　齡
(閩學) 四、己酉；改太常。	六、乙未、七，7.2；候三京授。

牛　鑑	蔡世松		田嵩年
二、己亥、十，3.8；改陝布。	二、己亥；皖桂授。九、庚戌、廿四，11.14；降二調。	二、庚子；太常李振祜署。九、庚戌；府丞李振祜署。	九、辛亥、廿五，11.15；奉丞遷。

(滿)圖明阿

李振祜
二、癸丑；太常改。九、庚戌；署順尹。

京卿年表

年代	道光十六年　丙申(1836)		
通政使司	(滿)麟魁 二、丙辰、三,3.19;改左副。	(？)隆勛 二、戊寅、廿五,4.10;太常改。	
	帥承瀚		
大理寺	三、戊申、廿五,5.10;祭酒善燾署。	(滿)琦琛 四、丁卯、十五,5.29;詹事授。 十、丁卯、十七,11.25;改左副。	(宗室)德誠 十二、甲寅、五,1.11; 詹事授。
	白鏕		
太常寺	(？)隆勛 二、戊寅;改通政。	(？)常豐 五、乙未、十三,6.26; 前和闐辦事授。	(？)元禄 八、癸丑、二,9.12;光禄改。
	吳孝銘 (閩學)　十、癸亥、十三,11.21;改府丞。	趙盛奎 十二、甲寅;候三京授。	
光禄寺	(？)元禄 八、癸丑;改太常。	(？)善燾 九、丁亥、七,10.16;祭酒授。	
	王瑋慶		
太僕寺	(滿)關聖保 八、丙辰、五,9.15;改駐藏。	(宗室)成剛 九、丁亥;通副遷。	
	(漢)桂齡		
順天府尹	田嵩年	曾望顏 正、庚子、十六,3.3;常少遷。	
奉天府尹	(滿)圖明額 十二、癸酉、廿四,1.30;改晉按。	(？)慶林 十二、癸酉;晉按授。	
宗人府丞	李振祜 九、戊申、廿八,11.6;改左副。	吳孝銘 十、癸亥;太常(閩學)授。	

道光十七年　丁酉(1837)	道光十八年　戊戌(1838)
(?)隆勛	(?)隆勛
帥承瀚	帥承瀚
(宗室)德誠　　　　(宗室)成剛 四、戊辰、廿一,5.25;　　五、甲午、十八,6.20; 改左副。　　　　　太僕改。	(宗室)成剛　　　　(宗室)鄂爾端 九、戊午、廿,11.6;　　十二、戊寅、十一,1.25; 改左副。　　　　　詹事授。
白　鎔	白　鎔
(?)元祿	(?)元祿
趙盛奎	趙盛奎　　　　　祝慶蕃 七、壬戌、廿三,9.11;　　九、戊午;光祿改。 改倉侍。
(?)善燾　　　　(?)續齡 四、戊辰;改左副。　　九、丁丑、二,10.1; 　　　　　　閱讀學遷。	(?)續齡
王瑋慶 八、辛酉、十六,9.15;省假,太僕桂齡兼署。 十二、庚申、十七,1.12;改左副。	祝慶蕃　　　　　趙　光 二、丙辰、十四,3.9;　　十二、戊寅;理少遷。 閱讀學遷。 九、戊午;改太常。
(宗室)成剛　　　　(滿)琦琛 五、甲午;改大理。　　五、甲辰、廿八,6.30; 　　　　　　候三京授。 　　　　　　十二、庚申;改左副。	(滿)斌良 △任。
(漢)桂　齡　　　　徐　鏞 八、辛酉;兼署光祿。　十一、甲午、廿, 　　　　　　12.17;通副遷。	徐　鏞
曾望顏	曾望顏
(?)慶林	(?)慶林
吳孝銘 八、丁未、二,9.1;卸閩學。	吳孝銘

京卿年表

年代	道光十九年　己亥(1839)		
通政使司	(?)隆勛		
	帥承瀚 四、庚寅、廿五,6.6;改左副。	黄爵滋 五、丁未、十三,6.23;理少遷。 六、甲申、廿,7.30;江鄉正考。 九、戊申、十六,10.22;遷禮右。	
大理寺	(宗室)鄂爾端 三、丁巳、廿一,5.4;改左副。	(滿)全慶 四、甲戌、九,5.21;詹事授。 △降調。	(?)續齡 七、辛酉;廿八,9.5;光禄改。
	白鎔 十二、己巳、七,1.11;病免。	魏元烺 十二、乙亥、十三,1.17;前閩撫授。	
太常寺	(?)元禄		
	祝慶蕃 (△十二月,降常少。)	趙光 十二、壬申、十,1.14;光禄改。	
光禄寺	(?)續齡 七、辛酉;改大理。	(蒙)廣林 十、丙子、十四,11.19;少詹授。	
	趙光 十二、壬申;改太常。		
太僕寺	(滿)斌良		
	徐鏞		
順天府尹	曾望顔		
奉天府尹	(?)慶林 八、辛卯、廿八,10.5;病免。	(?)呈麟 八、辛卯;永寧道授。	
宗人府丞	吳孝銘		

道光二十年　庚子(1840)

(?)隆勛	(滿)懿成
七、庚寅、二,7.30；改左副。	八、己未、二,8.28；詹事授。 十二、乙酉、廿九,1.21；署理右。

趙　光	陳官俊
三、庚子、十,4.11；太常改。 三、己酉、十九,4.20；改大理。	四、丙寅、六,5.7；已革工尚授。

(?)績齡	(?)連賚
四、壬申、十二,5.13；改左副。	五、乙未、六,6.5；候三京授。

魏元烺	趙　光
二、己巳、八,3.11；遷兵右。	三、己酉；通政改。 六、戊辰、十,7.8；贛鄉正考。

(?)元祿	

趙　光	唐　鑑
正、戊午、廿七,2.29；知貢舉。 三、庚子；改通政。	四、丁卯、七,5.8；寧布授。

(蒙)廣林	

劉重麟	
三、己酉；通副遷。	

(滿)斌良	

周之琦	王惟誠
八、壬午、廿五,9.20；服闋鄂撫授。 十一、乙卯、廿九,12.22；遷刑右。	十二、己巳、十三,1.5；桂布授。

曾望顔	徐廣縉
十二、甲申、廿八,1.20；改閩布。	十二、乙酉、廿九,1.21；閩按授。

(?)呈麟	

吳孝銘	何汝霖(軍、學)
二、己巳；老休。	三、己酉；理少遷。

京卿年表

年代	道光二一年　辛丑(1841)		
通政使司	(滿)**慧成** （署理右）正、己酉、廿三、2.14；知貢舉。四、甲辰、廿、6.9；殿試讀卷。　七、丙辰、四、8.20；南河辦工。八、甲申、三、9.17；遷兵右。		(滿)**惠豐** 十、丁酉、十七、11.29；理少遷。
	陳官俊		
大理寺	(？)**連貴** 閏三、乙丑、十一、5.1；改太常。		(蒙)**博迪蘇** 四、甲午、十、5.30；詹事授。
	趙光		
太常寺	(？)**元禄**	(？)**連貴** 閏三、乙丑；大理改。十、丁酉；遷閣學。	(？)**廣昌** 十二、庚寅、十一、1.21；常少遷。
	唐鑑		
光禄寺	(蒙)**廣林**		
	劉重麟		
太僕寺	(滿)**斌良**		
	王惟誠		
順天府尹	**徐廣縉** 十二、乙巳、廿六、2.5；改川布。		**李僡** 十二、乙巳；直按授。
奉天府尹	(？)**呈麟**		
宗人府丞	**何汝霖**(軍、學) 十二、己丑、十、1.20；改左副。		

道光二二年　壬寅(1842)		
(滿)**惠豐** 正、戊寅、廿九,3.10;改盛刑。	(宗室)**訥勒亨額** 二、乙未、十六,3.27;詹事授。 十一、丁未、三,12.4;改駐藏幫辦。	(滿)**斌良** 十二、乙酉、十一,1.11;太僕改。
陳官俊 正、丙寅、十七,2.26;改戶右。	**曹恩澍** 二、乙未;通副遷。	
(蒙)**博迪蘇**		
趙　光 八、辛巳、五,9.9;改左副。	**陳孚恩** 十、甲午、十九,11.21;太僕改。	
(?)**廣昌**		
唐　鑑		
(蒙)**廣林**		
劉重麟 二、乙未;改府丞。	**湯金釗** 五、丙辰、八,6.16;已降吏尚授。 五、丁巳、九,6.17;老休。	**楊慶琛** 五、丁丑、廿九,7.7;魯布授。
(滿)**斌良** 十二、乙酉;改通政。		
王惟誠 三、乙亥、廿六,5.6;乞養。	**陳孚恩** 四、辛卯、十四,5.22;通副遷。 十、甲午;改大理。	**孫瑞珍** 十二、乙酉;翰讀學遷。
李　億		
(?)**呈麟** 五、甲子、十六,6.24;病免。	(滿)**廣福** 五、甲子;閱讀學授。 十二、乙酉;遷閱學。	(滿)**吉年** 十二、乙酉;寧夏道授。
劉重麟 二、乙未;光祿改。 十一、丙寅、廿二,12.23;改左副。	**劉誼** 十二、戊寅、四,1.4;通副授。	

京卿年表

年代	道光二三年　癸卯(1843)		
通政使司	(滿)斌良 七、戊午、十七,8.12;改左副。	(蒙)花沙納 九、乙未、廿六,11.17;祭酒授。 十一、庚辰、十二,1.1;改左副。	(宗室)和淳 十一、甲午、廿六,1.15; 太僕改。
	曹恩濚		
大理寺	(蒙)博迪蘇 六、壬午、十,7.7;閩鄉正考。 七、戊午;改左副。	(滿)福濟 九、乙未;少詹授。	
	陳孚恩		
太常寺	(?)廣昌		
	唐　鑑		
光禄寺	(蒙)廣林 閏七、癸未、十三,9.6;改左副。	(?)景亮 閏七、己亥、廿九,9.22;通副遷。	
	楊慶琛 正、己巳、廿六,2.24;休。	張秉德 二、丁亥、十四,3.14;通副遷。 △三月,革。	李　菡 四、庚寅、十七,5.16; 少詹授。
太僕寺	(滿)齡鑑 正、乙卯、十二,2.10;理少遷。 七、戊午;遷閣學。	(宗室)和淳 九、乙未;翰讀學授。 十一、甲午;改通政。	
	孫瑞珍 正、庚戌、七,2.5;贛學。 四、丁酉、廿四,5.23;遷閣學。	邢福山	
順天府尹	李　僡		
奉天府尹	(滿)吉年		
宗人府丞	劉　誼		

道光二四年　甲辰(1844)	
(宗室)**和淳** 　九、庚寅、廿六，11.6；改左副。	(宗室)**靈桂** 　十二、己亥、七，1.14；光禄改。
曹恩浹	**李菡** 　四、庚申、廿四，6.9；光禄改。
(滿)**福濟** 　五、丙戌、廿，7.5；改左副。	(蒙)**倭仁** 　八、己未、廿五，10.6；詹事授。
陳孚恩 　二、丁巳、廿，4.7；改左副。	**邢福山** 　三、庚辰、十三，4.30；太僕改。
(?)**廣昌** 　十二、己亥；改左副。	(?)**慶祺** 　十二、戊申、十六，1.23；太僕改。
唐鑑	

(?)**景亮** 　二、丁巳； 遷閣學。	(蒙)**瑞常** 　三、壬午、十五，5.2；少詹授。 　五、丙子、十，6.25；閩鄉正考。 　五、丙戌、廿，7.5；遷閣學。	(宗室)**靈桂** 　六、辛亥、十六，7.30； 閱讀學授。 　十二、己亥；改通政。	(?)**阿彦達** 　十二、己亥；翰講 學授。
李菡 　四、庚申；改通政。		**程庭桂** 　五、辛巳、十五，6.30；僕少遷。	
(?)**慶祺** 　十二、戊申；改太常。			
邢福山 　三、庚辰；改大理。		**黄琮** 　四、癸丑、十七，6.2；通副遷。	
李傮			
(滿)**吉年**			
劉誼			

京卿年表

年代	道光二五年　乙巳(1845)		
通政使司	(宗室)靈桂		
	李菡 五、壬戌、二,6.6;改左副。		程庭桂 六、乙巳、十五,7.19;光禄改。
大理寺	(蒙)倭仁		
	邢福山		
太常寺	(?)慶祺 十、丙辰、廿八,11.27;改左副。		(滿)桂德 十一、己巳、十二,12.10;鴻臚改。
	唐鑑 十一、己巳;病免。		何桂清 十二、辛卯、四,1.1;光禄改。
光禄寺	(?)阿彥達		
	程庭桂 六、乙巳;改通政。	何桂清 九、壬午、廿四,10.24;僕少遷。 十二、辛卯;改太常。	戴熙 (粵學)　十二、甲辰、十七, 1.14;翰講學授。
太僕寺	(?)蘇都禮 三、甲子、三,4.9;吏給遷。		
	黃琮 正、庚辰、十八,2.24;知貢舉。 六、丙辰、廿六,7.30;改詹事。		羅惇衍 九、壬午;通副遷。
順天府尹	李僡		
奉天府尹	(滿)吉年		
宗人府丞	劉誼		彭蘊章 三、甲子;通副授。

道光二六年　丙午(1846)

(宗室)**靈桂**	(滿)**桂德**
六、甲子、十一,8.2;改左副。	七、丁酉、十四,9.4;太常改。

程庭桂

(蒙)**倭仁**

邢福山
　十、丁丑、廿五,12.13;署府丞。

(滿)**桂德**	(蒙)**熙成**
七、丁酉;改通政。	十、壬申、廿,12.8;鴻臚改。

何桂清
　八、丙辰、四,9.23;魯學。

(?)**阿彥達**

戴　熙	**汪本銓**	**黄贊湯**
二、甲辰、十八,3.15;遷閣學。	三、辛酉、六,4.1;順承遷。	十二、辛酉、十,1.26;通副遷。
(粤學)	六、癸亥、十,8.1;贛鄉正考。	
	十、戊寅;改順尹。	

(?)**蘇都禮**

羅惇衍
　八、丙辰;皖學。

李　傅	**李廷槃**	**汪本銓**
九、戊申、廿六,11.14;遷蘇布。	九、戊申;霸昌道授。	十、戊寅;光禄改。
	十、戊寅;回原任。	

(滿)**吉年**	(滿)**文俊**
十、丁巳、五,11.23;病免。	十、丁巳;直按授。

彭蘊章
　八、丙辰;閩學。　　　　　十、丁丑;大理邢福山署。
　十二、乙丑、十四,1.30;遷左副。

京卿年表

年代	道光二七年　丁未(1847)			
通政使司	(滿)**桂德** 　五、庚辰、二,6.14；改左副。		(?)**恒轍** 　五、甲辰、廿六,7.8；太常改。	
	程庭桂			
大理寺	(蒙)**倭仁**			
	邢福山			
太常寺	(蒙)**熙成** 　二、癸亥、十三, 　3.29；遷閣學。	(?)**恒轍** 　四、庚申、十二,5.25； 鴻臚改。 　五、甲辰；改通政。	(?)**慶昀** 　八、甲戌、廿八,10.6；通副遷。 　十一、辛巳、五,12.12；改哈 密辦事。	(?)**書元** 　十二、甲寅、九, 1.14；鴻臚改。
	何桂淸 　(魯學)　五、丁未、廿九,7.11；遷閣學。		**邵燦** 　六、戊辰、廿一,8.1；光祿改。	
光祿寺	(?)**阿彥達** 　十一、辛巳；改古城領隊。		(滿)**宵麐** 　十二、甲寅；祭酒授。	
	黃贊湯 　正、己酉、廿九,3.15；改府丞。	**邵燦** 　四、庚申；鴻臚改。 　六、戊辰；改太常。	**許乃普** 　八、甲戌；常少遷。	
太僕寺	(?)**蘇都禮**			
	羅惇衍 　(皖學)			
順天府尹	**汪本銓**			
奉天府尹	(滿)**文俊**			
宗人丞府	**黃贊湯** 　正、己酉；光祿改。			

道光二八年　戊申(1848)

(?)**恒毓** 　二、戊辰、廿四,3.28；改左副。	(滿)**文瑞** 　四、乙丑、廿二,5.24；祭酒授。
程庭桂	
(蒙)**倭仁**	
邢福山 　七、丁酉、廿六,8.24；乞養。	**邵　燦** 　十、辛酉、廿一,11.16；太常改。
(?)**壽元**	
邵　燦 　十、辛酉；改大理。	**溫葆淳** 　十二、辛亥、十一,1.5；少詹遷。
(滿)**青麐** 　二、己酉、五,3.9；蘇學。	
許乃普	
(?)**蘇都禮**	
羅惇衍 　(皖學)	
汪本銓 　十二、辛亥；改府丞。	**陸應毅** 　十二、辛亥；冀寧道遷。
十二、乙卯、十五,1.9； 　左副黃贊湯署。	
(滿)**文俊**	
黃贊湯 　十、辛酉；改左副。	**汪本銓** 　十二、辛亥；順尹授。 　十二、乙卯；署浙布。

京卿年表

年代	道光二九年　己酉(1849)	
通政使司	(滿)**文瑞** 十、戊辰、四，11.18；改左副。	(蒙)**赫特賀** 十、丁亥、廿三，12.7；詹事授。
	程庭桂 五、辛酉、廿五，7.14；署魯按。 八、丙寅、一，9.17；順學。 八、辛巳、十六，10.2；改左副。	**羅惇衍** 九、乙巳、十一，10.26；太僕改。
大理寺	(蒙)**倭仁**	
	邵　燦	
太常寺	(?)**晉元** 二、丙辰、十七，3.11； 改左副。　　(滿)**青麐** 三、癸未、十五，4.7；光祿(蘇學)改。 五、癸丑、十七，7.6；遷閣學。	(?)**常志** 六、壬申、六，7.25；常少遷。
	溫葆淳 五、乙丑、廿九，7.18；改府丞。	**陶　樑** 六、己丑、廿三，8.11；贑布授。
光祿寺	(滿)**青麐** (蘇學)　三、癸未；改太常。	(蒙)**富呢雅杭阿** 五、癸丑；翰讀學遷。
	許乃普	
太僕寺	(?)**蘇都禮**	(?)**法福禮** 閏四、乙亥、八，5.29；通副遷。
	羅惇衍 八、丙寅；卸皖學。 九、乙巳；改通政。	**龔文齡** 十、乙酉、廿一，12.5；理少遷。
順天府尹	**陸應毅**	
奉天府尹	(滿)**文俊**	
宗人府丞	**汪本銓** 五、丙午、十，6.29；授浙布。	**溫葆淳** 五、乙丑；太常授。

道光三十年　庚戌(1850)

(蒙)**赫特賀**

羅惇衍

(蒙)**倭仁**
　　十一、戊戌、十,12.13；改葉爾羌幫辦。

(蒙)**愛仁**
　　十二、庚申、三,1.4；翰講學遷。

邵　燦
　　正、癸亥、卅,3.13；知貢舉。
　　八、癸未、廿四,9.29；遷閣學。

萬貢珍
　　八、癸未；湘布授。

(?)**常志**

陶　樑

(蒙)**富呢雅杭阿**

許乃普

(?)**法福禮**
　　五、癸丑、廿二,7.1；遷閣學。

(?)**托倫布**
　　六、丙子、十六,7.24；通副遷。
　　十二、庚申；遷閣學。

(?)**八十二**
　　十二、丙子、十九,1.20；閣讀學遷。

龔文齡

陸應穀
　　十二、辛未、十四,1.15；改贛撫。

挪鳴鶴
　　十二、辛未；江南糧道遷。

(滿)**文俊**

溫葆淳

京卿年表

年代	咸豐元年　辛亥(1851)		
通政使司	(蒙)赫特賀		
	羅惇衍 五、丙申、十，6.9；闈鄉正考。		
大理寺	(蒙)愛仁		
	萬貢珍 △革。	龔文齡 十、乙未、十三，12.5；太僕改。 十二、戊子、七，1.27；兼署順尹。	
太常寺	(？)常志		
	陶樑		
光禄寺	(蒙)富呢雅杭阿 十一、癸丑、二，12.23；改盛京副都。	(滿)勝保 十二、戊子；祭酒授。	
	許乃普		
太僕寺	(？)八十二		
	龔文齡 十、乙未；改大理。	廖鴻荃	
順天府尹	鄒鳴鶴 三、癸丑、廿六，4.27；改桂撫。	宗元醇 三、癸丑；高廉道授。 五、乙巳、十九，6.18；留桂。	三、癸丑；詹事王慶雲署： 五、乙巳；還戶左，仍署。 十二、戊子；大理龔文齡兼署。
奉天府尹	(滿)文俊		
宗人府丞	溫葆淳		

咸豐二年　壬子(1852)

（蒙）**赫特賀**　　　　　　　　　　（宗室）**文彩**
　　十二、己丑、十四,1.22;改庫車辦事。

羅惇衍　　　　　　　　　　　**李道生**
　　正、甲戌、廿三,3.13;知貢舉。　　　十二、丁亥、十二,1.20;閣讀學遷。
　　八、甲申、六,9.19;署吏右。
　　十一、辛未、廿五,1.4;改左副。

（蒙）**愛仁**　　　　　　　　　　（?）**文清**
　　七、乙亥、廿七,9.10;遷吏右。　　　九、辛亥、四,10.16;閣讀學遷。
　　　　　　　　　　　　　　　　　十二、壬辰、十七,1.25;遷閣學。

龔文齡
　　八、甲申;順學。

（?）**常志**　　　　　　　　　　（蒙）**恒福**
　　三、甲戌、廿四,5.12;遷閣學。　　　四、戊戌、十八,6.5;湘布授。
　　　　　　　　　　　　　　　　　十二、庚子、廿五,2.2;赴豫軍營。

陶　樑　　　　　　　　　　　**廖鴻荃**
　　八、己卯、一,9.14;遷閣學。　　　九、辛亥;太僕改。
　　　　　　　　　　　　　　　　　十二、庚子;休。

（滿）**勝保**　　　（滿）**穆蔭**(軍、學)　　（宗室）**戴齡**
　　二、丙申、十五,4.4;遷閣學。　二、戊戌、十七,4.6;祭酒授。　九、庚申、十三,10.25;降調閣
　　　　　　　　　△八月,遷閣學。　　　　　　學授。

許乃普　　　　　　**潘曾瑩**　　　　　　**馮培元**
　　五、壬中、廿二,7.9;遷閣學。　六、壬午、三,7.19;翰讀學遷。　十二、戊子、十三,1.21;翰講學
　　　　　　　　　十一、辛未;遷閣學。　　　（鄂學）遷。

（?）**八十二**

廖鴻荃　　　　　　　　　　　**李維翰**
　　九、辛亥;改太常。　　　　　　　十一、辛未;閣讀學遷。

宗元醇
　　五、丙寅、十六,7.3;召京。

（滿）**文俊**　　　（滿）**福濟**　　　　（?）**書元**
　　十、丁亥、十,11.21;召京。　十、丁亥;魯按授。　　　十二、辛巳;降調刑左授。
　　　　　　　　　十二、辛巳、六,1.14;改東河。

溫葆淳

京卿年表

年代	咸豐三年　癸丑(1853)			
通政使司	(宗室)**文彩** 十二、丙子、六,1.4;改左副。	(滿)**崇實** 十二、丁丑、七,1.5;翰講學遷。		
	李道生 十二、丙申、廿六,1.24;署刑右。			
大理寺	(滿)**恒春** 正、壬申、廿七,3.6;奉尹授。 四、丙申、廿二,5.29;遷盛工。	(蒙)**恒福** 五、丁卯、廿三,6.29;太常改。 △十月,革,仍留營。	(滿)**毓檢** 十二、乙酉、十五,1.13;詹事授。	
	龔文齡 (順學)　十二、乙酉;改左副。			
太常寺	(蒙)**恒福** 五、丁卯;改大理。	(?)**富廉** 六、丁酉、廿四,7.29;閣讀學遷。		
	龍元僖 二、壬辰、十七,3.26;祭酒授。 三、乙卯、十一,4.18;乞養。	**李　鈞** 四、壬辰、十八,5.25;遷閣學。	**王履謙** 六、戊寅、五,7.10;少詹遷。	
光禄寺	(宗室)**戴齡** 三、甲戌、卅,5.7;改左副。	(?)**富興阿** 五、丙午、二,6.8;福建道授。 十一、辛亥、十,12.10;改左副。	(?)**麟桂** 十二、乙酉;浙布授。 十二、壬辰、廿二,1.20;署浙布。	
	馮培元 (鄂學)　正、乙亥、卅,3.9;死(文介)。	**宋　晉** 三、乙巳;翰講學遷。 十一、乙卯、廿六,12.26;署禮左。		
太僕寺	(?)**八十二**			
	李維翰 三、己巳、廿五,5.2;改府丞。	**王茂蔭** 六、甲戌、一,7.6;常少遷。 十一、癸卯、二,12.2;遷戶左。	**齊承彦** 十二、乙酉;鴻臚改。	
順天府尹	**宗元醇** 十二、丙申;革。	**楊　霈** 十二、丙申;直布以二品授。		
奉天府尹	(?)**著元** 正、丙寅、廿一, 2.28;改盛刑。	(滿)**恒春** 正、丙寅;降調刑尚授。 正、壬申;改大理。	(滿)**長臻** 正、壬申;陝按授。 五、戊午、十四,6.20; 改東河。	(滿)**文蔚** 五、戊午;駐藏授。
宗人府丞	**溫葆淳**	**李維翰** 三、己巳;太僕授。 四、壬午、八,5.15;署兵右。 七、丙午、三,8.7;遷禮左。	**梁　瀚** 九、丙寅、廿四,10.26;閣讀 學遷。	

咸豐四年　甲寅(1854)

(滿)崇實	(?)雙福
二、甲午、廿五, 3.23; 遷閣學。	五、庚戌、十二, 6.7; 閣讀學遷。
李道生	李清鳳
九、乙未、廿九, 11.19; 遷禮右。	十二、己酉、十五, 2.1; 閣讀學遷。
(滿)毓檢	(?)聯奎
九、乙酉、十九, 11.9; 改駐藏幫辦。	十二、己酉; 理少遷。
李聯琇	
二、癸未、十四, 3.12; 翰讀學(闈學)遷。	
(?)富廉	
王履謙	吳鼎昌
四、辛巳、十三, 5.9; 改左副。	四、辛巳; 桂布授。
(?)麟桂	(宗室)錫齡
正、壬子、十二, 2.9; 署浙布改蘇布。	三、丁巳、十八, 4.15; 降調工右授。
宋晉	
(?)八十二	

齊承彥	吳若準	張錫庚
二、癸未; 改左副。	(敬學)　五、庚戌; 閣讀學遷。	十、丁未、十二, 12.1; 順丞授。
楊霈	譚廷襄	
六、癸未、十六, 7.10; 遷鄂撫。	六、癸未; 魯按授。	
(滿)文蔚	•	
梁瀚		

京卿年表

年代	咸 豐 五 年　乙卯(1855)		
通政使司	(?)**雙福** 三、丙子、十四,4.29; 改左副。	(蒙)**奎章** 五、乙亥、十四,6.27;詹事(蘇學)授。 八、壬辰、二,9.12;仍差蘇學。 十一、壬申、十三,12.21;病免。	(滿)**訥爾濟** 十二、壬寅、十三,1.20; 光禄改。
通政使司	**李清鳳** 五、乙亥;改左副。	**殷正基** 七、丁亥、廿六,9.7;通副遷。	
大理寺	(?)**聯奎** 八、甲午、四,9.14;改左副。	(宗室)**和潤** 九、丁丑、十七,10.27;理少遷。	
大理寺	**李聯琇** 十一、壬申;蘇學。		
太常寺	(?)**富廉**		
太常寺	**吳鼎昌** △十一月,病免。	**周玉麒** 十一、辛巳、廿二,12.30;光禄改。 十二、丁酉、八,1.15;浙學。	
光禄寺	(宗室)**錫齡** 八、甲午;改盛工。	(滿)**訥爾濟** 十、甲午、四,11.13;翰讀學遷。 十二、壬寅;改通政。	
光禄寺	**宋晉** 三、丙子;改府丞。	**周玉麒** 五、乙亥;鴻臚改。 六、癸卯、十二,7.25;浙鄉正考。 十一、辛巳;改太常。	**龐鍾璐** 十二、戊申、十九,1.26; 翰讀學遷。
太僕寺	(?)**八十二** 正、庚寅、廿六,3.14;休。	(漢)**基溥** 二、辛酉、廿八,4.14;革刑右授。 三、丙子;改左副。	(宗室)**煜綸** 五、乙亥;翰讀學遷。
太僕寺	**張錫庚** 七、己巳、八,8.20;魯鄉正考。		
順天府尹	**譚廷襄** 五、己丑、廿八,7.11; 遷刑左。	**張起鵷** 五、己丑;天津道遷。 六、壬辰、一,7.14;病免。	**蔣琦淳** 六、壬辰;川鹽茶道遷。
奉天府尹	(滿)**文蔚** △二月,死。	(滿)**景霖** 二、庚戌、十七,4.3;魯運使遷。	
宗人府丞	**梁瀚** △三月,休。	**宋晉** 三、丙子;光禄改。	

咸 豐 六 年　丙辰(1856)

(滿)**訥爾濟**
　　十二、戊子、五,12.31; 改左副。

(?)**孟保**
　　十二、戊子; 大理改。

嚴正基

(宗室)**和潤**
　　三、甲戌、十七,4.21; 署刑右。
　　七、癸亥、八,8.8; 改盛刑。

(?)**孟保**
　　九、戊寅、廿四,10.22; 理少遷。
　　十二、戊子; 改通政。

(?)**富廉**
　　十二、戊子; 太常改。

李聯琇
　　(蘇學)

(?)**富廉**
　　十二、戊子; 改大理。

(?)**怡廉**
　　十二、戊子; 常少遷。

周玉麒
　　(浙學)　二、丁未、十九,3.25; 遷閣學。

厲恩官
　　四、乙巳、十九,5.22; 魯布改。

(蒙)**倭仁**
　　二、丁未; 翰講學遷。
　　八、丙申、十二,9.10; 遷盛禮。

(宗室)**載齡**
　　△八、丙申; 任。

龐鍾璐

(宗室)**煜綸**

張錫庚

蔣琦淳
　　△休。

曾望顏
　　七、戊辰、十三,8.13; 通參遷。
　　十二、己酉、廿六,1.21; 遷陝撫。

黃宗漢
　　十二、己酉; 閣學署刑右署。

(滿)**景霖**

宋　晉
　　十一、丙寅、十二,12.9; 遷閣學。

錢寶青

京卿年表

年代	咸豐七年　丁巳(1857)		
通政使司	(ṭ)孟保 二、戊申、廿六，3.21；遷理右。	(蒙)奎章 四、己酉、廿八，5.21；少詹授。	
	嚴正基 △七月，病免。	黄贊湯 十、甲子、十七，12.2；候侍以二品授。	
大理寺	(ṭ)富廉 四、己酉；改左副。	(ṭ)常鑛 閏五、壬寅、廿二，7.13；候三京授。 六、乙亥、廿六，8.15；改晉布。	(滿)宜崇 八、庚午、廿二，10.9；詹事授。
	李聯琇 (蘇學)		
太常寺	(ṭ)怡廉		
	鷹恩官		
光禄寺	(宗室)載肅		
	龐鐘璐		
太僕寺	(宗室)煜綸		
	張錫庚 四、己酉；改左副。	袁甲三 閏五、壬寅；候三京授。	
順天府尹	黄宗漢 (署刑右署)　十二、庚申、十三，1.27；授粤督。	梁同新 十二、庚申；通副授。	
奉天府尹	(滿)景霖		
宗人府丞	錢寶青		

咸豐八年　戊午(1858)	咸豐九年　己未(1859)
(蒙)奎章 十二、丙午、五，1.8；署刑左。	(蒙)奎章 十、癸亥、廿七，11.21；署刑右。
黃贊湯　　　　梁　瀚 八、甲辰、二，　　十一、庚辰、九，12.13；署吏右。 9.8；遷刑右。　　十二、甲寅、十三，1.16；改左副。	張　芾　　　　　　　朱鳳標 三、壬申、二，4.4；候三京授。　△十一月，理少遷。 十、丙午、十，11.4；改左副。
(滿)宜崇	(滿)宜崇
李聯琇 八、乙巳、三，9.9；卸蘇學。	李聯琇　　　　　　　晏端書 △病免。　　　　　七、丁亥、十九，8.17； 　　　　　　　　　前浙撫授。
(?)怡康　　　(滿)察杭阿 三、丙申、廿，5.3；常少遷。 八、壬申、卅，10.6；遷閣學。	(?)奕慶 三、壬申；常少遷。
厲恩官	厲恩官
(宗室)載齡	(宗室)載齡　　　　　(?)慶明 四、戊午、十八，5.20；　七、丁亥；理少遷。 遷閣學。
龐鍾璐　　　許乃釗 三、丙申；　　六、己巳、廿五，8.4；候三京授。 遷閣學。	許乃釗
(宗室)煜綸	(宗室)煜綸　　　　　(?)聯康 五、己丑、廿，6.20；改左副。　十、丙午、十，11.4； 　　　　　　　　　通副遷。 　　　　　　　　　△十一月，遷左副。
袁甲三	袁甲三　　　　　　　王發桂 四、己未、十九，5.21；　七、丁亥；鴻臚改。 署漕署。
梁同新　吳鼎昌　　董　恂 八、己巳、　十二、己酉、八， 廿七，10.3；　1.11；清河道遷。 病痊太常授。	董　恂
(滿)景霖	(滿)景霖
錢寶青 十二、甲寅，署吏左。	錢寶青 署吏左：三、辛卯、十一，4.23；改署禮左。 五、己丑；改左副。

京卿年表

年代	咸 豐 十 年　庚申(1860)		
通政使司	(蒙)**奎章**		
	朱鳳標 五、甲寅、廿一,7.9;改左副。		**王發桂** 十、戊辰、十三,11.15;知武舉。 十一、壬辰、三,12.14;太僕改。
大理寺	(滿)**宜崇**		
	晏端書 十二、庚申、一,1.11;改左副。		
太常寺	(?)**奕慶**		
	厲恩官 △改府丞。		**鄭敦謹** 十、戊子、廿八,12.10;常少(魯學)遷。
光禄寺	(?)**慶明**	(滿)**勝保** 八、甲子、三,9.17;候三京授。 △十一月,解(候侍)。	(?)**祥泰** 十二、癸酉、十四,1.24;通副遷。
	許乃釗 閏三、庚申、廿六,5.16;候四京授。 七、戊戌、六,8.22;讀學王映斗署。		**雷以鍼** △五月,陝布授。 十二、丙戌、廿七,2.6;署刑右。
太僕寺	(?)**奎昌**		
	王發桂 十一、壬辰;改通政。		**吳存義** 十二、甲子、五,1.15;翰讀學授。
順天府尹	**董　恂**		
奉天府尹	(滿)**景霖**		
宗人府丞	**厲恩官** 十二、丙子、十七,1.27;署兵左。		

咸豐十一年　辛酉(1861)

(蒙)奎章

王發桂	**吳存義**
二、辛巳、廿三,4.2;改左副。	四、甲子、六,5.15;太僕改。 十、辛未、十六,11.18;兼署禮左。

(滿)宣崇	**(滿)崇厚**
	九、癸巳、八,10.11;理少遷。 十二、癸酉、廿,1.19;改左副。

鄭敦謹
△太常改。

(?)奕慶

鄭敦謹	**周起濱**	**左宗棠**
△改大理。	三、戊申、廿,4.29;粵布授。 四、癸酉、十五,5.24;病免。	△五月,候三京授。 十二、丁丑、廿四,1.23;授浙撫。

(?)祥泰

雷以鍼

(?)奎昌

吳存義	**焦佑瀛**(軍、學)	**毛昶熙**	**賀壽慈**
四、甲子; 改通政。	八、庚申、四,9.8;常少遷。 九、乙卯、卅,11.2;罷直。 十、丙辰、一,11.3;革。	十一、甲辰、廿,12.21;順尹授。 十一、壬子、廿八,12.29;遷閣學。	十二、癸酉;常少遷。

董恂	**毛昶熙**	**石贊清**
十、癸亥、八,11.10;遷戶右。	十、甲子、九,11.11;順丞遷。 十一、甲辰;改太僕。	十一、甲辰;天津知府授。

(滿)景霖

鷹恩官
八、己未、三,9.7;閩學。
八、庚申;理少潘祖蔭署。

京卿年表

年代	同 治 元 年　壬戌(1862)		
通政使司	(蒙)奎章 二、己未、六,3.6;候補通政授。 八、丁卯、十七,9.10;改和闐辦事。	(?)鍾佺 九、戊寅、廿九,11.20;理少遷。 十一、丁卯、十九,1.8;改左副。	(?)桂豐 十二、庚寅、十三,1.31;詹事授。
	吳存義 三、庚寅、九,6.5;署刑右。		
大理寺	(?)阿克敦布 二、己未;理少遷。 三、乙未、十三,4.11;改左副。	(滿)全慶 四、甲子、十二,5.10; 降調吏尚授。 閏八、己亥、十九,10.12;遷閣學。	(?)達慶 十、乙未、十六,12.7;通副遷。
	鄭敦謹 正、丁未、廿四,2.22;署戶左。 三、戊子、六,4.4;會試副考。 四、己未、七,5.5;改晉布。	李棠階 五、甲辰、廿三,6.19;前常少授。 六、己巳、十八,7.14;遷禮右。	曹毓瑛(軍) 八、庚午、廿,9.13;理少署府丞授。 十、己丑、十,12.1;入直。
太常寺	(?)奕慶 七、丁亥、六,8.1;改烏什辦事。	(滿)恩承 閏八、己亥;閣讀學遷。	
	許彭壽 二、丁卯、十四,3.14;少詹遷。 九、己卯、卅,11.21;遷閣學。	賀壽慈 十一、癸丑、五,12.25;太僕改。	
光禄寺	(?)祥泰		
	雷以諴 正、己酉、廿六,2.24;休。	潘祖蔭 正、己酉;理少署左副授。 七、己丑、八,8.3;魯鄉正考。	
太僕寺	(?)奎昌		
	賀壽慈 五、戊申、廿七,6.23;粵鄉正考。 十一、癸丑;改太常。	汪元方 十二、癸未、六,1.24;鴻臚改。	
順天府尹	石贊清 正、辛亥、廿八,2.26;署刑右。 九、戊辰、十九,11.10;改直布。	林壽圖 九、戊辰;順丞遷。	
奉天府尹	(滿)景霖 十二、庚寅;改左副。	(?)德椿 十二、辛卯、十四,2.1;通永道遷。	
宗人府丞	廣恩官 (閏學) 理少潘祖蔭署:正、己酉;授光禄。 二、戊午、五,3.5;理少曹毓瑛兼署:八、庚午;授大理。		

同 治 二 年　癸亥(1863)	

| (?)桂豐 | |

| **吳存義**
二、乙酉、九,3.27;遷工右。 | **汪元方**
三、壬申、廿六,5.13;太僕改。 |

| (?)達慶 | |

| **曹毓瑛**(軍)
正、己酉、二,2.19;遷工左。 | **吳廷棟**
正、戊午、十一,2.28;魯按授。
四、壬午、六,5.23;遷刑右。 | **賀壽慈**
五、甲子、十九,7.4;太常改。 |

| (滿)恩承
△四月,遷閣學。 | (?)恒恩
六、壬辰、十七,8.1;閣讀學遷。 |

| **賀壽慈**
五、甲子;改大理。 | **王　拯**
七、乙卯、十一,8.24;閣讀學遷。 |

| (?)祥泰 | |

| **潘祖蔭**
正、己酉;署府丞。 | |

| (?)奎昌 | |

| **汪元方**
三、壬申;改通政。 | **朱　蘭**
五、甲子;候三京授。
六、乙未、廿,8.4;皖學。 |

| **林壽圖**
九、庚午、廿六,11.7;改陝布。 | **卞寶第**
九、庚午;順丞遷。 |

| (?)德椿 | |

| **麐恩官**
正、丙辰、九,2.26;閩學召京。 | **大理曹毓瑛署:正、己酉;授工左。**
光祿潘祖蔭署。 | **溫葆琛**
十二、辛巳、九,1.17;前任授。 |

京卿年表

年代	同 治 三 年　甲子(1864)			
通政使司	(?)桂豐			
	汪元方 正、丁卯、廿五，3.3；改左副。	王　拯 三、戊申、八，4.13；太常改。 四、丙戌、十六，5.21；降三調。	朱夢元 五、戊午、十九，6.22；太常改。 七、癸卯、五，8.6；魯鄉正考。 十、辛巳、十四，11.12；署刑右。	
大理寺	(?)達慶			
	賀壽慈 四、丁亥、十七，5.22；署左副。 八、己卯、十一，9.11；署禮左。 九、丁未、九，10.9；改左副。	胡家玉 △十月，太常改。		
太常寺	(?)恒恩 △八、辛巳、十三，9.13；授左副。		(?)奕慶	
	王　拯 正、丁卯；署左副。 三、戊申；改通政。	朱夢元 五、戊午；改通政。	胡家玉 △七月，光祿改。 △十月，改大理。	鮑源深 十二、甲戌、七，1.4； 理少遷。
光祿寺	(?)祥泰			
	潘祖蔭 三、辛酉、廿一，4.26；改左副。	胡家玉 △四月，通副遷。 五、乙卯、十六，6.19；川鄉正考。 △七月，改太常。	童　華 十二、甲戌；翰讀學遷。	
太僕寺	(?)奎昌			
	朱　蘭 （皖學）二、戊子、十七，3.24；改詹事。	劉　崑 三、己巳、廿九，5.4；鴻少遷。		
順天府尹	卞寶第			
奉天府尹	(?)德椿			
宗人府丞	溫葆琛 七、癸亥、廿五，8.26；署禮右。			

・1302・

同 治 四 年　乙丑(1865)

（?）桂豐

朱夢元

（?）達慶
　　十二、甲辰、十三,1.29;改左副。

胡家玉

（?）奕慶　　　　　　　　　　　　　　（宗室）麟書
　　九、庚寅、廿八,11.16;遷閣學。　　　　十二、乙未、四,1.20;鴻臚改。

鮑源深

（?）祥泰　　　　　　　　　　　　　　（?）興恩
　　十二、乙未;遷閣學。　　　　　　　　十二、庚戌、十九,2.4;翰讀學遷。

童　華

（?）奎昌

劉　崑

卞寶第

（?）德椿　　　　　　　　　　　　　　（?）恩錫
　　八、甲寅、廿二,10.11;解(降三調)。　　八、甲寅;魯按授。

溫葆琛

京卿年表

年代	同 治 五 年　丙寅(1866)		
通政使司	(?)桂豐		
	朱夢元 △省假。		于凌辰 三、戊子、廿九,5.13;理少遷。
大理寺	(滿)繼格 二、壬寅、十二,3.28;詹事授。 十二、乙巳、廿,1.25;改左副。		
	胡家玉 三、丙戌、廿七,5.11;改左副。	鮑源深 (蘇學)　四、己酉、廿一,6.3; 太常改。 八、乙未、九,9.17;改左副。	童　華 九、戊辰、十二,10.20;太常改。
太常寺	(宗室)麟書		
	鮑源深 二、甲寅;蘇學。 四、己酉;改大理。	童　華 六、癸巳、六,7.17;光禄改。 九、戊辰;改大理。	石贊清 十、丙午、廿一,11.27;湘布授。
光禄寺	(?)興恩		
	童　華 六、癸巳;改太常。	胡瑞瀾 七、甲戌、十八,8.27;翰讀學遷。	
太僕寺	(?)奎昌 五、甲戌、十六,6.28;署科布多參贊。	(?)祥符	
	劉　崑 四、己酉;遷閣學。	徐繼畬(總) 六、癸巳;候三京授。	
順天府尹	卞寶第 八、壬寅、十六,9.24;改豫布。 閣學劉崑署。	胡肇智 八、壬寅;陝按改。	
奉天府尹	(?)恩錫		
宗人府丞	溫葆琛		

同 治 六 年　丁卯(1867)

(?)桂豐		
于凌辰		
(?)興恩 二、己亥、十五,3.20;光禄改。		
童　華 八、乙巳、廿五,9.22;蘇學。		
(宗室)麟書 二、己亥;遷閣學。	(?)慶陞 四、丁亥、四,5.7;常少遷。	
石贊清 十一、丙寅、十七,12.12;改府丞。	鄭錫瀛 十二、丙申、十七,1.11;太僕改。	
(?)興恩 二、己亥;改大理。	(?)阿昌阿 四、丁亥、四,5.7;閣讀學遷。	
胡瑞瀾 八、乙巳;粤學。		
(?)祥符 正、辛巳、廿六,3.2;休。	(?)柏壽 三、戊辰、十四,4.18;通副遷。	
徐繼畬(總) 正、丙子、廿一,2.25;解, 管理同文館。	鄭錫瀛 三、庚申、六,4.10;理少遷。 十二、丙申;改太常。	
胡肇智 三、戊午、四,4.8;改府丞。	王榕吉 十、甲午、十五,11.10;前晉布授。	
(?)恩錫		
溫葆琛 二、戊子、四,3.9;改左副。	胡肇智 三、戊午;順尹授。 十、癸巳、十四,11.9;遷吏右。	石贊清 十一、丙寅;太常改。

京卿年表

年代	同 治 七 年　戊辰(1868)			
通政使司	(?)桂豐 于凌辰			
大理寺	(?)興恩 童　華 （蘇學）八、丁卯、廿三，10.8； 改左副。	胡瑞瀾 十、己未、十六，11.29；光禄 （粤學）改。 十二、丙辰、十三，1.25；改府丞。	倪　杰 十二、丙辰；府丞改。	
太常寺	(?)慶陞 鄭錫瀛 △七月，改府丞。	彭久餘 九、壬寅、廿八，11.12，候三京授。		
光禄寺	(?)阿昌阿 胡瑞瀾 （粤學）十、己未；改大理。	朱學勤 十一、乙未、廿二，1.4，閲讀學遷。		
太僕寺	(?)柏壽 倪　杰 二、戊申、卅，3.23；前任授。 十、辛未、廿八，12.11；改府丞。	(?)載慶 十一、乙未；通副改。 王映斗 十二、甲寅、十一，1.23；理少遷。		
順天府尹	王榕吉 正、甲子、十五，2.8，吏右胡肇智兼署。			
奉天府尹	(?)恩錫			
宗人府丞	石贊清 六、癸丑、七， 7.26；改左副。	鄭錫瀛 △七月，太常改。 九、辛巳、七，10.22；改左副。	倪　杰 十、辛未；太僕改。 十二、丙辰；改大理。	胡瑞瀾 十二、丙辰；大理 （粤學）改。

同 治 八 年　己巳(1869)		
(?)桂豐		
于凌辰 八、甲子、廿五,9.30;署工右。		
(?)興恩		
倪　杰	彭久餘 二、庚午、廿八,4.9;太常改。 十、乙丑、廿七,11.30;改左副。	王映斗 十二、戊申、十一,1.12;太常改。
(?)慶陞 四、壬戌、廿,5.31;遷閣學。	(?)阿昌阿 六、辛酉、廿一,7.29;光祿改。	
彭久餘 二、庚午;改大理。	王映斗 四、癸丑、十一,5.22;太僕改。 十二、戊申;改大理。	
(?)阿昌阿 六、辛酉;改太常。	(滿)成林(總) 八、甲寅、十五,9.20;通副遷。 十、丁未、九,11.12;直總。	
朱學勤		
(?)載慶		
王映斗 四、癸丑;改太常。	劉有銘 六、癸卯、三,7.11;通副遷。	
王榕志		
(?)恩錫		
胡瑞瀾 　(粵學) 十二、戊申;改左副。		

京卿年表

年代	同 治 九 年　庚午(1870)		
通政使司	（？）桂豐		
	于凌辰		
大理寺	（？）興恩 三、庚午、四，4.4；改左副。	（滿）成林（總） 四、辛酉、廿五，5.25；光祿改。 五、乙未、卅，6.28；署三口通商大臣。	
	王映斗	劉有銘 五、丙寅、一，5.30；太常改。 五、甲午、廿九，6.27；改左副。	王榕吉 七、癸未、十九，8.15；順尹授。
太常寺	（？）阿昌阿		
	劉有銘 二、己未、廿三，3.24；太僕改。 五、丙寅；改大理。	徐　桐 六、己未、廿四，7.22；翰讀學遷。	
光祿寺	（滿）成林（總） 四、辛酉；改大理。	（蒙）惠林 六、丙辰、廿一，7.19；翰講學遷。	
	朱學勤 二、戊申、十二，3.13；改府丞。	程祖誥 三、乙未、廿九，4.29；通副遷。	
太僕寺	（？）戴慶		
	劉有銘 二、己未；改太常。	唐壬森 四、辛亥、十五，5.15；理少遷。 五、丙子、十一，6.9；改府丞。 八、庚子、六，9.1；順鄉副考。	翁同龢 六、己未；祭酒授。
順天府尹	王榕吉 七、癸未；改大理。	梁肇煌 七、癸未；詹事授。	
奉天府尹	（？）恩錫 閏十、丙子、十四，12.6；改蘇布。	（？）德椿 閏十、丙子；候三京授。	
宗人府丞	朱學勤 二、戊申；光祿授。	唐壬森 五、丙子；太僕授。	

· 1308 ·

同 治 十 年　辛未(1871)	同治十一年　壬申(1872)
(？)桂豐	(？)桂豐
于凌辰	于凌辰
(滿)成林(總)	(滿)成林(總)
王榕吉	王榕吉
(？)阿昌阿	(？)阿昌阿
徐　桐　　　程祖誥　　　　龔自閎 七、壬辰、　　八、甲戌、十六，　十二、壬申、 四，8.19；　　9.30；光祿改。　十七，1.26； 遷閣學。　　十一、甲辰、十八，光祿改。 　　　　　　12.29；改府丞。	龔自閎
(蒙)惠林	(蒙)惠林
程祖誥　　　　　龔自閎 八、甲戌；改太常。　九、癸丑、廿六，11.8； 　　　　　　　　理少遷。 　　　　　　　　十二、壬申；改太常。	丁紹周 二、庚午、十六，3.24；僕少遷。
(？)載慶	(？)載慶
翁同龢　　　　　朱　智 七、壬辰；遷閣學。　八、甲戌；通副遷。	朱　智
梁肇煌	梁肇煌
(？)德椿　　　　(滿)恭鏜 七、甲寅、廿六，　七、丁巳、廿九，9.13； 9.10；遷閣學。　荆宜施道授。	(滿)恭鏜
唐壬森　　　　程祖誥 十、乙丑、八，11.20；　十一、甲辰；太常授。 遷左副。	程祖誥

京卿年表

年代	同治十二年　癸酉(1873)		
通政使司	(?)桂豐		
	于凌辰		
大理寺	(滿)成林(總) 正、壬辰、十二、2.9；改理右。	(滿)蘇勒布 二、壬戌、十三、3.11；詹事授。 八、戊戌、廿二、10.13；改左副。	(蒙)惠林 九、戊辰、廿三、11.12；太常改。
	王榕吉		
太常寺	(?)阿昌阿 六、庚午、廿三、7.17；遷閣學。	(蒙)惠林 閏六、乙巳、廿九、8.21；光祿改。 九、戊辰；改大理。	(?)岐元 十一、庚戌、五、12.24；光祿改。
	龔自閎		
光祿寺	(蒙)惠林 閏六、乙巳；改太常。	(?)岐元 八、戊寅、二、9.23；通副遷。 十一、庚戌；改太常。	(?)長叙 十二、庚寅、十六、2.2；理少遷。
	丁紹周	許庚身 七、辛亥、五、8.27；閣讀學遷。 八、丁丑、一、9.22；贛學。	
太僕寺	(?)載慶		
	朱　智		
順天府尹	梁肇煌 四、癸亥、十五、5.11；省假。	彭祖賢 四、癸亥；僕少遷。	
奉天府尹	(滿)恭鏜		
宗人府丞	程祖誥		

同治十三年　甲戌(1874)	
(?)桂豐	
于凌辰	
(蒙)惠林 　　十一、己酉、十, 12.18; 改左副。	
王榕吉	朱學勤 　　十、己亥、卅, 12.8; 前府丞授。
(?)岐元 　　十、丁亥、十八, 11.26; 遷閣學。	
龔自閎 　　三、己酉、七, 4.22; 遷閣學。	劉有銘 　　四、壬辰、廿, 6.4; 降調刑左授。
(?)長叙	
許庚身 　　(贛學)　三、己酉; 鴻臚楊書香署。	
(?)戴慶	
朱　智	
彭祖賢 　　△憂免。	楊慶嶙 　　六、己丑、十八, 7.31; 翰讀學遷。
(滿)恭�	
程祖誥	

京卿年表

年代	光 緒 元 年　乙亥(1875)		
通政使司	(?)桂豐 于凌辰		
大理寺	(宗室)奎潤 　二、戊子、廿，3.27；詹事授。 　六、丁丑、十二，7.14；浙鄉正考。　　十二、己卯、十六，1.12；改左副。 朱學勤	潘祖蔭 　三、癸卯、六，4.11；候三京授。 　八、辛未、七，9.6；署禮右。	
太常寺	(?)晨叙 　二、己巳、一，3.8；光祿改。 　三、乙巳、八，4.13；遷閣學。 劉有銘	(?)戴慶 △太僕改。 十一、庚申、廿七，12.24； 遷閣學。	(?)慶福 　十二、庚辰、十七，1.13； 　太僕改。
光祿寺	(?)晨叙 　二、己巳；改太常。 許庚身 　(嶺學)	(?)桂全 　四、戊辰、二，5.6；通副遷。	
太僕寺	(?)戴慶 △改太常。 朱　智	(?)慶福 　七、己亥、五，8.5；理少遷。 　十二、庚辰；改太常。	
順天府尹	楊慶麟 　八、丁亥、廿三，9.22；改粵布。	吳贊鹹 　八、丁亥；天津道授。	
奉天府尹	(滿)恭鏜 　四、戊寅、十二，5.16；革。	(滿)慶裕 　四、庚辰、十四，5.18；鄖陽知府遷。 閣學岐元署：七、戊午、廿四，8.24； 授盛戶。	
宗人府丞	程祖誥		

光緒二年　丙子(1876)	光緒三年　丁丑(1877)
(丁)桂豐　　(滿)文瀓 四、甲戌、十三， 5.6；改駐藏幫 辦。　　五、丙申、六，5.28；詹事授。 六、辛丑、十二，8.1；浙鄉正考。 十二、庚寅、四，1.17；改左副。	(滿)志和　　　　(蒙)錫珍 正、甲申、廿八，3.12；太僕改。　三、庚辰、廿四， 二、甲辰、十八，4.1；遷閣學。　5.7；詹事授。
于淩辰	于淩辰
(丁)寶森 二、甲申、廿二，3.17；詹事授。	(丁)寶森
潘祖蔭　　　　朱　智 正、乙卯、廿三，2.17；　閏五、丙子、十六， 署刑右。　　　7.7；太僕改。 四、己巳、八，5.1；遷禮右。	朱　智
(丁)慶福　　　　(丁)瑚圖禮 十一、庚辰、廿三，1.7；　十二、壬寅、十六， 遷閣學。　　　1.29；光禄改。	(丁)瑚圖禮
劉有銘　　　　陳蘭彬(使美) 七、庚辰、廿二，9.9； 候三四京授。	陳蘭彬 (使美)
(丁)桂全　　　　(丁)瑚圖禮 四、癸未、十二，5.15；　五、壬子、廿二，6.13； 遷閣學。　　　閣讀學遷。 十二、壬寅；改太常。	(丁)鍾濂 二、癸巳、七，3.21；通副遷。
許庚身 八、己丑、、，9.18；卸贛學。	許庚身
(滿)志和 二、甲申；降調盛戶授。	(滿)志和　　　　(丁)恩霽 正、甲申；改通政。
朱　智　　　　劉　典 閏五、丙子；改大理。　七、丙寅、八，8.26； 候三京授。	劉　典
吳贊誠　　　　張澧卿 三、己亥、七，4.1；　三、己亥；順丞遷。 改船政大臣。	張澧卿　　　　彭祖賢 十二、壬午、二，1.4；　十二、癸未、三，1.5；前任授。 改府丞。
(滿)慶裕　　　　(丁)恩福 十、庚戌、廿三，12.8；　十、庚戌；大順廣道授。 召京。	(丁)恩福
程祖誥	程祖誥　　　　張澧卿 十、丁酉、十六，11.20；　十二、壬午；順尹授。 改左副。　　　十三、丁酉、十七，1.19； 　　　改左副。

京卿年表

年代	光 緒 四 年　戊寅(1878)			
通政使司	(蒙)錫珍 六、己丑、十一,7.10;遷左副。		(?)崇勳 七、丙寅、十八,8.16;詹事授。	
	于淩辰 二、戊申、廿八, 3.31;病免。	劉 典 五、庚戌、一,6.1;太僕改。 五、甲子、十五,6.15;乞養。	王之翰 五、甲子;任。 七、壬子、四,8.2;遷閣學。	劉錦棠 七、丙辰、八,8.6;太常改。
大理寺	(?)寶森			
	朱 智 八、甲辰、廿七,9.23;署禮右。			
太常寺	(?)瑚圖禮			
	陳蘭彬 二、己亥、十九,3.22;改府丞。	劉錦棠 四、癸未、四,5.5;候三京授。 七、丙辰;改通政。	許庚身 八、戊戌、廿,9.17;光禄改。	
光禄寺	(?)鎚濂			
	許庚身 八、戊戌;改太常。	吳贊誠 十、庚寅、十四,11.8;署閩撫授,仍署閩撫。 十、戊戌、廿二,11.16;卸署閩撫。		
太僕寺	(?)恩霖			
	劉 典 五、庚戌;改通政。	夏家鎬(總) 五月,通副遷。		
順天府尹	彭祖賢 七、辛未、廿三,8.21;改贛布。	周家楣(總) 七、辛未;理少授,直總。		
奉天府尹	(?)恩福			
宗人府丞	陳蘭彬(使美) 二、己亥;太常授。			

光緒五年 己卯（1879）

（?）崇勳
正、壬申、廿八，2.18；改左副。

（?）鐘濂
三、壬子、八，3.30；光禄改。

劉錦棠

（?）寶森
三、丙午、二，3.24；改左副。

（?）瑚圖禮
閏三、己卯、六，4.26；太常改。
十、乙卯、十五，11.28；休。

（?）恩霨
十一、壬午、十三，12.25；太常改。

朱　智
正、丁卯、廿三，2.13；署工右。
三、乙卯、十一，4.2；遷兵右。

許庚身
四、丁未、四，5.24；太常改。
四、癸酉、卅，6.19；署禮左。

（?）瑚圖禮
閏三、己卯；改大理。

（?）恩霨
閏三、癸卯、卅，5.20；太僕改。
十一、壬午；改大理。

（宗室）敬信
十二、辛亥、十二，1.23；閣讀
學遷。

許庚身
二、乙亥、一，2.21；署禮右。
四、丁未；改大理。

夏家鎬（總）
五、壬午、九，6.28；太僕改。
八、丙午、五，9.20；署左副。
九、壬午、十二，10.26；改府丞。

徐用儀
十一、庚辰、十一，12.23；理少遷。

（?）鐘濂
三、壬子；改通政。

（?）文暉
閏三、壬午、九，4.29；通副遷。

吳贊誠
（福建船政）　九、戊寅、八，10.22；病免。

周瑞清
十、丁巳、十七，11.30；通副遷。

（?）恩霨
閏三、癸卯；改太常。

（蒙）耀年
十二、庚子、一，1.12；遷閣學。

（宗室）福錕
△十二月，翰讀學遷。

夏家鎬（總）
二、辛卯、十七，3.9；署刑右。
五、壬午；改太常。

孫衣言
△七月，寧布授。

周家楣（總）
△五月，憂免。

梁肇煌
五、乙酉、十二，7.1；前任授。
十一、甲申、十五，12.27；改閩布。

李朝儀
十一、甲申；魯運使授。

（?）恩福
十一、戊子、十九，12.31；遷盛户。

（滿）松林
十一、戊子；任。

陳蘭彬（使美）
八、壬寅、一，9.16；改左副。

夏家鎬（總）
九、壬午；太常授。

京卿年表

年代	光 緒 六 年 庚辰(1880)	
通政使司	(?)鍾濂 十一、戊子、廿四,12.25;改左副。	(?)文暉 十二、庚戌、十七,1.16;太常改。
	劉錦棠 正、己丑、廿一,3.1;幫辦新疆軍務。 十一、戊辰、四,12.5;署欽,督辦新疆軍務。	
大理寺	(?)恩霙	
	許庚身	
太常寺	(宗室)敬信 九、庚午、五,10.8;遷閣學。	(?)文暉 十、壬寅、七,11.9;光禄改。 十二、庚戌;改通政。
	徐用儀	
光禄寺	(?)文暉 十、壬寅;改太常。	(?)戴英 十一、壬申、八,12.9;通副遷。
	周瑞清	
太僕寺	(宗室)福錕 六、丁未、十一,7.17;改西寧。	(滿)懷塔布 七、壬午、十六,8.21;通副遷。
	孫衣言 二、丙辰、十八,3.28;病免。	吳廷芬 四、甲寅、十七,5.25;通副遷。
順天府尹	李朝儀	
奉天府尹	(滿)松林	
宗人府丞	夏家鎬(總) 正、庚寅、廿二,3.2;知貢舉。	

光 緒 七 年　辛巳(1881)

(？)文暉

劉錦棠
　八、癸未、廿四,10.16；授欽,督辦新疆軍務。

(？)恩霦

許庚身
　四、己酉、十八,5.15；署左副。
　十二、壬午、廿四,2.12；遷禮右。

(？)戴英
　二、壬寅、十,3.9；光祿改。

徐用儀
　七、辛未、十一,8.5；署左副。
　十二、甲申、廿六,2.14；署工右。

(？)戴英	(滿)嵩申
二、壬寅；改太常。	三、己巳、七,4.5；少詹遷。

周瑞清

(滿)懷塔布

吳廷芬	吳大澂
△七月,改府丞。	八、丙子、十七,10.9；三品卿銜授。

李朝儀	游百川
△死。　閣讀學張凱嵩署。	四、己亥、八,5.5；川按授。

(滿)松林

夏家鎬(總)	曾紀澤(使英)	吳廷芬
四、乙巳、十四,5.11；遷刑右。	五、丁丑、十六,6.12；理少授。	△七月,太僕授。
	七、辛未；改左副。	

京卿年表

年代	光 緒 八 年　壬午(1882)
通政使司	(汉)**文暉** 七、己丑、五,8.18;改左副。　　　(满)**永順** 　　　　　　　　　　　　　　八、丁卯、十四,9.25;詹事授。 **劉錦棠**
大理寺	(汉)**恩霖**　　　　　　　　　(满)**英煦** 　　　　　　　　　　　　　　二、壬申、十六,4.3;少詹遷。 **徐用儀** △三、癸卯、十七,5.4;太常改。 十二、辛酉、九,1.17;署兵右。
太常寺	(汉)**戴英**　　　　　　　　　(满)**懷塔布** 三、丙申、十,4.27;病免。　　四、辛巳、廿六,6.11;太常改。 **徐用儀**　　　　　　　　　　**周瑞清** △三、癸卯;改大理。　　　　　△光禄改。 　　　　　　　　　　　　　　十一、己丑、七,12.16;革。
光禄寺	(满)**嵩申**　　　(宗室)**阿克丹**　　　(汉)**良培** 二、甲申、廿八,4.15;遷閣學。 四、乙丑、十,5.26;通副遷。 十二、己巳、十七,1.25; 　　　　　　　　　△遷閣學。　　　　　　通副遷。 **周瑞清**　　　　　　　　　　**黎兆棠** △改太常。　　　　　　　　　(福建船政) 七、乙巳;前直按授。 七、乙巳、廿一,9.3;解。
太僕寺	(满)**懷塔布**　　　　　　　　(汉)**恒明** 四、辛巳;改太常。　　　　　　六、己未、五,7.19;僕少遷。 **吳大澂**
順天府尹	**游百川**　　　　　　　　　　**周家楣**(總) 正、辛亥、廿四,3.13;改倉侍。　正、辛亥;署左副(總)授。 　　　　　　　　　　　　　　八、丙辰、三,9.14;署禮右。 　　　　　　　　　　　　　　九、丁酉、十四,10.25;署兵左。 　　　　　　　　　　　　　　十二、辛酉、九,1.17;署戶右。
奉天府尹	(满)**松林**
宗人府丞	**吳廷芬** 五、丁酉、十二,6.27;粵鄉正考。

光 緒 九 年　癸未(1883)

(滿)**永順**
四、丙寅、十六,5.22;病免。

(漢)**崇　禮**
六、癸丑、五,7.8;光禄改。

劉錦棠
十、辛亥、四,11.3;改兵右。

吳大澂
十一、丁亥、十,12.9;太僕改。

(滿)**英煦**

徐用儀
六、丙辰、八,7.11;署工左。
十、辛亥;署兵右。

(滿)**懷塔布**
正、庚戌、廿八,
3.7;改左副。

(滿)**熙敬**
四、癸酉、廿三,5.29;闊讀學遷。
五、丙申、十七,6.21;遷閣學。

(?)**鳳秀**
六、辛未、廿三,7.26;太僕改。
十二、甲寅、八,1.5;遷閣學。

(?)**明桂**
十二、乙丑、十九,
1.16;太僕改。

十、辛未、廿四,11.23;府丞吳廷芬署。

張緒楷
十二、辛未、廿五,1.22;光禄改。

(?)**良培**

(漢)**崇　禮**
三、壬寅、廿二,4.28;降户右授。
六、癸丑;改通政。

(?)**尚賢**
七、乙酉、七,8.9;少詹遷。
十二、甲寅;遷閣學。

(?)**志元**
十二、乙丑;通
副遷。

黎兆棠
(福建船政)　二、戊辰、十七,3.25;解。

張緒楷
四、癸丑、三,5.9;通副遷。
十二、辛未;改太常。

(?)**恒明**
二、庚辰、廿九,4.6;
改烏里雅蘇台參贊。

(?)**鳳秀**
四、甲子、十四,5.20;理少遷。
六、辛未;改太常。

(?)**明桂**
七、丙申、十八,8.20;常少遷。
十二、乙丑;改太常。

吳大澂
十一、丁亥;改通政。

白　桓

周家楣(總)
四、庚午、廿,5.26;殿試讀卷。
六、丙辰;署户右改署户左。

(滿)**松林**

吳廷芬(總)
正、丁酉、十五,2.22;直總。
十、辛未;署太常。

京卿年表

年代	光 緒 十 年　甲申(1884)		
通政使司	(漢)崇 禮		
	吳大澂 四、戊午、十四,5.8;會辦北洋事宜。 八、乙亥、四,9.22;改左副。	周家楣 十一、辛丑、一,12.17;順尹授。	
大理寺	(滿)英煦 正、丙午、卅,2.26;改左副。	(宀)明桂 三、丁丑、二,3.28;太常改。	
	徐用儀 三、庚寅、十五,4.10;遷工右。	白 桓 四、辛酉、十七,5.11;太僕改。 十一、戊午、十八,1.3;改左副。	沈源深 十二、庚寅、廿,2.4;光祿改。
太常寺	(宀)明桂 三、丁丑;改大理。	(宀)志元 四、己未、十五,5.9;光祿改。 四、己巳、廿五,5.19;改左副。	(宀)文興 閏五、甲寅、十一,7.3;太僕改。
	張緒楷 十二、辛未、一,1.16;改光祿。	徐樹銘 三、庚寅;光祿改。 十二、壬午、十二,1.27;改府丞。	
光祿寺	(宀)志元 四、己未;改太常。	(宀)文碩 五、癸卯、廿九,6.22;通副遷。 閏五、甲子、廿一,7.13;遷閣學。	(宀)奕年 七、丁卯、廿五,9.14;通副遷。
	徐樹銘 三、庚寅;改太常。	沈源深 四、己巳;理少遷。 十二、庚寅;改大理。	張緒楷 十二、辛未;太常改。
太僕寺	(宀)文興 閏五、甲寅;改太常。	(宀)愛廉 七、戊午、十六,9.5;理少遷。	
	白 桓 四、辛酉;改大理。	胡瑞瀾 閏五、乙巳、二,6.24;通副遷。	
順天府尹	周家楣(總) 七、丙辰、十四,9.3;罷總。 十一、辛丑;改通政。	沈秉成 十一、壬寅、二,12.18;前川按授。	
奉天府尹	(滿)松林 三、乙未、廿,4.15;召京。	(滿)裕長 三、乙未;天津道遷。	
宗人府丞	吳廷芬(總) 三、丁亥、十二,4.7;署工左。 七、丙辰;罷總。	徐樹銘 十二、壬午;太常改。	

光緒十一年　乙酉(1885)		
(漢)崇禮		
周家楣 八、己巳、三,9.11;署左副。 十一、壬子、十八,12.23;署吏左。		
(?)明桂 七、乙巳、九,8.18;署左副。		
沈源深 五、庚申、廿二,7.4;川鄉正考。		
(?)文興	(蒙)績昌(總) △十一月,三京候(總)授。 十二、壬午、十八,1.22;遷閣學。	
張緒楷 二、丙申、廿六,4.11;光祿改。	胡瑞瀾 六、壬申、五,7.16;太僕改。 六、庚辰、十三,7.24;署左副。	八、丁卯、一,9.9;粵學。 十、辛未、六,11.12;光祿邵日濂署。
(?)奕年		
張緒楷 二、丙申;改太常。	鄭藻如(使美) 三、甲辰、五,4.19;通副遷。 六、壬午、十五,7.26;病免。	邵日濂 十、辛未;署太常。
(?)愛廉		
胡瑞瀾 六、壬申;改太常。	趙佑宸 六、甲午、廿七,8.7;通副遷。	
沈秉成(總) 六、癸未、十六,7.27;直總。		
(滿)裕長		
徐樹銘		

京卿年表

年代	光緒十二年　丙戌（1886）			
通政使司	(漢)崇　禮 二、辛巳、十七，3.22；遷理右。	(?)奕年 三、癸丑、廿，4.23；太常改。 七、戊戌、七，8.6；遷左副。	(?)奕林 八、壬戌、二，8.30；太常改。	
	周家楣 △解。（十三年死）	黃體芳 六、癸亥、一，7.2；降調兵左授。		
大理寺	(?)明桂			
	沈源深 （粵學）正、辛酉、廿七，3.2；太常改。	胡瑞瀾 六、己卯、十七，7.18；太僕改。	趙佑宸	劉瑞芬(使英) 九、丁未、十七，10.14；太常改。
太常寺	(?)奕年 二、乙丑、一，3.6；光祿改。 三、癸丑、改通政。	(?)奕林 四、己卯、十六，5.19；光祿改。 八、壬戌、改通政。	(?)豐烈 九、壬辰、二，9.29；光祿改。 十二、丁丑、十九，1.12；遷閣學。	
	胡瑞瀾 正、辛酉、改大理。 （粵學）	劉瑞芬(使英) 三、戊申、十五，4.18；候三京授。 九、丁未、改大理。	邵日濂 十、癸酉、十四，11.9；光祿改。 十一、戊申、十九，12.14；革。	徐致祥 十二、丁卯、九，1.2；光祿改。
光祿寺	(?)奕年 二、乙丑、改太常。	(?)奕林 二、甲申、廿，3.25；通副遷。 四、己卯、改太常。	(?)豐烈 五、丙午、十四，6.15；常少遷。 九、壬辰、改太常。	(?)鳳山 九、戊午、廿八，10.25；通副遷。
	邵日濂 三、壬戌、廿九，5.2；署太常。 十、癸酉、改太常。	徐致祥 十一、己酉、廿，12.15；通副遷。 十二、丁卯、改太常。	馮爾昌 十二、丁丑；理少遷。	
太僕寺	(?)愛廉			
	趙佑宸 六、己卯、改大理。	馮光勛 七、甲寅、廿三，8.22；通副遷。		
順天府尹	沈秉成(總) 二、丁丑、十三，3.18；遷閣學。	薛福辰 二、己卯、十五，3.20；通永道授。 十二、壬申、十四，1.7；改府丞。	高萬鵬 十二、癸酉、十五，1.8；鳳穎六泗道授。	
奉天府尹	(滿)裕長			
宗人府丞	徐樹銘 十二、壬戌、四，12.28；改左副。	薛福辰 十二、壬申；順尹授。		

光緒十三年　丁亥(1887)	光緒十四年　戊子(1888)
(？)奕杕	(？)奕杕
黄體芳	黄體芳 五、癸亥、十二,6.21;閩鄉正考。
(？)明桂	(？)明桂
劉瑞芬(使英) 三、己丑、一,3.25;光禄馮爾昌署。	劉瑞芬(使英)
(？)愛廉 閏四、辛卯、四,5.26;太僕改。	(？)愛廉 十二、丙戌、九,1.10;遷閣學。
徐致祥	徐致祥
(？)鳳山　(？)郭勒敏布　　(？)榮惠 　　二、丙子、十八,3.12;　五、己未、 　　理少遷。　　　　　三,6.23; 　　四、丁丑、廿,5.12;病免。理少遷。	(？)榮惠
馮爾昌 三、己丑;署大理。	馮爾昌
(？)愛廉　　　　(滿)承翰 　閏四、辛卯;改太常。　五、甲戌、十八,7.8; 　　　　　　　　少詹授。	(滿)承翰　　　　　(？)壽蔭 　　　　　六、丁亥、七,7.15; 　　　　　閣讀學遷。
馮光勛　　　　張蔭桓(使美) 　　　　　四、己卯、廿二,5.14; 　　　　　通副遷。	張蔭桓 （使美）
高萬鵬	高萬鵬
(滿)裕長	(滿)裕長
薛福辰	薛福辰

京卿年表

年代	光緒十五年　己丑(1889)		
通政使司	(？)奕杕 二、辛巳、五,3.6;改左副。	(宗室)岳琪 二、戊戌、廿二,3.23;詹事授。	
	黄體芳 六、丙戌、十二,7.9;署左副。		
大理寺	(？)明桂		
	劉瑞芬 正、庚戌、四,2.3;改粤撫。	沈源深 二、己卯、三,3.4;前任授。 三、癸酉、廿八,4.27;改左副。	馮爾昌 四、戊戌、十三,5.12;光禄改。 九、壬戌、十九,10.13;兼署光禄。
太常寺	(？)榮惠 正、戊辰、廿二,2.21;光禄改。		
	徐致祥 三、壬子、七,4.6;改府丞。	錢應溥 四、己卯、四,5.3;僕少遷。 七、壬子、八,8.4;改府丞。	(漢)壽　昌 八、壬午、九,9.3;光禄改。
光禄寺	(？)榮惠 正、戊辰;改太常。	(？)志顔 二、丁亥、十一,3.12;通副遷。	
	馮爾昌 四、戊子;改大理。 九、壬戌;大理兼署。	(漢)壽　昌 五、壬戌、十七,6.15;通副遷。 八、壬午;改太常。	裴蔭森 九、庚戌、七,10.1;候三京 (船政)授。
太僕寺	(？)壽蔭		
	張蔭桓(使美) 三、丙午、一,3.31;召回。		
順天府尹	高萬鵬 五、甲寅、九,6.7;改湘布。	陳　彝 五、甲寅;前皖撫授。	
奉天府尹	(滿)裕長 七、戊午、十四,8.10;改直布。	(？)興陛 七、己未、十五,8.11;奉驛巡道授。	
宗人府丞	薛福辰 二、丁亥、一,3.12;改左副。	徐致祥 三、壬子;太常授。 五、丁巳、十二,6.10;閩鄉正考。 △七月,改左副。	錢應溥 七、壬子;太常授。

光緒十六年　庚寅(1890)	
(宗室)岳琪	
黄體芳	
(?)明桂	
馮爾昌	張蔭桓(總) 十二、丁未、十二, 1.21; 太僕改。
(?)榮惠 十一、乙亥、九, 12.20; 遷閣學。	(?)志顔 十二、己亥、四, 1.13; 光禄改。
(漢)壽　昌	
(?)志顔 十二、己亥; 改太常。	(?)良培 十二、癸丑、十八, 1.27; 通副遷。
裴蔭森 三、辛未、二, 4.20; 召京。 八、丙午、九, 9.22; 病免。	薛福成(使英) 九、己巳、二, 10.15; 候三京授。 十一、辛巳、十五, 12.26; 少詹徐會澧署。
(?)壽蔭	
張蔭桓(總) 閏二、己酉、九, 3.29; 直總。 十二、丁未; 改大理。	
陳　彝 十二、癸丑; 改府丞。	胡聘之 十二、乙卯、廿, 1.29; 僕少授。
(?)興陞	
錢應溥 十一、辛未、五, 12.16; 遷禮右。	陳　彝 十二、癸丑; 順尹授。

京卿年表

年代	光緒十七年　辛卯(1891)
通政使司	(宗室)**岳琪**　　　　　　　　　　(?)**良培** 　　　　　　　　　　　　　　十二、甲辰、十四,1.13;太常改。 **黃體芳**　　　　　　　　　　(漢)**壽昌** 四、癸亥、卅,6.6;病免。　　　　六、丁酉、五,7.10;太常改。
大理寺	(?)**明桂** **張蔭桓**(總)　　　　　　　　**薛福成**(使英) 七、己巳、七,8.11;改左副。　　八、辛丑、十,9.12;太常改。
太常寺	(?)**志顏**　　　　　　(?)**良培**　　　　　　(?)**壽蔭** 五、乙丑、二,6.8;遷閣學。　五、己丑、廿六,7.2;光祿改。　十二、戊申、十八,1.17;太僕改。 　　　　　　　　　　十二、甲辰;改通政。 (漢)**壽昌**　　　　　　**薛福成**(使英)　　　　　**楊頤** 六、丁酉;改通政。　　六、丁巳、廿五,7.30;光祿改。　九、丁卯、六,10.8;光祿改。 　　　　　　　　　八、辛丑;改大理。
光祿寺	(?)**良培**　　　　　　　　　　(滿)**塈岫** 五、己丑;改太常。　　　　　　七、丙寅、四,8.8;通副遷。 **薛福成**(使英)　　　　**楊頤**　　　　　　**李端遇** 六、丁巳;改太常。　七、乙酉、廿三,8.27;理少遷。　十、戊戌、七,11.8;通副遷。 　　　　　　　九、丁卯;改太常。
太僕寺	(?)**壽蔭** 十二、戊申;改太常。 **林維源** 二、乙巳、十一,3.20;通副遷。
順天府尹	**胡聘之**　　　　　　　　　　　**孫楫** 八、癸巳、二,9.4;署左副。　　十、戊戌;湘按授,署左副。 十、戊戌、七,11.8;改晉布。
奉天府尹	(?)**興陞**
宗人府丞	**陳彝** 五、丙子、十三,6.19;署左副。 八、壬辰、一,9.3;浙學。

光緒十八年　壬辰(1892)	光緒十九年　癸巳(1893)
(?)良培	(?)良培
(漢)壽　昌	(漢)壽　昌
(?)明桂	(?)明桂
薛福成(使英)　　　徐致祥 八、丙子、廿一，　　八、丙子；左副授。 10.11；改左副。	徐致祥
(?)壽薩　　　(?)溥善 九、丙申、十一，　　十、壬戌、八，11.26；常少遷。 10.31；遷閣學。	(?)溥善
楊　頤　　　　李端遇 閏六、丙寅、十，　　七、己丑、四，8.25；光禄改。 8.2；改左副。　　九、辛卯、六，10.26；署光禄。	李端遇
(滿)堃岫	(滿)堃岫
李端遇　　　　　許景澄(使俄) 正、壬午、廿二，2.20；知貢舉。　八、戊午、三， 七、己丑；改太常。　　9.23；通副改。 九、辛卯；仍署。	許景澄(使俄)　　　　沈恩嘉 三、戊戌、十六，5.1；　四、丙寅、十四，5.29； 遷閣學。　　　　常少遷。
(?)克們泰　　　　　　(?)長萃 二、壬寅、十三，3.11；通副遷。　十、甲戌、廿， 九、戊申、廿三，11.12；　12.8；少詹授。 遷閣學。	(?)長萃 七、戊子、八，8.19；魯鄉正考。
林維源	林維源
孫　楫	孫　楫
(?)興隍	(?)興隍
陳　彝 (浙學)	陳　彝 (浙學)

京卿年表

年代	光緒二十年　甲午(1894)	
通政使司	（？）良培	
	（漢）壽　昌 八、甲子、廿，9.19；改左副。	顧　璜 九、甲午、廿一，10.19；通副遷。
大理寺	（？）明桂	
	徐致祥 正、癸巳、十五，2.20；浙學。 二、癸亥、十六，3.22；太常李端遇兼署：八、乙巳；皖學。 八、庚戌、六，9.5；僕少岑春煊署。	
太常寺	（？）溥善 二、己未、十二，3.18；遷閣學。	（？）慶福 二、辛未、廿四，3.30；降調理右授。
	李端遇 二、癸亥、十六，3.22；兼署大理。 八、乙巳、一，8.31；皖學。	
光禄寺	（滿）竪岫 十二、己未、十七，1.12；遷閣學。	
	沈恩嘉 二、丙辰、九，3.15；改府丞。	龔照瑗（使英） 三、戊子、十一，4.16；候三京授。
太僕寺	（？）長萃 二、己未；遷閣學。	（滿）寶昌 三、辛卯、十四，4.19；降調禮右授。
	林維源	
順天府尹	孫楫	陳彝 △正月，府丞授。
奉天府尹	（？）興陞	（？）福裕 六、乙丑、廿，7.22；贛按授。
宗人府丞	陳彝 （浙學） △改順尹，卸浙學。	沈恩嘉 二、丙辰；光禄授。 七、壬午、八，8.8；署刑左。

光緒二一年　乙未(1895)

(?)良培

顧　璜
八、庚寅、廿二,10.10;乞養。

李端遇
(皖學)　九、壬子、十五,11.1;太常改。

(?)景澧

徐致祥
(浙學)　十二、壬午、十六,1.30;太僕徐承煜兼署。

(?)**慶福**
四、庚申、十九,5.13;署光祿。

李端遇
(皖學)　九、壬子;改通政。

(漢)**楊　儒**(使美)
△太僕改。
十一、壬子、十六,12.31;改府丞。

龔照瑗(使英)
十二、丁丑、十一,1.25;光祿改。

(?)**桂斌**
七、丁未、九,8.28;授庫倫辦事。

四、庚申;太常慶福署。

龔照瑗(使英)
十二、丁丑;改太常。

(滿)**寶昌**
十一、癸丑、十七,1.1;通副松壽署。

林維源

(漢)**楊　儒**(使美)
六、甲戌、五,7.26;通副改。
△改太常。

(漢)**徐承煜**
十一、壬戌、廿六,1.10;理少遷。
十二、壬午;兼署大理。

陳　彝
十一、丁巳、廿一,1.5;遷閣學。

胡燏棻
十一、辛酉、廿五,1.9;桂按授。

(?)**福裕**
正、癸巳、廿一,2.15;休。

(滿)**善聯**
正、甲午、廿二,2.16;奉錦山海道授。
閏五、癸卯、三,6.25;病免。

(滿)**松林**
閏五、癸卯;魯按授。

沈恩嘉
八、丁酉、廿九,10.17;病免。

吳廷芬(總)
九、庚申、廿三,11.9;前任授。
九、癸亥、廿六,11.12;直總。
十、丙戌、十九,12.5;遷兵右。

(漢)**楊　儒**(使美)
十一、壬子;太常改。

京卿年表

年代	光緒二二年　丙申(1896)	
通政使司	(？)良培 正、乙丑、卅，3.13；改左副。	(滿)薩廉 二、甲申、十九，4.1；詹事授。
	李端遇 (皖學)	
大理寺	(？)景澧	
	徐致祥 (浙學)	
太常寺	(？)慶福	
	龔照瑗(使英) 七、辛亥、十八，8.26；改府丞。	(漢)徐承煜 八、辛未、九，9.15；太僕改。
光祿寺	(？)桂斌	(？)常明 九、癸丑、廿一，10.27；通副遷。
	曾廣漢 二、己巳、四，3.17；通副遷。 十二、壬戌、二，1.4；署府丞。	
太僕寺	(滿)寶昌	
	(漢)徐承煜 八、辛未；改太常。	劉恩溥 九、辛丑、九，10.15；通副遷。
順天府尹	胡燏棻	
奉天府尹	(滿)松林	
宗人府丞	(漢)楊儒(使美) 六、己丑、廿五，8.4；改左副。	龔照瑗 七、辛亥；太常(使英)改。　　十月，任滿回國。 十一、丁未、十六，12.20；閣學馮文蔚署。 十二、壬戌，光祿曾廣漢署。

光緒二三年　丁酉(1897)

(滿)蔭廉
　　五、庚子、十二, 6.11; 粤鄉正考。
　　五、癸卯、十五, 6.14; 詹事戴專兼署。

李端遇
　　八、戊午、一, 8.28; 卸皖學。

(?)景澧

徐致祥
　　(浙學)　八、戊午; 卸浙學, 改皖學。

(?)慶福

(漢)徐承煜	**陳邦瑞**
△八月, 改府丞。	九、壬子、廿六, 10.21; 閱讀學遷。

(?)常明

曾廣漢
　　八、戊午; 署刑左。

(滿)寶昌

劉恩溥
　　六、庚辰、廿二, 7.21; 江鄉正考。

胡燏棻

(滿)松林	**(滿)廷杰**
六、癸酉、十五, 7.14; 病免。	六、甲戌、十六, 7.15; 辰沅永靖道授。

龔照瑗	**(漢)徐承煜**	**薛允升**
光祿曾廣漢署: 八、戊午; 署刑左。理少貴賢署。	△八月, 太常改。九、甲辰、十八, 10.13; 改左副。	十一、丙戌、一, 11.24; 降調刑尚授。

京卿年表

年代	光緒二四年　戊戌(1898)			[通政、大理、光禄、太僕， 七、乙丑、十四、8.30；缺裁。 八、壬辰、十一、9.26；復設。]

年代	光緒二四年　戊戌(1898)

通政使司

(滿)薩廉	(？)戴尊
七、辛未、廿，9.5；署禮右。 七、癸酉、廿二，9.7；授。	八、庚戌、廿九，10.14；詹事授。

李端遇	
十、丁酉、十七，11.30；署兵右。	

大理寺

(？)景灃	(？)常明
十一、庚申、十一，12.23；遷閣學。	(光禄改)

徐致祥	王福祥
(皖學) 十、丁酉；遷兵右。	十二、乙酉、六，1.17；太常改。

太常寺

(？)慶福			

陳邦瑞	曾廣漢	王福祥	呂海寰(使德)
	二、庚辰、廿六，3.18； 光禄改。 △改府丞。	五、丙寅、十四，7.2； 閣讀學遷。 十二、乙酉；改大理。	十二、丁酉、十八， 1.29；光禄改。

光禄寺

(？)常明	(滿)崇壽
(改大理)	

曾廣漢	葛寶華	呂海寰(使德)
二、庚辰；改太常。	三、癸卯、廿，4.10；通副遷。 六、丙戌、四，7.22；改府丞。	八、乙巳、廿四，10.9；閣讀學遷。 十二、丁酉；改太常。

太僕寺

(滿)寶昌	(？)印啓

劉恩溥	徐壽朋(使朝)
正、丙午、廿二，2.12；知貢舉。 七、癸酉、廿二，9.7；遷倉侍。	△九月，候三京授。

順天府尹

胡燏棻	陳兆文	何乃瑩
四、壬寅、廿，6.8；殿試讀卷。 九、丙子、廿六，11.9；解，以侍 郎候補。	九、丁丑、廿七，11.10；翰讀 學遷。 十、戊子、八，11.21；改奉丞。	十、戊子；奉丞授。 右庶陳秉和署。

奉天府尹

(滿)廷杰	(覺羅)廷雍	(？)恒壽
八、己亥、十八，10.3；改直布。	八、己亥；長蘆運使授。 十二、丙戌、七，1.18；改直按。	十二、丁亥、八，1.19；熱河道授。

宗人府丞

薛允升	曾廣漢	葛寶華	成章
閏三、丙辰、三，4.23； 病免。	△太常授。 四、戊戌、十六，6.4； 改左副。	六、丙戌；光禄授。 △十一、壬戌、十三， 12.25；改左副。	十二、辛卯、十二， 1.23；通副遷。

光緒二五年　己亥(1899)	
(？)載尊	
李端遇 四、辛卯、十四，5.23；署禮左。 五、庚戌、四，6.11；改左副。	**吕海寰**(使德) △太常改。
(？)常明	
王福祥	
(？)慶福 七、癸丑、八，8.13；改左副。	(滿)**桂春**(總) 七、癸丑；候三京授。
吕海寰(使德) △改通政。 正、辛未、廿三，3.4；少詹李昭煒署。	**袁　昶**(總) 六、庚寅、十四，7.21；光祿改。
(滿)**崇壽**	
袁　昶(總) 二、甲辰、廿六，4.6；候三京授。 六、庚寅；改太常。	**郭曾沂** 六、壬寅、廿六，8.2；常少遷。
(？)印啓	
徐壽朋(使朝)	
何乃瑩	
(？)恒壽 九、庚申、十五，10.19；解。	(？)玉恒 九、辛酉、十六，10.20；黔按授。
成　章	

京卿年表

年代	光緒二六年　庚子(1900)			
通政使司	(？)載尊 	(滿)儒林 二、乙亥、三,3.3;翰讀學遷。		
	呂海寰(使德) 八、戊子、十九,9.12;改户右。	陳邦瑞 閏八、丁巳、十八,10.11;前太常授。 九、甲申、十六,11.7;署吏左。		
大理寺	(？)常明 十二、丁巳、廿,2.8;革。			
	王福祥			
太常寺	(滿)桂春(總) 二、癸未、十一, 3.11;遷閣學。	(滿)聯元(總) 三、乙卯、十三,4.12; 前皖按授。 四、癸未、十二,5.10;遷閣學。	(蒙)特圖慎 五、癸卯、三,5.30;司業授。 六、庚寅、廿,7.16;遷閣學。	(？)印啓 十、己未、廿一, 12.12;太僕改。
	袁昶(總) △殺。	王培佑 閏八、壬寅、三,9.26;順尹授。 十一、己巳、一,12.22;署府丞。		
光禄寺	(滿)崇壽 十、己未;遷閣學。	(？)明啓 十、庚申、廿二,12.13;閣讀學遷。		
	郭曾沂			
太僕寺	(？)印啓 十、己未;改太常。	(？)台布 十、庚申;閣讀學遷。		
	徐壽朋(使朝) 六、丁丑、七,7.3;順尹王培佑署:七、乙巳、六,7.31;回任。 順丞陳夔龍署:閏八、壬寅;遷順尹。			
順天府尹	何乃瑩 五、戊申、八,6.4;改左副。	王培佑 五、己酉、九,6.5;鴻臚改。 六、丁丑;署太僕。七、乙巳;卸。 閏八、壬寅;改太常。	陳夔龍 閏八、壬寅;順丞遷。	
奉天府尹	(？)玉恒			
宗人府丞	成章 十一、己巳;改左副。	盛宣懷 十一、己巳;常少授。太常王培佑署。		

光緒二七年　辛丑(1901)

(滿)儒林

陳邦瑞
　　五、戊辰、四,6.19;遷工右。

郭曾沂
　　五、己巳、五,6.20;光禄改。

(蒙)鑾慶
　　三、己巳、三,4.21;通副遷。
　　三、己卯、十三,5.1;署倉侍。

王福祥

(↑)印啓

王培佑

(↑)明啓

郭曾沂
　　五、己巳;改通政。

沈家本
　　五、戊寅、十四,6.29;候三四京授。
　　十、丙申、四,11.14;改刑右。

曾廣漢
　　十、庚子、八,11.18;前署户左授。

(↑)台布

徐壽朋(使朝)
　　六、癸卯、九,7.24;遷外左。

李葹豐
　　六、己未、廿五,8.9;通副遷。

陳夔龍
　　三、癸未、十七,5.5;改豫布。

張仁黼
　　三、癸未;前鴻臚授。
　　七、壬午、十九,9.1;改左副。

陳　璧
　　七、壬午;僕少授。

(↑)玉恒

盛宣懷

京卿年表

年代	光緒二八年　壬寅(1902)		
通政使司	(滿)儒林 　四、辛亥、廿一,5.28;遷理右。 郭曾沂 　正、乙亥、十四,2.21;署工左。	〔正、戊子、廿七,3.6;缺裁。〕	
大理寺	(蒙)榮慶 　四、癸巳、三,5.10;遷倉侍。 王福祥	(滿)恩順 　四、癸卯、十三,5.20;詹事授。 　五、己巳、十,6.15;改左副。	(?)岳樑 　五、己卯、廿,6.25;通副遷。
太常寺	(?)印啓 王培佑 　正、丙戌、廿五,3.4;改府丞。	陳兆文 　二、庚子、九,3.18;奉丞授。	
光禄寺	(?)明啓 曾廣漢		
太僕寺	(?)台布 李蔭鑾		
順天府尹	陳璧		
奉天府尹	(?)玉恒		
宗人府丞	盛宣懷 　正、甲戌、十三,2.20;遷工右。	王培佑 　正、丙戌,太常改。	

光緒二九年　癸卯(1903)	光緒三十年　甲辰(1904)
（?）岳樑	（?）岳樑 七、丙戌、十，8.20；署正藍滿副。
王福祥 九、甲午、十四，11.2；兼署太常。	王福祥
（?）印啓　　　　　（滿）定成 二、乙未、十，3.8；　　二、乙未；裁缺通參授。 遷閣學。	（滿）定成 十二、庚申、十六，1.21；太僕台布署。
陳兆文 八、壬子、一，9.21；浙學。 九、甲午；大理王福祥兼署。	陳兆文 （浙學）　五、辛丑、廿三，7.6；順丞李盛鐸署。
（?）明啓　　　　（?）玉恒 十、壬子、二，11.20；　十、乙亥、廿五，12.13； 改左副。　　　　奉尹授。	（?）玉恒　　　　（貝勒）毓朗 八、壬戌、十六，　九、辛巳、六，10.14； 9.25；病免。　　鴻少遷。
曾廣漢 正、甲申、廿八，2.25；府丞王培佑兼署。	張亨嘉 正、辛卯、十二，2.27；理少遷。
（?）台布	（?）台布 十二、庚申；署太常。
李蔭鑾	李蔭鑾　　　　張振勳 　　　　九、癸巳、十八，10.26； 　　　　僕少遷。
陳璧　　　　　沈瑜慶 七、戊戌、十六，9.7；　七、庚子、十八，9.9； 遷商右。　　　湘按授。	沈瑜慶
（?）玉恒　　　　（滿）廷杰 十、乙亥；改光禄。　十、乙亥；前直布授。	（滿）廷杰 十、己酉、五，11.11；兼署盛户。
王培佑 正、甲申；兼署光禄。	王培佑

京卿年表

年代	光緒三一年　乙巳(1905)	
通政使司		
大理寺	(丁)岳樑	
	王福祥	
太常寺	(滿)定成	
	陳兆文 (浙學)十二、乙丑、廿七,1.21;改左副。	順丞李盛鐸署:九、戊戌、廿八,10.26;出洋考察憲政。 十、丁卯、廿八,11.24;鴻臚王國楨署。
光祿寺	(貝勒)毓朗 三、乙酉、十二,4.16;遷閣學。	(滿)伊克坦 三、乙未、廿二,4.26;翰讀學遷。
	張亨嘉 十二、壬子、十四,1.8;改左副。	管廷鶚 十二、癸亥、廿五,1.19;裁缺祭酒授。
太僕寺	(丁)台布 正、丁酉、廿四,2.27;改左副。	(丁)墨麒 二、丙午、三,3.8;閣讀學授。
	張振勳	
順天府尹	沈瑜慶 二、甲辰、一,3.6;改晉按。	李希杰 二、甲辰;浙按授。
奉天府尹	(滿)廷杰 三、戊寅、五,4.9;署盛將,新民知府增韞署。 七、丙申、廿五,8.25;以候侍辦理奉天墾務。	〔八、丙午、六,9.4;缺裁。〕
宗人府丞	王培佑	

光緒三二年　丙午(1906)

（？）岳樑
　　二、甲子、廿七,3.21;改鑲藍蒙都。

　　　　　　　　　　　　　　　　　　　　　　〔九、甲寅、廿,11.6;改設大理院。〕

王福祥　　　　　　　　　　　　　　　管廷鶚
　　正、甲午、廿六,2.19;病休。　　　　　二、丙午、九,3.3;太常改。
　　　　　　　　　　　　　　　　　　（卅三年九月署左副）

（滿）定成
　　（十二、丙戌、廿四,2.6;授法左丞。）

　　　　　　　　　　　　　　　　　　　　　　　　— 〔九、甲寅;併入禮部。〕

唐紹儀　　　　　　　　　趙秉鈞　　　　　　　　　劉若曾
　　正、庚辰、十二,2.5;候三京授,　二、庚戌、十三,3.7;候三京授,　六、丁亥、廿二,8.11;候三京授。
　　仍署外右。　　　　　　　仍署巡右。　　　　　　九、丙辰、廿二,11.8;改大理院
　　正、乙酉、十七,2.10;遷外右。　六、壬午、十七,8.6;遷巡右。　　少卿。

（滿）伊克坦　　　　　　（？）承祐　　　　　　　（滿）瑞豐
　　正、甲午;改左副。　　　二、甲辰、七,3.1;候三京授,　七、癸卯、八,
　　　　　　　　　　　　　　六、丁亥、廿二,8.11;遷閣學。　8.27;候三四
　　　　　　　　　　　　　　　　　　　　　　　　京授。
　　　　　　　　　　　　　　　　　　　　　　　　　　　〔九、甲寅;
　　　　　　　　　　　　　　　　　　　　　　　— 　　併入禮部。〕

管廷鶚　　　　　　　　　左孝同　　　　　　　　　李經邁
　　二、丙午;改太常。　　　二、丙午;常少遷。　　　　八、癸巳、廿九,10.16;候三京授。
　　　　　　　　　　　　　　八、癸未、十九,10.6;改府丞。　（卅三年授蘇按）。

（？）墨麒　　　　　　　　　　　　　（？）慶綿
　　二、庚子、三,2.25;遷閣學。　　　　二、丙午;閱讀學遷。
　　　　　　　　　　　　　　　　　　（卅三年五月授正白漢副。）
　　　　　　　　　　　　　　　　　　　　　　　　　　　〔九、甲寅;併入
　　　　　　　　　　　　　　　　　　　　　　　　　　　陸部。〕

張振勳

李希杰　　　　　　　　　　　　　　竇樹勳
　　正、甲午;解。　　　　　　　　　　正、乙未、廿七,2.20;蘇布授。
　　　　　　　　　　　　　　　　　　八、己巳、五,9.22;候三京孫竇琦署。

王培佑　　　　　　　　　陳名侃　　　　　　　　　左孝同
　　正、甲午;休。　　　　　二、丙午;外左丞授。　　　八、癸未;光祿授。
　　　　　　　　　　　　　　八、乙丑、一,9.18;改左副。

京卿年表

年代	光緒三三年　丁未(1907)	
順天府尹	**寶樹勛** 候三京孫寶琦署：三、壬寅、十一，4.23；使德。 裁缺常少裴維俊署。	
宗人府丞	**左孝同** 十一、庚戌、廿三，12.27；改豫按。	**朱益藩** 十一、庚戌；大學堂總監督授。

年代	光緒三四年　戊申(1908)	
順天府尹	**寶樹勛** 正、辛亥、廿五，2.26；遷民左。	**凌彭福** 正、辛亥；長蘆運使授。
宗人府丞	**朱益藩**	

年代	宣統元年　己酉(1909)	
順天府尹	**凌彭福** 孫寶琦署：五、己未、十一，6.28；署魯撫。 十二、乙未、廿，1.30；改直布。	**王乃徵** 十二、乙未；直按授。　錢能訓署。
宗人府丞	**朱益藩**	

年代	宣統二年　庚戌(1910)		
順天府尹	**王乃徵** 五、己酉、七，6.13；改鄂布。	**丁乃揚** 五、己酉；粵運使授。	**錢能訓** （裁缺奉天右參贊署） 十一、癸卯、三，12.4；改陝布。
宗人府丞	**朱益藩**		

年代	宣統三年　辛亥(1911)	
順天府尹		
宗人府丞	**朱益藩** 五、甲辰、七，6.3；署副都。 六、壬午、十六，7.11；授。	**許秉琦** 六、壬午；候三京授。

總 督 年 表

附： 漕運總督
　　 河道總督

順治元年至宣統三年

1644—1911

總督年表

年代	順治元年　甲申（1644）
天津	**駱養性** 六、己未、三，7.6；明太子太傅、左都督授。 十、甲子、十，11.8；革（仍留左都督衔）。　　［裁缺］
宣大山西	**吳孳昌** 七、壬辰、七，8.8；明吏部員外郎擢右僉授。
總河	（漢）**楊方興** 七、甲辰、十九，8.20；內秘書院學士陞兵右兼右僉授。

年代	順治二年　乙酉（1645）
宣大山西	**吳孳昌**　　　　　　**李　鑑**　　　　　　　（漢）**馬國柱** 二、癸亥、十，3.7；革。　二、己未、六，3.3；宣府巡撫遷。　　　　十、癸未、五，11.22；山西巡 　　　　　　　　　　九、壬申、廿四，11.11；降，以巡撫用（寧夏）。　撫陞兵右、右副授。
陝西三邊	（漢）**王文奎**　　　　　　　　（漢）**孟喬芳** 四、辛酉、九，5.4；保定巡撫遷。　　四、甲戌、廿二，5.17；刑左改兵右、右副授。 四、甲戌、廿二，5.17；仍留原任。　　（十一月留駐西安）
浙閩	（漢）**張存仁** （七、甲子、十五，9.4；浙江總督乞休，不允。） 十一、壬子、四，12.21；改兵右、右副授。
湖廣四川	（漢）**羅繡錦** 十一、壬子；河南巡撫陞兵右、右副授。
淮揚	（漢）**王文奎** 五、庚寅、九，6.2；保定巡撫陞兵右、右副授。
漕運	（漢）**王文奎** （淮揚總督兼）
總河	（漢）**楊方興**

年代	順治三年　丙戌(1646)		順治四年　丁亥(1647)
江南江西河南			(漢)馬國柱 七、戊午、十九，8.19；宣大山西總督隆兵尚、右都授。
宣大山西	(漢)馬國柱		(漢)馬國柱　　　　(漢)申朝紀 七、戊午；改江南江　七、癸丑、十四，8.14；山 西河南總督。　　　西巡撫隆兵右、右副授。
陝西三邊	(漢)孟喬芳		(漢)孟喬芳
浙閩	(漢)張存仁		(漢)張存仁　　　　(漢)陳　錦 十二、壬申、六，　十二、壬申；操江巡撫 12.31；病免。　　　隆兵右、右副授。
湖廣四川	(漢)羅繡錦		(漢)羅繡錦 [十一、戊午、廿二，12.17；] [增設四川總督一員。] (迄未任命)
淮揚	(漢)王文奎	兩廣	(漢)佟養甲 五、癸丑、十三，6.15；總兵官隆兵尚、右都授。
漕運總河	(漢)王文奎 (淮揚總督兼)		(漢)王文奎　　　楊聲遠　　　　吳惟華 正、庚戌、八，　正、乙卯、十三，　十、癸未、十 2.12；革。　　　2.17；登萊巡撫　六，11.12； (淮揚總督兼)　隆。十、庚辰、　恭順侯、戶 　　　　　　　十三，11.9；革。　右、右副授。
總河	(漢)楊方興		(漢)楊方興

年 代	順 治 五 年　戊子(1648)		
江南 江西 河南	(漢)馬國柱		
宣大山西	(漢)申朝紀 　三、丙午、一,4.3;死。	(漢)耿　焞 　三、辛酉、廿六,4.18;順撫陞兵右、右 僉授。十二、乙卯、廿五,2.6;革。	(漢)佟養量 　十二、丁巳、廿七,2.8;沂州 總兵陞兵左、右副授。
陝西三邊	(漢)孟喬芳		
浙 閩	(漢)陳　錦		
湖 廣 (四川)	(漢)羅繡錦		
兩 廣	(漢)佟養甲		
漕運	吳惟華		
總河	(漢)楊方興		

年代	順治六年　己丑(1649)	順治七年　庚寅(1650)
直隸山東河南	(漢)張存仁 八、辛亥、廿四，9.30； 原浙閩總督爲兵尚、右副授。	(漢)張存仁
江南江西	(漢)馬國柱	(漢)馬國柱
宣大山西	(漢)佟養量	(漢)佟養量
陝西三邊	(漢)孟喬芳	(漢)孟喬芳
浙閩	(漢)陳　錦	(漢)陳　錦
湖廣(四川)	(漢)羅繡錦	(漢)羅繡錦
兩廣	(漢)佟養甲	(漢)佟養甲
漕運總河	吳惟華	吳惟華
河	(漢)楊方興	(漢)楊方興

總督年表

年代	順治八年 辛卯(1651)	順治九年 壬辰(1652)
直隷山東河南	(漢)張存仁 (一等子) △十月，死(忠勤)。　(漢)馬光輝 十、辛酉、十七，11.29； 戶左陞兵尚、右副授。	(漢)馬光輝
江南江西	(漢)馬國柱	(漢)馬國柱
宣大山西	(漢)佟養量 九、己丑、十五，10.28；不通文義，解。 十、壬戌、十八，11.30；仍任。	(漢)佟養量
陝西三邊	(漢)孟喬芳	(漢)孟喬芳
浙閩	(漢)陳　錦	(漢)陳　錦 七、丙子、七，8.10； 被家丁刺殺。　(漢)劉清泰 九、甲申、十五，10.17； 弘文院學士改兵右、右副授。
湖廣(四川)	(漢)羅繡錦	(漢)羅繡錦 七、己丑、廿，8.23； 死。　(漢)祖澤遠 七、戊戌、廿九，9.1；江南提督改兵尚、左副授。
兩廣	(漢)佟養甲 八、丙午、一，9.15；予祭。	
漕運	吳惟華 五、庚子、廿四，7.11；革。　(漢)王文奎 四、辛酉、十五，6.2；内弘文院學士改兵右、右副授 總督漕運、巡撫鳳陽。	(漢)王文奎 (兼鳳陽巡撫)
總河	(漢)楊方興	(漢)楊方興

年代	順治十年　癸巳(1653)	順治十一年　甲午(1654)
直隸山東河南	(漢)馬光輝	(漢)馬光輝　　　　(漢)李祖蔭 二、壬午、廿一,4.8;　二、庚寅、廿九,4.16; 病免(十二年死,忠　兵左陞兵尚、右副授。 靖)。
江南江西	(漢)馬國柱	(漢)馬國柱　　　　馬鳴佩 九、丁未、廿一,10.30;　△十月,宣大山西改。 病免。(康三死)
宣大山西	(漢)佟養量	(漢)佟養量　　　馬鳴佩　　　馬之先 二、庚午、九,　二、壬午,倉侍改兵　△十月, 3.27;解。　左、右副授。△十　陝撫遷。 　　　　月,改江南江西。
川陝三邊	(漢)孟喬芳 十二、癸未、廿 一,2.8;病辭, 允回京調養。　[六、乙巳、十一,7.5; 　　　　兼督四川。]	(漢)孟喬芳　　　　(漢)金礪 正、壬辰、一,2.17;　正、甲寅、廿三,3.11; 死(忠毅)。　固山改右都授。
浙閩	(漢)劉清泰	(漢)劉清泰　　　　(漢)屯泰 七、甲辰、十七,　七、丙辰、廿九,9.9;吏 8.28;病免。　侍陞兵尚、左副授。
湖廣	(漢)祖澤遠 　　[六、乙巳;專督湖廣。]	(漢)祖澤遠
兩廣	(漢)李率泰 六、庚申、廿六,7.20;原大學士以兵尚、右副授。 　　[六、乙巳;仍設兩廣總督。]	(漢)李率泰
湖廣兩廣雲貴	洪承疇 五、庚寅、廿五,6.20;內弘文院大學士授。 　　　　　　　　　*	洪承疇 (內弘文院) 　　　　　　　　　*
漕運總河	(漢)王文奎 　(兼鳳陽巡撫)	(漢)王文奎 九、辛亥、廿五,11.3;降三調。
	(漢)楊方興	(漢)楊方興

總 督 年 表

年代	順治十二年　乙未(1655)	順治十三年　丙申(1656)
直隸山東河南	(漢)李祖蔭	(漢)李祖蔭 十二、乙未、廿二,2.4;改湖廣。
江南江西	馬鳴佩	馬鳴佩 閏五、己酉、二,6.23;病免。(康五死)　(漢)郎廷佐 閏五、己未、十二,7.3;江西巡撫遷。
宣大山西	馬之先	(漢)馬之先 三、癸巳、十四,4.8;改川陝三邊。　張懸錫 五、己亥、十一,6.13;弘文[國史]學士陞兵尚、右副授。
川陝三邊	(漢)金礪	(漢)金礪 二、己巳、廿,3.15;休。(康元死)　馬之先 三、癸巳;宣大山西改。
浙閩	(漢)屯泰	(漢)屯泰 二、庚午、廿一,3.16;召京(督撫不睦)。　(漢)李率泰 二、庚午;兩廣改。
湖廣	(漢)祖澤遠	(漢)祖澤遠 九、己巳、廿四,11.10;降一級、解(旋死)。　胡全才 十、甲午、廿,12.5;鄖陽撫治遷。十一、丙辰、十二,12.27;死(勤愨)。　(漢)李祖蔭 十二、乙未;直隸改。
兩廣	(漢)李率泰	(漢)李率泰 二、庚午;改浙閩。　(漢)王國光 二、庚午;固山改兵尚、右都授。
湖廣兩廣雲貴	洪承疇 (內弘文院)	洪承疇 (內弘文院)
漕運	(漢)蔡士英 △二月,江西巡撫遷。(兼鳳陽巡撫)	(漢)蔡士英 (兼鳳陽巡撫)
總河	(漢)楊方興	(漢)楊方興

順治十四年　丁酉(1657)		年代	順治十五年　戊戌(1658)	
張懸錫 正、乙卯、十二，2.24；宣大山西改。		直隸 山東 河南	張懸錫 五、丁酉、一，6.1； 降三調。（旋死）	［五、乙丑、廿九， 6.29；缺裁。］
(漢)郎廷佐		江南 江西	(漢)郎廷佐	
張懸錫 正、乙卯；改直隸。	(漢)盧崇峻 正、庚申、十七，3.1；兵 右改兵左、右副授。	宣 大 山 西	(漢)盧崇峻	［七、己亥、四，8.2； 缺裁。］
馬之先 八、丁丑、七，9.14； 死（勘借）。	(漢)李國英 九、辛丑、二，10.8； 川撫遷。	川陝 三 邊	(漢)李國英	
(漢)李率泰		福 建	(漢)李率泰	［七、甲子、廿九，8.27； 改福建總督。］
(漢)李祖蔭		浙 江	(漢)趙國祚 （杭州駐防）七、甲子； 固山改兵尚、右都授。	［七、己未、廿四，8.22； 浙閩分設二員。］
(漢)王國光		湖 廣	(漢)李祖蔭	
洪承疇 （內弘文院）	＊	兩 廣	(漢)王國光 六、丙子、十， 7.10；病免。	李棲鳳 六、辛巳、十五，7.15； 廣東巡撫遷。
(漢)蔡士英 八、戊戌、廿八， 10.5；病免。	亢得時 九、辛丑；豫撫陞兵尚、 左副授。	湖廣 兩廣 雲貴	洪承疇 （九、辛丑、七，10.3；改授武英殿大學士。）＊	
(漢)楊方興 五、癸亥、廿一，7.2； 休。（康四死）	朱之錫 七、庚申、十九，8.28； 吏右陞兵尚、右副授。	漕 運	亢得時 （兼鳳陽巡撫）	
		總 河	朱之錫	

總督年表

年代	順治十六年 己亥(1659)	順治十七年 庚子(1660)
江南江西	(漢)郎廷佐	(漢)郎廷佐
川陝	(漢)李國英	(漢)李國英
福建	(漢)李率泰	(漢)李率泰
浙江	(漢)趙國祚	(漢)趙國祚
湖廣	(漢)李祖蔭	(漢)李祖蔭　　　　　(漢)張長庚 二、壬辰、七,3.17；　四、甲午、十,5.18；湘 病免。(康三死)　　撫仍以兵尚、右副授。
兩廣	(漢)李棲鳳	李棲鳳
雲貴	(漢)趙廷臣 正、癸丑、廿一,2.12；貴州巡撫改兵右、 右副授。	(漢)趙廷臣
湖廣兩廣雲貴	洪承疇 十、庚戌、廿三,12.6；病,命回院辦事。*	[裁]
漕運	亢得時　　　　蔡士英 七、庚辰、廿一,　八、癸巳、五,9.20；原任 9.7；戰敗自殺　授。(兼鳳陽巡撫) (海寇)。	蔡士英 [二、癸巳、八,3.18； 卸兼鳳陽巡撫,改專設。]
總河	朱之錫　　　(漢)楊茂勳 十一、辛酉、四,　十二、丙午、廿,1.31； 12.17；葬假。　更右署。	(漢)楊茂勳　　　　　　朱之錫 六、戊子、五,7.11；改湖廣巡撫。　△十二月, 六、癸巳、十,7.16；文華學士白色　回任。 純署。七、庚申、七,8.12；左僉苗 澄暫署。

年代	順治十八年　辛丑（1661）	
八、己未、十三,10.5; 各省均設總督。 九、丁亥、十一,11.2; 全部改授。	**直隸**	**苗 澄** 十、戊申、二,11.23; 左副授。
	江南	(漢)**郎廷佐** 江南江西改。
江南江西 (漢)**郎廷佐** 改江南。	**山東**	(漢)**趙國祚**　　　　(漢)**祖澤溥** 浙江改。　　　　　　十、乙卯、山西改。 十、乙卯、九,11.30; 山西互改。
川陝 (漢)**李國英** 改四川。	**山西**	(漢)**祖澤溥**　(漢)**趙國祚** 任。　　　　　十、乙卯; 山東互改。 十、乙卯: 山東互改。
	河南	(漢)**劉清泰** 秘書學士授。
福建 (漢)**李率泰** 仍福建。	**陝西**	(漢)**白如梅** 山西巡撫遷。
	福建	(漢)**李率泰** 原任。
浙江 (漢)**趙國祚** 改山東。	**浙江**	(漢)**趙廷臣** 雲貴改。
	江西	(漢)**張朝璘** 江西巡撫遷。
湖廣 (漢)**張長庚** 仍湖廣。	**湖廣**	(漢)**張長庚** 原任。
	四川	(漢)**李國英** 川陝改。
兩廣 **李棲鳳** 改廣東。	**廣東**	(漢)**李棲鳳**　　　　(漢)**盧崇峻** 十二、丙午、一,1.20;　十二、丁巳、十二,1.31; 休。（康三死）　　　原宜大授。
	廣西	(漢)**于時躍** 廣西巡撫遷。
雲貴 (漢)**趙廷臣** 改浙江。	**雲南**	(漢)**卞三元** 貴州巡撫遷。
	貴州	(漢)**佟延年**　　　　(漢)**楊茂勳** 甘撫授; 十二月,休。　十二、癸酉、廿八,2.16; 　　　　　　　　　湖廣巡撫遷。
漕運	**蔡士英** △九月,病免(旋死)。	**林起龍** 十、己酉、三,11.24; 鳳陽巡撫改。
總河	**朱之錫**	

總督年表

年代	康熙元年　壬寅（1662）
直隸	苗　澄
江南	(漢)郎廷佐
山東	(漢)祖澤溥
山西	(漢)趙國祚　　　　　　　　　　　　白秉貞 　　二、辛亥、七，3.26，解。（康二七死，敏壯）　　二、庚申、十六，4.4，郇陽撫治歷。
河南	(漢)劉清泰
陝西	(漢)白如梅
福建	(漢)李率泰
浙江	(漢)趙廷臣
江西	(漢)張朝璘
湖廣	(漢)張長庚
四川	(漢)李國英
廣東	(漢)盧崇峻
廣西	(漢)于時躍
雲南	(漢)卞三元
貴州	(漢)楊茂勳
漕運	林起龍
總河	朱之錫

康熙二年　癸卯(1663)	康熙三年　甲辰(1664)
苗　澄	苗　澄
(漢)郎廷佐	(漢)郎廷佐
(漢)祖澤溥	(漢)祖澤溥
白秉貞	白秉貞
(漢)劉清泰	(漢)劉清泰
(漢)白如梅	(漢)白如梅
(漢)李率泰	(漢)李率泰　　　　　(漢)朱昌祚 六、丁酉、六、6.29；　六、己酉、十八、7.11； 病免。(五年死，忠襄)　浙撫遷。
(漢)趙廷臣	(漢)趙廷臣
(漢)張朝璘	(漢)張朝璘
(漢)張長庚	(漢)張長庚
(漢)李國英	(漢)李國英
(漢)盧崇峻	(漢)盧崇峻
(漢)于時躍　　　　　(漢)屈盡美 △十二、辛酉、廿八，　十二、辛酉；廣西巡撫 1.25；解。(三年死)　遷。	(漢)屈盡美
(漢)卞三元	(漢)卞三元
(漢)楊茂勳	(漢)楊茂勳
林起龍	林起龍
朱之錫	朱之錫

年代	康熙四年　乙巳（1665）		
直隸	苗　澄　　　　　　　　〔裁免〕		五、丁未、廿二,7.4；裁併各省總督。
江南	(漢)郎廷佐 　　改兩江。	直隸 山東 河南	(漢)朱昌祚 　　六、丙辰、一,7.13；福建改。
山東	(漢)祖澤溥 　　五、己亥、十四,6.26；病免。		
山西	白秉貞　　　　　　　　〔裁免〕	兩 江	(漢)郎廷佐 　　江南改。
河南	(漢)劉清泰 　　五、癸卯、十八,6.30；病免。（旋死）		
陝西	(漢)白如梅 　　改山陝。	山 陝	(漢)白如梅 　　陝西改。
福建	朱昌祚 　　改直隸。	福 建	
浙江	(漢)趙廷臣 　　仍浙江。	浙 江	(漢)趙廷臣 　　原任。
江西	(漢)張朝璘　　　　　　〔裁免〕		
湖廣	(漢)張長庚 　　仍湖廣。	湖 廣	(漢)張長庚 　　原任。
四川	(漢)李國英 　　仍四川。	四 川	(漢)李國英 　　原任。
廣東	(漢)盧崇峻　　　　(漢)盧興祖 　△二月,憂免。　　二、癸未、廿六,4.11；巡撫遷。		
廣西	(漢)屈盡美　　　　　　〔裁免〕	兩 廣	(漢)盧興祖 　　廣東改。
雲南	(漢)卞三元 　　改雲貴。		
貴州	(漢)楊茂勳　　　　　　〔裁免〕	雲 貴	(漢)卞三元 　　雲南改。
漕運	林起龍		
總河	朱之錫		

年代	康 熙 五 年　丙午 (1666)		
直隸 山東 河南	(漢)**朱昌祚** 　十二、庚申、十四，1.8；革(旋殺)。(八年，勤愍)		
兩江	(漢)**郎廷佐**		
山陝	(漢)**白如梅** 　十、庚戌、三，10.30；革。	(漢)**盧崇峻** 　十一、辛卯、十五，12.10；總河改。	
福建	(漢)**張朝璘** 　正、己酉、廿八，3.3；原江西授。		
浙江	(漢)**趙廷臣**		
湖廣	(漢)**張長庚**		
四川	(漢)**李國英** 　△十一月，死(勤襄)。	**苗　澄** 　十一、己卯、三，11.28；原直督授。	
兩廣	(漢)**盧興祖**		
雲貴	(漢)**卞三元**		
漕運	**林起龍**		
總河	**朱之錫** 　四、癸丑、三，5.6；死。	(漢)**盧崇峻** 　三、丙申、十六，4.19；原魯督授。 　十一、辛卯；改山陝。	(漢)**楊茂勳** 　十一、己亥、廿三，12.28； 　原黔督授。

總 督 年 表

年代	康熙六年　丁未(1667)	康熙七年　戊申(1668)
直隸 山東 河南	**白秉貞** 正、己卯、四，1.27；原山西總督授。	**白秉貞**
兩江	(漢)**郎廷佐**	(漢)**郎廷佐**　　　　(滿)**麻勒吉** 十一、己酉、十四，　　十二、癸酉、九，1.10； 12.17；病免。　　　　刑左改。
山陝	(漢)**盧崇峻** 十二、乙亥、五，1.18；憂免。(八年削尚書衜令休)	(滿)**莫洛** 正、戊申、九，2.20；左副遷。
福建	(漢)**張朝璘**　　(漢)**祖澤溥** △三月，休。　　三、丙申、廿二，4.14； 　　　　　　原山東總督授。	(漢)**祖澤溥**
浙江	(漢)**趙廷臣**	(漢)**趙廷臣**
湖廣	(漢)**張長庚**	(漢)**張長庚** [十、庚寅、廿五，11.28；] [缺裁，由川督兼管。]
四川	**苗 澄** 十一、甲子、廿四，1.7；自陳，解。	(漢)**劉兆麒** 正、戊申、九，2.20； 湖廣巡撫遷。　　　[十、庚寅；改稱] 　　　　　　　[川湖總督。]
兩廣	(漢)**盧興祖**　　(漢)**周有德** 十一、戊午、十八，　十二、丁亥、十七，1.30； 1.1；解。　　　　山東巡撫遷。	(漢)**周有德**
雲貴	(漢)**卞三元**	(漢)**卞三元**　　　　(漢)**甘文焜** 十二、丙寅、二，1.3；　十二、己卯、十五， 乞養。(廿六年死，　1.16；直撫遷。 恪敏)
漕運	**林起龍**　　(漢)**屈盡美** 閏四、己亥、廿五，　五、庚戌、七，6.27； 6.16；降三調。　　原兩廣總督授。	(漢)**屈盡美**
總河	(漢)**楊茂勳**	(漢)**楊茂勳**

年代	康 熙 八 年　己 酉（1669）		
直隸山東河南	**白秉貞** 　九、丙申、六，9.30；休。　　　　　　　　　　　　　［七、壬辰、一，7.28；缺裁。］		
兩江	（滿）**麻勒吉**		
山陝	（滿）**莫洛** 　九、丙申；裁革。十一、己亥；復任。	（蒙）**多諾**（未任） 　九、甲寅、廿四，10.18；弘文學士任。 　十一、己亥、十，12.2；改刑右。	
福建	（漢）**祖澤溥** 　△三月，缺裁，併浙江。 　九、丙申、六，9.30；休。	浙 江 福 建	**劉兆麒** 　三、丙辰、廿三，4.23； 　四川總督改。
浙江	（漢）**趙廷臣** 　四、癸酉、十一，5.10；死（清獻）。		
川湖	**劉兆麒** 　二、丙辰；改浙江福建總督。		
兩廣	（漢）**周有德**		
雲貴	（漢）**甘文焜**		
漕運	（漢）**屈盡美** 　△七月，降。	（滿）**帥顏保** 　七、丙申、五，8.1；吏左授。	
總河	（漢）**楊茂勳** 　九、丙申；休。	（漢）**羅　多** 　十、乙丑、五，10.29；工左授。	

總督年表

年代	康熙九年 庚戌(1670)		
兩江	(滿)**麻勒吉**		
山陜	(滿)**莫洛** 十二、癸卯、廿,1.30;遷刑尚。		
浙江福建	**劉兆麒** 四、乙巳、十九,6.6; 改浙江總督。	福建	**劉 斗** 四、乙巳;甘肅巡撫遷。〔三、庚午、十三,5.2;復設。〕
		浙江	**劉兆麒** 四、乙巳;浙閩總督改。
川湖	(漢)**蔡毓榮** 四、己丑、三,5.21;吏左授。		
兩廣	(漢)**周有德** 正、乙巳、十七,2.6;憂免。	(漢)**金光祖** 三,癸酉、十五,3.6;廣西巡撫遷。	
雲貴	(漢)**甘文焜**		
漕運總督	(滿)**帥顏保**		
河	(漢)**羅 多**		

年 代	康 熙 十 年　辛亥(1671)	康 熙 十 一 年　壬子(1672)
兩江	（滿）**麻勒吉**	（滿）**麻勒吉**
山陝	（漢）**羅　多** 　　正、乙亥、廿三，3.3；總河改。	（漢）**羅　多**　　　　（滿）**鄂善** 　　三、壬申、廿六，4.23；　四、壬辰、十七，5.13； 　　降二調。　　　　　　　陝撫遷。 　　[△改陝西總督]
福建	**劉　斗**	**劉　斗**　　　　（漢）**范承謨** 　　九、乙未、廿三，11.12；　十、壬子、十一， 　　降五調。　　　　　　　11.29；浙撫遷。
浙江	**劉兆麒**	**劉兆麒**
川湖	（漢）**蔡毓榮**	（漢）**蔡毓榮**
兩廣	（漢）**金光祖**	（漢）**金光祖**
雲貴	（漢）**甘文焜**	（漢）**甘文焜** 　　六、己卯、五，6.29；葬假。
漕運	（滿）**帥顏保**	（滿）**帥顏保**
總河	（漢）**羅　多**　　　（漢）**王光裕** 　正、乙亥；改山陝。　二、己丑、七，3.17； 　　　　　　　　　　左副遷。	（漢）**王光裕**

總 督 年 表

年 代	康熙十二年　癸丑(1673)	
兩江	(滿)**麻勒吉** 　五、庚寅、廿一,7.5;降二調。	(滿)**阿席熙** 　六、甲寅、十六,7.29;陝西巡撫遷。
陝西	(滿)**鄂善** 　九、辛未、五,10.14;改雲南總督。	(滿)**哈占** 　九、乙酉、十九,10.28;工左任。
福建	(漢)**范承謨**	
浙江	**劉兆麒** 　五、庚寅;降二調。	**李之芳** 　六、癸卯、五,7.18;吏右任。
川湖	(漢)**蔡毓榮**	
兩廣	(漢)**金光祖**	
雲貴	(漢)**甘文焜** 　△十二、癸卯、八,1.14;逃走,至鎮遠自殺(忠果)。	
雲南	(滿)**鄂善** 　九、辛未;陝西改。 　十二、丁巳、廿二,1.28;吳三桂反清,命暫留湖廣防剿。 　　　　　　　　　　　　　　[八、乙卯、十八,9.28;撤藩後專設。]	
漕運	(滿)**帥顏保**	
總河	(漢)**王光裕**	

年代	康熙十三年　甲寅(1674)		
兩江	(滿)阿席熙		
江西	(漢)董衛國 七、庚辰、十八，8.19；江西巡撫遷。		[七、庚辰；增設。]
陝西	(滿)哈占		
福建	(漢)范承謨 三、庚辰、十六，4.21；耿精忠反清被囚。（十五年殺）	(漢)郎廷佐 七、辛未、九，8.10；原兩江授。	
浙江	李之芳		
湖廣	(漢)蔡毓榮		
四川	(漢)周有德 二、丁未、十二，3.19；原兩廣授。		[二、癸卯、九，3.15；增設。]
兩廣	(漢)金光祖		
雲貴	(滿)鄂善 正、丁丑、十二，2.17；由雲南總督改授。		
漕運	(滿)帥顏保		
總河	(漢)王光裕		

總督年表

年代	康熙十四年　乙卯(1675)	康熙十五年　丙辰(1676)
兩江	(滿)阿席熙	(滿)阿席熙
江西	(漢)董衛國	(漢)董衛國
陝西	(滿)哈占	(滿)哈占
福建	(漢)郎廷佐	(漢)郎廷佐　　　(漢)郎廷相 △七月，免。　　七、戊申、廿八，9.5； (十五年死)　　原河南巡撫遷。
浙江	李之芳	李之芳
湖廣	(漢)蔡毓榮	(漢)蔡毓榮
四川	(漢)周有德	(漢)周有德
兩廣	(漢)金光祖	(漢)金光祖 △二、癸酉、廿一，4.3；從尚之信反清。
雲貴	(滿)鄂善	(滿)鄂善
漕運	(滿)帥顏保	(滿)帥顏保
總河	(漢)王光裕	(漢)王光裕

康熙十六年　丁巳(1677)	康熙十七年　戊午(1678)
(滿)阿席熙	(滿)阿席熙
(漢)董衛國	(漢)董衛國
(滿)哈占	(滿)哈占
(漢)郎廷相	(漢)郎廷相　　　　　姚啓聖 　　　五、己酉、十,6.28;解。　五、癸丑、十四,7.2; 　　　　　　　　　　　　閩布擺。
李之芳	李之芳
(漢)蔡毓榮	(漢)蔡毓榮
(漢)周有德	(漢)周有德
(漢)金光祖 　△六月,仍歸清朝。	(漢)金光祖
(滿)鄂善 　七、丙申、廿一,8.19;降留,旋改甘撫。	［吳三桂反清地區］
(滿)帥顏保	(滿)帥顏保
(漢)王光裕　　　(漢)靳　輔 　二、丙辰、九,3.12;解。　二、辛未、廿四,3.27; 　　　　　　　　　　　　皖撫遷。	(漢)靳　輔

總督年表

年代	康熙十八年　己未(1679)	康熙十九年　庚申(1680)
兩 江	(滿)**阿席熙**	(滿)**阿席熙**
江 西	(漢)**董衛國**	(漢)**董衛國**
陝 西	(滿)**哈占**	(滿)**哈占** 　　　　「十一、辛酉、六，12.26；」 　　　　「改川陝總督。」
福 建	**姚啓聖**	**姚啓聖**
浙 江	**李之芳**	**李之芳**
湖 廣	(漢)**蔡毓榮** 十二、壬戌、一，1.2；授綏遠將軍。	(漢)**蔡毓榮**
四 川	(漢)**周有德**　　　(漢)**楊茂勳** 二、辛巳、十六，3.27；　四、丙寅、二、.5.11；郎 改雲貴總督。　　　陽撫治遷，暫留原任。	(漢)**楊茂勳** 十一、辛酉；解任隨軍。 　　　　「十一、辛酉；缺裁。」
兩 廣	(漢)**金光祖**	(漢)**金光祖**
雲 貴	(漢)**周有德** 二、辛巳；四川總督改。	(漢)**周有德**　　　**趙良棟** △二月，死。　　　正、戊午、廿八，2.27；寧夏 　　　　　　提督、勇略將軍任。
漕 運 總	(滿)**帥顏保**	(滿)**帥顏保**
河	(漢)**靳　輔**	(漢)**靳　輔**

年代	康熙二十年　辛酉(1681)	康熙二一年　壬戌(1682)
兩江	(滿)阿席熙　　　　于成龍 △十二月，降。　　[字北溟，山西人] （旋死）　　　　　十二、癸卯、廿四，2.1； 　　　　　　　　直隸巡撫遷。	于成龍
江西	(漢)董衛國	(漢)董衛國 正、己巳、廿一， 2.27；缺裁，改　　[正、己巳；併] 湖廣總督。　　　[入兩江。]
川陝	(滿)哈占	(滿)哈占
福建	姚啓聖	姚啓聖
浙江	李之芳	李之芳　　　　　　施維翰 十一、甲寅、十一，　十一、戊辰、廿五，12.23； 12.9；遷兵尚。　　山東巡撫遷。
湖廣	(漢)蔡毓榮	(漢)蔡毓榮　　　　(漢)董衛國 正、丙寅、十八，　正、己巳；裁缺江西總 2.24；改雲貴總督。　督改。
兩廣	(漢)金光祖　　　(漢)吳興祚 △十二月，免。　　十二、癸卯；福建巡撫 　　　　　　　遷。	(漢)吳興祚
雲貴	趙良棟	趙良棟　　　　　(漢)蔡毓榮 △正月，召京。　　正、丙寅；湖廣總督改。 （卅六年死，襄忠）。
漕運	(滿)帥顏保　　　(滿)邵甘 五、庚申、八，6.23；　五、辛未、十九，7.4； 遷工尚。　　　督捕遷。	(滿)邵甘
總河	(漢)靳　輔	(漢)靳　輔

總督年表

年代	康熙二二年　癸亥(1683)	康熙二三年　甲子(1684)
兩江	**于成龍**	**于成龍**　　　　(漢)**王新命** 五、丁丑、十二，　　五、甲申、十九，7.1； 6.24；死(清端)。　　江寧巡撫遷。
川陝	(滿)**哈占**　　　(滿)**禧佛** 八、戊申、九，9.29；　八、戊午、十九，10.9； 遷兵尚。　　　　左都改。	(滿)**禧佛**
福建	**姚啟聖**　　　**施維翰** △十二月，死。　十二、丙辰、十九，2.4； 　　　　浙江總督改。	**施維翰**　　　(漢)**王國安** 七、己巳、五，8.15；　五、丁卯、二，6.14； 死(清惠)。　　浙江總督改。
浙江	**施維翰** 十二、丙辰；改福建總督。	(漢)**王國安** 正、丙申、卅，3.15；浙江巡撫 遷。五、丁卯；改福建總督。　[五、丁卯；缺裁。]
湖廣	(漢)**董衛國**	(漢)**董衛國**　　　**徐國相** △正月，死。　　正、丙申；安徽巡撫遷。
兩廣	(漢)**吳興祚**	(漢)**吳興祚**
雲貴	(漢)**蔡毓榮**	(漢)**蔡毓榮**
漕運總河	(滿)**邵甘** 十二、戊戌、七， 1.11；革。	(滿)**邵甘**　　　**徐旭齡** 十二、戊戌、七，　十二、丙午、十五，1.19； 1.11；革。　　工右任。
漕運總河	(漢)**靳輔**	(漢)**靳輔**

年代	康熙二四年　乙丑(1685)	康熙二五年　丙寅(1686)
兩江	(漢)王新命	(滿)王新命
川陝	(滿)禧佛	(滿)禧佛　　　　　(滿)圖納 　九、乙未、十四，　　九、乙巳、廿四，11.9； 　10.30；遷刑尚。　　山西巡撫遷。
福建	(漢)王國安	(漢)王國安
湖廣	徐國相	徐國相
兩廣	(漢)吳興祚	(漢)吳興祚
雲貴	(漢)蔡毓榮	(漢)蔡毓榮　　　　(漢)范承勳 　閏四、辛未、十八，6.8；　閏四、辛未；廣西巡 　改倉侍。　　　　撫遷。
漕運總	徐旭齡	徐旭齡
河	(漢)靳　輔	(漢)靳　輔

總督年表

年代	康熙二六年　丁卯(1687)	康熙二七年　戊辰(1688)
兩江	(漢)王新命　　　董訥 三、乙酉、七,4.18;　三、己丑、十一,4.22; 改閩浙總督。　　　左都改。	董訥　　(滿)傅拉塔 三、丁酉、廿四,　四、戊申、六,5.5; 4.24;降五調。　刑右任。
川陝	(滿)圖納	(滿)圖納　　(滿)葛思泰 二、丁巳、十四,　二、甲子、廿一,3.22; 3.15;改刑尚。　左都改。
福建／閩浙	(漢)王國安　　(漢)王新命 三、辛巳、三,4.14;　三、乙酉;兩江總督 改刑右。　　　　改。 [三、乙酉;改閩浙總督。]	(漢)王新命　　　王騭 三、己丑、十六,　三、丙申、廿三,4.23; 4.16;改總河。　江西巡撫遷。
湖廣	徐國相	徐國相　　(漢)丁思孔 三、乙酉、十二,　九、戊戌、廿九, 4.12;革。　　10.22;湖廣巡撫遷。 [三、辛卯、十八,4.18;缺裁。 九、癸巳、廿四,10.17;復設。]
兩廣	(漢)吳興祚	(漢)吳興祚
雲貴	(漢)范承勳	(漢)范承勳
漕運	徐旭齡　　　慕天顏 四、己未、十二,　三、戊戌、廿,5.1; 5.22;死(清獻)。　貴州巡撫遷。	慕天顏　　(漢)馬世濟 三、乙酉;解。　三、庚寅、十七,4.17; 三、丁酉;革。　貴州巡撫遷。
總河	(漢)靳輔	(漢)靳輔　　(漢)王新命 三、乙酉;解。　三、己丑,閩浙總督 三、丁酉;革。　改。

年代	康熙二八年　己巳(1689)	康熙二九年　庚午(1690)
兩江	(滿)傅拉塔	(滿)傅拉塔
川陝	(滿)葛思泰	(滿)葛思泰
閩浙	王　騭　　　(漢)興永朝 五、丁未、十二、　　五、壬子、十七,7.3; 6.28;遷户尚。　　　偏沅巡撫遷。	(漢)興永朝
湖廣	(漢)丁思孔	(漢)丁思孔
兩廣	(漢)吳興祚　　　(漢)石　琳 六、戊子、廿三,　　七、己亥、五,8.19; 8.8;降三調。　　　雲南巡撫遷。	(漢)石　琳
雲貴	(漢)范承勳	(漢)范承勳
漕運總督	(漢)馬世濟　　　董　訥 三、丁亥、廿,4.9;　三、丁亥;兵右授。 病免。	董　訥
總河	(漢)王新命	(漢)王新命

總督年表

年代	康熙三十年　辛未(1691)	康熙三一年　壬申(1692)
兩江	(滿)傅拉塔	(滿)傅拉塔
川陝	(滿)葛思泰	(滿)葛思泰　　　　　(滿)佛倫 十、庚辰、五,11.12;　　十、甲申、九,11.16; 病免(旋死)。　　　　　山東巡撫遷。
閩浙	(漢)興永朝	(漢)興永朝　　　　朱宏祚 十二、乙未、廿一,　　十二、乙未;廣東巡撫遷。 1.26;改漕運。
湖廣	(漢)丁思孔	(漢)丁思孔
兩廣	(漢)石　琳	(漢)石　琳
雲貴	(漢)范承勳	(漢)范承勳
漕運總督	董　訥	董　訥　　　　(漢)興永朝 十二、辛卯、十七,　　十二、乙未;閩浙總督 1.22;遷左都。　　　　改。
河	(漢)王新命	(漢)王新命　(漢)靳　輔　　(漢)于成龍 二、辛巳、一,　二、辛巳;原任授。　十二、壬午、 3.18;解,旋　十一、甲子、十九,　八,1.13;左 革。　　　　12.26;病免。　　都改。 　　　　　　(旋死,文襄)

康 熙 三 二 年　癸酉(1693)	康 熙 三 三 年　甲戌(1694)
(滿)傅拉塔	(滿)傅拉塔　　　　　(漢)范承勳 六、丁酉、一,7.22;　六、丙辰、廿,8.10; 死(清端)。　　　　左都改。
(滿)佛倫	(滿)佛倫　　　　　　(滿)吳赫 三、乙卯、十七,4.11;　十、丙申、二,11.18; 遷禮尚,仍兼。　　　陝西巡撫遷。
朱宏祚	朱宏祚 十二、庚戌、十七,1.31;降四調。
(漢)丁思孔	(漢)丁思孔　　　　　吳琠 四、戊寅、十一,5.4;　四、辛卯、廿四,5.17; 改雲貴總督。　　　原湖廣巡撫遷。
(漢)石　琳	(漢)石　琳
(漢)范承勳	(漢)范承勳　(漢)丁思孔　　(漢)王繼文 三、乙丑、廿七,　四、戊寅;湖廣改。　九、癸未、十 4.21;遷左都。　十、癸亥、廿九,　八,11.5;雲 　　　　　12.15;死。　南巡撫遷。
(漢)興永朝	(漢)興永朝　　　　　(漢)王樑 二、甲戌、六,3.1;　二、丁丑、九,3.4; 改鑲黃漢副。　　　偏沅巡撫遷。
(漢)于成龍	(漢)于成龍

總督年表

年代	康熙三四年 乙亥(1695)	康熙三五年 丙子(1696)
兩江	(漢)范承勳	(漢)范承勳
川陝	(滿)吳赫	(滿)吳赫
閩浙	(漢)郭世隆 二、己亥、七,3.21;直隸巡撫遷。	(漢)郭世隆
湖廣	吳琠	吳琠　六、壬子、廿八,7.26;遷左都。　李輝祖　七、戊午、四,8.1;河南巡撫遷。
兩廣	(漢)石琳	(漢)石琳
雲貴	(漢)王繼文	(漢)王繼文
漕運	(漢)王樑　六、庚申、卅,8.9;解。　(滿)董安國　七、乙丑、五,8.14;偏沅巡撫遷。八、己酉、廿,9.27;改總河。　(漢)桑額　八、己酉;督撫遷。	(漢)桑額
總河	(漢)于成龍　八、癸卯、十四,9.21;憂免。　(滿)董安國　八、己酉;漕運總督改。	(滿)董安國

康熙三六年　丁丑(1697)	康熙三七年　戊寅(1698)
(漢)范承勳	(漢)范承勳　　　　張鵬翮 　十、甲寅、十三，　　十一、壬辰、廿二，12.23； 11.15；憂免。　　　　刑尚改。
(滿)吳赫	(滿)吳赫
(漢)郭世隆	(漢)郭世隆
李輝祖	李輝祖
(漢)石　琳	(漢)石　琳
(漢)王繼文 　十二、甲寅、十四，1.14； 病免。(四二年死)	(漢)王繼文　　　(滿)巴錫 　十二、己未、十九，1.19； 　陝西巡撫遷。
(漢)桑　額	(漢)桑　額
(滿)董安國	(滿)董安國　　　(漢)于成龍 　十一、丁酉、廿七，　　十一、丁酉；直隸巡撫遷。 12.28；革。

總督年表

年代	康熙三八年　己卯(1699)	康熙三九年　庚辰(1700)
兩江	張鵬翮 五、庚午、二,5.30; 隨扈入京,旋右。　吏右陶岱署。	張鵬翮　　　　　　(滿)阿山 三、癸卯、十,　三、癸卯、吏　五、丁未、五, 4.28;改總河。　右陶岱署。　7.1;禮侍管 　　　　　　五、癸卯、十　翰掌任。 　　　　　　一,6.27;改 　　　　　　倉侍。
川陝	(滿)吳赫　　　　(滿)席爾達 七、癸酉、六,8.1;解。　七、庚辰、十三,8.8; (卅九年革,旋死)　兵尚署。 　　　　　　十一、己亥、五, 　　　　　　12.25;改禮尚。	(滿)席爾達 十、丁亥、廿八,12.8;禮尚改吏尚,仍署。
閩浙	(漢)郭世隆	(漢)郭世隆
湖廣	(漢)李輝祖　　　　郭琇 六、戊戌、一,6.27;　六、戊戌、原左都任。 召京,改刑右。	郭琇
兩廣	(漢)石琳	(漢)石琳
雲貴	(滿)巴錫	(滿)巴錫
漕運	(漢)桑額	(漢)桑額
總河	(漢)于成龍	(漢)于成龍　　　　張鵬翮 三、癸卯、十,4.28;　三、癸卯;兩江總督改。 死(襄勤)。

康熙四十年　辛巳(1701)	康熙四一年　壬午(1702)
(滿)阿山	(滿)阿山
(滿)席爾達　　　(覺羅)華顯 　十、壬申、十九，　　十、壬申；陝西巡撫遷。 　11.18；命回吏尚任。	(覺羅)華顯
(漢)郭世隆	(漢)郭世隆　　　(漢)金世榮 　十、丙午、廿九，12.17；　十、丙午；福州將軍改， 　改兩廣總督。　　　仍兼管。
郭琇	郭琇
(漢)石琳	(漢)石琳　　　(漢)郭世隆 　十、丙午；休。　　十、丙午；閩浙總督改。 　(四二年死)
(滿)巴錫	(滿)巴錫
(漢)桑額	(漢)桑額
張鵬翮	張鵬翮

總督年表

年代	康熙四二年　癸未(1703)	康熙四三年　甲申(1704)
兩江	(滿)阿山	(滿)阿山
川陝	(覺羅)華顯	(覺羅)華顯　　　　(滿)博霽 二、辛巳、十一,3.16;　正、辛酉、廿一,2.25; 死(文襄)。　　　　西安將軍兼管。
閩浙	(漢)金世榮 (兼福州將軍)	(漢)金世榮 (兼福州將軍)
湖廣	郭琇　　　(漢)喻成龍 四、丁亥、十二,　四、戊戌、廿三,6.7; 5.27;革。　　　安徽巡撫遷。	(漢)喻成龍
兩廣	(漢)郭世隆	(漢)郭世隆
雲貴	(滿)巴錫	(滿)巴錫
漕運總督	(漢)桑額	(漢)桑額
總河	張鵬翮	張鵬翮

康熙四四年　乙酉(1705)	康熙四五年　丙戌(1706)
(滿)阿山	(滿)阿山　　　　　(滿)邵穆布 　十一、甲戌、廿，　　十一、辛巳、廿七，12.31； 12.24；遷刑尚。　　　禮左改。
(滿)博霽 　（西安將軍兼管）	(滿)博霽 　（西安將軍兼管）
(漢)金世榮 　十二、壬子、廿二，2.5；解福州將軍兼職。	(漢)金世榮　　　　　梁鼐 　五、己未、二，6.12；　　五、丁丑、廿，6.30； 遷兵尚。　　　　　　福建陸路提督遷。
(漢)喻成龍　　　(漢)石文晟 　八、己酉、十八，　　八、戊午、廿七，10.14； 10.5；革。　　　　廣東巡撫遷。	(漢)石文晟
(漢)郭世隆	(漢)郭世隆　　　　　趙宏燦 　十二、甲辰、廿，　　十二、辛亥、廿七，1.30； 1.23；革。　　　　廣東提督遷。
(滿)巴錫　　　　(滿)貝和諾 　五、癸酉、十一，7.1；　五、庚辰、十八，7.8； 改戶右。　　　　兵右改。	(滿)貝和諾
(漢)桑額	(漢)桑額
張鵬翮	張鵬翮

總督年表

年代	康熙四六年　丁亥(1707)	康熙四七年　戊子(1708)
兩江	(滿)**邵穆布**	(滿)**邵穆布**
川陝	(滿)**博霽** （川陝總督兼管）	(滿)**博霽** 九、乙亥、二， 10.5；死。　(滿)**齊世武** 四、己酉、三，5.22； 甘肅巡撫遷。
閩浙	梁　鼐	梁　鼐
湖廣	(漢)**石文晟** 五、丙子、廿五， 6.24；解。　(漢)**郭世隆** 六、丁亥、六，7.5； 已革兩廣總督任。	(漢)**郭世隆**
兩廣	趙宏燦	趙宏燦
雲貴	(滿)**貝和諾**	(滿)**貝和諾**
漕運	(漢)**桑　額**	(漢)**桑　額**
總河	張鵬翮	張鵬翮　(漢)**趙世顯** 十、乙卯、十三，　十一、癸未、十一，12.22； 11.24；遷刑尚。　山東巡撫遷。

康熙四八年　己丑(1709)	康熙四九年　庚寅(1710)
(滿)**邵穆布**　　　　(滿)**噶禮** △七月,免。　　　七、辛卯、廿二,8.27; 　　　　　　　　戶左遷。	(滿)**噶禮**
(滿)**齊世武**　　　　(滿)**殷泰** 七、庚寅、廿一,8.26;　七、庚寅;甘肅提督遷。 遷刑尚。	(滿)**殷泰**
梁　鼐	**梁　鼐**　　　　　　　(漢)**范時崇** 八、甲申、廿二,　將軍祖良　八、庚寅、廿八, 10.14;憂免。　璧兼署。　10.20;廣東巡 (五四年死)　　　　　撫遷。
(漢)**郭世隆**	(漢)**郭世隆**　　　　(滿)**鄂海** 十、丙子、十五,12.5;　十、丙子;陝西巡撫遷。 遷刑尚。
趙宏燦	**趙宏燦**
(滿)**貝和諾**	(滿)**貝和諾**　　　　(滿)**郭瑮** 九、辛酉、卅,11.20;　十、丙子;雲南巡撫遷。 遷禮尚。
(漢)**桑　額**	(漢)**桑　額**　　　　(滿)**赫壽** 十一、乙卯、廿五,　十二、癸酉、十三,1.31; 1.13;遷吏尚。　吏左遷。
(漢)**趙世顯**	(漢)**趙世顯**

總督年表

年代	康熙五十年　辛卯(1711)	康熙五一年　壬辰(1712)
兩江	(滿)噶禮	(滿)噶禮　　(漢)郎廷極　　(滿)赫壽 二、丁巳、四，　　二、丁巳；贛撫　　十、丙寅； 3.10；解。　　　署。　　　　　漕運改。 十、壬戌、十　　十、丙寅、十六， 二，11.10；革。　11.14；改漕運。
川陝	(滿)殷泰	(滿)殷泰
閩浙	(漢)范時崇	(漢)范時崇
湖廣	(滿)鄂海	(滿)鄂海
兩廣	趙宏燦	趙宏燦
雲貴	(滿)郭瑮	(滿)郭瑮
漕運	(滿)赫壽	(滿)赫壽　　　　(漢)郎廷極 十、丙寅；改兩江總督。　十、丙寅；署兩江 　　　　　　　　　　　（贛撫）改。
總河	(漢)趙世顯	(漢)趙世顯

康 熙 五 二 年　癸巳(1713)	康 熙 五 三 年　甲午(1714)
(滿)赫壽	(滿)赫壽
(滿)殷泰　　　　(滿)鄂海 四、甲寅、七,5.1;病免。　四、甲寅;湖廣總督 (五三年死,清端)　　改。	(滿)鄂海
(漢)范時崇	(漢)范時崇
(滿)鄂海　　　(滿)額倫特 四、甲寅;改川陝總督。　四、癸亥、十六,5.10; 　　　　　　　湖廣提督遷。	(滿)額倫特
趙宏燦	趙宏燦
(滿)郭瑮	(滿)郭瑮
(漢)郎廷極	(漢)郎廷極
(漢)趙世顯	(漢)趙世顯

年代	康熙五四年　乙未(1715)	
兩江	(滿)**赫壽**	
川陝	(滿)**鄂海**	
閩浙	(漢)**范時崇** 　十一、甲午、二, 11.27；遷左都。	(覺羅)**滿保** 　十一、癸卯、十一, 12.6；福建巡撫遷。
湖廣	(滿)**額倫特**	
兩廣	**趙宏燦**	
雲貴	(滿)**郭瑮**	
漕運	(漢)**郎廷極** 　二、己巳、二, 3.7；死(溫勤)。	(漢)**施世綸** 　二、己巳；雲南巡撫遷。
總河	(漢)**趙世顯**	

康熙五五年　丙申(1716)	康熙五六年　丁酉(1717)
(滿)赫壽	(滿)赫壽　　　(滿)長鼐 四、丙申、十二，5.22；　四、甲辰、廿，5.30； 遷理尚。　　　　　　　閣學改。
(滿)鄂海	(滿)鄂海
(覺羅)滿保	(覺羅)滿保
(滿)額倫特　　　　(滿)滿丕 閏三、癸亥、三，4.24；　閏三、癸亥；工右署。 署西安將軍。	(滿)滿丕 　(工右署)
趙宏燦　　　(漢)楊　琳 十、壬辰、六，11.19；　十、戊戌、十二，11.25； 還兵尚。　　　　　　廣東巡撫遷。	(漢)楊　琳
(滿)郭琭　　　　蔣陳錫 十、戊戌，死(勤恪)。　九、庚午、十四，10.28； 　　　　　　　　山東巡撫遷。	蔣陳錫
(漢)施世綸	(漢)施世綸
(漢)趙世顯	(漢)趙世顯

年代	康熙五七年　戊戌(1718)			康熙五八年　己亥(1719)
兩江	(滿)長鼐			(滿)長鼐
川陝	(滿)鄂海 十、丁卯、廿三， 12.14；改陝西總督。 〔十、丁卯；改爲〕 〔陝西總督。　　〕	四川 陝西	(漢)年羹堯 十、甲子；川撫遷， 仍兼。 〔十、甲子、廿，〕 〔12.11；增設。　〕 (滿)鄂海 十、丁卯；川陝總督 改。	(漢)年羹堯 (滿)鄂海
閩浙	(覺羅)滿保			(覺羅)滿保
湖廣	(滿)滿丕 　(工右署)			(滿)滿丕 　(工右：六、丁巳、十六，8.1；改工左， 　仍署。)
兩廣	(漢)楊　琳			(漢)楊　琳
雲貴	蔣陳錫			蔣陳錫
漕運	(漢)施世綸			(漢)施世綸
總河	(漢)趙世顯			(漢)趙世顯

年代	康熙五九年　庚子(1720)	康熙六十年　辛丑(1721)		
兩江	(滿)長鼐	(滿)長鼐		
四川	(漢)年羹堯	(漢)年羹堯 五、乙酉；廿五，6.19；兼川陝總督。(卸兼四川巡撫)	川	(漢)年羹堯 五、乙酉、廿五，6.19；四川總督兼川陝總督。
陝西	(滿)鄂海	(滿)鄂海 五、乙酉；改辦軍前糧餉。 ［五、乙酉、廿五， 6.19；缺裁。］	陝	
閩浙	(覺羅)滿保	(覺羅)滿保		
湖廣	(滿)滿丕 　（工左署）	(滿)滿丕 　（工左署）		
兩廣	(漢)楊　琳	(漢)楊　琳		
雲貴	蔣陳錫　　　張文煥 九、戊寅、十四，　九、戊寅；貴州 10.15；革。　　　提督署。	張文煥 （黔提署）		
漕運總督	(漢)施世綸	(漢)施世綸		
河	(漢)趙世顯	(漢)趙世顯 十一、辛卯、四，12.22；召京。		陳鵬年 十一、辛卯；署霸昌道署。

總督年表

年代	康熙六一年　壬寅(1722)	
兩江	(滿)**長鱮** 　△十月，死。	(滿)**查弼納** 　十、辛未、十九，11.27；兵右改。
川陝	(漢)**年羹堯**	
閩浙	(覺羅)**滿保**	
湖廣	(滿)**滿丕** 　十一、戊戌、十七，12.24；(工左署)召京。	(漢)**楊宗仁** 　十一、戊戌；廣東巡撫遷。
兩廣	(漢)**楊　琳**	
雲貴	**張文煥** 　二、庚午、十五，3.31；召京。	(漢)**高其倬** 　二、庚午；廣西巡撫署。 　十二、壬戌、十一，1.17；授。
漕運	(漢)**施世綸** 　五、戊戌、十四，6.27；死。	**張大有** 　五、戊戌；兵右署。
總河	**陳鵬年** 　十二、壬戌；授。	

年代	雍正元年　癸卯(1723)		
兩江	(滿)查弼納		
川陝	(漢)年羹堯 　十、戊子、九，4.13；封三等公。十、甲寅、八，11.5；晉二等公。 　十、戊申、二，10.30；授撫遠大將軍。		
閩浙	(覺羅)滿保		
湖廣	(漢)楊宗仁		
兩廣	(漢)楊　琳 　八、戊午、十一，9.10；專管廣東總督。 　[八、戊午；分設廣西總督。]	廣東	(漢)楊　琳
		廣西	孔毓珣 　八、戊午；桂撫遷，仍兼。
雲貴	(漢)高其倬		
漕運	張大有		
總河	陳鵬年 　正、壬辰、十二，2.16；病免。(三月死，恪勤)	(滿)齊蘇勒 　正、壬辰；魯按署。二、庚申、十，3.16；授。	

年代	雍正二年　甲辰(1724)			
直隸	**李維鈞** 十、己亥、廿九，12.14；直隸巡撫遷。		[六、己亥；增設。]	
兩江	(滿)**查弼納**			
川陝	(漢)**年羹堯** 三、甲申、十，4.3；晉一等公。			
閩浙	(覺羅)**滿保**			
湖廣	(漢)**楊宗仁**			
廣東	(漢)**楊　琳** 六、癸巳、廿二，8.10；死。		兩	**孔毓珣** 四、丁未、四，4.26；廣西總督改，卸兼廣西巡撫。
廣西	**孔毓珣** 四、丁未；改兩廣。		廣	[改設]
雲貴	(漢)**高其倬**			
漕運	**張大有**			
總河	(滿)**齊蘇勒**			
副總河	**嵇曾筠** 閏四、丙戌；兵左改河南副總河。		[閏四、丙戌、十三，6.4；增設。]	

年代	雍正三年　乙巳(1725)		
直隸	**李維鈞** 八、乙酉、廿,9.26;革。兵尚蔡珽署。	**李　紱** 八、庚寅、廿五,10.1;桂撫遷。	
兩江	（滿）**查弼納**		
川陝	（漢）**年羹堯** 四、己卯、十二,5.23;改杭州將軍。	**岳鍾琪** 四、己卯、廿提署。七、壬子、十七,8.24;授。 九、丙申、二,10.7;召京。九、丙申;西安巡撫圖 理琛署。	
山西	（滿）**伊都立** 十、庚寅、廿六,11.30;雲督改。	［增設］	
閩浙	（覺羅）**滿保** 十、甲戌、十,11.14;死。	七、壬寅、七,8.14; 福將宜兆熊署。	（漢）**高其倬** 十、戊辰、四,11.8;雲督改。
湖廣	（漢）**楊宗仁** 十一、甲辰、十,12.14;死(清端)。	（漢）**李成龍** 八、甲戌、九,9.15;皖撫遷。 十二、乙丑、二,1.4;兼署鄂撫。	
兩廣	**孔毓珣**		
雲貴	（漢）**高其倬** 十、戊辰;改閩浙。	（滿）**伊都立** 十、戊辰;署晉撫任。 十、庚寅;改山西。	**楊名時** 十、庚寅;滇撫遷,仍管。
漕運	**張大有**		
總河	（滿）**齊蘇勒**		
副總河	**嵇曾筠** （兵左）		

總督年表

年代	雍正四年　丙午(1726)		
直隸	**李 紱**　 十二、壬午、廿五，1.16；改工右。	(漢)**宜兆熊** 十二、壬午；湖督署。	**劉師恕** 十二、壬午；禮右協辦。
兩江	(滿)**查弼納** 四、己卯、十七，5.18；召京。(五年兵尚)		(漢)**范時繹** 四、己卯；馬蘭鎮總兵署。
川陝	**岳鍾琪** 八、癸未、廿四，9.19；兼署陝撫。		
山西	(滿)**伊都立** 十一、辛卯、三，11.26；改江西巡撫。		〔裁〕
閩浙	(漢)**高其倬**		
湖廣	(漢)**李成龍** 九、壬辰、三，9.28；改正白漢都。	(漢)**宜兆熊** 九、壬辰；福將改。 十二、壬午；改直督。	(滿)**福敏** 九、丙午、十七，10.12；左都署。
兩廣	**孔毓珣** 五、癸卯、十二，6.11；署廣將。		
雲貴	**楊名時** 七、辛亥、廿一，8.18；遷吏尚，仍留。		(滿)**鄂爾泰** 十、甲申、廿六，11.19；滇撫遷。
漕運	**張大有**		
總河	(滿)**齊蘇勒**		
副總河	**稽曾筠** (兵左)		

年代	雍 正 五 年　丁未(1727)	
直隸	(漢)**宜兆熊** 閏三、戊辰、十二,5.2;遷吏尚,留署。	**劉師恕** 禮右協辦 (十二月改吏右)
兩江	(漢)**范時繹**	
川陝	**岳鍾琪**	
閩浙	(漢)**高其倬** 十一、丁巳、五,12.17;專任福建總督。	[福建總督]
浙江	**李　衞** 十一、丁巳;浙撫遷,仍兼。	[十一、丁巳;增設。]
湖廣	(滿)**福敏** 閏三、戊辰、十二,5.2;回左都任。	(滿)**邁柱** 閏三、戊辰;署贛撫遷。
兩廣	**孔毓珣**	
雲貴	(滿)**鄂爾泰** 二、丙戌、廿九,3.21;節制廣西巡撫提鎮(雲廣)。	
漕運總河	**張大有**	
	(滿)**齊蘇勒**	
副總河	**嵇曾筠** (兵左,三月改吏右,十二月改禮左。)	

總督年表

年代	雍正六年　戊申(1728)		
直隷	(漢)宣兆熊 四、丁亥、七,5.15;降調,仍署。 五、丙寅、十六,6.23;召京。	何世璂 五、丙寅;吏右署。	劉師恕 四、丁亥;吏右降調,仍協辦。
兩江	(漢)范時繹 三、戊午、八,4.16;遷户尚,留任。		
川陝	岳鐘琪		
福建	(漢)高其倬		
浙江	李　衞 　(兼管巡撫)		
湖廣	(滿)邁柱		
廣東	孔毓珣		
雲廣	(滿)鄂爾泰		
河東	田文鏡 五、乙亥、廿五,7.2;豫撫遷,仍兼管。(兼轄河南、山東二省)		
漕運	張大有		
總河	(滿)齊蘇勒	(滿)尹繼善 六、丙戌、七,7.13;署粵撫協辦。 八、甲申、六,9.9;改署蘇撫。	
江南副總河	(?)西柱 正、甲寅、三,2.12;閱讀學任江南副總河。		
河南副總河	嵇曾筠 二、庚戌、廿九,4.8;遷兵尚,留任。 四、乙巳、廿五,6.2;改吏尚,留任。	徐湛恩 三、丙子、廿六,5.4;左僉,協辦河東河務。	

年 代	雍 正 七 年 己 酉(1729)			
直隸	**何世璂** 二、庚辰、五,3.4;予祭(端簡)。	**楊鯤** 正、壬申、廿七,2.24;直提協辦。六、己卯、六,7.1;解。	**唐執玉** 六、己卯;左都署。	**劉師恕** 二、甲申、九,3.8;授閣學,解。
兩江	(漢)**范時繹** (戶尚)			
川陝	**岳鐘琪** 三、丙辰、十二,4.9;授寧遠大將軍。	(滿)**查郎阿** 四、甲午、廿,5.17;吏尚署。十月,兼西安將軍。		
福建	(漢)**高其倬** 四、己亥、廿五,5.22;召京。	**史貽直** 四、己亥;吏左署。		
浙江	**李衛**(兼管巡撫) 二、壬午、七,3.6;准三月入覲。	(滿)**性桂** 三、丙寅、廿二,4.19;總漕署。七、辛亥、八,8.2;回原任。		
湖廣	**邁柱** 十、癸卯、二,11.22;兼理川撫。			
廣東	**孔毓珣** 三、乙巳、一,3.29;改南河。	(漢)**郝玉麟** 三、乙巳;滇提遷。		
雲廣	(滿)**鄂爾泰**			
河東	**田文鏡**(兼管豫撫)			
漕運	**張大有** 二、戊戌、廿三,3.22;改工右。	(滿)**性桂** 二、戊戌;左副改。三、丙寅;署浙督,張大有仍署。七、辛亥;回任。		
南河	(滿)**齊蘇勒** △二月,死(勤恪)。	(滿)**尹繼善** 二、丁丑、二,3.1;授蘇撫,仍署。	**孔毓珣** 三、乙巳;廣督改。	
副總河	(?)**西柱**			
東河	**嵇曾筠** (吏尚)三、辛亥、七,4.4;河南副總河遷。			
副總河		**徐湛恩** (協辦河東河務)。		

總督年表

年代	雍正八年　庚戌（1730）		
直隷	**唐執玉** 六、癸亥、廿六，8.9；左都改兵尚，仍署。		
兩江	（漢）**范時繹** 三、甲午、廿六，5.12； 解，旋革。	**史貽直** 三、甲午；福建改。（吏左署） 六、癸亥；遷左都。	（漢）**高其倬** 五、癸酉、六，6.20；福建改。
川陝	（滿）**查郎阿** （吏尚）		
福建	**史貽直** （吏左署）三、甲午；改兩江。	（漢）**高其倬** 三、甲午；回任。五、癸酉；改兩江。	**劉世明** 五、癸酉；閩撫遷。
浙江	**李衛**		
湖廣	（滿）**邁柱**		
廣東	（漢）**郝玉麟**		
雲廣	（滿）**鄂爾泰**		
河東	**田文鏡** 四、癸亥、廿五，6.10；兼管河東河道總督。		
漕運	（滿）**性桂**		
南河	**孔毓珣** △四月，死（溫僖）。	**嵇曾筠** （吏尚）四、癸亥、廿五，6.10；東河署。	
副總河	（？）**西柱**	（漢）**朱藻** 九、丁丑、十一，10.22；河北道協辦，加左僉。	
東河	**嵇曾筠** （吏尚）四、癸亥；改署南河。	**田文鏡** 河東兼管。	（漢）**沈廷正** 八、丙寅、卅，10.11；滇撫授。 九月，授左副，留任。仍署。
副總河		（漢）**范時繹** 五、己巳、二，6.16；原兩江協辦。 七、己卯、十二，8.25；革。	
北河	**劉於義** 十二、癸丑、十九，1.6；吏左授。		
副總河	**徐湛恩** 十二、癸丑；協辦河東事務改。		

年代	雍正九年　辛亥（1731）		
直隸	**唐執玉** 九、丁亥、廿七，10.27；病免。		**劉於義** 九、丁亥；刑尚署北河改署。
兩江	（漢）**高其倬** 七、丁卯、六，8.8；署雲廣。		（滿）**尹繼善** 七、丁卯；蘇撫署。十二、丙申、七，1.4；協辦江寧將軍。
川陝	（滿）**查郎阿** △二月，改陝甘總督。	陝　甘	（滿）**查郎阿**
		四　川	（漢）**黃廷桂** 二、壬戌、九，4.5；川提遷。
福建	**劉世明**		
浙江	**李衛** 七、乙亥、十四，8.16；入覲。　　崇明總兵李燦署。		
湖廣	（滿）**邁柱**		
廣東	（漢）**郝玉麟** 九、甲戌、十四，10.14；病假。　　粵提張溥署。		
雲廣	（滿）**鄂爾泰** （保和）七、丁卯；召京。		（漢）**高其倬** 七、丁卯；江督署。
河東	**田文鏡** 四、癸巳、一，5.6；病假。（浙布張元懷以巡撫銜署豫撫）		
漕運	（滿）**性桂**		
南河	**嵇曾筠** 　（吏尚署）		
副總河			（漢）**朱藻** 　（協辦）九、戊子、廿八，10.28；遷東河。
東河	（漢）**沈廷正** （左副）九、戊子；改北河。		（漢）**朱藻** 九、戊子；協辦南河遷。
副總河	（滿）**高斌** 九、戊子；豫布任。十、庚戌、廿，11.19；理少署浙布孫國璽署。		
北河	**劉於義** 九、戊寅、十八，10.18；改刑尚。 （九、丁亥；署直督。）		（漢）**沈廷正** （左副）九、戊子；東河改。
副總河	**徐湛恩**		

總督年表

年代	雍正十年 壬子(1732)		
直隸	**劉於義** （刑尚）七、戊戌、十四,9.2;改署陝甘。		**李 衛** 七、戊戌;浙江改署。八月,授。
兩江	(滿)**尹繼善** 九、庚寅、六,10.24;召京。		**魏廷珍** 九、庚寅;漕運署。
陝甘	(滿)**查郎阿** 七、戊戌;署寧遠大將軍。		**劉於義** 七、戊戌;刑尚署直督改署。
四川	(漢)**黄廷桂**		
福建	**劉世明** 二、癸丑、廿五,3.21;召京。(五月授副將軍)		(漢)**郝玉麟** 二、癸丑;粵督署。八月,授。
浙江	**李 衛** 閏五月,署刑尚。七、戊戌;改署直督。		**程元章** 七、戊戌;皖撫署。八月,授。
湖廣	(滿)**邁柱**		
廣東	(漢)**郝玉麟** 二、癸丑;改署福建。		**鄂彌達** 二、癸丑;粵撫署。八月,授。
雲廣	(漢)**高其倬**		
河東	**田文鏡** 十一、戊戌、十五,12.31;病免。(旋死,端肅)		**王士俊** 十一、庚子、十七,1.2;鄂撫遷。
漕運	(滿)**性桂** 二、乙未、七,3.3;署刑尚。 九、庚寅;兵尚署。十一月,卸。		**魏廷珍** 二、乙未;禮尚改。九、庚寅;署兩江。
南河	**嵇曾筠**(吏尚署)		
副總河			
東河	(漢)**朱 藻**		
副總河	(滿)**高斌**	**孫國璽** 十一、己亥、十六,1.1;改署豫撫。	(滿)**阿蘭泰** 十一、庚子、十七,1.2;閱讀擧任。
北河	(漢)**沈廷正** （左副）二、辛卯、三,2.28;召京。		(漢)**王朝恩** 二、辛卯;刑左改。
副總河	**徐湛恩**		

· 1396 ·

雍正十一年　癸丑（1733）

李　衛
正、戊子、六，2.19；赴浙。四月，回任。　刑尚唐執玉署。（三月予祭）

魏廷珍　　　　　（漢）**高其倬**　　　　　　　**趙宏恩**
正、壬辰、十，2.23；回漕督任。　　正、壬辰；雲廣改。　　　　九、己卯；湘撫署。
　　　　　　　　　　　　　　　　九、己卯、一，10.8；以總督銜管蘇撫。

（滿）**查郎阿**　　　　　　　　　　**劉於義**
　　　　　　　　　　　　　　　四、乙卯、四，5.17；刑尚改吏尚，仍署。

（漢）**黃廷桂**

（漢）**郝玉麟**

程元章

（滿）**邁柱**

（滿）**鄂彌達**

（漢）**高其倬**　　　　　　　　　（滿）**尹繼善**
正、壬辰；改兩江。　　　　　　　正、壬辰；原兩江任。

王士俊
四、癸酉、廿二，6.4；兼管豫撫。

魏廷珍
正、壬辰；署兩江回任。

嵇曾筠
（四月，文華）△十二月，憂，給假三月。　　十二、壬戌、十五，1.19；兩淮鹽政高斌署。

　　　　　　　　　　　　　　　　（滿）**高斌**
　　　　　　　　　　　　　　　　二、甲子、十二，3.27；兩淮鹽政兼辦。

（漢）**朱　藻**

（滿）**阿蘭泰**

（漢）**王朝恩**　　　　　　　　（滿）**顧琮**
八、丁卯、十九，9.26；革。　　　八、丁卯；太常、營田觀察使授。

徐湛恩　　　　　　　　　　　　**定　柱**
八、丁卯；革。　　　　　　　　　八、丁卯；永定河道授。

總督年表

年代	雍正十二年　甲寅(1734)		
直隷	**李衛**		
兩江	**趙宏恩** 五、壬辰、十七,6.18;授。		
陝甘	(滿)**查郎阿** 　　吏尚劉於義署。		
四川	(漢)**黃廷桂**		
福建	(漢)**郝玉麟** 七、戊子、十五,8.13;召京。十、戊午、十六,11.11;回任。　　福州將軍阿爾賽署。		
浙江	**程元章** 十、戊午;以總督銜專管浙撫事。　　　　　　[十、戊午;仍設閩浙總督,裁。]		
湖廣	(滿)**邁柱**		
廣東	(滿)**鄂彌達**		
雲廣	(滿)**尹繼善** 　　　　　　[十二、癸丑、十二,1.5;廣西仍併廣東。]		
河東	**王士俊**		
漕運	**魏廷珍** 十二、丁巳、十六,1.9;遷兵尚。	(滿)**顧琮** 十二、丁巳;北河改。	
南河	**嵇曾筠** 十二月,葬假。　十二、丁巳;兩淮鹽政高斌署。		
副總河	(漢)**白鍾山** 十、甲戌、一,7.30;蘇布授。十二、丁巳;改東河。	**劉永澄** 十二、己未、十八,1.11;閱讀學任。	
東河	(漢)**朱藻** 十二、丁巳;改北河。	(漢)**白鍾山** 十二、丁巳;南河副總河遷。	
副總河	**阿爾泰** 十二、己未;召京,回原任。	**劉勳** 十二、己未;鴻臚授。	
北河	(滿)**顧琮** 十二、丁巳;改漕運。	(漢)**朱藻** 十二、丁巳;東河改。	
副總河	**定柱**		

年代	雍正十三年　乙卯(1735)		
直隸	**李　衞**		
兩江	**趙宏恩** 八、己丑、廿三,10.8;兼署南河。十二、丙戌、廿一,2.2;卸署。		
陝甘 四川	(滿)**查郎阿**＊＊ 七、辛酉、廿四,9.10; 遷文華,留任。　吏尚劉於義署召京。 (漢)**黃廷桂**(川提) 十二、丁卯、二,1.14;召京。		**川陝** (滿)**查郎阿**＊＊ [十二、丁卯;改設。]
閩浙	(漢)**郝玉麟**		
湖廣	(滿)**邁柱**＊＊ 七、辛酉、遷大學士,仍署。 十一,戊申;召京。	(漢)**張廣泗** 七、辛酉、廿四,9.10;副將軍授。 八、庚寅、廿四,10.9;總理苗疆,管黔撫。	**史貽直** 十一、戊申、十三, 12.26;户尚署。
兩廣	(滿)**鄂彌達**		
雲貴	(滿)**尹繼善**		
河東	**王士俊** 十一、丙辰、廿一,1.3;解。		[十一、丙辰;缺裁。]
漕運	(滿)**顧琮**		
南河	**嵇曾筠** 八、己丑;差浙。十二、丙戌;兼管浙撫。	江督趙宏恩署。	(滿)**高斌** 十二、丙戌;兩淮鹽政授。
副總河	**劉永澄**		
東河	(漢)**白鍾山**		
副總河	**劉勷** 十、丙子、十一,11.24;遷北河。		[裁]
北河	(漢)**朱藻** △十月,憂免。		**劉勷** 十、丙子;東河副總河遷。
副總河	**定柱**		

總督年表

年代	乾隆元年　丙辰（1736）		
直隸	李　衞		
兩江	趙宏恩		
川陝	（滿）查郎阿＊＊ 　　六、戊辰、五，7.13；劉於義署。		
閩浙	（漢）郝玉麟 　　二、甲申、廿，3.31；以閩浙總督銜專管福建事。	福　建	（漢）郝玉麟
		浙　江	嵇曾筠＊＊ 　　二、甲申；大學士管。
湖廣	史貽直 　　（戶尚署）		
兩廣	（滿）鄂彌達		
雲貴	（滿）尹繼善 　　六、癸酉、十，7.18；專任雲南總督。	雲　南	（滿）尹繼善
		貴　州	（漢）張廣泗 　　六、癸酉；經略任，管巡撫事。
漕運	（滿）顧琮 　　正、丙辰、廿一，3.3； 　　署蘇撫。	（滿）補熙 　二、己巳、五，3.16；松江提督署。 　六、丙戌、廿三，7.31；授。	程元章（未任） 　二、己巳；前浙撫任。 　六、丙戌；改禮右。
南河	（滿）高斌		
副總河	劉永澄 　　十一、甲午、五，12.6；改左副。	德爾敏 　　十一、甲午；太僕改。	
東河	（漢）白鐘山		
副總河	［裁］		
北河	劉　勤		
副總河	定　柱 　　　　　　　　　　　　　　　　　　　［四、辛巳、十七，5.27；缺裁。］		

年代	乾隆二年　丁巳（1737）		
直隸	**李　衛**		
兩江	**趙宏恩** 正、庚子、十一,2.10;召京 （三月授工尚）。	(漢)**慶　復** 正、庚子;刑尚改。 閏九、丁卯、十二,11.4;改雲督。	(滿)**那蘇圖** 閏九、丁卯;刑尚改。
川陝	(滿)**查郎阿**＊＊		
福建	(漢)**郝玉麟**		
浙江	**嵇曾筠** （大學士管）		
湖廣	**史貽直** 九、甲辰、十九,10.12;（戶尚署）回任。	(宗室)**德沛** 九、甲辰;甘撫遷。	
兩廣	(滿)**鄂彌達**		
雲南	(滿)**尹繼善** 四、己卯、廿一,5.20;召京 （閏九月授刑尚）。　滇撫張允隨署。	(漢)**慶　復** 閏九、丁卯;兩江改。	
貴州	(漢)**張廣泗** （兼管巡撫）		
漕運	(滿)**補熙** 十二、甲申、一,1.20;憂免。	(滿)**查克旦** 十二、甲申;工尚改。	
直隸河督（北河）	**劉　勷** 七、癸丑、廿七,8.22;革,仍留。 八、丙子、廿,9.14;罷。	(滿)**顧琮** 八、丙子;協辦吏尚改。	
江南河督（南河）	(滿)**高斌**	副總河	**德爾敏** 十二、丁酉、十四,2.2;改詹事。　　　〔裁〕
河東河督（東河）	(漢)**白鐘山**		

年 代	乾 隆 三 年　戊 午(1738)		
直隷	**李　衛** 十、丁酉、十八，11.29；病休。 十、乙巳、廿六，12.7；死(敏達)。	**孫嘉淦** 十、丁酉；吏尚署。 十、甲辰、廿五，12.6；授。	
兩江	(滿)**那蘇圖**		
川陝	(滿)**查郎阿** ＊ ＊ 七、丁卯、十七，8.31；召京。	(滿)**鄂彌達** 七、丁卯；兩廣改。	
福建	(漢)**郝玉麟** 九、癸亥、十四，10.26；仍改閩浙總督。	閩 浙	(漢)**郝玉麟**
浙江	**嵇曾筠** 九、癸亥；(大學士管)召京。　　[九、癸亥；缺裁。]		
湖廣	(宗室)**德沛**		
兩廣	(滿)**鄂彌達** 七、丁卯；改川陝。	(滿)**馬爾泰** 七、丁卯；左都改。	
雲南	(漢)**慶　復**		
貴州	(漢)**張廣泗** 　　(兼管巡撫)		
漕運	(滿)**查克旦** 七、丁卯；遷左都。	(滿)**托時** 七、丁卯；戶左任。	
直隷河督	(滿)**顧琮** 正、癸酉、廿，3.10；改屬協理。 十、丙午、廿七，12.8；仍任。	**朱　藻** 正、癸酉；任。九、甲子、十五，10.27；解，旋革。	
江南河督	(滿)**高斌**		
河東河督	(漢)**白鍾山**		

年代	乾隆四年 己未(1739)	乾隆五年 庚申(1740)
直隸	孫嘉淦	孫嘉淦
兩江	(滿)那蘇圖　　十、戊申、五，12.5；憂免。　　　(漢)郝玉麟　十一、戊申；吏尚改。	(漢)郝玉麟　五、甲子、廿五，6.18；解(降調)。　　楊超曾　五、甲子；兵尚署。九、癸酉、五，10.25；改吏尚，仍署。
川陝	(滿)鄂彌達	(滿)鄂彌達　三、庚戌、九，4.5；召京，革(兵右)。　　(滿)尹繼善　三、庚戌；刑尚改。
閩浙	(漢)郝玉麟　七、丙寅、廿二，8.25；遷吏尚。　　(宗室)德沛　七、丙寅；湖廣改。	(宗室)德沛
湖廣	(宗室)德沛　七、丙寅；改閩浙。　　(蒙)班第　七、丙寅；兵右任。	(蒙)班第　五、丁未、八，6.1；兼署鄂撫。十一、己巳、二，12.20；憂免。　　(滿)那蘇圖　十一、己巳；刑尚改。
兩廣	(滿)馬爾泰	(滿)馬爾泰
雲南	(漢)慶復	(漢)慶復　六、庚辰、十一，7.4；兼署滇撫。
貴州	(漢)張廣泗　(兼管巡撫)	(漢)張廣泗　六、庚辰；召陸。七、甲申、十六，9.6；留湘辦軍務。九、丙子、八，10.28；欽差節制楚粵提鎮。　　六、庚辰；滇撫張允隨署。
漕運	(滿)托時	(滿)托時　十、戊戌、一，11.19；改刑左。　　(滿)常安　十、戊戌；刑左改。
直隸河督	(滿)顧琮	(滿)顧琮
江南河督	(滿)高斌	(滿)高斌　八、甲寅、十六，10.6；召陸。　　河庫道孫鈞護。
河東河督	(漢)白鍾山	(漢)白鍾山

總督年表

年代	乾隆六年　辛酉(1741)	乾隆七年　壬戌(1742)
直隸	孫嘉淦　八、己酉、十七，9.26；改湖廣。　(滿)高斌　八、己酉；江南河督改，兼理河道。	(滿)高斌　（兼理直隸河道）
兩江	楊超曾　八、己酉；回任（兵尚）。　(滿)那蘇圖　八、己酉；湖廣改。	(滿)那蘇圖　四、甲午、五，5.9；閩浙互改。　(宗室)德沛　四、甲午；閩浙改。
川陝	(滿)尹繼善	(滿)尹繼善　九、丙子、廿，10.18；憂免。　(滿)馬爾泰　九、丙子；兵右署。
閩浙	(宗室)德沛　五、己丑、廿六，7.8；召陛。將軍策楞暫署。七、癸亥、一，8.11；免陛，兼署閩撫。	(宗室)德沛　四、甲午；兩江互改。　(滿)那蘇圖　四、甲午；兩江改。
湖廣	(滿)那蘇圖　八、己酉；改兩江。　孫嘉淦　八、己酉；直督改。	孫嘉淦
兩廣	(滿)馬爾泰　四、戊申、十四，5.28；憂免。　(漢)慶復　四、戊申；雲南署。	(漢)慶復
雲南	(漢)慶復　四、戊申；署兩廣。　(漢)張允隨　四、戊申；滇撫署。	(漢)張允隨　（滇撫署）
貴州	(漢)張廣泗　（兼管巡撫）	(漢)張廣泗　（兼管巡撫）
漕運	常安　十二、辛亥、廿，1.26；改浙撫。　(滿)顧琮　十二、辛亥；漕運改。	(滿)顧琮
直隸河督	(滿)顧琮　八、己酉；召京。十二、辛亥；改漕運。　(滿)高斌　八、己酉；江南河道改直督兼理。	(滿)高斌　（直督兼理）
江南河督	(滿)高斌　八、己酉；改直督。　｜副總河｜(滿)完顏偉　二、丁未、十二，3.28；浙按改副總河。八、己酉；副總河遷。	(滿)完顏偉　十二、辛亥、廿六，1.21；改河東。　(漢)白鍾山　十二、辛亥；河東改。
河東河督	(漢)白鍾山	(漢)白鍾山　十二、辛亥；改江南。　(滿)完顏偉　十二、辛亥；江南改。

乾隆八年　癸亥(1743)	乾隆九年　甲子(1744)
(滿)**高斌** 　（兼管河督）	(滿)**高斌** 　（兼管河督）
(宗室)**德沛**　　　(滿)**尹繼善** 二、庚子、十六,3.11;　二、庚子;前川陝任。 召京(吏右)。	(滿)**尹繼善**
(滿)**馬爾泰**　　　(漢)**慶　復** 五、戊申、廿六,7.17;　五、戊申;兩廣改。 改兩廣。	(漢)**慶　復**
(滿)**那蘇圖**	(滿)**那蘇圖**　　　(滿)**馬爾泰** 七、戊寅、三,8.10;　七、戊寅;兩廣改。 兩廣互調。
孫嘉淦　　　(滿)**阿爾賽** 正、丁巳、二,1.27;　正、丁巳;廣州將軍改。 召京。(九月革)	(滿)**阿爾賽**　　　(滿)**鄂彌達** 二、丁丑、廿,4.11;　二、丁丑;荆州將軍改。 遷戶尚。
(漢)**慶　復**　　　　(滿)**馬爾泰** 正、己未、四,1.29;　　五、戊申; 召京。五、戊申;改　廣州將軍　川陝改。 川陝。　　　策楞署。	(滿)**馬爾泰**　　　(滿)**那蘇圖** 七、戊寅;閩浙互調。　七、戊寅;閩浙改。
(漢)**張允隨** 五、戊申;授,兼管巡撫事。	(漢)**張允隨** 　（兼管巡撫）
(漢)**張廣泗** 　（兼管巡撫）	(漢)**張廣泗** 　（兼管巡撫）
(滿)**顧琮**	(滿)**顧琮**
(滿)**高斌** 　（直督兼管）	(滿)**高斌** 　（直督兼管）
(漢)**白鐘山**	(漢)**白鐘山**
(滿)**完顏偉**	(滿)**完顏偉**

總督年表

年代	乾隆十年 乙丑(1745)	乾隆十一年 丙寅(1746)
直隸	(滿)**高斌** (滿)**那蘇圖** （兼管河督） 正、庚子、廿八， 五、辛卯； 五、辛卯、廿， 2.28；吏尚劉於 兩廣任。 6.19；遷吏尚。 義暫署。	(滿)**那蘇圖**
兩江	(滿)**尹繼善** 九、戊戌、廿九，10.24；授。	(滿)**尹繼善**
川陝	(漢)**慶 復**＊＊ 十二、壬子、十五，1.6；遷文華殿大學士，留任。	(漢)**慶 復**＊＊
閩浙	(滿)**馬爾泰**	(滿)**馬爾泰** (滿)**喀爾吉善** 九、丁巳、廿四，11.7； 九、丁巳；山東巡撫遷。 召京。
湖廣	(滿)**鄂彌達**	(滿)**鄂彌達** (滿)**塞楞額** 九、壬戌、廿九， 九、壬戌；山東巡撫遷。 11.12；召京。
兩廣	(滿)**那蘇圖** (滿)**策楞** 四、乙卯、十三，5.14；召京。 四、乙卯；廣州 五、辛卯；改直督。 將軍改。	(滿)**策楞**
雲南	(漢)**張允隨** （兼管巡撫）	(漢)**張允隨** （兼管巡撫）
貴州	(漢)**張廣泗** （兼管巡撫）	(漢)**張廣泗** （兼管巡撫）
漕運	(滿)**顧琮**	(滿)**顧琮** 閏三、庚子、四，4.24；改江南。 閏三、庚子；左 九、辛丑、八，10.22；回任。 都劉統勳署。
直隸河督	(滿)**高斌**＊ （直督兼管）五、辛卯；遷吏尚，仍辦。 十二、壬子；授協。	(滿)**高斌**＊ （吏尚、協兼理）
江南河督	(漢)**白鍾山**	(漢)**白鍾山** (滿)**顧琮** 周學健 閏三、庚子； 閏三、庚子；漕運改。 九、辛丑； 解。 九、辛丑；回任。 閩撫遷。
河東河督	(滿)**完顏偉**	(滿)**完顏偉**

乾隆十二年　丁卯(1747)

(滿)**那蘇圖**
　　四、己巳、十,5.18;兼署直隸河督。

(滿)**尹繼善**

(漢)**慶　復** * *	(漢)**張廣泗**
三、辛丑、十一,4.20;召京。	三,辛丑;貴州改。(出征)　　甘撫黃廷桂署。

(滿)**喀爾吉善**

(滿)**塞楞額**

(滿)**策楞**

(漢)**張允隨**	雲	(漢)**張允隨**
三、辛丑;改任雲貴總督。		三、辛丑;雲南總督改任。
(漢)**張廣泗**	貴	
三、辛丑;改川陝。　　　　[三、辛丑,裁。]		

(滿)**顧琮**	(滿)**蘊著**
九、壬子、廿五,10.28;改浙撫。	九、壬子;兵右改。
(滿)**高斌** * *	(滿)**那蘇圖**
三、丙午、十六,4.25;遷文淵。四、己巳、十,5.18;差。	四、己巳;直督兼署。

　　周學健

(滿)**完顏偉**

總督年表

年代	乾隆十三年　戊辰(1748)		
直隸	(滿)**那蘇圖**		
兩江	(滿)**尹繼善** 九、己未、八,10.29; 兩廣互改。	(滿)**策楞** 九、己未、兩廣改。(△十月,襲二等公) 十一月,赴陝。雅爾哈善署。	**黃廷桂** 十二、丁亥、七,1.25; 甘撫遷。

川陝	(漢)**張廣泗** 九、辛酉、十,10.31;召京。十、壬午、一,11.21;革。		陝甘	(滿)**尹繼善** 十一、庚辰、卅,1.18;戶、協授。
	(滿)**傅恒** 九月,協、戶署;旋授經略。陝撫瑚寶兼辦。			
	(滿)**策楞** 十一、癸酉、廿三,1.11;兩江改。		四川	(滿)**策楞** 十一、庚辰;川陝改,兼管巡撫事。

閩浙	(滿)**喀爾吉善**	
湖廣	(滿)**塞楞額** 閏七、己巳、十七,9.9;召京。(旋革、殺)	(滿)**新柱** 閏七、己巳;福州將軍改。

兩廣	(滿)**策楞** 九、己未;兩江互改。	(滿)**尹繼善** 九、己未;兩江改。 十、乙酉、四,11.24;召京(戶尚)。	(滿)**碩色** 十、乙酉;豫撫遷。
雲貴	(漢)**張允隨**		

漕運	(滿)**蘊著**		
直隸河督	(滿)**那蘇圖**		
江南河督	**周學健** 閏七、戊辰、十六,9.8;革(旋殺)。	(滿)**高斌** 閏七、戊辰;大學士管。 十二月,革大學士,專管。	**張師載** 九月,倉侍協辦。
河東河督	(滿)**完顏偉** 三、乙未、十一,4.8;改左副。	(滿)**顧琮** 三、乙未;浙撫改。	

年代	乾隆十四年　己巳(1749)	
直隸	(滿)那蘇圖 七、壬子、六,8.18;死(恪勤)。　吏尚、協陳大受署。	方觀承 七、壬子;浙撫遷。
兩江	(漢)黃廷桂	
陝甘	(滿)尹繼善 正、戊午、九,2.25;參贊軍務。　兵尚瑚寶署。	
四川	(滿)策楞	
閩浙	(滿)喀爾吉善	
湖廣	(滿)新柱 十二、辛卯、十七,1.24;改吉林將軍。	(滿)永興 十二、辛卯;吉將改。
兩廣	(滿)碩色	
雲貴	(漢)張允隨	
漕運	(滿)蘊著 四、乙未、十八,6.2;革。河東顧琮署。	(滿)瑚寶 四、戊戌、廿一,6.5;兵尚改。
直隸河督	(滿)那蘇圖 三、丁丑、廿九,5.15;改由直隸總督兼理。	［缺裁］
江南河督	(滿)高斌	張師載 四、壬辰、十五,5.30;倉侍原銜協辦。
河東河督	(滿)顧琮 四、乙未;署漕督。	

總督年表

年代	乾隆十五年 庚午(1750)	
直隸	方觀承	
兩江	(漢)黃廷桂 十一、戊辰、廿九,12.27;兼管京口將軍。	
陝甘	(滿)尹繼善 十一、丁巳、十八,12.16;赴成都料理入藏軍機糧餉,行川陝總督事。　　甘撫鄂昌辦理。	
四川	(滿)策楞 十一、丁巳;統兵入藏。	
閩浙	(滿)喀爾吉善	
湖廣	(滿)永興 十一、乙丑、廿六,12.24;憂免。	(滿)阿里袞 十一、乙丑;晉撫遷。
兩廣	(滿)碩色 正、丁未、三,2.9;改雲貴。	陳大受 正、丁未;吏尚改。
雲貴	(漢)張允隨** 正、丁未;遷大學士(東閣)。	(滿)碩色 正、丁未;兩廣改。
漕運	(滿)瑚寶	
江南河督	(滿)高斌	張師載 (協辦)
河東河督	(滿)顧琮	

年代	乾隆十六年　辛未(1751)			乾隆十七年　壬申(1752)	
直隸	**方觀承**			**方觀承**	
兩江	(漢)**黃廷桂** 閏五、戊寅、十三， 7.25；陝甘互改。	南河高斌 兼管。	(滿)**尹繼善** 閏五、戊寅； 陝甘改。	(滿)**尹繼善** 十、癸巳、六，11.11；召京。	蘇撫莊有恭署。
陝甘	(滿)**尹繼善** 閏五、戊寅； 兩江互改。		(漢)**黃廷桂** 閏五、戊寅；兩江改。	(漢)**黃廷桂**	
四川	(滿)**策楞**			(滿)**策楞**	
閩浙	(滿)**喀爾吉善**			(滿)**喀爾吉善**	
湖廣	(滿)**阿里袞** 九、庚寅、廿七， 11.14；改兩廣。		(滿)**永常** 九、庚寅；安西提督改。	(滿)**永常**	
兩廣	**陳大受** 九、庚寅；死(文肅)。		(滿)**阿里袞** 九、庚寅；湖廣改。	(滿)**阿里袞**	
雲貴	(滿)**碩色**			(滿)**碩色**	
漕運	(滿)**瑚寶**			(滿)**瑚寶**	
南河	(滿)**高斌**(＊＊) 三、戊申、十一，4.6；仍以大 學士銜管。閏五、戊寅；兼 管兩江總督事。		**張師載** 三、己亥、二， 3.28；改皖撫。	(滿)**高斌**	
東河	(滿)**顧琮**			(滿)**顧琮**	

總督年表

年代	乾隆十八年　癸酉(1753)		
直隸	**方觀承**		
兩江	(滿)**尹繼善** 正、戊寅、廿二,2.24;署陝甘。	(滿)**鄂容安** 正、戊寅;江西巡撫署。九、壬申、廿,10.16;授。	
陝甘	(漢)**黃廷桂** 正、戊寅;署四川。	(滿)**尹繼善** 正、戊寅;兩江署。九、壬申;改南河。	(滿)**永常** 九、壬申;湖廣改。
四川	(滿)**策楞** 正、戊寅;憂免。	(漢)**黃廷桂** 正、戊寅;陝甘署。九、壬申;授。 十二、庚寅、十,1.2;遷吏尚,留任。	
閩浙	(滿)**喀爾吉善**		
湖廣	(滿)**永常** 三、己卯;召京。四、壬子、廿七,5.29; 差安西。九、壬申;改陝甘。	(滿)**開泰** 三、己卯、廿三,4.26;黔撫署。九、壬申;授。	
兩廣	(滿)**阿里袞** 正、戊寅;憂免(戶右)。	(蒙)**班第** 正、戊寅;都統署。九、壬申;召京。	(滿)**策楞** 九、壬申;署南河改。
雲貴	(滿)**碩色**		
漕運	(滿)**瑚寶**		
南河	(滿)**高斌**　(滿)**策楞**　(滿)**尹繼善** 八、庚子、十八,　八、庚子;前川督　九、壬申; 9.14;解,旋革。　任。　　　　　陝甘改。 　　　　　　　九、壬申;改兩廣。	十、庚子、十九,11.13;永定河道白鍾山以按察使 銜協辦南河。　二、甲午、八,3.12;富勒赫以布政 使銜學習河務。	
東河	(滿)**顧琮**		

乾隆十九年　甲戌(1754)	乾隆二十年　乙亥(1755)
方觀承	**方觀承** 九、丙申、廿五，10.30； 差赴軍營。　　九、丙申；刑尚鄂彌達署。
(滿)**鄂容安**　　　(滿)**尹繼善** 八、丁巳、十，9.26；召京。　八、丁巳；南河兼署。 (十二月，定北將軍參贊， 二十年戰死。)	(滿)**尹繼善**
(滿)**永常**　　　　**劉統勳** 五、戊戌、廿，7.9；差。　五、戊戌；刑尚協同辦理。 十二、戊申、四，1.15； 授定西將軍。	**劉統勳**　　　　(漢)**黃廷桂**＊＊ 六、癸丑、十一，7.19；　六、癸丑；川督改。 (刑尚署)召京。　　　(武英留任)
(漢)**黃廷桂**	(漢)**黃廷桂**＊＊　　(滿)**開泰** 五、辛卯、十八，6.27；　六、癸丑；湖督改。 遷武英，留任。 六、癸丑；改陝甘。
(滿)**喀爾吉善** 五、戊戌；兼署閩撫。	(滿)**喀爾吉善**
(滿)**開泰**	(滿)**開泰**　　　(滿)**碩色** 六、癸丑；改川督。　六、癸巳；雲督署。
(滿)**策楞**　　　(漢)**楊應琚** 二、己酉、廿九，3.22；　四、辛卯、十二，5.3；魯撫署。 差赴軍營。(定左)　八、辛亥、四，9.20；授。	(漢)**楊應琚**
(滿)**碩色**	(滿)**碩色**　　　(滿)**愛必達** 六、癸丑；署湖督。　六、癸丑；滇撫署。
(滿)**瑚寶**	(滿)**瑚寶**
(滿)**尹繼善**　(滿)**富勒赫**　(漢)**白鍾山協辦** 八、甲寅、七，　△十二、丙辰、　三、辛亥、一， 9.23；召京。　十二，1.23；學　3.24；遷東河。 八、丁巳；兼　習河務遷。　八、甲寅；東河 署兩江。　　　　　　　署。	(滿)**富勒赫**
(滿)**顧琮**　　　(漢)**白鍾山** 三、辛亥；召京。　三、辛亥；協辦南河遷。 　　　　　八、甲寅；署南河。	(漢)**白鍾山** 六、癸丑；兼署魯撫。

總督年表

年代	乾隆二一年　丙子(1756)	乾隆二二年　丁丑(1757)
直隸	**方觀承**	**方觀承**
兩江	(滿)**尹繼善** 十、壬申、八,11.29;授。	(滿)**尹繼善** 正、己未、廿七,3.16;卸兼管南河。
陝甘	(漢)**黃廷桂********	(漢)**黃廷桂********
四川	(滿)**開泰**	(滿)**開泰**
閩浙	(滿)**喀爾吉善**	(滿)**喀爾吉善**　　　　(漢)**楊應琚** 七、丁未、十七,　　七、丁未;廣督改。 8.31;死(莊恪)。
湖廣	(滿)**碩色** 二、戊辰、卅,3.30;授。	(滿)**碩色**
兩廣	(漢)**楊應琚**	(漢)**楊應琚**　(滿)**鶴年**　　　　**陳宏謀** 七、丁未、　七、丁未、　　　十二、癸亥、 改閩浙。　魯撫遷。　　　五,1.14;蘇 　　　　十、甲子、　　撫遷。 　　　　五,11.16;廣州將軍 　　　　回原任。　李侍堯署。
雲貴	(滿)**愛必達**　　　　(滿)**恒文** 二、壬戌、廿四,　　二、壬戌;晉撫遷。 3.24;改魯撫。	(滿)**恒文**　　　　(滿)**愛必達** 六、辛酉、一,7.16;　六、癸亥、三,7.18; 革、逮(殺)。　　蘇撫遷。
漕運	(滿)**瑚寶**　　　　**張師載** 七、庚辰、十四,8.9;　七、庚辰;兵右改。 予祭(恭恪)。	**張師載**　　　　**楊錫紱** 正、甲辰、十二,3.1,　正、甲辰;禮尚改。 改東河。
南河	(滿)**富勒赫**　(滿)**愛必達**　　　**莊有恭** 十、壬申、　十、壬申;魯撫改。　十一、辛 召京。　　十一、辛亥、十八,　亥,蘇撫 　　　1.7;署蘇撫。　　署。	**莊有恭**　(漢)**白鐘山**　| 副總河 | **嵇璜** 正、乙未、三,　正、甲辰、　|　　　|正、己未、廿七, 2.20;解。　東河改。　|　　　|3.16;前吏右 　　　　　　　　|　　　|授。
東河	(漢)**白鐘山**	(漢)**白鐘山**　　　　**張師載** 正、甲辰;改南河。　正、甲辰;漕運改。

· 1414 ·

乾隆二三年　戊寅(1758)	乾隆二四年　己卯(1759)
方觀承	方觀承
(滿)尹繼善	(滿)尹繼善
(漢)黃廷桂＊＊ 十二、甲寅、二,12.31;封三等忠勤伯。	(漢)黃廷桂＊＊　(滿)吳達善　　甘肅川陝　(漢)楊應琚 正、己亥、十七, 正、己亥;甘　　　　　　七、乙亥、廿 2.14;死(文襄)。 撫遷。　　　　　　　　七,9.18;閩 　　　　　　四、丁巳、七,　　　　　　浙改。 　　　　　　5.3;管甘撫。
(滿)開泰	(滿)開泰　　　　　　　　　　　(滿)開泰 七、乙亥;改任川陝總督。　　　七、乙亥;川督改。
(漢)楊應琚	(漢)楊應琚　　　　　　　(漢)楊廷璋 三、壬辰、十二,4.8;召京。 三、壬辰; 四、丁巳、七,5.3;兼任甘撫。 浙撫護。 七、乙亥,改任甘肅總督。 四、戊午、八,5.4;授。
(滿)碩色	(滿)碩色　　　　　　　　　(滿)蘇昌 九、庚午、廿三,11.12; 九、庚午;吏右署工尚改 病免。(旋死,恭勤) 署。 　　　　　　　　　　　九、辛未、廿四,11.13;授。
陳宏謀　　　　　　(漢)李侍堯 四、丙子、廿一,5.27;　四、丙子;廣將兼署。 以總督署蘇撫。	(漢)李侍堯 正、己亥;授。
(滿)愛必達	(滿)愛必達
楊錫紱	楊錫紱
(漢)白鍾山　　副總河　稽　璜 　　　　　　　　　　　正、壬子、廿五, 　　　　　　　　　　　3.4;遷工尚。	(漢)白鍾山
張師載	張師載

總督年表

年代	乾隆二五年 庚辰(1760)			乾隆二六年 辛巳(1761)	
直隸	方觀承			方觀承	
兩江	(滿)尹繼善			(滿)尹繼善 四、己丑、廿,5.24;入覲,殿試讀卷。	
甘肅	(漢)楊應琚	陝 甘	(漢)楊應琚 十二、丙戌、十六,1.21;甘肅總督仍改陝甘總督。	(漢)楊應琚	
川陝	(滿)開泰	四 川	(滿)開泰 十二、丙戌;四川總督不必兼管陝西。	(滿)開泰	
閩浙	(漢)楊廷璋			(漢)楊廷璋 五、戊午、廿,6.22;兼署閩撫。	
湖廣	(滿)蘇昌			(滿)蘇昌 四、壬辰、廿三,5.27;改廣督。	(滿)愛必達 四、壬辰;雲督改。 八、戊寅、十二,9.10;暫署鄂撫。
兩廣	(漢)李侍堯			(漢)李侍堯 四、壬辰;改户尚。	(滿)蘇昌 四、壬辰;湖督改。
雲貴	(滿)愛必達			(滿)愛必達 四、壬辰;改湖督。 四、癸巳、廿四,5.28;滇撫劉藻兼署。	(滿)吳達善 四、壬辰;豫撫遷。
漕運	楊錫紱			楊錫紱	
南河	(漢)白鍾山			(漢)白鍾山 三、戊申、九,4.13;死(莊恪)。	(滿)高晉 三、戊申;皖撫授。
東河	張師載			張師載	

乾隆二七年　壬午(1762)	乾隆二八年　癸未(1763)
方觀承	方觀承
(滿)尹繼善	(滿)尹繼善
(漢)楊應琚	(漢)楊應琚 十一、辛酉、八,12.12;兼管甘撫。
(滿)開泰	(滿)開泰　　(滿)鄂弼　　(滿)阿爾泰 六、戊戌、十二,　六、戊戌;陝撫遷。　六、壬寅; 7.22;革、戌。　六、壬寅、十六,　魯撫遷。 　　　　7.26;死(勤肅)。
(漢)楊廷璋	(漢)楊廷璋＊＊ 十一、己卯、廿六,12.30;遷體仁,留任。
(滿)愛必達 十、辛卯、二,11.17;兼署鄂撫。	(滿)愛必達　　　　　　　　(漢)李侍堯 五、甲戌、十八,　陳宏謀署。　　五、甲戌; 6.28;召京。　五、甲戌;湘撫遷　戶尚改。 　　　　兵尚署。　六、壬 　　　　寅;改吏尚。
(滿)蘇昌	(滿)蘇昌 六、戊戌;兼署粵撫。
(滿)吳達善	(滿)吳達善 六、壬寅;兼署滇撫。
楊錫紱	楊錫紱
(滿)高晉	(滿)高晉
張師載	張師載　　　　葉存仁 十一、辛酉;死(愨敬)。　十一、辛酉;豫撫授。

總督年表

年代	乾隆二九年　甲申(1764)	
直隸	**方觀承**	
兩江	(滿)**尹繼善** * * 四、癸未、二,5.2;遷文華,留任。	
陝甘	(漢)**楊應琚** * * 七、辛亥、一,7.29;遷東閣,留任。　　　　　　　[三、乙卯、四,4.4;移住蘭州,裁甘撫。]	
四川	(滿)**阿爾泰** 三、壬戌、十一,4.11;召京。六、戊申、廿八,7.26;回任。　　工尚阿桂署。	
閩浙	(漢)**楊廷璋** * * 六、甲辰、廿四,7.22;解。	(滿)**蘇昌** 六、甲辰;廣督改。
湖廣	(漢)**李侍堯** 六、甲辰;改廣督。　　鄂撫改滇撫常鈞兼署。	(滿)**吳達善** 六、甲辰;雲督改。 十、丙申、十八,11.11;兼署湘撫。
兩廣	(滿)**蘇昌** 六、甲辰;改閩督。　　粵撫明山兼署。	(漢)**李侍堯** 六、甲辰;湖督改。
雲貴	(滿)**吳達善** 六、甲辰;改湖督。	**劉藻** 六、甲辰;滇撫遷,仍兼署撫。
漕運	**楊錫紱**	
南河	(滿)**高晉**	
東河	**葉存仁** 六、丁亥、七,7.5;死。	(漢)**李宏** 六、丁亥;淮徐河道遷。

乾隆三十年　乙酉(1765)	乾隆三一年　丙戌(1766)
方觀承	方觀承
(滿)尹繼善＊＊　　　　(滿)高晉 （江督留任）三、乙未、　　三、乙未；南河改，仍 廿，5.9；入閣辦事。　　兼統理南河事務。	(滿)高晉
(漢)楊應琚＊＊ 十、己巳、廿七、12.9；召陞，陝撫和其衷署。	(漢)楊應琚＊＊　　　　(滿)吳達善 正、丙戌、十六，2.24；改雲督。　正、丙戌；湖督改。 鄂撫湯聘署；二、壬寅、二，3.12； 改滇撫，刑尚舒赫德暫署。
(滿)阿爾泰	(滿)阿爾泰
(滿)蘇昌	(滿)蘇昌
(滿)吳達善 十一、乙酉、十四，12.25；兼署鄂撫。	(滿)吳達善　　劉藻　　(滿)定長 正、丙戌；　正、丙戌；雲督改。　二、壬寅； 改陝督。　二、壬寅；降鄂撫。　閩撫遷。
(漢)李侍堯　　　　(漢)楊廷璋 閏二、戊辰、廿三，4.12；兼署粵撫。　六、己酉； 六、己酉、五，7.22；憂免，贛撫　工尚署。 (粵撫調任)明山留署。	(漢)楊廷璋
劉藻	劉藻　　　　(漢)楊應琚＊＊ 正、丙戌；改湖督。　　正、丙戌；陝督改。
楊錫紱	楊錫紱
(滿)高晉　　　　(漢)李宏 三、乙未；改江督，　　三、乙未；東河改。 仍兼統理。	(漢)李宏
(漢)李宏　　　　李清時 三、乙未；改南河。　三、乙未；淮徐河道遷。	李清時

總督年表

年代	乾隆三二年　丁亥(1767)	乾隆三三年　戊子(1768)
直隸	**方觀承**	**方觀承**　　　　(漢)**楊廷璋** 八、庚午、十五,9.25;　八、庚午;刑尚署。 病免,旋死(恪敏)。　　八、壬申、十七,9.27; 　　　　　　　　　　授。
兩江	(滿)**高晉**	(滿)**高晉** 二、乙亥、十七,4.3;兼署蘇撫。 十二、乙丑、十一,1.18;署湖督並署荆將。
陝甘	(滿)**吳達善**	(滿)**吳達善**　　　(滿)**明山** 十二、乙丑、十一,　　十二、乙丑;陝撫遷。 1.18;改湖督。
四川	(滿)**阿爾泰**	(滿)**阿爾泰**
閩浙	(滿)**蘇昌**	(滿)**蘇昌**　　　　**崔應階** 正、丁未、十八,3.6;　正、丁未;閩撫遷。 死(愨勤)。
湖廣	(滿)**定長** 五、己巳、六,6.2;兼署鄂撫。	(滿)**定長**　　　　(滿)**吳達善** 六、戊申、二,7.15;　　　　十二、乙丑; 兼署荆將。　江督高晉署,　陝督改, 十二、乙丑;死。　　兼署荆將。
兩廣	(漢)**楊廷璋**　　(漢)**李侍堯** 三、庚寅、廿六,　三、庚寅;刑尚授。 4.24;改刑尚。	(漢)**李侍堯**
雲貴	(漢)**楊應琚＊＊**　　(滿)**明瑞** 三、乙丑、一,3.30;　三、乙丑;伊將授。三、丙 入閩辦事。　　　　寅、二,3.31;改兵尚,仍 三、癸巳、廿九,4.27;　留。十、庚辰、廿,12.10; 滇撫鄂寧署。　　以將軍管理總督事務。	(滿)**明瑞**　　(滿)**鄂寧**　(滿)**阿桂** 正、辛卯、二,2.19;授　二、丙戌;滇　六、壬午、 一等誠嘉毅勇公。　撫遷。　六、　兵尚授。 二、丙戌、廿八,4.14;　壬午、廿六, 戰死(果烈);戶尚阿　8.8;降閩撫。 里袞署。
漕運	**楊錫紱**	**楊錫紱**　　　　**梁鴻翽** 十二、己未、五,　十二、己未;魯布署。 1.12;死(勤愨)。
南河	(漢)**李　宏**	(漢)**李　宏**
東河	**李清時**　　　　**嵇　璜** 七、辛巳、十九,　七、辛巳;禮尚授。 8.13;改魯撫。	**嵇　璜**　　　　**吳嗣爵** 九、辛亥、廿六,　九、辛亥;淮徐河道署。 11.5;改工尚。

乾隆三四年 己丑(1769)

(漢)楊廷璋

(滿)高晉
　　三、丙午、廿三,4.29;兼署蘇撫。

(滿)明山

(滿)阿爾泰

　崔應階
　　四、己未、七,5.12;兼署閩撫。十、乙卯、七,11.4;暫署福將。

(滿)吳達善
　　十、癸亥、十五,11.12;差黔。　　鄂撫梁國治兼署。

(漢)李侍堯

(滿)阿桂	**(滿)明德**	**(滿)阿思哈**	**(滿)彰寶**
正、庚寅、六,2.12;專辦軍務。十、甲子、十六,11.13;革副將軍,在參贊上行走。	正、辛卯、七,2.13;滇撫遷。三、丙午;降蘇撫,仍暫留署。	三、壬子、廿九,5.5;豫撫遷。十、乙卯、七,11.4;革,署滇撫。	十、乙卯;滇撫遷。

梁鴻翥	**(滿)傅顯**	**黃登賢**
六、乙丑、十五,7.17;署倉侍。	六、乙丑;任。七、丁未、廿七,8.28;死(襄勤)。	六、乙丑;倉侍署。十一、辛卯、十三,12.10;授。

(漢)李　宏

　吳嗣爵
　　三、壬子;署豫撫。

總督年表

年代	乾隆三五年　庚寅(1770)	
直隸	(漢)**楊廷璋**	
兩江	(滿)**高晉** 　　九、甲子、廿一,11.8;暫署漕督。	
陝甘	(滿)**明山**	
四川	(滿)**阿爾泰** ＊＊ 　　九、丙午、三,10.21;遷武英。十、壬午、十,11.26;召京。	(滿)**德福** 　　十、壬午;湘撫署。
閩浙	**崔應階** 　　閏五、甲寅、九,7.1;兼署閩撫。十、辛巳、九,11.25;召陛。 　　十二、丙子、四,1.19;改漕督。	(滿)**鐘音** 　　十、辛巳;閩撫署。
湖廣	(滿)**吳達善** 　　三、辛巳、四,3.30;十、壬午;兼署湘撫。	
兩廣	(漢)**李侍堯**	
雲貴	(滿)**彰寶**	
漕運	**黃登賢** 　　八、辛巳、八,9.26;降三調(左副)。 　　九、甲子;江督高晉暫署。	**崔應階** 　　十二、丙子;閩督改。
南河	(漢)**李　宏**	
東河	**吳嗣爵**	

乾隆三六年　辛卯(1771)

(漢)楊廷璋	周元理
十、丁亥、廿,11.26;改刑尚。	十、丁亥;魯撫遷。

(滿)高晉 ＊＊
五、壬戌、廿二,7.4;遷文華,留任。

(滿)明山	(滿)吳達善	(滿)文綬
五、辛丑、一,6.13;解、革。	五、辛丑;湖督改。 十、甲午、廿七,12.3;死(勤毅)。	五、辛丑;陝撫署。 十、甲午;川督改。

(滿)阿爾泰 ＊＊	(滿)德福	(滿)文綬	(滿)桂林
正、己未;回任。 五、壬戌;入閣辦事。	正、己未;署雲督。五、壬戌;仍授。 八、丁酉、廿九,10.7;召京。	九、丁卯、卅,11.6;陝撫遷。十、甲午;改陝督。	十一、丙辰、廿,12.25;戶右授。

(滿)鍾音	(滿)富明安
三、戊午、十七,5.1;卸署。 五、辛丑;閩撫遷。	三、戊午;魯撫遷。五、辛丑;改湖督。

(滿)吳達善	(滿)富明安
五、辛丑;改陝督。	五、辛丑;川督改。

(漢)李侍堯

(滿)彰寶	(滿)德福
正、己未、十七,3.3;召陸。	正、己未;署川督調署。五、壬戌;改川督。

崔應階

(漢)李　宏	吳嗣爵
八、庚午、二,9.10;死。	八、庚午;東河改。

吳嗣爵	姚立德
八、庚午;改南河。　豫撫何煟兼管。	八、庚午;魯按遷署。

總督年表

年代	乾隆三七年　壬辰(1772)
直隸	周元理
兩江	（滿）**高晉**＊＊ 六、辛巳、十七,7.17；兼署江寧將軍。
陝甘	（滿）**文綬**　　　　　　　（滿）**海明**　　　　　　　（滿）**勒爾謹** 六、甲申、廿,7.20；改川督。　六、甲申；湖督改。　　　六、甲申；陝撫署。 　　　　　　　　　　　六、丙戌、廿二,7.22；仍湖督。　六、丙戌；授。
四川	（滿）**桂林**　　（滿）**阿爾泰**　　（滿）**文綬**　　　　　　**劉秉恬** 五、丙午、十二,　五、丙午；革大學士署。　六、甲申；陝督改。　　十二、丁亥；倉侍授(差)。 6.12；革、逮。　六、甲申；署湖督。　十二、丁亥、廿七,1.19；革。　湖督富勒渾署。
閩浙	（滿）**鍾音**
湖廣	（滿）**富明安**　　（滿）**海明**　　　　　　　　（滿）**富勒渾** 五、甲子、卅,6.30；　五、甲子；皖撫遷。　　　　　六、辛卯；陝撫遷。 死(恭恪)。　　　六、甲申；改陝督。丙戌；仍留。　阿爾泰署：　十二、丁亥；署川督。 　　　　　六、辛卯、廿七,7.27；死(勤恪)。　六、丙戌；休。　鄂撫陳輝祖署。
兩廣	（漢）**李侍堯**
雲貴	（滿）**彰寶**
漕運	**崔應階**　　　　　　　　（滿）**嘉謨** 正、癸卯、七,2.10；改刑尚。　正、癸卯；江南河庫道署。
南河	**吳嗣爵**
東河	**姚立德** 　（署）

乾隆三八年　癸巳(1773)	乾隆三九年　甲午(1774)
周元理	周元理
(滿)高晉＊＊	(滿)高晉＊＊
(滿)勒爾謹	(滿)勒爾謹
劉秉恬　　　　(滿)富勒渾 六、甲寅、廿六、　　　六、甲寅；湖督改。 8.14；革。	(滿)富勒渾
(滿)鐘音 五、乙亥、十七,7.6；暫署福將。	(滿)鐘音
(滿)富勒渾　　　　(滿)文綬 六、甲寅；改川督。　　六、甲寅；革川督授。 鄂撫陳輝祖署。	(滿)文綬
(漢)李侍堯＊＊ 八、癸巳、七,9.22；兼署廣將。 十二、辛丑、十七,1.28；遷文華,留任。	(漢)李侍堯＊＊
(滿)彰寶	(滿)彰寶　　　　(覺羅)圖思德 五、丙寅、十四,6.22；　　五、丙寅；黔撫遷署。 病免。
(滿)嘉謨	(滿)嘉謨
吳嗣爵	吳嗣爵
姚立德 　(署)	姚立德 正、丙子、廿二,3.4；授。 二、乙酉、二,3.13；加總督銜。

年代	乾隆四十年　乙未(1775)	乾隆四一年　丙申(1776)
直隸	周元理	周元理
兩江	(滿)高晉**	(滿)高晉**
陝甘	(滿)勒爾謹	(滿)勒爾謹 三、甲申、十三,4.30;召陛,陝撫畢沅署。
四川	(滿)富勒渾	(滿)富勒渾　(滿)文綬 二、己酉、七,3.26;　二、己酉;湖督改。 湖督互調。
閩浙	(滿)鍾音	(滿)鍾音
湖廣	(滿)文綬	(滿)文綬　　　(滿)富勒渾 二、己酉;川督互調。　二、己酉;川督改。
兩廣	(漢)李侍堯**	(漢)李侍堯** 三、丁酉、廿六,5.13;兼署粵撫。
雲貴	(覺羅)圖思德 (黔撫署)十、丙申、廿二,11.14;兼署滇撫。	(覺羅)圖思德 (黔撫署)兼署滇撫。
漕運	(滿)嘉謨 正、庚寅、十八,3.7;改倉侍。	(滿)嘉謨　(滿)阿思哈　(滿)鄂寶 正、庚寅;左都署。　十、壬子、十　四、11.24; 四月,授。閩撫德保　湘撫授,留 署。十、丁巳、十九,　川。 11.29;死(莊恪)。
南河	吳嗣爵	吳嗣爵　　(滿)薩載 三、癸未、十二,4.29;　三、癸未;蘇撫授。 署吏右。
東河	姚立德	姚立德

乾隆四二年　丁酉(1777)	乾隆四三年　戊戌(1778)
周元理	周元理
(滿)高晉＊＊ 　十一、甲戌、十二,12.11;暫管贛撫。	(滿)高晉＊＊
(滿)勒爾謹	(滿)勒爾謹
(滿)文綬	(滿)文綬
(滿)鐘音	(滿)鐘音　　　　　　楊景素 　二、壬子、廿一,3.19;　　二、壬子;廣督改。 改禮尚。
(滿)富勒渾　　　　(滿)三寶 　五、丁亥、廿三,6.27;　　五、丁亥;浙撫遷。 改禮尚。	(滿)三寶
(漢)李侍堯＊＊　　　　　楊景素 　正、乙酉、十八,2.25;　　正、乙酉;魯撫遷。 改雲督。	楊景素　　　　(滿)桂林 　二、壬子;改閩督,　　二、壬子;川根遷。 粵撫李質穎暫署。
(覺羅)圖思德　　(漢)李侍堯＊＊ 　正、乙酉;回黔撫任。　　正、乙酉;廣督改。	(漢)李侍堯＊＊
(滿)鄂寶 　(留川辦理軍需奏銷)　　閩撫德保署。	(滿)鄂寶
(滿)薩載	(滿)薩載
姚立德	姚立德

年代	乾隆四四年　己亥(1779)		
直隸	**周元理** 三、丙申、十二,4.27;免,旋革(左副)。戶尚英廉署。	**楊景素** 三、戊戌、十四,4.29;閩督改。 十二、辛未、廿一,1.27;死。	**袁守侗** 十二、辛未;東河改。革任周元理暫署。
兩江	(滿)**高晉** ** 正、乙未、十,2.25;死(文端)。	(滿)**薩載** 正、乙未;南河改。	
陝甘	(滿)**勒爾謹**		
四川	(滿)**文綬**		
閩浙	**楊景素** 三、戊戌;改直督。	(滿)**三寶** ** 三、戊戌;湖督改。	
湖廣	(滿)**三寶** ** 正、己丑、四,2.19;兼署鄂撫。 正、乙未;遷東閣。三、戊戌;改閩督。	(覺羅)**圖思德** 三、戊戌;黔撫遷。 十二、戊午、八,1.14;死。	(滿)**富勒渾** 十二、戊午;工尚授。
兩廣	(滿)**桂林** 十二、乙卯、五,1.11;死。粵撫李質穎兼署。	(覺羅)**巴延三** 十二、乙卯;晉撫遷。	
雲貴	(漢)**李侍堯** **		
漕運	(滿)**鄂寶**		
南河	(滿)**薩載** 正、乙未;改江督。	(漢)**李奉翰** 正、乙未;署。	
東河	**姚立德** 四、戊寅、廿四,6.8;革。	**袁守侗** 四、戊寅;刑尚授。 十二、辛未;改直督。	**陳輝祖** 十二、辛未;豫撫授。

乾隆四五年　庚子(1780)	乾隆四六年　辛丑(1781)
袁守侗	袁守侗　　　　　鄭大進 十一、戊辰、卅，1.13；憂　　十一、戊辰；鄂撫遷。 免。大學士英廉暫管。
(滿)薩載 八、己巳、廿三，9.21； 憂，百日回任。　　南河陳輝祖暫署。	(滿)薩載 (署)
(滿)勒爾謹	(滿)勒爾謹　　　　(漢)李侍堯 四、庚午、廿七，5.20；革。　四、庚午；以三品頂戴 大學士阿桂暫兼。　　管理。
(滿)文綬	(滿)文綬　　　　　(滿)福康安 八、壬午、十二，9.29；革。　八、壬午；雲督改。
(滿)三寶＊＊　　　　(滿)富勒渾 三、壬辰、十三，4.17；兼署　六、乙卯；湖督改。 浙撫。六、乙卯、八，7.9； 入閣辦事。	(滿)富勒渾　　　　陳輝祖 正、癸卯、卅，2.22；　正、癸卯；南河改， 召京。　　　　兼管浙撫。
(滿)富勒渾　　　　(滿)舒常 六、乙卯；改閩督。　六、乙卯；黔撫署雲 　　　　督改。	(滿)舒常
(覺羅)巴延三	(覺羅)巴延三
(漢)李侍堯＊＊　(滿)舒常　(滿)福康安 二、癸丑、四，3.9；解。二、癸丑；黔撫　三、丁酉； 三、丁酉、十八，4.22；署。六、乙卯；奉將授。 革，逮。　　改湖督。	(滿)福康安　　　　(滿)富綱 八、壬午；改川督。　八、壬午；閩撫遷。 滇撫劉秉恬署。
(滿)鄂寶	(滿)鄂寶
(漢)李奉翰　　　　陳輝祖 二、丙辰、七，3.12；東河互　二、丙辰；東河改。 調。八、己巳；東河署。　八、己巳；暫署江督。	陳輝祖　　　　　(漢)李奉翰 正、癸卯；改閩督，　正、癸卯；東河改。 兼管浙撫。
陳輝祖　　　　(漢)李奉翰 二、丙辰；南河互調。二、丙辰；南河改。 　　　　八、己巳；署南河。 　　　　魯撫國泰兼署。	(漢)李奉翰　　　　韓　鑅 正、癸卯；改南河。　正、癸卯；淮徐河道遷。

總督年表

年代	乾隆四七年　壬寅(1782)	乾隆四八年　癸卯(1783)
直隸	鄭大進　　　　　袁守侗 十、甲申、廿一，　　十、甲申；原任(服)署。 11.25；死(勤恪)。 大學士英廉署。	袁守侗　　　　　　　劉峩 五、丁未、十七，　　　　五、丁未； 6.16；死(清愨)。　工尚劉墉署。　桂撫遷。
兩江	(滿)薩載 　　(署)	(滿)薩載 正、戊申、十六，2.17；授。
陝甘	(漢)李侍堯	(漢)李侍堯 二、己巳、八，3.10；召京。　陝撫畢沅署。
四川	(滿)福康安	(滿)福康安　　　　　李世傑 四、辛巳、廿一，　　　　四、辛巳； 5.21；署工尚。　成將特成額署。　豫撫遷。
閩浙	陳輝祖　　　(滿)富勒渾 九、辛亥、十七，　　九、辛亥；豫撫遷。 10.23；革、逮。 戶右福長安署。	(滿)富勒渾
湖廣	(滿)舒常 九、辛亥；赴湘署撫。	(滿)舒常
兩廣	(覺羅)巴延三	(覺羅)巴延三
雲貴	(滿)富綱	(滿)富綱
漕運	(滿)鄂寶	(滿)鄂寶　　　(滿)毓奇 二、乙丑、四，3.6；　二、乙丑；閣學授。 改盛戶。
南河	(漢)李奉翰	(漢)李奉翰
東河	韓鑅　　　　　何裕城 七、己未、廿四，9.1；　七、己未；淮徐河道署。 憂免。	何裕城　　　　　蘭第錫 四、辛巳；改豫撫。　四、辛巳；永定河道署。

乾隆四九年　甲辰(1784)	乾隆五十年　乙巳(1785)
劉　峨	劉　峨
(滿)薩載	(滿)薩載
(漢)李侍堯　　　　(滿)福康安 五、庚辰、廿六,7.13;　　五、庚辰;兵尚任。封嘉 革、逮。　　　　　　勇侯。　七、癸酉、廿, 　　　　　　　　　　9.4;改戶尚,留任。	(滿)福康安 (戶尚)九、己酉、三, 10.5;赴阿克蘇。　　兵尚慶桂暫署。
李世傑	李世傑
(滿)富勒渾	(滿)富勒渾　　　　(滿)雅德 七、己酉、二,8.6;　　七、己酉;閩撫遷。 改廣督。
(滿)舒常　　　　(蒙)特成額 正、丙辰、卅,2.20;　　正、丙辰;成將授。 改廣督。	(蒙)特成額
(覺羅)巴延三　　　(滿)舒常 正、丙辰;召京。三、癸　正、丙辰;湖督改。 丑、廿八,4.27;革。	(滿)舒常　　　　　　(滿)富勒渾 三、戊辰、十九,　　　　七、己酉, 4.27;改工尚。　粵撫孫士毅署。　閩督改。
(滿)富綱	(滿)富綱
(滿)毓奇	(滿)毓奇
(漢)李奉翰	(漢)李奉翰
蘭第錫 (署)	蘭第錫 (署)

總督年表

年代	乾隆五一年　丙午(1786)
直隸	**劉峩**
兩江	(滿)**薩載**　　　　　　　　　　　　　　　　　　　　**李世傑** 三、丙辰、十二,4.10;　三、辛亥、七,4.5;蘇撫閔鶚元代辦。　　三、丙辰;川督改。 死(誠恪)。　　　三、丁巳、十三,4.11;署。
陝甘	(滿)**福康安 *** 閏七、乙未、24,9.16;戶尚改吏尚,授協,留任。 九、戊子、十八,11.8;召京。　　　　　　　　　陝撫永保署。
四川	**李世傑**　　　　　　　　　(蒙)**保寧** 三、丙辰;改江督。　　　　　三、丙辰;成將授。
閩浙	(滿)**雅德**　　　　　　(滿)**富綱**　　　　　　(滿)**常青** 六、辛丑、廿九,7.24;革。　六、辛丑;雲督改。　　　　六、辛丑;福將兼署。 　　　　　　　　　十、辛丑;仍改雲督。　　　十、辛丑;授。
湖廣	(蒙)**特成額**　　　　　　　**畢沅**　　　　　　(漢)**李侍堯** 五、丁巳、十五,6.10;召京(雲　六、辛丑;豫撫遷。　　　　十、丁未;前雲督授。 督)。鄂撫調粵撫圖薩布署。　十、丁未、七,11.27;降豫撫。
兩廣	(滿)**富勒渾**　　　　　　　　　　**孫士毅** 四、己亥、廿六,5.23;召京(革)。　　四、己亥;粵撫兼署。五、丁巳;授。
雲貴	(滿)**富綱**　　　　　　　　　　(蒙)**特成額** 六、辛丑;改閩督。　　　　　　六、辛丑;湖督授。十、辛丑;革、逮。 十,辛丑、一,11.21;回任。
漕運	(滿)**毓奇**
南河	(漢)**李奉翰** 　　　三、戊午、十四,4.12;皖撫書麟幫辦河務。
東河	**蘭第錫** (署)

乾隆五二年　丁未(1787)	乾隆五三年　戊申(1788)
劉　峨	劉　峨
李世傑　　　　(滿)書麟 十一、乙酉、廿二，　　十一、乙酉；皖撫遷。 12.30；改川督。	(滿)書麟
(滿)福康安* 　(吏尚)七、丙戌、廿一，9.2； 　赴台(林爽文起義)。　　九、丁亥、廿三， 　八、丁巳、廿二，10.3；授將軍。 11.2；兵右署晉 　十二、丁巳、十四，1.21；封公爵。撫勒保署。	福康安*　　　(滿)勒保 　(吏尚)十一、癸亥、　　十一、癸亥；授。 　五，12.2；改閩督。
(蒙)保寧　　　　李世傑 十一、乙酉；改伊將。十一、乙酉；江督改。	李世傑
(滿)常青　　　　(漢)李侍堯 正、己卯、十，2.27；　正、己卯；湖督改。 湖督互調。	(漢)李侍堯　　　(滿)福康安* 十、乙卯、廿七，11.24；　十一、癸亥；陝督改。 病，福將魁倫署。十一、癸　(吏尚)。 亥；死(恭毅)。
(漢)李侍堯　(滿)常青　　(滿)舒常 正、己卯；　正、己卯；閩督改，正、己卯；工 閩督互調。差台，旋授將軍。尚署。十二、 　十二、己酉、十六，己酉；授。 　1.23；改福將。	(滿)舒常　　　　畢　沅 七、庚辰、廿，8.21；解。七、庚辰；豫撫遷。
孫士毅	孫士毅
(滿)富綱	(滿)富綱
(滿)毓奇	(滿)毓奇
(漢)李奉翰	(漢)李奉翰
蘭第錫 五、戊辰、二，6.16；授。	蘭第錫

總督年表

年代	乾隆五四年 己酉(1789)	乾隆五五年 庚戌(1790)
直隸	劉　峨	劉　峨 二、丁丑、廿六,4.10; 降(署兵左)。　　梁肯堂 二、丁丑;豫撫遷。
兩江	(滿)書麟	(滿)書麟 五、己酉、廿九,7.11; 革(晉撫)。 蘇撫福崧兼署。　　孫士毅 六、壬子、三,7.14;川 督改。十、壬申、廿五, 12.1;兼署蘇撫。
陝甘	(滿)勒保	(滿)勒保
四川	李世傑 十一、癸巳、十一, 12.27;病免。　　孫士毅 十一、癸巳;兵尚署。	孫士毅 四、癸酉、廿三,6.5;授。 兼署成將、川提。六、壬子; 改江督。伊將保寧署。　　(滿)鄂輝 十、甲子、十七, 11.23;成將授。
閩浙	(滿)福康安* (吏尚)正、癸未、廿 六,2.20;改廣督。　　(覺羅)伍拉納 正、癸未;豫撫遷。	(覺羅)伍拉納
湖廣	畢　沅	畢　沅
兩廣	孫士毅 正、癸未;召京 (兵尚)。　　(滿)福康安* (吏尚)正、癸未; 閩督改,留任。	(滿)福康安* (吏尚)
雲貴	(滿)富綱	(滿)富綱
漕運	(滿)毓奇 六、甲子、十, 7.31;革。　　管幹珍 六、甲子;工右授。	管幹珍
南河	(漢)李奉翰 二、甲寅、廿七, 3.23;東河互調。　　蘭第錫 二、甲寅;東河改。	蘭第錫
東河	蘭第錫 二、甲寅;南河互調。　　(漢)李奉翰 二、甲寅;南河改。	(漢)李奉翰

乾隆五六年　辛亥(1791)	乾隆五七年　壬子(1792)
梁肯堂	梁肯堂
孫士毅 *　　　　(滿)臺麟 四、丁卯、廿三, 5.25;　　四、丁卯;晉撫遷。 授吏尚、協。 蘇撫長麟暫署。	(滿)臺麟
(滿)勒保	(滿)勒保
(滿)鄂輝　　　　(蒙)惠齡 十一、辛巳、十, 12.5;革,　十一、辛巳;魯撫遷。 賞副都銜,駐藏辦事。	(蒙)惠齡
(覺羅)伍拉納	(覺羅)伍拉納
畢　沅	畢　沅
(滿)福康安 * (吏尚)十一、癸酉、二, 11.27;授將軍, 入藏(廓爾喀入侵)。	(滿)福康安 * * 三、甲申、十五, 4.6;授大將軍。八、癸酉、七, 9.22;遷。 八、戊子、廿二, 10.7;凱旋。 八、己丑、廿三, 10.8;授武英,仍留任。
(滿)富綱	(滿)富綱
管幹珍	管幹珍
蘭第錫	蘭第錫
(漢)李奉翰	(漢)李奉翰

總督年表

年代	乾隆五八年 癸丑(1793)	乾隆五九年 甲寅(1794)
直隸	梁肯堂	梁肯堂
兩江	(滿)書麟	(滿)書麟　　　(滿)富綱 七、甲辰、十九，　七、甲辰； 8.14；革。　　　雲督改。　刑尚蘇凌阿署。
陝甘	(滿)勒保	(滿)勒保
四川	(蒙)惠齡　　　(滿)福康安＊＊ 八、辛未、十一，　　八、辛未；廣督改，留任。 9.15；改魯撫。	(滿)福康安＊＊　　(滿)和琳 七、甲辰；改雲督。　七、甲辰；工尚授。 　　　　　　　　九月，封一等男。
閩浙	(覺羅)伍拉納	(覺羅)伍拉納
湖廣	畢　沅	畢　沅　　(滿)福寧 八、甲申、卅，9.23；　八、甲申；豫撫遷。 降魯撫。
兩廣	(滿)福康安＊＊　(覺羅)長麟 八、辛未；改川督。　八、辛未；浙撫遷。	(覺羅)長麟
雲貴	(滿)富綱 三、乙卯、廿二，5.2；兼署滇撫。	(滿)富綱　　　(滿)福康安＊＊ 七、甲辰；改江督。　七、甲辰；川督改， 　　　　　　　　　仍留任。
漕運	管幹珍	管幹珍
南河	蘭第錫	蘭第錫
東河	(漢)李奉翰	(漢)李奉翰

· 1436 ·

乾 隆 六 十 年　乙卯(1795)	嘉 慶 元 年　丙辰(1796)
梁肯堂	梁肯堂
(滿)**富綱**　　　　(滿)**福寧** 正、丙戌、三,1.23;　正、丙戌;湖督改。 降(吏右)。	(滿)**福寧**　　　　(滿)**蘇凌阿** 六、癸卯、廿九,8.2;　六、癸卯;刑尚署。 改川督。　　　　十一月,署贛撫。
(滿)**勒保**　　　　(滿)**宜綿** 五、丁巳、七,6.23;　五、丁巳;烏魯木齊 改雲督。　　　　都統授。	(滿)**宜綿** 十一、丙辰、十五, 12.13;赴陝督軍。　刑右陸有仁代辦。
(滿)**和琳** 三、乙卯、四,4.22;差軍。　大學士孫士毅署。	(滿)**和琳**　　　　　　(滿)**福寧** 九、癸丑、十一,10.11;　大學士孫士毅署。　六、癸卯; 死於軍中(忠壯)。　　　七、辛亥、八,8.10;江督改。 死。
(覺羅)**伍拉納**　(滿)**福康安**** 五、丙辰、六,　五、丁巳;　五、丁巳、廣督長麟 6.22;革(死)。　雲督改。十、甲申,七, 　　　九月,封　11.17;回任。十、甲 　　　貝子。　申;福將魁倫署。	(滿)**福康安****　　　(滿)**魁倫** 五、壬申、廿八,7.2;　六、乙亥、一,7.5; 死(文襄)。　　　福將授。
(滿)**福寧**　　　　**畢　沅** 正、丙戌;改江督。　正、丙戌;魯撫復授, 　　　兼署鄂撫。	**畢　沅** 六、癸亥、九,7.13;總統軍務永保署: 七、壬戌、十九,8.21;卸。
(覺羅)**長麟** 五、丙辰;署閩督。十、甲申;回任。	(覺羅)**長麟**　　　**朱　珪**　　　(覺羅)**吉慶** 六、乙亥;革。　六、乙亥;兵尚(粵撫)　六、乙亥; (賞副都統赴新疆)　署。八、辛丑、廿九,　浙撫遷。 　　　9.29;改皖撫。
(滿)**福康安****　(滿)**勒保** 五、丁巳;改閩督。　五、丁巳;陝督改。	(滿)**勒保**
管幹珍〔貞〕 二、甲子、十二,3.2;命復原名"貞"字。	**管幹貞**　　　　(滿)**富綱** 五、乙丑、廿一,6.25;　五、乙丑;吏右授。 降二調。
蘭第錫	**蘭第錫**
(漢)**李奉翰**	(漢)**李奉翰**

總督年表

年代	嘉慶二年　丁巳(1797)		
直隸	**梁肯堂**		
兩江	(滿)**蘇凌阿** （刑尚署）九、甲申、十八,11.6;遷東閣。	(漢)**李奉翰** 九、甲申;東河授。	
陝甘	(滿)**宜綿** （督軍）五、乙丑;兼辦川督事務。	陸有仁署:五、乙丑、廿六,6.20;革。 五、乙丑;刑右英善攝甘布並代辦總督事務。 五、己巳、卅,6.24;總統軍務(三省教軍)。	
四川	(滿)**福寧** 五、乙丑;免。	五、乙丑;陝督宜綿兼辦。	
閩浙	(滿)**魁倫**		
湖廣	**畢　沅** 七、己卯、十二,9.2;死。	(滿)**勒保** 九、丁亥、廿一,11.9;雲督改。 十、辛酉、廿六,12.13;總統四川軍務。	
兩廣	(覺羅)**吉慶**		
雲貴	(滿)**勒保** 九、丁亥;改湖督。	(滿)**鄂輝** （三等男）九、丁亥;湖提遷。	
漕運	(滿)**富綱**		
南河	**蘭第錫** 十二、戊申、十三,1.29;死。	**康基田** 七月,蘇撫兼管。十二、戊申;東河改。	
東河	(漢)**李奉翰** 九、甲申;改江督。	**康基田** 九、甲申:蘇撫改。十二、戊申;改南河。	**司馬駉** 十二、戊申;魯布遷。

嘉 慶 三 年　戊午(1798)	嘉 慶 四 年　己未(1799)
梁肯堂　　　　**胡季堂** 正、庚午、五,,2.20;　　正、庚午;刑尚授。 改刑尚。	**胡季堂**
(漢)**李奉翰**	(漢)**李奉翰**　　　　　　　**費　淳** 二、辛丑、十三,3.18;死。　二、辛丑;蘇撫遷。
(滿)**宜綿** 正、甲申、十九,3.6;回任。	(滿)**宜綿**　　　　　　　(蒙)**松筠** 正、丙戌、廿七,　　　　二、己丑、一, 3.3;召京。　　西將恆瑞署。　3.6;戶尚授。
(滿)**勒保** 正、甲申、湖督改。 八、庚子、九,9.18;晉公爵(擒王三槐)。	(滿)**勒保**　　　　　　　(滿)**魁倫** 正、己卯、廿,2.24;授經　八、癸卯;署吏尚署。 略大臣。八、癸卯、十七, 9.16;革、逮。
(滿)**魁倫** 十一、甲子、五,12.11;憂。　福將福昌暫署。	(滿)**魁倫**　(滿)**魯麟** *　(覺羅)**長麟** 三、癸亥、五,　三、癸亥、協、吏尚　十、戊子;雲督改。 4.9;署吏尚。　授。十、戊子、三,　浙撫玉德署。 　　　　10.31;雲督互調。
(滿)**勒保**　　　　(滿)**景安** 正、甲申、改川督。　三、癸酉、九,4.24; 　　　　豫撫遷。	(滿)**景安**　　　　　　(滿)**倭什布** 三、庚午、十二,4.16;　三、庚午;豫撫遷。 召京,革。
(覺羅)**吉慶**	(覺羅)**吉慶**
(滿)**鄂輝**　　　　(滿)**富綱** 六、甲寅、廿二,8.3;　六、甲寅;漕督授。 死(恪勤)。	(滿)**富綱**　　(覺羅)**長麟**　(滿)**魯麟** * 八、癸巳、七,　八、癸巳;喀什噶　(吏尚)十、戊 9.6;憂免。　爾參贊授。　　子;閩督改。 　　　十、戊子;閩督互調。
(滿)**富綱**　　　　**梁肯堂** 六、甲寅;改雲督。　六、甲寅;刑尚署。	**梁肯堂**　　**蔣兆奎**　　(滿)**鐵保** 二、戊申、廿,　二、戊申;前晉撫授。　十二、壬辰; 3.25;召京。　十二、壬辰、九,1.3;解。　吏右授。
康基田	**康基田**
司馬騊	**司馬騊**　　　　**吳　璥** 三、辛酉、三,　三、辛酉;豫布署。 4.7;死。　十一、壬戌、八,12.4;授。 　　　十一月,葬假;魯布全保護。

年代	嘉慶五年　庚申(1800)
直隸	**胡季堂** 十、丁巳、八,11.24;病免。 (旋死,莊敏)　直布顔檢護。　　　　　**姜晟** 　　　　　十、戊辰、十九,12.5;湖督改。
兩江	**費淳**
陝甘	(蒙)**松筠** 正、辛酉、八,2.1;改伊將。　　　　　(覺羅)**長麟** 　　　　　正、辛酉;閩督改。
四川	(滿)**魁倫** 二、癸卯、廿,3.15;解。三月,暫署,旋革、逮。　　　　　(滿)**勒保** 　　　　　二、癸卯;革川督賞三品辦理總督事務。 　　　　　三月,改川提;旋以川提暫署。三月,暫署成將。
閩浙	(覺羅)**長麟** 正、辛酉;改陝督。　　　　　(滿)**玉德** 　　　　　正、辛酉;浙撫遷。
湖廣	(滿)**倭什布** 正、辛未、十八,2.11; 召京。(鄂撫)　　　**姜晟** 正、辛未;湘撫遷。 十、戊辰;改直督。　　　(滿)**書麟** * (吏尚) 十、戊辰;雲督改。
兩廣	(覺羅)**吉慶**
雲貴	(滿)**書麟** * (吏尚)　十、戊辰;改湖督。　　　　　(覺羅)**琅玕** 　　　　　十、戊辰;黔撫遷。
漕運	(滿)**鐵保**
南河	**康基田** 二、戊子、五,2.28;革。　　　　　**吳璥** 　　　　　二、戊子;東河改。
東河	**吳璥** 二、戊子;改南河。　　　　　(漢)**王秉韜** 　　　　　二、戊子;豫布遷。

嘉慶六年　辛酉(1801)		嘉慶七年　壬戌(1802)	
姜　晟　　　　**陳大文**		**陳大文**　　　　**顏　檢**	
六、甲寅、九，　　　六、乙卯、十，7.20；		四、壬寅、二，　　左都熊枚（會　四、戊申、八，5.9；	
7.19；革、逮。　刑左熊枚署。　前魯撫授。		5.3；病兔。　　試正考官先　豫撫署。九、己巳、	
		行出闈）署。　一，9.27；授。	
費　淳		**費　淳**	
(覺羅)**長麟**　　　(蒙)**惠齡**		(蒙)**惠齡**	
十一、丁丑、四，　　十一、丁丑；魯撫遷。			
12.9；召京。			
(滿)**勒保**		(滿)**勒保**	
八、甲子、廿，9.27；賞還一品，封三等男。		十二月，晉封一等伯。	
(滿)**玉德**		(滿)**玉德**	
(滿)**書麟*** 　　(滿)**倭什布**　　**吳熊光**		**吳熊光**	
(吏尚)四、辛酉、　四、辛酉；鄂撫　四、壬戌、		十、甲寅、十六，11.11；兼提。	
十五，5.27；召京。　遷。四、壬戌；　豫撫遷。			
四、壬戌、十六，　解、革、拿。			
5.28；死(文勤)。			
(覺羅)**古慶***		(覺羅)**吉慶**　(覺羅)**長麟**(未任)　(滿)**瑚圖禮**	
四、戊辰、廿二，6.3；授協。		十一、庚午、三，　十一、庚寅；禮尚　十一、庚寅；	
		11.27；革協。　授。旋乞養，改　粵撫署。	
		十一、庚寅、廿三，　署鑲藍蒙都。　十一、辛卯、廿	
		12.17；解。　　　　　　四，12.18；授。	
(覺羅)**琅玕**		(覺羅)**琅玕**	
(滿)**鐵保**		(滿)**鐵保**　　　(滿)**吉綸**	
		十一、辛卯；改粵撫。　十一、辛卯；工右授。	
吳　璥		**吳　璥**	
(漢)**王秉韜**		(漢)**王秉韜**　　　　**嵇承志**	
		△八、癸卯、五，9.1；死。　八、癸卯；長蘆運使遷。	

總督年表

年代	嘉慶八年 癸亥(1803)	嘉慶九年 甲子(1804)
直隸	**顏　檢**	**顏　檢**
兩江	**費　淳**　　　　**陳大文** 六、戊子、廿五，　　六、戊子；前直督授。 8.12；改兵尚。	**陳大文**
陝甘	(蒙)**惠齡**	(蒙)**惠齡**　　(滿)**那彥成**　　(滿)**倭什布** 　　　　　　六、乙亥、十　六、乙亥；禮尚授。　十一、戊申； 　　　　　　八，7.24；死　十一、戊申、廿三，　廣督改。 　　　　　　(勤襄)。　　12.24；廣督互調。
四川	(滿)**勒保**	(滿)**勒保**
閩浙	(滿)**玉德**	(滿)**玉德**
湖廣	**吳熊光**	**吳熊光**
兩廣	(滿)**瑚圖禮**　　　(滿)**倭什布** 正、庚午、四，1.26；　正、庚午；魯撫遷。 仍任粵撫。	(滿)**倭什布**　　　(滿)**那彥成** 十一、戊申；陝督互調。　十一、戊申；陝督改。
雲貴	(覺羅)**琅玕**	(覺羅)**琅玕**　　　(滿)**伯麟** 七、己亥、十三，8.17；　七、己亥；晉撫遷。 死(恪勤)。
漕運	(滿)**吉綸**	(滿)**吉綸**
南河	**吳　璥**	**吳　璥**　　　**徐　端** 十二、丁卯、十二，　十二、丁卯；東河改。 1.12；病，召京(兵右)。
東河	**稽承志**	**稽承志**　　**徐　端**　　(漢)**李亨特** 四、丙子、十　四、丙子；徐淮道　十二、丁卯； 八，5.26；召　護。十二、丁卯；　蘇按授。 京。　　　　改南河。

嘉 慶 十 年　乙丑(1805)			嘉 慶 十 一 年　丙寅(1806)	
顏　檢 六、庚申、 八，7.4； 降主事。	吳熊光 六、庚申；湖督 改。九、乙丑十 六，11.6；差粵。 十、辛丑、廿二， 12.12；改廣督。 工尚熊 枚署。	裴行簡 九、乙丑；直 布護。十、 辛丑；加兵 侍衔署。	裴行簡 九、壬申、廿八，11.8； 死(恭勤)。刑尚秦承 恩署。	溫承惠 十、丁亥、十四，11.23； 閩撫署。
陳大文 正、辛亥、廿六，2.25； 改左都。		(滿)鐵保 正、辛亥；魯撫遷。	(滿)鐵保	
(滿)倭什布			(滿)倭什布 十、甲申、十一，11.20； 解(革、成)。	(蒙)全保 十、甲申；湖督改。
(滿)勒保			(滿)勒保 十一、癸丑、十， 12.19；出征。	十一、癸丑；特清額署。
(滿)玉德			(滿)玉德 五、丙寅、十九，7.5；革。	(滿)阿林保 五、丙寅；湘撫遷。
吳熊光 六、庚申； 改直督。	(漢)百　齡 六、庚申；粵 撫遷。九、乙 丑；革、逮。 鄂撫瑚圖 禮兼署。	(蒙)全保 十一、丙辰 七，12.27； 魯撫遷。	(蒙)全保 十、甲申； 改陝督。 鄂撫瑚圖禮署。	汪志伊 十、甲申； 工尚授。
(滿)那彥成 十、辛丑；解。	吳熊光 十、辛丑；直督改。		吳熊光	
(滿)伯麟			(滿)伯麟	
(滿)吉綸			(滿)吉綸	
徐　端			徐　端 六、庚寅、十四，7.29； 降副總河。	戴均元 六、庚寅；吏左授。
			〔六、庚寅；增設副總河。〕	徐　端 六、庚寅；南河降。
(漢)李亨特			(漢)李亨特 四、癸巳、十六，6.2； 革。	吳　璥 四、癸巳；倉侍授。

總督年表

年代	嘉慶十二年　丁卯(1807)	嘉慶十三年　戊辰(1808)
直隸	溫承惠 九、甲寅、十六,10.16;授。	溫承惠
兩江	(滿)鐵保	(滿)鐵保
陝甘	(蒙)全保　　　　(蒙)長齡 五、己未、十八,6.23;　五、己未;魯撫遷。 病免(旋死)。	(蒙)長齡
四川	(滿)勒保	(滿)勒保
閩浙	(滿)阿林保	(滿)阿林保
湖廣	汪志伊	汪志伊
兩廣	吳熊光	吳熊光　　　　(滿)永保 十一、庚午、九,　十一、壬午、廿一, 12.25;革。　　　1.6;粵撫遷。
雲貴	(滿)伯麟	(滿)伯麟
漕運	(滿)吉綸　　　(滿)薩彬圖 五、己未;改魯撫。　五、己未;倉侍授。	(滿)薩彬圖
南河	戴均元	戴均元　　　徐　端　　　吳　璥 三、丙辰、廿,　三、丙辰;遷。　十二、庚申; 4.15;病免。　十二、庚申、廿　刑尚授。 　　　　　九,2.13;降。
河	徐　端	徐　端　　　　(滿)那彥成 三、丙辰;遷南河。　三、丙辰;西寧授。 十二、庚申;降。　十二、庚申;派喀喇沙爾。
東河	吳　璥	吳　璥　　　　(漢)馬慧裕 六、乙巳、十一,8.2,　六、乙巳;盛刑授。 改刑尚。

嘉慶十四年　己巳(1809)

温承惠

(滿)鐵保	(滿)阿林保	(蒙)松筠
七、壬申、十四,8.24;革。	七、壬申;閩督改。 十二、壬辰、七,1.11;死(敬敏)。	十二、壬辰;陝督改。

(蒙)長齡	(滿)和寧	(蒙)松筠	(滿)那彥成
正、丙子、十六,3.1; 革、逮。	正、丙子;烏魯木齊都統署。 六、丁未、十八,7.30;降。	六、丁未;喀什參贊授。 十二、壬辰;改江督。	十二、壬辰;喀什噶爾 參贊授。

(滿)勒保＊＊
△五月,出征。 十二、辛丑、十六,1.20;授武英,留任。　十月,成將特清額署。

(滿)阿林保	方維甸
七、壬申;改江督。	七、壬申;陝撫遷。

汪志伊

(滿)永保	(漢)百　齡
(未任,道死) 正、丁卯、七,2.20;死(恪敏)。	正、丁卯;魯撫遷。

(滿)伯麟
五、戊午、廿三,7.5;兼署滇撫。

(滿)薩彬圖	胡克家	(漢)馬慧裕	許兆椿
六、丁未;降。(三京候)	六、丁未;刑右授。 七、壬申;革。	七、壬申;東河改。 十二、辛卯、六,1.10;革。	十二、辛卯;桂撫授。

吳　璥

徐　端

(漢)馬慧裕	陳鳳翔
七、壬申;改漕督。	豫布錢楷署。　七、壬申;永定河道遷。

總督年表

年代	嘉慶十五年　庚午(1810)			
直隸	**溫承惠**			
兩江	(蒙)**松筠**			
陝甘	(滿)**那彥成**			
四川	(滿)**勒保**＊＊ 二、丙申、十二,3.16;召京(五月降,工尚)。		(滿)**常明** 二、丙申;鄂撫遷。	
閩浙	**方維甸** 九、壬戌、十,10.8;乞養。		**汪志伊** 九、壬戌;湖督改。	
湖廣	**汪志伊** 九、壬戌;改閩督。		(漢)**馬慧裕** 九、壬戌;工尚授。	
兩廣	(漢)**百　齡**			
雲貴	(滿)**伯麟**			
漕運	**許兆椿**			
南河	**吳璥** 七、辛巳、廿九, 8.28;病免。	**徐端** 七、辛巳;副遷。 十一、甲子、十三,12.9;降。	(漢)**蔣攸銛**(未任) 十一、甲子;浙撫授。 十二、戊戌、十八,1.12;回任。	**陳鳳翔** 十二、戊戌;東河改。
河	**徐端** 七、辛巳;遷南河。			〔七、辛巳;副總河缺裁。〕
東河	**陳鳳翔** 十二、戊戌;改南河。		(漢)**李亨特** 十二、戊戌;永定河道遷。	

年代	嘉慶十六年　辛未(1811)	嘉慶十七年　壬申(1812)
直隸	溫承惠	溫承惠
兩江	(蒙)松筠　　　(滿)勒保　　(漢)百　齡 正、癸酉、廿三，　正、癸酉；刑尚　六、甲寅； 2.16；改廣督。　授。六、甲寅、　左都授。 　　　　　　　八，7.27；召京。	(漢)百　齡 六、甲寅； 左都授。
陝甘	(滿)那彥成	(滿)那彥成
四川	(滿)常明	(滿)常明
閩浙	汪志伊	汪志伊
湖廣	(漢)馬慧裕	(漢)馬慧裕
兩廣	(漢)百　齡　(蒙)松筠＊　　(漢)蔣攸銛 正、癸酉；　正、癸酉；江督改。　九、乙未、 改刑尚。　六月，授協。九、乙未、　浙撫遷。 　　　　　廿，11.5；改吏尚。	(漢)蔣攸銛
雲貴	(滿)伯麟	(滿)伯麟
漕運	許兆椿	許兆椿　　　　阮　元 八、甲寅、十四，　八、甲寅；工右授。 9.19；改工右。
南河	陳鳳翔	陳鳳翔　　　　黎世序 八、丁巳、十七，　八、丁巳；淮陽道遷。 9.22；革(死)。
東河	(漢)李亨特	(漢)李亨特

總督年表

年代	嘉慶十八年　癸酉(1813)		
直隸	**溫承惠** 九、乙亥、十二,10.5;欽,剿辦(滑縣 天理會)。九、庚辰、十七,10.10;卸, 專辦楓台。十、丙午、十三,11.5;革。	**(滿)那彥成** 九、庚辰;工尚章煦署。 十一、庚辰、十七,12.9; 吏左文寧署。	十、丙午;陝督改。
兩江	**(漢)百　齡**＊ 九、甲申、廿一,10.14;授協。		
陝甘	**(滿)那彥成** 九、庚辰;欽,剿辦(滑縣天理會)。 十、丙午;改直督。	**(蒙)長齡** 九、壬辰、廿九,10.22;烏都授。	
四川	**(滿)常明**		
閩浙	**汪志伊**		
湖廣	**(漢)馬慧裕**		
兩廣	**(漢)蔣攸銛**		
雲貴	**(滿)伯麟**		
漕運	**阮　元**		
南河	**黎世序**		
東河	**(漢)李亨特** 九、乙亥;革。	**戴均元** 九、乙亥;倉侍授。	

嘉慶十九年　甲戌(1814)	嘉慶二十年　乙亥(1815)
(滿)那彥成	(滿)那彥成
(漢)百　齡 ＊ 十二、癸亥、七,1.26;革協。	(漢)百　齡
(蒙)長齡　　　　(滿)先福 三、甲辰、十三、5.2,　三、癸卯、十二、5.1; 改伊犁參贊。　　　贛撫遷。	(滿)先福
(滿)常明	(滿)常明
汪志伊	汪志伊
(漢)馬慧裕	(漢)馬慧裕
(漢)蔣攸銛	(漢)蔣攸銛
(滿)伯麟	(滿)伯麟
阮　元　(覺羅)桂芳　　李奕疇 三、癸卯;　三、癸卯;戶右授。　四、壬午; 改贛撫。　四、壬午、廿一,　浙撫授。 　　　　6.9;死(文敏)。	李奕疇
黎世序	黎世序
戴均元　　吳璥　副 正、壬午、廿,　正、午壬,　總 2.9;吏左互調。吏左授。　河　李鴻賓 　　　五、戊午、廿八, 　　　7.15;新設。 　　　巡漕給事中授。	吳璥　　李鴻賓　　　李逢亨 正、癸卯、十　正、癸卯;副總河〔缺　五、癸巳;永 七,2.25;遷　裁〕授。五、癸巳、九,　定河道遷。 兵尚。　　6.15;憂免。

總督年表

年代	嘉慶二一年　丙子(1816)	嘉慶二二年　丁丑(1817)
直隸	**(滿)那彥成**　六、戊寅、卅,7.24;革。　　**方受疇**　六、戊寅;豫撫遷。	**方受疇**
兩江	**(漢)百　齡**　十、戊子、十三,12.1;病假,大學士松筠署。十一、壬子、七,12.25;死(文敏)。　　**孫玉庭**　十一、壬子;湖督改。	**孫玉庭**
陝甘	**(滿)先福**	**(滿)先福**　二、壬午、八,3.25;革。工尚和寧署。　　**(蒙)長齡**　二、癸未;九,3.26;伊將授。
四川	**(滿)常明**	**(滿)常明**　九、癸丑、十二,10.22;死(襄恪)。　布政李鑾宣護。十、辛巳、十一,11.19;成將德寧阿兼署。　　**(漢)蔣攸銛**　九、癸丑;廣督改。
閩浙	**汪志伊**	**汪志伊**　三、甲辰、一,4.16;病免。五、丁卯、廿四,7.8;革。　　**董教增**　三、甲辰;粵撫遷。
湖廣	**(漢)馬慧裕**　五、辛卯、十二,6.7;改左都。　**孫玉庭**　五、辛卯;浙撫遷。十一、壬子;改江督。　**阮　元**　十一、壬子;豫撫遷。	**阮　元**　九、癸丑;改廣督。　　**(滿)慶保**　九、癸丑;桂撫遷。
兩廣	**(漢)蔣攸銛**	**(漢)蔣攸銛**　九、癸丑;改川督。　　**阮　元**　九、癸丑;湖督改。
雲貴	**(滿)伯麟**	**(滿)伯麟**＊　六、甲戌、二,7.15;授協。
漕運	**李奕疇**	**李奕疇**
南河	**黎世序**	**黎世序**
東河	**李逢亨**　十、庚子、廿五,12.13;仍回永定河道原任。　　**葉觀潮**　十、庚子;任。	**葉觀潮**

嘉慶二三年　戊寅(1818)	嘉慶二四年　己卯(1819)
方受疇	方受疇
孫玉庭	孫玉庭
(蒙)長齡	(蒙)長齡
(漢)蔣攸銛	(漢)蔣攸銛
董教增	董教增
(滿)慶保	(滿)慶保
阮　元 十、丁卯、二, 10.31; 暫署桂撫。	阮　元
(滿)伯麟＊	(滿)伯麟＊
李奕疇	李奕疇　　　李鴻賓　　　　(滿)成寧 閏四、壬辰、一,　閏四、壬辰;粵撫　　八、癸巳;正 5.24;降四調。　改。八、癸巳、四,　白蒙都授。 　　　　　　　9.22;改東河。
黎世序	黎世序
葉觀潮	葉觀潮　　　　李鴻賓 八、癸巳;革。十、丁未、　八、癸巳;漕督授。十、丁未; 十八, 12.5;仍留。　　革,以郎中署魯河道。

總督年表

年代	嘉慶二五年　庚辰(1820)	道光元年　辛巳(1821)
直隸	方受疇	方受疇
兩江	孫玉庭	孫玉庭* 二、庚子、十九,3.22;授協。
陝甘	(蒙)長齡	(蒙)長齡* 五、己未、十,6.9;授協。 九、庚午、廿三,10.18;召陛。　　陝撫朱勳署。 十、辛卯、十四,11.8;署晉撫。 十二、戊子、十二,1.4;召京。
四川	(漢)蔣攸銛	(漢)蔣攸銛
閩浙	董教增　　　　(滿)慶保 十二、丁亥、五,1.8;病　十二、丁亥;雲督改。 免(道二死,文恪)。	(滿)慶保
湖廣	(滿)慶保　　張映漢　　　　陳若霖 四、戊申、　四、戊申;鄂撫遷。　十二、丙午; 廿三,6.8;　十二、丙午、廿八,　浙撫遷。 改雲督。　1.27;召。	陳若霖
兩廣	阮　元	阮　元
雲貴	(滿)伯麟*　(滿)慶保　　　史致光 四、戊申;　四、戊申;湖督　十二、丁亥; 改兵尚。　改。十二、丁　滇撫遷。 　　　亥;改閩督。	史致光
漕運	(滿)成寧	(滿)成寧　　　　　李鴻賓 六、戊戌、廿,　六、戊戌;皖撫授。 7.18;召京。
南河	黎世序	黎世序
東河	葉觀潮　　　　　張文浩 三、甲申、廿　協、吏尚吳璥　四、癸巳; 八,5.10;革。　署:四、癸巳、　以道銜署。 　　　八,5.19;卸。	張文浩　　　　嚴　烺 七、己未、十一,　七、己未;河北道署。 8.8;憂免。

道光二年 壬午(1822)

方受疇		顏 檢
正、癸丑、七,1.29;病假。六、壬戌、廿,8.6;死。	正、癸丑;陝督長齡署。正、癸酉、廿七,2.18;回任,布政屠之申護。吏尚松筠署。	正、癸丑;閩撫遷。

孫玉庭 *

(蒙)長齡 **	(滿)那彥成
正、癸丑;署直督。正、癸酉;回任。六、戊辰、廿六,8.12;遷文華。八、辛未、卅,10.14;召京。	八、辛未;刑尚署陝撫署。十、己酉、八,11.21;授。

(漢)蔣攸銛	陳若霖
九、庚辰、九,10.23;署刑尚。十、己酉;授。	九、庚寅、十九,11.2;湖督改。

(滿)慶保	趙愼畛
八、戊申、七,9.21;召京(鑲白蒙都)。	八、戊申;桂撫遷。

陳若霖	李鴻賓
九、庚寅;改川督。	九、庚寅;漕督授。

阮 元

史致光	(滿)明山
八、丁未、六,9.20;召京。	八、丁未;刑左授。

李鴻賓	魏元煜
九、庚寅;改湖督。	九、庚寅;蘇撫授。

黎世序

嚴 烺
　　九、己亥、廿八,11.11;授。

總 督 年 表

年代	道 光 三 年　癸未(1823)	道 光 四 年　甲申(1824)
直隸	顏檢　　　　　　(漢)蔣攸銛 四、甲辰、五,5.15;　　四、甲辰;刑尚授。 召京(倉侍)。	(漢)蔣攸銛 * 閏七、丁未、七,9.9;授協。
兩江	孫玉庭 *	孫玉庭 * *　　　魏元煜 閏七、丁未;　　十二、戊辰、十,1.28; 遷體仁。　　　漕督授。
陝甘	(滿)那彥成	(滿)那彥成
四川	陳若霖　　　　　戴三錫 十二、辛酉、廿七,1.27;　十二、辛酉;川 召京(四年,工尚)。　布以二品署。	戴三錫 (署)　閏七、癸丑、廿三,9.15;兼署成將。
閩浙	趙慎畛	趙慎畛
湖廣	李鴻賓	李鴻賓
兩廣	阮　元	阮　元
雲貴	(滿)明山	(滿)明山　　　　　(蒙)長齡 * * 閏七、壬寅、十二,9.4;病,　十二、己卯;文華 滇撫韓克均兼署。　　殿大學士授。 十二、己卯、廿一,2.8;召。
漕運	魏元煜	魏元煜　　　　　顏　檢 十二、戊辰;改江督。　十二、戊辰;倉侍授。
南河	黎世序	黎世序　　張文浩　　　嚴　烺 二、丁酉、三,　二、丁酉;署工左　十一、壬子; 3.3;死(勤襄)。　授。十一、壬子、　東河改。 　　　　廿四,1.12;解 　　　　(革,戌)。
東河	嚴　烺	嚴　烺　　　　　張　井 十一、壬子;改南河。　十一、壬子;開歸陳許 　　　　道賞三品署。

道 光 五 年　乙酉(1825)	道 光 六 年　丙戌(1826)
(漢)**蔣攸銛** ＊＊　　　　(滿)**那彥成** 六、戊午、二,7.17;遷體仁,　十、辛巳;前陝督授。 留任。十、辛巳、廿八,12.7; 召京,入閣辦事。	(滿)**那彥成**
魏元煜　　　　(滿)**琦善** 五、戊申、廿二,7.7;　　　五、戊申;豫撫遷。 改漕督。	(滿)**琦善**
(滿)**那彥成**　(蒙)**長齡**＊＊　　　**楊遇春** 九、乙酉、一,　九、乙酉;雲督改。　　十、庚辰; 10.12;召陸。　十、庚辰、廿七,12.6;署　陝提署。 陝撫鄂山署。　伊將。十一、壬子、廿九, 　　　　1.7;授伊將,留任。	**楊遇春** (署)七、癸巳、十三,8.16;欽,督辦 新疆軍務(回民張格爾)。 七、甲辰、廿四,8.27;授參贊大臣。　陝撫鄂山署。
戴三錫	**戴三錫**
趙慎畛　　　　**孫爾準** 九、乙酉;改雲督。　　九、乙酉;閩撫遷。	**孫爾準**
李鴻賓	**李鴻賓**　　　(宗室)**嵩孚** 五、戊戌、十七,6.22;　五、戊戌;刑尚授。 改廣督。　　　　七、壬辰、十二,8.15; 　　　　　　兼署鄂撫。
阮 元	**阮 元**　　　　**李鴻賓** 五、戊戌;改雲督。　五、戊戌;湖督改。
(蒙)**長齡** ＊＊　　**趙慎畛** 九、乙酉;改陝督。　九、乙酉;閩督改。	**趙慎畛**　　　　**阮 元** 五、戊戌;死(文恪)。　五、戊戌;廣督改。
顏 檢　**魏元煜**　　　　**陳中孚** 五、戊申;　五、戊申;江　六、乙亥,　八、己未, 休。(旋降　督授。六、乙　理尚穆彰　五,9.16; 五品休)。　亥、十九,8.3;　阿署。　粵撫授。 　　　死(勤恪)。　　　十月,回京。	**陳中孚**　　　　(滿)**訥爾經額** 七、壬辰;　七、壬辰,理尚穆彰阿署:　十二、癸丑、 署魯撫。　九、辛卯、十三,10.13;回　六、1.3;魯 　　　京。前鄂撫楊懋恬署。　布遷。
嚴 烺	**嚴 烺**　**張 井**　副總河　**潘錫恩** 三、癸巳、十　三、癸巳;　　　三、庚戌、廿 二,4.18;降　東河改。　　　九,5.5;淮揚 三品署東河。　　　　　道賞三品授。
張 井 九、庚子、十六,10.27;授。	**張 井**　　　　**嚴 烺** 三、癸巳;改南河。　三、癸巳;南河降三品署。

總督年表

年 代	道光七年　丁亥(1827)			道光八年　戊子(1828)		
直隸	(滿)**那彦成** 十一、庚戌、九，　　　十一、丙午、五，12.22；刑 12.26；欽，往喀　　尚明山署：十一、庚戌；卸， 什噶爾辦理善後。　布政屠之申護。			(滿)**那彦成** 　(欽，新疆)　　布政屠之申護。		
兩江	(滿)**琦善**　　(漢)**蔣攸銛** * * 五、丙戌、十一，6.5；　三、己亥、廿四，4.19；體 解。(七月，降閣學)　仁署。五、丙戌；授。			(漢)**蔣攸銛** * *		
陝甘	**楊遇春** 　(署)　閏五、甲子、廿，7.13；召陛，回任。			**楊遇春** 　正、乙丑、廿五，3.10；授。		
四川	**戴三錫**			**戴三錫**		
閩浙	**孫爾準**			**孫爾準**		
湖廣	(宗室)**嵩孚**			(宗室)**嵩孚**		
兩廣	**李鴻賓**			**李鴻賓**		
雲貴	**阮　元**			**阮　元**		
漕運	(滿)**訥爾經額**			(滿)**訥爾經額**		
南河	**張　井**	副總河	**潘錫恩**	**張　井**	副總河	**潘錫恩**
東河	**嚴　烺** 　九、丙辰、十四，11.2；授。			**嚴　烺**		

道光九年　己丑(1829)		道光十年　庚寅(1830)	
(滿)那彥成 （欽，新疆） △六月，回任。	布政屠之申護:四、己卯、十六， 5.18;降三調。四、壬午、十九， 5.21;禮尚松筠署:六、甲戌、 十二，7.12;改兵尚，仍署。	(滿)那彥成	
(漢)蔣攸銛 ＊＊		(漢)蔣攸銛 六、辛卯、五,7.24;病假。 八、庚戌、廿五,10.11; 召京(以侍候)。	陶　澍 六、辛卯;蘇撫署。 八、庚戌;授。
楊遇春		楊遇春 九、戊午、三,10.19;欽, 赴肅州辦軍需(新疆回民)。	陝撫鄂山署。
戴三錫　　　　(滿)琦善 四、癸酉、十,5.12;召京。　四、癸酉;前魯撫授。		(滿)琦善	
孫爾準		孫爾準	
(宗室)嵩孚		(宗室)嵩孚 十一、壬午、廿八,1.11; 解。旋賞副都統銜任喀 喇沙爾辦事大臣。	盧　坤 十一、壬午;蘇撫遷。
李鴻賓		李鴻賓 ＊ 八、壬子、廿七,10.13;兼署粵撫。 九、戊寅、廿三,11.8;授協。	
阮　元		阮　元	
(滿)訥爾經額　　朱桂楨 三、戊午、廿四,4.27;　三、戊午;倉侍授。 改魯撫。		朱桂楨 八、壬子;改粵撫。	吳邦慶 八、壬子; 黔按以三品銜署。
張　井	副 總 河	潘錫恩 △憂免〔缺裁〕。	張　井	
嚴　烺		嚴　烺	

總督年表

年代	道光十一年　辛卯(1831)	道光十二年　壬辰(1832)
直隸	(滿)那彥成　　　　　　　　(滿)琦善 　二、乙未、十二，　　　　　二、乙未； 　3.25；革。　戶尚王鼎署。　川督改。	(滿)琦善
兩江	陶　澍	陶　澍
陝甘	楊遇春 　二、辛丑、十八，　陝撫鄂山署： 　3.31；回任。　二、乙未；授川督。	楊遇春
四川	(滿)琦善　　　　　(滿)鄂山 　二、乙未；改直督，　二、乙未；陝撫署陝 　成將那彥寶兼署。　督改。	(滿)鄂山
閩浙	孫爾準 　十、丁酉、十九，11.22；病假，閩撫魏元烺兼署。	孫爾準　　　　　程祖洛 　二、乙未、十八，　二、乙未；蘇撫遷。 　3.19；死(文靖)。
湖廣	盧　坤	盧　坤　　　(滿)訥爾經額 　八、甲午、廿,9.14；　八、甲午；魯撫遷。 　改廣督。
兩廣	李鴻賓*	李鴻賓*　　　　　　盧　坤 　八、甲午；　　　　　八、甲午； 　革、戌。　戶尚禧恩署。　湖督改。
雲貴	阮　元	阮　元* 　八、甲午；授協，留任。
漕運	吳邦慶　　　(滿)蘇成額 　十一、丙辰、八，12.11；　十二、乙巳；倉侍授。 　授。十二、乙巳、廿七，　南河張井兼署。 　1.29；改嶺撫。	(滿)蘇成額
南河	張　井 　十二、乙巳；兼署漕督。	張　井
東河	嚴　烺　　　　　林則徐 　十、乙酉、七，11.10；　十、乙酉；寧布授。 　病免(降)。	林則徐　　　　　吳邦慶 　二、乙未；改蘇撫。　二、乙未；贛撫授。

道 光 十 三 年　癸巳(1833)	道 光 十 四 年　甲午(1834)
(滿)**琦善**	(滿)**琦善**
陶　澍	**陶　澍**
楊遇春	**楊遇春**
(滿)**鄂山**	(滿)**鄂山**
程祖洛	**程祖洛**
(滿)**訥爾經額**	(滿)**訥爾經額**
盧　坤	**盧　坤**
阮　元 * 三、丁丑、六, 4.25; 會試副考。滇撫伊里布兼署。 三月, 入覲。八月, 回任。	**阮　元** *
(滿)**蘇成額**　(滿)**寶慶**　(滿)**嵩溥** 四、戊申、　四、戊申; 倉侍　九、壬辰、黔撫授。 八, 5.26;　授。九、壬辰、　倉侍恩銘署。 改熱都。　廿五, 11.6; 改 　　熱都。	(滿)**嵩溥**　(滿)**恩銘**　　**朱爲弼** 五、己巳、五,　五、己巳; 倉侍署。　十一、壬申; 6.11; 署兵左。　六、壬戌、廿八, 8.3;　倉侍授。 　授。十一、壬申、十 　一, 12.11; 遷左都。
張　井　(滿)**麟慶** 三、己亥、廿八, 5.17;　三、己亥; 鄂撫授。四月, 病免。四月, 仍署。　憂, 張井署。八、甲辰、六, 　9.19; 回任, 改署。	(滿)**麟慶** (署)
吳邦慶	**吳邦慶**

總督年表

年代	道光十五年　乙未(1835)	道光十六年　丙申(1836)
直隸	(滿)**琦善**	(滿)**琦善** * 七、庚子、十九,8.30;授協。
兩江	**陶澍**	**陶澍**
陝甘	**楊遇春**　　　(滿)**瑚松額** 正、丙戌、廿六,2.23;　正、丙戌;成將授。 病免(十七年死,忠武)。	(滿)**瑚松額**
四川	(滿)**鄂山**	(滿)**鄂山**
閩浙	**程祖洛**	**程祖洛**　　　　(漢)**鍾祥** 七、癸未、二,　閩撫魏元烺兼署。　七、癸未; 8.13;憂免。　　　　　　　　　魯撫遷。 (廿八年死,簡敬)
湖廣	(滿)**訥爾經額**	(滿)**訥爾經額**
兩廣	**盧坤**　　　　**鄧廷楨** 八、庚辰、廿四,　八、庚辰;皖撫遷。 10.15;死(敏肅)。	**鄧廷楨**
雲貴	**阮元**＊＊　　(滿)**伊里布** 二、己亥、十,3.8;遷體　二、己亥;滇撫遷。 仁,召京,入閣辦事。	(滿)**伊里布**
漕運	**朱爲弼**　　(蒙)**恩特亨額** 八、丁丑、廿一,　八、丁丑;刑左署。 10.12;病假。	(蒙)**恩特亨額**
南河	(滿)**麟慶** 九、戊戌、十二,11.2;授。	(滿)**麟慶**
東河	**吳邦慶**　　**栗毓美** 四、乙巳、十六,　四、乙巳;豫布署。 5.13;病假。　　五、戊寅、廿,6.15; 五、癸未、廿五,　授。十、辛酉、六,　魯撫鍾祥 6.20;降編修。　11.25;召陛。　兼署。	**栗毓美**

道光十七年　丁酉(1837)	道光十八年　戊戌(1838)
(滿)**琦善** *　　　　　　　　　　三、丁亥、大學士 　三、丁亥、十，4.14；憂。　　穆彰阿兼署。 　六、己巳、廿三，7.25；改署。	(滿)**琦善** * * 　二、乙巳、三，2.26；遷文淵，留任。
陶　澍	**陶　澍**
(滿)**瑚松額**	(滿)**瑚松額**
(滿)**鄂山**	(滿)**鄂山**　（覺羅）**寶興** 　閏四、己丑、　閏四、己丑；盛將授。　布政蘇廷玉 　十八，6.10；　七、戊申、九，8.28；改　署；十一、壬 　改刑尚。　刑尚。十一、壬子、十　子；降按察。 　　　　四，12.30；刑尚回任。
(漢)**鍾　祥**	(漢)**鍾　祥**
(滿)**訥爾經額**　　　　**林則徐** 　正、庚子、廿二，2.26；　正、庚子；蘇撫遷。 　降湘撫。	**林則徐** 　九、辛酉、廿三，11.9；召。　鄂撫伍長華兼署。 　十一、癸丑、十五，12,31；　漕督周天爵署。 　授欽，赴粵查辦禁烟。
鄧廷楨	**鄧廷楨** 　二、乙卯、十三，3.8；兼署粵撫。
(滿)**伊里布**	(滿)**伊里布** * 　二、乙巳；授協。
(蒙)**恩特亨額**　　　　**周天爵** 　五、己卯、三，6.5；　五、己卯；陝布署。 　賞副都統銜，任葉　八、庚戌、五，9.4；授。 　爾羌參贊大臣。	**周天爵** 　十一、癸丑；署湖督，倉侍鐵麟署。
(滿)**麟慶**	(滿)**麟慶**
栗毓美	**栗毓美**

總督年表

年代	道光十九年　己亥(1839)
直隸	(滿)**琦善**＊＊
兩江	**陶澍** 三、乙巳、九，4.22；病免（旋死，文毅）。　**林則徐** 三、乙巳；湖督改。（未任，改廣督）　**陳鑾** 三、乙巳；蘇撫署。十二、癸亥、一，1.5；死。　**鄧廷楨** 十二、癸亥；廣督改。（未任，改雲督）　(滿)**伊里布**＊ 十二、己卯、十七，1.21；雲督改。漕督麟慶兼署。
陝甘	(滿)**瑚松額**
四川	(覺羅)**寶興**
閩浙	(漢)**鐘祥** 六、丙寅、二，7.12；革。　**周天爵** 六、丙寅；豫撫署。六、辛卯、廿七，8.6；湖督互調。　(滿)**桂良** 六、辛卯；湖督改。十二、甲申、廿二，1.26；雲督互調。　**鄧廷楨**(未到) 十二、甲申；未任雲督改。閩撫吳文鎔兼署。
湖廣	**林則徐** (差粵)三、乙巳；改江督。鄂撫伍長華兼署。　(滿)**桂良** 三、乙巳；豫撫遷。六、辛卯；閩督互調。　**周天爵** 六、辛卯；閩督改。
兩廣	**鄧廷楨** 十二、癸亥；改江督。　**林則徐** 十二、癸亥；未任江督授。
雲貴	(滿)**伊里布**＊ 十二、己卯；改江督，滇撫顏伯燾兼署。　**鄧廷楨**(未任) 十二、己卯；未任江督授。十二、甲申；閩督互調。　(滿)**桂良** 十二、甲申；閩督改。
漕運	**周天爵** 四、丁丑、十二，5.24；改豫撫。　**朱澍** 四、丁丑；豫撫授。
南河	(滿)**麟慶** 十、癸未、廿一，11.26；召陛，署江督陳鑾兼署。十二、癸亥；兼署江督。
東河	**栗毓美**

道光二十年　庚子(1840)

(滿)**琦善** ＊＊
八、己卯、廿二,9.17;授欽,赴粤。
九、庚寅、三,9.28;署廣督。

(滿)**訥爾經額**
八、己卯;陝督署。

(滿)**伊里布** ＊
七、丁酉、九,8.6;授欽,赴浙。

(蒙)**裕謙**
七、丁酉;蘇撫署。

(滿)**瑚松額**
六、戊子、卅,7.28;熱都互調。
八、己卯;熱都調回。
十二、癸未、廿七,1.19;召京。

(滿)**訥爾經額**
六、戊子;熱都授。
八、己卯;署直督。

(蒙)**恩特亨額**
十二、癸未;葉爾羌參贊大臣署。

(覺羅)**寶興**

鄧廷楨
七、乙未、七,8.4;兼署浙撫。(旋令勿往)。
九、辛卯、四,9.29;召。九、乙未、八,10.3;革。

顏伯燾
九、辛卯;滇撫遷。　　閩撫吳文鎔兼署。

周天爵
十一、甲寅、廿八,12.21;革、戍。　　戶左吳其濬兼署。

(滿)**裕泰**
十一、甲寅;湘撫遷。
十二、甲戌、十八,1.10;兼署鄂撫。

林則徐
九、庚寅;召。九、乙未;革。

(滿)**琦善** ＊＊
九、庚寅;直督、欽署。　　粤撫怡良兼署。

(滿)**桂良**

朱　樹

(滿)**麟慶**

栗毓美
二、甲申、廿三,3.26;死(恭勤)。

(滿)**文沖**
二、甲申;鄂按授。

總督年表

年代	道光二一年　辛丑(1841)		
直隸	(滿)**訥爾經額** 二、辛酉、六,2.26;授。		
兩江	(蒙)**裕謙** 正、乙巳、十九,2.10;欽,赴浙,蘇布 程喬采護。閏三、丁卯、十三,5.3; 授。九、己未、八,10.22;死(靖節)。	(滿)**伊里布** * 正、乙巳;回任。二、庚申、五, 2.25;解、議。閏三、丁卯;召京。 六、辛卯、九,7.26;革、戍。	**牛鑑** 九、丙辰、五,10.19; 豫撫署。
陝甘	(蒙)**恩特亨額** 二、辛酉;授。		
四川	(覺羅)**寶興** * * 二、己巳、十四,3.6;遷文淵,留任。		
閩浙	**顏伯燾** 十二、戊子、九,1.19;革。	**楊國楨** 十二、戊子;晉撫遷。	
湖廣	(滿)**裕泰**		
兩廣	(滿)**琦善** * * 二、辛酉;革、拿,粵撫怡良兼署。	**祁墳** 二、辛酉;刑尚署。七、壬戌、十,8.26;授。	
雲貴	(滿)**桂良**		
漕運	**朱澍**		
南河	(滿)**麟慶**		
東河	(滿)**文沖** 八、壬辰、十一,9.25;革,大學士王鼎暫署。	**朱襄** 八、庚寅、九,9.23;淮揚道遷。	

道光二二年　壬寅(1842)	道光二三年　癸卯(1843)
(滿)訥爾經額	(滿)訥爾經額
牛　鑑　　　　　(宗室)耆英 九、己未、十四、10.17;革。　　九、己未;欽、廣將授。	(宗室)耆英 三、庚戌、七、4.6;授欽、赴粵。　福將壁昌署。 十、己酉、十、12.1;回任。　　蘇撫孫寶善護。
(蒙)恩特亨額　　　　(滿)富呢揚阿 三、丙子、廿七、5.7;死。　　三、丙子;陝撫遷。	(滿)富呢揚阿
(覺羅)寶興 ＊＊	(覺羅)寶興 ＊＊
楊國楨　　　(滿)怡良 正、丙辰、七、2.16;　　正、丙辰; 病免。　　　　　九、甲戌、廿九、11.1;兼署福將。 　　　　　　　　十一、乙丑、廿一、12.22;卸。	(滿)怡良　　　　　　劉韻珂 五、戊辰、廿六、　　五、戊辰;浙撫遷。 6.23;病免。
(滿)裕泰	(滿)裕泰
祁　墳 十二、己亥、廿五、1.25;兼署粵撫。	祁　墳 十二、丁巳、十九、2.7;病假,粵撫程矞采護。
(滿)桂良	(滿)桂良
朱　澍　　周天爵　　　　李湘棻 九、甲寅、　九、甲寅;候補知府以二品　十二、辛巳; 九、10.12;　署。十一、庚戌、六、12.7;　七、1.7署常 乞養。　　兼署南河。十一、丙辰、十　少署。 　　　　二、12.13;憂免。工尚廖 　　　　鴻荃署(兼南河)。	李湘棻 二、丁亥、十四、3.14;授。
(滿)麟慶　　　　　　潘錫恩 十一、庚戌;革。　　工尚廖鴻荃漕督　十一、庚戌; 漕督周天爵兼署:　兼署。十二、辛巳;　吏左授。 十一、丙辰;憂免。　召京。	潘錫恩
朱　襄　　　(滿)慧成 九、辛酉、十六、　　九、辛酉;兵右署。 10.19;免。　　　十一、辛亥、七、12.8;授。	(滿)慧成　　　　　　(漢)鍾　祥 六、戊戌、廿六、　豫撫鄂順安　閏七、乙酉、十 7.23;革。　　　兼署。　　五、9.8;前庫倫 　　　　　　　　　　辦事大臣授。

總 督 年 表

年代	道光二四年　甲辰(1844)	道光二五年　乙巳(1845)
直隸	(滿)訥爾經額	(滿)訥爾經額
兩江	(宗室)耆英　　(蒙)璧昌 二、戊戌、一,3.19;　二、戊戌;福將署。 改廣督。　　　　十二、丙午、十四, 蘇撫孫寶善護。　1.21;授。	(蒙)璧昌
陝甘	(滿)富呢揚阿	(滿)富呢揚阿　(滿)惠吉　　(滿)布彥泰 四、壬子、廿二,　四、壬子;滇撫遷。　十一、辛 5.27;死。陝撫　十一、辛酉、四,　酉;伊將 鄧廷楨兼署。　　12.2;死。　　授。 林則徐候四五京賞三品署。
四川	(覺羅)寶興** 十一、庚寅、廿七,1.5;兼署成將。	(覺羅)寶興**
閩浙	劉韻珂	劉韻珂
湖廣	(滿)裕泰 十、甲午、一,11.10;兼署鄂撫。	(滿)裕泰
兩廣	祁墳　　　(宗室)耆英 二、戊戌;病免　　二、戊戌;江督改。 (旋死,恭恪)。	(宗室)耆英* 二、癸丑、廿二,3.29;授協。
雲貴	(滿)桂良 十一、壬申、九,12.18;入覲,滇撫吳其濬兼署。	(滿)桂良　　　　賀長齡 四、癸卯、十三,5.18;　四、癸卯;黔撫遷。 留京(署鑲黃蒙都),解。
漕運	李湘棻　　(滿)惠吉 三、丙申、廿九,　三、丙申;病痊都統授。 5.16;憂免。	(滿)惠吉　　　　程矞采 正、庚午、八,2.14;　正、庚午;粵撫授。 改陝撫。
南河	潘錫恩	潘錫恩
東河	(漢)鍾　祥	(漢)鍾　祥

道光二六年　丙午(1846)	道光二七年　丁未(1847)
(滿)訥爾經額	(滿)訥爾經額
(蒙)璧昌	(蒙)璧昌　　　　　　　李星沅 正、壬寅、廿二,3.8;召陛,　　　三、乙未;雲督改。 蘇撫陸建瀛署。 三、乙未、十六,4.30;授内大臣。
(滿)布彥布 　林則徐署: 　三、乙酉、卅,4.25;卸,授陝撫。	(滿)布彥泰 　八、甲子、十八,9.26;授　　陝撫楊以增署: 　定西將軍,赴肅州(新疆　　九、辛巳、五,10.13;回任。 　回民)。十、癸酉、廿七,　　工尚文慶署。 　12.4;卸將軍,回任。　　　十、癸酉;卸。
(覺羅)寶興**　　　　(滿)琦善 十二、庚午、十九,2.4;　　十二、庚午、駐藏辦 召京,入閣辦事。　　　　事授。	(滿)琦善
劉韻珂	劉韻珂 　六、丙子、廿九,8.9;病假,閩撫徐繼畬兼署。
(滿)裕泰	(滿)裕泰
(宗室)耆英* 　十二、癸丑、二,1.18;兼署粵撫。	(宗室)耆英*　　　　　　徐廣縉 十二、甲戌、廿九,2.3;　　十二、甲戌;粵撫署。 召京。
賀長齡　　　　　　李星沅 八、乙亥、廿三,　　滇撫改蘇撫　八、乙亥;蘇撫 10.12;降豫布。　陸建瀛署。　遷。十二、癸 　　　　　　　　　　　丑;兼署滇撫。	李星沅　　　　　　林則徐 三、乙未;改江督,　　三、乙未;陝撫遷。 滇撫程矞采兼署。
程矞采　　　　　　楊殿邦 九、戊申、廿六,11.14;署蘇　九、戊申;倉侍署。 撫。十二、癸丑;改滇撫。　十二、癸丑;授。	楊殿邦
潘錫恩	潘錫恩
(漢)鍾　祥	(漢)鍾　祥

總 督 年 表

年 代	道光二八年　戊申(1848)	道光二九年　己酉(1849)
直隸	(滿)訥爾經額	(滿)訥爾經額
兩江	李星沅 九、甲戌、四，9.30；兼署南河。	李星沅 四、壬寅、四，4.26； 病免。　　　陸建瀛 　　　四、壬寅；蘇撫遷。
陝甘	(滿)布彥泰	(滿)布彥泰 九、甲辰、十，10.25； 病免(降)。　　　(滿)琦善 * 　　　九、甲辰；川督署。 　　　九、己酉、十五，10.30； 　　　授。
四川	(滿)琦善 * 十、壬戌、廿二，11.17；兼署成將。 十一、己卯、九，12.4；授協。	(滿)琦善 * 九、甲辰；署陝督，成 將裕誠署。九、己未、 廿五，11.9；改陝督。　　　(漢)徐澤醇 　　　九、己未；魯撫遷。
閩浙	劉韻珂	劉韻珂
湖廣	(滿)裕泰	(滿)裕泰
兩廣	(宗室)耆英 六、丙午、四，7.4； 留京。　　　徐廣縉 　　　六、丙午；粵撫遷， 　　　授欽。	徐廣縉 四、癸丑、十五，5.7；封一等子爵。
雲貴	林則徐	林則徐 七、己未、廿四，9.10； 病免。　　　程矞采 　　　七、己未；滇撫遷。
漕運	楊殿邦	楊殿邦
南河	潘錫恩 九、甲戌；病免， 江督李星沅兼署。　　　楊以增 　　　九、甲戌；陝撫授。	楊以增
東河	(漢)鍾　祥 八、丁巳、十六，9.13；兼署豫撫。	(漢)鍾　祥 閏四、辛未、四，5.25； 死。　　　顏以燠 　　　閏四、辛未； 　　　淮海道以三品署。

道光三十年　庚戌(1850)	咸豐元年　辛亥(1851)
(滿)訥爾經額	(滿)訥爾經額
陸建瀛	陸建瀛
(滿)琦善 * 五、壬子、廿一,6.30;兼署西寧辦事大臣。	(滿)琦善　(滿)裕泰　(滿)舒興阿 五、甲辰、　五、乙巳、十　五、甲辰;正白　閏八、辛亥; 十八,6.17;　九、6.18;閏　滿都薩迎阿署:　戶左署。 解(革)。　督改。(△十　閏八、辛亥、廿　十、癸卯、廿 月死,莊毅)　八,10.22;召京。　一,12.13;授。
(漢)徐澤醇	(漢)徐澤醇
劉韻珂　(滿)裕泰 十一、丙午、十八,12.21;　十一、丙午; 病免。閩撫徐繼畬兼署。　湖督改。	(滿)裕泰　季芝昌 三、己酉、廿二,4.23;兼署閩撫。　五、乙巳;左都授。 五、乙巳;改陝督。
(滿)裕泰　程矞采 十一、丙午;改閩督,　十一、丙午; 鄂撫龔裕兼署。　雲督改。	程矞采
徐廣縉 八、庚午、十一,9.16;授欽,赴桂剿辦。	徐廣縉
程矞采　吳文鎔 十一、丙午;改湖督。　十一、丙午;浙撫遷。 十二、壬申、十五,1.16; 滇撫張亮基兼署。	吳文鎔
楊殿邦	楊殿邦
楊以增	楊以增
顏以燠	顏以燠

總 督 年 表

年 代	咸 豐 二 年　壬子(1852)		
直隸	(滿)**訥爾經額** ＊＊ 　正、辛酉、十, 2.29; 授協。九、辛亥、四, 10.16; 遷文淵, 留任。		
兩江	**陸建瀛** 　十二、己卯、四, 1.12; 授欽(太平軍)。		
陝甘	(滿)**舒興阿**		
四川	(漢)**徐澤醇** 　七、壬申、廿四, 9.7; 召, 成將裕瑞兼署。 　十二、辛巳、六, 1.14; 授禮尚。	(滿)**慧成** 　十二、辛巳; 東河授。	
閩浙	**季芝昌** 　十、壬辰、十五, 11.26; 病免。(十年死, 文敏)	**吳文鎔** 　十、壬辰; 雲督改(未任)。閩撫王懿德兼署。	
湖廣	**程矞采** 　九、己酉、二, 10.14; 革、戍。	**徐廣縉** 　九、己酉; 廣督、欽署。 　十二、癸巳、十八, 1.26; 革廣督, 仍以欽署。 　十二、辛丑、廿六, 2.3; 革、拿。	**張亮基** 　十二、辛丑; 湘撫署。
兩廣	**徐廣縉** 　四、丙戌、六, 5.24; 赴桂會剿。 　七、壬申、廿四, 9.7; 赴湘會剿。 　九、己酉; 欽, 署湖督。十二、癸巳; 革。	**葉名琛** 　七、壬申; 粵撫署, 欽。 　十二、己亥、廿四, 2.1; 授。	
雲貴	**吳文鎔** 　十、壬辰; 改閩督。	**羅繞典** 　十、壬辰; 鄂撫遷。	
漕運	**楊殿邦**		
南河	**楊以增**		
東河	**顏以燠** 　六、戊戌、十九, 8.4; 降道員 　(旋死)。	(滿)**慧成** 　六、戊戌; 任。 　十二、辛巳; 改川督。	(滿)**福濟** 　十二、辛巳; 奉尹授。 　豫撫陸應穀署。

咸豐三年　癸丑(1853)	咸豐四年　甲寅(1854)
(滿)訥爾經額 ＊＊　　　　　(滿)桂良 六、辛巳、八，7.13；授欽。　　九、丙午；兵尚授。 八、癸巳、廿一，9.23；卸。 九、丙午、四，10.6；革、戍。	(滿)桂良
陸建瀛　　　　(滿)怡良 正、壬申、廿七，3.6；革、拿。　二、癸巳、十八， 江將祥厚署。二、丁酉、廿二，　　3.27；福將授。 3.31；蘇撫楊文定署； 四、甲午、廿，5.27；革、逮。	(滿)怡良
(滿)舒興阿　　　　　易　棠 五、辛酉、十七，6.23；差。　　五、辛酉；晉撫署。 十二、甲午、廿四，1.22；革。	易　棠 正、壬寅、二，1.30；授。
(滿)蕙成　　　　(滿)裕瑞 二、癸巳；赴江南辦防剿。　　八、己卯；成將授。 八、己卯、七，9.9；改閩督。	(滿)裕瑞　　　　　　黃宗漢 九、丁亥、廿一，11.11；解。　九、丁亥；浙撫遷。 十一、甲申、十九，1.7；革。　成將樂斌兼署。
吳文鎔(未任)　　　(滿)蕙成 八、己卯；　　二、己亥、廿四，4.2；　八、己卯；川督 改湖督。　　閩撫王懿德兼署；　改。十二、甲 　　六、乙亥、二，7.7；　戌、四，1.2；革。 　　福將有鳳兼署。	王懿德 正、己未、十九，2.16；閩撫遷。
張亮基(署)　　　吳文鎔 七、己酉、六，8.10；兼署鄂提。　八、己卯；閩督改。 八、癸未、十一，9.13；授魯撫。	吳文鎔　(滿)台湧　(漢)楊霈 二、辛巳、十　二、辛巳；荊將　六、癸未；鄂 二，3.10；戰　授。六、癸未、　撫署。九、辛未、 死(文節)。　十六，7.10；革。　五，10.26；授。
葉名琛	葉名琛
羅繞典 五、壬子、八，6.14；病假。滇撫吳振棫兼署。	羅繞典　　　　(滿)恆春 十一、戊子、廿三，1.11；　十一、戊子；晉撫遷。 死(文僖)。
楊殿邦　(滿)福濟　　　邵燦 三、辛未、廿七，三、辛未；東河　十二、乙未、廿五， 5.4；革。蘇按　改。十二、甲　1.23；吏左授。 查文經護。　午；改皖撫。　南河楊以增兼署。	邵　燦
楊以增 十二、乙未；兼署漕督。	楊以增
(滿)福濟　　　　(滿)長臻 三、辛未；改漕督。　三、辛未；奉尹署。 　　　　　　　五、戊午、十四，6.20；授。	(滿)長臻

總督年表

年代	咸豐五年　乙卯(1855)	咸豐六年　丙辰(1856)
直隷	(滿)**桂良*** 十二、乙巳、十六，1.23；授協。	(滿)**桂良**** 　　　　**譚廷襄** 十二、己酉、廿六，　　十二、己酉； 1.21；遷東閣。　　　陝撫以二品署。
兩江	(滿)**怡良**	(滿)**怡良** 七、癸酉、十八，8.18；署欽，督辦江南軍務。 八、甲午、十，9.8；卸。
陝甘	**易　棠**	**易　棠** 　　　　(覺羅)**樂斌** 九、壬午、廿八，10.　　九、壬午；成將授。 26；病免，甘布常績 護。(同二死)
四川	**黃宗漢**	**黃宗漢** 　　　　**吳振棫** 八、戊子、四，9.2；召，　八、戊子；陝撫遷。 成將樂斌兼署。
閩浙	**王懿德**	**王懿德**
湖廣	(漢)**楊霈** 　　　(滿)**官文** 四、己未、廿七，　　四、己未；荆將授。 6.11；革。　　　九、乙酉、廿五，11.4；授 　　　　　　　欽，督辦湖北軍務。	(滿)**官文**
兩廣	**葉名琛**** 九、庚午、十，10.20；授協。 十、己亥、九，11.18；兼署粵撫。 十二，乙巳，遷體仁，留任。	**葉名琛****
雲貴	(滿)**恆春**	(滿)**恆春**
漕運	**邵　燦**	**邵　燦** 正、壬戌、四，2.9；兼署南河。
南河	**楊以增**	**楊以增** 　　　　　(滿)**庚長** 正、壬戌；死　漕督邵燦兼署。　正、壬戌； (端勤)。　　　　　　　　直布授。
東河	(滿)**長臻** 　　　　　　**李　鈞** 五、庚寅、廿九，　河北道　五、己丑、廿八， 7.12；死。　蔣啓敩署。　7.11；刑左授。	**李　鈞**

咸豐七年　丁巳(1857)	咸豐八年　戊午(1858)
譚廷襄(署)	譚廷襄　　　　　　(蒙)慶祺 三、戊寅、二,4.15;赴津〔英軍北上〕。　六、庚申; 三、己丑、十三,4.26;授。六、庚申、　盛將授。 十六,7.26;革。禮尚瑞麟署。
(滿)怡良　　　　　　何桂清 四、癸巳、十二,5.5;病　四、癸巳;前浙撫署。 免,蘇撫趙德轍兼署。　六、乙卯、六,7.26;授。	何桂清 十二、丁卯、廿六,1.29;授欽,辦理通商各口事務。
(覺羅)樂斌	(覺羅)樂斌
吳振棫　　　　　　王慶雲 六、乙亥、廿六,8.15;改雲督。　六、乙亥;晉撫遷。 七、甲午、十五,9.3;成將有鳳 兼署。	王慶雲 十一、乙酉、十四,12.18;兼署成將。
王懿德	王懿德 六、戊辰、廿四,8.3;假,閩撫慶端暫署。
(滿)官文	(滿)官文＊ 七、辛卯、十八,8.26;暫署鄂撫。 九、壬午、十,10.16;授協。
葉名琛＊＊　　　　黃宗漢 十二、庚申、十三,1.27;　十二、庚申;署刑右授, 革,粵撫柏貴署。　　　並授欽。	黃宗漢
(滿)恆春　　　　　吳振棫 六、乙亥;自殺,　　六、乙亥;川督改。 滇撫桑春榮兼署。	吳振棫　　　　　　張亮基 十一、己亥、廿八,1.1;　十一、己亥;滇撫遷。 病免。
邵　燦	邵　燦
(滿)庚長	(滿)庚長
李　鈞	李　鈞

年 代	咸 豐 九 年　己 未(1859)		
直 隸	(蒙)**慶祺** 二、壬戌、廿一,3.25;死(恭肅)。 直布文煜護。	(蒙)**恒福** 二、壬戌;豫撫遷。	
兩 江	**何桂清**		
陝 甘	(覺羅)**樂斌** 十一、丁亥、廿二,12.15;召陸,甘布林揚祖護。		
四 川	**王慶雲** 四、壬寅、二,5.4;改廣督。 成將有鳳兼署。	**黃宗漢** 四、壬寅;廣督改。 十一、丙戌、廿一,12.14;召京。	**曾望顏** 十一、丙戌;陝撫署。
閩 浙	**王懿德** 四、壬戌,廿二,5.24;病免。(十一年死,靖毅)	(滿)**慶端** 四、壬戌;閩撫遷。	
湖 廣	(滿)**官文** *		
兩 廣	**黃宗漢** 四、壬寅;　柏貴署:四、己未、十 川督互調。　九,5.21;死。	**王慶雲** 四、壬寅;川督改。 九、戊寅、十二,10.7;病免。	**勞崇光** 四、己未;粵撫署。 九、戊寅;授。
雲 貴	**張亮基**		
漕 運	**邵 燦** 四、己未;死(文靖), 南河庚長兼署。	**袁甲三**(未到) 四、己未;太僕署。 十、乙卯、十九,11.13;授,署欽。	(滿)**聯英** 十、乙卯;兩淮鹽運使署。
南 河	(滿)**庚長** 四、己未;兼署漕督。		
東 河	**李 鈞** 三、辛卯、廿一,4.23;病免(旋死)。 豫撫瑛棨署。	**黃贊湯** 三、辛卯;刑右授。	

咸豐十年 庚申(1860)

(蒙)**恒福**
　　七、庚子、八,8.24;授欽,辦理洋務。七、丙辰、廿四,9.9;撤銷。

何桂清
　　四、癸未、十九,6.8;革、殺。　蘇撫徐有壬兼署,旋死。
　　蘇布薛煥暫署:
　　五月,遷蘇撫,仍署。

曾國藩
　　四、癸未;前兵侍賞尚書銜署。
　　六、丙戌、廿四,8.10;授,欽。

(覺羅)**樂斌**
　　八、己卯、十八,10.2;赴京合防。　八、己卯;甘布林揚祖署。
　　十、癸酉、十三,11.25;回任。　　九、辛亥、廿一,11.3;工左福濟署。

曾望顏
　　七、乙未、三,8.19;革。　署成將東純兼署:
　　七、丁未、十五,8.31;死。

(滿)**崇實**
　　七、丁未;駐藏署。

(滿)**慶端**

(滿)**官文**＊＊
　　十二、丙戌、廿七,2.6;遷文淵,留任。

勞崇光

張亮基
　　十、壬戌、二,11.14;病免,滇撫徐之銘兼署。

劉源灝
　　十、壬戌;黔撫遷。

袁甲三
　　正、甲申、十九,2.10;授欽,
　　督皖軍務。

(滿)**聯英**
　　閏三、壬戌、廿八,5.18;病免。

玉夢齡
　　閏三、壬戌;寧布署。
　　五、己亥、六,6.24;兼署南河。

(滿)**庚長**
　　五、己亥;革,漕督王夢齡兼署。

　　　　　　　　　　　　　[六、庚辰、十八,8.4;缺裁。]

黃贊湯
　　十、庚辰、廿,12.2;兼署豫撫。

總督年表

年代	咸豐十一年　辛酉(1861)	同治元年　壬戌(1862)
直隸	(蒙)**恒福**　　　　(滿)**文煜** 正、丙午、十七，　正、丙午；魯撫署。 2.26；病免。　　七、癸巳、七、8.12；召 (同元死,恭勤)　　赴熱河。	(滿)**文煜**　　　　　　**劉長佑** 十二、甲辰、廿七，　　　十二、甲辰； 2.14；革、戌。　兵左崇厚署。　廣督改。
兩江	**曾國藩** 十、癸酉、十八，11.20；統轄四省軍務。	**曾國藩** * 正、甲申、一，1.30；授協。
陝甘	(覺羅)**樂斌**	(覺羅)**樂斌**　　　　　(滿)**熙麟** 正、丙申、　兵尚麟魁署；　七、庚子； 十三、2.11；正、己亥、十六、2.14；户右授。 革。　　死。户尚沈兆霖署；甘布恩麟 　　七、庚子、十九、8.14；護。 　　死。
四川	(滿)**崇實**　　　　**駱秉章** 七、丙午、廿、8.25；七、丙午；湘撫督辦四川 改成將。　　軍務授，仍督辦軍務。	**駱秉章**
閩浙	(滿)**慶端**	(滿)**慶端**　　　　(覺羅)**耆齡** 七、甲辰、廿三，　　七、甲辰；粵撫遷。 8.18；改杭將。
湖廣	(滿)**官文** * *	(滿)**官文** * * 閏八、己酉、廿九，10.22；文淵改文華,留任。
兩廣	**勞崇光**	**勞崇光**　　　**劉長佑**(未任)　**晏端書** 正、辛亥、廿八，　閏八、甲辰；桂　十二、甲辰； 2.26；兼署粵撫。　撫遷。十二、　左副署。 閏八、甲辰、廿四，甲辰；改直督。 10.17；降三調。
雲貴	**劉源灝**　(滿)**福濟**　　**潘鐸** 七、丙午；召。　七、丙午；　十一、壬寅； (旋休)　　成將授。　降調湘布賞 　　十一、壬寅、十　二品署。 　　八、12.19；革。	**潘鐸**
漕運	**袁甲三**　**王夢齡**　　**吳棠** (未任)　　十一、庚戌、　十一、庚戌； 　　廿六、12.27；召　寧布兼署。 　　(以五京候)。	**袁甲三**(未任)　　　**吳棠** 七、己丑、八、8.3；七、己丑；寧布署。 病免。
東河	**黃贊湯**	**黃贊湯**　　　　**譚廷襄** 七、乙巳、廿四、8.19；七、乙巳；魯撫署。 改粵撫,仍署。　　十、庚子、廿一、12.12；授。

同治二年　癸亥(1863)	同治三年　甲子(1864)
劉長佑 △三、己酉、三，4.20；抵任，兵左崇厚卸署。	**劉長佑**
曾國藩*	**曾國藩*** 六、戊戌、廿九，8.1；封一等毅勇侯 （攻陷太平天國天京）。
(滿)**熙麟**	(滿)**熙麟**　　　　　　　**楊岳斌**(未到) 五、乙巳、六，6.9；病　　五、乙巳；閩水提授， 免（旋死，忠勤)。　　　（回湘募勇）。 甘布恩麟暫護。　　　　　西將都興阿兼署。
駱秉章	**駱秉章** 六、戊戌；一等輕車都尉（鎮壓太平軍）。
(覺羅)**耆齡**　　　　　**左宗棠** 三、甲子、十八，5.5；　三、甲子；浙撫遷， 改福將。　　　　　　　仍兼署。	**左宗棠** (兼署浙撫)十、戊寅、十一，11.9； 封一等恪靖伯（鎮壓太平軍餘部）。
(滿)**官文****	(滿)**官文**** 六、戊戌；封一等果威伯（鎮壓太平軍）。
晏端書　　　　　　　**毛鴻賓** 五、丙寅、廿一，7.6；　五、丙寅：湘撫遷。 召（回左副任)。	**毛鴻賓**
潘　鐸　　　　　　　**勞崇光** △三、乙卯、九，4.26；　四、丁酉、廿一，6.7； 被殺(忠毅)。　　　　　降調廣督授。	**勞崇光**
吳　棠 三、丁卯、廿一，5.8；授，節制江北軍務。	**吳　棠**
譚廷襄	**譚廷襄**　　　　　　　**鄭敦謹** 七、庚戌、十二，8.13；七、庚戌；直布遷。 改刑右。

總督年表

年代	同治四年 乙丑(1865)	同治五年 丙寅(1866)
直隸	劉長佑	劉長佑
兩江	曾國藩* 四、癸巳、廿九，5.23；授欽，赴魯督師(捻軍)。　　李鴻章 四、癸巳；蘇撫署。	李鴻章 十、乙巳、廿，11.26；署欽(曾國藩病)。十一、丙辰、一，12.7；授欽，赴魯督師。　　曾國藩* 十一、丙辰；回任。
陝甘	楊岳斌	楊岳斌 八、壬寅、十六，9.24；病免，仍暫署。寧將穆圖善兼署。(光十八年死，勇愨)　　左宗棠 八、壬寅，閩督改。
四川	駱秉章 八、甲辰、十二，10.1；病假，成將崇實兼署。	駱秉章
閩浙	左宗棠	左宗棠 八、壬寅；改陝督，福將英桂兼署。　　吳棠 八、壬寅；漕督授。
湖廣	(滿)官文**	(滿)官文** 十一、丁丑、廿二，12.28；解、議，戶左譚廷襄暫署。
兩廣	毛鴻賓 二、丙子、十，3.7；降一調。漕督吳棠兼署(未任)。　　(滿)瑞麟 二、壬午、十六，3.13；廣將署。	(滿)瑞麟 八、壬寅；授。
雲貴	勞崇光	勞崇光
漕運	吳棠 二、丙子；兼署廣督。四、戊辰、四，4.28；仍留。　　彭玉麐 二、丙子；兵右署。四、丁卯、三，4.27；辭免。	吳棠 八、壬寅；改閩督。　　張之萬 八、壬寅；東河改。
東河	鄭敦謹 四、己巳、五，4.29；改鄂撫。　　張之萬 四、己巳；豫撫署。	張之萬 八、壬寅；改漕督。　　蘇廷魁 八、壬寅；豫布署。

同 治 六 年　丁卯(1867)

劉長佑
十一、癸丑、四,11.29;革。

(滿)官文 * *
十一、癸丑;文華殿大學士署。

曾國藩 * *
五、辛酉、九,6.10;;遷體仁,留任。

左宗棠
二、辛亥、廿七,4.1;楊岳斌病重卸署。　　正、丙辰、一,2.5;督辦陝甘軍務。
寧將穆圖善署。　　　　　　　　　　　　正、癸酉、十八,2.22;授欽。(七月,抵潼關)

駱秉章 *
五、辛酉;授協。
十二、丁酉、十八,1.12;死(文忠)。

吳　棠
十二、丁酉;閩督改。

吳　棠
十二、丁酉;改川督。　七、庚申、九,8.8;赴粵查辦,成將英桂兼署。
十二、丁酉;成將英桂兼署。

馬新貽
十二、丁酉;浙撫遷。

(滿)官文 * *
正、丙寅、十一,2.15;革任。
(留伯爵、大學士)

李鴻章(未到)
正、丙寅;蘇撫遷。

湘撫改蘇撫李瀚章留署:
十二、丁酉;改浙撫。
十二、庚子、廿一,1.15;鄂撫郭柏蔭兼署。

(滿)瑞麟

勞崇光
二、壬子、廿八,4.2;死(文毅),滇按宋延春護。

張凱嵩
二、壬子;桂撫遷。

張之萬

蘇廷魁
(署)

總督年表

年代	同治七年　戊辰(1868)		同治八年　己巳(1869)
直隸	(滿)官文** 七、乙未、廿,9.6;卸。	曾國藩** 七、乙未;江督改。	曾國藩**
兩江	曾國藩** 七、乙未;改直督。	馬新貽 七、乙未;閩督改。	馬新貽
陝甘	左宗棠(未到) 寧州將軍穆圖善署。		左宗棠 十、甲辰、六,　寧將穆圖善署:十、甲辰;卸。 11.9;抵任。
四川	吳　棠		吳　棠
閩浙	馬新貽 七、乙未;改江督。	(滿)英桂 七、乙未;福將授。	(滿)英桂 正、庚子、廿八,3.10;兼署閩撫。
湖廣	李鴻章*(未到) 七、乙酉、十,8.27;授協。　鄂撫郭伯蔭兼署。		李鴻章* 正、癸未、十一,2.21;抵任。 十二、甲辰、七,1.8;赴黔督師。 節制川黔楚各軍。 　李瀚章 十二、甲辰; 浙撫署。
兩廣	(滿)瑞麟		(滿)瑞麟
雲貴	張凱嵩 三、癸丑、五,3.28;革。	劉嶽昭 三、癸丑;滇撫遷。	劉嶽昭
漕運	張之萬		張之萬
東河	蘇廷魁 (署)		蘇廷魁 (署)

同 治 九 年　庚午(1870)	同 治 十 年　辛未(1871)
曾國藩 * *　　　　**李鴻章** * 五、庚寅、廿五,6.23;赴　八、丁酉;湖督改。 津(教案)。八、丁酉、三, 8.29;改江督。	**李鴻章** *
馬新貽　　　　**曾國藩** * * 八、丁酉;被刺(端敏)。　八、丁酉;直督改。 江將魁玉兼署。	**曾國藩** * *
左宗棠	**左宗棠**
吳　棠	**吳　棠** 正、癸卯、十三,3.3;兼署成將。
(滿)**英桂**	(滿)**英桂**　　　　**張之萬**　　　　**李鶴年** 正、乙未、五,2.23;　九、甲午;蘇撫遷。　十一、己丑; 入覲。九、甲午、　十一、己丑、三,　豫撫遷。 七,10.20;留京,　12.14;乞養。 福州文煜兼署。
李鴻章 *　　　　**李瀚章** 二、壬子、十六,3.17;　八、丁酉;浙撫遷。 赴陝督軍。　　閏十、丙戌、廿四, 八、丁酉;改直督。　12.16;入覲。	**李瀚章**
(滿)**瑞麟** 十一、庚子、九,12.30;兼署粵撫。	(滿)**瑞麟** * * 四、甲戌、十五,6.2;卸兼署粵撫。 六、丙子、十七,8.3;遜文淵,留任。
劉嶽昭	**劉嶽昭**
張之萬　　　　**張兆棟** 閏十、丙子、十四,12.6;　閏十、丙子;蘇布遷。 改蘇撫。	**張兆棟**　　**蘇鳳文**　　　**張樹聲**(未任) 六、己卯、廿,　六、己卯;前桂撫授。　十二、甲申; 8.6;改粵撫。　十二、甲申、廿九,　晉布遷。 　　2.7;解。
蘇廷魁 十、庚子、八,10.31;授。	**蘇廷魁**　　　　**喬松年** 八、庚辰、廿二,10.6;召京。　八、庚辰;倉侍授。

總督年表

年代	同治十一年　壬申(1872)	同治十二年　癸酉(1873)
直隸	**李鴻章**＊＊ 五、庚子、十七,6.22;遷武英,留任。	**李鴻章**＊＊
兩江	**曾國藩**＊＊　**何　璟**　　**張樹聲** 二、丙寅、十二,　二、丙寅;蘇撫　十、丙子; 3.20;死(文　署。十、丙子、　署蘇撫署。 正)。　　　廿五,11.25; 　　　憂免。	**張樹聲**　　　　**李宗羲** 正、丙戌、六,2.3;回　正、丙戌;前晉撫授, 漕督任(改蘇撫)。　改蘇撫)。
陝甘	**左宗棠**	**左宗棠**＊ 十、庚子、廿五,12.14;授協。
四川	**吳　棠**	**吳　棠**
閩浙	**李鶴年** 七、甲辰、廿二,8.25;兼署福將。	**李鶴年** 十二、庚寅、十六,2.2;兼署閩撫。
湖廣	**李瀚章**	**李瀚章**
兩廣	(滿)**瑞麟**＊＊ (六、甲子、十一,7.16;文淵改文華。)	(滿)**瑞麟**＊＊
雲貴	**劉嶽昭**	**劉嶽昭** 八、丁亥、十一,10.2;入覲,滇撫岑毓英兼署。
漕運	**張樹聲**(未任)　　　　(滿)**文彬** 二、丙辰、二,　二、丙辰;　二、丙寅; 3.10;暫留原任。蘇布恩錫署:魯布署。 七、丙戌、四,8.7;二、丙寅、十二, 署蘇撫。　3.20;改署蘇撫。	**張樹聲**　(滿)**文彬** 正、丙戌;回　正、丙戌　四、戊午、十,5.6; 任,改蘇撫。魯布授。　入覲,淮揚道劉盛 　十、壬午,暫護。十、壬午、七, 　署魯撫。11.26;蘇布恩錫署。
東河	**喬松年**	**喬松年**

同治十三年 甲戌(1874)	光緒元年 乙亥(1875)
李鴻章＊＊ （十二、辛未、二,1.9；武英改文華。）	**李鴻章**＊＊
李宗羲　　　　　　　**劉坤一** 九、庚戌、十一,10.20；　　　十二、甲戌；贛撫署。 兼署蘇撫。 十二、甲戌、五,1.12；病免。	**劉坤一**　　　　　　**沈葆楨** （署）八、丙寅、二,　　四、壬辰、廿六,5.30； 9.1；改廣督,卸署。　　船政大臣授。 　　　　　　　　　　八、丙寅；抵任。
左宗棠＊＊ 八、戊寅、八,9.18；遷東閣,留任。 八、乙未、廿五,10.5；督辦餉糈一切轉運事宜（入新疆）。	**左宗棠**＊＊ 三、乙丑、廿八,5.3；授欽,督辦新疆軍務。
吳　棠	**吳　棠**　　　　　　**李瀚章** 十二、壬午、十九,1.15；　十二、壬午；湖督改。 病免,布政文格護。 （二年死,勤惠）
李鶴年	**李鶴年**
李瀚章 九、丁未、八,10.17；兼署鄂撫。	**李瀚章** 五、壬子、十六,6.19；差滇（馬嘉理案）, 鄂撫翁同爵兼署。 十二、壬午、十九,1.15；改川督。
（滿）**瑞麟**＊＊　　　　（滿）**英翰** 九、丁未；死(文莊),　　九、丁未；皖撫遷。 粵撫張兆棟兼署。	（滿）**英翰**　　　　　　**劉坤一** 八、丙寅、二,9.1；解、議,　八、丙寅；贛撫署江督改。 粵撫張兆棟兼署。 （二年死,果敏）
劉嶽昭 （離任）滇撫岑毓英兼署。	**劉嶽昭**　　　　　　　　**劉長佑**(未到) 十一、戊戌、　滇撫岑毓英兼署。　十一、戊戌； 五,12.2；革。　　　　　　　　桂撫遷。
（滿）**文彬**	（滿）**文彬**
喬松年	**喬松年**　　　　　　　**曾國荃** 二、戊子、廿,3.27；　　二、戊子；未任陝撫授。 死(勤恪)。

總督年表

年代	光緒二年　丙子(1876)	光緒三年　丁丑(1877)
直隸	李鴻章＊＊	李鴻章＊＊
兩江	沈葆楨	沈葆楨
陝甘	左宗棠＊＊	左宗棠＊＊
四川	李瀚章 九、戊辰、十一， 10.27；改湖督。　　丁寶楨 　　　　九、戊辰；魯撫遷。	丁寶楨
閩浙	李鶴年 三、甲寅、廿二，　均福將文　何　璟 4.16；召陞。　　　煜兼署。　九、戊辰；服闋 八、丁酉、九，　　　　　　前江督授。 9.26；改東河。	何　璟
湖廣	李瀚章 鄂撫翁同爵兼署。　九、戊辰；川督改。	李瀚章 八、壬子、卅，10.6；兼署鄂撫。
兩廣	劉坤一	劉坤一
雲貴	劉長佑 滇撫岑毓英兼署。　△四月，抵任。	劉長佑
漕運	(滿)文彬	(滿)文彬
東河	曾國荃　　　　李鶴年 八、丁酉；改晉撫。　八、丁酉；閩督授。	李鶴年 十一、壬戌、十一，12.15；兼署豫撫。

光 緒 四 年　戊寅(1878)	光 緒 五 年　己卯(1879)
李鴻章 * *	**李鴻章** * *
沈葆楨 　二、乙巳、廿五,3.28;病假。蘇撫吳元炳兼署。	**沈葆楨**　　　　　　　**劉坤一** 　十一、癸未、十四,　　　　十一、甲申、十五, 12.26;死(文肅)。　　　　12.27;廣督改。 蘇撫吳元炳兼署。
左宗棠 * * 　二、壬辰、十二,3.15;晉封二等恪靖侯。	**左宗棠** * *
丁寶楨	**丁寶楨** 　六、甲子、廿二,8.9;革,賞四品頂戴署。
何　璟	**何　璟** 　四、癸酉、卅,6.19;兼署閩撫。
李瀚章	**李瀚章**
劉坤一	**劉坤一**　　　　　　　**張樹聲** 　正、戊辰、廿四,2.14;兼　　十一、甲申;桂撫遷。 署粵撫。十一、甲申;改 江督,粵撫裕寬兼署。
劉長佑	**劉長佑**
(滿)**文彬**	(滿)**文彬** 　八、癸亥、廿二,　　　　魯布薛允升署:八、庚午、廿九, 10.7;召陸。　　　　　　10.14;遷刑右,仍署。
李鶴年	**李鶴年**

總督年表

年代	光緒六年　庚辰(1880)	光緒七年　辛巳(1881)
直隸	李鴻章＊＊	李鴻章＊＊
兩江	劉坤一 △六月，抵任　　蘇撫吳元炳兼署。 　　　　　　　△六月，卸	劉坤一　　彭玉麐　　　　左宗棠＊＊ 七、戊子、　七、戊子；前兵右　九、乙未；東閣 廿八，8.22；　授。九、乙未、六，　大學士授。 召京。　　10.28；辭免。
陝甘	左宗棠＊＊ 十一、戊辰、四，12.5；　甘布楊昌濬護。 入京，入閣辦事。	曾國荃　　　　譚鍾麟 甘布　　二、癸巳、一，　八、辛未、十二， 楊昌濬護。　2.28；前晉撫遷。　10.4；浙撫遷。 　　　　七、戊子；病免。
四川	丁寶楨 （署）	丁寶楨 四、己酉、十八，5.15；授。
閩浙	何　璟	何　璟
湖廣	李瀚章 正、甲午、廿六，3.6；兼署鄂撫。	李瀚章
兩廣	張樹聲 △四月，抵任。　　粵撫裕寬兼署。 　　　　　　　△四月，卸	張樹聲
雲貴	劉長佑	劉長佑
漕運	(滿)文彬　　　　　黎培敬 六、庚戌、十四，7.20；　六、庚戌；川按遷。 死，蘇布譚鈞培護。	黎培敬　　　　　周恒祺 五、丙子、十五，6.11；　五、丙子；魯撫授。 改蘇撫。
東河	李鶴年	李鶴年　　　勒方錡(未任)　梅啓照 二、壬寅、十，3.9；　八、壬申；黔　八、丁亥； 兼署豫撫。　　　撫改。　　　兵右授。 八、壬申、十三，　　八、丁亥、廿八， 10.5；改豫撫。　　10.20；病免。

光緒八年　壬午(1882)		光緒九年　癸未(1883)	
李鴻章＊＊ 三、乙未、九,4.26; 憂免。	**張樹聲** 三、戊子、二,4.19; 廣督署。	**張樹聲** 六、戊午、十,7.13; 回廣督本任。	**李鴻章**＊＊ 正、辛亥、廿九,3.8; 翌北洋大臣。 六、戊午;回任,改署。(服)
左宗棠＊＊		**左宗棠**＊＊	
譚鍾麟		**譚鍾麟**	
丁寶楨		**丁寶楨**	
何　璟 五、壬辰、七,6.22;兼署閩撫。		**何　璟**	
李瀚章 三、乙未;憂免, 鄂撫彭祖賢兼署。	**涂宗瀛** 三、乙未;湘撫遷。	**涂宗瀛** 五、壬寅、廿三,6.27; 病免。	**卞寶第** 五、壬寅;湘撫署。
張樹聲 三、戊子;署直督, 粤撫裕寬兼署;	**曾國荃** 四、己巳、十四,5.30; 前陝撫授。	**曾國荃** 六、戊午;召京。	**張樹聲** 六、戊午;署直督回任。
劉長佑 五、壬辰;召陛。(休、 降)(光十三死,武慎)	**岑毓英** 五、壬辰;閩撫署。	**劉長佑** 四、甲戌、廿四,5.30; 病免。	**岑毓英** 四、甲戌;授。
周恒祺 正、辛亥、廿四,3.13; 病免。	**(滿)慶裕** 正、辛亥;桂撫授。	**(滿)慶裕** 二、庚辰、廿九,4.6; 改東河。 三、辛卯、十一,4.17; 蘇布譚鈞培護。	**楊昌濬** 二、庚辰;甘布遷。
梅啓照		**梅啓照** 二、庚辰;革。 **(滿)慶裕** 二、庚辰;漕督改。 十二、戊辰、廿二, 1.19;改盛將。	**(滿)成孚** 十二、戊辰; 豫布遷。

總督年表

年代	光緒十年　甲申(1884)		
直隸	**李鴻章** ** 八、丙子、五,9.23;授。		
兩江	**左宗棠** ** 正、戊子、十二,2.8;病免。 四、癸亥、十九,5.13;召京。	**(滿)裕禄**(未任) 正、戊子;皖撫署。 六月,憂免	**曾國荃** 正、丙申、廿,2.16;署禮尚署。
陝甘	**譚鍾麟**		
四川	**丁寶楨**		
閩浙	**何　璟** 七、己巳、廿七,9.16;召京(革)。 閩撫張兆棟兼署。	**楊昌濬** 七、己巳;漕督授。	
湖廣	**卞寶第** (署)		
兩廣	**張樹聲** 四、壬申、廿八,5.22;病免。 七、甲子、廿二,9.11;死(靖逹)。	**張之洞** 四、壬申;晉撫署。 七、乙丑、廿三,9.12;授。	
雲貴	**岑毓英**		
漕運	**楊昌濬** 七、庚申、十八,9.7;幫辦閩軍,淮揚道王加敏護。 七、己巳;改閩督,豫布孫鳳翔署。	**吳元炳** 七、己巳;前蘇撫授。	
東河	**(滿)成孚**		

光 緒 十 一 年　乙酉(1885)	光 緒 十 二 年　丙戌(1886)
李鴻章＊＊	李鴻章＊＊
曾國荃	曾國荃
譚鍾麟	譚鍾麟
丁寶楨	丁寶楨　　　　　　劉秉璋 五、己亥、七,6.8;死　五、丁酉、五,6.6;浙撫遷。 (文誠)。川按游智開護。
楊昌濬 六、庚寅、廿三, 8.3;兼署閩撫。　［九、庚子、五,10.12;改設台 灣巡撫,閩督兼管巡撫事。］	楊昌濬
卞寶第　　　　(滿)裕禄 二、乙未、廿五,4.10;　二、乙未;皖撫署。 回湘撫本任。　十、己丑、廿四,11.3); 兼署鄂撫。	(滿)裕禄 　　(署)
張之洞	張之洞 四、庚寅、廿七,5.3);兼署粤撫。
岑毓英	岑毓英
吳元炳　　　　(滿)崧駿 二、乙未;改皖撫。　二、乙未;直布遷。	(滿)崧駿　　　　盧士杰 五、庚子、八,6.9;　五、庚子;贛布遷。 改蘇撫。
(滿)成孚	(滿)成孚

總督年表

年代	光緒十三年 丁亥(1887)	光緒十四年 戊子(1888)
直隸	李鴻章＊＊	李鴻章＊＊
兩江	曾國荃　　　　　(滿)裕祿 七、甲戌、十九,9.6;　七、甲戌;湖督署。 入覲。九月,回任。　九月,回原任。	曾國荃
陝甘	譚鍾麟	譚鍾麟　　　　楊昌濬 二、丁未、廿五,　二、丁未;閩督改。 4.6;病免。
四川	劉秉璋	劉秉璋
閩浙	楊昌濬	楊昌濬　　　　卞寶第 二、丁未;改陝督。　二、丁未;湘撫遷。 　　　　　　　九、戊寅、卅,11.3; 　　　　　　　兼署福將。
湖廣	(滿)裕祿 正、癸丑、廿五,　四、庚午、十三,5.5; 2.17;授。　　　鄂撫奎斌兼署。 七、甲戌;署江 督。九月,回任。	(滿)裕祿
兩廣	張之洞	張之洞 七、庚申、十,8.17;兼署粵撫。
雲貴	岑毓英	岑毓英
漕運	盧士杰	盧士杰　　　　李瀚章 九、甲戌、廿六,　九、甲戌;前廣督授。 10.30;死。 淮揚道徐文達護。
東河	(滿)成孚　　　　李鶴年 九、癸未、廿九,　九、癸未;前豫撫署。 11.14;革。	李鶴年　　　　吳大澂 七、庚申、革,　七、庚申;粵撫署。 禮尚李鴻藻暫署。　十二、丙午、廿九,1.30;授。

光緒十五年　己丑(1889)		光緒十六年　庚寅(1890)	
李鴻章＊＊		李鴻章＊＊	
曾國荃		曾國荃 十、丁未、十一、11.22； 死（忠襄）。 皖撫沈秉成署。	劉坤一 十、丁未；前任授。
楊昌濬		楊昌濬	
劉秉璋		劉秉璋	
卞寶第		卞寶第 三、辛未、二、4.20；兼管船政。 四、庚戌、十一、5.29；兼署陸提。	
(滿)裕祿 七、甲寅、十、8.6； 改盛將。	張之洞 七、丙辰、十二、8.8； 廣督改。	張之洞 四、乙卯、十六、6.3；兼署鄂提。	
張之洞 七、丙辰；改湖督。	李瀚章 七、丙辰；漕督授。	李瀚章 四、丙午、七、5.25；兼署粵撫。	
岑毓英 六、丙子、二、6.29； 死（襄勤）。 滇撫譚鈞培兼署。	王文韶 六、丁丑、三、6.30； 湘撫遷。	王文韶	
李瀚章 七、丙辰；改廣督， 淮揚海道徐文達護。	(滿)松椿 七、戊午、十四、8.10； 直布遷。	(滿)松椿	
吳大澂		吳大澂 正、癸亥、廿二、2.11；省假。 二、己卯、九、2.27；憂免，豫 撫倪文蔚兼署。	許振禕 二、己卯；寧布遷。

總督年表

年代	光緒十七年 辛卯(1891)	光緒十八年 壬辰(1892)
直隸	李鴻章**	李鴻章**
兩江	劉坤一 八、癸巳、二,9.4;幫辦海軍事務。	劉坤一
陝甘	楊昌濬	楊昌濬
四川	劉秉璋	劉秉璋
閩浙	卞寶第 十二、庚戌、廿,1.19;召陸,福將希元兼署。	卞寶第　　　　　　譚鍾麟 五、乙酉、廿八,6.22;　五、乙酉;吏左授, 病免。(十九年死)　　兼管船政。 福將希元兼署。
湖廣	張之洞	張之洞
兩廣	李瀚章	李瀚章 三、庚午、十二,4.8;兼署粤撫。
雲貴	王文韶	王文韶
漕運	(滿)松椿	(滿)松椿
東河	許振褘	許振褘

光緒十九年　癸巳(1893)	光緒二十年　甲午(1894)
李鴻章＊＊	李鴻章＊＊
劉坤一	劉坤一　　　　　　張之洞 七、辛巳、七，8.7；兼署江將。　十、戊申；湖督署。 十、戊申、五，11.2；召陛。　　十、辛亥、八，11.5； 十二、甲辰、二，12.28；授欽。　蒁署江將。
楊昌濬	楊昌濬
劉秉璋	劉秉璋　　　　　　譚鍾麟 六、乙卯、十，7.12；兼署　十、乙丑；閩督改。 成將。十、乙丑、廿二，　川布王毓藻護。 11.19；解，召京。
譚鍾麟	譚鍾麟　　　　　（漢）邊寶泉 七、甲午、廿，8.20；　十、乙丑；前豫撫授。 兼署福將。　　　　兼管船政。 十、乙丑；改川督。
張之洞 十、戊辰、廿，11.27；兼署鄂撫。	張之洞 九、癸未、十，10.8；召陛。　鄂撫譚繼洵兼署。 十、戊申；署江督。
李瀚章	李瀚章 六、戊午、十三，7.15；兼署粵撫。
王文韶	王文韶 九、戊寅、五，10.3；召陛。　滇撫譚鈞培兼署： 十二、庚午、廿八，1.23；　十二、丙寅、廿四，1.19； 幫辦北洋軍務。　　　　死。滇按護撫岑毓寶兼 　　　　　　　　　　　護。
(滿)松椿	(滿)松椿 七、庚子、廿六，8.26；召陛，蘇布鄧華熙署。
許振褘	許振褘

總督年表

年代	光緒二一年 乙未(1895)		光緒二二年 丙申(1896)
直隸	**李鴻章** ＊ ＊ 正、辛卯、十九,2.13;召京,授全權大臣(訂約)。 七、丁未、九,8.28;入閣辦事。	**王文韶** 正、辛卯;前雲督署。 七、丁未;授。	**王文韶**
兩江	**張之洞** 十一、甲寅、十八,1.2;回湖督本任。	**劉坤一** 十一、甲寅;回任。	**劉坤一**
陝甘	**楊昌濬** 十、辛未、四,11.20;解。	**陶 模** 十、辛未;新撫署。	**陶 模** 十、丙寅、五,11.9;授。
四川	**譚鍾麟** 三、癸巳、廿二,4.16;改廣督。	**鹿傳霖** 三、癸巳;陝撫遷。	**鹿傳霖**
閩浙	(漢)**邊寶泉**		(漢)**邊寶泉** 六、壬午、十八,7.28;卸兼管船政。
湖廣	**張之洞** 鄂撫譚繼洵兼署。　十一、甲寅;署江督回任。		**張之洞**
兩廣	**李瀚章** 三、辛卯、廿, 4.14;解。(廿五年死,勤恪)。	**譚鍾麟** 三、癸巳;川督改。 閏五、乙卯、十五,7.7;兼署廣將。 九、丁未、十,10.27;兼署粵撫。	**譚鍾麟**
雲貴	(滿)**崧蕃** 滇按護撫 岑毓寶兼護。	七、己酉、十一,8.30;滇撫遷。 八、壬午、十四,10.2;兼署滇撫。	(滿)**崧蕃**
漕運	(滿)**松椿**		(滿)**松椿**
東河	**許振禕** 十二、戊辰、二,1.16;改粵撫,豫撫劉樹堂兼署。		**任道鎔** 正、壬寅、七,2.19;降調魯撫署。 九、丙辰、廿四,10.30;授。

光緒二三年 丁酉(1897)	光緒二四年 戊戌(1898)
王文韶	王文韶　　（滿)榮禄＊＊　　（滿)裕禄 　　四、己酉、廿七，　四、己酉；大學士署。　八、甲午、 　　6.15；召京。　　五、丁巳；授。八、辛　十三，9.28； 　　　　　　　　　卯、十，9.25；召京。　禮尚授。 　　（五、丁巳、五，　候侍袁世凱護。 　　6.23；戶尚。）
劉坤一	劉坤一
陶　模	陶　模
鹿傳霖　　李秉衡(未任)　（滿)裕禄(未任)　（滿)裕禄　　　　　　（滿)奎俊 　九、戊子、二，　九、戊子；魯撫遷。　十一、癸卯；　五、乙亥、廿三，成將恭壽兼署：　五、丙子、 　9.27；召京。　　十一、癸卯、十八，福將授。　7.11；授軍機大　七、戊午、七，8.23；廿四，7.12； 　成將恭壽兼署。　12.11；解。　　　　　臣，解。　　死，川按文光護。　蘇撫遷。	
（漢)邊寶泉	（漢)邊寶泉　　　　　許應騤 　九、辛酉、十一，10.25；　九、辛酉；前禮尚授。 　死。福將增祺兼署。
張之洞 　正、甲辰、十四，2.15；兼署鄂撫。	張之洞 　閏三、乙卯、二，4.22；召京，鄂撫譚繼洵兼署。
譚鍾麟	譚鍾麟
（滿)崧蕃	（滿)崧蕃
（滿)松椿	（滿)松椿
任道鎔	任道鎔 　　［七、乙丑、十四，8.30；缺裁。 　　　九、戊午、八，10.22；復設。　］

總督年表

年代	光緒二五年　己亥(1899)	
直隸	(滿)**裕祿**	
兩江	**劉坤一** 十一、丙寅、廿二、12.24；召陸，蘇撫鹿傳霖兼署。	
陝甘	**陶　模** 十、丁酉、廿三，11.25；召京。	**魏光燾** 十、甲辰、卅，12.2；陝撫署。
四川	(滿)**奎俊**	
閩浙	**許應騤** 三、己酉、二，4.11；兼署福將。	
湖廣	**張之洞**	
兩廣	**譚鍾麟** 十一、辛酉、十七、12.19；解，召京。 粵撫德壽兼署。(卅一年死，文勤)	**李鴻章** * * 十一、辛酉；大學士署。
雲貴	(滿)**崧蕃** 十、庚子、廿六，11.28；召陸，滇撫丁振鐸兼署。	
漕運	(滿)**松椿**	
東河	**任道鎔** 四、甲午、十七，5.26；假，豫撫裕長兼署。	

光緒二六年　庚子(1900)

(滿)**裕祿**　　　　　　　　　　　**李鴻章** **
七、辛丑、二,7.27;死。　　　　　六、壬午、十二,7.8;廣督改。
七、甲寅、十五,8.9;直布廷雍護。

劉坤一
四、丙子、五,5.3;回任。

陶　模　　　　　**魏光燾**　　　　　　　　　　　　　(滿)**崧蕃**
閏八、壬寅、三,9.26;　　閏八、壬寅;陝撫遷。　　十、癸丑、十五,12.6;　　十、壬子;雲督改。
改廣督。　　　　　十、壬子、十四,12.5;　甘布李廷簫護。
　　　　　　　　　雲督互調。　　　按察何福堃暫護。

(滿)**奎俊**
九、甲戌、六,10.28;兼署成將。

許應騤
四、乙酉、十四,5.12;暫行兼管船政事務。
十二、辛亥、十四,2.2;兼署福將。

張之洞
二、庚辰、八,3.8;兼署鄂提。閏八、丙寅、廿七,10.20;兼署鄂撫。

李鴻章 **　　　　　　　　**鹿傳霖**(未任)　　　　　**陶　模**
四、丁酉、廿六,5.24;授。　　八、戊子、十九,9.12;蘇撫遷。　閏八、壬寅;陝督改。
五、己未、十九,6.15;召京,粵撫德壽兼署。　閏八、壬寅;解。

(滿)**崧蕃**　　　　　　　　　　　　　　　　　　　　　**魏光燾**
七、丁未、八,8.2;留京會辦城守。　　滇撫丁振鐸兼署。　　十、壬子;陝撫署督改。
十、壬子;陝督互調。

(滿)**松椿**　　　　　　　　　**張人駿**
十、壬寅、四,11.25;解。　　十、壬寅;魯布遷。

任道鎔
二、甲戌、二,3.2;入覲,豫撫裕長兼署。

總督年表

年代	光緒二七年　辛丑(1901)	光緒二八年　壬寅(1902)
直隸	**李鴻章**＊＊　　　　　　**袁世凱** 九、己丑、　　　直布周馥護。　九、己丑； 廿七、11.7；　　　　　　署魯撫署。 死(文忠)。	**袁世凱** 五、癸亥、四,6.9；授。 九、甲戌、十七,10.18；假,直布吳重熹護。
兩江	**劉坤一**	**劉坤一**　　　　**張之洞**　　　　**魏光燾** 九、癸亥、六,　九、癸亥；湖督署。　十一、壬戌； 10.7；死(忠誠),　十一、壬戌、六,　雲督改。 寧布李有棻護。　12.5；仍署。
陝甘	㈠滿㈡**崧蕃** 　二、甲子、廿八,　　甘布李廷簫護： 　4.16；抵任。　　　正、庚午、三,2.21；革、戌, 　　　　　　　　　甘按遷布何福堃護。	㈠滿㈡**崧蕃**
四川	㈠滿㈡**奎俊**	㈠滿㈡**奎俊**　　　　　**岑春煊** 七、己未、一,　　七、己未；晉撫改粵撫署。 8.4；解。
閩浙	**許應騤**	**許應騤** 三、丁亥、廿七,5.4；兼署福將,並兼管船政。
湖廣	**張之洞**	**張之洞** 九、癸亥；署江督,鄂撫端方兼署。
兩廣	**陶　模**	**陶　模**　　　　　㈠滿㈡**德壽** 五、丁亥、廿八,7.3；　　五、丁亥；粵撫遷。 病免。(十月死,勤肅)
雲貴	**魏光燾**	**魏光燾**　　　　　**丁振鐸** 四、己亥、九,5.16；　十一、壬戌；晉撫署。 兼署滇撫。　　　　滇撫林紹年兼署。 十一、壬戌；改江督。
漕運	**張人駿**　㈠滿㈡**恩壽**(未任)　**陳夔龍** 九、己丑；改魯　九、庚寅、廿八,　十、乙卯；豫 撫。淮揚道沈　11.8；寧布遷。　布署。十一、 瑜慶護。　　　十、乙卯、廿三,　癸酉、十一, 　　　　　　　12.3；改蘇撫。　12.21；授。	**陳夔龍**
東河	**任道鎔**　　　㈠蒙㈡**錫良** 四、辛丑、六,5.23；　四、辛丑；前鄂撫授。 改浙撫。	㈠蒙㈡**錫良** 正、乙酉、廿四,3.3；改豫撫。 ［正、戊寅、十七、 2.4；缺裁。］

年代	光緒二九年　癸卯(1903)
直 隸	**袁世凱**
兩 江	**張之洞** （湖督署）二、丁未、廿二,3.20;召京。　　**魏光燾** △二、丁未;抵任。
陝 甘	⁽滿⁾**崧蕃**
四 川	**岑春煊** 三、丙子、廿一,4.18;改署廣督。 川布陳璚護。　　⁽蒙⁾**錫良** 三、丙子;未任閩督署。
閩 浙	**許應騤** 三、癸亥、八,4.5;解。 福將崇善兼署。　　⁽蒙⁾**錫良**（未任） 三、癸亥;熱都改。 三、丙子;改川督。　　**李興銳** 三、丙子;粵撫署。
湖 廣	**張之洞** （署江督）二、丁未;召京。　　鄂撫端方兼署。
兩 廣	⁽滿⁾**德壽** 三、丙子;改漕督。　　**岑春煊** 三、丙子;川督署。
雲 貴	**丁振鐸** （署）　△三、丁巳、二,3.30;抵任。
漕 運	**陳夔龍** 三、丙子;改豫撫。 四、癸卯、十九,5.15;召陸。　　⁽滿⁾**德壽** 三、丙子;廣督改。 十一、戊申、廿八,1.15;死。　　**陸元鼎** 四、癸卯;蘇布署。 十一、戊申;授。

總督年表

年代	光緒三十年　甲辰(1904)		
直隸	袁世凱		
兩江	魏光燾 七、戊戌、廿二,9.1;閩督互調。	李興銳 七、戊戌;署閩督改。 九、戊戌、廿三,10.31;死(勤恪)。	周　馥 九、戊戌;魯撫遷。 署蘇撫端方暫署。
陝甘	(滿)崧蕃		
四川	(蒙)錫良 十一、辛巳、七,12.13;授。		
閩浙	李興銳 （署）七、戊戌;江督互調。福將崇善兼署。	魏光燾 七、戊戌;江督署。十一、辛巳;授。	
湖廣	張之洞 △三月,回任。 四、己未、十一,5.25;兼署鄂撫。	[十一、庚辰、六,12.12;鄂撫缺裁,湖督兼管。]	
兩廣	岑春煊 （署）		
雲貴	丁振鐸 十一、辛巳;授。	[十一、庚辰;滇撫缺裁,雲督兼管。]	
漕運	陸元鼎 四、己未;署湘撫。	(滿)恩壽 四、己未;蘇撫署。 十二、丁卯、廿三,1.28; 改江淮巡撫。	[十二、丁卯;缺裁,改設江淮巡撫。]

年代	光緒三一年　乙巳(1905)	光緒三二年　丙午(1906)
直隸	袁世凱	袁世凱
兩江	周馥	周馥 七、己酉、十四,9.2;閩督互調。　(滿)端方 七、己酉;閩督改。
陝甘	(滿)崧蕃 三、丁丑、四,4.8;閩督互調。　(蒙)升允 三、丁丑;未任閩督改。	(蒙)升允
四川	(蒙)錫良	(蒙)錫良
閩浙	魏光燾 正、甲午、廿一,2.24;解。福將崇善兼署。　(蒙)升允 (未任) 正、甲午;察都授。三、丁丑;陝督互調。　(滿)崧蕃 (未任) 三、丁丑;陝督改。五月,召泉(旋死)。　(滿)端方 十一、己酉、十一,1.5;湘撫遷。	(滿)端方 七、己酉;江督互調。福將崇善兼署。　周馥 (未任) 七、己酉;江督改。七、戊午、廿三,9.11;改廣督。　丁振鐸 七、戊午;雲督改。
湖廣	張之洞	張之洞
兩廣	岑春煊 (署) [六、癸亥、廿一,7.23;粵撫裁缺,廣督兼管。]	岑春煊 七、戊午;改雲督。　周馥 七、戊午;未任閩督改。
雲貴	丁振鐸	丁振鐸 七、戊午;改閩督。　岑春煊 七、戊午;廣督改。

年代	光緒三三年　丁未(1907)
直隸	**袁世凱**　七、乙巳、十六,8.24;召京。　七、丙辰、廿七,9.4;改外尚。　　**楊士驤**　七、丁巳、廿八,9.5;魯撫署。
兩江	(滿)**端方**
陝甘	(蒙)**升允**
四川	(蒙)**錫良**　正、辛亥、十九,3.3;雲督互調。　**岑春煊**(未任)　正、辛亥;雲督改。　三、壬子、廿一,5.3;改郵尚。　(漢)**趙爾巽**(未任)　三、壬子;缺裁盛將授。　七、丁巳;改湖督。　正、甲寅、廿二,3.6;川滇邊務大臣趙爾豐兼護。　**陳夔龍**　七、丁巳;蘇撫遷。
閩浙	**丁振鐸**(未任)　正、壬子、廿,3.4;解。福將崇善兼署。　(滿)**松壽**　正、壬子;察都授。　六、丁卯、八,7.17;兼署福將,並接管船政。
湖廣	**張之洞**＊＊　五、辛丑、十一,6.21;授協。　六、癸酉、十四,7.23;遷體仁。　七、辛卯、二,8.10;召京,入閣辦事。鄂布李岷琛護。　(漢)**趙爾巽**　七、丁巳;未任川督授。
兩廣	**周馥**　四、丁丑、十七,5.28;解。粵布胡湘林護。　**岑春煊**(未任)　四、丁丑;郵尚授。　七、癸巳、四,8.12;病免。　**張人駿**　七、癸巳;豫撫遷。
雲貴	**岑春煊**　正、辛亥;川督互調。　(蒙)**錫良**　正、辛亥;川督改。
東三省	**徐世昌**　三、己亥、八,4.20;民尚授。欽,兼管三省將軍事務。　　[三、己亥;增設。]

光緒三四年　戊申(1908)	宣統元年　己酉(1909)
楊士驤 六、己卯、廿五，7.23；授。	**楊士驤**　　　(滿)**端方**　　　　**陳夔龍** 五、己未、十一，　五、己未；江督改。　十、丁亥； 6.28；死(文敬)。　十、丁亥、十一，　湖督改。 大學士、外會那　1.23；革。 桐署。　　　　　直布崔永安護。
(滿)**端方**	(滿)**端方**　　　　　　**張人駿** 五、己未；改直督，　五、己未；廣督改。 寧布樊增祥護。
(蒙)**升允**	(蒙)**升允**　　　　　(滿)**長庚** 五、甲寅、六，6.23；免。　五、甲寅；伊將授。 甘布毛慶蕃護。
陳夔龍　　　　(漢)**趙爾巽** 二、庚申、四，3.6；　二、庚申；湖督改。 湖督互調。	(漢)**趙爾巽** 九、甲寅、八，10.21；兼署成將。
(滿)**松壽**	(滿)**松壽**
(漢)**趙爾巽**　　　　**陳夔龍** 二、庚申；川督互調。　二、庚申；川督改。	**陳夔龍**　　　　(滿)**瑞澂** 十、丁亥；改直督。　十、丁亥；蘇撫署。 十、戊子、十二，11.24； 鄂布楊文鼎護。
張人駿	**張人駿**　　　　　**袁樹勛** 五、己未；改江督。　五、己未；魯撫署。 粵布胡湘林護。
(蒙)**錫良**	(蒙)**錫良**　　　　　**李經羲** 正、庚子、十九，2.9；改東　正、庚子；前桂撫授。 三省。滇布沈秉堃護。
徐世昌 六、丁丑、廿三，7.21；兼署奉撫。	**徐世昌**　　　　(蒙)**錫良** 正、庚子；召京(郵尚)。　正、庚子；雲督改，欽， 兼管三省將軍事務。

總督年表

年 代	宣 統 二 年　庚戌(1910)
直 隸	**陳夔龍**
兩 江	**張人駿**
陝 甘	(滿)**長庚**
四 川	(漢)**趙爾巽** 十二、壬午、十二，1.12；召陸。川布王人文護。
閩 浙	(滿)**松壽**
湖 廣	(滿)**瑞澂** 五、戊申、六，6.12；授。七、丙辰、十五，8.19；召陸。鄂布王乃徵護。
兩 廣	**袁樹勳**　　　　　　　　　　　**張鳴岐** 九、丁卯、廿七，10.29；病免。廣將增祺兼署。　九、丁卯；桂撫署。
雲 貴	**李經羲**
東 三 省	(蒙)**錫良**

宣 統 三 年　辛亥(1911)

陳夔龍

張人駿
　　[十、丙午、十二,12.2;南京獨立,抗拒革命,逃。]

(滿)**長庚**
　　[九、乙丑、一,10.22;陝西獨立,去職。]

(漢)**趙爾巽**
　　三、庚申、廿二,4.20;改東三省總督。

(漢)**趙爾豐**
　　三、庚申;川滇邊務大臣署。
　　[十、辛丑、七,11.27;成都獨立,抗拒被殺。]

(滿)**松壽**
　　[九、癸未、十九,11.9;福州獨立,抗拒革命,自殺。(忠節)]

(滿)**瑞澂**
　　[十、癸丑、十九,12.9;武昌首義,抗拒革命,逃。]

張鳴岐
　　三、庚戌、十二,4.10;兼署廣將。
　　三、甲寅、十六,4.14;授。[九、癸未;廣州獨立,抗拒革命,逃。]

李經羲
　　[九、甲戌、十,10.31;昆明獨立,抗拒革命,逃。]

(蒙)**錫良**
　　三、庚午;病免。

(漢)**趙爾巽**
　　三、庚申;川督改。

總督年表

年代	附：辛亥(1911)武昌首義,各省獨立後清政府的任免。
直隸	**陳夔龍** 十二、己酉、十六,2.3;病假,張鎮芳署。
兩江	**張人駿**　　　　　　　　　　　　　　　**張勳** 十二、戊戌、五,1.23;免。　　　　　　十二、戊戌;會辦江防事宜、江提護。
陝甘	
四川	(漢)**趙爾豐**　　　　　　　**岑春煊**(未到)　　　　　　(滿)**端方** （署）八、戊午、廿四,10.15;　八、戊午;前郵尚授。　　九、庚辰、十六,11.6;候侍、 回原任,仍留署。　　　　　　　　　　　　　　　督辦川粵漢鐵路大臣署。 　　　　　　　　　　　　　　　　　　　　　　　十一、壬午、十九,1.7;殺(忠愍)。
閩浙	
湖廣	(滿)**瑞澂**　　　**袁世凱**(未任)　**魏光燾**(未任)　**王士珍**　　　　　　**段祺瑞** 八、乙卯、　　八、丁巳、廿三,　九、乙亥;　　九、丙子、十二,11.2;前江　九、辛卯、廿七, 廿一,10.12;　10.14;授。　前江督授。　北提督署。　　　　　　　11.17;第二軍總 革。　　　　（九、乙亥、十一,　　　　　　　九、戊子、廿四,11.14;病　統署。 　　　　　　11.1;組閣。）　　　　　　　免,直候補道段芝貴護。
兩廣	
雲貴	
東三省	

附錄一：清代總督重要變化概況

順治元年、甲申、1644：

　　六、己未、三、7.6；設天津總督。十、甲子、十、11.8；裁。

　　七、壬辰、七、8.8；設宣大、山西總督。

順治二年、乙酉、1645：

　　四、辛酉、九、5.4；設陝西、三邊總督。

　　五、庚寅、九、6.2；設淮揚總督兼管漕運。

　　十一、壬子、四、12.21；設浙江、福建（浙閩）、湖廣、四川總督。

順治四年、丁亥、1647：

　　五、癸丑、十三、6.15；設兩廣總督。

　　七、戊午、十九、8.19；設江南、江西、河南總督。

　　十一、戊午、廿二、12.17；設四川總督（迄未任命）。

順治六年、己丑、1649：

　　八、辛亥、廿四、9.30；設直隸、山東、河南總督（江南、江西總督免轄河南）。

順治八年、辛卯、1651：

　　八、丙午、一、9.15；兩廣總督暫未任命。

順治十年、癸巳、1653：

　　五、庚寅、廿五、6.20；設總督湖廣、兩廣、雲貴軍務。

　　六、乙巳、十一、7.5；湖廣、四川總督免轄四川（湖廣總督），陝西、三邊總督兼轄四川
　　　　（川陝、三邊總督）。復設兩廣總督。

順治十五年、戊戌、1658：

　　五、乙丑、廿九、6.29；裁直隸、山東、河南總督。

　　七、己亥、四、8.2；裁宣大、山西總督。

　　七、己未、廿四、8.22；浙閩總督分設浙江總督、福建總督。

順治十六年、己亥、1659：

　　正、癸丑、廿一、2.12；設雲貴總督。

　　十、庚戌、十三、12.6；裁總督湖廣、兩廣、雲貴軍務。

順治十八年、辛丑、1661：

　　八、己未、十三、10.5；各省均設總督一員（直隸、江南、山東、山西、河南、陝西、福建、浙
　　　　江、江西、湖廣、四川、廣東、廣西、雲南、貴州十五員）。

康熙四年、乙巳、1665:

　　五、丁未、廿二、7.4;裁併各省總督,改設直隸、山東、河南、兩江、山陝、福建、浙江、湖
　　廣、四川、兩廣、雲貴總督共九員。

康熙七年、戊申、1668:

　　十、庚寅、廿五、11.28;裁湖廣總督,由四川總督兼轄(川湖總督)。

康熙八年、己酉、1669:

　　三、丙辰、廿三、4.23;裁福建總督,併歸浙江總督(浙閩總督)。

　　七、壬辰、一、7.28;裁直隸、山東、河南總督。

康熙九年、庚戌、1670:

　　三、庚午、十三、5.2;復設福建總督(浙閩總督仍稱浙江總督)。

康熙十二年、癸丑、1673:

　　八、乙卯、十八、9.28;設雲南總督(撤藩後專設;旋因吳三桂發動反清,迄未實現)。

康熙十三年、甲寅、1674:

　　二、癸卯、九、3.15;設四川總督(川湖總督免轄四川,仍稱湖廣總督)。

　　七、庚辰、十八、8.19;設江西總督(兩江總督免轄)。

康熙十九年、庚申、1680:

　　十一、辛酉、六、12.26;裁四川總督,仍由陝西總督兼轄(川陝總督)。

康熙二一年、壬戌、1682:

　　正、己巳、廿一、2.27;裁江西總督,併歸兩江總督。

康熙二三年、甲子、1684:

　　五、丁卯、二、6.14; 裁浙江總督, 併歸福建總督(二六年、三、七、1687、4.18; 改稱閩
　　浙總督。)

康熙五七年、戊戌、1718:

　　十、甲子、廿、12.11;設四川總督,川陝總督免轄(陝西總督)。

康熙六十年、辛丑、1721:

　　五、乙酉、廿五、6.19;四川總督兼陝西總督(川陝總督)。

雍正元年、癸卯、1723:

　　八、戊午、十一、9.10;兩廣總督分設廣東、廣西總督。

雍正二年、甲辰、1724:

　　四、丁未、四、4.26;廣東、廣西總督仍併爲兩廣總督。

　　十、己亥、廿九、12.14;設直隸總督。

雍正三年、乙巳、1725:

　　十、庚寅、廿六、11.30;設山西總督。

雍正四年、丙午、1726:

十一、辛卯、三,11.26;裁山西總督。

十二、壬午、廿五,1.16;設協辦直隸總督。

雍正五年、丁未、1727:

二、丙戌、廿九,3.21;雲貴總督兼轄廣西(雲廣總督),兩廣總督專管廣東(廣東總督)。

十一、丁巳、五,12.17;閩浙總督分設福建、浙江總督。

雍正六年、戊申、1728:

五、乙亥、廿五,7.2;設河東總督(河南、山東總督)。

雍正七年、己酉、1729:

二、甲申、九,3.5;裁協辦直隸總督。

雍正九年、辛亥、1731:

二、壬戌、廿九,4.5;川陝總督分設陝甘、四川總督。

雍正十二年、甲寅、1734:

十、戊午、十六,11.11;浙江總督併入福建總督(閩浙總督)。

十二、癸丑、十二,1.5;雲廣總督免轄廣西,仍爲雲貴、兩廣總督。

雍正十三年、乙卯、1735:

十一、丙辰、廿一,1.3;裁河東總督。

十二、丁卯、二,1.14;陝甘、四川總督仍併爲川陝總督。

乾隆元年、丙辰、1736:

二、甲申、廿,3.31;閩浙總督分設福建、浙江總督。

六、癸酉、十,7.18;雲貴總督分設雲南、貴州總督。

乾隆三年、戊午、1738:

九、癸亥、十四,10.26;浙江總督仍併入福建總督(閩浙總督)。

乾隆十二年、丁卯、1747:

三、辛丑、十一,4.20;貴州總督仍併入雲南總督(雲貴總督)。

乾隆十三年、戊辰、1748:

十一、庚辰、卅,1.18;川陝總督分設陝甘、四川總督。

乾隆二四年、己卯、1759:

七、乙亥、廿七,9.18;陝甘總督免轄陝西(甘肅總督),由四川總督兼轄(川陝總督)。

乾隆二五年、庚辰、1760:

十二、丙戌、十六,1.21;甘肅、川陝總督仍設陝甘、四川總督。

光緒三三年、丁未、1907:

三、己亥、八,4.20;設東三省總督(授欽差大臣,兼管三省將軍事務)。

年　　代	員額	直隸	山東	河南	兩江(江南)	江西	山西	甘肅	陝甘(陝西)	四川	湖廣(湖北)	湖南
順治　元年 1644	2-1	⊙					○					
二年 1645	1-4						○		○		○	→
四年 1647	4-6				←—○		○		○		○	
六年 1649	6-7	○-→			→	○	○		○		○--→	
八年 1651	7-6	○-→			→	○	○		○		○--→	
十年 1653	6-7	○-→			→	○	○	←		○	○	
十五年 1658	8-6	●-→			→	○	●	←		○	○	
十六年 1659	6-7				○				←—	○	○	
十八年 1661	7-15	○		○	○		○		←—○	○	○	→
康熙　四年 1665	15-9	○-→			○		←	←		○	○	
七年 1668	9-8				○		←	←———→				●
八年 1669	8-6	●-→			○		←	←		○	○	→
九年 1670	6-7				○			←		○←	○←	
十二年 1673	7-(8)				○			←		○←	○←	→
十三年 1674	7-9				○	○				○	○	
十九年 1680	9-8				○	○			○←—	●	○	
二一年 1682	8-7				○←●			←		○	○	
二三年 1684	7-6				○			←		○	○	
二七年 1688	(5)-6				○			←—		⊙	○	
五七年 1718	6-7				○			←		○	○	
六十年 1721	7-6				○				○←—	●	○	
雍正　元年 1723	6-7				○			←		○	○	
二年 1724	(6)-7	○			○			←		○	○	
三年 1725	7-8	○			○		○	←		○	○	
四年 1726	8-7	○			○		●	←		○	○	
五年 1727	7-8	○			○			←		○	○	
六年 1728	8-9	○		○	○			←		○	○	
九年 1731	9-10	○		○	○					○	○	
十二年 1734	10-9	○		○	○					○	○	
十三年 1735	9-7	○		●	○			←		○	○	
乾隆　元年 1736	7-9	○			○			←		○	○	
三年 1738	9-8	○			○					○	○	
十二年 1747	8-7	○			○			←		○	○	
十三年 1748	7-8	○			○					○	○	
二四年 1759	8	○			○					○	○	
二五年 1760	8	○			○					○	○	
光緒三三年 1907	8-9	⊙			○				○	○	○	

重　要　變　化　簡　圖

閩浙（福建）	浙江	兩廣（廣東）	廣西	雲貴（雲南）	貴州	東三省	附　注（宣大、三邊總督均不列入。）
							直隸總督即"天津總督"；本年設，旋裁。
○							淮揚總督兼管漕運未列入。
○		○					
○		○					
○		●					
○							總督湖廣、兩廣、雲貴軍務未列入。
○	○	○					
○	○	○		○			
○	○	○	○	○	○		
○	○	○		○			
○	○	○		○			
○		○		○			
○	○	○		○			
○	○	○		⊙	○		設雲南總督，未及實現。
○	○	○		○			
○	○	○		○			
○	○	○		○			
○		○		○			
○		○		○			
○		○		○			
○		○		○			
○		○	○	○			
○		○		○			
○		○		○			
○		○		○			
○	○	○	←	○			
○	○	○	←	○			
○	○	○	←	○			
○	○	○	←	○			
○		○		○			
○		○		○	○		
○		○		○	○		
○		○		○			
○		○		○			
○		○		○			成爲定制。
○		○		○		○	

附錄三：清代河道總督重要變化概況

順治元年、甲申、1644：

    七、甲辰、十九,8.20；設河道總督（總河）。

雍正二年、甲辰、1724：

    閏四、丙戌、十三,6.4；設副總河（河東副總河）。

雍正六年、戊申、1728：

    正、甲寅、三,2.12；設江南副總河。

    三、丙子、廿六,5.4；設協辦河東河道。

    六、丙戌、七,7.13；設協辦江南河道。

雍正七年、己酉、1729：

    二、丁丑、二,3.1；停協辦江南河道（陞總河,改稱江南河道總督）。

    三、辛亥、七,4.4；設河南山東河道（河東）總督（南河副總河陞）。

雍正八年、庚戌、1730：

    九、丁丑、十一,10.22；設協辦南河事務。

    十二、癸丑、十九,1.26；設直隸河道總督、副總督。

雍正九年、辛亥、1731：

    九、戊子、廿八,10.28；裁協辦南河事務。

雍正十三年、乙卯、1735：

    十、丙子、十一,11.24；裁河東副總河。

乾隆元年、丙辰、1736：

    四、辛巳、十七,5.27；裁直隸副總河。

乾隆二年、丁巳、1737：

    十二、丁酉、十四,2.2；裁江南副總河。

乾隆六年、辛酉、1741：

    二、丁未、十二,3.28；設江南副總河,旋陞總河。

乾隆十三年、戊辰、1748：

    九、戊寅、廿七,11.17；設協辦江南河務。

乾隆十四年、己巳、1749：

    三、丁丑、廿九,5.15；裁直隸河道總督。

乾隆十六年、辛未、1751：

三、己亥、二,3.28;停協辦江南河務。

乾隆十八年、癸酉、1753:

　　二、甲午、八,3.12;設南河學習河務。

　　十、庚子、九,11.13;仍設協辦南河。

乾隆十九年、甲戌、1754:

　　三、辛亥、一,3.24;裁協辦南河。

　　十二、丙辰、十二,1.23;裁南河學習河務。

乾隆二二年、丁丑、1757:

　　正、己未、廿七,3.16;設南河副總河。

乾隆二三年、戊寅、1758:

　　正、壬子、廿五,3.4;裁南河副總河。

嘉慶十一年、丙寅、1806:

　　六、庚寅、十四,7.29;設南河副總河。

嘉慶十五年、庚午、1810:

　　七、辛巳、廿九,8.28;裁南河副總河。

嘉慶十九年、甲戌、1814:

　　五、戊午、廿八,7.15;設東河副總河。

嘉慶二十年、乙亥、1815:

　　正、癸卯、十七,2.25;裁東河副總河。

道光六年、丙戌、1826:

　　三、庚戌、廿九,5.5;設江南副總河。

道光九年、己丑、1829:

　　△裁江南副總河。

咸豐十年、庚申、1860:

　　六、庚辰、十八,8.4;裁南河河道總督。

光緒二四年、戊戌、1898:

　　七、乙丑、十四,8.30;裁東河河道總督。

　　九、戊午、八,10.22;復設。

光緒二八年、壬寅、1902:

　　正、戊寅、十七,2.24;裁東河河道總督。

附録四：清代河道總督重要變化簡圖

＊學習　△幫辦

年代	代	員額	南河				東河			北河		
			總督	副總督	協辦	其它	總督	副總督	協辦	總督	副總督	協辦
順治　元年	1644	1	○									
雍正　二年	1724	1—2	○					○				
六年	1728	2—5	○	○	○			○	○			
七年	1729	6—5	○	○	●		○	○	○			
八年	1730	5—7	○	○	○		○	●		○	○	
九年	1731	7—6	○	○	●		○	○		○	○	
十三年	1735	6—5	○	○			○	●		○	○	
乾隆　元年	1736	5—4	○	○			○			○	●	
二年	1737	4-3	○	●			○			○		
六年	1741	3—(4)	○	⊙			○			○		
十三年	1748	3—4	○		○		○			○		
十四年	1749	4—3	○		○		○			●		
十六年	1751	3—2	○		●		○					
十八年	1753	2—3	○		○	＊	○					
十九年	1754	3—2	○		●	＊	○					
二二年	1757	2—3	○	○			○					
二三年	1758	3—2	○	●			○					
五一年	1786	2-(3)	○			△	○					
嘉慶十一年	1806	2—3	○	○			○					
十五年	1810	3—2	○	●			○					
十九年	1814	2—3	○				○	○				
二十年	1815	3—2	○				○	●				
道光　六年	1826	2—3	○	○			○					
九年	1829	3—2	○	●			○					
咸豐　十年	1860	2—1	●				○					
光緒二四年	1898	(1)					⊙					
二八年	1902						●					

巡 撫 年 表

順治元年至宣統三年

1644—1911

年 代	順 治 元 年　甲申(1644)
順 天	**宋　權** 　五、癸巳、六,6.10;明臣留用。
天 津	(漢)**雷　興** 　十、乙丑、十一,11.9;都察院副理事官改右副授。
保 定	(漢)**王文奎** 　七、壬子、廿七,8.28;内弘文院學士改右副授。
宣 府	**李　鑑** 　五、甲辰、十七,6.21;明臣留用。
山 東	**方大猷** 　七、壬辰、七,8.8;山東監軍副使改右僉授。
登 萊	(漢)**陳　錦** 　七、甲辰、十九,8.20;内院副理事官改右僉授。
山 西	(漢)**馬國柱** 　七、甲辰;左僉改右副授。
河 南	(漢)**羅繡錦** 　七、壬子;内國史院學士改右副授。

年　代	順 治 二 年　乙酉(1645)	
順　天	**宋　權**	
天　津	(漢)**雷　興** 四、辛酉、九、5.4；改陝西。	**張　忻** 四、辛酉；明刑尚改兵右、右副授。
保　定	(漢)**王文奎** 四、辛酉；遷陝督，旋免。 五、庚寅、九、6.2；遷漕運。	**郝　晉** 四、辛酉；明刑左任，旋免。 五、丁酉、十六、6.9；仍任。
宣　府	**李　鑑** 二、己未、六、3.3；遷宣大總督。	**馮聖兆** 二、己未；明潞安府通判擢。
江　寧	**土國寶** 七、乙卯、六、8.26；明總兵改右副授。	
安池廬太	**劉應賓** 七、乙卯；明通政使改右僉授。	
鳳　陽	**趙福星** 五、庚寅、宿遷道擢右僉授。十、乙未、十七、12.4；革。	**陳之龍** 十一、戊寅、卅、1.16；委署總督授。
山　東	**方大猷** 六、甲寅、三、6.26；降密雲兵備道。	(漢)**丁文盛** 六、乙卯、四、6.27；登萊道參政擢。
登　萊	(漢)**陳　錦** 七、丁丑、廿八、9.17；改操江。	**楊聲遠** 七、己卯、卅、9.19；禮理事擢。
山　西	(漢)**馬國柱** 十、癸未、五、11.22；遷宣大總督。	(漢)**申朝紀** 十、丙午、廿八、12.15；江南右布遷。
河　南	(漢)**羅繡錦** 十一、壬子、四、12.21；遷湖廣總督。	(漢)**吳景道** 十一、甲寅、六、12.23；布參議管右布遷。
陝　西	(漢)**雷　興** 四、辛酉；天津改。	
延　綏	**王正志** 五、丁亥、八、5.30；明戶左改兵右、右副授。	
甘　肅	**黃圖安** 四、辛酉；易州道僉事擢。	
寧　夏	(漢)**焦安民** 四、辛酉；雁平道參政擢。	
浙　江	**蕭起元** 十、丙午；常州知府擢。	
江　西	(漢)**李翔鳳** 十、丙午；湖廣參政擢。	
鄖　陽	**潘士良** 七、己未、十、8.30；明刑右改兵右、右僉授撫治鄖陽等處。	
南贛汀韶	**苗胙土** 十、丙申、十八、12.5；明鄖陽撫治改右僉授。	
湖　廣	**何鳴鑾** 七、己未；明興國知州擢。	
偏　沅	**高斗光** 七、己未；明鳳陽巡撫改兵右、右副授。	
操　江	(漢)**陳　錦** 七、丁丑；登萊改。	

年 代	順 治 三 年　丙戌(1646)		
順 天	宋 權 正、戊辰、廿,3.7;遷國史大學士。	柳寅東 二、戊子、十一,3.27;僕少遷。	
天 津	張 忻		
保 定	郝 晉 十一、辛亥、九,12.15;降二調。	于清廉 十二、丙戌、十四,1.19;保定道僉事擢。	
宣 府	馮聖兆		
江 寧	土國寶		
安 徽	劉應賓 十、甲申、十二,11.18;革。	李樓鳳 十、癸巳、廿一,11.27;湖廣右布遷。	
鳳 陽	陳之龍		
山 東	(漢)丁文盛		
登 萊	楊聲遠		
山 西	(漢)申朝紀		
河 南	(漢)吳景道		
陝 西	(漢)雷 興		
延 綏	王正志		
甘 肅	黃圖安 七、戊辰、廿四,9 3,革。	周伯達 七、戊辰;明關西道署。	
寧 夏	(漢)焦安民 四、己卯、三,5.17;兵變被殺。	張 尚 四、己亥、廿三,6.6;副使擢。 十月,免。	胡全才 十、甲申;漢羌道參議擢。
浙 江	蕭起元		
江 西	(漢)李翔鳳 十、丙戌、十四,11.20;死。	章于天 十、甲申;兗西道參政擢。	
鄖 陽	潘士良		
南 贛 汀 韶	苗胙土 △九月,死。	劉武元 十二、丙戌;天津道右參擢。	
湖 廣	何鳴鑾 △六月,免。	高士俊 六、壬辰、十七,7.29;下湖南道參政擢。	
偏 沅	高斗光		
操 江	(漢)陳 錦		

年 代	順 治 四 年　丁亥（1647）	
順 天	**柳寅東** 三、甲寅、十三，4.17；革。	（漢）**耿 焞** 三、己未、十八，4.22；原巡撫授。
天 津	**張 忻** 九、戊申、十一，10.8；降二調。	**李猶龍** 九、丁巳、廿，10.17；委任皖撫授。
保 定	**于清廉**	
宣 府	**馮聖兆**	
江 寧	**土國寶** 二、丁酉、廿六，3.31；降一調。	**周伯達** 三、己未；署甘撫改。
安 徽	**李棲鳳** 九、甲子、廿七，10.24；降三調。	**王 憟** 十、庚午、三，10.30；河南右布遷。
鳳 陽	**陳之龍**	
山 東	（漢）**丁文盛** 正、庚午、廿八，3.4；革（降豫按）。	**張儒秀** 二、癸酉、二，3.7；霸州道副使擢。
登 萊	**楊聲遠** 正、乙卯、十三，2.17；遷漕督。	**朱國柱** 正、辛酉、十九，2.23；江南左布遷。
山 西	（漢）**申朝紀** 七、癸丑、十四，8.14；遷宣大總督。	（漢）**祝世昌** 七、丙寅、廿七，8.27；右副授。
河 南	（漢）**吳景道**	
陝 西	（漢）**雷 興** △病免。	**黃爾性** 正、乙卯；原署寧夏巡撫授。
延 綏	**王正志**	
甘 肅	**周伯達** 三、己未；改江寧。	**張文衡** 八、辛卯、廿三，9.21；江南按遷。
寧 夏	**胡全才**	
福 建	（漢）**佟國鼐** 二、戊戌、廿七，4.1；原巡鹽御史擢。	［增設］
浙 江	**蕭起元**	
江 西	**章于天**	
鄖 陽	**潘士良** 二、丁酉；解。	**趙兆麟** 三、己未；原延綏巡撫授。
南 贛	**劉元武**	
湖 廣	**高士俊**	
偏 沅	**高斗光** 十、戊寅、十一，11.7；降二調。	（滿）**線繻** 十、癸未、十六，11.12；江西右布遷。
操 江	（漢）**陳 錦** 十二、壬申、六，12.31；遷閩浙總督。	（漢）**李日芃** 十二、甲戌、八，1.2；左僉遷。
廣 東	（五、癸丑、十三，6.15；兩廣總督兼任。）	

巡撫年表

年代	順治五年　戊子(1648)		
順天	(漢)**耿焞** 三、辛酉、廿六，4.18；遷宣大總督。	**楊國興** 四、丁卯、二，4.24；光禄遷。	
天津	**李猶龍** 八、辛酉、廿九，10.15；革。	**夏玉** 八、乙卯、廿三，10.9；左副授。	
保定	**于清廉**		
宣府	**馮聖兆**		
江寧	**周伯達** 閏四、乙卯、廿一，6.11；予祭。	**土國寶** 五、壬午、十八，7.8；江南按遷。	
安徽	**王懬** 五、壬午；降三調。	(漢)**劉宏遇** 五、己丑；陝西左布遷。	
鳳陽	**陳之龍** 五、辛未、七，6.27；降二調。	**趙福星** 五、壬午；江南左布遷。	**王一品** 八、己酉、十七，10.3；吏左授。
山東	**張儒秀** 二、己巳、四，2.26；革。	**呂逢春** 二、壬辰、廿七，3.20；山東按副擢。	
登萊	**朱國柱**		
山西	(漢)**祝世昌**		
河南	(漢)**吳景道**		
陝西	**黃爾性**		
延綏	**王正志**		
甘肅	**張文衡** △回民反清被殺。	**周文冀** 六、癸卯、十，7.29；河南左布遷。	
寧夏	**胡全才** △二、壬辰；解(革)。	**李鑑** 二、壬辰；降調宜人總督任。	
福建	(漢)**佟國鼐** △八月，免。	**張學聖** 八、乙卯；浙糧道擢。	
浙江	**蕭起元**		
江西	**章于天** △五月，免(降金聲桓，被殺)。	(漢)**朱延慶** 五、癸未、十九，7.9；浙嘉湖道擢。	
鄖陽	**趙兆麟**		
南贛	**劉武元**		
湖廣	**高士俊** △閏四月，免。	(漢)**遲日益** 閏四、己未、廿五，6.15；湖廣右布遷。	
偏沅	(滿)**綫緝**		
四川	**李國英** 閏四、癸卯、九，5.30；總兵官授。		[增設]
操江	(漢)**李日芃**		

年　代	順 治 六 年　己丑(1649)		
順　天	楊國興		
天　津	夏　玉 　五、癸未、廿五，7.4；裁免。（九、丙寅、十，10.15；授山東）。		［缺裁］
保　定	于清廉 　八、丁酉、十，9.16；裁免（改由直隸山東河南總督兼任）。		［缺裁］
宣　府	馮聖兆		
江　寧	土國寶		
安　徽	(漢)劉宏遇 　五、癸未；裁免。		［缺裁］
鳳　陽	王一品 　五、癸未；裁免。		［缺裁］
山　東	呂逢春 　九、丁巳、一，10.6；降二調。	夏　玉 　九、丙寅；裁缺津撫授。	
登　萊	朱國柱		
山　西	(漢)祝世昌		
河　南	(漢)吳景道		
陝　西	黃爾性		
延　綏	王正志 　三、丁卯、八，4.19；死(姜瓖殺)。	董宗聖 　四、癸丑、廿五，6.4；山東左布遷。	
甘　肅	周文葉		
寧　夏	李　鑑		
福　建	張學聖		
浙　江	蕭起元		
江　西	(漢)朱延慶		
郎　陽	趙兆麟		
南　贛	劉武元		
湖　廣	(漢)遲日益		
偏　沅	(滿)綫縉 　正、丁丑、十八，2.28；革。	金廷獻 　正、辛巳、廿二，3.4；御史擢。	
四　川	李國英		
廣　東	李棲鳳 　五、丙子、十八，6.27；浙嘉湖道參議擢。		［增設］
廣　西	郭肇基 　五、丙子；三等阿達哈哈番授。		［增設］
操　江	(漢)李日芃		

巡　撫　年　表

年代	順治七年　庚寅(1650)	順治八年　辛卯(1651)
順 天	楊國興	楊國興
宣 府	馮聖兆	馮聖兆
江 寧	土國寶	土國寶　十、丙辰、十二，11.24；革(旋死)。　　周國佐　十二、丁卯、廿四，2.3；吏右授。
山 東	夏　玉	夏　玉
登 萊	朱國柱	朱國柱
山 西	(漢)祝世昌　△二月，死(僖靖)。　　(漢)劉宏遇　二、甲午、十一，3.12；裁缺皖撫授。	(漢)劉宏遇
河 南	(漢)吳景道	(漢)吳景道
陝 西	黃爾性　五、甲寅、二，5.31；降二調。　　馬之先　七、壬戌、十一，8.7；湖廣左布遷。	馬之先
延 綏	蓸宗聖	蓸宗聖
甘 肅	周文葉	周文葉
寧 夏	李　鑑	李　鑑　十二、辛亥、八，1.18；死。
福 建	張學聖	張學聖
浙 江	蕭起元	蕭起元
江 西	(漢)朱延慶　九、庚午、十九，10.14；死。	(漢)夏一鶚　正、丙寅、十八，2.7；江南按遷。
鄖 陽	趙兆麟	趙兆麟
南 贛	劉武元	劉武元
湖 廣	(漢)遲日益	(漢)遲日益
偏 沅	金廷獻	金廷獻
四 川	李國英	李國英
廣 東	李棲鳳	李棲鳳
廣 西	郭肇基　△二月，免。六、己亥十七，7.15；殺。　　王一品　二、甲午；裁缺鳳陽授。	王一品　十二、丁卯；病免。
操 江	(漢)李日芃	(漢)李日芃

順 治 九 年　壬辰(1652)

楊國興 九、壬申、三,10.5;病免。	**(漢)王來用** 九、甲申、十五,10.17;原户右授。
馮聖兆 四、丁未、六,5.13;裁免(改由總督兼理)。	〔缺裁〕
周國佐	
夏　玉	
朱國柱 四、丁未;裁免(改由總督兼理)。	〔缺裁〕
(漢)劉宏遇	
(漢)吳景道	
馬之先	
董宗聖	
周文葉	
(漢)孫茂蘭 二、辛酉、十九,3.28;山西左布遷。	
張學聖	
蕭起元	
(漢)夏一鸚 二、戊午、十六,3.25;死。	**(漢)蔡士英** 四、丙午、五,5.12;左副授。
趙兆麟	
劉武元	
(漢)遲日益	
金廷獻	
李國英	
李棲鳳	
陳維新 正、乙酉、十三,2.21;浙左布遷。	
(漢)李日芃	

巡撫年表

年 代	順 治 十 年　癸巳(1653)		
順 天	(漢)王來用		
江 寧	周國佐		
山 東	夏　玉		
山 西	(漢)劉宏遇		
河 南	(漢)吳景道 七、辛酉、廿八,9.19;休。 (十三年死,憨�)	(漢)雷　興(未任) 八、丙戌、廿三,10.14;原陝撫授。 十、甲申、廿二,12.11;赴任道死。	亢得時 十一、戊申、十六,1.4;國史 讀學遷。
陝 西	馬之先		
延 綏	董宗聖		
甘 肅	周文葉		
寧 夏	(漢)孫茂蘭		
福 建	張學聖 二、乙丑、廿八,3.27;革。	(漢)佟國器 四、丙午、十一,5.7;閩布參政擢。	
浙 江	蕭起元		
江 西	(漢)蔡士英		
鄖 陽	趙兆麟 正、癸未、十六,2.13;病免。	朱國柱 正、庚寅、廿三,2.20;裁缺登萊授。	
南 贛	劉武元 閏六、戊子、廿五,8.17;病免。(十一年死,明靖)	(漢)宜永貴 七、辛丑、八,8.30;倉侍授。	
湖 廣	(漢)遲日益		
偏 沅	金廷獻 十一、戊申;病免。	馮聖兆 十二、丁卯、五,1.23;裁缺宜府代。	
四 川	李國英		
廣 東	李棲鳳		
廣 西	陳維新		
操 江	(漢)李日芃		

順治十一年　甲午(1654)

(漢)**王來用** 　八、戊寅、廿一,10.1;降一調。	**董天機** 　九、丙申、十,10.19;河南左布遷。
周國佐 　八、庚午、十三,9.23;解。	(漢)**張中元** 　八、甲戌、十七,9.27;僕少遷。
夏　玉 　二、庚午、九,3.27;降二調。	(漢)**耿　焞** 　二、壬午、廿一,4.8;通政遷。
(漢)**劉宏遇** 　二、庚午;降一調(閩督糧道)。	**陳應泰** 　二、壬午;左僉授。
亢得時	
馬之先 　△十月,遷宜大山西總督。	(漢)**陳極新** 　△十月,任。
董宗聖 　△九月,免。(十二年死)	**馮聖兆** 　九、壬子、廿六,11.4;原偏沅巡撫授。
周文葉	
(漢)**孫茂蘭** 　二、庚午;解。	**賞圖安** 　二、壬午;原任起用。
(漢)**佟國器**	
蕭起元 　二、庚午;降(仍管)。	(漢)**秦世禎** 　四、丙戌、廿七,6.11;大理寺丞擢。
(漢)**蔡士英**	
朱國柱 　二、庚午;病免。	**胡全才** 　正、己酉、十八,3.6;饒九道參議擢。
(漢)**宜永貴**	
(漢)**遷日益** 　二、庚午;革。	**林天擎** 　二、壬午;湖廣左布遷。
袁廓宇 　正、己酉、十八,3.6;江南糧道參議擢。	
李國英	
李棲鳳	
陳維新 　十、癸酉、十七,11.25;病免。	
(漢)**李日芃**	

巡撫年表

年　代	順治十二年　乙未(1655)	
順　天	董天機	
江　寧	(漢)張中元	
山　東	(漢)耿　焞	
山　西	陳應泰 十二、甲戌、廿四，1.20；改浙撫。	(漢)白如梅 十二、甲戌；任。
河　南	亢得時	
陝　西	(漢)陳極新	
延　綏	馮聖兆	
甘　肅	周文葉	
寧　夏	黃圖安	
福　建	(漢)佟國器 三、庚子、十五，4.21；南贛互改。	(漢)宣永貴 三、庚子；南贛改。
浙　江	(漢)秦世禎 十二、甲戌；改操江巡撫。	陳應泰 十二、甲戌；山西巡撫改。
江　西	(漢)蔡世英 △二月，遷漕督。	(漢)郎廷佐 △二月，秘書學士授。
郧　陽	胡全才	
南　贛	(漢)宣永貴 三、庚子；福建互改。	(漢)佟國器 三、庚子；福建改。
湖　廣	林天擎	
偏　沅	袁廓宇	
四　川	李國英	
廣　東	李棲鳳	
廣　西	于時躍 正、癸卯、廿八，2.23；湖廣驛傳道副使擢。	
操　江	(漢)李日芃 十二、甲戌；死(忠敏)。	(漢)秦世禎 十二、甲戌；浙撫改。

順治十三年　丙申(1656)		順治十四年　丁酉(1657)	
蓳天機		蓳天機	
(漢)張中元		(漢)張中元	
(漢)耿 焞		(漢)耿 焞	
(漢)白如梅		(漢)白如梅	
亢得時		亢得時 九、辛丑、二,10.8; 遷漕運。	賈漢復 九、丙午、七,10.13; 工右授。
(漢)陳極新		(漢)陳極新	
馮聖兆		馮聖兆	
周文蒹 七、乙卯、九,8.28; 病免。(旋死,僖敬)	(漢)佟延年 七、戊午、十二,8.31; 河南左布遷。	(漢)佟延年	
黃圖安		黃圖安	
(漢)宜永貴 閏五、癸丑、六,6.27; 病免。(康七死)	(漢)劉漢祚 閏五、己未、十二, 7.3;江南左布遷。	(漢)劉漢祚	
陳應泰		陳應泰	
(漢)郎廷佐 閏五、己未;遷兩江 總督。	(漢)張朝璘 閏五、丙寅、十九, 7.10,戶左授。	(漢)張朝璘	
胡全才 十、甲午、廿,12.5; 遷湖廣總督。	張 尚 十、丙申、廿二, 12.7;右僉遷。	張 尚	
(漢)佟國器		(漢)佟國器	
林天擎 十、己丑、十五, 11.30;降五調。	(漢)張長庚 十一、丙寅、廿二, 1.6;國史學士授。	(漢)張長庚	
袁廓宇		袁廓宇	
李國英		李國英 九、辛丑;遷川陝 總督。	(滿)高民瞻 九、癸丑、十四,10.20; 四川巡按遷。
李棲鳳		李棲鳳	
于時躍		于時躍	
(漢)秦世禎 九、己巳、廿四, 11.10;降一調。	(漢)蔣國柱 十、丁丑、三,11.18; 戶右授。	(漢)蔣國柱	

巡撫年表

年　代	順治十五年　戊戌（1658）	
順　天	**董天機** 九、丙申、二、9.28；革。	（漢）**祖重光** 十、壬午、十九、11.13；山西右布遷。
保　定	**潘朝選** 七、己酉、十四、8.12；禮右授。	［增設］
江　寧	（漢）**張中元**	
山　東	（漢）**耿　焞** 十二、乙酉、廿三、1.15；降。	
山　西	（漢）**白如梅**	
河　南	**賈漢復**	
陝　西	（漢）**陳極新**	
延　綏	**馮聖兆** 正、甲寅、十七、2.18；乞養。	**周召南** 正、丙寅、廿九、3.2；大理授。
甘　肅	（漢）**佟延年**	
寧　夏	**黃圖安**	
福　建	（漢）**劉漢祚**	
浙　江	**陳應泰** 五、甲辰、八、6.8；病免。（康元死）	（漢）**佟國器** 六、壬申、六、7.6；南贛改。
江　西	（漢）**張朝璘**	
鄖　陽	**張　尚**	
南　贛	（漢）**佟國器** 六、壬申；改浙撫。	（漢）**蘇弘祖** 六、壬申；左僉授。
湖　廣	（漢）**張長庚**	
偏　沅	**袁廓宇**	
四　川	（滿）**高民瞻**	
廣　東	**李棲鳳** 六、辛巳、十五、7.15；遷廣督。	**薑應魁** 七、己酉；刑右授。
廣　西	**于時躍**	
貴　州	（漢）**趙廷臣** 六、辛未、五、7.5；湖廣糧道參議擢。	［增設］
操　江	（漢）**蔣國柱**	

年代	順治十六年　己亥(1659)		
順　天	(漢)祖重光		
保　定	潘朝選		
江　寧	(漢)張中元 正、丁巳、廿五,2.16;病免。(革)		(漢)蔣國柱 三、丙申、五,3.27;操江改。八月,革。
山　東	許文秀 二、壬午、廿一,3.13;浙左布遷。		
山　西	(漢)白如梅		
河　南	賈漢復		
陝　西	(漢)陳極新 閏三、乙丑、五,4.25;降,旋革。		(漢)張自德 閏三、丁亥、廿七,5.17;大理授。
延　綏	周召南 二、庚寅、廿九,3.21;免。		張仲第 三、己亥、八,3.30;戶左授。
甘　肅	(漢)佟延年		
寧　夏	黃圖安 四、丁巳、廿七,6.16;降五調。		(漢)劉秉政 五、己巳、九,6.28;左通政擢。
福　建	劉漢祚 閏三、戊寅、十八,5.8;休。		徐永禎 正、丁酉、五,1.27;大理授。
浙　江	(漢)佟國器		
江　西	(漢)張朝璘		
鄖　陽	張　尚		
南　贛	(漢)蘇弘祖		
湖　廣	(漢)張長庚		
偏　沅	袁廓宇		
四　川	(滿)高民瞻		
廣　東	董應魁		
廣　西	于時躍		
雲　南	林天擎 正、癸卯、十一,2.2;降調湖廣巡撫起用。		［增設］
貴　州	(漢)趙廷臣 正、癸丑、廿一,2.12;遷總督。		(漢)卞三元 正、癸丑;晉按遷。
操　江	(漢)蔣國柱 三、丙申;改江寧。	朱衣助 三、戊申、十七,4.8;陝右布遷。旋解。 (十七年、七、戊寅、廿五,8.30;革。)	(漢)宜永貴 八、癸巳、五,9.20;前閩撫授。 ［改安徽］

巡 撫 年 表

年 代	順治十七年　庚子(1660)		
順 天	(漢)**祖重光**		
直 隸	**潘朝選** 三、甲戌、十九,4.28;解。	**劉祚遠** 四、丙申、十二,5.20;大理授。 六月,解。	(漢)**王登聯** 九、壬申、廿,10.23;大理授。
江 寧	(漢)**朱國治** 正、丙寅、十,2.20;大理授。		
安 徽	(漢)**宣永貴** (提督操江兼巡撫安徽寧池太廣光固湖口等處)	〔操江改〕	
鳳 陽	**林起龍** 二、壬寅、十七,3.27;倉侍改。	〔增 設〕	
山 東	**許文秀**		
山 西	(漢)**白如梅**		
河 南	**賈漢復** 七、壬戌、九,8.14;解。	**彭有義** 八、丁亥、四,9.8;山西左布遷。	
陝 西	(漢)**張自德** 三、癸酉、十八,4.27;革。	**張 璉** 四、丙申;工右授。	
延 綏	**張仲第**		
甘 肅	(漢)**佟延年**		
寧 夏	(漢)**劉秉政**		
福 建	**徐永禎**		
浙 江	(漢)**佟國器** 二、辛丑、十六,3.26;革。	**史紀功** 三、甲子、九,4.18;山東左布遷。	
江 西	(漢)**張朝璘**		
鄖 陽	**張 尚** 三、甲戌;降一調。	**白秉真** 四、癸卯、十九,5.27;浙左布遷。	
南 贛	(漢)**蘇弘祖**		
湖 廣	(漢)**張長庚** 四、甲午、十,5.18;遷湖督。	(漢)**楊茂勳** 六、戊子、五,7.11;總河改。	
偏 沅	**袁廓宇**		
四 川	(滿)**高民瞻** 七、己巳、十六,8.21;免。	(漢)**佟鳳彩** 九、甲子、十二,10.15;江西左布遷。	
廣 東	**董應魁**		
廣 西	**于時躍**		
雲 南	**林天擎** 正、甲申、廿八,3.9;革。	**袁懋功** 三、甲戌;户右授。	
貴 州	(漢)**卞三元**		

順治十八年　辛丑(1661)	
(漢)祖重光 △六月，免。	(漢)韓世琦 六、庚辰、三，6.28；啓心郎遷。 十、辛酉、十五，12.6；改江寧。　　［缺裁］
(漢)王登聯	
(漢)朱國治 △十月，免。	(漢)韓世琦 十、辛酉；裁缺順撫改。
(漢)宜永貴 △四、丙午、廿七，5.25；病免。	(漢)張朝珍 四、丙午；原督捕理事官遷。
林起龍 十、己酉、三，11.24；遷漕督。	張尚賢 十、乙丑、十九，12.10；奉尹遷。
許文秀 十、甲子、十八，12.9；革。	(漢)蔣國柱 十、甲戌、廿八，12.19；秘書學士授。
(漢)白如梅 九、丁亥、十一，11.2；遷陝督。	楊　熙 九、乙未、十九，11.10；原讀學授。
彭有義	
張　璜	
張仲第 五、己巳、廿一，6.17；病免。	林天擎 六、己卯、二，6.27；原滇撫授。
(漢)佟延年 十、戊申、二，11.23；遷貴州總督。	劉　斗 十、乙丑、十九，12.10；國史學士授。
(漢)劉秉政	
徐永禎 △三月，休。	許世昌 四、丙午；江西巡按授。
史紀功 △正月，休。	(漢)朱昌祚 四、丙午；宗人府啓心郎遷。
(漢)張朝璘 九、丁亥；遷江西總督。	(漢)董衛國 九、甲午、十八，11.9；國史學士授。
白秉真	
(漢)蘇弘祖	
(漢)楊茂勳 十二、癸酉、廿八，2.16；遷貴州總督。	劉兆麒 十二、癸酉；左副授。
袁廓宇 閏七、己丑、十二，9.5；病免。	周召南 閏七、丁酉、廿，9.13；原延綏巡撫授。
(漢)佟鳳彩	
董應魁 △三月，休。	(漢)盧興祖 五、戊辰、廿，6.16；理少遷。
于時躍 九、丁亥；遷廣西總督。	(漢)屈盡美 十、乙丑；弘文學士授。
袁懋功	
(漢)卞三元 九、丁亥；遷雲南總督。	(漢)羅繪錦 九、乙未；順尹授。

巡 撫 年 表

年　代	康 熙 元 年　壬寅(1662)		
直　隸	(漢)王登聯		
江　寧	(漢)韓世琦		
安　徽	(漢)張朝珍		
鳳　陽	張尚賢		
山　東	(漢)蔣國柱		
山　西	楊　熙		
河　南	彭有羲 二、辛亥、七,3.26;解。		張自德 二、庚申、十六,4.4;原陝撫授。
陝　西	張　瑻 二、辛亥;察,降一調(閩糧道)。		賈漢復 二、庚申;原豫撫授。
延　綏	林天擎 七、丁亥、十六,8.29;授南贛。九、壬午、十二,10.23,;裁免。		［缺裁］
甘　肅	劉　斗		
寧　夏	(漢)劉秉政		
福　建	許世昌		
浙　江	(漢)朱昌祚		
江　西	(漢)董衛國		
鄖　陽	白秉真 二、庚申;陞山西總督。		(漢)王來任 二、己巳、廿五,4.13;順尹陞。
南　贛	(漢)蘇弘祖 二、辛亥;解。	(漢)胡文華 二、庚申;桂左布遷。(二年、七、甲午、廿九,8.31;死。)	林天擎 七、丁亥;延綏授。
湖　廣	劉兆麒		
偏　沅	周召南		
四　川	(漢)佟鳳彩		
廣　東	(漢)盧興祖		
廣　西	(漢)屈盡美		
雲　南	袁懋功		
貴　州	(漢)羅繪錦		

年　代	康 熙 二 年　癸卯(1663)
直　隸	(漢)王登聯
江　寧	(漢)韓世琦
安　徽	(漢)張朝珍
鳳　陽	張尚賢
山　東	(漢)蔣國柱　　　　　　　　　(漢)周有德 　△三月,憂免。　　　　　　　　　五、戊寅、十一,6.16;弘文學士授。
山　西	楊　熙
河　南	張自德
陝　西	賈漢復
甘　肅	劉　斗
寧　夏	(漢)劉秉政
福　建	許世昌
浙　江	(漢)朱昌祚
江　西	(漢)董衛國
郇　陽	(漢)王來任
南　贛	林天擎
湖　廣	劉兆麒
偏　沅	周召南
四　川	(漢)佟鳳彩　　　　　　　　　(漢)劉　格 　△十二月,憂免。　　　　　　　　十二、甲辰、十一,1.8;順尹遷。
廣　東	(漢)盧興祖
廣　西	(漢)屈盡美 　十二、辛酉、廿八,1.25;還廣西總督。
雲　南	袁懋功
貴　州	(漢)羅繪錦

巡 撫 年 表

年　代	康 熙 三 年　甲辰(1664)	
直　隸	(漢)王登聯	
江　寧	(漢)韓世琦	
安　徽	(漢)張朝珍	
鳳　陽	張尚賢	
山　東	(漢)周有德	
山　西	楊　熙	
河　南	張自德	
陝　西	賈漢復	
甘　肅	劉　斗	
寧　夏	(漢)劉秉政	
福　建	許世昌	
浙　江	(漢)朱昌祚 六、己酉、十八,7.11;遷閩督。	(漢)蔣國柱 六、丙辰、廿五,7.18;原魯撫授。
江　西	(漢)董衛國	
鄖　陽	(漢)王來任 四、戊申、十六,5.11;裁免。	[缺裁]
南　贛	林天擎	
湖　廣	劉兆麒	
偏　沅	周召南	
四　川	(漢)劉　格	
廣　東	(漢)盧興祖	
廣　西	(漢)金光祖 正、甲戌、十一,2.7;桂左布遷。	
雲　南	袁懋功	
貴　州	(漢)羅繪錦	

年　代	康 熙 四 年　乙巳(1665)	
直　隸	(漢)王登聯	
江　寧	(漢)韓世琦	
安　徽	(漢)張朝珍	
鳳　陽	張尚賢 　　五、丁未、廿二,7.4;裁免。（十一月降）	［缺裁］
山　東	(漢)周有德	
山　西	楊　熙	
河　南	張自德	
陝　西	賈漢復	
甘　肅	劉　斗	
寧　夏	(漢)劉秉政 　　五、丁未;裁免。	［缺裁］
福　建	許世昌	
浙　江	(漢)蔣國柱	
江　西	(漢)董衛國	
南　贛	林天擎 　　五、丁未;裁免。	［缺裁］
湖　廣	劉兆麒	
偏　沅	周召南	
四　川	(漢)劉　格	
廣　東	(漢)盧興祖 　　二、癸未、廿六,4.11;遷廣督。	(漢)王來任 三、甲午、八,,4.22;原郧陽撫治授。
廣　西	(漢)金光祖	
雲　南	袁懋功	
貴　州	(漢)羅繪錦	

巡 撫 年 表

年 代	康 熙 五 年　丙午 (1666)	康 熙 六 年　丁未 (1667)
直 隸	(漢)**王登聯** 十二、庚申、十四，1.8；革(殺)。(八年愍憫)	(漢)**甘文焜** 正、丙戌、十一，2.3；順尹遷。
江 寧	(漢)**韓世琦**	(漢)**韓世琦**
安 徽	(漢)**張朝珍**	(漢)**張朝珍**
山 東	(漢)**周有德**	(漢)**周有德** 十二、丁亥、十七，1.30；遷廣督。
山 西	楊　熙	楊　熙
河 南	張自德	張自德
陝 西	賈漢復	賈漢復
甘 肅	劉　斗	劉　斗
福 建	許世昌　　　　(漢)**劉秉政** 十一、丁丑、一，　十一、癸未、七，12.2； 11.26；病免。　　原寧夏巡撫授。	(漢)**劉秉政**
浙 江	(漢)**蔣國柱**	(漢)**蔣國柱**
江 西	(漢)**董衛國**	(漢)**董衛國**
湖 廣	劉兆麒	劉兆麒
偏 沅	周召南	周召南
四 川	(漢)**劉　格**	(漢)**劉　格**
廣 東	(漢)**王來任**	(漢)**王來任**　　　　(漢)**劉秉權** 十一、戊午、十八，　十二、丁亥；國史學士 1.1；自陳，解。　　授。
廣 西	(漢)**金光祖**	(漢)**金光祖**
雲 南	袁懋功	袁懋功 十一、癸亥、廿三，1.6；憂免。
貴 州	(漢)**羅繪錦**	(漢)**羅繪錦**　　　　(漢)**佟鳳彩** 十一、戊午；休。　十二、辛卯、廿一， 　　　　　2.3；原川撫授。

康 熙 七 年　戊申(1668)

(漢)**甘文焜** 　　十二、己卯、十五，1.16；遷雲督。	(漢)**金世德** 　　十二、庚寅、廿六，1.27；左副授。
(漢)**韓世琦**	
(漢)**張朝珍**	
劉芳躅 　　正、乙卯、十六，2.27；秘書學士授。	
楊　熙 　　正、甲寅、十五，2.26；自陳，解。	(覺羅)**阿塔** 　　正、癸亥、廿四，3.6；大理授。
張自德 　　△十一月，死。	
賈漢復 　　正、癸亥；召京。	(滿)**白清額** 　　正、癸亥；光禄授。
劉　斗	
(漢)**劉秉政**	
(漢)**蔣國柱** 　　△十二月，休(死)。	(漢)**范承謨** 　　十二、庚辰、十六，1.17；秘書學士授。
(漢)**董衛國**	
劉兆麒 　　正、戊申、九，2.20；遷川督。	**林天擎** 　　正、壬戌、廿三，3.5；原南贛巡撫授。
周召南	
(漢)**劉　格**〔張德地〕 　　二、辛卯、廿二，4.3；復用原名"張德地"。	
(漢)**劉秉權**	
(漢)**金光祖**	
李天浴 　　正、戊申；通政遷。	
(漢)**佟鳳彩**	

巡撫年表

年代	康熙八年 己酉(1669)
直隸	(漢)金世德
江寧	(漢)韓世琦　△八月,免。　　　　(滿)瑪祜　八、丙寅、六,8.31;欽天監監正遷。
安徽	(漢)張朝珍
山東	劉芳躅
山西	(覺羅)阿塔　九、癸丑、廿三,10.17;降。　(漢)馬雄鎮　十、乙丑、五,10.29;國史學士授。十一、己亥、十,12.2;解。　(滿)達爾布　十一、己亥;陝撫改。
河南	(漢)郎廷相　三、丁酉、四,4.4;川左布遷。
陝西	(滿)白清額　九、丙申、六,9.30;降。十一、己亥;復任。　(滿)達爾布　十、乙丑;晉布遷。十一、己亥;改晉撫。
甘肅	劉斗
福建	(漢)劉秉政
浙江	(漢)范承謨
江西	(漢)董衛國
湖廣	林天擎
偏沅	周召南　△八月,免。　　　　(漢)盧震　八、甲子、四,8.29;秘書學士授。
四川	(漢)張德地
廣東	(漢)劉秉權
廣西	(漢)金光祖
雲南	李天浴
貴州	(漢)佟鳳彩

康 熙 九 年　庚戌(1670)	
(漢)金世德	
(滿)瑪祜	
(漢)張朝珍	
劉芳躅 四、壬辰、六,5.24;憂免。	袁懋功 四、乙卯、廿九,6.16;原滇撫授。
(滿)達爾布	
(漢)郎廷相	
(滿)白清額 △四月,死(清獻)。	(滿)鄂善 四、乙巳、十九,6.6;左副授。
劉 斗 四、乙巳;遷閩督。	(滿)花善 五、癸亥、八,6.24;弘文學士授。
(漢)劉秉政	
(漢)范承謨	
(漢)蓳衛國	
林天擎 七、壬午、廿八,9.11;病免。	董國興 八、乙未、十一,9.24;秘書學士授。
(漢)盧 震	
(漢)張德地	
(漢)劉秉權	
(漢)金光祖 二、癸酉、十五,3.6;遷廣督。	(漢)馬雄鎮 二、乙亥、十七,3.8;國史學士授。
李天浴	
(漢)佟鳳彩	

巡撫年表

年代	康熙十年　辛亥(1671)	
直　隸	(漢)**金世德**	
江　寧	(滿)**瑪祜**	
安　徽	(漢)**張朝珍** 五、壬戌、十二,6.18;憂免。	(漢)**靳　輔** 六、丁亥、八,7.13;武英學士授。
山　東	**袁懋功** 七、丙子、廿七,8.31;改浙撫。八、丁未、廿九, 10.1;復任。十一月,死(清獻)。	**張鳳儀** 八、己丑、十一,9.13;任。旋解。 十一、壬子、五,12.5;文華學士授。
山　西	(滿)**達爾布**	
河　南	(漢)**郎廷相**	
陝　西	(滿)**鄂善**	
甘　肅	(滿)**花善**	
福　建	(漢)**劉秉政**	
浙　江	(漢)**范承謨** 七、癸亥、十四,8.18;病免。	**袁懋功** 七、丙子;魯撫改。八、丁未;未任調回。
江　西	(漢)**董衛國**	
湖　廣	**董國興**	
偏　沅	(漢)**盧　震**	
四　川	(漢)**張德地** △六月,免。	**羅　森** 六、己酉、卅,8.4;甘布遷。
廣　東	(漢)**劉秉權**	
廣　西	(漢)**馬雄鎮**	
雲　南	**李天浴** 四、己酉、廿八,6.5;乞養。	(漢)**朱國治** 五、辛未、廿一,6.27;原江寧巡撫授。
貴　州	(漢)**佟鳳彩** 正、丙寅、十四,2.22;乞養。	**曹申吉** 正、庚辰、廿八,3.8;吏右授。

康熙十一年　壬子(1672)

(漢)金世德	
(滿)瑪祜	
(漢)靳　輔	
張鳳儀	
(滿)達爾布	
(漢)郎廷相 　七、辛未、廿八,8.20;憂免。	(漢)佟鳳彩 　閏七、乙酉、十二,9.3;原黔撫授。
(滿)鄂善 　四、壬辰、十七,5.13;遷山陝總督。	(滿)阿席熙 　四、癸卯、廿八,5.24;陝布遷。
(滿)花善	
(漢)劉秉政	
(漢)范承謨 　十、壬子、十一,11.29;遷閩督。	田逢吉 　十、丁卯、廿六,12.14;戶左授。
(漢)董衛國	
董國興 　正、己巳、廿二,2.20;病免。	(漢)徐化成 　三、庚申、十四,4.11;豫布遷。
(漢)盧　震	
羅　森	
(漢)劉秉櫂	
(漢)馬雄鎮	
(漢)朱國治	
曹申吉	

年 代	康熙十二年　癸丑(1673)	
直 隸	(漢)金世德	
江 寧	(滿)瑪祜	
安 徽	(漢)靳　輔	
山 東	張鳳儀 △十一月兔。	(漢)趙祥星 十一、戊辰、三，12.10；大理授。
山 西	(滿)達爾布	
河 南	(漢)佟鳳彩	
陝 西	(滿)阿席熙 六、甲寅、十六，7.29；遷江督。	(滿)杭愛 七、辛未、四，8.15；晉布遷。
甘 肅	(滿)花善	
福 建	(漢)劉秉政	
浙 江	田逢吉	
江 西	(漢)董衛國	
湖 廣	(漢)徐化成 五、庚寅、廿一，7.5；降二調。	(漢)張朝珍 六、壬寅、四，7.17；原皖撫授。
偏 沅	(漢)盧　震	
四 川	羅　森	
廣 東	(漢)劉秉檀	
廣 西	(漢)馬雄鎮	
雲 南	(漢)朱國治 △十一、丙戌、廿一，12.28；吳三桂反清被殺。	
貴 州	曹申吉 十二、丁巳、廿二，1.28；降吳三桂。（十九年死）	

康熙十三年　甲寅(1674)	
(漢)金世德	
(滿)瑪祜	
(漢)靳　輔	
(漢)趙祥星	
(滿)達爾布	
(漢)佟鳳彩 十二、庚戌、廿一,1.16;休。旋留。	
(滿)杭愛	
(滿)花譽	
(漢)劉秉政 三、庚辰、十六,4.21;降耿精忠。	楊　熙 七、癸未、廿一,8.22;原晉撫授。
田逢吉 十一、庚午、十一,12.7;病免。	(滿)達都 十一、庚申、一,11.27;戶右授。 十二、乙巳、十六,1.11;自陳不識漢字,免。　　陳秉直 十二、乙巳;浙布遷。
(漢)董衛國 七、庚辰、十八,8.19;遷江西總督。	(漢)白色純 七、癸未;原倉侍授。
(漢)張朝珍	
(漢)盧　震 正、丁亥、廿二,2.27;逃。	(漢)韓世琦 二、乙未、一,3.7;原江寧巡撫授。
羅　森 正、己丑、廿四,3.1;降吳三桂。	(漢)張德地 二、丁未、十三,3.19;原任授。
(漢)劉秉權	
(漢)馬雄鎮 二月,孫延齡反清被囚。(十六年被殺,文毅)	(漢)陳洪明 六、乙卯、廿二,7.25;戶右授。
（吳三桂反清地區）	
（吳三桂反清地區）	

年　代	康熙十四年　乙卯(1675)		
直　隷	(漢)金世德		
江　寧	(滿)瑪祜		
安　徽	(漢)靳　輔		
山　東	(漢)趙祥星		
山　西	(滿)達爾布		
河　南	(漢)佟鳳彩		
陝　西	(滿)杭愛		
甘　肅	(滿)花善		
福　建	楊　熙		
浙　江	陳秉直		
江　西	(漢)白色純 十一、丁酉、十三,12. 29;死(勤慤)	(漢)郎廷相 十一、乙酉、一,12.17;原豫撫授。 十一、丁酉;免。	(漢)佟國楨 十一、丁酉;嶺布遷。
湖　廣	(漢)張朝珍		
偏　沅	(漢)韓世琦		
四　川	(漢)張德地		
廣　東	(漢)劉秉權 △正月,死(端勤)。	(漢)佟養鉅 正、癸酉、十四,2.8;粵按遷。	
廣　西	(漢)陳洪明		
雲　南	（吳三桂反清地區）		
貴　州	（吳三桂反清地區）		

年 代	康熙十五年　丙辰(1676)	康熙十六年　丁巳(1677)
直 隸	(漢)金世德	(漢)金世德
江 寧	(滿)瑪祜　△七月，死(清恪)。　　慕天顔　七、癸卯、廿三，8.31；蘇布遷。	慕天顔
安 徽	(漢)靳　輔	(漢)靳　輔　二、辛未、廿四，3.27；遷總河。　　徐國相　三、戊子、十二，4.13；皖布遷。
山 東	(漢)趙祥星	(漢)趙祥星
山 西	(滿)達爾布　九、戊戌、十九，10.25；解(革)。　(滿)圖克善　十、乙丑、十六，11.21；晉布遷。	(滿)圖克善
河 南	(漢)佟鳳彩	(漢)佟鳳彩　△七月，死(勤僖)。　　董國興　七、甲辰、廿九，8.27；原湖廣授。
陝 西	(滿)杭愛	(滿)杭愛
甘 肅	(滿)花善	(滿)花善　△七月，死。　　(滿)鄂善　七、丙申、廿一，8.19；雲督降授。
福 建	楊　熙	楊　熙
浙 江	陳秉直	陳秉直
江 西	(漢)佟國楨	(漢)佟國楨
鄖 陽	(漢)楊茂勳　五、乙酉、四，6.14；原河督授。　　[復設]	(漢)楊茂勳
湖 廣	(漢)張朝珍	(漢)張朝珍
偏 沅	(漢)韓世琦	(漢)韓世琦
四 川	(漢)張德地	(漢)張德地
廣 東	(漢)佟養鉅　四、辛酉、九，5.21；降尚之信。	馮　甦　(吳三桂部降清)十二、己巳、廿七，1.19；遷刑右。　　金　儁　十二、辛未、廿九，1.21；左副授。
廣 西	(漢)陳洪明　四、辛酉；參加反清。	傅宏烈　五、乙酉、十，6.9；任。　七、丁酉、廿二，8.20；加撫蠻滅寇將軍。
雲 南	(吳三桂反清地區)	(吳三桂反清地區)
貴 州	(吳三桂反清地區)	(吳三桂反清地區)

巡 撫 年 表

年 代	康熙十七年　戊午(1678)		康熙十八年　己未(1679)	
直　隷	(漢)金世德		(漢)金世德	
江　寧	慕天顏		慕天顏	
安　徽	徐國相		徐國相	
山　東	(漢)趙祥星 五、丙寅、廿七, 7.15；署提督。		(漢)趙祥星 八、辛未、九, 9.13；革。	施維翰 八、辛未；左副授。
山　西	(滿)圖克善		(滿)圖克善	
河　南	董國興		董國興	
陝　西	(滿)杭愛		(滿)杭愛	
甘　肅	(滿)鄂善		(滿)鄂善 五、甲寅、廿一, 6.28；自陳、解。	(滿)巴錫 六、庚午、七, 7.14；陝布遷。
福　建	楊　熙 五、戊申、九, 6.27；休。	(漢)吳興祚 五、癸丑、十四, 7.2；閩按遷。	(漢)吳興祚	
浙　江	陳秉直		陳秉直 八、甲戌、十二, 9.16；解。	李本晟 九、戊戌、六, 10.10；大理授。
江　西	(漢)佟國楨		(漢)佟國楨 五、甲寅；自陳、降二調。	(漢)安世鼎 六、庚午；湘布遷。
鄖　陽	(漢)楊茂勳		(漢)楊茂勳 四、丙寅、二, 5.11；遷川督。	［二、辛巳、十六, 3.27；缺裁］
湖　廣	(漢)張朝珍		(漢)張朝珍	
偏　沅	(漢)韓世琦		(漢)韓世琦	
四　川	(漢)張德地		(漢)張德地	
廣　東	金　儁		金　儁	
廣　西	傅宏烈		傅宏烈	
雲　南	（吳三桂反清地區）		李天浴 二、辛巳；原任授。	
貴　州	（吳三桂反清地區）		楊雍建 二、辛巳；左副授。	

年　代	康熙十九年　庚申(1680)	
直　隸	(漢)金世德 二、己巳、九,3.9;病免。(旋死,清惠)	于成龍(山西人) 二、乙亥、十五,3.15;閩布遷。
江　寧	慕天顏	
安　徽	徐國相	
山　東	施維翰	
山　西	(滿)圖克普 八、壬午、廿六,9.18;病免。	(滿)穆爾賽 閏八、壬辰、六,9.28;晉布遷。
河　南	董國興	
陝　西	(滿)杭愛 正、甲寅、廿四,2.23;改川撫。	(滿)鄂愷 二、甲子、四,3.4;甘布遷。
甘　肅	(滿)巴錫	
福　建	(漢)吳興祚	
浙　江	李本晟	
江　西	(漢)安世鼎	
湖　廣	(漢)張朝珍 △四月,死。	(漢)王新命 四、庚午、十一,5.9;贛布遷。
偏　沅	(漢)韓世琦	
四　川	(漢)張德地 △正月,革。	(滿)杭愛 正、甲寅;陝撫改。
廣　東	金　儁	
廣　西	傅宏烈 △十、辛卯、六,11.26;死(忠毅)。	郝　浴 十二、庚戌、廿五,2.13;左副授。
雲　南	李天浴 三、乙未、六,4.4;免。	伊　闗 三、乙未;大理授。
貴　州	楊雍建	

巡 撫 年 表

年 代	康熙二十年　辛酉(1681)			
直 隸	**于成龍** 十二、癸卯、廿四,2.1;遷江督。			
江 寧	**慕天顏** △十二月,降。	**余國柱** 十二、癸卯;左副授。		
安 徽	**徐國相**			
山 東	**施維翰**			
山 西	(滿)**穆爾賽**			
河 南	**董國興**			
陝 西	(滿)**鄂愷**			
甘 肅	(滿)**巴錫**			
福 建	(漢)**吳興祚** 十二、癸卯;遷廣督。			
浙 江	**李本晟**			
江 西	(漢)**安世鼎** △三月,免。	**劉如漢** 四、辛丑、十八,6.4;左副授。　五、辛酉、九,6.24;憂免。(廿一年死)	(漢)**李士禎** 五、丙寅、十四,6.29;浙布遷。　十二、辛丑、廿二,1.30;改粵撫。	(漢)**佟康年** 十二、辛丑;閩布遷。
湖 廣	(漢)**王新命**			
偏 沅	(漢)**韓世琦**			
四 川	(滿)**杭愛**			
廣 東	**金儁** △十二月,解。	(漢)**李士禎** 十二、辛丑;贛撫改。		
廣 西	**郝浴**			
雲 南	**伊闢** △六月,死。	(漢)**王繼文** 六、壬辰、十一,7.25;滇布遷。		
貴 州	**楊雍建**			

康熙二一年　壬戌(1682)		康熙二二年　癸亥(1683)	
(滿)格爾古德 　正、乙亥、廿七,3.5;閣學授。		(滿)格爾古德	
余國柱		余國柱	
徐國相		徐國相	
施維翰 　十一、戊辰、廿五, 12.23;遷浙督。	李天浴 　十二、丁丑、四,1.1; 原魯撫授。	李天浴 　△正月,解。(十月死)	徐旭齡 　正、丁卯、廿五,2.20; 左僉授。
(滿)穆爾賽		(滿)穆爾賽	
董國興 　二、丙戌、八,3.16; 改閩撫。	王日藻 　二、丙戌;贛布遷。	王日藻	
(滿)鄂愷		(滿)鄂愷	
(滿)巴錫		(滿)巴錫 　十一、丁亥、廿,1.6; 遷工右。	(滿)葉穆濟 　十二、丁未、十,1.26; 陝按遷。
董國興 　二、丙戌;豫撫改。		董國興 　二、壬辰、廿,3.17; 病免。	金鋐 　三、丙辰、十四,4.10; 督捕授。
李本晟 　△六月,死。	(漢)王國安 　六、甲辰、廿八,8.1; 閣學授。	(漢)王國安	
(漢)佟康年		(漢)佟康年 　△閏六月,解。(廿 三年四月,死)	(漢)安世鼎 　閏六、甲寅、十四, 8.6;原任授。
(漢)王新命		(漢)王新命	
(漢)韓世琦		(漢)韓世琦 　八、壬戌、廿三, 10.13;改川撫。	(漢)王思孔 　九、癸酉、五,10.24; 蘇布遷。
(滿)杭愛		(滿)杭愛 　△八月,解。(廿三 年,勤襄)	(漢)韓世琦 　八、壬戌;偏沅改。
(漢)李士禎		(漢)李士禎	
郝浴		郝浴 　△九月,死。	(漢)施天裔 　十、己酉、十二,11.29; 魯布遷。
(漢)王繼文		(漢)王繼文	
楊雍建		楊雍建	

巡撫年表

年 代	康熙二三年　甲子(1684)		
直 隸	(滿)**格爾古德** 十一、甲戌、十三,12.18;死(文清)。	(滿)**阿哈達** 八、庚子、七,9.15;閣學授。	
江 寧	**余國柱** 正、丙戌、廿,3.5;遷左都。	(漢)**王新命** 正、丙申、卅,3.15;湖廣改。 五月,遷江督。	**湯　斌** 六、乙卯、廿一,8.1;閣學授。
安 徽	**徐國相** 正、丙申;遷湖督。	**薛柱斗** 二、己酉、十三,3.28;太常授。	
山 東	**徐旭齡** 九、丙寅、三,10.11;遷工右。	**張　鵬** 九、辛巳、十八,10.26;左副授。	
山 西	(滿)**穆爾賽**		
河 南	**王日藻**		
陝 西	(滿)**鄂愷**		
甘 肅	(滿)**葉穆濟**		
福 建	**金　鉉**		
浙 江	(漢)**王國安** 正、丙申、卅,3.15;遷浙督。	**趙士麟** 二、己酉;左副授。	
江 西	(漢)**安世鼎**		
湖 廣	(漢)**王新命** 正、丙申;改江寧。	**慕天顏** 二、己未、廿三,4.7;前江寧巡撫授。 九、戊寅、十五,10.23;改黔撫。	(漢)**石　琳** 九、辛卯、廿八,11.5;浙布遷。
偏 沅	(漢)**丁思孔**		
四 川	(漢)**韓世琦**		
廣 東	(漢)**李士禎**		
廣 西	**施天裔**		
雲 南	(漢)**王繼文**		
貴 州	**楊雍建** 八、癸亥、卅,10.8;遷兵左。	**慕天顏** 九、戊寅;湖廣改。	

康熙二四年　乙丑(1685)		康熙二五年　丙寅(1686)	
(滿)阿哈達 △二月,解。	(漢)崔　澄 二、壬辰、二,3.6;左副授。	(漢)崔　澄 二、辛卯、七,2.28;降四調。	(漢)于成龍 二、丁酉、十三,3.6;前皖按遷。
湯　斌		湯　斌 二、甲戌、廿,4.12;遷禮尚管詹。	趙士麟 四、丁亥、三,4.25;浙撫改。　〔改江蘇〕
薛柱斗		薛柱斗	
張　鵬		張　鵬 十、乙丑、十四,11.29;遷刑右。	(漢)郎永清 十一、癸未、三,12.17;豫布遷。
(滿)穆爾賽 九、壬申、十五,10.12;革(殺)。	(滿)圖納 九、丁亥、卅,10.27;閣學授。	(滿)圖納 九、乙巳、廿四,11.9;遷川陝總督。	(滿)馬齊 九、戊申、廿七,11.12;晉布遷。
王日藻		王日藻 七、癸未、一,8.19;遷刑右。	章欽文 七、丁酉、十五,9.2;蘇布遷。
(滿)鄂愷		(滿)鄂愷 四、丙申、十二,5.4;降四調。	(滿)圖爾宸 四、癸卯、十九,5.11;甘布遷。
(滿)葉穆濟		(滿)葉穆濟	
金　鋐		金　鋐 四、丁亥;改浙撫。	(漢)張仲舉 四、癸巳、九,5.1;湘布遷。
趙士麟		趙士麟 四、丁亥;改江寧巡撫。	金　鋐 四、丁亥;閩撫改。
(漢)安世鼎		(漢)安世鼎	
(漢)石　琳		(漢)石　琳 十一、丁酉、十七,12.31;改滇撫。	張　汧 十二、丙辰、六,1.19;閩布遷。
(漢)丁思孔		(漢)丁思孔	
(漢)韓世琦 七、乙亥、十七,8.16;憂免。(九月革)	姚締虞 八、庚寅、二,8.31;左僉授。	姚締虞	
(漢)李士禎		(漢)李士禎	
(漢)施天裔 二、甲辰、十四,3.18;革。	(漢)范承勳 二、己未、廿九,4.2;閣學授。	(漢)范承勳 閏四、辛未、十八,6.8;遷雲督。	王起元 閏四、丙子、廿三,6.13;閣學授。
(漢)王繼文		(漢)王繼文 十、庚辰、廿九,12.14;憂免。	(漢)石　琳 十一、丁酉;湖撫改。
慕天顏		慕天顏	

巡 撫 年 表

年 代	康熙二六年　丁卯(1687)	
直 隸	(漢)于成龍	
江 蘇	趙士麟 四、乙卯、八,5.18；遷督捕。	田 雯 四、甲子、十七,5.27；鴻臚卿授。
安 徽	薛柱斗 五、癸卯、廿六,7.5；遷刑右。	楊素蘊 六、辛亥、五,7.13；順尹遷。
山 東	(漢)郎永清 △二月,死。	錢 珏 二、乙卯、七,3.19；順尹遷。
山 西	(滿)馬齊	
河 南	章欽文	
陝 西	(滿)圖爾宸 正、癸卯、廿四,3.7；遷禮右。	(滿)布雅努 二、己酉、一,3.13；晉布遷。
甘 肅	(滿)葉穆濟	
福 建	(漢)張仲舉	
浙 江	金 鋐	
江 西	(漢)安世鼎 十一、癸卯、廿八,1.1；革。	王 隲 十二、戊午、十四,1.16；太常授。
湖 廣	張 汧 △十二、乙丑、廿一,1.23；解。	
偏 沅	(漢)丁思孔	
四 川	姚締虞	
廣 東	(漢)李士禎 十一、壬午、七,12.11；休。	朱宏祚 十一、丁酉、廿二,12.26；直隸守道擢。
廣 西	王起元	
雲 南	(漢)石 琳	
貴 州	蕭天顏 三、戊戌、廿,5.1；遷漕督。	(漢)馬世濟 三、癸卯、廿五,5.6；吏右授。

康熙二七年　戊辰(1688)	

(漢)于成龍

田　雯 三、壬寅、廿九,4.29;改黔撫。	**洪之傑** 四、癸丑、十一,5.10;左僉授。
楊素蘊 十、癸卯、四,10.27;改鄂撫。	**(漢)江有良** 十、庚戌、十一,11.3;闈學授。

錢　珏

(滿)馬齊 三、乙亥、二,4.2;遷左都。	**(滿)葉穆濟** 三、庚辰、七,4.7;甘撫改。

章欽文 正、癸卯、廿九,3.1;革。	**丁思孔** 二、甲寅、十一,3.12;偏沅改。 六、丁未、六,7.3;改鄂撫。	**閻興邦** 六、丁未;順尹遷。

(滿)布雅努 九、戊戌、廿九,10.22;革。	**(滿)薩弼圖** 十、癸卯、四,10.27;晉按遷。
(滿)葉穆濟 三、庚辰;改晉撫。	**(滿)伊圖** 三、甲申、十一,4.11;光禄授。

(漢)張仲舉

金　鉉

王　騭 三、丙申、廿三,4.23;遷閩督。	**宋　犖** 四、丁未、五,5.4;蘇布遷。

(漢)柯永昇 二、己酉、六,3.7;皖布遷。 六、甲辰、三,6.30;夏包子反清,被殺。	**(漢)丁思孔** 六、丁未;豫撫改。 九、戊戌、廿九,10.22;遷湖督。	**楊素蘊** 十、癸卯;皖撫改。

(漢)丁思孔 二、甲寅;改豫撫。	**(漢)興永朝** 二、甲子、廿一,3.22;川按遷。
姚締虞 七、戊寅、八,8.3;死。	**(滿)噶爾圖** 六、壬寅、一,6.28;左副授。

朱宏祚

王起元

(漢)石　琳

(漢)馬世濟 三、庚寅、十七,4.17;遷漕督。	**田　雯** 三、壬寅、廿九,4.29;直撫改。

巡 撫 年 表

年 代	康熙二八年　己巳(1689)	
直 隷	(漢)**于成龍** 正、丁丑、九, 1.29; 隨扈南下, 巡道程汲署。	
江 蘇	**洪之傑**	
安 徽	(漢)**江有良**	
山 東	**錢 珏** 十、癸酉、十, 11.21; 解。(卅年革)	(滿)**佛倫** 十、戊寅、十五, 11.26; 內務府總管授。
山 西	(滿)**葉穆濟**	
河 南	(漢)**閻興邦**	
陝 西	(滿)**薩弼圖**	
甘 肅	(滿)**伊圖**	
福 建	(漢)**張仲擧**	
浙 江	**金 鋐** 二、戊午、廿, 3.11; 革。	**張鵬翮** 二、己未、廿一, 3.12; 理少遷。
江 西	**宋 犖**	
湖 廣	**楊素蘊** 十、壬午、十九, 11.30; 革。	**吳 琠** 十、己丑、廿六, 12.7; 兵右授。
偏 沅	(漢)**興永朝** 五、壬子、十七, 7.3; 遷閩督。	**鄭 端** 五、丙辰、廿一, 7.7; 皖布遷。
四 川	(滿)**噶爾圖**	
廣 東	**朱宏祚**	
廣 西	**王起元**	
雲 南	(漢)**石 琳** 七、己亥、五, 8.19; 遷廣督。	(漢)**王繼文** 七、戊午、廿四, 9.7; 原任授。
貴 州	**田 雯**	

康熙二九年　庚午(1690)	康熙三十年　辛未(1691)
(漢)于成龍　　　　(漢)郭世隆 七、己亥、十、8.14；　七、癸卯、十四、8.18； 遷左都。　　　　　　閣學授。	(漢)郭世隆
洪之傑　　　　　鄭　端 六、乙丑、六、7.11；革。　六、乙亥、十六、7.21； 　　　　　　　　偏沅改。	鄭　端
(漢)江有良	(漢)江有良
(滿)佛倫	(滿)佛倫
(滿)葉穆濟	(滿)葉穆濟
(漢)閻興邦	(漢)閻興邦
(滿)薩弼圖	(滿)薩弼圖
(滿)伊圖	(滿)伊圖　　　　　(滿)布喀 十一、甲子、十四、1.1；　十一、甲子；閣學授。 遷倉侍。
(漢)張仲舉　　　　(漢)卞永譽 六、庚辰、廿一、7.26；　六、癸未、廿四、7.29； 解。　　　　　　　　浙布遷。	(漢)卞永譽
張鵬翮	張鵬翮
宋　犖	宋　犖
吳　琠	吳　琠
鄭　端　　　　　于養志 六、乙亥；改蘇撫。　六、癸未；湖布遷。	于養志　　　　　(漢)王　樑 △正月，免。　　正、丙午、廿、2.17； 　　　　　　　順尹遷。
(滿)噶爾圖	(滿)噶爾圖
朱宏祚	朱宏祚
王起元	王起元
(漢)王繼文	(漢)王繼文
田　雯	田　雯　　　　　衛既齊 八、戊申、廿六、10.17；　九、癸丑、二、10.22； 憂免。　　　　　　左副授。

巡撫年表

年代	康熙三一年　壬申(1692)		
直隸	(漢)郭世隆		
江蘇	鄭端 七、壬戌、十五,8.26;死。	宋犖 六、庚辰、二,7.15;贛撫改。	
安徽	(漢)江有良 十二、丙申、廿二,1.27;改粵撫。		
山東	(滿)佛倫 十、甲申、九,11.16;遷川陝總督。	(漢)桑額 十、壬辰、十七,11.24;鄂撫改。	
山西	(滿)葉穆濟		
河南	(漢)閻興邦 十二、甲午、廿,1.25;改黔撫。	顧汧 十二、丙申;原禮右授。	
陝西	(滿)薩弼圖 △二月,免。	(滿)布喀 二、癸卯、廿三,4.9;甘撫改。 十、己卯、四,11.11;革。	(滿)吳赫 十、甲辰、廿九,12.6;甘撫改。
甘肅	(滿)布喀 二、癸卯;改陝撫。	(滿)吳赫 二、癸卯;甘布遷。 十、甲辰;改陝撫。	(漢)嚴泰 十、甲辰;甘布遷。
福建	(漢)卞永譽		
浙江	張鵬翮		
江西	宋犖 六、庚辰;改蘇撫。	馬如龍 六、庚辰;浙布遷。	
湖廣	吳琠 九、辛亥、五,10.14;憂免。	(漢)桑額 九、己巳、廿三,11.1;江寧織造授。十、壬辰;改魯撫。	(漢)年遐齡 十、乙未、廿,11.27;工左授。
偏沅	(漢)王樑		
四川	(滿)噶爾圖		
廣東	朱宏祚 十二、乙未、廿一,1.26;遷閩督。	(漢)江有良 十二、丙申;皖撫改。	
廣西	王起元		
雲南	(漢)王繼文		
貴州	衛既齊 十二、己丑、十五,1.20;革。	(漢)閻興邦 十二、甲午;豫撫改。	

康熙三二年　癸酉(1693)	康熙三三年　甲戌(1694)
(漢)郭世隆	(漢)郭世隆
宋　犖	宋　犖
高承爵 正、丙寅、廿二，2.26；閩布遷。	高承爵　　　　　(漢)佟國佐 正、甲子、廿六，2.19；　　　二、壬申、四，2.27； 改粵撫。　　　　　　　　　皖布遷。
(漢)桑　額	(漢)桑　額
(滿)葉穆濟　　　　(滿)噶爾圖 二、庚寅、十六，3.22；　　二、丁酉、廿三，3.29； 病免(旋死)。　　　　　川撫改。	(滿)噶爾圖
顧　汧	顧　汧
(滿)吳赫	(滿)吳赫　　　　　　(滿)黨愛 十、丙申、二，11.18；　　　十、丙申；陝布遷。 遷川陝總督。
(漢)殷　泰	(漢)殷　泰
(漢)卞永譽	(漢)卞永譽
張鵬翮	張鵬翮　　　　　　(漢)王維珍 十、癸卯、九，11.25；　　　十、癸卯；兵左授。 遷兵右。
馬如龍	馬如龍
(漢)年遐齡	(漢)年遐齡
(漢)王　樑	(漢)王　樑　　　　　董安國 二、丁丑、九，3.4；遷漕督。　二、丁亥、十九，3.14； 　　　　　　　　　　　　黔布遷。
(滿)噶爾圖　　　　于養志 二、丁酉；改晉撫。　二、丁酉；原偏沅授。	于養志
(漢)江有良 十二、己丑、廿，1.15；革。	高永爵 正、甲子；皖撫改。
王起元	王起元
(漢)王繼文	(漢)王繼文　　　　　(漢)石文晟 九、癸未、十八，11.5；　　　九、癸未；黔布遷。 遷雲督。
(漢)閻興邦	(漢)閻興邦

年 代	康熙三四年　乙亥(1695)	
直 隸	(漢)**郭世隆** 　　二、己亥、七，3.21；遷閩督。	**沈朝聘** 　　二、丁未、十五，3.29；直隸守道擢。
江 蘇	**宋 犖**	
安 徽	(漢)**佟國佐** 　　十一、丁丑、十九，12.24；死。	(漢)**綫一信** 　　九、乙酉、廿六，11.2；鄂布遷。
山 東	(漢)**桑 額** 　　八、己酉、廿，9.27；遷漕督。	(漢)**楊廷耀** 　　八、己未、卅，10.7；閩布遷。
山 西	(滿)**噶爾圖** 　　五、乙丑、四，6.15；免。	(滿)**溫保** 　　六、乙未、五，7.15；閣學授。
河 南	**顧 泜** 　　四、乙卯、廿四，6.5；降二調。	(漢)**李輝祖** 　　四、己未、廿八，6.9；大理授。
陝 西	(滿)**黨愛**	
甘 肅	(漢)**嚴 泰** 　　四、辛酉、卅，6.11；死。	**舒 樹** 　　二、庚申、廿八，4.11；晉布遷。
福 建	(漢)**卞永譽**	
浙 江	(漢)**王維珍**	
江 西	**馬如龍**	
湖 廣	(漢)**年遐齡**	
偏 沅	**董安國** 　　七、乙丑、五，8.14；遷漕督。	(漢)**楊鳳起** 　　七、己丑、廿九，9.7；布遷。
四 川	**于養志**	
廣 東	**高承爵**	
廣 西	**王起元**	
雲 南	(漢)**石文晟**	
貴 州	(漢)**閻興邦**	

康熙三五年　丙子(1696)		康熙三六年　丁丑(1697)	
沈朝聘		沈朝聘	
宋犖		宋犖	
(漢)綫一信 正、癸未、廿六,2.28; 改浙撫。	(漢)陳汝器 正、癸未;刑右授。	(漢)陳汝器	
(漢)楊廷耀 八、癸巳、十,9.5;革。	李煒 八、丁未、廿四,9.19; 皖布遷。	李煒	
(滿)溫保 十二、辛卯、九,1.1; 憂免。(卅六年革)	(滿)倭倫 十二、辛卯;閣學授。	(滿)倭倫	
(漢)李輝祖 七、戊午、四,8.1; 遷湖督。	(漢)李國亮 七、癸亥、九,8.6; 豫布遷。	(漢)李國亮	
(滿)黨愛		(滿)黨愛 閏三、丙申、十六, 5.6;休。	(滿)巴錫 閏三、丙申;晉按遷。
舒樹 △十月,免。	(滿)郭洪(渾) 十、丁未、廿四,11.18; 甘布遷。	(滿)郭洪 七、辛丑、廿三,9.8;革。	(滿)喀拜 七、丁未、廿九,9.14; 閣學授。
(漢)卞永譽		(漢)卞永譽 閏三、癸卯、廿三,5.13; 憂免。	宮夢仁 四、己巳、廿,6.8;通 政授。
(漢)王維珍 三、庚辰、廿四,4.25; 死(敏懿)。	(漢)綫一信 正、癸未;皖撫改。	(漢)綫一信 十一、戊戌、廿二, 1.3;革。	張勄 十一、辛丑、廿五,1.6; 魯布遷。
馬如龍		馬如龍	
(漢)年遐齡		(漢)年遐齡	
(漢)楊鳳起		(漢)楊鳳起	
于養志		于養志	
高承爵 △十二月,憂免。	(漢)蕭永藻 十二、戊戌、十六,1.8; 順尹授。	(漢)蕭永藻	
王起元		王起元	
(漢)石文晟		(漢)石文晟	
(漢)閻興邦		(漢)閻興邦	

年 代	康熙三七年　戊寅(1698)
直 隸	**沈朝聘** 二、壬申、廿七，4.7；休。　　**(漢)于成龍** 二、壬申；前河督授。 十一、丁酉、廿七，12.28；仍授河督。　　**李光地** 十二、辛丑、一，1.1；工左授。
江 蘇	**宋　犖**
安 徽	**(漢)陳汝器** 十一、乙未、廿五，12.26；解。　　**(漢)李　鋐** 十一、庚子、卅，12.31；前魯撫授。
山 東	**李　煒** 二、庚午、廿五，4.5；革。　　**(漢)李　鋐** 二、壬申；督捕授。 三、乙酉、十，4.20；免。　　**(漢)王國昌** 三、己丑、十四，4.24；督捕授。
山 西	**(滿)倭倫**
河 南	**(漢)李國亮**
陝 西	**(滿)巴錫** 十二、己未、十九，1.19；遷雲督。　　**(滿)貝和諾** 十二、己未；戶右授。
甘 肅	**(滿)喀拜**
福 建	**宮夢仁** 十一、乙未、廿五，12.26；解。　　**張志棟** 十一、庚子、卅，12.31；蘇布遷。
浙 江	**張　勄**
江 西	**馬如龍**
湖 廣	**(漢)年遐齡**
偏 沅	**(漢)楊鳳起** 八、己未、十八，9.21；解。　　**(漢)金　璽** 八、辛未、卅，10.3；左副授。
四 川	**于養志**
廣 東	**(漢)蕭永藻**
廣 西	**王起元**
雲 南	**(漢)石文晟**
貴 州	**(漢)閻興邦** 四、戊辰、廿四，6.2；死。　　**王　燕** 三、戊寅、三，4.13；鄂布遷。

康熙三八年　己卯(1699)	康熙三九年　庚辰(1700)
李光地	李光地
宋　犖	宋　犖
(漢)李　鈵	(漢)李　鈵　五、甲辰、十二,6.28;休。　　高承爵　五、庚戌、十八,7.4;原粵撫授。
(漢)王國昌	(漢)王國昌
(滿)倭倫　七、乙酉、十八,8.13;降三調。　(滿)噶禮　七、己丑、廿二,8.17;閣學授。	(滿)噶禮
(漢)李國亮	(漢)李國亮　九、癸卯、十四,10.25;休。　徐　潮　九、己酉、廿,10.31;刑左授。
(滿)貝和諾	(滿)貝和諾　五、庚子、八,6.24;改川撫。　(覺羅)華顯　五、己酉、十七,7.3;廿撫改。
(滿)喀拜	(滿)喀拜　四、丙戌、廿三,6.10;憂免。五、己酉;仍留。　(覺羅)華顯(未任)　五、庚子、閣學授。己酉、改陝撫。
張志棟	張志棟　十、辛巳、廿二,12.2;改浙撫。　梅　鋗　十、丁亥、廿八,12.8;左副授。
張　劻	張　劻　十、辛巳;令休。　張志棟　十、辛巳;閩撫改。
馬如龍	馬如龍
(漢)年遐齡	(漢)年遐齡
(漢)金　鎣	(漢)金　鎣
于養志	于養志　正、壬子、十八,3.8;解、革。　(滿)齊世武　正、壬子;任。五、庚子;病免。　(滿)貝和諾　五、庚子;陝撫改。
(漢)蕭永藻	(漢)蕭永藻　十二、癸酉、十五,1.23;桂撫互改。　彭　鵬　十二、癸酉;桂撫改。
王起元　四、丙午、七,5.6;降四調。　彭　鵬　四、辛酉、廿二,5.21;黔按遷。	彭　鵬　十二、癸酉;粵撫互改。　(漢)蕭永藻　十二、癸酉;粵撫改。
(漢)石文晟	(漢)石文晟
王　燕	王　燕

年　代	康熙四十年　辛巳(1701)		
直　隸	**李光地**		
江　蘇	**宋　犖**		
安　徽	**高承爵** 十、戊寅、廿五,11.24;解。	**喻成龍** 十二、戊午、六,1.3;工左授。	
山　東	(漢)**王國昌**		
山　西	(滿)**噶禮**		
河　南	**徐　潮**		
陝　西	(覺羅)**華顯** 十、壬申、十九,11.18; 遷川陝總督。	(滿)**齊世武** 十、壬申;原川撫任。 十一、戊戌、十五,12.14;改甘撫。	(滿)**鄂海** 十一、戊戌;陝布遷。
甘　肅	(滿)**喀拜** 十、戊辰、十五,11.14;革。	(滿)**齊世武** 十一、戊戌;陝撫改。	
福　建	**梅　鋗**		
浙　江	**張志棟**		
江　西	**馬如龍** △十二月,死		
湖　廣	(漢)**年遐齡**		
偏　沅	(漢)**金　璽**		
四　川	(滿)**貝和諾**		
廣　東	**彭　鵬**		
廣　西	(漢)**蕭永藻**		
雲　南	(漢)**石文晟**		
貴　州	**王　燕**		

康熙四一年　壬午(1702)	康熙四二年　癸未(1703)
李光地	**李光地** 四、戊戌、廿三,6.7;遷吏尚,仍管。
宋　犖	**宋　犖**
喻成龍	**喻成龍** 四、戊戌;遷湖督。 (漢)**劉光美** 五、癸亥、十九,7.2;閣學授。
(漢)**王國昌**	(漢)**王國昌**
(滿)**噶禮**	(滿)**噶禮**
徐　潮	**徐　潮**
(滿)**鄂海**	(滿)**鄂海**
(滿)**齊世武**	(滿)**齊世武**
梅　鋗	**梅　鋗**
張志棟 正、己酉、廿七,2.23;改贛撫。 **趙申喬** 正、己酉;浙布遷。 十二、乙未、十九,2.4;改偏沅。 **張泰交** 十二、乙未;刑右授。	**張泰交**
馬如龍 △正月,免。(五月死) **張志棟** 正、己酉;浙撫改。	**張志棟**
(漢)**年遐齡**	(漢)**年遐齡**
(漢)**金　璽** 十二、乙未;改刑右。 **趙申喬** 十二、乙未;浙撫改。	**趙申喬**
(滿)**貝和諾**	(滿)**貝和諾**
彭　鵬	**彭　鵬**
(漢)**蕭永藻**	(漢)**蕭永藻**
(漢)**石文晟**	(漢)**石文晟**
王　燕	**王　燕** 九、辛酉、十八,10.28;病免。(四七年死) (漢)**高起龍** 九、壬申、廿九,11.8;川布遷。

巡 撫 年 表

年 代	康熙四三年　甲申(1704)	
直 隷	**李光地** （吏尚管）	
江 蘇	**宋　犖**	
安 徽	(漢)**劉光美**	
山 東	(漢)**王國昌** 正、辛酉、廿一,2.25；解。	(漢)**趙世顯** 正、辛酉；皖布遷。
山 西	(滿)**噶禮**	
河 南	**徐　潮** 十、庚辰、十三,11.10；遷戶尚。	**趙宏燮** 十、戊子、廿一,11.18；魯布遷。
陝 西	(滿)**鄂海**	
甘 肅	(滿)**齊世武**	
福 建	**梅　鋗** 十、乙酉、十八,11.15；遷兵右。	**李斯義** 十、壬辰、廿五,11.22；左副授。
浙 江	**張泰交**	
江 西	**張志棟** 二、壬午、十二,3.17；革。	**李基和** 二、癸巳、廿三,3.28；鄂布遷。
湖 廣	(漢)**年遐齡** 二、戊子、十八,3.23；休。	**劉殿衡** 三、壬寅、三,4.6；蘇布遷。
偏 沅	**趙申喬**	
四 川	(滿)**貝和諾** 二、癸酉、三,3.8；遷兵右。	(滿)**能泰** 二、辛巳、十一,3.16；甘布遷。
廣 東	**彭　鵬** △三月,免。（七月死）	(漢)**石文晟** 三、庚戌、十一,4.14；滇撫改。
廣 西	(漢)**蕭永藻**	
雲 南	(漢)**石文晟** 三、庚戌,改粵撫。	(滿)**佟毓秀** 三、戊辰、廿九,5.2；粵布遷。
貴 州	(漢)**高起龍** 四、戊子、十九,5.22；休。	(漢)**于　準** 五、辛酉、廿三,6.24；川布遷。

康熙四四年　乙酉(1705)		康熙四五年　丙戌(1706)	
李光地 十一、己巳、九，12.24； 吏尚遷文淵。	趙宏燮 十一、己巳；豫撫改。	趙宏燮	
宋犖 十一、己巳；遷吏尚。	(漢)于準 十一、庚辰、廿，1.4； 黔撫改。	(漢)于準	
(漢)劉光美		(漢)劉光美	
(漢)趙世顯		(漢)趙世顯	
(滿)噶禮		(滿)噶禮	
趙宏燮 十一、己巳；改直撫。	汪灝 十一、庚辰；閣學授。	汪灝	
(滿)鄂海		(滿)鄂海	
(滿)齊世武		(滿)齊世武	
李斯義		李斯義	
張泰交		張泰交 二、戊戌、九，3.23； 病免(旋死)。	王然 二、甲寅、廿五，4.8； 桂布遷。
李基和 四、己丑、廿六，5.18； 召京，旋革。	(漢)郎廷極 四、己丑；浙布遷。	(漢)郎廷極	
劉殿衡		劉殿衡	
趙申喬		趙申喬	
(滿)能泰		(滿)能泰	
(漢)石文晟 八、戊午、廿七，10.14； 遷湖督。	(漢)范時崇 九、甲申、廿三，11.9； 魯布遷。	(漢)范時崇	
(漢)蕭永藻		(漢)蕭永藻 四、乙卯、廿八，6.8； 陞兵右。	梁世勛 五、丙寅、九，6.19； 魯布遷。
(滿)佟毓秀		(滿)佟毓秀 三、庚午、十二，4.24； 召京，旋革。	(滿)郭琛 四、癸巳、六，5.17； 左副授。
(漢)于準 十一、庚辰；改蘇撫。	陳詵 十一、庚辰；左副授。	陳詵	

巡 撫 年 表

年 代	康熙四六年　丁亥(1707)	康熙四七年　戊子(1708)
直 隸	趙宏燮	趙宏燮
江 蘇	(漢)于　準	(漢)于　準
安 徽	(漢)劉光美	(漢)劉光美
山 東	(漢)趙世顯	(漢)趙世顯　　　蔣陳錫 十一、癸未、十一，　十二、丁巳、十五， 12.22;遷總河。　1.25;魯布遷。
山 西	(滿)噶禮	(滿)噶禮
河 南	汪　灝	汪　灝
陝 西	(滿)鄂海	(滿)鄂海
甘 肅	(滿)齊世武	(滿)齊世武　　　(滿)舒圖 四、己酉、三、5.22;　五、甲申、九、6.26; 遷川陝總督。　閣學授。
福 建	李斯義　　　張伯行 四、戊申、廿六、5.27;　三、戊寅、廿五、4.27; 死。　蘇按遷。	張伯行
浙 江	王　然	王　然　　　(漢)黃秉中 十二、丁巳;病休。　十二、丁巳;閣學授。 (四九年死)
江 西	(漢)郎廷極	(漢)郎廷極
湖 廣	劉殿衡	劉殿衡　　　陳詵 八、壬申、廿九、10.12;　十二、丁巳;黔撫改。 憂免。
偏 沅	趙申喬	趙申喬
四 川	(滿)能泰	(滿)能泰
廣 東	(漢)范時崇	(漢)范時崇
廣 西	梁世勛	梁世勛
雲 南	(滿)郭瑮	(滿)郭瑮
貴 州	陳　詵	陳　詵　　　劉蔭樞 二、丁巳;改湖撫。　十二、丁巳;滇布遷。

康熙四八年　己丑(1709)	
趙宏燮	
(漢)于　準 　　十一、壬午、十六、12.16；解。（四九年革，雍三死）	張伯行 　　十一、壬午；閩撫改。
(漢)劉光美 　　九、丁丑、十、10.12；降五調。	(漢)葉九思 　　九、丁丑；川撫改。
蔣陳錫	
(滿)噶禮 　　四、丙辰、十五、5.24；遷戶左。	(滿)蘇克濟 　　四、丙辰；陝布遷。
汪　灝 　　九、辛未、四、10.6；病免。	鹿　祐 　　九、戊寅、十一、10.13；兵左授。
(滿)鄂海	
(滿)舒圖	
張伯行 　　十一、壬午、十六、12.16；改蘇撫。	(漢)許嗣興 　　十一、乙酉、十九、12.19；豫布遷。
(漢)黃秉中	
(漢)郎廷極	
陳　詵	
趙申喬	
(滿)能泰 　　八、己亥、一、9.4；遷戶右。	(漢)葉九思(未任)　　　　　　　　(漢)年羹堯 　　八、乙巳、七、9.10；魯布遷。　　　九、甲申、十七、10.19；閩學授。 　　九、丁丑；改皖撫。
(漢)范時崇	
梁世勛	
(滿)郭琭	
劉蔭樞	

年 代	康熙四九年　庚寅(1710)		
直　隸	**趙宏燮**		
江　蘇	**張伯行**		
安　徽	⁽漢⁾**葉九思**		
山　東	**蔣陳錫**		
山　西	⁽滿⁾**蘇克濟**		
河　南	**鹿　祐**		
陝　西	⁽滿⁾**鄂海** 十、丙子、十五,12.5;遷湖督。	⁽滿⁾**雍泰** 十、癸未、廿二,12.12;晉布遷。	
甘　肅	⁽滿⁾**舒圖** 三、丁亥、廿二,4.20;解。	⁽滿⁾**鄂奇** 三、丁亥、按遷。 十、辛巳、廿,12.10;遷戶右。	⁽滿⁾**樂拜** 十、癸未;陝布遷。
福　建	⁽漢⁾**許嗣興** 九、壬寅、十一,11.1;解。	⁽漢⁾**黃秉中** 九、壬寅;浙撫改。	
浙　江	⁽漢⁾**黃秉中** 九、壬寅;改閩撫。	**王度昭** 九、丙午、十五,11.5;戶右授。	
江　西	⁽漢⁾**郎廷極**		
湖　廣	**陳　詵**		
偏　沅	**趙申喬** 正、壬辰、廿六,2.24;解。　戶右王度昭署。十二、辛巳、廿一,2.8;遷左都。		
四　川	⁽漢⁾**年羹堯**		
廣　東	⁽漢⁾**范時崇** 八、庚寅、廿八,10.20;遷閩督。	⁽滿⁾**滿丕** 八、庚寅;閩學授。	
廣　西	**梁世勛**		
雲　南	⁽滿⁾**郭瑮** 十、丙子、十五,12.5;遷雲督。	⁽漢⁾**吳存禮** 十、丙子;川布遷。	
貴　州	**劉蔭樞**		

康熙五十年 辛卯(1711)	
趙宏燮	
張伯行	
(漢)葉九思 　七、辛亥、廿四,9.6;遷戶左。	梁世勛 　八、辛酉、四,9.16;桂撫改。
蔣陳錫	
(滿)蘇克濟	
鹿　祐	
(滿)雍泰	
(滿)樂拜	
(漢)黃秉中　　　　　　(滿)綽奇　　　　　　　(覺羅)滿保 　十、丙子、廿一,11.30;革。　十、丁丑、廿二,12.1;左副授。　十一、戊子、三,12.12;閣學授。 　　　　　　　　　　　十、甲申、廿九,12.8;憂,仍留左副原任。	
王度昭	
(漢)郎廷極	
陳　詵 　四、庚申、二,5.18;遷工尚。	劉殿衡 　四、甲戌、十六,6.1;原任授。
潘宗洛 　正、辛亥、廿二,3.10;閣學授。	
(漢)年羹堯	
(滿)滿丕	
梁世勛 　八、辛酉、四,9.16;改皖撫。	陳元龍 　八、辛酉;吏左授。
(漢)吳存禮	
劉蔭樞	

巡 撫 年 表

年 代	康熙五一年　壬辰(1712)	康熙五二年　癸巳(1713)
直 隸	趙宏燮	趙宏燮
江 蘇	張伯行 二、丁巳、四,3.10;解,浙撫王度昭署。 十、壬戌、十二,11.10;革、留。	張伯行
安 徽	梁世勛	梁世勛
山 東	蔣陳錫	蔣陳錫
山 西	(滿)蘇克濟	(滿)蘇克濟
河 南	鹿　祐	鹿　祐
陝 西	(滿)雍泰	(滿)雍泰
甘 肅	(滿)樂拜	(滿)樂拜
福 建	(覺羅)滿保	(覺羅)滿保
浙 江	王度昭 二、丁巳;署蘇撫。	王度昭
江 西	(漢)郎廷極　　　(漢)佟圖勳 二、丁巳;署江督。　　十、庚午、廿,11.18; 十、丙寅、十六,11.14;　湘布遷。 遷漕運。	(漢)佟圖勳
湖 廣	劉殿衡	劉殿衡
偏 沅	潘宗洛	潘宗洛　　　　李發甲 九、丁卯、廿三,11.10;　九、丁卯;閩布遷。 革。　　　　　十二月,憂免。
四 川	(漢)年羹堯	(漢)年羹堯
廣 東	(滿)滿丕	(滿)滿丕
廣 西	陳元龍	陳元龍
雲 南	(漢)吳存禮	(漢)吳存禮
貴 州	劉蔭樞	劉蔭樞

康熙五三年　甲午(1714)	
趙宏燮	
張伯行	
梁世勛	
蔣陳錫	
(滿)蘇克濟	
鹿　祐 十二、乙酉、十七,1.22;病免。	(漢)李　錫 十二、乙酉;偏沅改。
(滿)雍泰	
(滿)樂拜 八、癸酉、四,9.12;死。	(滿)綽奇 六、己卯、九,7.20;戶右授。
(覺羅)滿保	
王度昭 十二、乙亥、七,1.12;遷工右。	(滿)徐元夢 十二、癸未、十五,1.20;閣學授。
(滿)佟圖勒	
劉殿衡	
(漢)李　錫 正、戊辰、廿六,3.11;鄂布遷。十二、乙酉;改豫撫。	陳　璸 十二、壬辰、廿四,1.29;台灣道擢。
(漢)年羹堯	
(滿)滿丕 十二、甲戌、六,1.11;遷工右。	(漢)楊　琳 十二、壬辰、廿四,1.29;閩陸提授。
陳元龍	
(漢)吳存禮 十二、己巳、一,1.6;憂免。	(漢)施世綸 十二、乙亥;倉侍授。
劉蔭樞	

年 代	康熙五四年　乙未(1715)	
直 隸	**趙宏燮** 三、庚子、四,4.7;加總督銜。	
江 蘇	**張伯行** 二、戊辰、一,3.6;暫革。五、壬戌、廿七,6.28;革。	(漢)**吳存禮** 十二、己巳、七,1.1;原滇撫授。
安 徽	**梁世勳**	
山 東	**蔣陳錫**	
山 西	(滿)**蘇克濟**	
河 南	(漢)**李　錫**	
陝 西	(滿)**雍泰** △六月,免。(五五年死)	(滿)**噶什圖** 六、丁亥、廿三;7.23;晉布還。
甘 肅	(滿)**綽奇**	
福 建	(覺羅)**滿保** 十一、癸卯、十一,12.6;遷閩督。	**陳璸** 十二、丁卯、五,12.30;偏沅改。
浙 江	(滿)**徐元夢**	
江 西	(漢)**佟圖勳**	
湖 廣	**劉殿衡**	
偏 沅	**陳璸** 十二、丁卯;改閩撫。	**李發甲** 十二、丁卯;原任授。
四 川	(漢)**年羹堯**	
廣 東	(漢)**楊琳**	
廣 西	**陳元龍**	
雲 南	(漢)**施世綸** 二、己巳、二,3.7;遷漕督。	(漢)**甘國璧** 二、己巳;魯布遷。
貴 州	**劉蔭樞**	

康熙五五年　丙申(1716)

趙宏燮

(漢)吳存禮

梁世勛 　　十、壬辰、六,11.19;遷戶左。	(漢)李成龍 　　十、戊戌、十二,11.25;魯布還。
蔣陳錫 　　九、庚午、十四,10.28;遷雲督。	(漢)李樹德 　　九、庚午;登州總兵遷。

(滿)蘇克濟

(漢)李　錫 　　十一、庚申、四,12.17;遷工右。	(漢)張聖佐 　　十二、乙未、九,1.21;皖布遷。

(滿)噶什圖

(滿)綽奇

陳　璸

(滿)徐元夢

(漢)佟圖勳

劉殿衡

李發甲

(漢)年羹堯

(漢)楊　琳 　　十、戊戌;遷廣督。	(滿)法海 　　十、壬子、廿六,12.9;已革翰讀學授。

陳元龍

(漢)甘國璧

劉蔭樞
　　三、戊午、廿七,4.19;差赴軍前。　　閏三、戊辰、八,4.29;鄂布白潢署。
　　十、甲辰、十八,12.1;令回任。

巡撫年表

年代	康熙五六年　丁酉(1717)	康熙五七年　戊戌(1718)
直　隷	趙宏燮	趙宏燮
江　蘇	(漢)吳存禮	(漢)吳存禮
安　徽	(漢)李成龍	(漢)李成龍
山　東	(漢)李樹德	(漢)李樹德
山　西	(滿)蘇克濟	(滿)蘇克濟
河　南	(漢)張聖佐	(漢)張聖佐　四、庚寅、十二,5.11;革。　　(漢)楊宗羲　五、庚戌、二,5.31;豫布遷。
陝　西	(滿)噶什圖	(滿)噶什圖
甘　肅	(滿)綽奇	(滿)綽奇
福　建	陳璸	陳璸　十一、乙酉、十一,1.1;死(清端)。　　(漢)呂猶龍　十一、壬寅、廿八,1.18;原鄂布遷。
浙　江	(滿)徐元夢　正、壬午、廿七,3.9;遷左都。　　朱軾　二、辛卯、六,3.18;通政授。	朱軾
江　西	(漢)佟圖勳　七、辛酉、九,8.15;革。　　(漢)白潢　七、丙子、廿四,8.30;贛布遷。	(漢)白潢
湖　廣	劉殿衡　△十二月,死。	張連登　二、丙午、廿七,3.28;通政授。
偏　沅	李發甲　△九月,免。(五七年死)　　王之樞　十一、癸丑、三,12.5;閣學授。	王之樞
四　川	(漢)年羹堯	(漢)年羹堯　十、甲子、廿,12.11;遷川督,仍兼。
廣　東	(滿)法海	(滿)法海　十一、丁丑、三,12.24;革。　　(漢)楊宗仁　十一、乙酉;桂按遷。
廣　西	陳元龍	陳元龍　九、丙戌、十一,11.3;遷工尚。　　(滿)宜思恭　十一、乙酉;豫布遷。
雲　南	(漢)甘國璧	(漢)甘國璧
貴　州	劉蔭樞　九、壬戌、十一,10.15;解。　　黃國材　九、己卯、廿八,11.1;桂布遷。	黃國材

康熙五八年　己亥(1719)	康熙五九年　庚子(1720)
趙宏燮	趙宏燮
(漢)吳存禮	(漢)吳存禮
(漢)李成龍	(漢)李成龍
(漢)李樹德	(漢)李樹德
(滿)蘇克濟	(滿)蘇克濟
(漢)楊宗義	(漢)楊宗義
(滿)噶什圖	(滿)噶什圖
(滿)綽奇　　　(滿)花鄯 十、丙辰、十七，　十、丙辰；閣學署。十二、己酉、 11.28；差。　十一,1.20；改盛戶,仍署。	(滿)花鄯 (盛戶署)
(漢)呂猶龍	(漢)呂猶龍
朱　軾	朱　軾　　　　　屠　沂 十一、戊寅、十五,12.14；　十一、戊寅；左副授。 遷左都。
(漢)白　潢	(漢)白　潢　　　　王企埥 七、戊子、廿三,8.26；　七、戊子；戶右授。 遷戶右。
張連登	張連登
王之樞	王之樞
(漢)年羹堯 (川督兼)	(漢)年羹堯 (川督兼)
(漢)楊宗仁	(漢)楊宗仁
(滿)宜思恭	(滿)宜思恭　　　　(漢)高其倬 十二、甲寅、廿二,　八、癸丑、十九,9.20； 1.19；死。　閩學授。
(漢)甘國璧	(漢)甘國璧　　　　楊名時 九、戊寅、十四,10.15；　九、戊寅；黔布署。十一、 革。　壬午、十九,12.18；授。
黃國材　　　　(漢)金世揚 十、甲寅、十五,　十、戊辰、廿九,12.10； 11.26；解。　滇布遷。	(漢)金世揚

巡撫年表

年　代	康熙六十年　辛丑(1721)	
直　隸	**趙宏燮**	
江　蘇	(漢)**吳存禮**	
安　徽	(漢)**李成龍**	
山　東	(漢)**李樹德**	
山　西	(滿)**蘇克濟** 十二、丙子、廿,2.5;夏免。	(滿)**德音** 十二、丙子;閣學署。
河　南	(漢)**楊宗義**	
陝　西	(滿)**噶什圖**	
甘　肅	(滿)**花鄯** (盛戶署)　九、丁巳、廿九,4.18;降二調。	(漢)**盧　詢** 十、辛未、十四,12.2;光禄卿署。
福　建	(漢)**呂猶龍**	
浙　江	**屠　沂**	
江　西	**王企埥**	
湖　廣	**張連登**	
偏　沅	**王之樞**	
四　川	(漢)**年羹堯** 五、乙酉、廿五,6.19;卸兼。	(滿)**色爾圖** 五、乙酉;已革吏左署。
廣　東	(漢)**楊宗仁**	
廣　西	(滿)**宜思恭**	
雲　南	**楊名時**	
貴　州	(漢)**金世揚**	

康熙六一年　壬寅(1722)

趙宏燮	趙之桓	
六、丙子、廿三, 8.4; 死(齋敏)。	六、丙子; 刑郎加右僉衘署。	

(漢)吳存禮

(漢)李成龍

(漢)李樹德	謝賜履	(漢)黃　炳
十、癸酉、廿一, 11.29; 改福將。	十、癸酉; 候補按察使遷。 十二、辛酉、十, 1.16; 解, 候用。	十二、辛酉; 魯按遷。

(滿)德音
十二、壬戌、十一, 1.17; 授。

(漢)楊宗義

(滿)噶什圖

(漢)盧　詢
(光禄署)

(漢)呂猶龍	(漢)黃國材	
六、辛巳、廿八, 8.9; 改浙撫。	贛按石文焯署。	十、癸酉; 鴻臚卿授。

屠　沂	(漢)呂猶龍	李　馥
六、辛未、十八, 7.30; 病免。	六、辛巳; 閩撫改。十、癸酉; 免。	十、癸酉; 皖布遷。

王企埥

張連登

王之樞

(滿)色爾圖	(漢)蔡　珽
七、壬寅、十九, 8.30; 赴藏。	七、戊申、廿五, 9.5; 翰掌授。

(漢)楊宗仁	(漢)年希堯
十一、戊戌、十七, 12.24; 遷湖督。	十一、戊戌; 原皖布署。

(漢)高其倬	孔毓珣
二、庚午、十五, 3.31; 署雲督。	二、乙酉、卅, 4.15; 川布遷。

楊名時

(漢)金世揚

巡撫年表

年　代	雍正元年　癸卯(1723)	
直　隷	**趙之桓** 二、辛未、廿一,3.27;革。	**李維鈞** 二、辛未;直隷守道擢。
江　蘇	(漢)**吳存禮** 三、辛丑、廿二,4.26;革。	(漢)**何天培** 三、辛丑;京口將軍署。
安　徽	(漢)**李成龍**	
山　東	(漢)**黄　炳**	
山　西	(滿)**德音** 四、癸酉、廿四,5.28;召京。	(滿)**諾岷**(敏) 四、癸酉;閣學授。
河　南	(漢)**楊宗羲** △正、癸丑;憂免。　豫布牟欽元署 　　　　　　左衆稔曾筠署	**石文焯** 三、辛卯、十二,4.16;皖布遷。
陝　西	(滿)**噶什圖** 四、壬戌、十三,5.17;差赴西寧。	(漢)**范时捷** 四、壬戌;寧夏總兵署。九月,授。
甘　肅	(漢)**盧　詢** （光祿署）　三、庚寅、十一,4.15;遷刑右。	(滿)**綽奇** 甘布傅德署　△三月,原任回任。
福　建	(漢)**黄國材**	
浙　江	**李　馥**	
江　西	**王企埥** 正、癸巳、十三,2.17;召京。	**裴徫度** 正、癸巳;黔布遷。
湖　廣	**張連登** 正、癸巳;召京。	(滿)**納齊哈** 正、癸巳;晉布遷。
偏　沅	**王之樞** 正、辛丑、廿一,2.25;遷吏右。	**魏廷珍** 正、辛丑;閣學授。　　　〔改湖南〕
四　川	(漢)**蔡　珽**	
廣　東	(漢)**年希堯** 七、壬午、五,8.5;授。	
廣　西	**孔毓珣** 八、戊午、十一,9.10;遷桂督,仍兼。	
雲　南	**楊名時**	
貴　州	(漢)**金世揚** 十一、丁酉、廿一,12.18;遷工右。	(漢)**毛文銓** 十一、丁酉;滇布遷。

	雍 正 二 年　甲辰(1724)
直 隸	**李維鈞** 　　十、己亥、廿九，12.14；改設總督，遷。　　　　　　　　　　　　　　　［缺裁］
江 蘇	(漢)**何天培** 　　（京口將軍署）
安 徽	(漢)**李成龍**
山 東	(漢)**黃　炳**　　　　　　　　　　　　　　　　　　**陳世倌** 　　閏四、丁亥、十四，6.5；改閣學。　　　　　　　　閏四、丁亥；閣學授。
山 西	(滿)**諾岷**
河 南	(漢)**石文焯**　　　　　　　　　　　　　　　　(漢)**田文鏡** 　　八、庚寅、廿，10.6；改署湖撫。　　　　　　八、庚寅；布政署。十二、丁亥、十八，1.31；授。
陝 西	(漢)**范時捷**　　　　　　　　　　　　　　　　(漢)**石文焯** 　　十一、甲寅、十四，12.29；召京。　　　　　　　十一、甲寅；署浙撫改。
甘 肅	(滿)**綽奇**　　　　　　　　　　　　　　　　　　**胡期恒** 　　十、己丑、十九，12.4；遷工尚。　　　　　　　十、辛卯、廿一，12.6；陝布遷。
福 建	(漢)**黃國材**
浙 江	**李　馥**　　　　**黃叔琳**　　　　　(漢)**石文焯**　　　(滿)**法海** 　　二、戊午、　　　二、戊午；吏左授。　八、壬午、十　　八、庚寅；豫撫署。　十一、甲寅；江南 　十四，3.8，解。　　二，9.28，解，布政佟吉圖署。　十一、甲寅；改陝撫。　學政授。
江 西	**裴徫度**
湖 北	(滿)**納齊哈**
湖 南	**魏廷珍**　　　　　　　　　　　　　　　　　(漢)**王朝恩** 　　六、庚寅、十九，8.7；革。　　　　　　　　六、庚寅；浙布遷。
四 川	(漢)**蔡　珽**　　　　　　　　　　　　　　　(漢)**王景灝** 　　五、丙午、四，6.24；解(左都)。　禮尚塞爾圖署　六、庚子、廿九，8.17；陝按遷。
廣 東	(漢)**年希堯**
廣 西	**孔毓珣**　　　　　　　　　　　　　　　　　　**李　紱** 　　四、丁未、四，4.26；卸兼。　　　　　　　　四、丁未；兵右授。
雲 南	**楊名時**
貴 州	(漢)**毛文銓**

巡 撫 年 表

年 代	雍 正 三 年　乙巳（1725）		
江 蘇	（漢）**何天培** 三、丙寅、廿八，5.10；回將軍任。	（漢）**張 楷** 三、丙寅；贛布遷。	
安 徽	（漢）**李成龍** 八、甲戌、九，9.15；遷湖督。	**魏廷珍** 八、甲戌；盛工授。	
山 東	**陳世倌**		
山 西	（滿）**諾岷** 正、甲子、廿五，3.9；病免。 （十二年死）	（滿）**伊都立** 正、甲子；刑左署。十、庚寅、廿六， 11.30；仍任。十、戊辰；遷雲督。	（滿）**布蘭泰** 十、戊辰；魯布遷。 十、庚寅；改湘撫。
河 南	（漢）**田文鏡**		
陝 西	（漢）**石文焯** 四、己卯、十二，5.23；改甘撫。	（滿）**圖理琛** 四、己卯；陝布署。七月，授。	
甘 肅	**胡期恒** 三、癸亥、廿五，5.7；革。　提督岳鍾琪兼理。	（漢）**石文焯** 四、己卯；陝撫改。	
福 建	（漢）**黃國材** 七、癸亥、廿八，9.4；免。	（漢）**毛文銓** 七、乙丑、卅，9.6；黔撫改。	
浙 江	（滿）**法海** 六、己巳、三，7.12；召京。 六、己巳；浙按甘國奎署。 八、丙寅、一，9.7；吏右福敏署。	**李 衛** 十、戊辰、四，11.8；滇布遷。	
江 西	**裴律度**		
湖 北	（滿）**納齊哈** 七月，死（勤恪）。	（滿）**法敏** 五、丙寅、廿九，7.9；倉侍授。 十二、乙丑、二，1.4；改川撫。	（漢）**李成龍** 十二、乙丑；湖督兼管。
湖 南	（漢）**王朝恩** 十、庚寅；改閩學。	（滿）**布蘭泰** 十、庚寅；晉撫改。	
四 川	（漢）**王景灝** 十二、乙丑；解。	（滿）**法敏** 十二、乙丑；鄂撫改。	
廣 東	（漢）**年希堯** 四、戊寅、十一，5.22；遷工右。	（漢）**楊文乾** 四、己卯；豫布遷。	
廣 西	**李 紱** 八、庚寅、廿五，10.1；遷直督。	（滿）**鄂爾泰** 八、庚寅；蘇布遷。十、庚寅；改滇撫。	**汪 漋** 十、庚寅；閩學授。
雲 南	**楊召時** 十、庚寅；遷雲督。	（滿）**鄂爾泰** 十、庚寅；桂撫改。	
貴 州	（漢）**毛文銓** 四、丁亥、廿，5.31；召京。 威寧總兵石禮哈署。	**張 糓** 八、戊寅、十三，9.19；理少遷。	**何世璂** 十一、癸亥、廿九，1.2； 兩淮運使遷。

雍正四年　丙午(1726)

(漢)**張　楷**
八、癸未、廿四,9.19;召京,旋革。

陳時夏
八、癸未;長蘆運使署。十二月,授。

魏廷珍

陳世倌
九、庚子、十一,10.6;憂免。

(滿)**塞楞額**
九、己亥、十,10.5;禮右、户右署。

(滿)**伊都立**
十一、辛卯、三,11.26;改贛撫。　布政高成齡署

(滿)**德明**
十一、辛卯;直布遷。

(漢)**田文鏡**

(滿)**圖理琛**
八、癸未;召京(兵右)。　川陝總督岳鍾琪兼署。

(滿)**法敏**
十、丁丑、十九,11.12;川撫改。

(漢)**石文焯**

(漢)**毛文銓**
十二、壬午、廿五,1.16;還京口將軍。

(滿)**常賚**
十二、壬午;粵布遷。

李　衛

裴律度
二、辛卯、廿八,3.31;遷户左,留任。
五、丁酉、六,6.5;遷左都。

汪　漋
五、丁酉;桂撫改。十、乙酉、廿七,11.20;
解。(五年二、辛酉、四,2.24;降四調。)

(滿)**伊都立**
十一、辛卯、三,11.26;
晉撫改。

鄭任鑰
二、乙亥、十二,3.15;鄂布遷。十、乙酉;改左副。

(蒙)**憲德**
十、乙酉;鄂按遷。

(滿)**布蘭泰**

(滿)**法敏**
十、丁丑;改陝撫。

馬會伯
十、丁丑;甘提署川提授。

(漢)**楊文乾**

汪　漋
五、丁酉;改贛撫。

甘汝來
五、丁酉;按遷。八、癸未;召京。

韓良輔
八、癸未;桂提署。

(滿)**鄂爾泰**
十、甲申、廿六,11.19;遷雲督。

何世璂

年 代	雍 正 五 年　丁未(1727)		
江 蘇	陳時夏		
安 徽	魏廷珍		
山 東	(滿)塞楞額 四、己亥、十三,6.2;授。		
山 西	(滿)德明 六、乙巳、廿,8.7;遷刑尚。	(覺羅)石麟 六、乙巳;皖布遷。	
河 南	(漢)田文鏡		
陝 西	(滿)法敏 六、戊戌、十三,7.31;解。	(漢)張　保 六、戊戌;刑右改。八、癸巳、十,9.24;改刑右,仍署。十一、丁巳、五,12.17;卸署回刑右任。	(滿)西琳 十一、丁巳;戶左授。
甘 肅	(漢)石文焯 九、乙丑、十二,10.26;解。　布政鍾保護。	(滿)莽鵠立 十、己酉、廿七,12.9;禮右署。十一、辛巳、廿九,1.10;授。	
福 建	(滿)常賚 二、癸亥、六,2.26;署粵撫。		
浙 江	李　衞 十一、丁巳、五,12.17;遷增設浙江總督,仍兼管。		
江 西	(滿)伊都立 五、癸酉、十八,7.6;召京。	(滿)布蘭泰 五、癸酉;戶右署湘撫改。	
湖 北	(蒙)憲德 五、癸酉;川撫互改。	馬會伯 五、癸酉;川撫改。	
湖 南	(滿)布蘭泰 四、己亥;授戶右,仍署。五、癸酉;改贛撫。	(漢)王國棟 五、癸酉;府丞遷。	
四 川	馬會伯 五、癸酉;鄂撫互改。	(蒙)憲德 五、癸酉;鄂撫改。	
廣 東	(漢)楊文乾 二、癸亥;假,閩撫常賚署。(九月死)	(滿)阿克敦 四、壬寅、十六,6.5;兵、吏左署。七、癸酉、十九,9.4;改署桂撫。	(滿)石禮哈 九、壬申、十九,11.2;廣將署。
廣 西	韓良輔 二、戊寅、廿一,3.13;授。二、丙戌、廿九,3.21;往滇。九、丙寅、十三,10.27;解。	(滿)阿克敦 七、癸酉;署粵撫改。十一月;卸。	(漢)祖秉圭 十一、庚辰、廿八,1.9;署黔撫改。
雲 南	朱　綱 二、乙亥、十八,3.10;湘布遷。		
貴 州	何世璂 十、己丑、七,11.19;入觀。	(漢)祖秉圭 十、己丑;布政署。十一、庚辰;改桂撫。	(漢)沈廷正 十一、庚辰;閩布遷。

雍 正 六 年　戊申(1728)

陳時夏	張坦麟	(滿)尹繼善
五、壬申、廿二,6.29;解,署魯布。	五、壬申;魯布署。閏七月,授閣學。 八、甲申、六,9.9;改贛撫。	八、甲申;協辦河工署。

魏廷珍		

(滿)塞楞額	岳濬	
六、己丑、十,7.16;遷工左。	六、己丑;晉布署。	

(覺羅)石麟		

(漢)田文鏡		
五、乙亥、廿五,7.2;遷河東總督,仍兼管豫撫。		

(滿)西琳	張廷棟	
七月,署將軍。十二、庚子、廿四,1.23;解。	十二、庚子;陝布署。	

(滿)莽鵠立	劉世明	許容
八、乙未、十七,9.20;解。	八、乙未;署湖提任。 十、壬辰、十五,11.16;改閩撫。	十、壬辰;觀風使授。

(滿)常賚	朱綱	劉世明
正、壬戌、十一,2.20;滇撫互改。	正、壬戌;滇撫改。 十月,死(勤恪)。	十、壬辰;甘撫改。

李衛		
(總督兼管)		

(滿)布蘭泰	張坦麟	
八、甲申、六,9.9;召京,旋革。	八、甲申;蘇撫改。	

馬會伯		

(漢)王國棟		

(蒙)憲德		

(滿)石禮哈	(滿)傅泰	
六、丙戌、七,7.13;改福將。	八、乙酉、七,9.10;戶右署。	

(漢)祖秉圭	(漢)金鉷	
△五月,兔。	五、癸丑、三,6.10;布遷。	

朱綱	(滿)常賚	(漢)沈廷正
正、壬戌;閩撫互改。	正、壬戌;閩撫改。 六、癸巳、十四,7.20;革。	六、癸巳;黔撫改。

(漢)沈廷正	(漢)張廣泗	
六、癸巳;改滇撫。	六、癸巳;按遷。	

巡 撫 年 表

年 代	雍 正 七 年　己 酉（1729）		
江 蘇	(滿)**尹繼善** 二、丁丑、二，3.1；署總河。	王　璣 二、丁丑；戶左署。 七、丙午、三，7.28；革。	彭維新 七、丙午；吏右署。
安 徽	**魏廷珍**		
山 東	**岳　濬** 四、癸巳、十九，5.16；假，布政費金吾署。十二、甲寅、十四，2.1；授。		
山 西	(覺羅)**石麟**		
河 南	(漢)**田文鏡** （河東總督兼管）		
陝 西	**張廷棟** △二月，卸。	(滿)**武格** 二、戊寅、三，3.2；盛刑（署奉將）改。	
甘 肅	**許　容**		
福 建	**劉世明**		
浙 江	**李　衛** 三、丙寅、廿二，4.19；入覲。	**蔡仕舢** 三、丙寅；觀風使遷。	
江 西	**張坦麟** （閣學留任） 閏七、甲戌、二，8.25；召京。	**謝　旻** 閏七、甲戌；太常署豫布署。	
湖 北	**馬會伯** 四、癸卯、廿九，5.26；辦蕭州軍需。	(漢)**趙宏恩** 四、癸卯；川布改。 九、癸酉、二，10.23；改湘撫。	**費金吾** 十一、丙子、六，12.25；魯布遷。
湖 南	(漢)**王國棟** 九、癸酉；召京。	(漢)**趙宏恩** 九、癸酉；鄂撫改。	
四 川	(蒙)**憲德** △十、癸卯、二，11.22；召京。　湖督邁柱兼理。		
廣 東	(滿)**傅泰** （戶右署）		
廣 西	(漢)**金　鉷**		
雲 南	(漢)**沈廷正**		
貴 州	(漢)**張廣泗**		

雍 正 八 年　庚戌(1730)

(滿)尹繼善

魏廷珍
五、戊辰、一,6.15;改鄂撫。

程元章
五、戊辰;浙布遷。

岳　濬
十、甲子、廿九,12.8;召陸。

王朝恩
十、甲子;刑左署。

劉於義
十、甲子;吏左協辦。

(覺羅)石麟

(漢)田文鏡
(河東總督兼管)
四、癸亥、廿五,6.10;兼管河東河道總督。

(滿)武格

許　容

劉世明
五、癸酉、六,6.20;遷閩督。

趙國麟
五、癸酉;豫布遷。

蔡仕舢

謝　旻
六,甲寅,十七,7.31;太常改大理仍署。十、丁未,十二,11.21;授。

費金吾
五、辛未、四,6.18;死。

魏廷珍
五、戊辰;皖撫改。

(漢)趙宏恩

(蒙)憲德

(滿)傅泰
(戶右署)
五、癸巳、廿六,7.10;召京。

(滿)鄂彌達
五、癸巳;黔布遷。

(漢)金　鉷

(漢)沈廷正
八、丙寅、卅,10.11;改東河。

(漢)張允隨
八、丙寅;黔布遷。

(漢)張廣泗

年 代	雍 正 九 年　辛亥(1731)		
江 蘇	⁽滿⁾尹繼善 七、丁卯、六，8.8；署江督。	⁽漢⁾王國棟 七、丁卯；刑右署。 九、庚午、十，10.10；改浙撫。	喬世臣 九、庚午；按署。
安 徽	程元章		
山 東	岳 濬		
山 西	⁽覺羅⁾石麟 八、己酉、十九，9.19；署提督。		
河 南	⁽漢⁾田文鏡 (河東總督兼管) 四、癸巳、一，5.6；病假。　　四、癸巳；浙布張元懷署。		
陝 西	⁽滿⁾武格 七、戊辰、七，8.9；召京。 (十二月，刑右)	⁽滿⁾馬爾泰 七、戊辰；工左署。	史貽直 八、庚子、十，9.10；左都協辦。
甘 肅	許 容		
福 建	趙國麟		
浙 江	蔡仕舢 △九月，降調(旋死)。	⁽漢⁾王國棟 九、庚午；刑右署蘇撫改署。	
江 西	謝 旻		
湖 北	魏廷珍 四、甲午、二，5.7；召京。十月，遷禮尚。	王士俊 四、甲午；粵布遷。	
湖 南	⁽漢⁾趙宏恩		
四 川	⁽蒙⁾憲德		
廣 東	⁽滿⁾鄂彌達		
廣 西	⁽漢⁾金 鉷		
雲 南	⁽漢⁾張允隨		
貴 州	⁽漢⁾張廣泗		

雍 正 十 年　壬子(1732)	
喬世臣 十一、庚子、十七,1.2; 授。	
程元章 七、戊戌、十四,9.2; 署浙督。	**徐　本** 七、戊戌; 鄂布署。 八、癸未、廿九,10.17; 授。
岳　濬	
(覺羅)**石麟**	
(漢)**田文鏡** (河東總督兼管) 十一、戊戌、十五,12.31; 病免。十一、甲辰、廿一,1.6; 死(端肅)。	(漢)**孫國璽** 十一、己亥、十六,1.1; 東河副總河署。
(滿)**馬爾泰** 十、壬午、廿八,12.15; 差青海。	**史貽直** 十一、丁酉、十四,12.30; 兵尚署。	(滿)**德齡** 閣學協辦。
許　容	
趙國麟	
(漢)**王國棟** 七、庚子、十六,9.4; 召京(刑右)。	**程元章** 七、庚子; 署浙督兼管。
謝　旻	
王士俊 十一、庚子; 遷東河。	(滿)**德齡** 十一、庚子; 閣學,協辦陝撫授。
(漢)**趙宏恩**	
(蒙)**憲德**	
(滿)**鄂彌達** 二、癸丑、廿五,3.21; 署督。	**楊永斌** 二、癸丑; 布署。八、癸未; 授。
(漢)**金　鉷**	
(漢)**張允隨**	
(漢)**張廣泗** 二、癸丑; 改授西路副將軍。	**元展成** 二、癸丑; 桂布署。十二、丙寅、十三,1.28; 授。

年 代	雍正十一年　癸丑(1733)	
江 蘇	**喬世臣** 六、甲戌、廿五，8.4；召京。（十月，改左副） 左副孫國璽署。	(漢)**高其倬** 九、己卯、一，10.8；江督改以督衔管。
安 徽	**徐 本** 十二、己未、十二，1.16；遷左都。	**王 紘** 十二、己未；浙布遷。
山 東	**岳 濬**	
山 西	(覺羅)**石 麟**	
河 南	(漢)**孫國璽** ．　四、壬申、廿一，6.3；改左副。	**王士俊** 四、癸酉、廿二，6.4；河東總督兼管。
陝 西	**史貽直**　(滿)**碩色** 十二、己未、十二，1.16；　十二、庚申、十三，1.17；陝布遷。 兵尚改户尚，旋卸。	⋮　**鄂 昌** ⋮　二、辛酉、九，3.24；甘布協理。
甘 肅	**許 容**	
福 建	**趙國麟**	
浙 江	**程元章**	
江 西	**謝 旻** 十二、庚申；遷工右。	(滿)**常安** 十二、庚申；黔布遷。
湖 北	(滿)**德齡**	
湖 南	(漢)**趙宏恩** 九、己卯、一，10.8；署江督。	(滿)**鐘保** 九、己卯；鄂布遷。十二、庚申；遷禮右仍署。
四 川	(蒙)**憲德** 十二、乙卯、八，1.12；召陸。（遷工尚）	(滿)**鄂昌** 十二、庚申；甘布遷。
廣 東	**楊永斌**	
廣 西	(漢)**金 鉷**	
雲 南	(漢)**張允隨**	
貴 州	**元展成**	

雍正十二年　甲寅(1734)	雍正十三年　乙卯(1735)
(漢)**高其倬** （總督銜管）　二、己未、十三,3.17;授。	(漢)**高其倬**
王　紘　　　　　　　　**趙國麟** 十、己未、十七,11.12;　　十、己未;閩撫改。 遷刑左。	**趙國麟**
岳　濬	**岳　濬**
(覺羅)**石麟**	(覺羅)**石麟**
王士俊 （河東總督兼管）	**王士俊**　　　　　　　(滿)**富德** （河東總督兼管)十一、丙辰、　　十一、丙辰;工侍授。 廿一,1.3;解,河東總督裁。
(滿)**碩色**	(滿)**碩色**
許　容	**許　容**
趙國麟　　　　　(漢)**盧　焯** 十、己未;改皖撫。　　十、己未;豫布遷。	(漢)**盧　焯**
程元章 十、戊午、十六,11.11;以總督銜專管浙撫。 （浙督裁缺）	**程元章**　　　　　　**嵇曾筠**** 十二、丙戌、廿一,2.2,解。　十二、丙戌;大學士兼管。
(滿)**常安**	(滿)**常安**　　　　　　**俞兆岳** 十一、丁巳、廿二,1.4;　十一、丁巳;太僕授。 召京。（革）
(滿)**德齡**　　　　　(漢)**楊　馝** 五、壬辰、十七,6.18;　　五、壬辰;陝布遷。 協辦軍需。	(漢)**楊　馝**　　　　　　**吳應棻** 正、壬辰、廿二,2.13;　正、壬辰;左僉署。二、癸亥、 改川撫。　　　　　廿二,3.16;遷兵右,仍署。
(滿)**鍾保** （禮右署）	(滿)**鍾保** （禮右,十月改禮左仍署) 十一、丁巳;授。
(滿)**鄂昌**	(滿)**鄂昌**　　　　　(漢)**楊　馝** 正、壬辰、解。　　　　正、壬辰;鄂撫改。
楊永斌	**楊永斌**
(漢)**金　銍**	(漢)**金　銍**
(漢)**張允隨**	(漢)**張允隨**
元展成	**元展成**　　　　　(漢)**張廣泗** 十一、己未、廿四,1.6;　十一、己未;湖督、經略 革。　　　　　　兼管。

巡撫年表

年代	乾隆元年　丙辰(1736)		
江 蘇	(漢)**高其倬** 正、丙辰、廿一，3.3；病免。	**邵　基** 漕督顧琮署 十、壬戌、二，11.4；憂免。	十、壬戌；吏左授。
安 徽	**趙國麟**		
山 東	**岳　濬** 十、庚午、十，11.12；改嶺撫。	(滿)**法敏** 十、庚午；刑右授。	
山 西	(覺羅)**石麟**		
河 南	(滿)**富德**		
陝 西	(滿)**碩色**		
甘 肅	**許　容** 三、戊戌、四，4.14；解。(革)	**劉於義** 三、戊戌；吏尚署。	
福 建	(漢)**盧　焯**		
浙 江	**嵇曾筠**＊＊ 二、甲申、廿，3.31；大學士改管浙江總督，兼。		
江 西	**俞兆岳** 十、庚午；遷吏左。	**岳　濬** 十、庚午；魯撫改。	
湖 北	**吳應棻** 二、辛巳、十七，3.28；回兵右任。	(漢)**高其倬** 四、壬申、八，5.18；前蘇撫署。 七、戊午、廿六，9.1；湘撫互改	(滿)**鍾保** 七、戊午；湘撫改。
湖 南	(滿)**鍾保** 七、戊午；鄂撫互改。	(漢)**高其倬** 七、戊午；鄂撫改。	
四 川	(漢)**楊　馣** 四、戊寅、十四，5.24；召京。七、辛酉、廿九，9.4；仍任。	署兵右王士俊署。七、辛酉；革。	
廣 東	**楊永斌**		
廣 西	(漢)**金　鉷** 八、甲子、三，9.7；召京。(二年刑左)	**楊超曾** 八、甲子；刑左署。	
雲 南	(漢)**張允隨**		
貴 州	(漢)**張廣泗** 六、癸酉、十，7.18；授貴州總督，仍管。		

乾隆二年　丁巳(1737)

邵　基	楊永斌
九、乙未、十,10.3;死。	九、乙未;鄂撫改。

趙國麟

(滿)法敏

(覺羅)石麟

(滿)富德		尹會一
三、辛丑、十三,4.12;召京。 (四月革)	晉布王藝署: 三、甲寅、廿六,4.25;改署粵撫。	三、甲寅;署粵撫改署。 十、乙未、十一,12.2;授。

(滿)碩色	崔　紀
三、辛亥、廿三,4.22;改川撫。	三、辛亥;倉侍署。七、癸卯、十七,8.12;改吏右, 仍署。十、乙未;授。

(宗室)德沛	元展成
二、辛巳、廿三,3.23;古北口提督授。九、甲辰;遷湖督。	九、甲辰、十九,10.12;晉按遷。

(漢)盧　焯

嵇曾筠**
　(大學士、浙督管)

岳　濬

(滿)鍾保	楊永斌	(漢)張　楷
三、壬子、廿四,4.23;召京。 (工右)。	三、壬子;粵撫改。 九、乙未;改蘇撫。	九、乙未;署禮左署。 十、乙未,授。

(漢)高其倬

(漢)楊馝	(滿)碩色
三、辛亥;革。	三、辛亥;陝撫改。

楊永斌		王　藝
三、壬子;改鄂撫。	兩淮鹽政尹會一署: 三、甲寅;改署豫撫。	三、甲寅;署豫撫改署。

楊超曾
正、乙巳、十六,2.15;授。

(漢)張允隨
四、己卯、廿一,5.20;署督。

(漢)張廣泗
　(總督兼管)

巡撫年表

年代	乾隆三年　戊午(1738)	乾隆四年　己未(1739)
江蘇	楊永斌 五、辛未、廿,7.6;改署禮右。　許容 五、辛未;布遷。	許容 正、壬子、五,2.12;病假。二、己卯;二、3.11;憂。豫布徐士林護。　張渠 二、己卯;湘撫改。
安徽	趙國麟 四、己丑、七,5.25;遷刑尚。　孫國璽 四、己丑;兵左授。	(漢)孫國璽 △十一、壬子、九,12.9,死。　陳大受 十一、壬子;吏右授。
山東	(滿)法敏	(滿)法敏 六月,召京。八、癸卯、廿九,10.1;改盛工。　(滿)碩色 六、庚辰、五,7.10;川撫改。
山西	(覺羅)石麟	(覺羅)石麟
河南	尹會一	尹會一 十一、庚戌、七,12.7;解。(改左副)　(蒙)雅爾圖 十一、庚戌;兵右授。
陝西	崔紀 三、乙卯、三,4.21;鄂撫互改。　(漢)張楷 三、乙卯;鄂撫改。	(漢)張楷
甘肅	元展成	元展成
福建	(漢)盧焯 九、癸亥、十四,10.26;改浙撫。　王仕任 九、癸亥;閩布署。	王仕任
浙江	嵇曾筠** 九、癸亥,裁浙督,回大學士任。　(漢)盧焯 九、癸亥;閩撫改。	(漢)盧焯
江西	岳濬	岳濬
湖北	(漢)張楷 三、乙卯;陝撫互改。　崔紀 三、乙卯;陝撫改。	崔紀
湖南	(漢)高其倬 二、壬子、卅,4.18;遷工尚。　張渠 二、壬子;蘇布遷。	張渠 二、己卯;改蘇撫。　馮光裕 二、己卯;黔布遷。
四川	(滿)碩色	(滿)碩色 六、庚辰;改魯撫。　方顯 六、庚辰;川布署。
廣東	王謩	王謩
廣西	楊超曾 十、甲辰、廿五,12.6;遷兵尚。　(滿)安圖 十、甲辰;鄂布署。	(滿)安圖
雲南	(漢)張允隨	(漢)張允隨
貴州	(漢)張廣泗 (總督兼管)	(漢)張廣泗 (總督兼管)

乾隆五年　庚申(1740)

張　渠 七、癸酉、五，8.26；改鄂撫。	**徐士林** 七、癸酉；蘇布遷。
陳大受	
(滿)**碩色** 七、癸酉；改川撫。	**朱定元** 七、癸酉；豫布遷。
(覺羅)**石麟** 閏六、辛亥、十二，8.4；憂免。（七年七月革）	(滿)**喀爾吉善** 閏六、辛亥；吏左授。
(蒙)**雅爾圖**	
(漢)**張　楷**	
元展成	
王仕任 五、庚申、廿一，6.14；革。	**王　恕** 五、庚申；粵布遷。
(漢)**盧　焯**	
岳　濬 十、丙子、九，12.27；解。	**包　括** 十一、丁丑、十，12.28；皖布署。
崔　紀 四、己亥、廿九，5.24；召(降)。 湖督班第兼署。	**張　渠**　　　　　　**范　璨** 七、癸酉；蘇撫改。十二月，死。　十二、戊戌、二，1.18；直布遷。
馮光裕 △閏六、丙午、七，7.30；死。	**許　容** 閏六、壬戌、廿三，8.15；前甘撫署。
方　顯 七、癸酉；改桂撫。	(滿)**碩色** 七、癸酉；魯撫改。
王　謩 十一、己卯、十二，12.30；召京。	**王安國** 十一、己卯；以左都衙管。
(滿)**安圖** 七、癸酉；召京。	**方　顯** 七、癸酉；川撫改。
(漢)**張允隨** 六、庚辰、十一，7.4；署黔督。　六、庚辰；雲督慶復兼署。	
(漢)**張廣泗** （總督兼管）	

年 代	乾 隆 六 年　辛 酉(1741)	
江 蘇	**徐士林** 六、丙申、三,7.15;省假。(九月死)	**陳大受** 六、丙申;皖撫署。九、乙酉、廿三,11.1;授。
安 徽	**陳大受** 六、丙申;署蘇撫。	(漢)**張　楷** 六、丙申;陝撫署。九、乙酉;授。
山 東	**朱定元**	
山 西	(滿)**喀爾吉善**	
河 南	(蒙)**雅爾圖**	
陝 西	(漢)**張　楷** 六、丙申;署皖撫。	(漢)**岱　奇** 六、丙申;户左署。
甘 肅	**元展成** 九、癸亥、一,10.10;革。	**陳宏謀** 九、癸亥;贛布遷。 九、乙亥、十三,10.22;改贛撫。　(漢)**黃廷桂** 九、乙亥;古北提督授。
福 建	**王　恕**	
浙 江	(漢)**盧　焯** 六、己酉、十六,7.28;解。　閩督德沛兼署。	(漢)**常　安** 十二、辛亥、廿,1.26;漕督授。
江 西	**包　括** 九、乙亥;回皖布任。	**陳宏謀** 九、乙亥;布遷甘撫改授。
湖 北	**范　璨**	
湖 南	**許　容** 九、癸酉、十一,10.20;授。	
四 川	(滿)**碩色**	
廣 東	**王安國**	
廣 西	**方　顯** 正、乙亥、九,2.24;病免。	**楊錫紱** 正、乙亥;布署。九、癸酉;授。
雲 南	(漢)**張允隨** 四、戊申、十四,5.28;署雲南總督。	
貴 州	(漢)**張廣泗** (總督兼管)	

乾隆七年　壬戌(1742)	乾隆八年　癸亥(1743)
陳大受	陳大受
(漢)張　楷　　　　　(滿)喀爾吉善 十二、己亥、十四,1.9;休。　十二、己亥;晉撫改。 (八年,閱學)	(滿)喀爾吉善　　　　　范　璨 三、庚午、十六,4.10;　三、庚午;鄂撫改。 改魯撫。
朱定元　　　　　晏斯盛 △三、戊寅、十九,4.23;　三、戊寅;原皖布授。 憂免。	晏斯盛　　　　(滿)喀爾吉善 三、庚午;改鄂撫。　三、庚午;皖撫改。
(滿)喀爾吉善 十二、己亥;改皖撫。	劉於義　　　　(滿)阿里衮 二、甲午、十,3.5;閩撫改。　十、己巳;戶右授。 十、己巳、廿,12.5;遷戶尚。
(蒙)雅爾圖	(蒙)雅爾圖　　　　(滿)碩色 五、丙午、廿四,7.15;召京。　五、丙午;川撫改。
(漢)岱　奇　　　　(滿)塞楞額 (戶左署)　△十、甲 辰、十九,11.15;死。　十、甲辰;直提授。	(滿)塞楞額　　　　陳宏謀 十、己巳;贛撫互改。　十、己巳;贛撫改。
(漢)黃廷桂	(漢)黃廷桂
王　恕　　　　　劉於義 三、庚午、十一,4.15,解。　三、庚午;直布遷。	劉於義　孫嘉淦　　周學健 二、甲午;　二、甲午;前湖督　四、丁未;刑右署。 改晉撫。　署。四、丁未、廿　十、己巳;授。 　　　四,5.17;召京。
(滿)常安	(滿)常安
陳宏謀	陳宏謀　　　　(滿)塞楞額 十、己巳;陝撫互改。　十、己巳;陝撫改。
范　璨	范　璨　　　　　晏斯盛 三、庚午;改皖撫。　三、庚午;魯撫改。
許　容	許　容　　　　　蔣溥 閏四、乙卯、二,5.25;　閏四、乙卯;吏左署。 解。(九月革)　十、己巳;授。
(滿)碩色	(滿)碩色　　　　(滿)紀山 五、丙午;改豫撫。　五、丙午;兵右授。
王安国	王安國
楊錫綬	楊錫綬
(漢)張允隨 (署雲南總督)	(漢)張允隨 五、戊申、廿六,7.17;遷雲南總督,仍管。
(漢)張廣泗 (總督兼管)	(漢)張廣泗 (總督兼管)

巡 撫 年 表

年 代	乾隆九年 甲子(1744)	乾隆十年 乙丑(1745)
江 蘇	陳大受	陳大受
安 徽	范 璨 (滿)準泰 六、癸丑、七、7.16; 六、癸丑;兩淮鹽政 召京。(九月,改左副) 署。	(滿)準泰 魏定國 四、乙卯、十三、5.14; 四、乙卯;皖布遷。 改粤撫。
山 東	(滿)喀爾吉善	(滿)喀爾吉善
山 西	(滿)阿里袞	(滿)阿里袞
河 南	(滿)碩色	(滿)碩色
陝 西	陳宏謀	陳宏謀
甘 肅	(漢)黃廷桂	(漢)黃廷桂
福 建	周學健	周學健
浙 江	(滿)常安	(滿)常安
江 西	(滿)塞楞額	(滿)塞楞額
湖 北	晏斯盛 許 容 正、庚子、廿二、3.5; 正、庚子、革湘撫署。 改戶右。二、丙辰、 二、丙辰;卸。 八、3.21;仍任。	晏斯盛 (滿)開泰 十一、丁丑、十、12.2; 十一、丁丑;兵右授。 乞養。(十七年死)
湖 南	蔣 溥	蔣 溥 楊錫綬 四、庚申、十八、5.19; 四、庚申;禮右改。 遷吏右。
四 川	(滿)紀山	(滿)紀山
廣 東	王安國 (滿)策楞 正、辛巳、三、2.15; 正、辛巳;廣將署。 遷兵尚。	(滿)策楞 (滿)準泰 四、乙卯、十三、5.14; 四、乙卯;皖撫改。 廣將署,遷督。
廣 西	楊錫綬 (滿)託庸 三、丁亥、九、4.21; 三、丁亥;粤布署。 召京(禮右)。	(滿)託庸
雲 南	(漢)張允隨 (總督兼管)	(漢)張允隨 (總督兼管)
貴 州	(漢)張廣泗 (總督兼管)	(漢)張廣泗 (總督兼管)

乾隆十一年　丙寅(1746)		
陳大受 九、辛丑、八,10.22;改閩撫。	**(滿)安寧** 九、辛丑;蘇布署。	
魏定國 五、甲辰、九,6.27;遷刑右。	**潘思榘** 五、甲辰;浙布遷。	
(滿)喀爾吉善 九、丁巳,廿四,11.7;遷閩督。	**(滿)塞楞額** 九、丁巳;贛撫改。九、壬戌、廿九, 11.12;遷湖督。　直布方觀承署	**(滿)阿里袞** 九、壬戌;晉撫改。
(滿)阿里袞 九、壬戌;改魯撫。　兵尚班第署。十二、癸亥、二,1.12;召京,布陶正中護。		**(滿)愛必達** 九、壬戌;黔布遷。
(滿)碩色		
陳宏謀 九、丁巳;改贛撫。	**徐　杞** 九、丁巳;湘布遷。	
(漢)黃廷桂		
周學健 九、辛丑;改南河。	**陳大受** 九、辛丑;蘇撫改。	
(滿)常安		
(滿)塞楞額 九、丁巳;改魯撫。	**陳宏謀** 九、丁巳;陝撫改。 十、己卯,十七,11.29;鄂撫互改。	**(滿)開泰** 十、己卯;鄂撫改。
(滿)開泰 十、己卯;贛撫互改。	**陳宏謀** 十、己卯;贛撫改。	
楊錫紱		
(滿)紀山		
(滿)準泰		
(滿)託庸 四、己卯、十四,6.2;革。	**(滿)鄂昌** 四、己卯;桂布署。	
(漢)張允隨 (總督兼管)		
(漢)張廣泗 (總督兼管)		

年 代	乾隆十二年　丁卯(1747)	
江 蘇	(滿)**安寧**	
安 徽	**潘思榘** 九、丁巳、卅,11.2;改閩撫。	(滿)**納敏** 九、丁巳;粤布遷。
山 東	(滿)**阿里袞** 十一、庚寅、四,12.5;魯布赫赫護。	
山 西	(滿)**愛必達** 五、辛亥、廿二,6.29;解。　吏右德沛署。	(滿)**準泰** 五、辛亥;粤撫改。
河 南	(滿)**碩色**	
陝 西	**徐杞** 十二、己巳、十三,1.13;召京。(府丞)	**陳宏謀** 十二、己巳;鄂撫改。
甘 肅	(漢)**黃廷桂**	
福 建	**陳大受** 九、丁巳;遷兵尚。	**潘思榘** 九、丁巳;皖撫改。
浙 江	(滿)**常安** 九、壬子、廿五,10.28;解(死)。	(滿)**顧琮** 九、壬子;漕督授。
江 西	(滿)**開泰**	
湖 北	**陳宏謀** 十二、己巳;改陝撫。	**彭樹葵** 十二、己巳;倉侍署。
湖 南	**楊錫紱**	
四 川	(滿)**紀山**	
廣 東	(滿)**準泰** 五、辛亥;改晉撫。　廣督策楞兼署。	**岳濬** 五、辛亥;魯布遷。
廣 西	(滿)**鄂昌**	
雲 南	(漢)**張允隨** 三、辛丑、十一,4.20;改雲貴總督,卸兼管。	(滿)**圖爾炳阿** 三、辛丑;布遷。
貴 州	(漢)**張廣泗** 三、辛丑;改川陝總督。	(漢)**孫紹武** 三、辛丑;黔布遷。

乾隆十三年　戊辰(1748)		
(滿)**安寧** 閏七、癸酉、廿一，9.13；召京。	(滿)**鄂昌** 閏七、癸酉；桂撫改。 九、壬子、一，10.22；改川撫。	(覺羅)**雅爾哈善** 九、壬子；閩按遷。
(滿)**納敏**		
(滿)**阿里袞** 閏七、癸酉；晉撫互改。	(滿)**準泰** 閏七、癸酉；晉撫改。	
(滿)**準泰** 閏七、癸酉；魯撫互改。	(滿)**阿里袞** 閏七、癸酉；魯撫改。	
(滿)**碩色** 十、乙酉、四，11.24；遷廣督。	(滿)**鄂容安** 十、乙酉；兵左署。	
陳宏謀		
(漢)**黃廷桂** 九、丁卯、十六，11.6；召京。 (十二月，遷江督)	(滿)**瑚寶** 九、丁卯；陝提改。 十一、庚辰、卅，1.18；遷兵尚。	(滿)**鄂昌** 十一、庚辰；川撫改。
潘思榘		
(滿)**顧琮** 三、乙未、十一，4.8；改河東。	(滿)**愛必達** 三、乙未；蘇布遷。 三、辛亥、廿七，4.24；改黔撫。	**方觀承** 三、辛亥；直布遷。
(滿)**開泰** 十、壬辰、十一，12.1；改湘撫。	**唐綏祖** 十、壬辰；魯布遷。	
彭樹葵 閏七、戊午、六，8.29；授。		
楊錫綬 十、壬辰；憂免。	(滿)**開泰** 十、壬辰；贛撫改。	
(滿)**紀山** 閏七、己巳、十七，9.9；解，旋革。	(滿)**鄂昌** 九、壬子；蘇撫改。　　兵尚班第署。〔缺裁〕 十一、庚辰；改甘撫。	
岳　濬		
(滿)**鄂昌** 閏七、癸酉；蘇撫改。	(滿)**舒輅** 閏七、癸酉；皖布遷。	
(滿)**圖爾炳阿**		
(漢)**孫紹武** 六、乙卯、二，6.27；死。	(滿)**愛必達** 三、辛亥；浙撫改。	

巡撫年表

年 代	乾隆十四年　己巳(1749)		
江 蘇	(覺羅)雅爾哈善		
安 徽	(滿)納敏 四、庚子、廿三,6.7;遷工右。	衛哲治 四、庚子;魯布遷。 十二、乙未、廿一,1.28;召京。	(滿)圖爾炳阿 十二、乙未;滇撫改。
山 東	(滿)準泰		
山 西	(滿)阿里袞		
河 南	(滿)鄂容安 九、乙丑、廿,10.30;授。		
陝 西	陳宏謀		
甘 肅	(滿)鄂昌		
福 建	潘思榘		
浙 江	方觀承 七、壬子、六,8.18;遷直督。	(滿)永貴 七、壬子;浙布署。	
江 西	唐綏祖 四、壬辰、十五,5.30;改鄂撫。	(滿)阿思哈 四、壬辰;甘布遷。　贛布彭家屏署。	
湖 北	彭樹葵 四、壬辰;遷倉侍。	唐綏祖 四、壬辰;贛撫改。	
湖 南	(滿)開泰		
廣 東	岳濬 十二、乙未;改滇撫。	(滿)蘇昌 十二、乙未;奉尹遷。	
廣 西	(滿)舒輅		
雲 南	(滿)圖爾炳阿 十二、乙未;改皖撫。	岳濬 十二、乙未;粵撫改。	
貴 州	(滿)愛必達		

乾隆十五年　庚午(1750)

(覺羅)**雅爾哈善**	**王　師**	
十一、丙辰、十七,12.15;遷户左。	十一、丙辰;浙布遷。	
(滿)**圖爾炳阿**	**衞哲治**	(滿)**定長**
七、丙午、六,8.7;仍滇撫。	七、丙午;仍任。十一、乙丑、廿六,12.24;改桂撫。	十一、乙丑;陝布遷。
(滿)**準泰**		
(滿)**阿里袞**	(滿)**阿思哈**	
十一、乙丑;遷湖督。	十一、乙丑;贛撫改。	
(滿)**鄂容安**		
陳宏謀		
(滿)**鄂昌**		
十一、丁巳、十八,12.16;辦理總督事務。		
潘思榘		
(滿)**永貴**		
(滿)**阿思哈**	(滿)**舒輅**	
十一、乙丑;改晉撫。	十一、乙丑;桂撫改。	
唐綏祖		
十二、癸酉、四,1.1;革。		
(滿)**開泰**	**楊錫綬**	
十、甲申、十五,11.13;改黔撫。	十、甲申;刑右改。	
(滿)**蘇　昌**		
(滿)**舒輅**	**衞哲治**	
十一、乙丑;改贛撫。	十一、乙丑;皖撫改。	
岳　濬	(滿)**圖爾炳阿**	(滿)**愛必達**
七、丙午;革。	七、丙午;皖撫改。十、甲申;革、逮。	十、甲申;黔撫改。
(滿)**愛必達**	(滿)**開泰**	
十、甲申;改滇撫。	十、甲申;湘撫改。	

巡 撫 年 表

年 代	乾隆十六年　辛未(1751)		
江 蘇	王　師 八、辛酉、廿八,10.16;死。	莊有恭 八、辛酉;戶右授。	
安 徽	(滿)定長 二、乙酉、十七,3.14;桂撫互改。	衞哲治 二、乙酉;桂撫改。 三、己亥、二,3.28;憂免。	張師載 三、己亥;協辦南河授。
山 東	(滿)準泰 八、庚申、廿七,10.15;革、逮。	(滿)鄂容安 八、庚申;豫撫改。　戶左兆惠署。	
山 西	(滿)阿思哈		
河 南	(滿)鄂容安 八、庚申;改魯撫。	(滿)舒輅 八、庚申;贛撫改。 十、丙辰、廿三,12.10;陝撫互改。	陳宏謀 十、丙辰;陝撫改。
陝 西	陳宏謀 十、丙辰;豫撫互改。	(滿)舒輅 十、丙辰;豫撫改。	
甘 肅	(滿)鄂昌 八、庚申;改贛撫。	(漢)楊應琚 八、庚申;計布遷。	
福 建	潘思榘		
浙 江	(滿)永貴 十二、壬寅、十,1.25;革。	(覺羅)雅爾哈善 十二、壬寅;戶左授。	
江 西	(滿)舒輅 八、庚申;改豫撫。	(滿)鄂昌 八、庚申;甘撫改。	
湖 北	嚴瑞龍 正、丙午、八,2.3;布署。 二、辛卯、廿三,3.20;革。　湖督阿里袞兼署。	(滿)恒文 四、己卯、十二,5.7;直布遷。	
湖 南	楊錫綬 十、戊戌、五,11.22;憂免。	(漢)范時綬 十、戊戌;鄂布署。	
廣 東	(滿)蘇昌		
廣 西	衞哲治 二、乙酉;皖撫互改。	(滿)定長 二、乙酉;皖撫改。	
雲 南	(滿)愛必達		
貴 州	(滿)開泰		

乾隆十七年　壬申(1752)	

莊有恭 十、癸巳、六,11.11;暫署江督。	
張師載	
(滿)**鄂容安** 十、戊子、一,11.6;暫署贛撫。 十一、庚辰、廿三,12.28;授贛撫。	(漢)**楊應琚** 十、戊子;原甘撫署。
(滿)**阿思哈** 十、壬寅、十五,11.20;召京。　兵左胡寶瑔署。	(滿)**定長** 十、壬寅;桂撫改。
陳宏謀 三、戊寅、十七,4.30;改閩撫。	**蔣　炳** 三、戊寅;兵左授。
(滿)**舒輅** 二、乙未、三,3.18;死。	(滿)**鍾音** 二、乙未;戶右授。
(漢)**楊應琚** 六、丙辰、廿七,8.6;憂免。	(滿)**鄂樂舜** 六、丙辰;鄂布遷。
潘思榘 三、戊寅;死(敏惠)。	**陳宏謀** 三、戊寅;豫撫改。
(覺羅)**雅爾哈善**	
(滿)**鄂昌** 十、戊子;召京。十一、庚辰;解。	(滿)**鄂容安** 十、戊子;魯撫暫署。十一、庚辰;授。
(滿)**恒文**	
(漢)**范時綬**	
(滿)**蘇昌**	
(滿)**定長** 十、壬寅;改晉撫。	**李錫秦** 十;壬寅;桂布遷。
(滿)**愛必達**	
(滿)**開泰**	

年　代	乾隆十八年　癸酉（1753）		
江　蘇	**莊有恭**		
安　徽	**張師載** 八、庚子、十八，9.14；解。八、庚戌、廿八，9.24；革。	**衞哲治** 八、庚子；署兵侍署。八、庚戌；授。	
山　東	（漢）**楊應琚** 十一、甲戌、廿三，12.17；授。		
山　西	（滿）**定長** 三、己卯、廿三，4.26；署黔撫。	**胡寶瑔** 兵左署。九、壬申、廿，10.16；授。 十、辛丑、廿，11.14；改湘撫。	（滿）**恒文** 十、辛丑；鄂撫改。
河　南	**蔣　炳**		
陝　西	（滿）**鍾音**		
甘　肅	（滿）**鄂樂舜**		
福　建	**陳宏謀**		
浙　江	（覺羅）**雅爾哈善**		
江　西	（滿）**鄂容安** 正、戊寅、廿二，2.24；署江督。九、壬申；遷。	（漢）**范時綬** 九、壬申；湘撫改。	
湖　北	（滿）**恒文** 十、辛丑；改晉撫。	**張若震** 十、辛丑；陝布遷。	
湖　南	（漢）**范時綬** 九、壬申；改贛撫。	**楊錫綬** 九、壬申；服闋授。十、辛丑；遷左都。	**胡寶瑔** 十、辛丑；晉撫改。
廣　東	（滿）**蘇昌** 十一、己未、八，12.2；召京。	（滿）**鶴年** 十一、己未；倉侍授。	
廣　西	**李錫秦**		
雲　南	（滿）**愛必達**		
貴　州	（滿）**開泰** 三、己卯；署湖督。九、壬申；遷。	（滿）**定長** 三、己卯；晉撫署。九、壬申；授。	

乾隆十九年　甲戌(1754)	

莊有恭

衞哲治	(滿)鄂樂舜
十、甲寅、九,11.22;改桂撫。	十、甲寅;浙撫改。

(漢)楊應琚	郭一裕
四、辛卯、十二,5.3;署廣督(授)。	四、辛卯;蘇布署。

(滿)恒文

蔣　炳

(滿)鍾音	陳宏謀
五、戊戌、廿,7.9;閩撫互改。	五、戊戌;閩撫改。

(滿)鄂樂舜	(滿)鄂昌
四、己亥、廿一,7.10;改浙撫。	五、己亥;原贛撫任。

陳宏謀	(滿)鍾音
五、戊戌;陝撫互改。　閩督喀爾吉善兼署。	五、戊戌;陝撫改。

(覺羅)雅爾哈善	(滿)鄂樂舜	周人驥
五、己亥;召京。	五、己亥;甘撫改。十、甲寅;改皖撫。	十、甲寅;布遷。

(漢)范時綬

張若震

胡寶瑔

(滿)鶴年

李錫秦	衞哲治
十、甲寅;病免(旋死)。	十、甲寅;皖撫改。

(滿)愛必達

(滿)定長

年代	乾隆二十年　乙亥(1755)
江　蘇	莊有恭
安　徽	(滿)鄂樂舜　　　　　　　　　　　　　　　(滿)高晉 　十一、壬午、十三，12.15；改魯撫。　　　　　　十一、壬午；皖布遷。
山　東	郭一裕　　　　　　　　　　　　　　　　　(滿)鄂樂舜 　六、癸丑、十一，7.19；署滇撫。　河督白鍾山兼署。　　十一、壬午；皖撫改。
山　西	(滿)恒文
河　南	蔣　炳　　　　　　　　　　　　　　　　　(滿)圖爾炳阿 　△五月，憂免。　　　　　　　　　　　　　　五、辛卯、十八，6.27；豫布遷。
陝　西	陳宏謀　　　　　　　(滿)台柱　　　　　　　　　(漢)盧　焯 　三、己卯、六，4.16；改甘撫。　三、己卯；前桂布署。　　十二、甲辰；鴻少署。 　　　　　　　　十二、甲辰、五，1.6；召京。
甘　肅	(滿)鄂昌　　　　　　　陳宏謀　　　　　　　　　吳達善 　三、庚寅、十七，4.27；革、逮。　三、己卯；陝撫改。五、辛卯；改湘撫。　五、辛卯；工右授。 　(令自盡)
福　建	(滿)鍾音
浙　江	周人驥
江　西	(漢)范時綬　　　　　　　　　　　　　　胡寶瑔 　二、己未、十五，3.27；召京(降二調)。　　　　二、己未；湘撫改。
湖　北	張若震
湖　南	胡寶瑔　　　　　　　　　　　　　　　陳宏謀 　二、己未；改贛撫。　左都楊錫紱暫署。五、辛卯；改禮尚。　五、辛卯；甘撫改。
廣　東	(滿)鶴年
廣　西	衞哲治　　　　　　　　　　　　　　(滿)鄂寶 　十、甲辰、四，11.7；遷工尚。　　　　　　十、甲辰；奉尹署。
雲　南	(滿)愛必達　　　　　　　　　　　　　郭一裕 　六、癸丑；署雲督。　　　　　　　　　六、癸丑；魯撫署。
貴　州	(滿)定長

乾隆二一年　丙子(1756)	

莊有恭 十一、辛亥、十八,1.7;憂免,改署南河。	(滿)**愛必達** 十一、辛亥;南河署。

(滿)**高晉**

(滿)**鄂樂舜** 二、壬戌、廿四,3.24;革。(殺)	(滿)**愛必達** 二、壬戌;雲督改。 十、壬申、八,11.29;改南河。	(滿)**鶴年** 十、壬申;粵撫改。

(滿)**恒文** 二、壬戌;遷雲督。	(滿)**明德** 二、戊辰、卅,3.30;甘布遷。

(滿)**圖爾炳阿** 十一、辛亥;改湘撫。十二、丙子、十三,2.1;仍留。	**蔣炳** 十一、辛亥;原任署。十二、丙子;改湘撫。

(漢)**盧焯** 十一、辛亥;改鄂撫。	**陳宏謀** 十一、辛亥;湘撫改。

(滿)**吳達善**

(滿)**鐘音**

周人驥 二、壬戌;革。	(漢)**楊廷璋** 二、壬戌;湘布遷。

胡寶瑔

張若震 十一、辛亥;死。	(漢)**盧焯** 十一、辛亥;陝撫改。

陳宏謀 十一、辛亥;改陝撫。	(滿)**圖爾炳阿** 十一、辛亥;豫撫改。十二、丙子;仍留。	**蔣炳** 十二、丙子;署豫撫改。

(滿)**鶴年** 十、壬申;改魯撫。	**周人驥** 十、壬申;已革浙撫署。

(滿)**鄂寶** (署)

郭一裕 二、戊辰;授。

(滿)**定長**

巡撫年表

年 代	乾隆二二年 丁丑(1757)		
江 蘇	(滿)**愛必達** 正、甲辰、十二,3.1;授。 六、癸亥、三,7.18;遷雲督。	**陳宏謀** 六、癸亥;陝撫改。 十二、癸亥、五,1.14;遷廣督。	(滿)**託恩多** 十二、癸亥;布遷。
安 徽	(滿)**高晉**		
山 東	(滿)**鶴年** 七、丁未、十七,8.31;遷廣督。十、 甲子;仍回。(十二月死,文勤)	**蔣 洲** 七、丁未;晉布遷。十、甲子、 五,11.16;革。	(滿)**阿爾泰** 十、甲子;布署。十二、 癸亥;授。
山 西	(滿)**明德** 六、癸亥;改陝撫。	(滿)**定長** 六、癸亥;黔撫改。七、丁未;憂。	(滿)**塔永寧** 七、丁未;陝布遷。
河 南	(滿)**圖爾炳阿** 四、己卯、十八,6.4;革。四、辛巳、廿, 6.6;仍留。六、辛酉、一,7.16;召京。	**胡寶瑔** 湘撫蔣炳改, 旋卽改回。 六、辛酉;贛撫改。 布政劉慥護。	
陝 西	**陳宏謀** 六、癸亥;改蘇撫。	(滿)**明德** 六、癸亥;晉撫改。 十、丙戌、廿七,12.8;革。	(滿)**永貴**(未任) 十、丙戌;參贊署。
甘 肅	(滿)**吳達善**		
福 建	(滿)**鍾音**		
浙 江	(漢)**楊廷璋**		
江 西	**胡寶瑔** 六、辛酉;改豫撫。 吏左王興吾署。	(滿)**阿思哈** 六、辛酉;閩學署。	
湖 北	(漢)**盧 焯** 六、庚午、十,7.25;革。	**莊有恭** 六、庚午;解任南河署。	
湖 南	**蔣 炳** 四、己卯;署豫撫。四、辛巳;免署。 九、戊戌、九,10.21;革。 閩學阿思哈署,旋卸。	(蒙)**富勒渾** 九、戊戌;鄂布遷。	
廣 東	**周人驥**		
廣 西	(滿)**鄂寶** (署)		
雲 南	**郭一裕** 七、辛卯、一,8.15;解、革。	**劉 藻** 七、壬辰、二,8.16;鄂布遷。	
貴 州	(滿)**定長** 六、癸亥;改晉撫。	**周 琬** 六、癸亥;川布遷。	

乾隆二三年　戊寅(1758)		
(滿)託恩多 三、丁未、廿一,4.28;改粵撫。	莊有恭 三、丁未;鄂撫改,旋仍留。	陳宏謀 四、丙子、廿一,5.27;廣督署。
(滿)高晉		
(滿)阿爾泰		
(滿)塔永寧		
胡寶瑔		
(滿)永貴(未任) 三、丁未;赴軍營(刑右)。	(滿)鍾音 三、丁未;粵撫改。	
(滿)吳達善		
(滿)鍾音 正、壬子、廿五,3.4;改粵撫。	周　琬 正、壬子;黔撫改。三、丁未;憂免。	吳士功 三、丁未;陝布遷。
(漢)楊廷璋		
(滿)阿思哈 　(署)		
莊有恭 三、丁未;改蘇撫。四、丙子;仍留。	馮　鈐 三、丁未;魯布遷。四、丙子;改湘撫。	
(蒙)富勒渾 四、丙子;解。	馮　鈐 四、丙子;鄂撫改。	
周人驥 正、壬子;改黔撫。	(滿)鍾音 正、壬子;閩撫改。三、丁未;改陝撫。	(滿)託恩多 三、丁未;蘇撫改。
(滿)鄂寶 　(署)		
劉　藻		
周　琬 正、壬子;改閩撫。	周人驥 正、壬子;粵撫署。	

年 代	乾隆二四年　己卯(1759)		
江 蘇	**陳宏謀** 七、辛亥、三, 8.25; 革去總督銜。		
安 徽	(滿)**高晉**		
山 東	(滿)**阿爾泰**		
山 西	(滿)**塔永寧** △十、乙未、十八, 12.7; 死。	(滿)**鄂弼** 十、乙未; 正紅漢副授。	
河 南	**胡寶瑔**		
陝 西	(滿)**鍾音**		
甘 肅	(滿)**吳達善** 正、己亥、十七, 2.14; 遷陝督。	(滿)**明德** 正、己亥; 革陝撫授。四、丁巳、七, 5.3; 憂。 閏六、丁亥、九, 8.1; 降甘按。	(漢)**楊廰琚** 四、丁巳; 陝督兼。
福 建	**吳士功**		
浙 江	(漢)**楊廷璋** 三、壬辰、十二, 4.8; 護督。布政明山護。 四、戊午、八, 5.4; 遷湖督。	**莊有恭** 四、戊午; 鄂撫改。	
江 西	(滿)**阿思哈** (署)		
湖 北	**莊有恭** 四、戊午; 改浙撫。	**周琬** 四、戊午; 丁憂閩撫署。	
湖 南	**馮鈐**		
廣 東	(滿)**託恩多**		
廣 西	(滿)**鄂寶** 三、甲辰、廿四, 4.20; 授。		
雲 南	**劉藻**		
貴 州	**周人驥** 三、甲辰; 授。		

乾隆二五年　庚辰(1760)

陳宏謀

(滿)**高晉**
　　十二、丙戌、十六，1.21；召陸。　　刑右常鈞署。

(滿)**阿爾泰**

(滿)**鄂弼**

胡寶瑔　　　　　　　　　　　　　　　(滿)**吳達善**
　　十二、丙戌；改贛撫。　　　　　　　　　　十二、丙戌；原川陜總督授。

(滿)**鍾音**

(漢)**楊應琚**　　　　　　　　　　　　　(滿)**明德**
　　十二、丙戌；總督卸兼。　　　　　　　　　十二、丙戌；甘布遷。

吳士功

莊有恭

(滿)**阿思哈**　　　　　　　　　　　　　**胡寶瑔**
　　七、甲寅、十二，8.22；授。　　　　　　　　　　　十二、丙戌；豫撫改。
　　十、乙未、廿四，12.1；解、革。　刑右常鈞署：十二、丙戌；改署皖撫。

周　琬

馮　鈐

(滿)**託恩多**

(滿)**鄂寶**

劉　藻

周人驥

巡 撫 年 表

年 代	乾隆二六年　辛巳(1761)		
江 蘇	**陳宏謀**		
安 徽	(滿)**高晉** 　三、戊申、九，4.13；改南河。	(滿)**託庸** 　三、戊申；桂撫改。	
山 東	(滿)**阿爾泰**		
山 西	(滿)**鄂弼**		
河 南	(滿)**吳達善** 　四、壬辰、廿三，5.27；遷雲督。	(滿)**常鈞** 　四、壬辰；倉侍授。	**胡寶瑔** 　八、戊寅；贛撫改。 　八、戊寅、十二，9.10；贛撫互調。
陝 西	(滿)**鍾音**		
甘 肅	(滿)**明德**		
福 建	**吳士功** 　五、戊午、廿，6.22；革、戌。　閩督楊廷璋兼署。	(滿)**定長** 　五、戊午；兵左授。	
浙 江	**莊有恭**		
江 西	**胡寶瑔** 　八、戊寅；豫撫互調。	(滿)**常鈞** 　八、戊寅；豫撫改。	
湖 北	**周琬** 　八、戊寅；革、戌。　湖督愛必達暫署。	**湯聘** 　八、戊寅；贛布遷。	
湖 南	**馮鈐**		
廣 東	(滿)**託恩多**		
廣 西	(滿)**鄂寶** 　(往車庫辦事)　二、癸酉、三， 　3.9；召京，降。	(滿)**託庸** 　二、癸酉；寧布遷。三、戊申； 　改皖撫。	**熊學鵬** 　三、戊申；刑右授。
雲 南	**劉藻** 　四、癸巳、廿四，5.28；暫署雲督。		
貴 州	**周人驥**		

乾隆二七年　壬午(1762)

陳宏謀 十、辛卯、二,11.17；改湘撫。	**莊有恭** 十、辛卯；浙撫改。
(滿)**託庸**	
(滿)**阿爾泰**	
(滿)**鄂弼** 五、戊申、十五,6.7；改陝撫。	(滿)**明德** 五、戊申；甘撫改。
胡寶瑔	
(滿)**鍾音** 五、戊申；改兵右。	(滿)**鄂弼** 五、戊申；晉撫改。
(滿)**明德** 五、戊申；改晉撫。	(滿)**常鈞** 五、戊申；贛撫改。
(滿)**定長**	
莊有恭 十、辛卯；改蘇撫。	**熊學鵬** 十、辛卯；桂撫改。

(滿)**常鈞** 五、戊申；改甘撫。	(滿)**明山** 五、戊申；原浙布署。 八、甲辰、十四,10.1；署粵撫。	**湯聘** 八、甲辰；鄂撫改。

湯聘 八、甲辰；改贛撫。 十、辛卯、二,11.17；湖督愛必達兼署。	**宋邦綏** 八、甲辰；晉布遷。
馮鈐 十、辛卯；改桂撫。	**陳宏謀** 十、辛卯；蘇撫改。
(滿)**託恩多** 八、甲辰；憂免。	(滿)**明山** 八、甲辰；署贛撫署。
熊學鵬 十、辛卯；改浙撫。　　布政顧濟美署。	**馮鈐** 十、辛卯；湘撫改。
劉藻	
周人驥 正、己未、廿五,2.18；召京(革)。(廿八年死)	**喬光烈** 正、己未；豫布遷。

巡撫年表

年代	乾隆二八年　癸未(1763)
江　蘇	莊有恭
安　徽	(滿)託庸
山　東	(滿)阿爾泰　六、壬寅、十六,7.26;遷川督。　　崔應階　六、壬寅、黔撫改。
山　西	(滿)明德　五、庚辰、廿四,7.4;改贛撫。　　(滿)和其衷　五、庚辰;哈密調回授。
河　南	胡寶瑔　正、壬午、廿四,3.8;死(恪靖)。　　葉存仁　正、壬午;刑右授。十一、辛酉、八,12.12;改河東。　　(滿)阿思哈　十一、辛酉;粵撫改。
陝　西	(滿)鄂弼　六、戊戌、十二,7.22;遷川督。　　(滿)明山　六、戊戌;粵撫改。兵尚阿里衮暫管。十一、辛酉;仍改粵撫。　　(滿)明德　十一、辛酉;贛撫改。
甘　肅	(滿)常鈞　十一、辛酉;改鄂撫。　　(漢)楊應琚　十一、辛酉;陝督兼管。
福　建	(滿)定長
浙　江	熊學鵬
江　西	湯聘　五、己卯、廿三,7.3;革。　　(滿)明德　五、庚辰;晉撫改。十一、辛酉;改陝撫。　　(滿)輔德　十一、辛酉;鄂撫改。
湖　北	宋邦綏　五、甲戌、十八,6.28;解(革)。　　(滿)輔德　五、甲戌;豫布遷。十一、辛酉;改贛撫。　　(滿)常鈞　十一、辛酉;甘撫改。
湖　南	陳宏謀　五、甲戌、遷兵尚,先署湖督。　布政來朝護。　　喬光烈　五、甲戌;黔撫改。
廣　東	(滿)明山　六、戊戌;改陝撫。十一、辛酉;回任。　廣督蘇昌兼署。　　(滿)阿思哈　六、戊戌;前贛撫授。十一、辛酉;改豫撫。
廣　西	馮鈐
雲　南	劉藻　六、壬寅;署黔撫,雲督吳達善兼署。
貴　州	喬光烈　五、甲戌;改湘撫。滇撫劉藻署。　　崔應階　五、甲戌;魯布遷。六、壬寅;改魯撫。　　(滿)圖爾炳阿　六、壬寅;授。

乾隆二九年　甲申(1764)	
莊有恭 九、丙寅、十七,10.12;遷刑尚,留任。	
(滿)**託庸**	
崔應階	
(滿)**和其衷**	
(滿)**阿思哈**	
(滿)**明德**	
(漢)**楊應琚** 三、乙卯、四,4.4;卸。	［三、乙卯;總督移駐蘭州,裁缺。］
(滿)**定長**	
熊學鵬	
(滿)**輔德**	
(滿)**常鈞** 六、丙午、廿六,7.24;改滇撫,先署湖督。	**王　檢** 六、丙午;甘布遷。
喬光烈 十、甲午、十六,11.9;革。 十、丙申、十八,11.11;湖督吳達善兼署。	(滿)**圖爾炳阿** 十、癸巳、十五,11.8;黔撫改。
(滿)**明山**	
馮　鈐	
劉　藻 六、甲辰;遷雲督,仍兼署。	(滿)**常鈞** 六、丙午;鄂撫改。
(滿)**圖爾炳阿** 十、癸巳;改湘撫。	**方世儁** 十、癸巳;陝布遷。

年　代	乾隆三十年　乙酉(1765)		
江　蘇	莊有恭* 正、癸丑、七,1.27;刑尚授協,暫留。	（滿）明德 正、癸丑;陝撫改。閏二、丙寅、廿一,4.10;先署贛撫。	
安　徽	（滿）託庸 十一、乙酉、十四,12.25;遷兵尚。	馮鈐 十一、乙酉;桂撫改。	
山　東	崔應階		
山　西	（滿）和其衷 正、癸丑;改陝撫。布政文綬護。	（滿）彰寶 正、癸丑;寧布遷。	
河　南	（滿）阿思哈		
陝　西	（滿）明德 正、癸丑;改蘇撫。 閏二、丙寅;先署贛撫。　布政湯聘護。	（滿）和其衷 正、癸丑;晉撫改。 十、己巳、廿七,12.9;署陝督。	
福　建	（滿）定長		
浙　江	熊學鵬		
江　西	（滿）輔德 閏二、戊辰、廿三,4.12;死。 閏二、丙寅;明德署(陝撫改蘇撫)。	（滿）明山 閏二、戊辰;粵撫改。（先署廣督）	
湖　北	王檢 閏二、戊辰;改粵撫,先 署湘撫。	李因培 閏二、戊辰;倉侍改。　湖督吳達善兼署。 十一、乙酉;改湘撫。	湯聘 十一、乙酉;陝布遷。
湖　南	（滿）圖爾炳阿 閏二、戊辰;病(三月死)。 鄂撫王檢署。	馮鈐 三、甲申、九,4.28;桂撫改。 十一、乙酉;改皖撫。	李因培 十一、乙酉;鄂撫改。
廣　東	（滿）明山 閏二、戊辰;改贛撫。　廣督李侍堯兼署。 六、己酉、五,7.22;先署廣督。	王檢 閏二、戊辰;鄂撫改。	
廣　西	馮鈐 三、甲申;改湘撫。	宋邦綏 三、甲申;陝布遷。	
雲　南	（滿）常鈞		
貴　州	方世儁		

乾隆三一年　丙戌(1766)			
(滿)明德			
馮　鈐			
崔應階			
(滿)彰寶			
(滿)阿思哈			
(滿)和其衷 二、辛亥、十一，3.21；革、逮。	(滿)明山 二、辛亥；贛撫改。		
(滿)定長 二、壬寅、二，3.12；遷湖督。	李因培 二、壬寅；湘撫改。八、癸丑、十六，9.19；降(川按)。	莊有恭 八、癸丑；革刑尚授。	
熊學鵬			
(滿)明山 二、辛亥；改陝撫。	吳紹詩 二、辛亥；刑右授。		
湯　聘 二、壬寅；改滇撫。	劉　藻 二、壬寅；湖督降。 二、辛亥；革。	(滿)鄂寧 二、辛亥；禮右授。 十二、乙巳、九，1.9；改湘撫。	(滿)鄂寶 十二、乙巳；署左副授。
李因培 二、壬寅；改閩撫。	(滿)常鈞 二、壬寅；滇撫改。十二、乙巳；召陸(革)。	(滿)鄂寧 十二、乙巳；鄂撫改。	
王　檢			
宋邦綏			
(滿)常鈞 二、壬寅；改湘撫。	湯　聘 二、壬寅；鄂撫改。		
方世儁			

年代	乾隆三二年　丁亥(1767)			
江 蘇	(滿)明德			
安 徽	馮　鈐			
山 東	崔應階 七、辛巳、十九,8.13;改閩撫。	李清時 七、辛巳;河東授。		
山 西	(滿)彰寶			
河 南	(滿)阿思哈			
陝 西	(滿)明山 三、癸未、十九,4.17;署西將。			
福 建	莊有恭 七、辛巳;死。	崔應階 七、辛巳;魯撫改。		
浙 江	熊學鵬			
江 西	吳紹詩			
湖 北	(滿)鄂寶 五、己巳、六,6.2;改黔撫。　湖督定長兼署。 十一、壬子、廿二,1.11;仍回任。	(漢)范時綏 五、庚午、七,6.3;左都授。 十一、壬子;召京,署正白漢都。		
湖 南	(滿)鄂寧 二、己酉、十五,3.14;改黔撫。布政三寶護。	方世儁 二、己酉;黔撫改。		
廣 東	王　檢 八、壬午、廿一,10.13;病免。	(滿)鍾音 八、乙酉、廿四,10.6;兵右授。		
廣 西	宋邦綏			
雲 南	湯　聘 二、己酉;改黔撫。	(滿)鄂寧 二、己酉;湘撫改。三、癸巳、廿九,4.27;暫署雲督。		
貴 州	方世儁 二、己酉;改湘撫。 布政良卿護。	湯　聘 二、己酉;滇撫改。 五、己巳;革、逮。	(滿)鄂寶 五、己巳;鄂撫改。 十一、壬子;仍調回。	(滿)良卿 十一、壬子;布政署。

乾隆三三年　戊子(1768)

(滿)**明德**		(滿)**彰寶**
二、乙亥、十七,4.3;改滇撫。　江督高晉兼署。		二、丙戌、廿八,4.14;魯撫改。

馮　鈐

李清時	(滿)**彰寶**	(滿)**富尼漢**	(滿)**富明安**
正、庚子、十一,2.28;死。	正、庚子;晉撫改。二、丙戌;改蘇撫。	二、丙戌;閩撫改。十二、己未、五,1.12;降晉布。	十二、己未;布政遷。

(滿)**彰寶**	(滿)**蘇爾德**	(滿)**鄂寶**
正、庚子;改魯撫。	正、庚子;蘇布遷。九、己酉、廿四,11.3;降。	九、己酉;前桂撫授。

(滿)**阿思哈**	(滿)**文綬**
十二、乙丑、十一,1.18;改陝撫。十二、壬午、廿八,2.4;仍回任。	十二、乙丑;哈密辦事大臣授。十二、壬午;改陝撫。

(滿)**明山**	(滿)**阿思哈**	(滿)**文綬**
十二、乙丑;遷陝督。	十二、乙丑;豫撫改。壬午,仍調回。	十二、壬午;豫撫改。

崔應階	(滿)**富尼漢**	(滿)**鄂寶**	(滿)**鍾音**	(滿)**鄂寧**
正、丁未、十八,3.6;遷閩督。	皖布遷。二、丙戌;改魯撫。	二、丙戌;鄂撫改。三、乙巳、十七,5.3;改桂撫。	三、乙巳;粤撫改。六、壬午、廿六,8.8;仍回任。	六、壬午;雲督降。

熊學鵬	(滿)**永德**
二、丙戌;憂免。	二、丙戌;布政遷。

吳紹詩

(滿)**鄂寶**	程　燾	(滿)**揆義**
二、丙戌;改閩撫。	二、丙戌;陝布遷。十二、己未;降贛布。	十二、己未;贛布署。

方世儁

(滿)**鍾音**	(滿)**良卿**	錢　度
三、乙巳;改閩撫。六、壬午;仍回任。	三、乙巳;黔撫改。四、丁卯、十,5.25;調回。	四、丁卯;黔撫改。六、壬午;改桂撫。

宋邦綏	(滿)**鄂寶**	錢　度	宮兆麟
三、壬寅、十四,4.30;改兵左。	三、乙巳;閩撫改。六、壬午;召京(晉撫)。	六、壬午;粤撫改。十、乙亥、廿一,11.29;降滇布。	十、辛未、十七,11.25;滇布遷。

(滿)**鄂寧**	(滿)**明德**
二、丙戌;遷雲督。	二、乙亥;蘇撫改。

(滿)**良卿**	錢　度
三、乙巳;改粤撫。四、丁卯;仍回任。	三、乙巳;滇布遷。四、丁卯、十,5.25;改粤撫。

巡 撫 年 表

年 代	乾隆三四年　己丑(1769)		
江 蘇	(滿)**彰寶** 三、丙午、廿三，4.29；憂免。 江督高晉兼署。	(滿)**明德** 三、丙午；雲督降，仍留署。 十、乙卯、七，11.4；降署滇撫。	(滿)**永德** 十、乙卯；浙撫改。
安 徽	**馮　鈴** 二、乙丑、十二，3.19；解(革)。 布政陳輝祖護。	(滿)**富尼漢** 二、乙丑；晉布遷。 十、甲子、十六，11.13；改豫撫。	**胡文伯** 十、甲子；蘇布遷。
山 東	(滿)**富明安**		
山 西	(滿)**鄂寶**		
河 南	(滿)**阿思哈** 三、壬子、廿九，5.5；遷雲督。 河東吳嗣爵署。	(滿)**喀寧阿** 三、壬子；滇撫改。 十、甲子；改黔撫。	(滿)**富尼漢** 十、甲子；皖撫改。
陝 西	(滿)**文綬**		
福 建	(滿)**鄂寧** 正月，兼署福將。 四、己未、七，5.12；革。閩督崔應階兼署。	(滿)**溫福** 四、己未；倉侍署甘肅提督授。	
浙 江	(滿)**永德** 十、乙卯；改蘇撫。	**熊學鵬** 十、乙卯；前任(服)署。	
江 西	**吳紹詩** 七、己亥、十九，8.20；遷刑尚。	(滿)**海明** 七、己亥；川布遷。	
湖 北	(滿)**揆義** 七、戊戌、十八，8.19；解(革)。	**梁國治** 七、己亥；寧布遷。十、癸亥、十五，11.12；兼署湖督及荊將。	
湖 南	**方世儁** 十一、壬午、四，12.1；解(殺)。直布改黔布觀音保署。	**宮兆麟** 十二、辛亥、三，12.30；桂撫改。	
廣 東	(滿)**鐘音** 十二、辛亥；憂免。	(滿)**德保** 十二、辛亥；吏左授。	
廣 西	**宮兆麟** 十二、辛亥；改湘撫。	**陳輝祖** 十二、辛亥；寧布遷。	
雲 南	(滿)**明德** 正、辛卯、七，2.13；遷雲督。 十、乙卯；蘇撫署雲督降署。	(滿)**喀寧阿** 正、辛卯；任。三、壬子； 改豫撫。	(滿)**彰寶** 三、壬子；任。十、乙卯；遷雲督。
貴 州	(滿)**良卿** 十、癸亥；解(殺)。	(滿)**喀寧阿** 十、甲子；豫撫改。	

乾隆三五年 庚寅(1770)

(滿)**永德**
三、戊戌、廿一,4.16;改豫撫。

(滿)**薩載**
三、戊戌;蘇布署。十月,召陛,布政李湖護。

胡文伯
七、辛酉、十七,9.6;降湘布。

裴宗錫
七、辛酉;皖布遷。

(滿)**富明安**

(滿)**鄂寶**

(滿)**富尼漢**
三、戊戌;召京(降鄂布)。 布政何煟護。

(滿)**永德**
三、戊戌;蘇撫改。

(滿)**文綬**

(滿)**温福**
閏五、甲寅、九,7.1;召京(吏右)。
閩督崔應階兼署。

(滿)**鐘音**
閏五、己未、十四,7.6;署吏右署。
十、辛巳、九,11.25;署閩督。

熊學鵬
十一、辛未、廿九,1.14;憂免。

(滿)**富勒渾**
十一、辛未;布政遷。

(滿)**海明**

梁國治

宮兆麟
三、辛巳、四,3.30;改黔撫。
湖督吴達善兼署。

(滿)**德福**
三、癸未、六,4.1;鄂按署。
十、壬午、十,11.26;署川督。

吴達善
十、壬午;湖督兼署。

(滿)**德保**

陳輝祖

(滿)**明德**
七、壬申、廿八,9.17;死。

(滿)**諾穆親**
七、壬申;按察署。

(滿)**喀寧阿**
三、辛巳;召京(刑左)。

宮兆麟
三、辛巳;湘撫改。
十一、乙丑、廿三,1.8;召京(降甘按),布政三寶護。

李　湖
十二、庚寅、十八,2.2;蘇布遷。

巡撫年表

年代	乾隆三六年　辛卯(1771)		
江 蘇	(滿)薩戴 （署）		
安 徽	裴宗錫		
山 東	(滿)富明安 三、戊午、十七,5.1;遷閩督。	周元理 三、戊午,直布遷。 十、丁亥、廿,11.26;遷直督。	(漢)徐　績 十、丁亥;工右授。
山 西	(滿)鄂寶 十、戊辰、一,11.7;召京(刑右)。	(滿)三寶 十、戊辰;黔布遷。	
河 南	(滿)永德 五、辛丑、一,6.13;改湘撫。	何　焢 五、辛丑;布政遷。	
陝 西	(滿)文綬 五、辛丑;署陝督。九、丁卯、卅,11.6;遷川督。	(滿)勒爾謹 五、辛丑;布政護。九、丁卯;布政遷。	
福 建	(滿)鍾音 三、戊午;卸署閩督。五、辛丑;遷閩督。	余文儀 五、辛丑;刑右授。	
浙 江	(滿)富勒渾		
江 西	(滿)海明		
湖 北	梁國治 九、丁卯;改湘撫。	陳輝祖 九、丁卯;桂撫改。	
湖 南	吳達善 五、辛丑;遷陝督。	(滿)永德 五、辛丑;豫撫改。九、丁卯;改桂撫。	梁國治 九、丁卯;鄂撫改。
廣 東	(滿)德保		
廣 西	陳輝祖 九、丁卯;改鄂撫。	(滿)永德 九、丁卯;湘撫改。	
雲 南	(滿)諾穆親		
貴 州	李　湖		

乾隆三七年　壬辰(1772)

| (滿)薩載 |
| (署) |

| 裴宗錫 |

| (漢)徐　績 |

| (滿)三寶 |

| 何　煟 |

(滿)勒爾謹	(滿)富勒渾	(覺羅)巴延三
六、甲申、廿,7.20;署陝督。　布政畢沅護。	六、丙戌;浙撫改。	六、辛卯;豫布遷。
六、丙戌、廿二,7.22;遷陝督。	六、辛卯、廿七,7.27;遷湖督。	

| 余文儀 |

| (滿)富勒渾 | 熊學鵬 |
| 六、丙戌;改陝撫。 | 六、丙戌;原任(服)署。 |

| (滿)海明 | (滿)海成 |
| 五、甲子、川,6.30;遷湖督。 | 五、甲子;魯布遷。 |

| 陳輝祖 |
| 六、辛卯;署湖督。 |

| 梁國治 |

| (滿)德保 |

| (滿)永德 |

| (滿)諾穆親 | 李　湖 |
| 正、乙巳、九,2.12;召京(降調)。 | 正、乙巳;黔撫署。四、乙亥、十,5.12;授。 |

| 李　湖 | (覺羅)圖思德 |
| 正、乙巳;署滇撫。四、乙亥;改。 | 正、乙巳;布政護。四、乙亥;遷。 |

年 代	乾隆三八年　癸巳(1773)		
江 蘇	(滿)**薩載** 　　(署)		
安 徽	**裴宗錫**		
山 東	(漢)**徐　績**		
山 西	(滿)**三寶** 正、壬辰、二,1.24;改浙撫。	(滿)**鄂寶** 正、壬辰;理左授。	(覺羅)**巴延三** 正、壬辰;陝撫署。 十一、壬申、十七,12.30;改湘撫,仍署。
河 南	**何　熐**		
陝 西	(覺羅)**巴延三** 正、壬辰;署晉撫。十一、壬申;改湘撫。		**畢　沅** 正、壬辰;布政護。十一、壬申;授。
福 建	**余文儀**		
浙 江	**熊學鵬** 正、壬辰;改桂撫。		(滿)**三寶** 正、壬辰;晉撫改。
江 西	(滿)**海成**		
湖 北	**陳輝祖** 六、甲寅、廿六,8.14;署湖督。		
湖 南	**梁國治** 十一、壬申;召京(署禮左)。	布政敦福護。	(覺羅)**巴延三** 十一、壬申;陝撫署晉撫改。
廣 東	(滿)**德保**		
廣 西	(滿)**永德** 正、壬辰;署左副。		**熊學鵬** 正、壬辰;浙撫改。
雲 南	**李　湖**		
貴 州	(覺羅)**圖思德**		

乾隆三九年　甲午(1774)

(滿)薩載
　　（署）

　裴宗錫

(漢)徐　績　　　　　　　　　　　　　　　楊景素
　　十、辛巳、一,11.4;解。十、丙午、廿六,11.29;授豫撫。　　十、辛巳;直布遷。

(滿)鄂寶

　何　煟
　　十、辛巳;死(恭惠)。　按察榮柱護。

　畢　沅　　　　　　　　　　　(漢)徐　績
　　　　　　　　　　　　　　　　　十、丙午;魯撫授。

　余文儀

(滿)三寶

(滿)海成

　陳輝祖

(覺羅)巴延三

(滿)德保

　熊學鵬

　李　湖

(覺羅)圖思德
　　正、丙寅、十二,2.22;署雲督。　布政韋謙恒護。

年　代	乾隆四十年　乙未(1775)			
江　蘇	(滿)薩載 十、丙申、廿二,11.14;授。			
安　徽	裴宗錫 五、壬戌、十六,6.13;署滇撫。十、丙申;改黔撫。		(漢)李質穎 五、壬戌;布政護。十、丙申;授。	
山　東	楊景素			
山　西	(滿)鄂寶			
河　南	(漢)徐　績			
陝　西	畢　沅			
福　建	余文儀			
浙　江	(滿)三寶			
江　西	(滿)海成			
湖　北	陳輝祖			
湖　南	(覺羅)巴延三			
廣　東	(滿)德保 十二、丙辰、十三,2.2;解。		熊學鵬 十二、丙辰;桂撫改。	
廣　西	熊學鵬 十二、丙辰;改粵撫。		吳虎炳 十二、丙辰;鄂布遷。	
雲　南	李　湖 二、癸巳、十五, 3.16;革。	(漢)李　瀚(未任) 二、癸巳;贛布遷。 五、壬戌;道死。	裴宗錫 五、壬戌;皖撫改。 十、丙申;改黔撫。	(覺羅)圖思德 十、丙申;黔撫署雲督 兼署。
貴　州	韋謙恒 十、丙申;革、戍。　　吏右袁守侗署。		裴宗錫 十、丙申;滇撫改。	

乾隆四一年　丙申(1776)	
(滿)薩載 三、癸未、十二，4.29；改南河。	(漢)楊　魁 三、癸未；贛布遷。
(漢)李質穎 三、丁酉、廿六，5.13；改粵撫。	閔鶚元 三、丁酉；寧布遷。
楊景素	
(滿)鄂寶 七、丁亥、十八，8.31；湘撫互調。	(覺羅)巴延三 七、丁亥；湘撫改。
(漢)徐　績	
畢　沅 三、甲申、十三，4.30；署陝督。　布政富綱護。	
余文儀 十、辛亥、十三，11.23；遷刑尚。	(滿)德保 十、辛亥；署吏左授，署漕督。
(滿)三寶	
(滿)海成	
陳輝祖	

(覺羅)巴延三 七、丁亥；晉撫互調。	(滿)鄂寶 七、丁亥；晉撫改。 十、壬子、十四，11.24；改漕督。	(滿)敦福 十、癸丑、十五，11.25；布政遷。
熊學鵬 三、丁酉；革。廣督李侍堯兼署。	(漢)李質穎 三、丁酉；皖撫改。	
吳虎炳		
(覺羅)圖思德 　(黔撫署雲督兼署)		
裴宗錫 九、癸巳、廿五，11.5；兼署提督。		

年 代	乾隆四二年　丁酉(1777)		
江 蘇	(漢)楊　魁		
安 徽	閔鶚元		
山 東	楊景素 正、乙酉、十八,2.25;遷廣督。	(漢)郝　碩 正、乙酉;前浙布授,留川辦軍需。 十一、甲戌、十二,12.11;改贛撫。	(滿)國泰 正、乙酉;布政護。 十一、甲戌;授。
山 西	(覺羅)巴延三		
河 南	(漢)徐　績		
陝 西	畢　沅		
福 建	(滿)德保 　(署漕督)		
浙 江	(滿)三寶 五、丁亥、廿三,6.27;遷湖督。	王亶望 五、丁亥;甘布遷。	
江 西	(滿)海成 十一、甲戌;革。江督高晉暫管。	(漢)郝　碩 十一、甲戌;魯撫改。	
湖 北	陳輝祖		
湖 南	(滿)敦福 二、戊午、廿二,3.30;改倉侍。	顏希深 二、戊午;豫布遷。	
廣 東	(漢)李質穎		
廣 西	吳虎炳		
雲 南	(覺羅)圖思德 正、乙酉;回黔撫任。	裴宗錫 正、乙酉;黔撫改。	
貴 州	裴宗錫 正、乙酉;改滇撫。	(覺羅)圖思德 正、乙酉;署雲督并兼署滇撫回任。	

乾隆四三年 戊戌(1775)	
(漢)楊 魁	
閔鶚元	
(滿)國泰	
(覺羅)巴延三	
(漢)徐 績 正、乙酉、廿四,2.20;召京(工左)。 布政榮柱護。	鄭大進 正、乙酉;黔布遷。
畢 沅	
(滿)德保 九、己亥、十三,11.1;遷禮尚。	(漢)黄 檢 九、己亥;布政遷。
王亶望	
(漢)郝 碩	
陳輝祖	
顏望深 三、己丑、廿九,4.25;改兵右。	李 湖 三、己丑;前滇撫授。
(漢)李質穎 二、壬子、廿一,3.19;暫署廣督。	
吳虎炳	
裴宗錫	
(覺羅)圖思德	

巡撫年表

年 代	乾隆四四年　己亥(1779)		
江 蘇	(漢)楊　魁		
安 徽	閔鵾元		
山 東	(滿)國泰		
山 西	(覺羅)巴延三 十二、乙卯、五，1.11；遷廣督。	(滿)雅德 十二、乙卯；倉侍授。	
河 南	鄭大進 正、己丑、四，2.19；鄂撫互調。	陳輝祖 正、己丑；鄂撫改。十二、辛未、 廿一，1.27；改河東。	(滿)榮柱 十二、辛未；布政遷。
陝 西	畢　沅 十二、丁卯、十七，1.23；憂免。	劉秉恬 十二、丁卯；(服)署。	
福 建	(漢)黃　檢 二、丙子、廿一，4.7；召(革)。	(滿)增福 二、丙子；蘇布遷。 五、丙午、廿三，7.6；病免。	(滿)富綱 五、丙午；陝布遷。
浙 江	王亶望		
江 西	(漢)郝　碩		
湖 北	陳輝祖 正、己丑；豫撫互調。	鄭大進 正、己丑；豫撫改。	
湖 南	李　湖		
廣 東	(漢)李質穎 十二、乙卯；兼署廣督。		
廣 西	吳虎炳 四、壬午、廿八，6.12；死。	李世傑 五、丙申、十三，6.26；鄂布遷。 十一、丙午、廿六，1.2；憂免。	姚成烈 五、乙巳、廿二，7.5；粵布護。 十一、丙午；授。
雲 南	裴宗錫 七、庚寅、八，8.19；病免。(廿三，死)	孫士毅 七、庚寅；布政署。 七、乙未、十三，8.24；授。	
貴 州	(覺羅)圖思德 三、戊戌、十四，4.29；遷湖督。 布政李本護。	(滿)舒常 三、戊戌；倉侍授。	

乾隆四五年　庚子(1780)

(漢)**楊　魁** 四、辛酉、十三,5.16;改陝撫。	**吳　壇** 四、辛酉;布政遷。 八、癸酉、廿七,9.25;召京。	**閔鶚元** 八、癸酉;皖撫改。
閔鶚元 八、癸酉;改蘇撫。	(滿)**農起** 八、癸酉;豫布遷。	
(滿)**國泰** 八、己巳、廿三,9.21;兼署東河。		
(滿)**雅德** 四、丁卯、十九,5.22;改陝撫。	(滿)**喀寧阿** 四、丁卯;刑右授。	
(滿)**榮柱** 四、丁卯;改盛刑。	(漢)**楊　魁** 四、丁卯;陝撫改。 十、己酉、四,10.31;憂免。	(滿)**雅德** 十、己酉;陝撫改。
劉秉恬 四、辛酉;署滇撫。	(漢)**楊　魁** 四、辛酉;蘇撫改。 四、丁卯;改豫撫。	(滿)**雅德** 四、丁卯;晉撫改。 十、己酉;改豫撫。 **畢　沅** 十、己酉;原任(服)署。
(滿)**富綱**		
王亶望 三、壬辰、十三,4.17;憂免。閩督三寶兼署。	(漢)**李質穎** 三、壬辰;粵撫改。	
(漢)**郝　碩**		
鄭大進		
李　湖 三、壬辰;改粵撫。	**劉　墉** 三、壬辰;吏右授。	
(漢)**李質穎** 三、壬辰;改浙撫。	**李　湖** 三、壬辰;湘撫改。	
姚成烈		
孫士毅 三、丁酉、十八,4.22;革、戍。	**顏希深** 三、丁酉;兵右署。 四、辛酉;改署黔撫。	**劉秉恬** 四、辛酉;陝撫署。
(滿)**舒常** 二、癸丑、四,3.9;署雲督。	**顏希深** 四、辛酉;署滇撫改。 七、壬寅、廿六,8.25;死。	(漢)**李　本** 七、丁酉;布政護。 七、壬寅;授。

巡撫年表

年 代	乾隆四六年　辛丑(1781)
江 蘇	閔鶚元
安 徽	(滿)農起 四、乙巳、二,4.25;差甘(回民起義)。 十二、辛卯、廿三,2.5;晉撫互調。　　　　　譚尚忠 　　　　　　　　　　　　　　　　　　　　十二、辛卯;晉撫改。
山 東	(滿)國泰
山 西	(滿)喀寧阿　　　　　　(滿)雅德　　　　　　　　譚尚忠　　　　　　　(滿)農起 二、己巳、廿六,　　　　二、己巳;豫撫改。　　十二、丁丑;布政遷。　十二、辛卯;皖 3.20;憂免。　　　　　十二、丁丑、九,1.22;改粵撫。十二、辛卯;皖撫互調。撫改。
河 南	(滿)雅德　　　　　　　　　　　　　　　(滿)富勒渾 二、己巳;改晉撫。　　工右諾穆親署。　　二、己巳;革頂翎閩督賞三品授。
陝 西	畢　沅 (署)
福 建	(滿)富綱　　　　　　　　　　　　　　(漢)楊　魁 五、甲午、廿二,6.13;召京,旋令暫綏。　五、甲午;前豫撫署,旋卸。 八、壬午、十二,9.29;遷雲督。　　　　八、壬午;署。
浙 江	(漢)李質穎　　　　　　　　　　　　　陳輝祖 正、癸卯、卅,2.22;召京。　　　　　正、癸卯;閩督兼管。
江 西	(漢)郝　碩、
湖 北	鄭大進　　　　　　　　　　　　　　姚成烈 十一、戊辰、卅,1.13;遷直督。　十二、己巳;桂撫改。
湖 南	劉墉　　　　　　　　　　　　　　　李世傑 十一、庚子、二,12.16;遷左都。　十一、丙午、八,12.22;前桂撫(服)署。
廣 東	李　湖　　　　　　　　　　　　　(滿)雅德 十二、丁丑;死(恭毅)。　　　十二、丁丑;晉撫改。
廣 西	姚成烈　　　　　　　　　　　　　　朱椿 十二、己巳、一,1.14;改鄂撫。　十二、己巳;布政遷。
雲 南	劉秉恬 (署)八、壬午、十二,9.29;署雲督。
貴 州	(漢)李　本

乾隆四七年　壬寅(1782)

閔鶚元	
譚尚忠 六、壬午、十七,7.26;降閩按。	(滿)**富躬** 六、壬午;桂布遷。
(滿)**國泰** 四、己卯、十三,5.24;革、逮。　工右諾穆親署。	(滿)**明興** 四、己卯;直布遷。
(滿)**農起**	
(滿)**富勒渾** 九、辛亥、十七,10.23;遷閩督。	**李世傑** 九、辛亥;湘撫改。
畢　沅 (署)	
(漢)**楊　魁** 三、癸丑、十六,4.28;病免。(六月死)	(滿)**雅德** 三、癸丑;粤撫改。
陳輝祖 九、辛亥;革、逮。	(滿)**福崧** 十、甲申、廿一,11.25;甘布遷。
(漢)**郝　碩**	
姚成烈	
李世傑 九、辛亥;改豫撫。湖督舒常署。	**查　禮** 九、辛亥;川布遷(未任道死)。
(滿)**雅德** 三、癸丑;改閩撫。	(滿)**尚安** 三、癸丑;陝布遷。
朱　椿	
劉秉恬 (署)	
(漢)**李　本**	

巡 撫 年 表

年 代	乾隆四八年　癸卯(1783)		
江 蘇	閔鶚元		
安 徽	(滿)富躬		
山 東	(滿)明興		
山 西	(滿)農起		
河 南	李世傑 四、辛巳、廿一,5.21;遷川督。	何裕城 四、辛巳;河東改。	
陝 西	畢　沅 正、戊申、十六,2.17;授。 二、己巳、八,3.10;署陝督,布政圖薩布署。		
福 建	(滿)雅德		
浙 江	(滿)福崧		
江 西	(漢)郝　碩		
湖 北	姚成烈		
湖 南	(滿)伊星阿 正、甲午、二,2.3;蘇布遷。		
廣 東	(滿)尚安		
廣 西	朱　椿 三、辛丑、十,4.11;改兵右。	劉　嶔 三、辛丑;晉布遷。 五、丁未;遷直督。	孫士毅 五、丁未、十七,6.16;魯布遷。
雲 南	劉秉恬 正、戊申;授。		
貴 州	(漢)李　本		

乾隆四九年　甲辰(1784)		
閔鄂元		
(滿)**富躬** 六、戊申、廿五，8.10；病免。	(滿)**書麟** 六、戊申；倉侍改。	
(滿)**明興**		
(滿)**農起**		
何裕城		
畢　沅		
(滿)**雅德**		
(滿)**福崧**		
(漢)**郝　碩** 四、壬寅、十八，6.5；解(殺)。	**李　綬** 四、壬寅；閣學授。 四、辛亥、川七，6.14；湘撫互調。	(滿)**伊星阿** 四、辛亥；湘撫改。
姚成烈 七、丁巳、四，8.19；遷禮尚。	**李　綬** 七、丁巳；湘撫改。	
(滿)**伊星阿** 四、辛亥；贛撫互調。	**李　綬** 四、辛亥；贛撫改。七、丁巳；改鄂撫。	**陸　耀** 七、丁巳；魯布遷。
(滿)**尚安** 正、甲寅、廿八，2.18；革、戍。	**孫士毅** 正、甲寅；桂撫改。	
孫士毅 正、甲寅；改粵撫。	**吳　垣** 正、甲寅；吏右授。	
劉秉恬		
(漢)**李　本** 二、壬申、十六，3.7；死。	(滿)**永保** 二、壬申；蘇布遷。	

巡撫年表

年代	乾隆五十年　乙巳(1785)
江　蘇	閔鶚元
安　徽	（滿）書麟
山　東	（滿）明興
山　西	（滿）農起 八、癸卯、廿六,9.29;死。　　　　　　（滿）伊桑阿 八、癸卯;直布遷。
河　南	何裕城 二、辛卯、十一,3.21;陝撫互調。　　　　　畢　沅 二、辛卯;陝撫改。
陝　西	畢　沅 二、辛卯;豫撫互調。　　　何裕城 二、辛卯;豫撫改。　　　（滿）永保 九、戊午、十二,10.14;贛撫互調。　　九、戊午;贛撫改。
福　建	（滿）雅德 七、己酉、二,8.6;遷閩督。　　浦　霖 七、己酉;甘布遷。　　徐嗣曾 七、庚戌;閩布遷。 　　　　　　　　　　　　七、庚戌、三,8.7;改湘撫。
浙　江	（滿）福崧
江　西	（滿）伊星阿 五、壬子、四,6.10;病免。　　（滿）永保 五、甲寅、六,6.12;黔撫改。　　何裕城 九、戊午;陝撫改。 工尚舒常暫署。　　　　　九、戊午;陝撫互調。
湖　北	李　綬 正、丁巳、七,2.15;改兵右。　　　　吳　垣 正、丁巳;桂撫改。
湖　南	陸　燿 七、庚戌、三,8.7;病免(死)。　　　浦　霖 七、庚戌;閩撫改。
廣　東	孫士毅 三、戊辰、十九,4.27;署廣督。
廣　西	吳　垣 正、丁巳;改鄂撫。　　　　　　孫永清 正、丁巳;黔布遷。
雲　南	劉秉恬
貴　州	（滿）永保 五、甲寅;改贛撫。　　　　陳用敷 五、甲寅;粵布遷。　　　（漢）李慶棻 七、辛酉;蘇布遷。 　　　　　　　七、辛酉、十四,8.18;憂免。

乾隆五一年　丙午(1786)

関鵰元
三、辛亥、七,4.5;代辦江督。三、丁巳、十三,4.11;署江督。

(滿)**書麟**
三、戊午、十四,4.12;幫辦南河。

(滿)**明興**

(滿)**伊桑阿**	(滿)**福崧**	(滿)**勒保**
六、乙酉、十三,7.8;憂免。	六、乙酉;浙撫授。九、丁亥、十七,11.7;革。	九、丁亥;兵右授。

畢　沅	**江　蘭**
六、辛丑、廿九,7.24;遷湖督。	六、辛丑;布政遷。
十、丁未、七,11.27;湖督降。	十、丁未;降布政。

(滿)**永保**	(覺羅)**巴延三**
九、戊子、十八,11.8;署陝督。	九、戊子;革廣督授。

徐嗣曾

(滿)**福崧**	(滿)**伊齡阿**	(覺羅)**琅玕**
三、辛未、廿七,4.25;召京。	三、辛未;工右授。	九、乙未;刑右授。
	九、乙未、廿五,11.15;召京(兵右)。	

何裕城

吳　垣	(滿)**圖薩布**	**李　封**
二、己亥、廿五,3.24;死。	二、己亥;陝布遷。	五、丁巳;蘇布遷。
	五、丁巳、十五,6.10;改粵撫,先署湖督。	

浦　霖

孫士毅	(滿)**圖薩布**
四、己亥、廿六,5.23;兼署廣督。五、丁巳;授。	五、丁巳;鄂撫改。

孫永清

劉秉恬	**譚尚忠**
閏七、庚辰、九,9.1;改兵左。	閏七、庚辰;布政遷。

(漢)**李慶棻**

巡撫年表

年代	乾隆五二年　丁未(1787)	乾隆五三年　戊申(1788)
江 蘇	閔鶚元	閔鶚元
安 徽	(滿)書麟　　　　　　陳用敷 十一、乙酉、廿二，　十一、乙酉、前黔撫授。 12.30；遷江督。	陳用敷
山 東	(滿)明興　　　　(覺羅)長麟 二、乙巳、七，3.25；　二、乙巳；刑右改。 刑右互調。	(覺羅)長麟
山 西	(滿)勒保 九、丁亥、廿三，11.2；署陝督。 刑右明興署。	(滿)勒保　　　　　　(滿)海寧 七、庚辰、廿，8.21；直布梁　七、庚辰；兵左署。 肯堂署。十一、癸亥、五，　十一、癸亥；授。 12.2；遷陝督。
河 南	畢　沅	畢　沅　　　　(覺羅)伍拉納 七、庚辰；遷湖督。　七、庚辰；閩布遷。
陝 西	(覺羅)巴延三	(覺羅)巴延三
福 建	徐嗣曾	徐嗣曾
浙 江	(覺羅)琅玕	(覺羅)琅玕
江 西	何裕城	何裕城
湖 北	李　封　　　　　　姜　晟 三、辛卯、廿三，　三、辛卯；刑左改。 5.10；刑左互調。	姜　晟　　　　　(蒙)惠齡 七、辛巳、廿一，8.22；　七、辛巳；吏左授。 改刑左。
湖 南	浦　霖	浦　霖
廣 東	(滿)圖薩布	(滿)圖薩布
廣 西	孫永清	孫永清
雲 南	譚尚忠	譚尚忠
貴 州	(漢)李慶棻	(漢)李慶棻

乾隆五四年　己酉(1789)			
閔鶚元			
陳用敷 十二、丁丑、廿六,2.9;降奉尹。		**(滿)穆和藺** 十二、丁丑;奉尹遷。	
(覺羅)長麟			
(滿)海寧			
(覺羅)伍拉納 正、癸未、廿六,2.20;遷閩督。		**梁肯堂** 正、癸未;直布遷。	
(覺羅)巴延三 七、丙午、廿二,9.11;遷戶尚。		**秦承恩** 七、丙午;布政遷。	
徐嗣曾			
(覺羅)琅玕			
何裕城			
(蒙)惠齡			
浦　霖			
(滿)圖薩布 六、壬午、廿八,8.18;病免(死)。		**(漢)郭世勳** 六、壬午;黔撫改。	
孫永清			
譚尚忠			
(漢)李慶棻 正、丁亥、卅,2.24;死。	**(漢)郭世勳** 正、丁亥;湘布遷。 六、壬午;改粵撫。	**陳步瀛** 六、壬午;黔布遷。 十一、丁酉、十五,12.31;死。	**(宗室)額勒春** 十一、丁酉;陝布遷。

巡撫年表

年代	乾隆五五年　庚戌(1790)			
江蘇	閔鶚元 四、丙寅、十六,5.29;解(革)。	(滿)福崧 四、丙寅;皖撫改。五月,兼署江督。 十、壬申、廿五,12.1;改浙撫。	(覺羅)長麟 十、壬申;革魯撫署。	
安徽	(滿)穆和蘭 二、丁丑、廿六,4.10;改 豫撫。寧布康基田護。	(滿)福崧 二、丁丑;叶爾羌參臣授。 四、丙寅;改蘇撫。	何裕城 四、丙寅;贛撫改。 七、庚子、廿二,8.31;死。	朱珪 七、庚寅、十二, 8.21;吏左授。
山東	(覺羅)長麟 九、庚子、廿三,10.30;革(署蘇撫)。		(蒙)惠齡 九、庚子;鄂撫改。　刑尚胡季堂暫理。	
山西	(滿)海寧 八、庚戌、二,9.10;改浙撫。		(滿)奮麟 八、庚戌;革江督授。	
河南	梁肯堂 二、丁丑;遷直督。		(滿)穆和蘭 二、丁丑;皖撫改。	
陝西	秦承恩			
福建	徐嗣曾 十一、丁丑、一,12.6;死。		浦霖 十一、丁丑;湘撫改。	
浙江	(覺羅)琅玕 八、庚戌;解。	(滿)海寧 八、庚戌;晉撫改。十、壬申;死(勤毅)。	(滿)福崧 十、壬申;蘇撫改。	
江西	何裕城 四、丙寅;改皖撫。		姚棻 四、丙寅;布政遷。	
湖北	(蒙)惠齡 九、庚子;改魯撫。		(滿)福寧 九、庚子;陝布遷。	
湖南	浦霖 十一、丁丑;改閩撫。		馮光熊 十一、丁丑;直布遷。	
廣東	(漢)郭世勳			
廣西	孫永清 六、乙卯、六,7.17;死。　布政英善護。		陳用敷 六、乙卯;奉尹遷。	
雲南	譚尚忠			
貴州	(宗室)額勒春			

乾隆五六年　辛亥(1791)	乾隆五七年　壬子(1792)
(覺羅)**長麟** 　　四、丁卯、廿三,5.25;暫署江督。	(覺羅)**長麟**　　　　　(滿)**奇豐額** 　　五、戊申、十一,6.29;改晉撫。　五、戊申;蘇布遷。
朱　珪	**朱　珪**
(蒙)**惠齡**　　　　　　(覺羅)**吉慶** 　　十一、辛巳、十,12.5;遷　十一、辛巳;户左授。 　　川督。　布政江蘭護。	(覺羅)**吉慶**
(滿)**奮麟**　　　　　　**馮光熊** 　　四、丁卯;遷江督,　　四、丁卯;浙撫改。 　　布政鄭源璹護。	**馮光熊**　　(覺羅)**長麟**　　　　**蔣兆奎** 　五、戊申;召京　五、戊申;蘇撫改。　十二、丙子; 　(署工左)。　　十二、丙子、十二,　布遷。 　　　　　　　　1.23;改浙撫。
(滿)**穆和蘭**	**穆和蘭**
秦承恩	**秦承恩**
浦　霖	**浦　霖**
(滿)**福崧**	(滿)**福崧**　　　　　(覺羅)**長麟** 　　十二、丙子;召京(殺)。　　十二、丙子;晉撫改。
姚　棻	**姚　棻**　　　　　　**陳　淮** 　六、辛巳、十四,8.1;憂免。　六、辛巳;黔撫改。
(滿)**福寧**	(滿)**福寧**
馮光熊　　　　　　**姜　晟** 　　四、丁卯;改晉撫,　　四、丁卯;刑左授。 　　布政王懿德護。	**姜　晟**
(漢)**郭世勳**	(漢)**郭世勳**
陳用敷	**陳用敷**
譚尚忠	**譚尚忠**
(宗室)**額勒春**　　　　**陳　淮** 　　十一、丙戌、十五,　十一、癸未、十二,12.7; 　　12.10;改户右。　鄂布遷。	**陳　淮**　　　　　　**馮光熊** 　六、辛巳;改贛撫。　六、辛巳;署工右授。

年 代	乾隆五八年　癸丑(1793)		
江 蘇	(滿)奇豐額		
安 徽	朱 珪		
山 東	(覺羅)吉慶 八、辛未、十一,9.15;改浙撫。	(蒙)惠齡(未任) 八、辛未;川督授。　布政江蘭護。 九、甲辰、十四,10.18;改鄂撫。	(滿)福寧 九、甲辰;鄂撫改。
山 西	蔣兆奎		
河 南	(滿)穆和藺		
陝 西	秦承恩		
福 建	浦 霖		
浙 江	(覺羅)長麟 八、辛未;遷川督。	(覺羅)吉慶 八、辛未;魯撫改。	
江 西	陳 淮		
湖 北	(滿)福寧 九、甲辰;改魯撫。	(蒙)惠齡 九、甲辰;川督授魯撫改。	
湖 南	姜 晟		
廣 東	(漢)郭世勳		
廣 西	陳用敷		
雲 南	譚尚忠 三、乙卯、廿二,5.2;改刑右。	馮光熊 三、乙卯;黔撫改,仍留署。	雲督富綱兼署。 八月,布政費淳護。
貴 州	馮光熊 三、乙卯;改滇撫,仍留署。	(滿)英善 三、乙卯;川布遷。(留川)	

乾隆五九年　甲寅(1794)

(滿)奇豐額

朱　珪	陳用敷	(蒙)惠齡
五、甲辰、十八,6.16;改粵撫。	五、甲辰;桂撫改。 十、己卯、廿五,11.17;鄂撫互調。	十、己卯;鄂撫改。(留鄂)

(滿)福寧	(滿)穆和藺	畢　沅
八、甲戌、廿,9.13;豫撫互調。	八、甲戌;豫撫改。 八、甲申、卅,9.23;回任。	八、甲申;湖督降。

蔣兆奎

(滿)穆和藺	(滿)福寧	(滿)阿精阿
八、甲戌;魯撫互調。八、甲申;回任。 十一、甲辰、廿,12.12;革。	八、甲戌;魯撫改。 八、甲申;遷湖督。	十一、甲辰;刑右授。

秦承恩

浦　霖

(覺羅)吉慶
　　正、乙卯、廿七,2.26;兼署杭將。

陳　淮

(蒙)惠齡	姚　棻(未任)	陳用敷
九、甲辰、廿,10.13;召京。 十、己卯;皖撫互調。	九、甲辰;桂撫改。 十、己卯;仍留。	十、己卯;皖撫改。

姜　晟

(漢)郭世勳	朱　珪
五、甲辰;病免。(六月死)	五、甲辰;皖撫改。

陳用敷	姚　棻
五、甲辰;改皖撫。	五、甲辰;前贛撫授。 九、甲辰;改鄂撫。十、己卯;仍留。

馮光熊
　　(留黔)布政費淳署。

(滿)英善
　　(留川)滇撫馮光熊署。

巡 撫 年 表

年 代	乾隆六十年　乙卯(1795)		
江 蘇	(滿)**奇豐額** 五、丁巳、七,6.23;革。蘇布張誠基護。	**費　淳** 五、丁巳;皖撫改。	
安 徽	(蒙)**惠齡** (留鄂)四、己酉、廿九,6.15;辦軍務。 五、丁卯、十七,7.3;改戶右。	**費　淳**(未任) 四、己丑、九,5.20;滇布遷。 五、丁巳;改蘇撫。	**汪　新** 五、戊辰、十八,7.4;鄂布遷。
山 東	**畢　沅** 正、丙戌、三,1.23;遷湖督。	(滿)**玉德** 正、丙戌;刑左授。	
山 西	**蔣兆奎**		
河 南	(滿)**阿精阿** 五、甲子、十四,6.30;署刑右。	(滿)**景安** 五、甲子;戶右授。	
陝 西	**秦承恩**		
福 建	**浦　霖** 四、己亥、十九,6.5;召京。 五、丙辰、六,6.22;革。	**姚　棻** 四、己亥;滇撫改。 六、戊申、廿九,8.13;解、 質。十、甲申、七,11.17;護。	六、戊申;福將魁倫兼署。 十、甲申;兼署閩督。
浙 江	(覺羅)**吉慶**		
江 西	**陳　淮**		
湖 北	**陳用敷** 正、戊子、五,1.25;黔撫互調。	(滿)**英善** 正、戊子;黔撫改。(留川) 正、戊子;湖督畢沅兼署。 六、壬午、三,7.18;戶右惠齡留署。	
湖 南	**姜　晟**		
廣 東	**朱　珪** 四、癸巳、十三,5.30;授左都,留任。八、丙申、十八,9.30;改兵尚,仍留任。		
廣 西	**姚　棻** 二、癸丑、一,2.19;改黔撫。	(滿)**成林** 二、癸丑;布政遷。	
雲 南	**馮光熊** 閏二、壬辰、十,3.30;仍授黔撫。	**姚　棻**(未任) 閏二、壬辰;黔撫改。 四、己亥;改閩撫。	**江　蘭** 四、己亥;按遷。
貴 州	(滿)**英善** 正、戊子;鄂撫互調。	**陳用敷** 正、戊子;鄂撫改。 二、癸丑;革。	**姚　棻**(未任) 二、癸丑;桂撫改。 閏二、壬辰;滇撫互調。　　**馮光熊** 閏二、壬辰;滇撫改。

嘉 慶 元 年　丙辰(1796)		
費　淳		
汪　新 六、乙亥、一,7.5;改鄂撫。	**張誠基** 六、乙亥;蘇布遷。 八、辛丑、廿九,9.29;改粵撫。	**朱　珪** 八、辛丑;廣督授。
(滿)**玉德** 六、癸卯、廿九,8.2;改浙撫。	(滿)**伊江阿** 六、癸卯;鑲白滿副授。	
蔣兆奎		
(滿)**景安**		
秦承恩		
姚　棻 六、乙亥;仍護。　福將兼署閩督魁倫署:六、乙亥;授閩督。		
(覺羅)**吉慶** 六、乙亥;遷廣督。	(滿)**玉德** 六、癸卯;魯撫改。	
陳　淮 十二、乙亥、四,1.1;革。　江督蘇凌阿署。		
(滿)**英善** 六、乙亥;改粵撫。	**汪　新** 六、乙亥;皖撫改。	
姜　晟		
朱　珪 (兵尚)六、乙亥;遷廣督。	(滿)**英善** 六、乙亥;鄂撫改。 八、辛丑;改刑右。	**張誠基** 八、辛丑;皖撫改。
(滿)**成林**		
江　蘭		
馮光熊		

巡 撫 年 表

年 代	嘉 慶 二 年　丁巳(1797)			
江 蘇	**費　淳** 七、庚午、三,8.24;改閩撫。 九、甲申、十八,11.6;回任。	**康基田** 七、庚午;魯布遷。 九、甲申;改東河。		
安 徽	**朱　珪** 三、癸亥、廿三,4.19;遷兵尚,留任。 八、丙辰、廿,10.9;改吏尚,仍留。	**張誠基**(未任) 三、癸亥;粵撫改。 四、丁亥、十七,5.13;改贛撫。		
山 東	(滿)**伊江阿**			
山 西	**蔣兆奎** 十一、癸未、十八,1.4;病免。	(滿)**倭什布** 十一、癸未;陝布遷。		
河 南	(滿)**景安** △封三等伯。			
陝 西	**秦承恩**			
福 建	**姚　棻** 四、丙子、六,5.2;病免。	**田鳳儀**(未任) 四、丙子;閩布遷。 七、庚午;憂免。	**費　淳** 七、庚午;蘇撫改。 九、甲申;回任。	**汪志伊** 九、甲申;布遷。
浙 江	(滿)**玉德**			
江 西	(蒙)**台布** 正、丙午、五,2.1;戶右暫署。 四、丁亥;改署桂撫。	**張誠基** 四、丁亥;皖撫改。		
湖 北	**汪　新**			
湖 南	**姜　晟**			
廣 東	**張誠基** 三、癸亥;改皖撫。	**陳大文** 四、丙子;布遷。		
廣 西	(滿)**成林** 四、丁亥;召京。(十月,授兵右)	(蒙)**台布** 四、丁亥;戶右暫署贛撫改署。(十月,改戶左)		
雲 南	**江　蘭**			
貴 州	**馮光熊**			

嘉 慶 三 年　戊午(1798)	
費　淳	
朱　珪 （吏尚）	
(滿)**伊江阿**	
(滿)**倭什布** 　三、癸酉、九，4.24；改豫撫。	(滿)**伯麟** 　三、癸酉；兵右署。 　四、庚申，廿六，6.10；授。
(滿)**景安** 　三、癸酉；遷湖督。	(滿)**倭什布** 　三、癸酉；晉撫改。
秦承恩 　正、庚午、五，2.20；憂，命在任守制，改署。	
汪志伊	
(滿)**玉德**	
張誠基	
汪　新 　四、癸卯、九，5.24；死（勤僖）。	(滿)**高杞** 　四、癸卯；閩布遷。
姜　晟	
陳大文	
(蒙)**台布** 　（戶左署）	
江　蘭	
馮光熊	

巡撫年表

年　代	嘉　慶　四　年　　己未(1799)		
江　蘇	**賁　淳** 二、辛丑、十三,3.18;遷江督。	**(滿)宜興** 二、辛丑;倉侍署魯撫改。 七、丁卯、十一,8.11;解、質。	**(滿)岳起** 七、丁卯;魯布遷。
安　徽	**朱　珪** (吏尚)正、丙寅、七,2.11;召京。	**陳用敷** 正、己巳、十,2.14;布遷。 八、辛丑、十五,9.14;病免。	**荆道乾** 八、辛丑;蘇布遷。
山　東	**(滿)伊江阿** 正、己卯、廿,2.24;革。倉侍宜興署:二、辛丑;改蘇撫。		**陳大文** 正、己卯;粵撫改。 二、辛丑;布政岳起署。
山　西	**(滿)伯麟**		
河　南	**(滿)倭什布** 三、庚午、十二,4.16;遷湖督。	**吳熊光** 三、庚午;直布遷。	
陝　西	**秦承恩** 正、丙戌、廿七,3.3;卸署 守制。(五月革)	**(滿)永保** 正、丙戌;賞頭等侍衛銜署。 八、己酉、廿三,9.22;革。	**(蒙)台布** 八、壬子、廿六,9.25;桂撫改。
福　建	**汪志伊**		
浙　江	**(滿)玉德** 十、戊子、三,10.31;署閩督。	**阮　元** 十、戊子;戶左署。	
江　西	**張誠基**		
湖　北	**(滿)高杞**		
湖　南	**姜　晟**		
廣　東	**陳大文** 正、己卯;改魯撫。	**陸有仁** 正、癸未、廿四,2.28;陝布遷。	
廣　西	**(蒙)台布** 正、乙丑、六,2.10;戶左授。 八、壬子;改陝撫。	**謝啓昆** 八、壬子;浙布遷。	
雲　南	**江　蘭** 五、庚午、十三,6.15;改兵右。	**初彭齡** 五、庚午;兵左改。	
貴　州	**馮光熊**		

嘉慶五年　庚申(1800)

(滿)岳起

荆道乾

陳大文	蔣兆奎	(蒙)惠齡
正、癸亥、十,2.3;憂免。	正、癸亥;工右改。 閏四、己未、七,5.30;降,布全保護。	閏四、己未;兵左改。

(滿)伯麟

吳熊光

(蒙)台布	陸有仁
九、乙未、十六,11.2;解(革)。　陝安鎭慶成署。	九、壬寅、廿三,11.9;刑右授。

汪志伊

(滿)玉德	阮元
正、辛酉、八,2.1;遷閩督。	正、辛酉;戶右授。

張誠基

(滿)高杞	(滿)倭什布
二、庚戌、廿七,3.22;改刑右。	△二月,湖督降。

姜晟	祖之望	(漢)馬慧裕
正、辛未、十八,2.11;遷湖督。	正、辛未;刑右改。 九、壬寅;改刑右。	九、壬寅;豫布遷。

陸有仁	(滿)瑚圖禮
二、乙未、十二,3.7;改工右。	二、乙未;盛刑授。

謝啓昆

初彭齡

馮光熊	(覺羅)琅玕	(滿)伊桑阿
二、庚戌、廿七,3.22;改兵左。	二、庚戌;刑右授。 十、戊辰、十九,12.5;遷雲督。	十、戊辰;刑右授。

年 代	嘉 慶 六 年　辛酉(1801)			
江 蘇	(滿)**岳起**			
安 徽	**荊道乾** 十、己巳、廿六， 12.1；病免。	(滿)**和寧** 十、己巳；倉侍授。 十一、丁丑、四，12.9； 改魯撫。	**李殿圖** 十一、丁丑；閩布遷。 十二、戊辰、廿六， 1.29；改閩撫。	**王汝璧** 十二、戊辰；蘇布遷。
山 東	(蒙)**惠齡** 十一、丁丑；遷陝督。		(滿)**和寧** 十一、丁丑；皖撫改。	
山 西	(滿)**伯麟**			
河 南	**吳熊光** 四、壬戌、十六，5.28；遷湖督。		**顏　檢** 四、壬戌；直布遷。	
陝 西	**陸有仁**			
福 建	**汪志伊** 十二、戊辰；病免。		**李殿圖** 十二、戊辰；皖撫改。	
浙 江	**阮　元**			
江 西	**張誠基**			
湖 北	(滿)**倭什布** 四、辛酉、十五，5.27；遷湖督。		(蒙)**全保** 四、辛酉；魯布遷。	
湖 南	(漢)**馬慧裕**			
廣 東	(滿)**瑚圖禮**			
廣 西	**謝啓昆**			
雲 南	**初彭齡** 三、癸未、七，4.19；乞養。	(滿)**伊桑阿** 三、癸未；黔撫改。七、癸未、九，8.17；革。		**孫曰秉** 七、癸未；黔撫改。
貴 州	(滿)**伊桑阿** 三、癸未；改滇撫。	**孫曰秉** 三、癸未；寧布遷。七、癸未；改滇撫。		(滿)**常明** 七、癸未；布遷。

嘉慶七年　壬戌(1802)

(滿)**岳起**

王汝璧

(滿)**和寧**	**祖之望**	(滿)**倭什布**
七、甲午、廿六，8.23；解(革)。	七、甲午；刑左改。 十一、庚午、三，11.27；改陝撫。	十一、庚午；魯布遷。

(滿)**伯麟**

顏檢	(漢)**馬慧裕**
四、戊申、八，5.9；署直督。	四、戊申；湘撫改。

陸有仁	**祖之望**
十一、庚午；死。	十一、庚午；魯撫改。

李殿圖

阮元

張誠基		**秦承恩**
十一、庚寅、廿三，12.17；革。	刑右姜晟署。	十一、庚寅；革陝撫以三品授。

(蒙)**全保**

(漢)**馬慧裕**	(滿)**高杞**
四、戊申；改豫撫。	四、戊申；兵左授。

(滿)**瑚圖禮**	(滿)**鐵保**
十一、庚寅；署粵督，那彥成署。 十一、辛卯、廿四，12.18；還。	十一、辛卯；漕督授。

謝啓昆	**孫玉庭**
七、己卯、十一，8.8；死。	七、己卯；鄂布遷。

孫日秉	(滿)**永保**
十、甲子、廿六，11.21；老，召京(死)。 刑左署黔撫初彭齡署。	十一、庚寅；烏里雅蘇台參贊大臣授。

(滿)**常明**	(滿)**富尼善**(未任)	(滿)**福慶**
八、己酉、十一，9.7；革。	八、己酉；鑲藍蒙副授。 (旋死)	九、丁丑、九，10.5；皖布遷。　刑左初彭齡署。 十、甲子；布百齡護。

巡撫年表

年代	嘉慶八年　癸亥(1803)			
江蘇	(滿)**岳起** 五、庚戌、十七,7.5;召京(署禮左)。		**汪志伊** 五、庚戌;署刑左授。	
安徽	**王汝璧** 閏二、丁卯、二,3.24;病,召京(授閣學)。 十二、乙丑、四,1.16;閣學仍授。		(滿)**阿林保** 閏二、丁卯;布遷。 十二、乙丑;改湘撫。	
山東	(滿)**倭什布** 正、庚午、四,1.26;遷廣督。		(滿)**鐵保** 正、庚午;粵撫改。	
山西	(滿)**伯麟**			
河南	(漢)**馬慧裕**			
陝西	**祖之望** 八、丁卯、五,9.20;改粵撫。		**方維甸** 八、丁卯;陝布遷。	
福建	**李殿圖**			
浙江	**阮　元**			
江西	**秦承恩**			
湖北	(蒙)**全保**			
湖南	(滿)**高杞** 十二、乙丑;召京(革)。刑右廣音署。		(滿)**阿林保** 十二、乙丑;皖撫改。	
廣東	(滿)**鐵保** 正、庚午;改魯撫。	(滿)**瑚圖禮** 正、庚午;廣督仍授。 八、丁卯;病免。	**祖之望** 八、丁卯;陝撫改。 九、丙午、十四,10.29;省假。	**孫玉庭** 九、丙午;桂撫改。
廣西	**孫玉庭** 九、丙午;改粵撫。		(漢)**百　齡** 九、丙午;滇布遷。	
雲南	(滿)**永保**			
貴州	(滿)**福慶**			

嘉 慶 九 年　甲子(1804)	
汪志伊	
王汝璧 十二、戊午、三,1.3;改兵左。	**(蒙)晟齡** 十二、戊午;直提授。
(滿)鐵保	
(滿)伯麟 七、己亥、十三,8.17;遷雲督。	**(滿)同興** 七、己亥;鄂布遷。
(漢)馬慧裕	
方維甸	
李殿圖	
阮　元	
秦承恩	
(蒙)全保 九、丙午、廿,10.23;憂免(理右)。	**(滿)瑚圖禮** 九、丙午;工右授。
(滿)阿林保	
孫玉庭 十一、甲寅、廿九,12.30;桂撫互調。	**(漢)百　齡** 十一、甲寅;桂撫改。
(漢)百　齡 十一、甲寅;粵撫互調。	**孫玉庭** 十一、甲寅;粵撫改。
(滿)永保	
(滿)福慶	

年 代	嘉 慶 十 年 乙丑(1805)		
江 蘇	汪志伊		
安 徽	(蒙)長齡 十一、丙辰、七,12.27;改魯撫。	(滿)成寧 十一、丙辰;湘布遷。	
山 東	(滿)鐵保 正、辛亥、廿六,2.25;遷江督。	(蒙)全保 正、辛亥;理右授。 十一、丙辰;遷湖督。	(蒙)長齡 十一、丙辰;皖撫改。
山 西	(滿)同興		
河 南	(漢)馬慧裕		
陝 西	方維甸		
福 建	李殿圖		
浙 江	阮 元 閏六、甲辰、廿三,8.17;憂免。	(滿)清安泰 閏六、甲辰;布遷贛撫(未任)改。	
江 西	秦承恩 閏六、壬午、一,7.26;遷左都,仍署。 十、戊子、九,11.29;召京。	(滿)清安泰(未任) 閏六、壬午;浙布遷。 閏六、甲辰;改浙撫。	溫承惠 十、戊子;豫布遷。
湖 北	(滿)瑚圖禮		
湖 南	(滿)阿林保		
廣 東	(漢)百 齡 六、庚申、八,7.4;遷湖督。	孫玉庭 六、庚申;桂撫改。	
廣 西	孫玉庭 六、庚申;改粵撫。	汪日章 六、庚申;蘇布遷。	
雲 南	(滿)永保		
貴 州	(滿)福慶		

嘉慶十一年　丙寅(1806)

汪志伊 八、庚寅、十六,9.27;遷工尚。	**汪日章** 八、庚寅;桂撫改。
(滿)**成寧** 九、癸丑、九,10.20;改晉撫。	**初彭齡** 九、癸丑;閣學授。
(蒙)**長齡**	
(滿)**同興** 九、癸丑;解(革)。	(滿)**成寧** 九、癸丑;皖撫改。
(漢)**馬慧裕**	
方維甸	

李殿圖 二、己亥、廿一,4.9;贛撫互調。	**溫承惠** 二、己亥;贛撫改。 十、丁亥、十四,11.23;署直督。 阮元署:病,未任。	**張師誠** 十、癸卯、卅,12.9;贛撫改。
(滿)**清安泰**		

溫承惠 二、己亥;閩撫 互調。	**李殿圖** 二、己亥;閩撫改。 三、丙辰、八, 4.26;召京。	(滿)**景安** 三、丙辰;閩布遷。 五、丙寅、十九,7.5;改湘撫。	**張師誠** 五、丙寅;蘇布遷。 十、癸卯;改閩撫。	**金光悌** 十、癸卯;刑 左授。
(滿)**瑚圖禮** 十月,兼署湖督。 十一、庚申、十七,12.26;遷吏尚。			**章　煦** 十一、庚申;鄂布遷。	
(滿)**阿林保** 五、丙寅;遷閩督。			(滿)**景安** 五、丙寅;贛撫改。	
孫玉庭				
汪日章 八、庚寅;改蘇撫。			(滿)**恩長** 八、庚寅;布遷。	
(滿)**永保**				
(滿)**福慶**				

年 代	嘉慶十二年　丁卯(1807)	
江 蘇	**汪日章**	
安 徽	**初彭齡** 五、丁未、六,6.11;憂免。	**董敎增** 五、丁未;川布遷。 十二、己丑、廿二,1.19;暫署鄂撫,布鄂雲布護。
山 東	(蒙)**長齡** 五、己未、十八,6.23;遷陝督。	(滿)**吉綸** 五、己未;漕督授。
山 西	(滿)**成寧**	
河 南	(漢)**馬慧裕** 十二、癸未、十六,1.13;降閱學。	(滿)**清安泰** 十二、癸未;浙撫改。
陝 西	**方維甸**	
福 建	**張師誠**	
浙 江	(滿)**清安泰** 十二、癸未;改豫撫。	**阮　元** 十二、癸未;兵右改。
江 西	**金光悌**	
湖 北	**章　煦** 十二、己丑;葬假,皖撫董敎增暫授。	
湖 南	(滿)**景安**	
廣 東	**孫玉庭**	
廣 西	(滿)**恩長**	
雲 南	(滿)**永保**	
貴 州	(滿)**福慶**	

嘉慶十三年　戊辰(1808)		

汪日章

董教增

(滿)**吉綸**
十二、庚申、廿九,2.13;改贛撫。

(漢)**百　齡**
十二、庚申;魯布遷。

(滿)**成寧**

(滿)**清安泰**

方維甸

張師誠

阮　元

金光悌
十二、庚申;遷刑尚。

(滿)**吉綸**
十二、庚申;魯撫改。

章　煦
六、乙巳、十一,8.2;改刑左。

(滿)**常明**
六、乙巳;陝布遷。

(滿)**景安**

孫玉庭
十、甲辰、十二,11.29;改黔撫。

(滿)**永保**
十、甲辰;滇撫改。
十一、壬午、廿一,1.6;遷廣督。

韓　崶
十一、壬午;按遷。

(滿)**恩長**

(滿)**永保**
十、甲辰;改粵撫。

章　煦
十、甲辰;黔撫改。

(滿)**福慶**
九、己丑、廿六,11.14;降三調。

章　煦
九、己丑;刑左授。
十、甲辰;改滇撫。

孫玉庭
十、甲辰;粵撫改。

巡撫年表

年　代	嘉慶十四年　己巳（1809）		
江　蘇	**汪日章** 七、壬申、十四，8.24；革。	（漢）**蔣攸銛** 七、壬申；蘇布遷。 八、庚戌、廿二，10.1；改浙撫。	**章　煦** 八、庚戌；滇撫改。
安　徽	**董教增**		
山　東	（漢）**百　齡** 正、丁卯、七，2.20；遷廣督。	（滿）**吉綸** 正、丁卯；贛撫改。	
山　西	（滿）**成寧** 七、壬申；改陝撫。	**金應琦** 七、壬申；布遷（病，未任）。 十一月，解。（刑右）	服闋皖撫初彭齡署：八、 庚戌；授刑右。十二、 乙巳、廿，1.24；改陝撫。 ｜（滿）**衡齡** 十二、乙巳；粵布 遷。
河　南	（滿）**清安泰** 四、壬子、廿三，6.5；死。布政錢楷護。	（滿）**恩長** 四、壬子；桂撫改。	
陝　西	**方維甸** 七、壬申；遷陝督。	（滿）**成寧** 七、壬申；晉撫。十二、乙巳；革。	**初彭齡** 十二、乙巳；刑右署晉撫改。
福　建	**張師誠**		
浙　江	**阮　元** 八、庚戌；解。	（漢）**蔣攸銛** 八、庚戌；蘇撫改。	
江　西	（滿）**吉綸** 正、丁卯；改魯撫。	（滿）**先福** 正、丁卯；粵布遷。	
湖　北	（滿）**常明**		
湖　南	（滿）**景安**		
廣　東	**韓　崶**		
廣　西	（滿）**恩長** 四、壬子；改豫撫。	**許兆椿** 四、壬子；倉侍授。 十二、辛卯、六，1.10；改漕督。	**錢　楷** 十二、辛卯；豫布遷。
雲　南	**章　煦** 五、壬午、廿三，7.5；署黔撫，雲督伯麟兼署。 八、庚戌；改蘇撫。	（滿）**同興** 八、庚戌；皖布遷。	
貴　州	**孫玉庭** 四、戊午、廿九，6.11；革。 五、壬午；滇撫章煦署。	服闋皖撫初彭齡署：五月，病解。	（滿）**鄂雲布** 五、辛酉、二，6.14；皖布遷。

嘉慶十五年　庚午(1810)

章　煦

蓸教增
　　三、丙辰、二, 4.5; 改陝撫。

(滿)廣厚
　　三、丙辰; 浙布遷。

(滿)吉綸

(滿)衡齡

(滿)恩長

初彭齡
　　二、庚戌、廿六, 3.30; 降(四京候)。

蓸教增
　　三、丙辰; 皖撫改。

張師誠

(漢)蔣攸銛
　　十一、甲子、十三, 12.9; 改南河。
　　十二、戊戌、十八, 1.12; 仍任。

(滿)同興
　　十一、甲子; 鄂撫改。
　　十二、戊戌; 改黔撫。

(滿)先福

(滿)常明
　　二、丙申、十二, 3.16; 遷川督。

(滿)同興
　　二、丙申; 滇撫改。
　　十一、甲子; 改浙撫。

錢　楷
　　十一、甲子; 桂撫改。

(滿)景安

韓　對

錢　楷
　　十一、甲子; 改鄂撫。

(滿)成林
　　十一、甲子; 理右改。

(滿)同興
　　二、丙申; 改鄂撫。

孫玉庭
　　二、丙申; 編修賞三品授。

(滿)鄂雲布
　　十二、戊戌; 召京。

(滿)同興
　　十二、戊戌; 浙撫改。

巡 撫 年 表

年 代	嘉慶十六年　辛未(1811)		
江 蘇	**章　煦**		
安 徽	(滿)**廣厚** 七、壬午、六,8.24;改湘撫。	**錢　楷** 七、壬午;工左授。	
山 東	(滿)**吉綸** 閏三、丁未、廿九,5.21;改理右兼京右。	(滿)**同興** 閏三、丁未;黔撫改。	
山 西	(滿)**衡齡** 八、甲寅、八,9.25;憂免。 十一、辛卯、十六,12.31;仍任。	刑右成寧署。	
河 南	(滿)**恩長** 五、乙未、十八,7.8;解。 改以三等侍衛爲烏里雅蘇台參贊大臣。	(蒙)**長齡** 五、乙未;革陝督授。	
陝 西	**董教增**		
福 建	**張師誠**		
浙 江	(漢)**蔣攸銛** 九、乙未、廿,11.5;遷廣督。	(滿)**鐵保**(未任) 九、乙未;喀什噶爾參贊授。 九、辛丑、廿六,11.11;改吏左。	(滿)**高杞** 九、辛丑;熱河道遷。
江 西	(滿)**先福**		
湖 北	**錢　楷** 四、癸酉、廿六,6.16;改以侍郎用。 (五月、授戶右)	**張映漢** 四、癸酉;晉布遷。	
湖 南	(滿)**景安** (閏學)七、壬午;病免。	(滿)**廣厚** 七、壬午;皖撫改。	
廣 東	**韓崶**		
廣 西	(滿)**成林**		
雲 南	**孫玉庭**		
貴 州	(滿)**同興** 閏三、丁未;改魯撫。	**顏　檢** 閏三、丁未;滇按遷。	

嘉慶十七年　壬申(1812)	嘉慶十八年　癸酉(1813)
章　煦　　　　　　朱　理 三、庚子、廿八，5.8；　　三、庚子；刑左改。 改刑右。	朱　理
錢　楷　　　　　　胡克家 八、乙丑、廿五，9.30；死。　八、乙丑；寧布遷。	胡克家
(滿)同興	(滿)同興
(滿)衡齡	(滿)衡齡
(蒙)長齡	(蒙)長齡　　　　　　方受疇 七、甲申、廿，8.15；改　七、甲申；浙撫改。 烏都，布台斐音署。
董教增	董教增　　　　　　朱　勳 十、丙申、三，10.26；　十、丙申；陝布遷。 改粵撫。
張師誠	張師誠
(滿)高杞	(滿)高杞　　　　方受疇　　　李奕疇 三、甲戌、七，4.7；　三、甲戌；直布遷。　七、甲申； 改刑左，仍署。　　七、甲申；改豫撫。　皖布遷。
(滿)先福	(滿)先福
張映漢	張映漢
(滿)廣厚	(滿)廣厚
韓　崶	韓　崶　　　　　　董教增 十、丙申；遷刑尚。　　十、丙申；陝撫改。
(滿)成林	(滿)成林
孫玉庭	孫玉庭
顏　檢　　　(滿)景敏 五、己丑、十八，6.26；　五、己丑；閩布遷。 降二調。	(滿)景敏　　　　　　許兆椿 △二月，死。　　　　三、甲戌；吏右授。

巡撫年表

年代	嘉慶十九年　甲戌(1814)
江 蘇	**朱 理** 三、癸巳、二,4.21;降閣學。　　　　　　**張師誠** 　　　　　　　　　　　　　　　　三、癸卯、十二,5.1;閩撫改。 　　　　　　　　　　　　　　　　六、乙亥、十六,8.1;省假,倉侍初彭齡暫署。
安 徽	**胡克家**
山 東	(滿)**同興** 七、乙未、七,8.21;解(革)。吏尚章煦署。　　**陳 預** 　　　　　　　　　　　　　　　七、辛亥、廿三,9.6;浙撫改。
山 西	(滿)**衡齡**
河 南	**方受疇**
陝 西	**朱 勳**
福 建	**張師誠** 三、癸卯;改蘇撫。　　　　**陳 預** 　　　　　　　　三、癸卯;刑右授。　　　　　**王紹蘭** 　　　　　　　　七、丙申、八,8.22;改浙撫。　　七、丙申;閩布遷。
浙 江	**李奕疇** 四、壬午、廿一,6.9; 改漕督。　　**許兆椿** 四、壬午;刑右授。 七、丙申;解(死)。　　**陳 預** 七、丙申;閩撫改。 七、辛亥;改魯撫。　　**顏 檢** 七、辛亥;魯鹽運使遷。
江 西	(滿)**先福** 三、癸卯;遷陝督。　　　　　　**阮 元** 　　　　　　　　　　三、癸卯;漕督授。
湖 北	**張映漢**
湖 南	(滿)**廣厚**
廣 東	**董教增**
廣 西	(滿)**成林** 二、丙辰、廿四,3.15;改刑右。　　　　(蒙)**台斐音** 　　　　　　　　　　　　　二、丙辰;豫布遷。
雲 南	**孫玉庭**
貴 州	**許兆椿** 正、癸未、廿一,2.10;改刑左。　　　(滿)**慶保** 　　　　　　　　　　　正、癸未;蘇布遷。

嘉慶二十年　乙亥(1815)	
張師誠	
胡克家	
陳　預	
(滿)衡齡	
方受疇	
朱　勳	
王紹蘭	
顏　檢 　　十二、壬子、二,12.31;革。	孫玉庭 　　十二、壬子;滇撫改。
阮　元	
張映漢	
(滿)廣厚 　　八、丁丑、廿五,9.27;死。	(蒙)巴哈布 　　八、丁丑;鄂布遷。
蘆教增	
(蒙)台斐音 　　二、甲申、廿八,4.7;死。	(滿)慶保 　　二、甲申;黔撫改。
孫玉庭 　　十二、壬子;改浙撫。	陳若霖 　　十二、壬子;川布遷。
(滿)慶保 　　二、甲申;改桂撫。	曾　燠 　　二、甲申,粵布遷。

巡 撫 年 表

年 代	嘉慶二一年　丙子(1816)		
江 蘇	**張師誠** 四、乙亥、廿六,5.22;革。	**胡克家** 四、乙亥;皖撫改。	
安 徽	**胡克家** 四、乙亥;改蘇撫。	**康紹鏞** 四、乙亥;皖布遷。	
山 東	**陳 預**		
山 西	(滿)**衡齡**		
河 南	**方受疇** 六、戊寅;卅,7.24;遷直督。	**阮 元** 六、戊寅;贛撫改。 十一、壬子、七,12.25;遷湖督。	(滿)**文寧** 十一、壬子;黔撫改。
陝 西	**朱 勳**		
福 建	**王紹蘭**		
浙 江	**孫玉庭** 五、辛卯、十二,6.7;遷湖督。	**張映漢** 五、辛卯;鄂撫改。 六、壬戌、十四,7.8;鄂撫互調。	**楊 譓** 六、壬戌;鄂撫改。
江 西	**阮 元** 六、戊寅;改豫撫。	**錢 臻** 六、戊寅;直布遷。	
湖 北	**張映漢** 五、辛卯;改浙撫。 六、壬戌;浙撫互調。	**楊 譓** 五、辛卯;蘇布遷。 六、壬戌;改浙撫。	
湖 南	(蒙)**巴哈布**		
廣 東	**董教增**		
廣 西	(滿)**慶保**		
雲 南	**陳若霖**		
貴 州	**曾 燠** 三、戊申、廿八,4.25;乞養。(降)	(滿)**文寧** 三、戊申;禮右授。 十一、壬子;改豫撫。	**朱 理** 十一、壬子;刑右授。

嘉慶二二年　丁丑(1817)		

胡克家	李堯棟	陳桂生
九、乙丑、廿四,11.3,死。	九、乙丑;滇撫改。 十、辛巳、十一,11.19;改回。	十、辛巳;蘇布遷。

康紹鏞		

陳　預		

(滿)衡齡	(滿)和舜武	(滿)成格
七、乙丑、廿三,9.4;革。	七、乙丑;魯布遷。 十二、丙申、廿七,2.2;改豫撫。	十二、丙申;刑右授。

(滿)文寧	(滿)和舜武	
十二、丙申;解(革)。	十二、丙申;晉撫遷。	

朱　勳		

王紹蘭	史致光	
五、庚午、廿七,7.11;革。	五、庚午;黔布遷。	

楊　護		

錢　臻		

張映漢		

(蒙)巴哈布		

董教增	陳若霖	
三、甲辰、一,4.16;遷閩督。	三、甲辰;滇撫改。	

(滿)慶保	葉紹楏	
九、癸丑、十二,10.22;遷湖督。	九、癸丑;桂布遷。	

陳若霖	李堯棟	李鑾宣
三、甲辰;改粵撫。	三、甲辰;滇布遷。九、乙丑;改蘇撫。 十、辛巳;蘇撫改回。	九、乙丑;川布遷。 十、辛巳;死。

朱　理		

年 代	嘉慶二三年　戊寅(1818)	
江 蘇	陳桂生	
安 徽	康紹鏞	
山 東	陳　預 四、丁亥、廿,5.24;署兵左(旋降)。	(滿)和舜武 四、丁亥;豫撫改。
山 西	(滿)成格	
河 南	(滿)和舜武 四、丁亥;改魯撫。 六、庚辰、十四,7.16;刑尚吳璥署。	陳若霖 四、丁亥;粵撫改。
陝 西	朱　勳	
福 建	史致光	
浙 江	楊　䕖 七、己酉、十三,8.14;降(以從三京候)。	程國仁 七、己酉;甘布遷。
江 西	錢　臻	
湖 北	張映漢	
湖 南	(蒙)巴哈布 九、庚申、廿五,10.24;解、議。	吳邦慶 九、庚申;豫布遷。
廣 東	陳若霖 四、丁亥;改豫撫。	李鴻賓 四、丁亥;署禮右授。
廣 西	葉紹楏 十、丁卯、二,10.31;免(降)。　廣督阮元暫署。	趙慎畛 十、乙酉、廿,11.18;粵布遷。
雲 南	李堯棟	
貴 州	朱　理	

嘉慶二四年　己卯(1819)

陳桂生

康紹鏞	姚祖同
閏四、壬辰、一,5.24;改粤撫。	閏四、壬辰;直布遷。

(滿)和舜武	程國仁
三、丙午、十四,4.8;死(恭慎)。	三、丙午;浙撫改。

(滿)成格

陳若霖	(滿)琦善
三、丙午;改浙撫。	三、丙午;布政遷。

朱　勳

史致光	李堯棟	吳邦慶	韓克均
五、戊辰、八,6.29;滇撫互調。	五、戊辰;滇撫改。六、壬子、廿二,8.12;湘撫互調。	六、壬子;湘撫改。九、壬子、廿九,11.16;改刑右。	九、戊子;黔撫改。

程國仁	陳若霖
三、丙午;改魯撫。	三、丙午;豫撫改。

錢　臻

張映漢

吳邦慶	李堯棟
六、壬子;閩撫互調。	六、壬子;閩撫改。

李鴻賓	康紹鏞
閏四、壬辰;改漕督。	閏四、壬辰;皖撫改。

趙慎畛

李堯棟	史致光
五、戊辰;閩撫互調。	五、戊辰;閩撫改。

朱　理	韓克均	(漢)毓岱
四、癸酉、十二,5.5;死。	四、癸酉;皖布遷。九、戊子;改閩撫。	九、戊子;黔布遷。

巡 撫 年 表

年 代	嘉慶二五年　庚辰(1820)	
江 蘇	**陳桂生** 十一、戊辰、十五、12.20；召京。 （三京候，旋休。）	**魏元煜** 十一、戊辰；粵布遷。
安 徽	**姚祖同**　　　　　**吳邦慶** 四、己亥、十四、5.26；改豫撫。　四、己亥；刑右授。 　　　　　　　十二、丙申、十四、1.17；召京。（降編修）	**李鴻賓** 十二、丙申；已革東河授。
山 東	**程國仁** 三、癸酉、十七、4.29；病免（刑右）。	**錢　臻** 三、癸酉；贛撫改。
山 西	（滿）**成格**	
河 南	（滿）**琦善** 三、甲申、廿八、5.10；革。　降補閣學那彥寶署。	**姚祖同** 四、己亥；皖撫改。
陝 西	**朱　勳**	
福 建	**韓克均** 十二、丁亥、五、1.8；改滇撫。	**顏　檢** 十二、丁亥；刑員、前浙撫授。
浙 江	**陳若霖** 十二、丙午、廿四、1.27；遷湖督。	**帥承瀛** 十二、丙午；刑左授。
江 西	**錢　臻** 三、癸酉；改魯撫。	（滿）**璿弼** 三、癸酉；布政遷。
湖 北	**張映漢** 四、戊申、廿三、6.3；遷湖督。	（漢）**毓岱** 四、戊申；黔撫改。
湖 南	**李堯棟** 十一、戊辰、十五、12.20；召京。	**左　輔** 十一、戊辰；布政遷。
廣 東	**康紹鏞**	
廣 西	**趙慎畛**	
雲 南	**史致光** 十二、丁亥；遷雲督。	**韓克均** 十二、丁亥；閩撫改。
貴 州	（漢）**毓岱** 四、戊申；改鄂撫。	（滿）**明山** 四、戊申；閩布遷。

道 光 元 年　辛巳(1821)			
魏元煜			
李鴻賓 六、戊戌、廿,7.18;改漕督。	**孫爾準** 六、戊戌;粵布遷。八、丙午、廿九,9.24;粵撫互調。 十、丁亥、十,11.4;粵撫調回。		**張師誠** 八、丙午;粵撫改。 十、丁亥;憂免。
錢　臻 六、甲辰、廿六,7.24;降湘布。	(滿)**琦善** 六、甲辰;布政遷。		
(滿)**成格** 十、辛卯、十四,11.8;解、議。 (二年,浙布)	陝督長齡署: 十二、戊子、十二,1.4;召京。	**邱樹棠** 十二、戊子;贛布遷。	
姚祖同			
朱　勳 九、庚午、廿三,10.18;署陝督。	甘布盧坤署。		
顏　檢			
帥承瀛			
(滿)**璮弼** 七、丁卯、十九,8.16;死。	(漢)**毓　岱** 七、丁卯;鄂撫改。		
(漢)**毓　岱** 七、丁卯;改贛撫。	**楊懋恬** 七、丁卯;蘇布遷。		
左　輔			
康紹鏞 六、辛巳、三,7.1; 召京。	**張師誠** 六、辛巳;皖布遷。 八、丙午;皖撫互調。	**孫爾準** 八、丙午;皖撫改。 十、丁亥;改皖撫。	(宗室)**嵩孚** 十、丁亥;浙布遷。
趙慎畛			
韓克均			
(滿)**明山**			

巡 撫 年 表

年 代	道 光 二 年　壬午(1822)			
江 蘇	**魏元煜** 九、庚寅、十九，11.2；改漕督。　蘇布玉輅護。		**韓文綺** 九、庚寅；刑左授。	
安 徽	**孫爾準**			
山 東	(滿)**琦善** 十二、癸丑、十三，1.24；憂免，布政楊健護。		**程含章** 十二、癸丑；粵撫改。	
山 西	**邱樹棠**			
河 南	**姚祖同** 七、甲申、十二，8.28；解，左都王鼎署。		**程祖洛** 七、甲申；陝撫改。	
陝 西	**朱勳** 五、戊戌、廿五，7.13；解。 五、戊戌；工尚文孚署：六、己未、十七， 8.3；卸。六、己未；刑尚那彥成署：八、 辛未、卅，10.14；署陝督。	**程祖洛** 五、戊戌；魯布遷。 七、甲申；改豫撫。	**程國仁** 七、甲申；寧布遷。 九、庚子、廿九， 11.12；改刑右。	**盧坤** 九、庚子；桂 撫改。
福 建	**顏檢** 正、癸丑、七，1.29；還直督，布政徐炘護。		**葉世倬** 正、癸丑；晉布遷。	
浙 江	**帥承瀛**			
江 西	(漢)**毓岱** 五、壬午、九，6.27；病免。		(滿)**阿霖** 五、壬午；浙布遷。	
湖 北	**楊懋恬**			
湖 南	**左輔**			
廣 東	(宗室)**嵩孚** 六、己未；改黔撫。	**程含章**〔羅含章〕 六、己未；豫布遷。 八、丁未、六，9.20；准復姓程。十二、癸丑；改魯撫。		**陳中孚** 十二、癸丑；豫 布遷。
廣 西	**趙慎畛** 八、戊申、七，9.21；遷雲督。	**盧坤** 八、戊申；甘布遷。 九、庚子；改陝撫。	(滿)**成格** 九、庚子；浙布遷。	
雲 南	**韓克均**			
貴 州	(滿)**明山** 六、己未；遷刑右。		(宗室)**嵩孚** 六、己未；粵撫改。	

道 光 三 年 癸未(1823)

韓文綺

孫爾準 正、癸酉、三,2.13;改閩撫。	陶 澍 正、癸酉;皖布遷。
程含章 三、戊戌、廿九,5.9;改贛撫。	(滿)琦善 三、戊戌;原任(服)署。

邱樹棠

程祖洛

盧 坤

葉世倬 正、癸酉;休(死)。	孫爾準 正、癸酉;皖撫改。

帥承瀛

(滿)阿霖 三、戊子、十九,4.29;休。(六年死)	程含章 三、戊戌;魯撫改。

楊懋恬

左 輔 二、辛丑、一,3.13;召京。	(宗室)嵩孚 二、辛丑;黔撫改。

陳中孚

(滿)成格 十一、乙亥、十一,12.12;遷刑左。	(漢)毓岱 十一、乙亥;病痊贛撫授。

韓克均

(宗室)嵩孚 二、辛丑;改湘撫。	程國仁 二、辛丑;刑左授。

年 代	道 光 四 年 甲申(1824)			
江 蘇	**韓文綺** 閏七、辛丑、十一,9.3;降四調(魯按)。　布政誠端護。		**張師誠** 閏七、辛丑;晉撫改。	
安 徽	**陶 澍**			
山 東	(滿)**琦善** (署)			
山 西	**邱樹棠** 六、乙巳、十三,7.9; 降閩按。	**張師誠** 六、乙巳;服闋皖撫授。 閏七、辛丑;改蘇撫。	**宋桂楨** 閏七、辛丑;魯布遷。 閏七、辛亥、廿一,9.13;憂免。	(滿)**福緜** 閏七、辛亥; 直布遷。
河 南	**程祖洛**			
陝 西	**盧 坤**			
福 建	**孫爾準**			
浙 江	**帥承瀛** 九、壬寅、十三,11.3;憂免。		**黃鳴傑** 九、壬寅;布政署。	
江 西	**程含章** 二、甲辰、十,3.10;署工左, 布政嵩溥護。	(漢)**毓岱** 三、甲子、一,3.30;桂撫改。 八、丁亥、廿七,10.19;病免。	(滿)**成格** 八、丁亥;刑左授。	
湖 北	**楊懋恬**			
湖 南	(宗室)**嵩孚**			
廣 東	**陳中孚**			
廣 西	(漢)**毓岱** 三、甲子;改贛撫。		**康紹鏞** 三、甲子;署禮左授。	
雲 南	**韓克均** 閏七、壬寅、十二,9.4;兼署雲督。			
貴 州	**程國仁** 八、癸未、廿三,10.15;病免(死)。		(滿)**蘇明阿** 八、癸未;粵布遷。	

道 光 五 年　乙 酉(1825)		
張師誠 五、甲辰、十八,7.3;皖撫互調。		**陶　澍** 五、甲辰;皖撫改。
陶　澍 五、甲辰;蘇撫互調。		**張師誠** 五、甲辰;蘇撫改。
(滿)**琦善** 五、戊申、廿二,7.7;遷江督。	(滿)**伊里布**(未任) 五、戊申;陝撫改。 六、癸酉、十七,8.1;憂免。	(滿)**武隆阿** 布政納爾經額護。　九、乙酉、一,10.12;贛撫改。
(滿)**福縣**		
程祖洛		
盧　坤 四、辛未、十四,5.31;憂免。	(滿)**伊里布** 四、辛未;浙布遷。 五、戊申;改魯撫。	(滿)**鄂山** 五、戊申;陝布遷。九、乙酉;署陝督。 十、庚辰、廿七,12.6;回任。　布政鄧廷楨護。
孫爾準 九、乙酉;遷閩督。		**韓克均** 九、乙酉;滇撫改。
黃鳴傑 三、甲辰、十七,5.4;解(革)。(廿一年死)		**程含章** 三、甲辰;倉侍授。
(滿)**成格** 八、己未、五,9.16;改粵撫。	(滿)**武隆阿** 八、己未;直提授。九、乙酉;改魯撫。	**韓文綺** 九、乙酉;滇布遷。
楊懋恬		
(宗室)**嵩孚** 八、丁巳、三,9.14;遷刑尚。		**康紹鏞** 八、丁巳;桂撫改。
陳中孚 八、己未;改漕督。		(滿)**成格** 八、己未;贛撫改。
康紹鏞 八、丁巳;改湘撫。		(滿)**蘇成額** 八、丁巳;粵布遷。
韓克均 九、乙酉;改閩撫。		(滿)**伊里布** 九、乙酉;前魯撫(服)署。
(滿)**蘇明阿** 九、丁亥、三,10.14;降贛布。　布政吳榮光護。		(滿)**嵩溥** 九、丁亥;贛布遷。

巡 撫 年 表

年 代	道 光 六 年　丙戌(1826)		
江 蘇	**陶 澍**		
安 徽	**張師誠** 四、甲戌、廿三,5.29;召京(倉侍)。	**鄧廷楨** 四、甲戌;陝布遷。	
山 東	(滿)**武隆阿** 七、壬辰、十二,8.15;授欽,赴台灣。 七、甲辰、廿四,8.27;授參贊大臣, 赴新疆(回民張格爾)。	**陳中孚** 七、壬辰;漕督署。 十一、癸卯、廿六,12.24;死。	**程含章** 十一、癸卯;浙撫署。 布政納爾經額護。
山 西	(滿)**福縣**		
河 南	**程祖洛**		
陝 西	(滿)**鄂山** 七、癸巳、十三,8.16;署陝督,布政徐炘護。		
福 建	**韓克均**		
浙 江	**程含章** 十一、癸卯;署魯撫。	**劉彬士** 十一、癸卯;刑右署。	
江 西	**韓文綺**		
湖 北	**楊懋恬** 七、壬辰;召陞,湖督嵩溥兼署。(十一月死)	**楊 健** 十二、癸丑、六,1.3;甘布遷。	
湖 南	**廖紹鑣**		
廣 東	(滿)**成格**		
廣 西	(滿)**蘇成額**		
雲 南	(滿)**伊里布** 　　(署)		
貴 州	(滿)**嵩溥**		

道 光 七 年　丁亥(1827)

陶　澍

鄧廷楨

程含章	盧　坤	(滿)琦善
閏五、癸酉、廿九,7.22;解、議,布政賀長齡護。	七、乙丑、廿二,9.12;服闕陝撫授。八、丙申、廿三,10.13;改晉撫。	八、丙申;署倉侍授。

(滿)福緜	盧　坤
八、丙申;解(以三品授倉侍)。	八、丙申;魯撫改。

程祖洛	楊國楨
九、庚午、廿八,11.16;憂免。	九、庚午;豫布遷。

(滿)鄂山

韓克均

劉彬士
　　(署)

韓文綺

楊　健

康紹鏞

(滿)成格

(滿)蘇成額

(滿)伊里布
　　九、丙辰、十四,11.2;授。

(滿)嵩溥

巡 撫 年 表

年代	道光八年　戊子(1828)	道光九年　己丑(1829)
江 蘇	陶　澍	陶　澍
安 徽	鄧廷楨	鄧廷楨
山 東	(滿)琦善	(滿)琦善　　　　　　　(滿)訥爾經額 三、戊午、廿四，4.27；　　三、戊午；漕督改。 召京。(川督)
山 西	盧　坤　　　　　徐　炘 八、己卯、十二，9.20；　八、己卯；陝布遷。 改粵撫。	徐　炘
河 南	楊國楨	楊國楨
陝 西	(滿)鄂山	(滿)鄂山
福 建	韓克均	韓克均
浙 江	劉彬士 正、戊申、八，2.22，授。	劉彬士
江 西	韓文綺	韓文綺　　　　　　　吳光悅 十、甲申、廿三，11.19；　十、甲申；左副授。 改左副。
湖 北	楊　健	楊　健
湖 南	康紹鏞	康紹鏞
廣 東	(滿)成格　　　　　盧　坤 八、己卯；改熱都。　八、己卯；晉撫改。	盧　坤
廣 西	(滿)蘇成額	(滿)蘇成額
雲 南	(滿)伊里布	(滿)伊里布
貴 州	(滿)嵩溥	(滿)嵩溥

道 光 十 年　庚寅(1830)

陶　澍	盧　坤	程祖洛
六、辛卯、五,7.24;署江督。　布政梁章鉅護。	八、壬子、廿七,10.13;粤撫改。	十一、壬午;湘撫改。
八、庚戌、廿五,10.11;遷。	十一、壬午、廿八,1.11;遷湖督。	

鄧廷楨

(滿)訥爾經額

徐　炘	(滿)阿勒清阿
九、戊午、三,10.19;改署陝撫。	九、戊午;刑右署。
	十一、癸未、廿九,1.12;授。

楊國楨

(滿)鄂山	徐　炘	顏伯燾
九、戊午;署陝督。	九、戊午;晉撫署。九、丁丑、廿二,11.7;召京。(十一、癸未;降湘按。)	九、丁丑;直布署。
		九、癸未、廿八,11.13;赴肅州。　布政史譜護。

韓克均

劉彬士	(滿)富呢揚阿
十、丁亥、三,11.17;改以三四京候。　布政慶善護。	十、戊子、四,11.18;盛工授。

吳光悅

楊　健	楊懌曾
十一、丙寅、十二,12.26;休。(降)(廿三年死)	十一、丙寅;禮左授。

康紹鏞	程祖洛	(滿)蘇成額
六、乙未、九,7.28;署工左。	六、乙未;署工左授。	十一、壬午,桂撫改。
	十一、壬午;改蘇撫。	

盧　坤	朱桂楨
八、壬子,改蘇撫,廣督李鴻賓兼署。	八、壬子;漕督改。

(滿)蘇成額	祁　墳
十一、壬午;改湘撫。	十一、壬午;刑右授。

(滿)伊里布

(滿)嵩溥

巡撫年表

年 代	道光十一年　辛卯(1831)	道光十二年　壬辰(1832)
江 蘇	程祖洛	程祖洛　　　　　　林則徐 二、乙未、十八，3.19；　二、乙未；東河授。 遷閩督。
安 徽	鄧廷楨	鄧廷楨
山 東	(滿)訥爾經額	(滿)訥爾經額　　　(漢)鍾　祥 八、甲午、廿，9.14；遷　八、甲午；贛布遷。 湖督，布政劉斯嵋護。
山 西	(滿)阿勒清阿	(滿)阿勒清阿　　　　尹濟源 九、甲辰、一，9.24；解、議(革)。　九、甲辰、川 九、丁未、四，9.27；刑左鄂順　布遷。 安署。
河 南	楊國楨	楊國楨
陝 西	(滿)鄂山　　　　史　譜 二、乙未、十二，3.25；　二、乙未；布遷。 遷川督。	史　譜
福 建	韓克均　　　魏元烺 正、丙子、廿二，　正、丙子；布遷。十、丁酉、 3.6；休。(廿年死)　十九，11.22；兼署閩督。	魏元烺
浙 江	(滿)富呢揚阿	(滿)富呢揚阿
江 西	吳光悦　　　　吳邦慶 十二、乙巳、廿七，　十二、乙巳；漕督授。 1.29；召京(死)。	吳邦慶　　　　周之琦 二、乙未；改東河。　二、乙未；桂布遷。
湖 北	楊懌曾	楊懌曾
湖 南	(滿)蘇成額　　　吳榮光 八、癸卯、廿四，9.29；　八、癸卯；布遷。 改倉侍。	吳榮光
廣 東	朱桂楨	朱桂楨
廣 西	祁　墳	祁　墳
雲 南	(滿)伊里布	(滿)伊里布
貴 州	(滿)嵩溥	(滿)嵩溥

道光十三年　癸巳(1833)			
林則徐			
鄧廷楨			
(漢)鍾　祥			
尹濟源 四、辛丑、一,5.19;鄂撫互調。		(滿)鄂順安 四、辛丑;鄂撫改。	
楊國楨			
史　譜 九、壬辰、廿五,11.6;改黔撫。		楊名颺 九、壬辰;布遷。	
魏元烺			
(滿)富呢揚阿			
周之琦			
楊懌曾 正、丁酉、廿五,3.16; 病免(死)。	(滿)麟慶 正、丁酉;黔布遷。 三、己亥、廿八,5.17;改南河。	(滿)鄂順安 三、己亥;刑右授。 四、辛丑;晉撫互調。	尹濟源 四、辛丑;晉撫改。
吳榮光			
朱桂楨 七、癸巳、廿五,9.8;病免。(十九年死,莊恪)		祁　墳 七、癸巳;桂撫改。	
祁　墳 七、癸巳;改粵撫。		(滿)惠吉 七、癸巳;閩布遷。	
(滿)伊里布 三、丁丑、六,4.25;兼署雲督。			
(滿)嵩溥 九、壬辰;改漕督。	史　譜 九、壬辰;陝撫改。 十一、丙戌、廿,12.30;改光祿。		(滿)裕泰 十一、丙戌;刑右授。

巡 撫 年 表

年 代	道光十四年　甲午(1834)	道光十五年　乙未(1835)
江 蘇	林則徐	林則徐
安 徽	鄧廷楨	鄧廷楨　　　　　(蒙)色卜星額 八、庚辰、廿四，　　　八、庚辰；甘布遷。 10.15；遷廣督。
山 東	(漢)鍾　祥	(漢)鍾　祥 十、辛酉、六，11.25；兼署東河。
山 西	(滿)鄂順安	(滿)鄂順安　　　　　申啟賢 九、乙卯、廿九，11.19；　九、乙卯；吏左授。 降三品(盛禮)。
河 南	楊國楨　　　　　(滿)桂良 七、壬午、十九，8.23；乞養。　七、壬午；擢 布政栗毓美護。　　　　布遷。	(滿)桂良
陝 西	楊名颺 九、壬午、廿，10.22；召陞，布政何煊護。	楊名颺
福 建	魏名烺	魏元烺
浙 江	(滿)富呢揚阿　　　(滿)烏爾恭額 十一、庚辰、十九，　　十一、庚辰；盛工授。 12.19；改盛工。	(滿)烏爾恭額
江 西	周之琦 二、丙辰、廿一，3.30；病假，布政桂良護。	周之琦
湖 北	尹濟源	尹濟源 十、癸酉、十八，12.7；病假，布政張岳崧護。
湖 南	吳榮光	吳榮光
廣 東	祁　𡑍	祁　𡑍
廣 西	(滿)惠吉	(滿)惠吉
雲 南	(滿)伊里布	(滿)伊里布　　　　　何　煊 二、己亥、十，3.8；　二、己亥；陝布遷。 遷雲督。
貴 州	(滿)裕泰	(滿)裕泰

道光十六年　丙申(1836)		道光十七年　丁酉(1837)		
林則徐		林則徐 正、庚子、廿二,2.26; 遷湖督。	陳鑾 正、庚子;贛撫改。	
(蒙)色卜星額		(蒙)色卜星額		
(漢)鐘　祥 七、癸未、二,8.13; 遷閩督。	(滿)經額布 七、癸未;晉布遷。	(滿)經額布		
申啓賢		申啓賢		
(滿)桂良		(滿)桂良		
楊名颺 九、辛卯、十一,10.20;解 (革)。　吏尚湯金釗暫署。	(滿)富呢揚阿 九、壬辰、十二,10.21; 烏魯木齊都統授。	(滿)富呢揚阿		
魏元烺 七、癸未;兼署閩督。		魏元烺		
(滿)烏爾恭額		(滿)烏爾恭額		
周之琦 二、丙辰、三,3.19;改鄂撫。	陳鑾 二、丙辰;蘇布遷。	陳鑾 正、庚子;改蘇撫。	(滿)裕泰 正、庚子;湘撫改。	
尹濟源 二、丙辰;病免。	周之琦 二、丙辰;贛撫改。	周之琦		
吳榮光 正、乙巳、廿一,3.8; 降(以四京候)。	(滿)裕泰 正、乙巳;黔撫改。	(滿)裕泰 正、庚子; 改贛撫。	(滿)訥爾經額 正、庚子;湖督降。 九、癸巳、十八, 10.17;解,議。	錢寶琛 九、甲午、十九, 10.18;浙布遷。 布政興綏護。
祁　塤		祁　塤		
(滿)惠吉 四、甲子、十二,5.26;召京 (盛兵)。　布政花杰護。	梁章鉅 四、甲子;直布遷。	梁章鉅		
何　煊		何　煊 四、甲子、十七,5.21; 病免(死)。	顏伯燾 四,甲子;直布遷。	
(滿)裕泰 正、乙巳;改湘撫。	賀長齡 正、乙巳;直布遷。	賀長齡		

年 代	道光十八年　戊戌(1838)	
江 蘇	陳　鑾	
安 徽	(蒙)色卜星額	
山 東	(滿)經額布	
山 西	申啓賢	
河 南	(滿)桂良	
陝 西	(滿)富呢揚阿	
福 建	魏元烺	
浙 江	(滿)烏爾恭額	
江 西	(滿)裕泰 九、辛酉、廿三,11.9;湘撫互調,布政趙炳言護。	錢寶琛 九、辛酉;湘撫改。
湖 北	周之琦 四、甲子、廿三,5.16;憂免。	伍長華 四、甲子;滇布遷。九、辛酉;兼署湖督。
湖 南	錢寶琛 九、辛酉;贛撫互調。	(滿)裕泰 九、辛酉;贛撫改。
廣 東	祁　墳 二、乙巳、三,2.26;遷刑尚。廣督鄧廷楨兼署。	(滿)怡良 二、乙巳;蘇布遷。
廣 西	梁章鉅	
雲 南	顏伯燾	
貴 州	賀長齡	

道光十九年　己亥(1839)

陳　鑾	(蒙)裕謙
三、乙巳、九,4.22;署江督。十二、癸亥、一,1.5;死。蘇布牛鑑護。	三、乙巳;蘇布署。十二、癸亥;授。

(蒙)色卜星額	程楙采
十一、甲辰、十二,12.17;死。	十一、甲辰;皖布遷。

(滿)經額布	(蒙)托渾布
八、庚午、七,9.14;改成將。	八、庚午;直布遷。

申啓賢	楊國楨
十、甲戌、十二,11.17;死(文恪)。	十、甲戌;署刑右授。

(滿)桂良	朱　澍	周天爵	牛　鑑
三、乙巳;遷湖督。	三、乙巳;布政遷。四、丁丑、十二,5.24;改漕督。	四、丁丑;漕督授。六、丙寅、二,7.12;署湖督。	六、丙寅;蘇布遷。

(滿)富呢揚阿

魏元烺	吳文鎔
四、庚午、五,5.17;召京。	四、庚午;刑左授。十二、甲申、廿二,1.26;兼署閩督。

(滿)烏爾恭額

錢寶琛

伍長華
三、乙巳;兼署湖督。

(滿)裕泰

(滿)怡良

梁章鉅

顏伯燾
十二、己卯、十七,1.21;兼署雲督。

賀長齡

年 代	道光二十年　庚子(1840)
江 蘇	(蒙)裕謙 七、丁酉、九,8.6;署江督。　　八、甲子、七,9.2;布政邵甲名署。 十二、庚午、十四,1.6;桂布程矞采互調,仍署。
安 徽	程楙采
山 東	(蒙)托渾布
山 西	楊國楨
河 南	牛 鑑
陝 西	(滿)富呢揚阿
福 建	吳文鎔　　　　　　　　　　　　　　　劉鴻翱 九、辛卯;兼署閩督。　　　　　　　　十二、己卯;滇布遷。 十二、己卯、廿三,1.15;改鄂撫。
浙 江	(滿)烏爾恭額　　　　　　　　　　　　劉韻珂 七、乙未、七,8.4;革。　閩督鄧廷楨兼署。　七、丙申、八,8.5;川布遷。 　　　　　　七、丁酉、九,8.6;令勿往。 　　　　　　改由布政宋其沅護。
江 西	錢寶琛
湖 北	伍長華　　　　　　　　　　　　　　　吳文鎔 十二、甲戌、十八,1 10;革。　湖督裕泰兼督。　十二、己卯;閩撫改。
湖 南	(滿)裕泰　　　　　　　　　　　　　　吳其濬 十一、甲寅、廿八,12.21;遷湖督。　　十一、乙卯、廿九,12.22;戶左授。 布政王藻護。
廣 東	(滿)怡良 九、庚寅、三,9.28;兼署廣督。
廣 西	梁章鉅
雲 南	顏伯燾　　　　　　　　　　　　　　　張澧中 九、辛卯、四,9 29;遷閩督。　　　　九、辛卯;晉布遷。
貴 州	賀長齡

道光二一 年　辛丑(1841)

(蒙)裕謙	梁章鉅	程喬采
閏三、丁卯、十三,5 3; 遷江督。	閏三、丁卯;桂撫改。十一、庚午、廿,1 1;病假。 十二、乙巳、廿六,2 5;病免。	十一、庚午;布政署。 十二、乙巳;授。
程楸采		
(蒙)托渾布		
楊國楨 十二、戊子、九,1.19;遷閩督,布政喬用遷署。	梁尊涵 十二、己丑、十,1.20;滇布遷。	
牛　鑑 九、丙辰、五,10.19;署江督。	(滿)鄂順安 九、丙辰;豫布署。	
(滿)富呢揚阿		
劉鴻翱		
劉韻珂		
錢寶琛 五、壬午、廿九,7.17;鄂撫互調。	吳文鎔 五、壬午;鄂撫改。	
吳文鎔 五、壬午;贛撫互調。	錢寶琛 五、壬午;贛撫改。 八、庚子、十九,10.3;免。	趙炳言 八、庚子;贛布遷。
吳其濬		
(滿)怡良 二、辛酉、六,2.26;兼署廣督。九、丙辰;授欽,督閩軍務,布政梁寶常署。		
梁章鉅 閏三、丁卯、十三,5.3;改蘇撫。	周之琦 閏三、丁卯;刑右授。	
張灃中		
賀長齡		

年 代	道光二二年　壬寅(1842)		
江 蘇	**程喬采** 十二、庚寅、十六,1.16;召京。 (旋授魯撫)	**孫善寶** 十二、庚寅;布政遷。	
安 徽	**程楙采**		
山 東	(蒙)**托渾布** 五、戊辰、廿,6.28;病假。　吏左麟魁署。 十二、乙未、廿一,1.21;病免。	**程喬采** 十二、乙未;前蘇撫授。 十二、己亥、廿五,1.25;粤撫互調。	**梁寶常** 十二、己亥;粤撫改。
山 西	**梁萼涵**		
河 南	(滿)**鄂順安**		
陝 西	(滿)**富呢揚阿** 三、丙子、廿七,5.7;遷陝督。 布政陶廷杰護。	(蒙)**璧昌** 三、丙子;伊犁參贊授。 九、甲戌、廿九,11.1;改福將。	**李星沅** 九、甲戌;蘇布遷。
福 建	**劉鴻翱**		
浙 江	**劉韻珂** 五、癸酉、廿五,7.3;病假,前湘布卞士雲署。		
江 西	**吳文鎔**		
湖 北	**趙炳言**		
湖 南	**吳其濬**		
廣 東	(滿)**怡良** 正、丙辰、七,2.16;遷閩督。	**梁寶常** 正、丙辰;布政遷。 十二、己亥;魯撫互調。	**程喬采** 十二、己亥;魯撫改。 廣督祁墳兼署。
廣 西	**周之琦**		
雲 南	**張澧中**		
貴 州	**賀長齡**		

道光二三年　癸卯(1843)

孫善寶
　　三、庚戌、七,4.6;護江督。

程楙采　　　　　　　　　　　　　　　**王　植**
　　十一、壬午、十四,1.3;改浙撫。　　　　　　十一、壬午;未任浙撫授。

梁寶常　　　　　　　　　　　　　(覺羅)**崇恩**
　　十二、甲辰、六,1.25;改浙撫。　　　　　　十二、甲辰;寧布遷。

梁萼涵

(滿)**鄂順安**
　　六、戊戌、廿六,7.23;兼署東河。

李星沅

劉鴻翱

劉韻珂	**吳其濬**	**管㴉群**	**王　植**	**程楙采**	**梁寶常**
五、戊辰、廿六,6.23;遷閩督。	五、戊辰;湘撫改。閏七、甲午、廿四,9.17;改滇撫。	閏七、甲午;布政遷。十一、辛巳、十三,1.2;解。	十一、辛巳;刑左授。十一、壬午;改皖撫。	十一、壬午;皖撫改。十二、甲辰;死。	十二、甲辰;魯撫改。

吳文鎔

趙炳言

吳其濬　　　　　　　　　　　　　**陸費瑔**
　　五、戊辰;改浙撫。　　　　　　　　　　五、戊辰;寧布遷。

程矞采
　　十二、丁巳、十九,2.7;護廣督。

周之琦

張灃中　　　　　　　　　　　　　**吳其濬**
　　閏七、甲午;召(署刑右)。　　　　　　　閏七、甲午;浙撫改。

賀長齡

年 代	道光二四年　甲辰(1844)
江 蘇	**孫善寶** 二、戊戌、一,3.19;護江督,蘇布文柱護。
安 徽	**王　植**
山 東	(覺羅)**崇恩** 十、乙卯、廿二,12.1;召陸,布政王篤護。
山 西	**梁萼涵**
河 南	(滿)**鄂順安**
陝 西	**李星沅**
福 建	**劉鴻翱**
浙 江	**梁寶常**
江 西	**吳文鎔**
湖 北	**趙炳言** 十、甲午、一,11.10;召陸,湖督裕泰兼署。
湖 南	**陸費瑔**
廣 東	**程喬采**
廣 西	**周之琦**
雲 南	**吳其濬** 十一、壬申、九,12.18;兼署雲督。
貴 州	**賀長齡**

道光二五年　乙巳(1845)			
孫善寶 正、庚午、八,2.14;病免,寧布陳繼昌署。		**李星沅** 正、庚午;陝撫改。	
王　楨			
(覺羅)崇恩			
梁萼涵 八、辛丑、十二,9.13;改滇撫。		**吳其濬** 八、辛丑;閩撫改。	
(滿)鄂順安			
李星沅 正、庚午;改蘇撫。	**(滿)惠吉**　(未任) 正、庚午;漕督授。 二、甲寅、廿三,3.30;改閩撫。		**鄧廷楨** 二、甲寅;甘布遷。 四、壬子、廿二,5.27;兼署陝督。
劉鴻翱 二、甲寅;病免。 布政徐繼畬署。	**(滿)惠吉**(未任) 二、甲寅;陝撫改。 四、甲辰、十四,5.19;滇撫互調。	**吳其濬** 四、甲辰;滇撫改。 八、辛丑;改晉撫。	**鄭祖琛** 八、辛丑;滇撫改。
梁寶常			
吳文鎔			
趙炳言			
陸費瑔			
程矞采 正、庚午;改漕督。		**黃恩彤** 正、庚午;粵布遷。	
周之琦			
吳其濬 四、甲辰;閩撫互調。	**(滿)惠吉**(未任) 四、甲辰;閩撫改。 四、壬子;遷陝督。	**鄭祖琛** 四、壬子;陝布遷。 八、辛丑;改閩撫。	**梁萼涵** 八、辛丑;晉撫改。
賀長齡 四、癸卯、十三,5.18;遷雲督。		**喬用遷** 四、甲辰;晉布遷。	

年　代	道光二六年　丙午(1846)				
江　蘇	**李星沅** 八、乙亥、廿三,10.12;遷雲督。蘇布陸蔭奎署。	**陸建瀛** 八、乙亥;滇撫改,仍署雲督。　九、戊申、廿六,11.14;漕督程矞采署:十二、癸丑、二,1.18;改滇撫。			
安　徽	**王　楨**				
山　東	（覺羅）**崇恩**				
山　西	**吳其濬** 十二、丁卯、十六,2.1;病免(旋死)。布政潘鐸署。	**王兆琛** 十二、丁卯;川布遷。			
河　南	（滿）**鄂順安**				
陝　西	**鄧廷楨** 三、乙酉、卅,4.25;死。布政裕康署。	**林則徐** 三、乙酉;署陝督授,仍籌辦番務。十一、庚戌、廿九,1.15;病假,布政楊以增護。			
福　建	**鄭祖琛** 十二、丙子、廿五,2.10;桂撫互調。	**徐繼畬** 十二、丙子;桂撫改。			
浙　江	**梁寶常**				
江　西	**吳文鎔**				
湖　北	**趙炳言**				
湖　南	**陸費瑔**				
廣　東	**黃恩彤** 十二、癸丑;革。廣督耆英兼署。	**徐廣縉** 十二、癸丑;滇撫改。			
廣　西	**周之琦** 十、丙寅、十四,12.2;病免。	**徐繼畬** 十、丙寅;閩布遷。十二、丙子;閩撫互調。	**鄭祖琛** 十二、丙子;閩撫改。		
雲　南	**梁萼涵** 正、壬午、廿六,2.21;病免。	**陸建瀛** 正、壬午、直布遷。八、乙亥;改蘇撫。	**張日晸** 八、乙亥;豫布遷。九、丁未、廿五,11.13;憂免。	**徐廣縉** 九、丁未;寧布遷。十二、癸丑;改粵撫。	**程矞采** 十二、癸丑;漕督授雲督李星沅兼署。
貴　州	**喬用遷**				

<table>
<tr><td colspan="2" align="center">道光二七年　丁未(1847)</td></tr>
<tr><td colspan="2">陸建瀛
正、壬寅、廿二，3.8；兼署江督。</td></tr>
<tr><td colspan="2">王　植</td></tr>
<tr><td>（覺羅）崇恩
十一、壬辰、十六，12.23；解、議。</td><td>張灃中
十一、壬辰；刑右授。</td></tr>
<tr><td colspan="2">王兆琛</td></tr>
<tr><td colspan="2">（滿）鄂順安</td></tr>
<tr><td>林則徐
三、乙未、十六，4.30；遷雲督。</td><td>楊以增
三、乙未；陝布遷。
八、甲子、十八，9.26；署陝督。　布政恒春署。
九、辛巳、五，10.13；回任。</td></tr>
<tr><td colspan="2">徐繼畬
六、丙子、廿九，8.9；兼署閩督。</td></tr>
<tr><td colspan="2">梁寶常</td></tr>
<tr><td colspan="2">吳文鎔</td></tr>
<tr><td colspan="2">趙炳言</td></tr>
<tr><td colspan="2">陸費瑔</td></tr>
<tr><td colspan="2">徐廣縉
十二、甲戌、廿九，2.3；署廣督，布政葉名琛護。</td></tr>
<tr><td colspan="2">鄭祖琛</td></tr>
<tr><td colspan="2">程矞采
三、乙未；兼署雲督。</td></tr>
<tr><td colspan="2">喬用遷</td></tr>
</table>

年 代	道光二八年　戊申(1848)		
江 蘇	陸建瀛		
安 徽	王 植		
山 東	張澧中 六、癸卯、一,7.1;死。	(漢)徐澤醇 六、癸卯;魯布遷。	
山 西	王兆琛		
河 南	(滿)鄂順安 八、丁巳、十六,9.13;革,東河鍾祥兼署。	潘 鐸 八、丁巳;晉布遷。	
陝 西	楊以增 九、甲戌、四,9.30;改南河。	陳士枚 九、甲戌;川布遷。 十二、乙丑、廿五,1.19;革。	張祥河 十二、乙丑;甘布遷。
福 建	徐繼畬		
浙 江	梁寶常 六、戊辰、廿六,7.26;憂免(革)。 布政劉喜海署。	傅繩勛 六、戊辰;寧布遷。 六、庚午、廿八,7.28;贛撫互調。	吳文鎔 六、庚午;贛撫改。
江 西	吳文鎔 六、庚午;浙撫互調,布政費開綬署。	傅繩勛 六、庚午;浙撫改。	
湖 北	趙炳言		
湖 南	陸費瑔		
廣 東	徐廣縉 六、丙午、四,7.4;遷廣督。	葉名琛 六、丙午;川政遷。	
廣 西	鄭祖琛		
雲 南	程矞采		
貴 州	喬用遷 九、癸巳、廿三,10.19;入覲,布政羅繞典署。		

道光二九年　己酉(1849)

陸建瀛		傅繩勳	
四、壬寅、四,4.26;遷江督。		四、壬寅;贛撫改。	

王　植

(漢)徐澤醇		陳慶偕	
九、己酉、十五,10.30;遷川督,布政劉源灝署。		九、己酉;閩布遷。	

王兆琛	季芝昌	龔　裕	(滿)兆那蘇圖
五、己未、卅,7.12;革。	五、己未;倉侍授。八、丙戌、廿一,10.7;署吏右。	八、丙戌;直布遷。十一、甲辰、十一,12.24;改鄂撫。	五、己未;晉布署。十一、甲辰;晉布遷。

潘　鐸

張祥河

徐繼畬

吳文鎔

傅繩勳		費開綬	
四、壬寅;改蘇撫。		四、癸卯、五,4.27;布政遷。	

趙炳言	羅繞典	龔　裕
閏四、癸酉、六,5.27;改湘撫。	閏四、癸酉;黔布遷。十一、甲辰;憂免。	十一、甲辰;晉撫改。

陸費瑔	趙炳言	馮德馨
閏四、癸酉;憂免。	閏四、癸酉;鄂撫改。七、己亥、四,8.21;改刑右。	七、己亥;寧布遷。

葉名琛

鄭祖琛

程矞采		張日晸	
七、己未、廿四,9.10;遷雲督。		七、己未;服闋前任授。	

喬用遷

巡 撫 年 表

年 代	道光三十年　庚戌(1850)		
江 蘇	**傅繩勳**		
安 徽	**王　植**		
山 東	**陳慶偕**		
山 西	(滿)**兆那蘇圖**		
河 南	**潘　鐸**		
陝 西	**張祥河**		
福 建	**徐繼畬** 十一、丙午、十八，12.21；兼署閩督。		
浙 江	**吳文鎔** 十一、丙午；遷雲督，布政汪本銓署。	**常大淳** 十一、丙午；鄂布遷。	
江 西	**費開綬** 八、壬午、廿三，9.28；免。 布政陸元烺署。	**陳阡** 八、壬午；蘇布遷。　布政陸元烺署。 十二、辛未、十四，1.15；解。	**陸應毅** 十二、辛未；順尹授。
湖 北	**龔　裕** 十一、丙午；兼署湖督。		
湖 南	**馮德馨** 二、辛巳、十八，3.31；召京(革、戌)。　布政萬貢珍署。	**駱秉章** 三、丙辰、廿四，5.5；滇布遷。	
廣 東	**葉名琛**		
廣 西	**鄭祖琛** 十、壬午、廿四，11.27；革。 布政勞崇光署。	欽，林則徐暫署： 十一、庚子、十二，12.15；死。	**周天爵** 十一、庚子；前漕督署。
雲 南	**張日晸** 八、癸亥、四，9.9；死。	**張亮基** 八、癸亥；布政遷。十二、壬申、十五，1.16；兼署雲督。	
貴 州	**喬用遷**		

咸 豐 元 年　辛亥(1851)	
傅繩勳 二、壬午、廿五,3.27;病免。	**楊文定** 二、壬午;寧布遷。
王　植 五、乙巳、十九,6.18;改刑左。	**(漢)蔣文慶** 五、乙巳;布政遷。
陳慶偕 正、癸丑、廿六,2.26;召京。九、己卯、廿七,11.19;病假。均由布政劉源灝署。	
(滿)兆那蘇圖	
潘　鐸 八、癸亥、九,9.4;降晉按。 八、甲子、十,9.5;布政蔣霨遠署。	**李　僡** 八、癸亥;甘布遷。
張祥河	
徐繼畬 三、己酉、廿二,4.23;召京。 閩督裕泰兼署:五、乙巳、十九,6.18;改陝督。 閩督季芝昌兼署:九、乙丑、十三,11.5;病假, 　布政慶端署。	**王懿德** 五、己酉、廿三,6.22;陝布遷。
常大淳	
陸應穀 九、丙辰、四,10.27;召京。	**王　植** 九、丙辰;刑左署。
龔　裕	
駱秉章	
葉名琛	
周天爵 三、甲辰、十七,4.18;專辦軍務,布政勞崇光署。	**鄒鳴鶴** 三、癸丑、廿六,4.27;順尹授。
張亮基	
喬用遷 十、庚寅、八,11.30;死,布政呂佺孫署。	**(漢)蔣霨遠** 十、庚寅;豫布遷。

年 代	咸豐二年　壬子(1852)			
江 蘇	**楊文定**			
安 徽	(漢)**蔣文慶**			
山 東	**陳慶偕** 二、丁亥、六，3.26；病免，布政劉源灝署。		**李　儻** 二、丁亥；豫撫改。	
山 西	(滿)**兆那蘇圖** 八、癸巳、十五，9.28；死。 布政郭夢齡暫署。	**常大淳**(未任) 八、癸巳；鄂撫改。 十二、辛丑、廿六，2.3；死。工左哈芬署。		**易　棠** 十二、辛丑；甘布遷。
河 南	**李　儻** 二、丁亥； 改魯撫。	(蒙)**柏貴**(未任) 二、丁亥；粵布遷。 七、壬申、廿四，9.7； 署粵撫。	**陸應穀** 四、己酉、廿九，6.16；署刑右署。 十一、戊午、十二，12.22；署戶右。 十二、辛巳、六，1.14；署東河。 十二、己亥、廿四，2.1；署戶右授。	已革陝督琦善賞三品署； 十二、己卯、四，1.12；授 欽（江北大營）。 十二、己亥；卸。
陝 西	**張祥河**			
福 建	**王懿德** 十、壬辰、十五，11.26；兼署閩督。			
浙 江	**常大淳** 五、庚申、七，6.27；改鄂撫。　布政椿壽署。		**黃宗漢** 五、庚申；滇撫改。	
江 西	**王　植** 三、戊寅、廿八，5.16；病免。 布政陸元烺署。	**羅繞典**(未任) 八、甲申、六，9.19；前鄂撫署。 八、癸巳、十五，9.28；改鄂撫。		**張　芾** 八、癸巳；刑左署。 十二、己亥；授。
湖 北	**龔　裕** 五、己未、九，6.26； 解、革。	**常大淳** 五、庚申；浙撫改。 八、癸巳；改晉撫。	**羅繞典** 八、癸巳；贛撫改。 十、壬辰；遷雲督。	(滿)**崇綸** 十、壬辰；粵布遷。 十二、甲午、十九，1.27； 湘撫駱秉章署。
湖 南	**駱秉章** 五、甲寅、四，6.21；召京。 九、甲寅、七，10.19；仍留。十二、甲午；署鄂撫。		**張亮基** 五、甲寅；滇撫改。 十二、辛丑；署湖督。	**潘　鐸** 十二、辛丑；布政署。
廣 東	**葉名深** 三、甲戌、廿四，5.12；兼署陸提。 七、壬申；署廣督。十二、己亥；授。		(蒙)**柏貴** 七、壬申；豫撫署。 十二、己亥；授。	
廣 西	**鄒鳴鶴** 四、乙巳、廿五，6.12；革。		**勞崇光** 四、丙午、廿六，6.13；布政遷。	
雲 南	**張亮基** 五、甲寅；改湘撫。	**黃宗漢**(未任) 五、甲寅；甘布遷。 五、庚申；改浙撫。		**吳振棫** 五、庚申；川布遷。
貴 州	(漢)**蔣爵遠**			

咸 豐 三 年　癸丑(1853)

楊文定				許乃釗
二、丁酉、廿二,3.31;署江督。　二、丁酉;蘇布倪良耀代辦巡撫事務。				三、壬子、八,4.15;閣學署。

(漢)蔣文慶	周天爵	李嘉端	江忠源	(滿)福濟
正、甲戌、廿九,3.8;戰死。	正、甲戌;前桂撫署,旋授。二、癸未、八,3.17;解。	二、癸未;刑左授。九、辛酉、十九,10.21;革,布政劉裕鈴署。	九、辛酉;鄂按遷。十二、甲午、廿四,1.22;戰死。	十二、甲午;漕督授。

李 僡		張亮基
八、癸未、十一,9.13;死(恭毅),布政崇恩署。		八、癸未;署湖督授。

易 棠	(?)哈芬	(滿)恆春
五、辛酉、十七,6.23;署陝督。	五、辛酉;工左授。八、戊子、十六,9.18;革,拿。	八、戊子;刑左授。布政郭夢齡署。

陸應毅	(滿)英桂
九、丙寅、廿四,10.26;革。	九、丙寅;魯按遷。

張祥河	王慶雲
十一、壬寅、一,12.1;召京。	十一、壬寅;戶左授。

王懿德
二、己亥、廿四,4.2;兼署閩督。

黃宗漢

張 芾

(滿)崇綸

潘 鐸	駱秉章
三、丁巳、十三,4.20;病免。	三、丁巳;署鄂撫回任。八、癸未、十一,9.13;授。

(蒙)柏貴

勞崇光

吳振棫
五、壬子、八,6.14;兼署雲督。

(漢)蔣爵遠

年 代	咸 豐 四 年　甲寅(1854)				
江 蘇	許乃釗 三、辛亥、十二,4.9;閣學授。 六、庚辰、十三,7.7;革。	(滿)吉爾杭阿 六、庚辰;布政遷。			
安 徽	(滿)福濟				
山 東	張亮基 三、壬子、十三,4.10;革。	(滿)崇恩 三、壬子;布政遷。			
山 西	(滿)恆春 十一、戊子、廿三,1.11;遷雲督。	王慶雲 十一、戊子;陝撫改。			
河 南	(滿)英桂 三、甲子、廿五,4.22;病假,布政鄭敦謹署。				
陝 西	王慶雲 十一、戊子;改晉撫。　　工右載齡署: 　十二、丁未、十三,1.30;改刑右,仍署。	吳振棫 十一、戊子;滇撫改。			
福 建	王懿德 正、己未、十九,2.16;遷閩督。	呂佺孫 正、己未;黔布遷。			
浙 江	黃宗漢 九、丁亥、廿一,11.11;遷川督。	何桂清 九、丁亥;倉侍授。			
江 西	張芾 正、壬子、十二,2.9;革。	陳啓邁 正、壬子;蘇布遷。			
湖 北	(滿)崇綸 二、甲午、廿五, 3.23;憂。五、壬子、 十四,6.9;革。	(滿)青麐 二、甲午;禮右授。 六、癸未、十六, 7.10;逃(殺)。	(漢)楊霈 六、癸未;順尹授。 九、辛未、五,10.26; 遷湖督。	曾國藩 九、辛未;賞二品署。 九、戊寅、十二,11.2; 專辦軍務。	陶恩培 九、戊寅;蘇 布遷。
湖 南	駱秉章				
廣 東	(蒙)柏貴				
廣 西	勞崇光				
雲 南	吳振棫 十一、戊子;改陝撫。	(滿)舒興阿 十一、戊子;塔爾巴哈台參贊授。			
貴 州	(漢)蔣蔚遠				

咸豐五年　乙卯(1855)		咸豐六年　丙辰(1856)	
(滿)吉爾杭阿		(滿)吉爾杭阿 五、癸亥、七,6.9; 戰死(勇烈)。	趙德轍 五、癸亥,蘇按署。 十一、戊午、四,12.1;授。
(滿)福濟		(滿)福濟 六、戊子、三,7.4;假,布政畢承昭署。	
(滿)崇恩		(滿)崇恩	
王慶雲		王慶雲	
(滿)英桂 十二、癸丑、廿四,1.31;督辦三省剿太平軍事宜。		(滿)英桂	
刑右戴齡署:三、己巳、 七,4.22;兼署提督。 四、己未、廿七,6.11; 改戶左仍署。	吳振棫 (八月抵任)八、己亥、 九,9.19;兼署陝提。	吳振棫 八、戊子、四, 9.2;遷川督。	譚廷襄 曾望顏 八、戊子、四, 十二、己酉; 刑左授。 順尹授。 十二、己酉、廿六, 1.21;署直督。
呂佺孫		呂佺孫 十一、乙丑、十一,12.8;假,布政慶端護。	
何桂清		何桂清 十一、庚申、六,12.3; 病免。	晏端書 十一、庚申;魯布遷。
陳啓邁 七、癸亥、二,8.14; 革,布政陸元烺署。	(滿)文俊 七、癸亥;鄂按署鄂布遷。	(滿)文俊	
陶恩培 三、乙丑、三,4.18; 戰死(文節)。	胡林翼 三、乙丑;鄂布署。	胡林翼 十一、壬午、廿八,12.25;授,賞頭品頂戴。	
駱秉章		駱秉章	
(蒙)柏貴 十、己亥、九,11.18;召陞,廣督葉名琛兼署。		(蒙)柏貴	
勞崇光		勞崇光	
(滿)舒興阿		(滿)舒興阿	
(漢)蔣爵遠		(漢)蔣爵遠	

年代	咸豐七年　丁巳(1857)	
江　蘇	**趙德轍** 四、癸巳、十二, 5.5；兼署江督。	
安　徽	(滿)**福濟**	
山　東	(滿)**崇恩** 五、甲寅、四, 5.26；入觀, 布政吳廷棟署。	
山　西	**王慶雲** 六、乙亥、廿六, 8.15；遷川督。	(蒙)**恆福** 六、乙亥；晉布遷。 十二、己巳、廿二, 2.5；召陸, 布政常績署。
河　南	(滿)**英桂**	
陝　西	**曾望顏**	
福　建	**呂佺孫** 正、辛酉、八, 2.2；病免。	(滿)**慶端** 正、辛酉；布政遷。
浙　江	**晏端書**	
江　西	(滿)**文俊** 三、丁卯、十五, 4.9；召京(盛禮)。	(覺羅)**耆齡** 三、丁卯；布政遷。
湖　北	**胡林翼**	
湖　南	**駱秉章**	
廣　東	(蒙)**柏貴** 十二、庚申、十三, 1.27；署廣督, 布政江國霖署。	
廣　西	**勞崇光**	
雲　南	(滿)**舒興阿** 六、壬子、三, 7.23；病免(以閣學候補)。	**桑春榮** 六、壬子；布政遷。 六、乙亥、廿六, 8.15；兼署雲督。
貴　州	(漢)**蔣霨遠**	

咸豐八年　戊午(1858)

趙德轍 十二、丁卯、廿六，1.29；病免。	**徐有壬** 十二、丁卯；服闋湘布授。
(滿)**福濟** 六、丁巳、十三，7.23；革。	**翁同書** (詹事)六、丁巳；候補侍郎授。七、乙亥、二，8.10；布政李孟羣署。
(滿)**崇恩**	
(蒙)**恆福** 八、壬戌、廿，9.26；豫撫互調。	(滿)**英桂** 八、壬戌；豫撫改。
(滿)**英桂** 八、壬戌；晉撫互調，布政瑛棨署。	(蒙)**恆福** 八、壬戌；晉撫改。
曾望顏	
(滿)**慶端** 六、戊辰、廿四，8.3；暫署閩督，布政瑞璸署。	
晏端書 七、庚子、廿七，8.4；召京(大理)。	**胡興仁** 七、庚子；甘布遷。
(覺羅)**耆齡**	
胡林翼 七、辛卯、十八，8.26；憂，改署。　湖督官文暫兼署。	
駱秉章	
(蒙)**柏貴** 五、甲午、廿，6.30；病假，布政畢承昭署。	
勞崇光	
桑春榮 六、癸丑、九，7.19；召。 按察徐之銘署。	**張亮基** 六、癸丑；革魯撫授。 十一、己亥、廿八，1.1；遷雲督。	**徐之銘** 十一、己亥；按察遷。
(漢)**蔣爵邊**		

巡撫年表

年 代	咸豐九年　己未(1859)		
江 蘇	徐有壬		
安 徽	翁同書		
山 東	(滿)崇恩 八、戊戌、一,8.28;召京(閣學)。	(滿)文煜 八、戊戌;直布遷。	
山 西	(滿)英桂		
河 南	(蒙)恆福 二、壬戌、廿一,3.25;遷直督。	(漢)瑛棨 二、壬戌;布政遷。三、辛卯、廿一,4.23;暫署東河。	
陝 西	曾望顏 十一、丙戌、廿一,12.14;署川督。	譚廷襄 十一、丙戌;革直督賞三品署。	
福 建	(滿)慶端 四、壬戌、廿二,5.24;遷閩督。	羅遵殿 四、壬戌;鄂布遷。 九、甲戌、八,10.3;改浙撫。	(滿)瑞璸 九、甲戌;布政遷。
浙 江	胡興仁 九、甲戌;召京。	羅遵殿 九、甲戌;閩撫改。	
江 西	(覺羅)耆齡 九、戊寅、十二,10.7;改粵撫。	惲光宸 九、戊寅;布政遷。	
湖 北	胡林翼		
湖 南	駱秉章		
廣 東	(蒙)柏貴 四、己未、十九,5.21;死。 布政畢承昭署。	勞崇光 四、己未;桂撫改,兼署廣督。 九、戊寅;授廣督。	(覺羅)耆齡 九、戊寅;贛撫改。
廣 西	勞崇光 四、己未;改粵撫。	曹澍鍾 四、己未;布政遷。 八、辛亥、十四,9.10;憂,改署。	
雲 南	徐之銘		
貴 州	(漢)蔣蔚遠 十二、丙午、十一,1.3;假,布政海瑛署。		

咸豐十年 庚申(1860)

徐有壬
　四、癸未、十九,6.8;兼署江督。
　四、癸巳、廿九,6.18;戰死(節愍)。

薛　煥
　五、甲午、一,6.19;蘇布遷,仍曁署江督。

翁同書

(滿)文煜
　八、己卯、十八,10.2;援京,布政清盛署。十月,回任。

(滿)英桂
　八、己卯;援京,布政常績署。
　十二、辛巳、廿二,2.1;憂,改署。

(漢)瑛棨
　正、丁丑、十二,2.3;
　降陝按。

(滿)慶廉
　正、丁丑;陝布遷。
　八、己卯;援京,布政賈臻署。
　(十一年七、甲午、八,8.13;降贛布)

　　　　十、庚辰、廿,12.2;免。
　　　　東河黃贊湯兼署。

殷樹森
　十、庚辰;鄂布遷。

譚廷襄

(滿)瑞璜

羅遵殿
　三、丙子、十二,4.2;戰死(壯節)。

王有齡
　三、丙子;蘇布署,次日授。

惲光宸
　三、甲午、卅,4.20;病假,旋死。

(滿)毓科
　三、甲午;布政護。
　閏三、乙卯、廿一,5 11;授。

胡林翼
　十一、丙辰、廿七,1.7;授。

駱秉章
　八、壬戌、一,9.15;赴川督辦軍務。

翟誥
　八、己卯;按察署。

(覺羅)耆齡

曾澍鍾
　閏三、丙午、十二,5.2;赴川專辦軍務。

劉晨佑
　閏三、丙午;布政遷。

徐之銘
　十、壬戌、二,11 14;兼署雲督。

(漢)蔣蔚遠
　二、庚子、五,2.26;死(勤愍)。

劉源灝
　二、庚子;黔布遷。
　十、壬戌;遷雲督。

鄧爾恆
　十、壬戌;滇布遷。

巡撫年表

年　代	咸豐十一年　辛酉(1861)		
江　蘇	**薛　煥**		
安　徽	**翁同書** 正、丙申、七,2.16; 召京(旋革)。	**李續宜**(未任) 正、丙申;按察署。 八、戊辰、十二,9.16;署鄂撫。 九、壬寅、十七,10.20;改鄂撫。十二、丁丑、 廿五,1.23;鄂撫改回。布政賈臻署。	**彭玉麐**(未任) 九、壬寅;粵按遷。 十二、丁丑;辭免。
山　東	(滿)**文煜** 正、丙午、十七,2.26;署直督,布政清盛署。	**譚廷襄** 正、丙午;署陝撫授。	
山　西	(滿)**英桂**		
河　南	**嚴樹森** 十二、丁丑;改鄂撫。	**鄭元善** 十二、丁丑;布政遷。	
陝　西	**譚廷襄** 正、丙午;改魯撫。	**鄧爾恆** 正、丙午;黔撫改。 五、甲午、七,6.14;被殺(文懿)。	(滿)**瑛棨** 正、丙午;布政署。 五、甲午;授。
福　建	(滿)**瑞璸**		
浙　江	**王有齡** 十二、丁丑;敗死(壯愍)。	**左宗棠** 十二、丁丑;太常授。	
江　西	(滿)**毓科** 十二、辛未、十八,1.17;降,布政李垣署。	**沈葆楨** 十二、辛未;前吉南贛寧道擢。	
湖　北	**胡林翼** 八、戊辰;病假。 九、壬寅;死(文忠)。	**李續宜** 八、戊辰;皖撫署。九、壬寅;授。 十二、丁丑;仍改皖撫。	**嚴樹森** 十二、丁丑;豫撫改。
湖　南	**翟誥** 二、辛巳、廿三,4.2;召京,布政文格署。	**毛鴻賓** 二、辛巳;蘇布署。 七、戊申、廿二,8.27;授。	
廣　東	(覺羅)**耆齡**		
廣　西	**劉長佑** 正、癸丑、廿四,3.5;兼署提督。		
雲　南	**徐之銘**		
貴　州	**鄧爾恆** 正、丙午;改陝撫。貴東道何冠英賞二品署: 八、甲戌、十八,9.22;死。	記名道江忠義署(未任): 提督田興恕兼署。	**韓超** 十二、丙子、廿三,1.22; 糧儲道賞二品署。

同治元年　壬戌(1862)

薛　煥	李鴻章
三、己酉、廿七,4.25;改以頭品充通商大臣。	三、己酉;延建邵道署。 十、辛卯、十二,12 3;授。
李續宜	
七、己丑、八,8.3;授欽。 八、丁卯、十七,9.10;憂假,鄂布唐訓方署。	
譚廷襄	閻敬銘
七、乙巳、廿四,8.19;署東河。 十、庚子、廿一,12.12;改東河。	十、庚子;丁憂鄂按署布政賞二品署。
(滿)英桂	
鄭元善	張之萬
十一、壬子、四,12.24;降道員。	十一、壬子;吏左署。
(漢)瑛棨	
(滿)瑞璸	徐宗幹
正、丙午、廿三,2.21;休,學政厲恩官署。	正、丙午;前浙布授。
左宗棠	
沈葆楨	
嚴樹森	
毛鴻賓	
(覺羅)耆齡	黄贊湯
正、辛丑、十八,2.16;赴閩,廣督勞崇光兼署。 七、甲辰、廿三,8.18;遷閩督。	七、乙巳;東河改。
劉長佑	張凱嵩
閏八、甲辰、廿四,10.17;遷廣督。	閏八、甲辰;布政遷。
徐之銘	
韓　超	張亮基
十一、乙亥、廿七,1.16;解。(光四死,果靖)	(總督銜)　十一、乙亥;前雲督署,兼署提督。

年代	同 治 二 年　癸亥(1863)		
江 蘇	李鴻章		
安 徽	李續宜 四、癸巳、十七,6.3;專辦皖北軍務。 (十一月死,勇毅。)	唐訓方 四、癸巳;鄂布遷。 十、辛巳、八,11.18;降布政。	喬松年 十、辛巳;寧布遷。
山 東	閻敬銘 十一、庚申、十七,12.27;授。		
山 西	(滿)英桂 十、辛丑、廿八,12.8;改福將。	沈桂芬 十、辛丑;戶左署。	
河 南	張之萬 正、戊申、一,2 18;授。		
陝 西	(漢)瑛棨 七、丙午、二,8.15;革,按察張集馨署。	劉蓉 七、丙午;川布遷。	
福 建	徐宗幹		
浙 江	左宗棠 三、甲子、十八,5.5;遷閩督,仍兼署。	曾國荃(未任) 三、甲子;蘇布遷,留辦江寧軍務。	
江 西	沈葆楨 九、丁未、三,10.15;病假四月,布政孫長紱護。		
湖 北	嚴樹森		
湖 南	毛鴻賓 五、丙寅、廿一,7.6;遷廣督。	惲世臨 五、丙寅;布政遷。	
廣 東	黃贊湯 六、甲辰、廿九,8.13;召京。	郭嵩燾 六、甲辰;兩淮運使以三品授。	
廣 西	張凱嵩		
雲 南	徐之銘 三、乙卯、九,4.26;解(革、戍)。	賈洪詔 三、乙卯;前滇布授。	
貴 州	張亮基		

同 治 三 年　甲子(1864)

李鴻章
六、戊戌、廿九, 8.1; 封一等肅毅伯(鎮壓太平軍)。

喬松年

閻敬銘

沈桂芬
七、庚戌、十二, 8.13; 授。

張之萬

劉　蓉

徐宗幹

曾國荃(未任)		**馬新貽**
六、戊戌; 封一等威毅伯。	閩督左宗棠兼署。	九、壬寅; 皖布遷。
九、壬寅、四, 10.4; 病免。		布政蔣益澧護。

沈葆楨

嚴樹森	**吳昌壽**
四、癸巳、廿三, 5.28; 降道員, 署鄂按唐訓方暫署。	四、癸巳; 粵布遷。

惲世臨

郭嵩燾

張凱嵩

賈洪詔	**林鴻年**
八、壬辰、廿四, 9.24; 革。	八、壬辰; 布政遷。

張亮基

巡 撫 年 表

年 代	同 治 四 年　乙 丑（1865）		
江 蘇	**李鴻章** 四、癸巳、廿九，5.23；署江督，布政劉郇膏護。		
安 徽	**喬松年**		
山 東	**閻敬銘**		
山 西	**沈桂芬** 六、庚子、七，7.29；省假，旋憂。 布政王榕吉署。	**曾國荃**（未任） 六、己酉、十六，8.7；前浙 撫授（辭）。	**趙長齡** 十、辛亥、廿，12.7；未任 陝撫署。
河 南	**張之萬** 四、己巳、五，4.29；署東河。	**吳昌壽** 四、己巳；鄂撫改。	
陝 西	**劉蓉** 八、乙未、三，9.22；降一調，仍署。	**趙長齡** 八、乙未；川按署。十、辛亥；署晉撫。	
福 建	**徐宗幹**		
浙 江	**馬新貽**		
江 西	**沈葆楨** 五、乙卯、廿一，6.14；憂免，布政孫長紱護。	**劉坤一** 五、乙卯；桂布遷。	
湖 北	**吳昌壽** 四、己巳；改豫撫。	**鄭敦謹** 四、己巳；東河改。 十一、壬申、十一，12.28；改户右。	**李鶴年** 十一、壬申；直按遷。
湖 南	**惲世臨** 二、丙子、十，3.7；降調，布政石贊清護。	**李瀚章** 二、丙子；粤布遷。	
廣 東	**郭嵩燾**		
廣 西	**張凱嵩**		
雲 南	**林鴻年**		
貴 州	**張亮基**		

· 1708 ·

同 治 五 年　丙寅(1866)

李鴻章
　(署江督)　十一、丙辰、一,12.7;授欽,　　　布政劉郇膏護:四、庚子、十二,5.25;夏卸。
　專辦剿匪事宜。　　　　　　　　　　　　　布政(按遷)郭柏蔭護。

喬松年　　　　　　　　　　　　　　　　　**(滿)英翰**
　八、戊子、二,9.10;改陝撫。　　　　　　　　八、戊子;布政遷。

閻敬銘
　十一、戊午、三,12.9;假,布政丁寶楨署。

趙長齡
　正、丙戌、廿六,3.12;授。

吳昌壽　　　　　　　　　　　　　　　　　**李鶴年**
　正、丙戌;降調。　　　　　　　　　　　　　正、丙戌;鄂撫改。

劉　蓉　　　　　　　　　　　　　　　　　**喬松年**
　正、丙戌;降調原任仍署。八、戊子;病免。　　八、戊子;皖撫改。

徐宗幹　　　　　　　　　　　　　　　　　**李福泰**
　十一、丙寅、十一,12.17;死(清惠),署布周開錫護。　十一、丙寅;粵布遷。

馬新貽

劉坤一

李鶴年　　　　　　　　　　　　　　　　　**曾國荃**
　正、丙戌;改豫撫。　　　　　　　　　　　　正、丙戌;前晉撫授。

李瀚章

郭嵩燾　　　　　　　　　　　　　　　　　**蔣益澧**
　二、丙辰、廿六,4.11;召京。　　　　　　　　二、丙辰;浙布遷。

張凱嵩

林鴻年　　　　　　　　　　　　　　　　　**劉嶽昭**
　正、癸未、廿三,3.9;革。　　　　　　　　　正、癸未;布政遷。

張亮基

巡 撫 年 表

年代	同 治 六 年　丁卯(1867)			
江 蘇	**李鴻章** 正、丙寅、十一， 2.15；遷湖督。	**郭柏蔭** 二、壬子、廿八，4.2；遷桂撫，留署。 十二、丁酉、十八，1.12；赴鄂撫任。	**李瀚章** (留署湖督)正、丙寅；湘 撫改。十二、丁酉；改浙撫。	**丁日昌** 十二、丁酉； 蘇布遷。
安 徽	(滿)**英翰** 十一、癸亥、十四，12.9；憂假，布政張兆棟護。			
山 東	**閻敬銘** 二、庚戌、廿六，3.31；病免。		**丁寶楨** 二、庚戌；布政遷。	
山 西	**趙長齡**			
河 南	**李鶴年**			
陝 西	**喬松年**			
福 建	**李福泰** 十一、甲戌、廿五，12.20；改粵撫。		**卞寶第** 十一、乙亥、廿六，12.21；豫布遷。	
浙 江	**馬新貽** 十二、丁酉；遷閩督。		**李瀚章** 十二、丁酉；署湖督蘇撫改。	
江 西	**劉坤一**			
湖 北	**曾國荃** 十、丙申、十七，11.12；病免，布政何璟護。		**郭柏蔭** 十、丙申；桂撫改。 十二、庚子、廿一，1.15；兼署湖督。	
湖 南	**李瀚章** 正、丙寅，改蘇撫，留署湖督。		**劉崐** 正、丙寅；閩學授。	
廣 東	**蔣益澧** 十一、甲戌、廿五，12.20；降二調。		**李福泰** 十一、甲戌；閩撫改。	
廣 西	**張凱嵩**　　　　**郭柏蔭** 二、壬子；　　二、壬子；蘇布遷，留署蘇撫。 遷廣督。　　十、丙申；改鄂撫。		粵布吳昌壽署： 七、壬申、廿一，8.20；病卸。	**蘇鳳文** 七、壬申；布政署。 十、丙申；授。
雲 南	**劉嶽昭**			
貴 州	**張亮基** 八、戊戌、十八，9.15；解(革)。		**曾璧光** 八、戊戌；候補道賞二品署。	

同 治 七 年　戊辰(1868)		同 治 八 年　己巳(1869)	
丁日昌		丁日昌	
(滿)英翰 (署)正、丙辰、七,1.31;按察吳坤修署: 憂假。四、丁酉、十九,5.11;遷布,仍署。		(滿)英翰 (署)三、甲申、十二,4.23;回任。	
丁寶楨		丁寶楨	
趙長齡 二、壬午、四,2.26; 解(革)。	鄭敦謹 二、壬午;左都署。 三、丙子、廿八,4.20; 改工尚,仍署。	鄭敦謹 五、己亥、廿八,7.7;卸 (回工尚本任)。	李宗羲 五、己亥;寧布遷。
李鶴年		李鶴年	
喬松年 二、壬午;病免。	劉 典 二、壬午;三品卿銜署。	劉 典 十二、壬寅、五,1.6; 乞養。	蔣志章 十二、壬寅;川布遷。
卞寶第		卞寶第 正、庚子、廿八,3.10;病假,閩督英桂兼署。	
李瀚章		李瀚章 十二、甲辰、七,1.8; 署湖督。	楊昌濬 十二、甲辰;浙布署。
劉坤一		劉坤一	
郭柏蔭 七、乙酉、十,8.27;兼署湖督。		郭柏蔭	
劉 崑		劉 崑	
李福泰		李福泰	
蘇鳳文		蘇鳳文	
劉嶽昭 三、癸丑、五,3.28; 遷雲督。	岑毓英 三、癸丑;滇布遷。	岑毓英	
曾璧光 七、庚子、廿五,9.11;授。		曾璧光	

年 代	同 治 九 年　庚午(1870)		
江 蘇	**丁日昌** 六、癸亥、廿八,7.26;赴津(辦教案),布政張兆棟署。 閏十、丙子、十四,12.6;憂免。	**張之萬** 閏十、丙子;漕督授。	
安 徽	(滿)**英翰** 三、丁卯、一,4.1;授。		
山 東	**丁寶楨**		
山 西	**李宗羲** 七、丙子、十二,8.8;憂免。	**何　璟** 七、丙戌、廿二,8.18;閩撫改。	
河 南	**李鶴年**		
陝 西	**蔣志章**		
福 建	**卞寶第** 七、庚午、六,8.2;乞養。	**何　璟** 七、庚午;晉布遷。 七、丙戌;改晉撫。	**王凱泰** 七、丙戌;粵布遷。
浙 江	**李瀚章** 八、丁酉、三,8.29;遷湖督。	**楊昌濬** 八、丁酉;授。	
江 西	**劉坤一**		
湖 北	**郭柏蔭**		
湖 南	**劉　崑**		
廣 東	**李福泰** 十一、庚子、九,12.30;改桂撫,廣督瑞麟兼署。		
廣 西	**蘇鳳文** 十一、庚子;召京(漕督)。	**李福泰** 十一、庚子;粵撫改。	
雲 南	**岑毓英**		
貴 州	**曾璧光**		

同 治 十 年　辛未(1871)

張之萬 九、甲午、七，10.20；遷閩督。	**何　璟** 九、甲午；晉撫改。
(滿)英翰	
丁寶楨 十、庚辰、廿三，12.5；病假，布政文彬署。	
何　璟 九、甲午；改蘇撫。	**鮑源深** 九、甲午；戶右授。
李鶴年 十一、己丑、三，12.14；遷閩督。	**錢鼎銘** 十一、己丑；直布遷。

蔣志章 十一、戊申、廿二，1.2；死(文恪)。	**翁同爵** 十一、戊申；布政遷。 十二、庚辰、廿五，2.3；憂免。	**邵亨豫** 十二、庚辰；倉侍署。

王凱泰	
楊昌濬	
劉坤一	
郭柏蔭	
劉　嶽 十、乙丑、八，11.20；解。	**王文韶** 十、乙丑；湘布署。

廣督瑞麟兼署。	**劉崇佑** 四、甲戌、十五，6.2；革直督賞三品授。 六、己卯、廿，8.6；改桂撫。	**張兆棟** 六、己卯；漕督授。

李福泰 四、甲戌；死。	**劉崇佑** 六、己卯；粵撫改。
岑毓英	
曾璧光	

巡 撫 年 表

年 代	同治十一年　壬申(1872)	同治十二年　癸酉(1873)
江 蘇	何　璟　　　　張樹聲 二、丙寅、十二，　七、丙戌、四,8.7;漕督署。 3.20;署江督。　　十、丙子、廿五,11.25; 布政恩錫署。　　署江督。	張樹聲 正、丙戌、六,2.3;漕督授,署江督回任。
安 徽	(滿)英翰	(滿)英翰
山 東	丁寶楨	丁寶楨 十、壬午、七,11.26;修墓給假,漕督文彬署。
山 西	鮑源深	鮑源深
河 南	錢鼎銘	錢鼎銘
陝 西	邵亨豫 八、庚申、八,9.10;授。　正、癸卯、十八,2.26; 布政譚鍾麟護。	邵亨豫
福 建	王凱泰	王凱泰 十二、庚寅、十六,2.2;入覲,閩督李鶴年兼署。
浙 江	楊昌濬	楊昌濬
江 西	劉坤一	劉坤一
湖 北	郭柏蔭	郭柏蔭　　　　吳元炳 十二、戊子、十四,1.31;　十二、戊子;湘布遷。 病免。(光十死)
湖 南	王文韶 五、丙午、廿三,6.28;授。	王文韶
廣 東	張兆棟	張兆棟
廣 西	劉長佑	劉長佑
雲 南	岑毓英	岑毓英 八、丁亥、十一,10.2;兼署雲督。
貴 州	曾璧光	曾璧光

同治十三年　甲戌(1874)

張樹聲 九、庚戌、十一，10.20；免，江督李宗羲兼署。	**吳元炳** 九、庚戌；皖撫改。	
（滿）**英翰** 九、丁未、八，10.17；遷廣督。	**吳元炳** 九、丁未；鄂撫改。九、庚戌；改蘇撫。	（滿）**裕祿** 九、庚戌；布政遷。
丁寶楨		
鮑源深		
錢鼎銘		
邵亨豫		
王凱泰		
楊昌濬		
劉坤一 十二、甲戌、五，1.12；署江督。	**劉秉璋** 十二、甲戌；布政署。	
吳元炳 九、丁未；改皖撫，湖督李瀚章兼署。	**翁同爵** 九、丁未；前陝撫授。	
王文韶		
張兆棟 九、丁未；兼署廣督。		
劉長佑		
岑毓英 兼署雲督。		
曾璧光		

巡 撫 年 表

年 代	光 緒 元 年　乙亥(1875)		
江 蘇	**吳元炳**		
安 徽	(滿)**裕祿**		
山 東	**丁寶楨**		
山 西	**鮑源深**		
河 南	**錢鼎銘** 五、乙丑、廿九, 7.2; 死(敏肅), 布政劉齊衔署。	**李慶翱** 五、乙丑; 晉布遷。	
陝 西	**邵亨豫** 二、癸未、十五, 3.22; 病免。	**曾國荃**(未任) 二、癸未; 前鄂撫授。 二、戊子、廿, 3.27; 改東河。	**譚鐘麟** 二、戊子; 陝布遷。
福 建	**王凱泰** 十一、丁未、十四, 12.11; 死(文勤), 布政葆亨護。	**丁日昌** 十一、丁未; 服闋蘇撫授, 並兼船政大臣。	
浙 江	**楊昌濬**		
江 西	**劉秉璋** 八、丙寅、二, 9.1; 授。 九、壬戌、廿九, 10.27; 召陞, 布政李文敏護。		
湖 北	**翁同爵** 五、壬子、十六, 6.19; 十二、壬午、十九, 1.15; 兼署湖督。		
湖 南	**王文韶**		
廣 東	**張兆棟** 八、壬寅、二, 9.1; 兼署廣督。		
廣 西	**劉長佑** 十一、戊戌、五, 12.2; 遷廣督。	**嚴樹森** 十一、戊戌; 布政署。	
雲 南	**岑毓英** 兼署雲督。		
貴 州	**曾璧光** 九、丁未、十四, 10.12; 死(文誠)。	**黎培敬** 九、丁未; 布政遷。	

光 緒 二 年　丙子(1876)

吳元炳

(滿)裕祿

丁寶楨
　　九、戊辰、十一,10.27;遷川督。

(滿)文格(未到)
　　九、戊辰;滇撫改,布政李元華署。

鮑源深
　　八、丁酉、九,9.26;病免。

曾國荃
　　八、丁酉;東河授。

李慶翱

譚鍾麟

丁日昌

楊昌濬

劉秉璋
　　二、辛未、九,3.4;入覲,布政李文敏護。
　　六、戊戌、九,7.29;回任。

翁同爵
　　九、戊辰;卸兼署湖督。

王文韶

張兆棟

殷樹森
　　三、丁未、十五,4.9;死,署布政慶愛護。

涂宗瀛
　　三、丁未;湘布遷。

岑毓英
　　三、庚申、廿八,4.22;憂免。

(滿)文格(未任)
　　三、庚申;川布遷。
　　九、戊辰;改魯撫。

潘鼎新
　　三、庚申;布政署。
　　九、戊辰;授。

黎培敬

巡撫年表

年代	光緒三年　丁丑(1877)
江蘇	**吳元炳**
安徽	(滿)**裕祿**
山東	(滿)**文格**
山西	**曾國荃**
河南	**李慶翱** 十一、辛酉、十, 12.14; 降三調。　東河李鶴年兼署。	**涂宗瀛** 十一、壬戌、十一, 12.15; 桂撫改。
陝西	**譚鍾麟**
福建	**丁日昌** 七、戊午、五, 8.13; 病假。　布政葆亨署: 八、戊子、六, 9.12; 改晉布。 粵按遷閩布周恆祺署。
浙江	**楊昌濬** 二、壬寅、十六, 3.30; 革, 布政衛榮光護。	**梅啓照** 二、癸卯、十七, 3.31; 寧布遷。
江西	**劉秉璋**
湖北	**翁同爵** 八、乙未、十三, 9.19; 死, 湖督李瀚章兼署。	**邵亨豫** 八、乙未; 前陝撫授。
湖南	**王文韶** 十、庚子、十九, 11.23; 入覲, 布政崇福署。
廣東	**張兆棟**
廣西	**涂宗瀛** 十一、壬戌; 改豫撫。	**楊重雅** 十一、壬戌; 布政遷。
雲南	**潘鼎新** 八、壬子、卅, 10.6; 召京。	**杜瑞聯** 八、壬子; 布政署。
貴州	**黎培敬**

光緒四年　戊寅(1878)

吴元炳
　　二、乙巳、廿五,3.28;署江督,布政勒方錡護。

(滿)裕禄

(滿)文格

曾國荃

涂宗瀛

譚鍾麟

丁日昌　　　　　　　　　**吴贊成**　　　　　　　　　**(滿)裕寬**
　　四、乙酉、六,5.7;病免。　　　四、乙酉;船政大臣署。　　　　十、戊戌;豫布遷。
　　　　　　　　　　　　　　　十、庚寅、十四,11.8;三京候授光禄,仍署。　布政李明墀暫署。
　　　　　　　　　　　　　　　十、戊戌、廿二,11.16;病,卸署。

梅啓照

劉秉璋　　　　　　　　　　　**李文敏**
　　七、庚午、廿二,8.20;乞養。　　　七、辛未、廿三,8.21;布政遷。

邵亨豫　　　　　　　　　　　**潘　霨**
　　三、己未、九,4.11;改湘撫。　　三、己未;布政署。七、辛亥、三,8.1;授。

王文韶　　　　　　　　**衛榮光**　　　　　　　　**邵亨豫**
　　二、乙酉、五,3.8;署兵左。　　二、丙戌、六,3.9;浙布遷。　　三、己未;鄂撫改。
　　　　　　　　　　　　　三、己未;憂免。

張兆棟
　　(△憂)

楊重雅

杜瑞聯
　　七、辛亥;授。

黎培敬
　　十、癸卯、廿七,11.21;召陸,布政林肇元暫署。

巡 撫 年 表

年 代	光 緒 五 年　己卯(1879)		
江 蘇	**吳元炳** 十一、甲申、十五,12.27;兼署江督,布政譚鈞培護。		
安 徽	(滿)**裕祿** 閏三、甲申、十一,5.1;召京,布政傅慶貽護。		
山 東	(滿)**文格** 閏三、癸未、十,4.30;降三調。	**周恆祺** 閏三、甲申;直布遷。	
山 西	**曾國荃**		
河 南	**涂宗瀛**		
陝 西	**譚鍾麟** 五、己丑、十六,7.5;召京,布政王思沂護。 八、庚午、廿九,10.14;改浙撫。	**馮譽驥** 八、庚午;刑左授。	
福 建	(滿)**裕寬** 正、戊辰、廿四,2.14;改粤撫。	**李明墀** 正、戊辰;布政署。 四、癸酉、卅,6.19;改湘撫。	**勒方錡** 四、癸酉;蘇布遷。 閩督何璟兼署。
浙 江	**梅啓照** 八、庚午;召京。	**譚鍾麟** 八、庚午;陝撫改。	
江 西	**李文敏**		
湖 北	**潘　霨**		
湖 南	**邵亨豫** 四、癸酉;改禮左。	**李明墀** 四、癸酉;閩撫改。	
廣 東	**張兆棟** 正、戊辰;免,廣督劉坤一兼署。	(滿)**裕寬** 正、戊辰;閩撫改。 十一、甲申;兼署廣督。	
廣 西	**楊重雅** 閏三、丙戌、十三,5.3; 召京。(十一月死)	**張樹聲** 閏三、丙戌;黔撫改。 十一、甲申;遷廣督。	(滿)**慶裕** 十一、甲寅;閩布遷。
雲 南	**杜瑞聯**		
貴 州	**黎培敬** 正、己巳、廿五,2.15;降三調。	**張樹聲** 正、己巳;前蘇撫授。 閏三、丙戌;改桂撫。	**岑毓英** 閏三、丙戌;服闋授。 布政林肇元署。

光 緒 六 年　庚辰(1880)

吴元炳
　　△六月，卸兼署。

(滿)裕禄

周恆祺

曾國荃　　　　　　　　　　　　　　　　　　　　　　　**衛榮光**
　　六、庚申、廿四，7.30；召京。　　布政葆亨護：十一、辛卯、廿七，12.28；革。　　十二、戊戌；前湘撫署。
　　　　　　　　　　　　　　　　　十二、戊戌、五，1.4；按察松椿護。

涂宗瀛

馮馨馥

勒方錡

譚鍾麟

李文敏

潘　霨　　　　　　　　　　　　　　　　　　　**彭祖賢**
　　(皖撫)　正、癸巳、廿五，3.5；免。　　　　正、癸巳；贛布遷。
　　正、甲午、廿六，3.6；湖廣李瀚章兼署。

李明墀

(滿)裕寬
　　△四月，卸兼署。

(滿)慶裕

杜瑞聯

岑毓英

巡 撫 年 表

年 代	光 緒 九 年　癸未(1883)	
江 蘇	衞榮光	
安 徽	(滿)裕禄	
山 東	陳士杰	
山 西	張之洞	
河 南	李鶴年 二、庚辰、廿九,4.6;革,布政成孚護。	鹿傳霖 二、庚辰;川布遷。
陝 西	馮譽驥 十、癸丑、六,11.5;革,布政葉柏英護。	(漢)邊寶泉 十、癸丑;贛布遷。
福 建	張兆棟 四、甲戌、廿四,5.30;授。	
浙 江	劉秉璋	
江 西	潘　霨	
湖 北	彭祖賢	
湖 南	卞寶第 五、壬寅、廿三,6.27;署湖督。	潘鼎新 五、壬寅;前滇撫署。
廣 東	(滿)裕寬 九、丙戌、九,10.9;病免。	倪文蔚 九、丙戌;桂撫改。
廣 西	倪文蔚 九、丙戌;改粤撫。	徐延旭 九、丙戌;布政遷。
雲 南	杜瑞聯 六、庚午、廿二,7.25;降三調。	唐　炯 六、庚午;布政遷。
貴 州	林肇元 十一、丙午、廿九,12.28;免。	張凱嵩 十一、丙午;川布遷。

年 代	光 緒 十 年　甲申(1884)	
江 蘇	衛榮光	
安 徽	(滿)裕禄 　　正、戊子、十二、2.8；署江督(未任)。 　　六、戊子、十六、8.6；憂，布政盧士杰護。	
山 東	陳士杰	
山 西	張之洞 　　四、壬申、廿八、5.22；署廣督。 　　七、乙丑、廿三、9.12；授。	(蒙)奎斌 　　四、壬申；布政護。 　　四、壬辰、十八、6.11；署。
河 南	鹿傳霖	
陝 西	(漢)邊寶泉	
新 疆	〔十、癸酉、二、11.19；增設。〕	劉錦棠 　　十、癸酉；兵右授，仍欽，督辦軍務。
福 建	張兆棟 　　七、己巳、廿七、9.16；兼署閩督。 　　九、壬子、十一、10.29；革。	劉銘傳 　　九、壬子；前直提授。 　　(改駐臺灣)
浙 江	劉秉璋	
江 西	潘　霨 　　九、戊午、十七、11.4；召京。 　　布政劉瑞芬護。	(滿)德馨 　　九、戊午；浙布遷。
湖 北	彭祖賢	
湖 南	潘鼎新 　　二、乙亥、廿九、3.26；改桂撫。	龐際雲 　　二、乙亥；布政遷署。
廣 東	倪文蔚	
廣 西	徐延旭 　　二、乙亥；革、逮。	潘鼎新 　　二、乙亥；湘撫改。
雲 南	唐　炯 　　三、壬辰、十七、4.12；革、逮。	張凱嵩 　　三、壬辰；黔撫改。
貴 州	張凱嵩 　　三、壬辰；改滇撫。	李用清 　　三、壬辰；布政署。

巡撫年表

年 代	光緒十一年　乙酉(1885)	
江 蘇	**衞榮光**	
安 徽	(滿)**裕祿** 　二、乙未、廿五,4.10;署湖督。 　布政盧士杰署。	**吳元炳** 　二、乙未;漕督授。
山 東	**陳士杰**	
山 西	(蒙)**奎斌** 　(署)二、丁酉、廿七,4.12;改直布,卸。	(滿)**剛毅** 　二、丁酉;滇布遷。
河 南	**鹿傳霖** 　二、丙申、廿六,4.11;陝撫互調。 　布政孫鳳翔護。	(漢)**邊寶泉** 　二、丙申;陝撫改。
陝 西	(漢)**邊寶泉** 　二、丙申;豫撫互調。	**鹿傳霖** 　二、丙申;豫撫改。
新 疆	**劉錦棠**	
福 建	**劉銘傳** 　九、庚子、五,10.12;改任臺撫。	〔九、庚子;改設臺灣巡撫。〕
浙 江	**劉秉璋**	
江 西	(滿)**德馨**	
湖 北	**彭祖賢** 　十、己丑、廿四,11.30;死。 　湖督裕祿兼署。	**譚鈞培** 　十、己丑;蘇布遷。
湖 南	**龐際雲** 　二、乙未;卸署。	**卞寶第** 　二、乙未;署湖督回任。
廣 東	**倪文蔚**	
廣 西	**潘鼎新** 　二、戊寅、八,3.24;革。 　按察李秉衡護。	**張 曜** 　五、丁未、九,6.21;粵陸提授。
雲 南	**張凱嵩**	
貴 州	**李用清** 　六、壬辰、廿五,8.5;召京。	**潘 霨** 　六、壬辰;前贛撫署。

年　代	光緒十二年　丙戌(1886)		
江　蘇	衛榮光 五、庚子、八,6.9;改浙撫。	(滿)崧駿 五、庚子;漕督授。	
安　徽	吳元炳 五、甲寅、廿二,6.23;死。 布政張端卿護。	陳　彝 五、甲寅;湘布遷。 八、壬戌、二,8.30;按察阿克達春護。	
山　東	陳士杰 五、癸巳、一,6.2;召京。	張　曜 五、癸巳;桂撫改。	
山　西	(滿)剛毅		
河　南	(漢)邊寶泉		
陝　西	鹿傳霖 七、辛丑、十,8.9;病免。	葉伯英 七、辛丑;布政遷。	
新　疆	劉錦棠 八、丙寅、六,9.3;卸欽。		
臺　灣	劉銘傳		
浙　江	劉秉璋 五、丁酉、五,6.6;遷川督。	衛榮光 五、庚子;蘇撫改,布政許應鑅護。	
江　西	(滿)德馨		
湖　北	譚鈞培 五、癸巳;改粵撫。	(蒙)奎斌 五、甲午、二,6.3;直布遷。	
湖　南	卞寶第		
廣　東	倪文蔚 四、庚寅、廿七,5.30;召陛。五、癸巳;病免。 廣督張之洞兼署。	譚鈞培 五、癸巳;鄂撫改。 十一、己亥、十,12.5;改滇撫。	吳大澂 十一、己亥;左副授。
廣　西	張　曜 五、癸巳;改魯撫,布政李秉衡護。		
雲　南	張凱嵩 十一、己亥;死。	譚鈞培 十一、己亥;粵撫改。	
貴　州	潘霨 十、乙酉、廿六,11.21;授。		

巡 撫 年 表

年　代	光緒十三年　丁亥(1887)		光緒十四年　戊子(1888)	
江 蘇	(滿)崧駿		(滿)崧駿 十、乙未、十七, 11.20; 改浙撫, 布政黃彭年護。	(滿)剛毅 十、乙未; 晉撫改。
安 徽	陳　彝		陳　彝 十、乙未; 解(以三京候)。 (十五年順尹)	沈秉成 十、乙未; 桂撫改。
山 東	張　曜		張　曜	
山 西	(滿)剛毅		(滿)剛毅 十、乙未; 改蘇撫。	衛榮光 十、乙未; 浙撫改。
河 南	(漢)邊寶泉 五、戊午、二, 6.22; 病免。	倪文蔚 五、戊午; 前粵撫授。	倪文蔚	
陝 西	葉伯英		葉伯英 九、甲寅、六, 10.10; 死。 布政陶模護。	張　煦 九、甲寅; 晉布遷。
新 疆	劉錦棠		劉錦棠 十二、乙巳、廿八, 1.29; 省假, 布政魏光燾護。	
臺 灣	劉銘傳		劉銘傳	
浙 江	衛榮光		衛榮光 十、乙未; 改晉撫。	(滿)崧駿 十、乙未; 蘇撫改。
江 西	(滿)德馨 二、丙子、十八, 3.12; 召京, 布政李嘉樂護。		(滿)德馨	
湖 北	(蒙)奎斌 四、庚午、十三, 5.3; 兼署湖督。		(蒙)奎斌	
湖 南	卞寶第		卞寶第 十、丁未、廿九, 12.2; 還閩督。	王文韶 十、丁未; 前戶左授。
廣 東	吳大澂		吳大澂 七、庚申、十, 8.17; 署東河, 廣督張之洞兼署。	
廣 西	布政李秉衡護: 七、癸未、廿八, 9.15; 卸。	沈秉成 七、癸未; 閩學授。	沈秉成 十、乙未; 改皖撫。	高崇基 十、乙未; 粵布遷。
雲 南	譚鈞培		譚鈞培	
貴 州	潘　霨		潘　霨	

<table>
<tr><td colspan="2" align="center">光緒十五年　己丑(1889)</td></tr>
<tr><td colspan="2">(滿)剛毅</td></tr>
<tr><td colspan="2">沈秉成</td></tr>
<tr><td colspan="2">張　曜</td></tr>
<tr>
<td>衛榮光
　十、己丑、十七, 11.9; 病免(十六年死)。</td>
<td>(滿)豫山
　十、己丑; 布政遷。</td>
</tr>
<tr><td colspan="2">倪文蔚</td></tr>
<tr>
<td>張　煦
　十二、乙酉、十四, 1.4; 改湘撫, 布政陶模護。</td>
<td>鹿傳霖
　十二、乙酉; 前陝撫授。</td>
</tr>
<tr><td colspan="2">劉錦棠
　(假)　布政魏光燾護。</td></tr>
<tr><td colspan="2">劉銘傳</td></tr>
<tr><td colspan="2">(滿)崧駿
　十一、壬戌、廿, 12.12; 兼署提督。</td></tr>
<tr><td colspan="2">(滿)德馨</td></tr>
<tr>
<td>(蒙)奎斌
　十一、丁卯、廿五, 12.17; 改察都。</td>
<td>譚繼洵
　十二、壬申、一, 12.22; 甘布遷。</td>
</tr>
<tr>
<td colspan="2">王文韶　　　　　邵友濂　　　　　　　　　　　　　　張　煦
　六、丁丑、三, 6.30; 遷雲督。　　六、丁丑; 臺布遷。十一、壬戌; 兼署提督。　十二、乙酉; 陝撫改。
　　　　　　　　　　　　　　十二、乙酉; 憂免。
　　　　　　　　　　　　　　十二、戊子、十七, 1.7; 按察沈晉祥護。</td>
</tr>
<tr>
<td>廣督張之洞兼署。</td>
<td>劉瑞芬
　正、庚戌、四, 2.3; 大理授(使英)。
　九、庚戌、七, 10.1; 布政游智開護, 署。</td>
</tr>
<tr>
<td>高崇基
　八、丁丑、四, 8.29; 死。</td>
<td>馬丕瑤
　七、癸亥、十九, 8.15; 布政護。
　八、己卯、六, 8.31; 授。</td>
</tr>
<tr><td colspan="2">譚鈞培
　六、丙子、二, 6.29; 兼署雲督。</td></tr>
<tr><td colspan="2">潘　蔚</td></tr>
</table>

巡 撫 年 表

年 代	光緒十六年　庚寅(1890)
江 蘇	(滿)**剛毅**
安 徽	**沈秉成** 十、丁未、十一,11.22;署江督,布政阿克達春護。
山 東	**張　曜**
山 西	(滿)**豫山**　　　　　　　　　　　　　　　**劉瑞祺** 閏二、戊申、八,3.28;死,按察潘駿文護。　　閏二、己酉、九,3.29;閩布遷。
河 南	**倪文蔚**　　　　　　　　　　　　　　(滿)**裕寬** 二、己卯、九,2.27;兼署東河。　　　　　六、辛酉、廿三,8.8;前粤撫授。 六、庚申、廿二,8.7;死。布政廖壽豐護。
陝 西	**鹿傳霖**
新 疆	**劉錦棠** 正、己酉、八,1.28;續假四月。八、己酉、十二,9.25;續假四月。 十一、甲戌、八,12.19;召陛。布政魏光燾護。
臺 灣	**劉銘傳**
浙 江	(滿)**崧駿**
江 西	(滿)**德馨**
湖 北	**譚繼洵**
湖 南	**張　煦**
廣 東	**劉瑞芬** 布政游智開署:四、丙午、七,5.25;病卸。 廣督李瀚章兼署。
廣 西	**馬丕瑤**
雲 南	**譚鈞培**
貴 州	**潘　蔚** 十一、丙戌、廿,12.31;召京,按察黃槐森護。

光緒十七年　辛卯(1891)	
(滿)剛毅	
沈秉成	
張　曜 七、辛巳、十九，8.23；死(勤果)。	(蒙)福潤 七、辛巳；布政護。七、丁亥、廿五，8.29；授。
劉瑞祺 十、甲午、三，11.4；死。	(滿)奎俊 十、甲午；布政護。十、丁酉、六，11.7；授。
(滿)裕寬	
鹿傳霖	
劉錦棠 布政魏光燾護：五、丙子、十三，6.19；省假。	陶　模 二、丁巳、廿三，4.1；陝布遷。
劉銘傳 三、辛卯、廿七，5.5；病免，布政沈應奎護。	邵友濂 四、乙未、二，5.9；前湘撫授。
(滿)崧駿	
(滿)德馨	
譚繼洵	
張　煦	
劉瑞芬	
馬丕瑤	
譚鈞培	
潘霨 五、辛卯、廿八，7.4；病免，按察黃槐森護。	(滿)崧蕃 五、辛卯；川布遷。

年代	光緒十八年　壬辰(1892)		
江 蘇	(滿)剛毅 四、己亥、十一,5.7;改粵撫。	(滿)奎俊 四、己亥;晉撫改。	
安 徽	沈秉成		
山 東	(蒙)福潤		
山 西	(滿)奎俊 四、己亥;改蘇撫。 布政胡聘之護。	(滿)阿克達春 四、己亥;皖布遷。 閏六、丙寅、十,8.2;解。	張　煦 閏六、己巳、十三,8.5;湘撫改。
河 南	(滿)裕寬		
陝 西	鹿傳霖		
新 疆	陶　模		
臺 灣	邵友濂		
浙 江	(滿)崧駿 二、乙巳、十六,3.14;入覲,布政劉樹棠護。		
江 西	(滿)德馨		
湖 北	譚繼洵		
湖 南	張　煦 閏六、己巳;改晉撫。	吳大澂 閏六、己巳;前東河授。	
廣 東	劉瑞芬 三、庚午、十二,4.8;死,廣督李瀚章兼署。	(滿)剛毅 四、己亥;蘇撫改。	
廣 西	馬丕瑤 正、己丑、廿九,2.27;憂免。	張聯桂 正、己丑;布政護。二、己亥、十,3.8;授。	
雲 南	譚鈞培		
貴 州	(滿)崧蕃		

光緒十九年　癸巳(1893)	
(滿)奎俊	
沈秉成	
(蒙)福潤	
張　煦	
(滿)裕寬	
鹿傳霖	
陶　模	
邵友濂	
(滿)崧駿 △十一月，死。　布政劉樹棠護：十二、庚戌、二，1.8；改豫布。 布政(按遷)趙舒翹護。	廖壽豐 十二、庚戌；豫布遷。
(滿)德馨 二、己未、六，3.23；召陸，布政方汝翼護。	
譚繼洵 十、戊辰、廿，11.27；赴川，湖督張之洞兼署。	
吳大澂	
(滿)剛毅	
張聯桂	
譚鈞培	
(滿)崧蕃	

巡撫年表

年 代	光緒二十年　甲午(1894)		
江 蘇	(滿)**奎俊**		
安 徽	**沈秉成** 四、乙丑、十九,5.23;解。 布政德壽暫署。	**李秉衡** 四、乙丑;前桂撫授。 七、庚寅、十六,8.16;魯撫互調。	(蒙)**福潤** 七、庚寅;魯撫改。
山 東	(蒙)**福潤** 七、庚寅;皖撫互調。	**李秉衡** 七、庚寅;皖撫改。	
山 西	**張 煦**		
河 南	(滿)**裕寬** 七、戊子、十四,8.14;入京(祝壽)。 十一、乙亥、三,11.29;解。	**劉樹棠** 七、戊子;布政護。 十一、丁丑、五,12.1;授。	
陝 西	**鹿傳霖**		
新 疆	**陶 模**		
臺 灣	**邵友濂** 九、戊子、十五,10.13;改署湘撫。	**唐景崧** 九、戊子;布政署。	
浙 江	**廖壽豐**		
江 西	(滿)**德馨**		
湖 北	**譚繼洵** 九、癸未、十,10.8;兼署湖督。		
湖 南	**吳大澂** 七、壬寅、廿八,8.28;命赴威海。 按察王廉護。	**邵友濂** 九、戊子;臺撫署。 十二、壬子、十,1.5;授全權大臣赴日本議和。	
廣 東	(滿)**剛毅** 六、戊午、十三,7.15;祝壽,廣督李瀚章兼署。 十、庚戌、七,11.4;解(以侍郎候補)。	**馬丕瑤** 十、辛亥、八,11.5;前桂撫授。	
廣 西	**張聯桂**		
雲 南	**譚鈞培** 九、戊寅、五,10.3;兼署雲督。 △十一月,死。按察岑毓寶護。	(滿)**崧蕃** 十一、戊戌、廿六,12.22;黔撫署。 十二、丙寅、廿四,1.19;授。	
貴 州	(滿)**崧蕃** 十一、戊戌;署滇撫,布政嵩崑署。	(滿)**德壽** 十一、戊戌;皖布遷。	

光緒二一年　乙未(1895)

(滿)**奎俊**
　　三、乙未、廿四,4.18;改陝撫。

趙舒翹
　　三、乙未;浙布遷。

(蒙)**福潤**

李秉衡

張　煦
　　正、癸未、十一,2.5;召陛,布政胡聘之署。
　　八、丁亥、十九,10.7;死。

胡聘之
　　八、丁亥;陝撫改。
　　九、癸丑、十六,11.2;布政員鳳林署。

劉樹棠
　　十二、戊辰、二,1.16;兼署東河。

鹿傳霖
　　三、癸巳、廿二,4.16;遷川督。
　　布政張汝梅護。

(滿)**奎俊**
　　三、乙未;蘇撫改。
　　七、壬戌、廿四,9.12;憂免。

胡聘之
　　七、壬戌;浙布遷。
　　八、丁亥;改晉撫。

魏光燾
　　八、丁亥;滇撫改。

陶　模
　　十、辛未、四,11.20;署陝督。

饒應祺
　　十、辛未;布政署。

唐景崧
　　四、丁卯、廿六,5.20;解。

　　　　　　　　〔依照馬關條約割予日本,缺裁。〕

廖壽豐

(滿)**德馨**
　　七、辛酉、廿三,9.11;革。

(滿)**德壽**
　　七、壬戌;湘撫改。

譚繼洵

邵友濂
　　正、乙未、廿三,2.17;回任。
　　四、甲寅、十三,5.7;解。

吳大澂
　　三、壬申、一,3.26;回任。
　　閏五、癸丑、十三,7.5;解。

(滿)**德壽**
　　閏五、乙卯、十五,7.7;黔撫改。
　　七、壬戌;改贛撫。

陳寶箴
　　七、壬戌;直布遷。

馬丕瑤
　　九、丁未、十,10.27;死,廣督譚鍾麟兼署。
　　十、辛未、四,11.20;布政成允署。

許應騤
　　十二、戊辰、二,1.16;東河授。

張聯桂
　　閏五、己巳、廿九,7.21;病免。

史念祖
　　六、庚午、一,7.22;滇布遷。

(滿)**崧蕃**
　　七、己酉、十一,8.30;遷雲督。

魏光燾
　　七、己酉;贛布遷。
　　八、丁亥;改陝撫。

　　雲督崧蕃兼署。

黃槐森
　　八、丁亥;桂布遷。

(滿)**德壽**
　　閏五、乙卯;改湘撫。

(滿)**嵩崑**
　　閏五、乙卯;布政遷。

巡 撫 年 表

年 代	光緒二二年　丙申(1896)	光緒二三年　丁酉(1897)
江 蘇	趙舒翹	趙舒翹　　　　　　(滿)奎俊 七、甲午、七,8.4;　七、甲午;前蘇撫署。 改刑左。　　　十一、戊子、三,11.26;授。
安 徽	(蒙)福潤　　　　　鄧華熙 七、壬寅、九,8.17;　七、壬寅;蘇布遷。 病免。	鄧華熙
山 東	李秉衡	李秉衡　　　　　張汝梅 九、戊子、二,9.27;　九、戊子;陝布遷。 遷川督。
山 西	胡聘之	胡聘之
河 南	劉樹棠	劉樹棠
陝 西	魏光燾	魏光燾
新 疆	饒應祺 十、丙寅、五,11.9;授。	饒應祺
浙 江	廖壽豐	廖壽豐
江 西	(滿)德壽	(滿)德壽
湖 北	譚繼洵	譚繼洵 正、甲辰、十四,2.15;召陞,湖督張之洞兼署。
湖 南	陳寶箴	陳寶箴
廣 東	許振禕	許振禕
廣 西	史念祖	史念祖　　　　　黃槐森 九、乙巳、十九,10.14;革。　十、戊午;滇撫改。
雲 南	黃槐森	黃槐森　　　　　(滿)裕祥 十、戊午、二,10.27;　十、戊午;布政遷。 改桂撫。
貴 州	(滿)嵩崑	(滿)嵩崑　　　　　王毓藻 二、甲子、五,3.7;革,　二、甲子;川布遷。 布政邵積誠署。

光緒二四年　戊戌(1898)

(滿)**奎俊** 　五、丙子、廿四,7.12;遷川督。	(滿)**德壽** 　五、丙子;贛撫改。
鄧華熙	
張汝梅	
胡聘之	
劉樹棠 　十、乙酉、五,11.18;改浙撫。	(滿)**裕長** 　十、乙酉;寧布遷。
魏光燾	
饒應祺	
廖壽豐 　十、乙酉;病免,仍留署。	**劉樹棠** 　十、乙酉;豫撫改。
(滿)**德壽** 　五、丙子;改蘇撫。	(滿)**松壽** 　五、丙子;寧布遷。七、己未、八,8.24;布政翁曾桂護。

譚繼洵 　閏三、乙卯、二,4.22; 　兼署湖督。	〔七、乙丑、十四,8.30;缺裁。 　九、戊辰、十八,11.1;復設。〕	(滿)**曾鉌** 　九、戊午、八,10.22;甘布遷。 　十二、乙酉、六,1.17;革。　**于蔭霖** 　十二、丙戌、七, 　1.18;滇布遷。

陳寶箴 　八、壬寅、廿一,10.6;革。	**俞廉三** 　八、癸卯、廿二,10.7;布政遷。

許振禕 　七、乙丑;缺裁,解任。 　(廿五年死)	〔七、乙丑;缺裁。 　九、戊辰;復設。〕	**鹿傳霖** 　九、戊午;前川督授。

黃槐森	

(滿)**裕祥** 　七、戊辰;改成將。	〔七、乙丑;缺裁。 　九、戊辰;復設。〕	**丁振鐸** 　九、戊午;新布遷。

王毓藻	

年 代	光緒二五年　己亥(1899)
江 蘇	(滿)**德壽** 六、庚辰、四,7.11;粵撫互調,布政聶緝槼護。　　**鹿傳霖** 六、庚辰;粵撫改。十一、丙寅、廿二,12.24;署江督。按察陸元鼎護。
安 徽	**鄧華熙** 十、乙亥、一,11.3;晉撫互調。　　**王之春** 十、乙亥;晉撫改。
山 東	**張汝梅** 二、庚辰、二,3.13;解、勘。　　(漢)**毓　賢** 二、辛巳、三,3.14;署江將授。 十一、戊申、四,12.6;召京。　　**袁世凱** 十一、戊申;工右署。
山 西	**胡聘之** 八、癸未、八,9.12;解。 布政何樞護。　　**王之春** 八、癸未;川布遷。 十、乙亥;皖撫互調。　　**鄧華熙** 十、乙亥;皖撫改。
河 南	(滿)**裕長** 二、己卯、一,3.12;召陛,布政景星護。 四、甲午、十七,5.26;兼署東河。
陝 西	**魏光燾** 十、甲辰、卅,12.2;署陝督,按察端方護。
新 疆	**饒應祺**
浙 江	**劉樹棠**
江 西	(滿)**松壽**
湖 北	**于蔭霖**
湖 南	**俞廉三**
廣 東	**鹿傳霖** 六、庚辰;蘇撫互調。　　(滿)**德壽** 六、庚辰;蘇撫改。 十一、辛酉、十七,12.19;兼署廣督。
廣 西	**黃槐森**
雲 南	**丁振鐸** 十、庚子、廿六,11.28;兼署雲督。
貴 州	**王毓藻** 十一、丙辰、十二,12.14;兼署提督。

光緒二六年　庚子(1900)

鹿傳霖	（滿）松壽
八、戊子、十九,9.12;遷廣督。	八、戊子;贛撫改。

王之春	

（漢）毓　賢	袁世凱
二、丙戌、十四,3.14;改晉撫。	二、丙戌;授。

鄧華熙	（漢）毓　賢	（蒙）錫良
二、丙戌;改黔撫。	二、丙戌;魯撫改。	閏八、壬寅;湘布遷。
	閏八、壬寅、三,9.26;解,布政李廷簫護。	
	十二月,殺。	

（滿）裕長	于蔭霖
二、甲戌、二,3.2;兼署東河。	閏八、丙辰;鄂撫改。
閏八、丙辰、十七,10.10;鄂撫互調。	

魏光燾	岑春煊
閏八、壬寅;遷陝督。	閏八、壬寅;甘布遷。

饒應祺	

劉樹棠	惲祖翼
十、壬寅、四,11.25;解(革)。	十、壬寅;浙布遷。
	十二、丁未、十,1.29;湘布余聯沅署。

（滿）松壽	（滿）景星	李興銳
八、戊子;改蘇撫。	八、戊子;豫布遷。	九、甲午;桂布遷。
	九、甲午、廿六,11.17;改鄂撫。	十、辛丑、三,11.24;布政張紹華署。

于蔭霖	（滿）裕長	（滿）景星	聶緝椝
閏八、丙辰;豫撫互調。	閏八、丙辰;豫撫改。	九、甲午;贛撫改。	十二、辛亥;蘇布遷。
	九、甲午;解。	十二、辛亥、十四,2.2;改福將。	

俞廉三	

（滿）德壽	
五、己未、十九,6.15;兼署廣督。	

黃槐森	

丁振鐸	
十、壬子、十四,12.5;兼署雲督。	

王毓藻	鄧華熙
二、乙酉、十三,3.13;死,布政邵積誠護。	二、丙戌;晉撫改。

巡 撫 年 表

年 代	光緒二七年　辛丑(1901)			
江 蘇	(滿)松壽 正、庚辰、十三,3.3;改豫撫。	聶緝槼 正、庚辰、鄂撫改。 十、乙卯、廿三,12.3;改皖撫。	(滿)恩壽 十、乙卯;漕督授。	
安 徽	王之春 十、乙卯;解。	聶緝槼 十、乙卯;蘇撫改。		
山 東	袁世凱 九、己丑、廿七,11.7;署直督,布政胡廷幹護。	張人駿 九、己丑;漕督授。		
山 西	(蒙)錫良 正、庚寅、廿三,3.13;解。(鄂撫)	岑春煊 正、庚寅;陝撫改。		
河 南	于蔭霖 正、庚辰;改鄂撫。	(滿)松壽 正、庚辰;蘇撫改。		
陝 西	岑春煊 正、庚寅;改晉撫。　豫布端方護:三、辛巳、 　十五,5.3;遷鄂撫。	(蒙)升允 三、辛巳;布政署。 四、壬戌、廿七,6.13;授。 八、丁未、十四,9.26;專辦糧台,布政李紹芬護。		
新 疆	饒應祺			
浙 江	惲祖翼 四、辛丑、六,5.23;憂免(旋死)。	任道鎔 四、辛丑;東河授。		
江 西	李興銳			
湖 北	聶緝槼 正、庚辰; 改蘇撫。	于蔭霖 正、庚辰;豫撫改。 二、壬子、十六,4.4;改桂撫。	(蒙)錫良 二、癸丑、十七,4.5;前晉撫授。 三、辛巳;解。	(滿)端方 三、辛巳;護陝撫 授。
湖 南	俞廉三			
廣 東	(滿)德壽			
廣 西	黄槐森 二、壬子;解。	于蔭霖 二、壬子;鄂撫改。 三、己巳、三,4.21;解。	李經羲 三、己巳;滇布遷。 四、己亥、四,5.21;滇撫互調。	丁振鐸 四、己亥;滇撫改。
雲 南	丁振鐸 四、己亥;桂撫互調。	李經羲 四、己亥;桂撫改。		
貴 州	鄧華熙			

光緒二八年　壬寅(1902)

(滿)恩壽

聶緝槼
九、壬戌、五,10.6;改浙撫,仍留。

饒應祺
九、壬戌;新撫改。
(未任,旋死)。

(滿)**誠勳**(未到)
十二、庚戌、廿四,1.22;浙布(護撫)遷。

張人駿
四、辛亥、廿一,5.28;改豫撫。

周　馥
四、辛亥;直布遷。

岑春煊
五、丁亥、廿八,7.3;改粵撫。
布政趙爾巽護。

丁振鐸
五、丁亥;桂撫改。
十一、壬戌、六,12.5;署雲督。

俞廉三
十二、庚戌、廿四,1.22;湘撫改。

(滿)**松壽**
正、庚辰、十九,2.26;署兵左。

(蒙)**錫良**
正、乙酉、廿四,3.3;裁缺東河授。
四、辛亥、廿一,5.28;改熱都。

張人駿
四、辛亥;魯撫改。

(蒙)**升允**

饒應祺
九、壬戌;改皖撫。

潘效蘇
九、壬戌;布政遷。

任道鎔
九、壬戌;病免。

九、丙戌、廿九,10.30;布政誠勳護;
十二、庚戌;遷皖撫。

聶緝槼(未到)
九、壬戌;皖撫改。

李興銳
七、己未、一,8.4;署粵撫。　布政柯逢時護。

(滿)**端方**
九、癸亥、六,10.7;兼署湖督。

俞廉三
十二、庚戌、廿四,1.22;改晉撫。

趙爾巽
十二、庚戌;晉布遷。

(滿)**德壽**
五、丁亥;遷廣督。

岑春煊
五、丁亥;晉撫改。
七、己未;遷川督。

李興銳
七、己未;贛撫署。

丁振鐸
五、丁亥;改晉撫。

王之春
五、丁亥;前皖撫授。

李經羲
四、戊戌、八,5.15;解(革)。
雲督魏光燾兼署。

林紹年
四、戊戌;晉布遷。
十一、壬戌、六,12.5;兼署雲督。

鄧華熙
十二、己丑、三,1.1;免。

李經羲(未到)
十二、庚寅、四,1.2;革滇撫賞三品署。

年 代	光緒二九年　癸卯(1903)	
江 蘇	(滿)**恩壽**	
安 徽	**聶緝槼** 三、辛酉、六,4.3;省假,布政聯魁護。 八、丁巳、六,9.26;赴浙撫任。	(滿)**誠勳** 八、丁巳;抵任。
山 東	**周　馥**	
山 西	**俞廉三** 正、丙子、廿,2.17;病免。	**張曾敭** 正、丙子;川布遷。
河 南	**張人駿** 三、丙子、廿一,4.18;改粤撫。 三、丁丑、廿二,4.19;知貢舉。	**陳夔龍** 三、丙子;漕督授。
陝 西	(蒙)**升允**	
新 疆	**潘效蘇**	
浙 江	布政遷皖撫誠勳卸; 布政翁曾桂護。	**聶緝槼** 八、丁巳;由皖撫赴任。
江 西	布政柯逢時護: 閏五、丙申、十三,7.7;遷桂撫。	**夏　昰** 閏五、丙申;陝布署。
湖 北	(滿)**端方** 兼署湖督。	
湖 南	**趙爾巽**	
廣 東	**李興銳** 三、丙子;署閩督。	**張人駿** 三、丙子;豫撫改。
廣 西	**王之春** 閏五、丙申;革,粤布丁體常護。	**柯逢時** 閏五、丙申;贛布遷。
雲 南	**林紹年**	
貴 州	**鄧華熙** 三、辛巳、十四,4.11;卸,滇布曹鴻勳署。	**李經羲** (署)

年 代	光緒三十年　甲辰(1904)		
江 蘇	(滿)**恩壽** 四、己未、十一, 5.25; 署漕督。	(滿)**端方** 四、己未;鄂撫署。 九、戊戌、廿三, 10.31;署江督;布政效曾護。 十一、辛巳、七, 12.13;改湘撫。	**陸元鼎** 十一、辛巳;漕督署湘 撫授。
安 徽	(滿)**誠勳**		
山 東	**周　馥** 九、戊戌;署江督。	**胡廷幹** 九、戊戌;寧布署。 十二、己酉、五, 1.10;遷贛撫。	**楊士驤** 十二、己酉;直布署。 按察尚其亨護。
山 西	**張曾敭**		
河 南	**陳夔龍**		
陝 西	(蒙)**升允** 十一、辛巳;署贛撫。		**夏　旹** 十一、辛巳;陝布署贛撫改。
新 疆	**潘效蘇**		
浙 江	**聶緝槼**		
江 西	**夏　旹** 十一、辛巳;改陝撫。 布政周浩護。	(蒙)**升允**(未任) 十一、辛巳;陝撫署。 十二、己酉;改察都。	**胡廷幹** 十二、己酉;魯撫改。
湖 北	(滿)**端方** 四、己未;署蘇撫,湖督張之洞兼署。	〔十一、庚辰、六, 12.12;缺裁,由湖督兼理。〕	
湖 南	**趙爾巽** 四、己未;召京。(署戶尚)	**陸元鼎** 四、己未;漕督署。　布政張紹華護。 十一、辛巳;改蘇撫。	(滿)**端方** 十一、辛巳;署蘇撫授。
廣 東	**張人駿**		
廣 西	**柯逢時** 四、甲子、十六, 5.30;黔撫互調。	**李經羲** 四、甲子;黔撫改。	
雲 南	**林紹年** 十一、庚辰;改黔撫。	〔十一、庚辰;缺裁,由雲督兼理。〕	
貴 州	**李經羲** 四、甲子;桂撫互改。 布政曹鴻勳署。	**柯逢時** 四、甲子;桂撫改。 十一、庚辰;解。	**林紹年** 十一、庚辰;滇撫改。
江 淮	〔十二、丁卯、廿三, 1.28;漕督改設。〕	**(滿)恩壽** 十二、丁卯;蘇撫署漕督授。	

年 代	光緒三一年　乙巳(1905)		
江 蘇	**陸元鼎**		
安 徽	(滿)**誠勳**		
山 東	**楊士驤** （署）		
山 西	**張曾敭** 六、己未、十七，7.19；署湘撫。 七、癸未、十二，8.12；授。	**張人駿** 六、己未；裁缺粵撫署。 七、癸未；授。	
河 南	**陳夔龍**		
陝 西	**夏㫤** 正、甲午、廿一，2.24；解。	**曹鴻勳** 正、甲午；湘布遷。	
新 疆	**潘效蘇** 八、戊午、十八，9.16；革，甘布吳引孫署。	(滿)**聯魁** 八、戊午；皖布遷。	
浙 江	**聶緝椝** 九、壬午、十二，10.10；解。　杭將瑞興兼署。	**張曾敭** 九、癸未、十三，10.11；署湘撫授。	
江 西	**胡廷幹**		
湖 南	(滿)**端方** 六、甲寅、十二，7.14；召京。 （九、戊戌、廿八，10.26；出洋考察憲政。 十二、己酉、十一，1.5；遷閩督。）	**張曾敭** 六、己未；晉撫署。 九、癸未；改浙撫。	**龐鴻書** 六、甲寅；布政護。 十二、己酉；授。
廣 東	**張人駿** 六、己未；缺裁，改署晉撫。	〔六、己未；缺裁，由廣督兼理。〕	
廣 西	**李經羲** 九、辛巳、十一，10.9；病免。	**林紹年** 九、辛巳；署黔撫改。	
貴 州	**林紹年** 九、辛巳；改桂撫。	**岑春蓂** 九、辛巳；鄂按署。	
江 淮	(滿)**恩壽** 三、庚寅、十七，4.21；召京。	〔三、庚寅；缺裁。〕	

年 代	光緒三二年　丙午(1906)		
江 蘇	**陸元鼎** 正、壬辰、廿四,2.17;解,布政濮子潼護。	**陳夔龍** 正、癸巳、廿五,2.18;豫撫改。	
安 徽	(滿)**毓勳** 二、丙午、九,3.3;改江將。	(滿)**恩銘** 二、丙午;寧布遷。	
山 東	**楊士驤** 七、己酉、十四,9.2;授。		
山 西	**張人駿** 正、癸巳;改豫撫。	(滿)**恩壽** 正、癸巳;裁缺江淮授。	
河 南	**陳夔龍** 正、癸巳;改蘇撫。 二、乙丑、廿八,3.22;布政瑞良護。	**張人駿** 正、癸巳;晉撫改。	
陝 西	**曹鴻勳**		
新 疆	(滿)**聯魁** 閏四月,抵任,吳引孫卸。		
浙 江	**張曾敭**		
江 西	**胡廷幹** 三、己丑、廿二,4.15;解。	**吳重熹** 三、己丑;倉侍署。 六、己卯、十四,8.3;授。 十一、乙未、二,12.17;改鄆右。	(滿)**瑞良** 十一、乙未;豫布遷。
湖 南	**龐鴻書** 七、庚戌、十五,9.3;黔撫互調。	**岑春蓂** 七、庚戌;黔撫改。	
廣 西	**林紹年** 九、甲寅、廿,11.6;解 (候侍)。	**柯逢時** 九、乙卯、十一,11.7;裁缺戶右授。 十一、丁未、十四,12.29;解(統稅大臣)。	**張鳴岐** 十一、丁未;桂布署。
貴 州	**岑春蓂** 七、庚戌;湘撫互調。	**龐鴻書** 七、庚戌;湘撫改。	

年 代	光緒三三年　丁未(1907)		
江 蘇	**陳夔龍** 七、丁巳、廿八,9.5；遷川督。	**張曾敭** 七、丁巳；浙撫改。 八、丁亥、廿八,10.5；改晉撫。	**陳啓泰** 八、乙酉、廿六,10.3；布政署。 十二、丙寅、九,1.12；授。
安 徽	(滿)**恩銘** 五、丙辰、廿六,7.6；被殺。	**馮　煦** 五、戊午、廿八,7.8；布政遷。	
山 東	**楊士驤** 七、丁巳；署直督。	**吳廷斌** 七、丁巳；布政署。	
山 西	(滿)**恩壽** 八、丁亥；改陝撫。	**張曾敭** 八、丁亥；蘇撫改。 十二、戊寅、廿一,1.24；病免。	(蒙)**寶棻** 八、戊子、廿九,10.6；布政護。 十二、戊寅；授。
河 南	**張人駿** 七、癸巳、四,8.12；遷廣督。	**林紹年** 七、癸巳；度右授，布政袁大化護。	
陝 西	**曹鴻勳** 八、丁亥；解。	(滿)**恩壽** 八、丁亥；晉撫改。 十、癸未、廿五,11.30；兼署西將。	
新 疆	(滿)**聯魁**		
浙 江	**張曾敭** 七、丁巳；改蘇撫，布政信勳署。	**馮汝騤** 七、丁巳；陝布遷。	
江 西	(滿)**瑞良** 十二、乙亥、十八,1.21；省假，布政沈瑜慶護。		
湖 南	**岑春蓂**		
廣 西	**張鳴岐** 四、壬午、廿二,6.2；授。		
貴 州	**龐鴻書**		
奉 天	〔三、己亥、八,4.20；增設。〕	**唐紹儀** 三、己亥；郵左授。	
	〔三、己亥；增設。〕	**朱家寶** 三、己亥；蘇按署。	
	〔三、己亥；增設。〕	**段芝貴** 三、己亥；道員賞布政銜署。 三、丙辰、廿五,5.7；解。	**程德全** 三、丙辰；記名副都統署。

光緒三四年　戊申(1908)		
陳啓泰		
馮　煦 六、己卯、廿五,7.23;解。	**朱家寶** 六、己卯;吉撫改。	寧布改甘布繼昌護:八、丙辰、三,8.29;解。 學使兼署布政沈曾植護。
二、己未、三,3.5;豫布袁大化署。	**袁樹勛** 三、癸巳、八,4.8;民左署。 六、己卯、廿五,7.23;授。	
(蒙)**寶棻**		
林紹年 八、丙辰、三,8.29;改倉侍,布政朱壽鏞護。	**吳重憙** 八、丙辰;郵左授。	
(滿)**恩壽**		
(滿)**聯魁**		
馮汝騤 三、丙戌、一,4.1;改贛撫。	**柯逢時** 三、丙戌;統稅大臣兼。 四、戊午、四,5.3;解。	(蒙)**增韞** 四、戊午;直布遷。
(滿)**瑞良** 二、乙酉、廿九,3.31;乞養。	**馮汝騤** 三、丙戌;浙撫改。	
岑春蓂		
張鳴岐		
龐鴻書		
唐紹儀 六、丙子、廿二,7.20;專使使美。 六、丁丑、廿三,7.21;東三省總督徐世昌兼署。		
朱家寶 二、癸酉、十七,3.19;授。六、己卯;改皖撫。	**陳昭常** 六、己卯;前郵右丞署。	
程德全 二、癸酉;病免。	**周樹模** 二、癸酉;奉天左參贊署。	

巡 撫 年 表

年 代	宣 統 元 年　己酉(1909)		
江 蘇	陳啟泰 五、癸丑、五,6.22;死。	(滿)瑞澂 五、癸丑;蘇布遷。 十、丁亥、十一,11.23;署湖督。	(蒙)寶棻 十、丁亥;晉撫改。 布政陸鍾琦署。
安 徽	朱家寶		
山 東	袁樹勳 五、己未、十一,6.28;署廣督。	孫寶琦 五、己未;署順尹署。十、丁亥;授。	
山 西	(蒙)寶棻 十、丁亥;改晉撫。	丁寶銓 十、丁亥;布政遷。	
河 南	吳重憙		
陝 西	(滿)恩壽		
新 疆	(滿)聯魁		
浙 江	(蒙)增韞		
江 西	馮汝騤		
湖 南	岑春蓂		
廣 西	張鳴岐		
貴 州	龐鴻書		
奉 天	唐紹儀(使美) 五、己巳、廿一,7.8;解。 東三省總督徐世昌兼署:正、庚 子、十九,2.9;改郵尚。 東三省總督錫良兼署。		程德全 四、癸未、五,5.23;前黑將署。 六、丙戌、九,7.25;授。
吉 林	陳昭常 六、丙戌;授。		
黑龍江	周樹模		

宣 統 二 年　庚戌(1910)

(蒙)**寶棻** 　三、辛酉、十七,4.26;改豫撫,布政陸鍾琦署。	**程德全** 　三、辛酉;奉撫改。
朱家寶	
孫寶琦	
丁寶銓	
吳重憙 　三、辛酉;召京。	(蒙)**寶棻** 　三、辛酉;蘇撫改。
(滿)**恩壽**	

(滿)**聯魁** 　七、壬戌、廿一,8.25;召京。	**何彥昇**(未任) 　七、壬戌;甘布遷。(道死)	**袁大化** 　十、壬午、十二,11.13;前署魯撫授。

(蒙)**增韞**	
馮汝騤	
岑春蓂 　三、丙辰、十二,4.21;解(革)。	**楊文鼎** 　三、丙辰;鄂布署。 　五、戊申、六,6.12;授。
張鳴岐 　九、丁卯、廿七,10.29;遷廣督,布政魏景桐護。	**沈秉堃** 　九、丁卯;滇布遷。
龐鴻書	
程德全 　二、辛酉;改蘇撫。	〔三、辛酉;缺裁,東三省總督兼管。〕
陳昭常	
周樹模	

年代	宣統三年　辛亥(1911)			
江蘇	**程德全**〔九、庚辰、十五,11.6;蘇州光復,任民軍都督。〕			
安徽	**朱家寶**〔九、壬午、十八,11.8;安慶光復,任民軍都督。〕			
山東	**孫寶琦**〔九、丁亥、廿三,11.13;山東假獨立,任民軍總統。〕			
山西	**丁寶銓** 五、己未、廿二,6.18;病免。布政王慶平護。	**陳寶琛**(未任) 五、己未;闇學授。 六、辛巳、十六,7.10;解。	**陸鍾琦** 六、壬午、十六,7.11;蘇布遷。	〔九、壬申、八,10.29;太原光復,抗拒被殺。(文烈)〕
河南	**(蒙)寶棻**			
陝西	**(滿)恩壽** 閏六、庚子、四,7.29;病免。陝布錢能訓護。	**余誠格**(未任) 閏六、庚子;鄂布遷。 閏六、庚戌、十四,8.8;改湘撫。	**楊文鼎**(未任) 閏六、庚戌;湘撫改。	〔九、乙丑、一,10.22;西安光復,錢能訓逃。〕
新疆	**袁大化**			
浙江	**(蒙)增韞**〔九、己卯、十五,11.5;杭州光復,抗拒被捕,旋釋。〕			
江西	**馮汝騤**〔九、甲戌、十,10.31;南昌光復,抗拒自殺(忠愍)。〕			
湖南	**楊文鼎** 閏六、庚戌;陝撫互調。	**余誠格** 閏六、庚戌;未任陝撫改。		〔九、乙丑;長沙光復,抗拒,逃。〕
廣西	**沈秉堃**〔九、辛巳、十七,11.7;桂林光復,任民軍都督。〕			
貴州	**龐鴻書** 四、辛卯、廿三,5.21;病免。	**沈瑜慶** 四、辛卯;豫布遷。		〔九、戊寅、十四,11.4;貴陽光復,固辭民軍都督,逃。〕
奉天				
吉林	**陳昭常**			
黑龍江	**周樹模**			

附：各省光復後清政府的任免

朱家寶 十二、辛丑、八，1.26；解、勘。	**齊耀琳** 十、丁未、十三，12.3；豫撫兼管。	**張懷芝** 十二、乙巳、十二，1.30；督辦邊防大臣授。
孫寶琦 十、辛酉、廿七，12.17；病免。	**胡建樞** 十、辛酉；魯提法使署。 十二、戊戌、五，1.23；免。	**張廣建** 十二、戊戌；魯布兼署。
吳祿貞 九、戊寅、十四，11.4；第六鎮統制授。 九、辛巳、十七，11.7；袁世凱派人暗殺。	**張錫鑾** 九、己丑、廿五，11.15；前奉天民政使授。 十二、丁未；赴奉天會辦防務。	**李盛鐸** 十二、丁未、十四，2.1；晉布署。
（蒙）**寶棻** 十、丁未；病免。	**齊耀琳** 十、丁未；豫布遷，兼管皖撫。	
楊文鼎 十、甲辰、十，11.30；病免。	（蒙）**升允** 九、辛卯、廿七，11.17；前陝督署。	
余誠格 九、癸酉、九，10.30；革，仍暫管。	**朱益濬** 十一、甲申、廿一，1.9；提法使兼署。	

附録一：清代巡撫重要變化概況

順治元年、甲申、1644：

　　五、癸巳、六,6.10;設順天巡撫。

　　五、甲辰、十七,6.21;設宣府巡撫。

　　七、壬辰、七,8.8;設山東巡撫。

　　七、甲辰、十九,8.20;設登萊、山西巡撫。

　　七、壬子、廿七,8.28;設保定、河南巡撫。

　　十、乙丑、十一,11.9;設天津巡撫。

順治二年、乙酉、1645：

　　四、辛酉、九,5.4;設陝西、甘肅、寧夏巡撫。

　　五、丁亥、六,5.30;設延綏巡撫。

　　五、庚寅、九,6.2;設鳳陽巡撫。

　　七、乙卯、六,8.26;設江寧、安廬、池太（安徽）巡撫。

　　七、己未、十,8.30;設鄖陽、湖廣、偏沅巡撫。

　　七、丁丑、廿八,9.17;設操江巡撫。

　　十、丙申、十八,12.5;設南贛、汀韶（南贛）巡撫。

　　十、丙午、廿八,12.15;設浙江、江西巡撫。

順治四年、丁亥、1647：

　　二、戊戌、廿七,4.1;設福建巡撫。

順治五年、戊子、1648：

　　閏四、癸卯、九,5.30;設四川巡撫。

順治六年、己丑、1649：

　　五、丙子、十八,6.27;設廣東、廣西巡撫。

　　五、癸未、廿五,7.4;裁天津、安徽、鳳陽巡撫。

　　八、丁酉、十,9.16;裁保定巡撫。

順治九年、壬辰、1652：

　　四、丁未、六,5.13;裁宣府、登萊巡撫,

順治十五年、戊戌、1658：

　　六、辛未、五,7.5;設貴州巡撫。

　　七、己酉、十四,8.12;設保定巡撫。

順治十六年、己亥、1659：

　　正、癸卯、十一,2.2;設雲南巡撫。

　　八、癸巳、五,9.20;操江改稱安徽巡撫。

順治十七年、庚子、1660：

　　二、壬寅、十七,3.27;設鳳陽巡撫。

順治十八年、辛丑、1661：

    十、辛酉、十五，12.6；裁順天巡撫。

康熙元年、壬寅、1662：

    九、壬午、十二，10.23；裁延綏巡撫。

康熙三年、甲辰、1664：

    四、戊申、十六，5.11；裁鄖陽巡撫。

康熙四年、乙巳、1665：

    五、丁未、廿二，7.4；裁鳳陽、寧夏、南贛巡撫。

康熙十五年、丙辰、1676：

    五、乙酉、四，6.14；設鄖陽巡撫。

康熙十八年、己未、1679：

    二、辛巳、十六，3.27；裁鄖陽巡撫。

雍正元年、癸卯、1723：

    △偏沅巡撫改稱湖南巡撫。

雍定二年、甲辰、1724：

    十、己亥、廿九，12.14；裁直隸巡撫。

乾隆十三年、戊辰、1748：

    十一、庚辰、卅，1.18；裁四川巡撫。

乾隆二九年、甲申、1764：

    三、乙卯、四，4.4；裁甘肅巡撫。

光緒十年、甲申、1884：

    十、癸酉、二，11.19；設新疆巡撫。

光緒十一年、乙酉、1885：

    九、庚子、五，10.12；福建巡撫改設臺灣巡撫。

光緒二一年、乙未、1895：

    四、丁卯、廿六，5.20；裁臺灣巡撫。

光緒二四年、戊戌、1898：

    七、乙丑、十四，8.30；裁湖北、廣東、雲南巡撫。

    九、戊辰、十八，11.1；仍設。

光緒三十年、甲辰、1904：

    十一、庚辰、六，12.12；裁湖北、雲南巡撫。

    十二、丁卯、廿三，1.28；設江淮巡撫（由漕督改）。

光緒三一年、乙巳、1905：

    三、庚寅、十七，4.21；裁江淮巡撫。

    六、己未、十七，7.19；裁廣東巡撫。

光緒三三年、丁未、1907：

    三、己亥、八，4.20；設奉天、吉林、黑龍江巡撫。

宣統二年、庚戌、1910：

    三、辛酉、十七，4.26；裁奉天巡撫。

年代		數量	直隸				江蘇		安徽		山東	東
			順天	天津	保定	宣府	江寧	操江	安徽	鳳陽	山東	登萊
順治元年	1644	8	○	○	○	○					○	○
順治二年	1645	8—22	○	○	○	○	○	○	○	○	○	○
順治四年	1647	22—23	○	○	○	○	○	○	○	○	○	○
順治五年	1648	23—24	○	○	○	○	○	○	○	○	○	○
順治六年	1649	24、26、22	○	●	●	○	○	○	●	●	○	○
順治九年	1652	22—20	○			●	○	○			○	●
順治十五年	1658	20—22	○		○		○	○			○	
順治十六年	1659	22—23	○		○		○	○			○	
順治十七年	1660	23—24	○		◎		○	→	◎	○	○	
順治十八年	1661	24—23	●		○		○		○	○	○	
康熙元年	1662	23—22			○		○		○	○	○	
康熙三年	1664	22—21			○		○		○	○	○	
康熙四年	1665	21—18			○		○		○	●	○	
康熙十五年	1676	18—19			○		○		○		○	
康熙十八年	1679	19—18			○		○		○		○	
雍正元年	1723	18					○		○		○	
雍正二年	1724	18—17			●		○		○		○	
乾隆十三年	1748	17—16					○		○		○	
乾隆二九年	1764	16—15					○		○		○	
光緒十年	1884	15—16					○		○		○	
光緒十一年	1885	16					○		○		○	
光緒二一年	1895	16—15					○		○		○	
光緒二四年	1898	15					○		○		○	
光緒三十年	1904	15、13、14					○		○		○	
光緒三一年	1905	14—12					○		○			
光緒三三年	1907	12—15					○		○		○	
宣統二年	1910	15—14					○		○		○	

撫重要變化簡圖

山西	河南	陝西		甘肅		福建	浙江	江西		湖北		湖南	四川	廣東	廣西	雲南	貴州	新疆	臺灣	東三省			
山西	河南	陝西	延綏	甘肅	寧夏	福建	浙江	江西	南贛	鄖陽	湖廣	偏沅	四川	廣東	廣西	雲南	貴州	新疆	臺灣	奉天	吉林	黑龍江	江淮
○	○																						
○	○	○	○	○	○		○	○	○	○	○	○											
○	○	○	○	○	○	○	○	○	○	○	○	○											
○	○	○	○	○	○	○	○	○	○	○	○	○	○										
○	○	○	○	○	○	○	○	○	○	○	○	○	○	○	○								
○	○	○	○	○	○	○	○	○	○	○	○	○	○	○	○								
○	○	○	○	○	○	○	○	○	○	○	○	○	○	○	○		○						
○	○	○	○	○	○	○	○	○	○	○	○	○	○	○	○	○	○						
○	○	○	○	○	○	○	○	○	○	○	○	○	○	○	○	○	○						
○	○	○	●	○	○	○	○	○	○	○	○	○	○	○	○	○	○						
○	○	○		○	○	○	○	○	●		○	○	○	○	○	○	○						
○	○	○	●	○	○	○	○	○	●		○	○	○	○	○	○	○						
○	○	○		○	○	○	○	○		○	○	○	○	○	○	○	○						
○	○	○		○	○	○	○	○		●	○	○	○	○	○	○	○						
○	○	○		○	○	○	○	○			○	⊙	○	○	○	○	○						
○	○	○		○	○	○	○	○			○	○	○	○	○	○	○						
○	○	○		○	○	○	○	○			○	○	●	○	○	○	○						
○	○	○	●	○		○	○	○			○	○	○	○	○	○	○						
○	○	○		○		○	○	○			○	○	○	○	○	○	○	○					
○	○	○					○	○			○	○	○	○	○	○	○		⊙				
○	○	○					○	○			○	○		○	○	○	○	○	◉				
○	○	○					○	○			○	⊙		⊙	○	⊙	○	○					
○	○	○					○	○			●	○		○	○	●	○	○					○
○	○	○					○	○			○	○		●	○		○	○					●
○	○	○					○	○			○	○				○		○		○	○	○	
○	○	○					○	○			○	○				○		○		●	○	○	